D1144398

ИСТОРИК-МАРКСИСТ

1926-1941

Сводный Указатель

I. Авторский указатель на русском языке

II. Предметный указатель на английском языке

Составитель:

Ангэлика Шмигэлов Поэль

KRAUS INTERNATIONAL PUBLICATIONS

Millwood, New York

A Division of Kraus-Thomson Organization Limited

1981

ISTORIK-MARKSIST

1926-1941

Cumulative Index
(Author and Subject)

Compiled by

Angelika Schmiegelow Powell

KRAUS INTERNATIONAL PUBLICATIONS
Millwood, New York
A Division of Kraus-Thomson Organization Limited
1981

First Printing

Printed in the United States of America

Library of Congress Cataloging in Publication Data

Powell, Angelika Schmiegelow.
  Istorik-Marksist, 1926-1941.

    1. Istorik-Marksist—Indexes. 2. History—
Periodicals—Indexes. 3. Soviet Union—History—
Periodicals—Indexes. I. Title.
D1.I77 Suppl.   947'.005   81-17185
ISBN 0-527-44758-7   AACR2

W. S.
Grato Animo
Hunc Librum
Dono Dat
Auctor

ACKNOWLEDGEMENTS

In recognition of the fact that the compilation of indices
to scholarly journals is an important part of the research
activity of librarians, the Sesquicentennial Committee of
the University of Virginia under the chairmanship of David
A. Shannon granted me a Sesquicentennial Associateship for
the Fall semester of 1979. It was during this sabbatical
that I was able to lay the groundwork for this index, which
comprises over 8000 entries.

Catherine Wendy Bracewell, a Ph.D. candidate in East European history at Stanford University, established the major-
ity of subject headings, which I then reviewed and edited.
Steven White, a Ph.D. candidate in modern European history
in the Corcoran Department of History at the University of
Virginia, acted in a similar capacity towards the end of
this project. To both these young scholars I am very indebted.
Without their enthusiasm, dedication and sense of sacrifice
for a worthwhile scholarly project, I could not have finished
this index.

Patricia L. Markley and B. Sherman Woodward were a great
source of comfort and support in the difficult task of typing
the Cyrillic portion of this index. Only their willingness
to pull through at a crucial moment allowed me to deliver
the typescript to the publisher on time. Both of them have
my admiration and gratitude. Robert Childress, also a Ph.D.
candidate in Russian history in the Corcoran Department of
History at the University of Virginia and his wife Marie
shared the arduous undertaking of typing the English subject
heading part of the index in perfect style and timing. I am
very grateful to both of them. Frances Scruby was a true
friend and proof-read their typing conscientiously and dedi-
catedly.

Gordon Hogg of the Reference Department in the University of
Virginia Library kindly assisted again in verifying obscure
conferences. I appreciate Christine Guyonneau's help with
difficult French entries.

I am delighted and grateful to have had the frequent and kind
advice of Professor Lewis S. Feuer on questions about Karl
Marx and his contemporaries.

To my children Emily, Martin and Justin, I owe thanks for
their patience and their willingness to help with the prelim-
inary filing of thousands of Russian and English language
index cards.

VI

The following organizations also provided basic financial assistance: The Summer Grants Committee of the University of Virginia, the Center for Russian and East European Studies at the University of Virginia, and the Library Research Grant Committee of the University of Virginia Library.

Angelika Schmiegelow Powell

Charlottesville, Virginia, USA
23 December 1980

INTRODUCTION

This cumulative author and subject index covers all articles, review essays, book reviews (retsenziia), discussions (preniia), conferences and all other historiographical information listed in "Istorik-Marksist" from 1926-1941 which constitutes the complete run of the journal. I followed the same format as in my previously published indices to "Istoricheskie Zapiski" (Nendeln, 1976) and "Voprosy Istorii" (Nendeln, 1977).

The Author Index (Авторский Указатель) is printed in the Cyrillic alphabet. The authors are listed with the titles of the articles to which they refer as well as the year, number, volume and pages. In the early years of the journal, the issues start with a consecutive number, followed by the year and the pages. Book reviews are listed under the reviewer and indicated as (retsenziia). An author entry with the addendum (preniia) refers to a discussant of an article by another author, e.g., ГОРЕВ, Б. И. М. Н. Покровский. Чернышевский как историк (прения) (№ 88 [92], 129-152).
The editors of "Istorik-Marksist" followed a very irregular policy of using the author's initial and patronymic. In the issues from 1926 to about 1932 frequently only the author's last name was given. I have tried to establish at least one initial of the first name, often without success. The user of this index is urged to keep this fact in mind.

The Subject Index is based on a very modified Library of Congress Subject Heading List which I adapted to meet the specific needs of this index. The following outline is provided to help explain some of the most important points of my indexing procedure.

ACRONYMS   All Russian acronyms used are listed in the "Glossary of Russian Abbreviations and Acronyms," Washington, D.C., 1967. All acronyms are filed at the beginning of each letter. Cross-references have been made from the long original form of the name and the English translations to the acronym. A list of acronyms and their English translations accompany this introduction.

ALPHABETIZATION   Articles have been ignored in arranging the entries. Personal names as part of a subject heading have been filed according to the last name, not the first initial, e.g., POLAND--FOREIGN RELATIONS--RUSSIA--M. N. POKROVSKIĬ'S INTERPRETATION.

BIBLIOGRAPHY	Because of the many articles with extensive bibliographical footnotes, the term BIBLIOGRAPHY is frequently listed as the last part of a subject heading, thus indicating these articles as a bibliographic source.
BOOK REVIEWS	Reviews appear in this subject index according to the following format: Author, title, place and date of publication, (REVIEW), reviewer and location of review. Book reviews are not indexed by subject except as part of an essay article. Books without authors but edited by one or more editors are usually listed under the title. If an author is listed as a subject heading also, reviews of his books are filed last.
CAPITALIZATION	In general, the capitalization in Russian and Western European titles as found in the journal is followed in the index also.
CONFERENCES	Conferences are listed under their specific names, if given, and under two or three subject headings, e.g., ORIENTAL STUDIES--GERMANY--CONFERENCE, BERLIN, SEPTEMBER, 1940.
DATES	One of the major modifications of Library of Congress subject headings concerns the use of dates. Dates cited in the index refer to those given in the articles. In any one given group of headings, dates are filed from general periods to specific dates, e.g., RUSSIA--HISTORY--19TH-20TH C. is filed first, followed by RUSSIA--HISTORY--19TH C. which in turn is followed by RUSSIA--HISTORY--1825. Dates of revolutions are given only for their initial year, e.g., RUSSIA--HISTORY--REVOLUTION OF 1905 or FRANCE--HISTORY--REVOLUTION OF 1789.
DISSERTATIONS	Dissertations are listed under the author and title like book reviews and have not been indexed according to subject content. They are identified by the indicator DISSERTATIONS.
HISTORIOGRAPHY	Indexing of the many articles and discussions of the Marxist-Leninist interpretation of history versus Western bourgeois and Russian historical philosophy of the 19th and early 20th century can be found under the headings

HISTORIOGRAPHY

HISTORIOGRAPHY, RUSSIAN, HISTORIOGRAPHY, SOVIET and HISTORIOGRAPHY, WESTERN. In the last issues of the journal, discussions of how to write textbooks for elementary schools and institutions of higher learning are very frequent. These are indexed under the heading HISTORY--STUDY AND TEACHING--USSR--TEXTBOOKS.

POLITICAL PARTIES

Political parties are listed under their original acronym, e.g., SPD for the Social Democratic Party of Germany or KPSS for the Communist Party of the Soviet Union. Articles dealing with the activities of the Bolshevik faction of the RSDRP prior to 1918 have been listed under BOLSHEVIKS. The activities of non-Bolshevik social democrats are entered under RSDRP. Articles dealing with communist party activities subsequent to 1918 are entered under KPSS, including those dealing with the period 1918-1952, when the official names of the party were successively RKP(b) and VKP(b).

RUSSIA

The three terms RUSSIA, SOVIET RUSSIA and USSR are used in order to break down the massive number of subject headings covering Russia. Articles dealing with Russian history from 860-1917 are indexed under two major headings: KIEVAN RUS--HISTORY (860-1400) and RUSSIA--HISTORY (1400-1917). At times, a single article will deal with subjects in both periods, in which case entries may be found under both headings. SOVIET RUSSIA refers to the period from November 1917 to December 1922; and USSR, to the period from 1923 to the present.

SOVIET TERMINOLOGY

The user will notice the Soviet usage of terms like FEUDALISM, CAPITALISM, etc. in constructing subject headings. This was necessary for the indexing of major theoretical articles, assuming that Western scholars who use this journal are familiar with the Marxist-Leninist point of view. The subject heading HISTORICAL SCIENCES was chosen for articles on theoretical discussions of historiography and auxiliary historical sciences.

TRANSLITERATION   The Library of Congress transliteration
                      system is used, with the omission of
                      the liaison (⌒) over the ia, iu and ts.
                      However, we have used ĭ and ė.

LIST OF ACRONYMS

AHA--AMERICAN HISTORICAL ASSOCIATION.
BKP--BULGARIAN COMMUNIST PARTY.
BKP(TS)--COMMUNIST PARTY OF BULGARIA (NARROW SOCIALISTS).
BSDP--BULGARIAN SOCIAL DEMOCRATIC PARTY.
CLP--COMMUNIST LABOR PARTY (USA).
COMINTERN--COMMUNIST INTERNATIONAL.
CPA--COMMUNIST PARTY OF AMERICA.
CPUSA--COMMUNIST PARTY OF THE UNITED STATES.
DVR--FAR EASTERN REPUBLIC, 1920-22.
FABZAVKOMY--FACTORY COMMITTEES.
GAFKE--STATE ARCHIVES OF THE AGE OF FEUDALISM AND SERFDOM.
GAIMK--STATE ACADEMY OF THE HISTORY OF MATERIAL CULTURE.
GUS--STATE SCIENTIFIC COUNCIL (1919-1933).
IAI--HISTORICAL AND ARCHAEOGRAPHICAL INSTITUTE (OF THE
        ACADEMY OF SCIENCES, USSR).
IFLI--INSTITUTE OF PHILOSOPHY, LITERATURE AND HISTORY.
IKP--INSTITUTE OF THE RED PROFESSORIAT.
IME--MARX AND ENGELS INSTITUTE (1920-31).
IMEL--MARX-ENGELS-LENIN INSTITUTE AT THE TSK KPSS.
ISS--INSTITUTE OF SOVIET CONSTRUCTION.
ISTPART--COMMISSION ON THE HISTORY OF THE OCTOBER REVOLUTION
        AND THE RUSSIAN COMMUNIST PARTY.
IWW--INDUSTRIAL WORKERS OF THE WORLD.
KA--COMMUNIST ACADEMY.
KADETS--CONSTITUTIONAL DEMOCRATIC PARTY.
KNS--COMMITTEE OF POOR PEASANTS (UKRAINE).
KPD--COMMUNIST PARTY OF GERMANY.
KPG--COMMUNIST PARTY OF GEORGIA.
KPP--COMMUNIST PARTY OF POLAND.
KPRP--COMMUNIST WORKERS' PARTY OF POLAND.
KPSS--COMMUNIST PARTY OF THE SOVIET UNION.
KUTV--COMMUNIST UNIVERSITY OF WORKERS OF THE EAST.
LGU--LENINGRAD STATE UNIVERSITY.
LIFLI--LENINGRAD INSTITUTE OF HISTORY, PHILOSOPHY,
        LITERATURE AND LINGUISTICS.
LKP (LATVIA)--LATVIAN COMMUNIST PARTY.
LSDSP--LATVIAN SOCIAL DEMOCRATIC WORKERS' PARTY.
MGU--MOSCOW STATE UNIVERSITY.
NEP--NEW ECONOMIC POLICY.
NKVD--PEOPLE'S COMMISSARIAT OF INTERNAL AFFAIRS (1917-46).
NYPL--NEW YORK PUBLIC LIBRARY.
OGIZ--ASSOCIATION OF STATE PUBLISHING HOUSES (1930-1949).

PCF--COMMUNIST PARTY OF FRANCE.
PPS-L--POLISH SOCIALIST PARTY-LEFT.
PROFINTERN--RED INTERNATIONAL OF TRADE UNIONS.
RABFAK--WORKERS' SCHOOL
RANION--RUSSIAN ASSOCIATION OF SCIENTIFIC RESEARCH INSTITUTES
      OF SOCIAL SCIENCES.
RKKA--WORKERS' AND PEASANTS' RED ARMY (1918-1946).
RKP(b)--RUSSIAN COMMUNIST PARTY (OF BOL'SHEVIKS), 1918-25.
RSDRP--RUSSIAN SOCIAL DEMOCRATIC LABOR PARTY.
RSP (TESNI SOTSIALISTI)--WORKERS' SOCIAL DEMOCRATIC PARTY
      (NARROW SOCIALISTS).
SDKPiL--SOCIAL DEMOCRACY OF THE KINGDOM OF POLAND AND
      LITHUANIA.
SOVNARKOM--SOVIET OF PEOPLE'S COMMISSARIATS.
SPA--SOCIALIST PARTY OF AMERICA.
SPD--SOCIAL DEMOCRATIC PARTY OF GERMANY.
STO--COUNCILS OF LABOR AND DEFENSE.
TSAOR--CENTRAL ARCHIVES OF THE OCTOBER REVOLUTION.
TSGAOR--CENTRAL STATE ARCHIVES OF THE OCTOBER REVOLUTION,
      HIGH STATE GOVERNMENT BODIES AND STATE ADMINIS-
      TRATIVE BODIES, USSR.
TSCHO--CENTRAL BACK EARTH REGION.
TSGVIA--CENTRAL STATE ARCHIVES OF MILITARY HISTORY, USSR.
TSIK SSSR--CENTRAL EXECUTIVE COMMITTEE, USSR.
TSKK--CENTRAL CONTROL COMMISSION [VKP(b)].
USPD--INDEPENDENT SOCIAL DEMOCRATIC PARTY OF GERMANY.
VKP(b)--ALL-UNION COMMUNIST PARTY (OF BOLSHEVIKS),
      1925-52.
VTSIK--ALL-RUSSIAN CENTRAL EXECUTIVE COMMITTEE.
VUS--ALL-RUSSIAN TEACHERS' UNION.
VUZ--HIGHER EDUCATIONAL INSTITUTION.

АВТОРСКИЙ УКАЗАТЕЛЬ

AUTHOR INDEX

АВТОРСКИЙ УКАЗАТЕЛЬ

<u>А</u>

А.   Отчет об обсуждении I тома учебника для вузов по
      истории СССР (1940, № 4-5 [80-81], 107-113).
А.   "Ученая корреспонденция Академии наук XVJII века (1766-
      1782 гг.)". Научное описание, Москва, 1937 (рецензия)
      (1937, № 5-6 [63-64], 262-263).
А., Р. H. Pflaume. Organisation und Vertretung der Arbeit-
      nehmer in der Bewegung von 1848-1849. Inaugural
      Dissertation, Weimar, 1934 (рецензия) (1936, № 1 [53],
      201).
А. В. Луначарский. (1875-1933) (1933, № 6 [34], 167-168).
А. Е. Пресняков -- Некрологическая заметка и портрет (№ 13,
      1929, 269).
А. Н. Штраух (1935, № 5-6 [45-46], 208).
АБРАМОВ, З. Японская оккупация на Дальнем Востоке (1932,
      № 1-2 [23-24], 117-134).
АБРАМЯН, А. "История епископа "Себеоса", Ереван, 1939
      (рецензия) (1940, № 8 [84], 126-127).
АВАРИН, В. .J. Лившиц. Японский пролетариат и война в Китае,
      Москва, 1940 (рецензия) (1940, № 11 [87], 131-134).
АВДИЕВ, В. И. Американские раскопки в Египте (1935, № 4
      [44], 156-158).
-----. Идеология обоготворения царя и царской власти в древ-
      нем Египте (1935, № 8-9 [48-49], 133-152).
-----. "История древнего мира". Т. I. "Древний Восток",
      Москва, 1936 (рецензия) (1938, № 1 [65], 120-126).
-----. Последние американские раскопки в Мединет-Абу (Египет)
      (1935, № 11 [51], 129-133).
-----. Раскопки древнеаккадского города в Тель-Асмаре (1937,
      № 5-6 [63-64], 152-161).
-----. Сельская община и искусственное орошение в древнем
      Египте (Земля и вода в орнаменте, рисунке и письменности
      древнего Египта) (1934, № 6 [40], 70-83).
АВЕРБУХ, Р. Н. Раткевич. Французские рабочие в годы великой
      революции, Москва, 1928 (рецензия) (№ 8, 1928, 206-
      207).
-----. К. Цеткин. Очерки истории возникновения пролетарского
      женского движения в Германии, Москва, 1920 (рецензия)
      (№ 14, 1929, 201-202).
-----. М. Добб. Очерк истории Европы; от упадка феодализма
      до нашего времени. Перевод с английского И. Маркельса,
      Москва, 1929 (рецензия) (№ 13, 1929, 234-235).
-----. Маркс и октябрьское восстание в Вене (1933, № 3
      [31], 79-89).
-----. Н. Лукин. Буржуазные историки Запада в СССР (прения)
      (№ 21, 1931, 44-86).
-----. Политика европейских держав в 1787-1791 годах (1939,
      № 3 [73], 93-108).

-----. Русская интервенция в венгерскую революцию 1848-
1849 гг. (1932, № 3 [25], 87-117).
-----. Серия "Zu Beiträgen für die Geschichte der Jahre
1848-1849". Hrsg. Fürst Windischgraetz. Innsbruck,
1929-32 (рецензия) (1933, № 6 [34], 157-158).
-----. A. Hohlfeld. Das Frankfurter Parlament und sein
Kampf um das deutsche Heer, Berlin, 1933 (рецензия)
(1933, № 4 [32], 141-142).
-----. G. Füsser. Bauernzeitungen in Bayern und Thüringen
von 1818-1848, Hildburghausen, 1934 (рецензия) (1935,
№ 8-9 [48-49], 225-227).
-----. P. Müller. Feldmarschall Fürst Windischgrätz.
Revolution und Gegenrevolution in Österreich (рецензия)
(1935, № 2-3 [42-43], 153-154).
-----. V. Valentin. Geschichte der deutschen Revolution
1848-1849, B. I-II, Berlin, 1930-31 (рецензия) (1934,
№ 2 [36], 149-152).
-----. W. Döhl. Die deutsche Nationalversammlung von 1848
im Spiegel der "Neuen Rheinischen Zeitung", Dillingen/
Donau, 1931 (рецензия) (1933, № 4 [32], 141-142).
АВЕРБУХ, Т. М. В. Нечкина. Постановка исторического
семинара в исторических вузах (прения) (№ 9, 1928,
115-133).
АДАМОВ, Е. "Международные отношения в эпоху империализма".
Документы из архивов царского и Временного правительств
1878-1917 годов. Серия III. Томы I-VIII, Москва, n.d.
(рецензия) (1937, № 4 [62], 229-242).
-----. Н. П. Полетика. Возникновение мировой войны, Москва,
1935 (рецензия) (1936, № 6 [58], 227-234).
-----. О. Фриис, П. Багге. "Europa, Danmark og Nordslesvig
1864-1879". I. Bind. Actes et lettres, Копенгаген,
1939 (рецензия) (1940, № 8 [84], 136-144).
АДОРАТСКИЙ, В. Архивное дело на 6-м конгрессе историков
(№ 9, 1928, 97-100).
АДРИАНОВ, --. В. Г. Тан-Богораз. Разложение коммунистического строя у американских эскимосов (прения)
(1935, № 12 [52], 147-149).
АЙЗЕНВАРГ, С. Центральный музей РККА. (1937, № 4 [62],
267-269).
АЙНЗАФТ, С. Б. П. Козьмин. С. В. Зубатов и его корреспонденты,
Москва, 1928 (рецензия) (№ 9, 1928, 192-193).
-----. Н. А. Рожков. К методологии истории промышленных
предприятий (прения) (№ 2, 1926, 210-224).
АКСЕНОВ, Ю. М. И. Калинин в период подполья см. ГОХБЕРГ,
И. (1940, № 12 [88], 8-26).
АЛЕКСАНДРЕНКО, Л. H. Rigaudias-Weiss. Les enquêtes ouvrières
en France entre 1830 et 1848, Paris, 1936
(рецензия) (1937, № 3 [61], 211-214).
АЛЕКСЕЕВ, Н. А. М. Н. Покровский. Чернышевский как историк
(прения) (№ 8, 1928, 129-152).

АЛЕКСЕЕВ, Ф. М. И. Ростовцев. The Social-Economic History
    of the Roman Empire, Oxford, 1926 (рецензия) (№ 5,
    1927, 240-242).
АЛЕКСЕЕВ-ПОПОВ, В. В Институте исторической технологии
    ГАИМК им. Н. Я. Марра (1936, № 4 [56], 161-163).
-----. Государственная академия истории материальной куль-
    туры им. Н. Я. Марра (1936, № 3 [55], 193-194).
-----. Неизвестное письмо Женни Маркс о Густаве Флурансе
    (1941, № 5 [93], 92-96).
-----. Пленум института истории феодального общества ГАИМК
    в Новгороде (1936, № 4 [56], 159-161).
-----. Собрание материалов по франко-прусской войне 1870-
    1871 гг. и Парижской Коммуне в Ленинградской гос.
    публичной библиотеке им. Салтыкова-Щедрина (1937, № 2
    [60], 189-190).
АЛЕНИН, Ф. "Первый Всегерманский съезд рабочих и солдатских
    советов 16-21 декабря 1918 года." Стенографический
    отчет, Москва, 1934 (рецензия) (1934, №5 [39], 97-
    101).
АЛЕФИРЕНКО, П. Секретный договор Екатерины II с Густавом
    III против французской революции 1789 г. (1941, № 6
    [94], 96-99).
АЛИМОВ, А. Борьба за конституцию 1876 г. в Турции (№ 14,
    1929, 36-67).
АЛЬПЕРОВИЧ, М., БЕЛЕНЬКИЙ, А. Библиографические заметки
    (1941, № 1 [89], 136-139).
АЛЬПЕРОВИЧ, М., БЕЛЕНЬКИЙ, А. Историческая наука за
    рубежом (1941, № 1 [89], 153-154; 1941, № 2 [90], 156;
    1941, № 4 [92], 153-154, 158).
-----. По иностранным журналам (1941, № 6 [94], 157-158).
-----. H. B. Parkes. A History of Mexico, London, 1939
    (рецензия) (1941, № 6 [94], 128-131).
-----. "The Journal of modern history", Chicago, 1939, № 1-
    4. 1940, № 1. (рецензия) (1941, № 5 [93], 131-133).
АЛЬПЕРОВИЧ, М., БЕЛЕНЬКИЙ, А., ЮЩАК, К. Библиографические
    заметки (1941, № 4 [92], 146-149).
АЛЬТМАН, М. Е. Кагаров. Пережитки первобытного коммунизма
    в общественном строе древних греков и германцев ("Труды
    института антропологии и этнографии". Т. XV, вып. 1)
    (рецензия) (1938, № 4 [68], 166-167).
АМБРОСЕНОК, П. В. И. Ленин и И. В. Сталин. Избранные
    произведения 1917 года, Москва, 1938 (рецензия) (1939,
    № 2 [72], 156-158).
-----. "Листовки Московской организации большевиков 1914-
    1920 гг.". Сборник, Москва, 1940 (рецензия) (1941,
    № 6 [94], 124-126).
-----. Триумфальное шествие Советской власти. 7 ноября
    (25 октября)-31 декабря 1917 года (1939, № 3 [73], 178-
    199).

АНАНЬЕВ, К. Памятник героям Перекопа (Панорама "Штурм Пере-
    копа") (1938, № 4 [68], 85-93).
АНАТОЛЬЕВ, П. И. I Интернационал в ссвещении русской легаль-
    ной печати (к 70-летию со дня основания I Интернационала)
    (1934, № 5 [39], 64-78).
-----. М. В. Нечкина. Постановка исторического семинара
    в исторических вузах (прения) (№ 9, 1928, 115-133).
-----. Эсеровщина в советской исторической литературе. Д.
    Кузьмин. Народовольческая журналистика, Москва, 1930
    (рецензия) (№ 21, 1931, 128-132).
АНГАРОВ, А. Г. Пэрри. Лига Нации, ее слова и дела. Пер.
    А. Н. Карасика, с предисл. А. Марти, Ленинград, 1926
    (рецензия) (№ 5, 1927, 247).
АНГАРСКИЙ, В. В. А. А. Куннль. Кружков долгушинцев, Москва,
    1927 (рецензия) (№ 5, 1927, 251-252).
АНДИЧ, Е. Венгерская советская республика (1932, № 4-5
    [26-27], 163-210).
АНДРЕЕВ, Н. Как работал Энгельс над вопросами средневековой
    истории (1940, №10 [86], 107-118).
АНИСИМОВ, Н. И. В. Сталин в годы сольвычегодской и воло-
    годской ссылок (1940, № 9 [85], 3-26).
-----. О библиографии произведений И. В. Сталина (1940,
    № 8 [84], 115-117).
АННИНСКИЙ, С. Письмо в редакцию (1940, № 8 [84], 156-157).
АПТЕКАРЬ, В. Д. А. Арциховский. Новые методы археологии
    (прения) (№ 14, 1929, 136-155).
-----. Д. М. Петрушевский. Очерки из экономической истории
    средневековой Европы, Москва, 1928 (прения) (№ 8, 1928,
    79-128).
-----. И. И. Мещанинов. Халдоведение. История древнего
    Вана, включая древнейшие сведения о Закавказье, Ваку,
    1927 (рецензия) (№ 10, 1928, 256-257).
-----. И. Мещанинов. Палеоэтнология и Homo sapiens
    ("Известия Гос. академии истории материальной культуры"
    Т. VI, Вып. 7), Ленинград, 1930 (рецензия) (№ 21,
    1931, 118-122).
-----. Марксистское понимание социологии (Дискуссия) (№ 12,
    1929, 189-213).
-----. "Реалистическое" опровержение истории (рецензия)
    (№ 9, 1928, 163-172).
АРОНОВИЧ, Ц. С. (Тимофей) Спандарян. Статьи, письма, доку-
    менты, Ереван, 1940 (рецензия) (1941, № 3 [91], 123-
    125).
АРХАНГЕЛЬСКИЙ, С. И. Английская революция XVII в. и аграрные
    отношения в Англии (1935, № 5-6 [45-46], 142-149).
-----. Земельные отношения в эпоху Великой английской
    революции (40-50 годы XVII в.) (1934, № 5 [39], 3-17).
-----. Первоначальное накопление и аграрное законодательство
    Великой английской революции (1932, № 6 [28], 100-113).

-----. Распродажа коронных владений в Англии во время
     республики и протектората (1937, № 2 [60], 92-114).
-----. S. Madge. The Doomsday of Crown lands., London,
     1938 (рецензия) (1939, № 1 [71], 173-177).
Археологические раскопки в Сирии и Ливане (1939, № 2 [72],
     202-203).
Археологические раскопки и открытия (1937, № 3 [61], 233-
     234).
Археологические раскопки на Ближнем Востоке (1940, № 11
     [87], 156-157).
Археология (1936, № 2 [54], 185).
Архивное дело заграницей (1937, № 3 [61], 232-233).
АРЦИХОВСКИЙ, А. В. Археологические работы на метро (1935,
     № 5-6 [45-46], 204-207).
-----. История и археология на службе метростроя   см.
     ТАРАСОВ, Н. (1934, № 3 [37], 140-142).
-----. Новые методы археологии (№ 14, 1929, 136-155).
-----. Раскопки в Новгороде Великом летом 1934 г. (1935,
     № 1 [41], 116-118).
-----. Русская дружина по археологическим данным (1939,
     № 1 [71], 193-195).
АРЦИХОВСКИЙ, А. В., ВОЕВОДСКИЙ, М., КИСЕЛЕВ, С., ТОЛСТОВ, С.
     О методах вредительства в археологии и этнографии
     (1937, № 2 [60], 78-91).
АРШАРУНИ, Н. А. М. Цвибак. Классовая борьба в Туркестане
     (прения) (№ 11, 1929, 130-151).
Астраханское восстание 1705-1706 гг. Предисловие В. Лебедева
     (1935, № 4 [44], 77-86).
АХУН, М. "Библиография по истории пролетариата в эпоху
     царизма; феодально-крепостной период." Вып. I, Москва,
     1935 (рецензия) (1936, № 4 [56], 143-144).
-----. "Деятели революционного движения в России;" био-би-
     блиографический словарь от предшественников декабристов
     до падения царизма. Под ред. Вл. Виленского-Сибирякова
     и др. Т. I.: От предшественников декабристов до конца
     "Народной воли". ч. 1 -- до 50-х г.г. XIX в. Сост.
     А. А. Шиловым и М. Г. Карнауховой, Москва, 1927
     (рецензия) (№ 4, 1927, 240-242).
АЦАРКИН, А. "К вопросу об условиях возникновения и развития
     пролетарского юношеского движения" (№ 21, 1931, 91-
     93).
-----. "О задачах Секции истории юношеского движения"
     (№ 21, 1931, 90-91).

Б

Б.   Против войны и фашизма. "О международном положении".
      Сборник, Москва, 1937 (рецензия) (1937, № 4 [62],
      262-264).
Б.   Х. Диас. Под знаменем единого фронта. Речи и статьи
      1935-1937 гг., Москва, 1937 (рецензия) (1937, № 4
      [62], 262-264).
Б., Д. В. И. Ленин, И. В. Сталин. К годовщинам Октябрьской
      социалистической революции, Москва, 1937 (рецензия)
      (1938, № 1 [65], 154-156).
-----. Период подготовки и проведения Великой Октябрьской
      социалистической революции (по материалам Ленинских
      сборников) (рецензия) (1937, № 4 [62], 243-256).
Б. Д., О. М. В Институте истории АН СССР (1941, № 1 [89],
      150-152).
Б., И. "Исторические записки". Томы VI и VII. (рецензия)
      (1940, № 11 [87], 152-154).
-----. Шестидесятилетие М. Н. Покровского (Газетный обзор)
      (№ 10, 1928, 262-273).
Б., Р. B. Laurent. La Commune de 1871, Paris, 1934
      (рецензия) (1935, № 4 [44], 128-131).
Б., С. С. М. Киров. Избранные статьи и речи, Москва, 1937
      (рецензия) (1938, № 1 [65], 156-157).
Б-н, Г. Научный кружок по истории в Ин-те К. Либкнехта
      (№ 16, 1930, 200-201).
Б-ский, А. А. Полканов. Севастопольское восстание 1830 г.,
      Симферополь, 1936 (рецензия) (1938, № 2 [66], 126-
      127).
"Бабий городок". (1939, № 5-6 [75-76], 279-280).
БАЕВСКИЙ, Д. Большевики в борьбе за III интернационал
      (№ 11, 1929, 12-48).
-----. "Большевики в годы империалистической войны. 1914-
      февраль 1917" (сборник), Москва, 1939 (рецензия)
      (1940, № 8 [84], 130-134).
-----. "Документы по истории гражданской войны". Т. I: Пер-
      вый этап гражданской войны, Москва, 1940 (рецензия)
      (1941, № 4 [92], 118-120).
-----. Из истории строительства большевистской партии (ок-
      тябрь 1917-март 1919 г.) (1941, № 2 [90], 3-21).
-----. М. Г. Флеер. Петербургский Комитет большевиков в
      годы войны 1914-1917, Ленинград, 1927 (рецензия) (№ 7,
      1928, 290-294).
-----. Почему игнорируются директивы партии и правительства?
      см. ШАРОВА, П. (1939, № 1 [71], 146-150).
-----. Форпост революции. М. Мительман, Б. Глебов, А.
      Ульянский. История Путиловского завода. Под. ред.
      В. А. Быстрянского, Ленинград, 1939 (рецензия) (1940,
      № 2 [78], 139-146).

БАЖЕНОВ, Л. Сентябрьское восстание в Болгарии (1932, № 4-5
     [26-27], 253-292).
БАЗИЛЕВИЧ, К. Б. Д. Греков. Феодальные отношения в Киевском
     государстве, Москва, 1936 (рецензия) (1936, № 2 [54],
     138-139).
-----. "Материалы по истории крестьянской промышленности
     XVIII в. и первой половины XIX века", Т. I ("Труды
     Историко-археографического института," 1935) (рецензия)
     (1937, № 1 [59], 167-171).
-----. "Хозяйство крупного феодала-крепостника XVII века".
     Сборник документов, ч. 2-я, Москва, 1936 (рецензия)
     (1937, № 2 [60], 162-164).
БАКС, Г. О статье Т. Зиновьева по истории германской социал-
     демократии в т. XVI, БСЭ (№ 18-19, 1930, 84-96).
БАНТКЕ, С. Борьба против "левых" коммунистов во Франции
     (1935, № 10 [50], 35-48).
-----. Из истории борьбы за создание компартии Франции
     (1936, № 5 [57], 70-83).
-----. Институт истории Ленинградского отделения Коммун-
     истической академии (1935, № 5-6 [45-46], 201-203).
-----. Петровская реформа в освещении С. М. Соловьева
     (№ 13, 1929, 137-165).
-----. Побольше ленинской четкости (по поводу книги Г.
     Зайделя "Очерки по истории II Интернационала 1889-
     1914 гг."), Ленинград, 1930 (рецензия) (№ 21, 1931,
     94-103).
БАРАБОЙ, А. К вопросу о причинах присоединения Украины к
     России в 1654 году (1939, № 2 [72], 87-111).
-----. М. Петровский. Визвольна війна українського народу
     проти гніту шляхетської Польщі і приєднання України до
     Росії (1648-1654), Київ, 1940 (Нариси з історії
     України, вип. IV) (рецензия) (1940, № 7 [83], 137-
     140).
-----. Розыски Кошута в России в 1849 г. (1941, № 6 [94],
     100-102).
БАРАНСКИЙ, Н. М. Ветошкин. Сибирские большевики в период
     первой русской революции, Москва, 1939 (рецензия)
     (1940, № 8 [84], 129-139).
БАРХАШЕВ, --. А. Ацаркин. О задачах Секции истории
     юношеского движения (прения) (№ 21, 1931, 90-91).
БАХ, И. Об издании протоколов конгрессов и конференций I
     интернационала см. В Институте Маркса-Энгельса-Ленина
     (1935, № 7 [47], 128-129).
БАХРУШИН, С. В. А. Л. Сидоров. Ленин и Сталин о русском
     самодержавии (прения) (1940, № 6 [82], 63-68).
-----. "Исторический архив", вып. I, Москва, 1936 (рецензия)
     (1937, № 1 [59], 161-163).
-----. К вопросу о крещении Киевской Руси (1937, № 2 [60],
     40-77).

-----. К истории Бурято-Монголии, Москва, 1935 (рецензия) (1936, № 3 [55], 162-164).

-----. М. Меховский. Трактат о двух Сарматиях, Москва, 1936 (рецензия) (1937, № 2 [60], 160-162).

-----. М. П. Алексеев. "Сибирь в известиях западно-европейских путешественников и писателей". Т. I. ч. 2, Иркутск, 1936 (рецензия) (1936, № 5 [57], 149-152).

-----. Н. Н. Воронин. К истории сельского поселения феодальной Руси, Ленинград, 1935 (рецензия) (1936, № 6 [58], 191-194).

-----. Некоторые вопросы истории Киевской Руси. Б. Д. Греков. Феодальные отношения в Киевском государстве, Москва, 1936 (рецензия) (1937, № 3 [61], 165-175).

-----. Ф. Кудрявцев. История бурят-монгольского народа, Москва, 1940 (рецензия) (1941, № 4 [92], 121-124).

-----. "Феодальная деревня Московского государства XIV-XVI веков". Сборник, Москва, 1935 (рецензия) (1936, № 6 [58], 195-196).

-----. Я. Стрейс. Три путешествия, Москва, 1935 (рецензия) (1936, № 4 [56], 122-123).

БАШИНДЖАГЯН, Л. Мартовская сессия Академии наук СССР: Заседание памяти Н. Я. Марра (1935, № 4 [44], 152-154).

БЕЗБАХ, С. 230-я годовщина Полтавской битвы (юбилейная сессия) (1939, № 4 [74], 203-205).

БЕЛЕНИЦКИЙ, А. К истории феодального землевладения в Средней Азии и Иране в Тимурилскую эпоху (XIV-XV вв.). Образование института "суюргал" (1941, № 4 [92], 43-58).

БЕЛЕНЬКИЙ, А. Библиографические заметки см. АЛЬПЕРОВИЧ, М. (1941, № 1 [89], 136-139; 1941, № 4 [92], 146-149).

-----. Историческая наука за рубежом см. АЛЬПЕРОВИЧ, М. (1941, № 1 [89], 153-154; 1941, № 2 [90], 156; 1941, № 5 [93], 153-154, 158).

-----. По иностранным журналам см. АЛЬПЕРОВИЧ, М. (1941, № 6 [94], 157-158).

-----. H. B. Parkes. A History of Mexico, London, 1939 (рецензия) см. АЛЬПЕРОВИЧ, М. (1941, № 6 [94], 128-131).

-----. "The Journal of Modern History," Chicago, 1939, № 1-4; 1940, № 1 (рецензия) см. АЛЬПЕРОВИЧ, М. (1941, № 5 [93], 131-133).

ВЕЛИКОВСКИЙ, М. Исторические статьи "Нового Востока" (№ 5, 1927, 238-239).

БЕЛЛИ, В. И. Исаков. Операция японцев против Циндао в 1914 г. 3-е изд, Москва, 1937 (рецензия) (1938, № 4 [68], 180-182).

-----. Н. Новиков. Операции флота против берега на Черном море в 1914-1917 гг. 3.изд, Москва, 1937 (рецензия) (1938, № 1 [65], 148-150).

-----. J. S. Corbett, H. Newbolt. History of the Great
War. Naval Operations. V. I, 1920, V. II, 1921, V. III,
1923, V. IV, 1928, V. V, 1931, London (рецензия)
(1937, № 5-6 [63-64], 180-189).

БЕЛОВА, М. Защита диссертации С. Б. Каном (1940, № 9 [85],
154-156).

БЕЛЯЕВ, Е. Историко-социологическая теория Иби-Халдуна
(1940, № 4-5 [80-81], 78-84).

БЕРГЕР, А. Н. Д. Флиттнер. В стране пирамид, Москва, 1936
(рецензия) (1937, № 3 [61], 216).

-----. С. Я. Лурье. Письмо греческого мальчика, Москва,
1936 (рецензия) (1937, № 2 [60], 183-184).

-----. F. Altheim. Epochen der römischen Geschichte. Bd. 1
von den Anfängen bis zum Beginn der Weltherrschaft.
Bd. II. Weltherrschaft und Krise, Frankfurt a/M., 1934-
1935 (рецензия) (1937, № 1 [59], 171-174).

БЕРЕЖКОВ, Н. Доклад В. И. Бушуева 19 сентября на заседании
сектора истории СССР до XIX в. (1940, № 12 [88], 134-
135).

БЕРКМАН, И. Г. Ладоха. Разинщина и пугачевщина, Москва,
1928 (рецензия) (№ 9, 1928, 187-188).

БЕРКОВА, И., Тонкова, Р. Работа по подготовке сводного
каталога печатных изданий эпохи первой буржуазной
французской революции (1789-1804), находящихся на
территории СССР (1936, № 5 [57], 197-198).

БЕРНАДСКИЙ, В. Закрепление в памяти учащихся основных
хронологических дат (1935, № 7 [47], 101-111).

БЕРНШТЕЙН, А. С. Переписка Маркса и Энгельса с Домела-
Нивенгейсом см. Переписка Маркса и Энгельса...
(1934, № 6 [40], 37-69).

-----. Письмо в редакцию (№ 18-19, 1930, 149-156).

-----. Э. Бернштейн. Детство и юность, 1850-72 гг. Пер.
с немец. А. М. Гинзбурга, с предисл. А. Тальгеймера,
под. ред. С. Ш., Москва (рецензия) (№ 8, 1928, 216-
218).

-----. "Эйзенахцы" и "лассальянцы", 1869-78 (№ 13, 1929,
95-136).

БЕРТЕЛЬС, --. Подготовка полного издания текстов и перевода
"Сборника летописей" Рашидаддина (1937, № 3 [61], 222-
224).

БЕШКИН, Г. В. И. Невский. История ВКП(б) как наука
(прения) (№ 12, 1929, 300-333).

-----. К. А. Попов. Об исторических условиях перерастания
буржуазно-демократической революции в пролетарскую
(прения) (№ 12, 1929, 300-333).

Библиографичесие заметки (1938, № 3 [67], 144-147; 1938,
№ 5 [69], 223-230; 1939, № 1 [71], 188-192; 1939, № 2
[72], 180-183; 1939, № 3 [73], 167-172; 1939, № 5-6
[75-76], 270-271; 1940, № 2 [78], 161-163; 1940, № 3
[79], 151-152; 1940, № 6 [82], 133-134; 1940, № 11 [87],
135-139; 1940, № 12 [88], 126-129; 1941, № 5 [93], 148-
151; 1941, № 6 [94], 136-139).

Библиография работ М. Н. Покровского (1932, № 1-2 [23-24],
    216-248).
БИРМАН, Б. Об издании сочинений Маркса и Энгельса см.
    В Институте Маркса-Энгельса-Ленина (1935, № 5-6 [45-
    46], 194-199).
БИРЮКОВИЧ, В. В. А. Ефимов. Новая история 1789-1870.
    Учебник для 8-го класса средней школы, Москва, 1940
    (рецензия) (1941, № 4 [92], 115-117).
-----. С. Д. Сказкин. Маркс и Энгельс о западноевропейском
    абсолютизме (прения) (1940, № 6 [82], 63-68).
БЛАНКИ, О. Доклад прочитанный в обществе друзей народа 2
    февраля 1832 г. (№ 20, 1930, 86-96).
-----. Заметки о Луи Блане (№ 20, 1930, 97-98).
-----. Инструкция к вооруженному восстанию (№ 3, 1927, 14-
    39).
-----. К разрушению постоянных армий (№ 20, 1930, 98-99).
БЛЮМ, С. "Батумская демонстрация 1902 г." 35-летие поли-
    тической демонстрации батумских рабочих, Москва, 1937
    (рецензия) (1937, № 4 [62], 257-261).
БЛЮМЕНТАЛЬ, С. В. И. Ленин. Тетради по империализму,
    Москва, 1939 (рецензия) (1939, № 4 [74], 144-149).
-----. "Ленинский сборник". XXX, Москва, 1937 (рецензия)
    (1938, № 1 [65], 127-130).
-----. "Ленинский сборник". XXXI, Москва, 1938 (рецензия)
    (1938, № 4 [68], 119-123).
-----. "Ленинский сборник". XXXII, Москва, 1938 (рецензия)
    (1939, № 2 [72], 129-135).
БОБИНСКИЙ, С. Материалы по истории польского большевизма
    (№ 7, 1928, 255-260).
-----. Письмо в редакцию (№ 8, 1928, 244).
БОГДАНОВ, А. А.? П. О. Горин. Чем же были Советы Рабочих
    Депутатов в 1905 г.? (прения) (№ 1, 1926, 201-235).
БОГОЯВЛЕНСКИЙ, С. G. Sacke. Die Pressepolitik Katharinas
    II von Russland. ("Zeitungswissenschaft", Leipzig,
    1938, H. 9) (рецензия) (1941, № 6 [94], 123).
Боевая программа дальнейшего подъема исторической науки
    (1937, № 3 [61], 142-147).
БОЕЧИН, --. Ф. Божко. Гражданская война в Средней Азии,
    Ташкент, 1930 (рецензия) (1933, № 3 [31], 104-105).
БОЙКО, И., ВИЧ, К. Стотридцатипятилетие Харьковского госу-
    дарственного университета им. А. М. Горького (1940,
    № 6 [82], 152-156).
Большевистская печать Закавказья и царская цензура 1905-
    1907 гг. Вступительная статья М. Л. Лурье (1937,
    № 3 [61], 126-136).
БОР-РАМЕНСКИЙ, Е. К вопросу о роли большевиков Закавказья
    в иранской революции 1905-1911 годов (1940, № 11 [87], 89-99
БОРДАДЫН, А. Послевоенные экономические кризисы в капиталисти-
    ческом мире (1938, № 6 [70], 29-52).

БОРОВСКИЙ, А. "Историческая литература". Библиографический бюллетень книг и статей № 1-2, Москва, 1940 (рецензия) (1940, № 12 [88], 97-99).

БОРОЗДИН, И. "Известия византийских писателей о Северном Причерноморье", Москва, 1934 (рецензия) (1934, № 6 [40], 89-90).

-----. Историческая наука в Туркмении (1934, № 5 [39], 120-123).

Борьба деревенской бедноты с кулачеством в революции 1905 года (1936, № 1 [53], 116-132).

Борьба за армию и вооруженное восстание (1937, № 4 [62], 155-176).

БОЧАРОВ, Ю. М. Задачи преподавания истории (1934, № 3 [37], 85-92).

-----. Источники по истории Октябрьской революции и методы их проработки в школе (№ 5, 1927, 153-159).

-----. "Календари-хроники событий 1905 г.", Москва, 1925 (рецензия) (№ 1, 1926, 307-311).

БРАГИН, --. С. Кривцов. Ленин о преподавании истории в школе (прения) (№ 21, 1931, 87-89).

БРАЙНИН, С., ШАФИРО, Ш. О движущих силах восстания 1916 г. в Казахстане (1933, № 6 [34], 27-50).

-----. Против идеализации и упрощенческого понимания исторического прошлого алашского движения (1934, № 2 [36], 76-88).

БРАНДЕНБУРГСКИЙ, Л. Три встречи с Лениным (1941, № 1 [89], 73-77).

БРИГАДА ВЫДЕЛЕНА КОЛЕКТИВОМ НАУЧНЫХ РАБОТНИКОВ И АСПИРАНТОВ ИНСТИТУТА ИСТОРИИ КОМАКАДЕМИИ. П. Горин. Очерки по истории советов рабочих депутатов в 1905 г., Москва, 1930 (рецензия) (№ 21, 1931, 132-134).

БРИГАДА: ЗУТИС, МОСИНА, СЕМЕНОВ, СМИРИН. "История средних веков". Т. 1. Под ред. А. Д. Удальцова, Е. А. Косминского и О. Л. Вайнштейна (1939, № 1 [71], 158-164).

БРИГАДА ИКП ИСТОРИИ: А. ГОРСТ, Ф. КОЗЛОВ, П. МАНОВА, М. МОИСЕЕВА, Ф. ФРУМКИНА, П. ШАПИРО. С. Моносов. Очерки истории революционного движения, Москва, 1932 (рецензия) 1933, № 4 [32], 114-122).

БРИГАДА ИКП ИСТОРИИ: АФИНОЧЕНОВ И БАРМИН. Н. Ванаг. Краткий очерк истории народов СССР, ч. 1, Москва, 1932 (рецензия) (1933, № 4 [32], 106-113).

БРИГАДА ИКП ИСТОРИИ: БЕРНОВСКАЯ, КУЗОВЕНКО, МИЛЛЕР, НАРУЩЕВИЧ. Ю. Бочаров, А. Иониссиани. Учебник истории классовой борьбы XVIII-XX вв. Изд. 5-е, Москва, 1931 (рецензия) (1932, № 1-2 [23-24], 201-211).

БРИГАДА ИКП ИСТОРИИ: Г. СЛЮСАРЕНКО, П. ГНИДАШ, В. КРУТЬ, И. КРАВЧЕНКО. "Літопісь революціі". (рецензия) (1932, № 3 [25], 135-141).

БРИГАДА ИКП ИСТОРИИ: ТОЛСТИХИНА, МИЛЛЕР. О работах т.
    Пионтковского (рецензия) (1932, № 1-2 [23-24], 192-
    200).
БРОВЕР, И. О некоторых теоретических корнях разногласий
    между большевиками и меньшевиками (1939, № 2 [72], 73-
    86).
БРОНШТЕЙН, В. Комитеты бедноты в РСФСР (1938, № 5 [69],
    71-96).
БРУК,--. Б. И. Горев. Военная история и марксизм (прения)
    (№ 9, 1928, 115-133).
БРЫЖНИН, В. Научная работа исторического факультета Ленин-
    градского университета: кафедра новой истории (1941,
    № 2 [90], 140-142).
БРЫСОВ,--. А. Арциховский. Новые методы археологии
    (прения) (№ 14, 1929, 136-155).
БУДУМЯН, С. Юбилейная сессия Армянского филиала АН СССР
    (1941, № 1 [89], 145-146).
БУРДЖАЛОВ, Э. Первый всероссийский съезд советов (1937,
    № 3 [61], 24-41).
Буржуазная революция во Франции (Календарь событий 1789 г.)
    (1939, № 3 [73], 200-209).
Буржуазные историки Запада в СССР (Тарле, Петрушевский,
    Кареев, Бузескул и др.). Вступительное слово Н. Лукина.
    Выступления С. Кривцова, Ф. Потемкина, В. Далина, А.
    Нифонтова, Ц. Фридлянда, Б. Дубинского, Р. Авербух,
    Н. Фрейберг и заключительное слово Н. Лукина (№ 21,
    1931, 44-86).
БУРКИН, Н. Антиленинские извращения в литературе по истории
    Октябрьской революции и гражданской войны у горских
    народов (рецензия) (1934, № 2 [36], 89-98).
-----. Горское правительство и интервенция на Северном
    Кавказе в 1918-1919 гг. (1934, № 2 [36], 11-29).
-----. О великодержавных и националистических тенденциях
    в горской исторической литературе (1932, № 1-2 [23-24],
    140-161).
БУХБИНДЕР, Н. "Большевистская печать в тисках царской
    цензуры. 1910-1914. Газеты "Звезда" и "Правда"."
    Сборник документов, сост. М. Лурье и Л. Полянская.
    Под. ред. В. Быстрянского, Ленинград, 1930 (рецензия)
    (1940, № 1 [77], 137-140).
-----. В Государственной Публичной исторической библиотеке
    (1940, № 7 [83], 155-156).
-----. Научная работа на историческом факультете Карело-
    Финского гос. пед. института (1940, № 7 [83], 156-157).
-----. "1905 г. Еврейское рабочее движение". Сост. А. Д.
    Киржниц, Москва, 1928 (рецензия) (№ 7, 1928, 289-290).
БУШУЕВ, С. А. Н. Радищев. Полное собрание сочинений. Т. I.,
    Москва, 1938 (рецензия) (1939, № 5-6 [75-76], 250-253).
-----. "Всеобщая стачка на юге России в 1903 г.". Сборник
    документов, Москва, 1938 (рецензия) (1939, № 4 [74],
    165-166).

-----. Государственная система имамата Шамиля (1937, № 5-6 [63-64], 77-104).

-----. "Декабристы". Летописи Государственного литературного музея. Книга 3-я, Москва, 1938 (рецензия) (1939, № 5-6 [75-76], 249-250).

-----. "Дело петрашевцев". Т. I., Москва, 1937 (рецензия) (1938, № 2 [66], 127-130).

-----. Н. Г. Чернышевский. Неопубликованные произведения 1863-1864 гг., Саратов, 1939 (рецензия) (1940, № 4-5 [80-81], 138-141).

-----. Н. Г. Чернышевский. Полное собрание сочинений. Т. I., Москва, 1939 (рецензия) (1940, № 4-5 [80-81], 138-141).

-----. Н. Флеровский. (В. В. Берви) Положение рабочего класса в России, Москва, 1938 (рецензия) (1938, № 5 [69], 203-204).

-----. О работе Научного кабинета истории народов СССР при Институте истории Академии наук СССР (1936, № 3 [55], 116-118).

-----. Письма виконта Г. Кастильона к Гизо см. Письма виконта Г. Кастильона к Гизо (1936, № 5 [57], 105-123).

-----. "Процесс Н. Г. Чернышевского". Архивные документы, Саратов, 1939 (рецензия) (1940, № 4-5 [80-81], 138-141).

-----. Революционный демократ-просветитель Д. И. Писарев (1840-1868) (1940, № 10 [86], 119-121).

-----. Русская история в освещении революционных демократов (В. Белинский, Н. Чернышевский, Н. Добролюбов) (1940, № 8 [84], 87-98).

-----. С. Дмитриев. Славянофилы и славянофильство (прения) (1941, № 1 [89], 97-100).

-----. Формирование мировоззрения Н. Г. Чернышевского (1939, № 5-6 [75-76], 99-117).

-----. Я. Линков. Крестьянское движение в России во время Крымской войны, 1853-1856, Москва, 1940 (рецензия) (1940, № 12 [88], 118-119).

БЫКОВСКИЙ, С. Н. В. Г. Тан-Богораз. Разложение коммунистического строя у американских эскимосов (прения) (1935, № 12 [52], 147-149).

-----. Д. К. Зеленин. Табу слов у народов Восточной Европы и Северной Азии. Ч. I., Ленинград, 1929 (рецензия) (№ 16, 1930, 181-185).

-----. М. И. Ростовцев. Скифия и Боспор; критическое обозрение памятников литературных и археологических, Москва, 1925 (рецензия) (№ 11, 1929, 180-182).

-----. Н. Я. Марр -- историк-революционер (1935, № 2-3 [42-43], 54-62).

В группе истории Академии наук (1937, № 1 [59], 195).
В., И. В. Г. Белинский. Избранные сочинения в трех томах,
    т. I, Москва, 1934 (рецензия) (1935, № 7 [47], 116-
    118).
-----. "За большевистское изучение истории партии", Москва,
    1936 (рецензия) (1936, № 4 [56], 146).
-----. "За большевистское изучение истории партии", Саратов,
    1936 (рецензия) (1936, № 4 [56], 145-146).
-----. "К истории большевистской партии", Вып. 1, Москва,
    1936 (рецензия) (1936, № 4 [56], 146).
-----. Научная сессия, посвященная 30-летию революции 1905-
    1907 гг. (1936, № 1 [53], 208-209).
-----. "Социализм и коммунизм". Вып. 2-й, Москва, 1936
    (рецензия) (1936, № 4 [56], 146).
В Институте истории. Защита диссертации З. В. Мосиной
    (1940, № 3 [79], 155).
В Институте истории АН СССР (1941, № 4 [92], 152-153; 1941,
    № 5 [93], 157-158).
В Институте истории Академии наук СССР (1938, № 3 [67],
    156).
В Институте истории Академии наук СССР (заседание бюро Глав-
    ной редакции "Всемирной истории") (рецензия) (1940,
    № 2 [78], 173).
В Институте истории Академии наук СССР. (Защита диссертаций.)
    (1939, № 3 [73], 218-219).
В Институте истории Академии наук (защита диссертаций)
    (1939, № 4 [74], 199-201).
В Институте истории Комакадемии (1933, № 3 [31], 117).
В Институте истории Коммунистической академии (1936, № 1
    [53], 210).
В Институте истории Комакадемии: I. Кетэ Поль, Работа
    группы по истории мировой войны и послевоенного импери-
    ализма. II. В. М., Массовая работа Института истории
    Комакадемии (1934, № 4 [38], 157-159).
В институте истории Комакадемии: Ц. Шапиро. Обсуждение
    учебника по новой истории (1935, № 7 [47], 132-134).
В институте истории Коммунистической Академии (1935, № 11
    [51], 134-135).
В Институте истории Коммунистической академии: Об "Очерках
    по истории Алаш-Орды" (1935, № 4 [44], 155-156).
В Институте истории Коммунистической академии: Об ученых
    степенях и званиях (1935, № 5-6 [45-46], 199).
В Институте истории красной профессуры истории (1936, № 1
    [53], 210).
В Институте Истории при Комакадемии. Секция методологии
    истории; Секция по истории пролетариата СССР; Секция
    по истории промышленного капитализма; Социалистическая
    секция (№ 14, 1929, 221-227).
В Институте Маркса-Энгельса-Ленина: Б. Бирман. Об издании
    сочинений Маркса и Энгельса (1935, № 5-6 [45-46],
    194-199).

В Институте Маркса-Энгельса-Ленина: И. Бах. Об издании
протоколов конгрессов и конференций I Интернационала
(1935, № 7 [47], 128-129).
В Институте Маркса-Энгельса-Ленина: Избранные произведения
Ленина и Сталина в одном томе (1935, № 4 [44], 151).
В исторической комиссии И. С. С. (№ 2, 1926, 291).
В комиссии при Президиуме ЦИК Союза ССР по изданию документов эпохи империализма (1937, № 4 [62], 270).
В Московском институте истории философии и литературы
(ИФЛИ) (Подготовка к 150-летию Французской революции)
(1939, № 3 [73], 215-216).
В музеях, на выставках и открытие памятников к двадцати-
летию Великой Октябрьской социалистической революции
(1937, № 5-6 [63-64], 268).
В., Н. С. А. Коробов. Очерки истории революционного
движения в рабочем поселке Юрино, Марийской автономной
области, Иошкар-Ола, 1935 (рецензия) (1937, № 1 [59],
183).
В научно-исследовательском институте этнических и националь-
ных культур народов Востока (№ 3, 1927, 251-252).
В Обществе Историков-Марксистов (№ 3, 1927, 245-246).
В обществе историков-марксистов (№ 6, 1927, 297-298).
В Обществе историков-марксистов. Комиссия по истории пролетариата при Обществе Революция Общества (№ 14, 1929,
218-220).
В Обществе историков-марксистов. Резолюции, принятые на
Общем собрании общества от 19/III-30 г. (№ 15, 1930,
165-169).
В обществе историков-марксистов. Секция Общества историков-
марксистов по изучению Истории Западной Европы и
Америки; Социологическая секция Общества историков-
марксистов; Комиссия по изучению вооруженных восстаний,
гражданских и революционных войн; Отделение Общества
историков-марксистов в Центрально-черноземной области;
К вопросу о библиографии эпохи Октябрьской революции;
Издание записок Н. И. Лорера (№ 13, 1929, 276-287).
В помощь составителям учебника истории (1936, № 2 [54],
119).
В президиуме Коммунистической академии (1936, № 1 [53],
209).
В президиуме Коммунистической академии. Премирование научных работ (1935, № 12 [52], 153).
В секции истории революционного движения Ком. Академии
(№ 8, 1928, 244).
В Ученом совете Института истории (1938, № 3 [67], 151-152).
Важнейшие даты жизни и деятельности Фридриха Энгельса
(1940, № 10 [86], 142-158).
Важнейшие исторические работы С. И. Гусева (1933, № 4 [32],
151-152).

ВАЙНШТЕЙН, О. Л. К вопросу о научной разработке истории
      Парижской Коммуны (№ 1, 1926, 299-302).
-----. Н. Лукин (Антонов). Парижская коммуна 1871 г.,
      ч. 1. 4.изд., Москва, 1932 (рецензия) (1934, № 2
      [36], 159-161).
-----. Научная работа по истории в Одессе (№ 3, 1927, 252-
      253).
-----. Научно-исследовательская работа по истории Западной
      Европы в советских вузах в 1924-1926 г.г. по их публи-
      кациям (№ 3, 1927, 209-212).
-----. Новые книги о Парижской коммуне 1871 г. (1934,
      № 2 [36], 156-159).
-----. Парижская Коммуна и Французский Банк (№ 1, 1926,
      11-47).
-----. Развитие историографии средних веков в царской
      России (1940, № 9 [85], 99-114).
-----. Романтическая историография в Германии (1800-1848)
      (1940, № 4-5 [80-81], 64-77).
-----. Современный кризис буржуазной исторической мысли
      (1940, № 3 [79], 24-38).
-----. Этническая основа так называемых государств Одоакра
      и Теодориха (1938, № 6 [70], 134-158).
ВАЙСБЕРГ, И. Крестьянское движение 40-х-60-х годов в России
      в свете материалов III отделения и корпуса жандармов.
      "Центрархив. Крестьянское движение 1827-1869 гг."
      Вып. 1-2, Москва, 1933 (рецензия) (1933, № 6 [34],
      146-153).
ВАЛК, С. Из "введений в историю" (№ 5, 1927, 224-226).
-----. "Литература партии 'Народная Воля',' "Народная
      Воля", "Листок народной воли", "Рабочая газета": Доку-
      менты. Под ред. А. В. Якимовой-Диковской и др.,
      Москва, 1930 (рецензия) (№ 20, 1930, 190-192).
-----. "Народовольцы после 1 марта 1881 года." ("Труды
      кружка народовольцев при Всесоюзном обществе политка-
      торжан и ссыльнопоселенцев"), Москва, 1928 (рецензия)
      (№ 8, 1928, 227-230).
-----. "Народовольцы 80-х и 90-х годов." ("Труды кружка
      народовольцев при Всесоюзном обществе политкаторжан и
      ссыльнопосесленцев."), Москва, 1929 (рецензия) (№ 12,
      1929, 290-292).
-----. О публикации материалов по феодально-крепостническ-
      ому периоду истории СССР (1937, № 4 [62], 219-227).
-----. Проф. М. Д. Присёлков (1941, № 2 [92], 156).
ВАЛЬЦЕВ, А. Научная жизнь истфака Московского государ-
      ственного университета (1938, № 3 [67], 160-162).
ВАНАГ, Н. К вопросу о роли царской России на международной
      арене в конце XVIII и в XIX веке (1935, № 10 [50],
      49-67).
-----. К методологии изучения финансового капитала в России
      (№ 12, 1929, 5-46).

-----. Ленин о военно-феодальном империализме царской
России (1934, № 1 [35], 21-52).
-----. Некоторые итоги научной сессии Института истории
(1933, № 3 [31], 65-72).
-----. Письмо в редакцию (1932, № 4-5 [26-27], 355-359).
-----. Проблема двух путей развития капитализма в России
в работах Ленина. Выступления Н. Второва, Е. Гранов-
ского, Г. Меерсона, И. Литвинова, И. Фролова, И. Куз-
нецова, М. Кабалкиной, А. Мальнова и заключит. слово
Н. Ванага (№ 22, 1931, 77-145).
ВАСИЛЬЕВ, М., ЕРМАКОВ, П., ЖИЛИНСКИЙ, А., МЕДВЕДЕВ, А.,
РЫЧКОВА, Г. Против извращения истории гражданской
войны. С. Мирер и В. Боровик. Революция. Устные рассказы уральских рабочих о гражданской войне, Москва,
1931 (рецензия) (1934, № 2 [36], 135-138).
ВАСИЛЬЕВ-ЮЖИН,--. П. О. Горин. Чем же были Советы Рабочих
Депутатов в 1905 г.? (прения) (№ 1, 1926, 201-235).
-----. С. И. Черномордик. Декабрьское вооруженное восстание
(прения) (№ 1, 1926, 236-255).
ВАСЮТИНСКИЙ, А. М. А. Вольский. История мексиканских
революций, Москва, 1928 (рецензия) (№ 9, 1928, 182-
183).
-----. А. Пиренн. Нидерландская революция, Москва, 1937
(рецензия) (1937, № 5-6 [63-64], 232-234).
-----. Г. Купов. Политические партии. Силуэты времен Великой Французской революции. Перевод с немецкого, Ленинград, 1926 (рецензия) (№ 3, 1927, 236-238).
-----. Г. Ландауэр. Письма о французской революции. Перевод с немец. с предисл. И. Бородина. Т. 1-2, Москва,
1925 (рецензия) (№ 3, 1927, 236-238).
-----. Из американских исторических журналов (№ 4, 1927,
229-232; № 10, 1928, 234-238).
-----. Из итальянских исторических журналов (№ 7, 1928,
264-269; № 13, 1929, 227-231).
-----. Из французских исторических журналов (за 1926-27 г.)
(№ 8, 1928, 192-199).
-----. Обзор немецких журналов (№ 11, 1929, 173-179).
-----. Обзор немецких исторических журналов (№ 6, 1927,
260-264).
-----. Обзор немецких исторических журналов за 1926 г.
(№ 3, 1927, 212-217).
-----. Обзор французских исторических журналов за 1925 г.
и первые месяцы 1926 г. (№ 2, 1926, 262-268).
---. A. Zévaès. Histoire de la troisième Republique,
1870-1926, Paris, 1926 (рецензия) (№ 12, 1929, 279-
280).
-----. H. Zschokke. Die französische Revolution und die
Schweiz. Die Helvetische Republik (1798-1803), Zürich,
1938 (рецензия) (1939, № 4 [74], 176-178).

-----. J. M. Thompson. Robespierre, Oxford, 1939 (рецензия) (1939, № 5-6 [75-76], 260-264).

ВАСЮТИНСКИЙ, В. А. А. Н. Савин. Век Людовика XIV, Москва, 1930 (рецензия) (№ 22, 1931, 171-173).

-----. А. Н. Савин. Лекции по истории английской революции. 2.изд., Москва, 1937 (рецензия) (1938, № 3 [67], 119 121).

-----. Д. Лильберн. Памфлеты, Москва, 1937 (рецензия) (1938, № 4 [68], 184-185).

-----. Промышленная революция в Англии в новейшей исторической литературе (№ 10, 1928, 221-233).

-----. A. Bryant. Charles II, Edinborough, 1931 (рецензия) (1936, № 4 [56], 128-131).

-----. A. Bryant. England of Charles II, London, 1934 (рецензия) (1936, № 4 [56], 128-131).

-----. "Bibliography of Britisch History." Stuart Period. 1603-1714. Ed. by Godfrey Davies, Oxford, 1928 (рецензия) (№ 13, 1929, 232-234).

-----. "Bibliography of the writings of Sir Charles Firth," Oxford, 1928 (рецензия) (№ 13, 1929, 232-234).

-----. D. Ogg. England in the reign of Charles II. V. I-II, Oxford, 1934 (рецензия) (1936, № 4 [56], 128-131).

-----. G. N. Clark. The later Stuarts 1660-1714, Oxford, 1934 (рецензия) (1936, № 4 [56], 128-131).

-----. I. F. Grant. The Economic history of Scotland, London, 1935 (рецензия) (1937, № 5-6 [63-64], 254-256).

-----. M. P. Ashley. Financial and commercial policy under the Cromwellian protectorate, London, 1934 (рецензия) (1936, № 6 [58], 209-212).

-----. T. H. Marshall. James Watt, 1736-1819, London, 1925 (рецензия) (№ 12, 1929, 277-278).

ВЕЙ ТИН. "Записки Пэн Бая". Перевод с китайского А. Ивина, Москва, 1936 (рецензия) (1937, № 2 [60], 180-181).

ВЕНКСТЕРН, Л. J. G. Frazer. Creation and evolution in primitive cosmogonies, and other pieces, London, 1935 (рецензия) (1937, № 1 [59], 184).

ВЕРХОВЕНЬ, Б. "Против исторической концепции М. Н. Покровского". Сборник статей. ч. 1, Москва, 1939 (рецензия) см. ГОРОДЕЦКИЙ, Е. (1939, № 4 [74], 157-162).

ВЕРШИНСКИЙ, А. Каким должен быть просеминар по историческим дисциплинам (1934, № 5 [39], 56-60).

-----. Экскурсия как прием преподавания истории в вузе (1935, № 1 [41], 82-92).

ВИКТОРОВ, И. Ошибки М. Н. Покровского в оценке Октябрьской революции (1938, № 5 [69], 170-189).

ВИППЕР, Р. Политические идиллии буржуазной интеллигенции XIX в. (1940, № 12 [88], 47-52).

ВИРГИНСКИЙ, В. Из истории промышленной политики французской буржуазной революции (1936, № 5 [57], 84-104).

-----. L. De Launay. Monge, fondateur de l'école poly-
    technique, Paris, 1935? (рецензия) (1936, № 6 [58],
    220-223).
Включиться в борьбу за реализацию постановления ЦК об издании
    "Истории гражданской войны" (1932, № 3 [25], 3-10).
ВЛАДИМИРОВ, А. Хр. С. Кабакчиев (1878-1940). Некролог
    (1940, № 11 [87], 158-159).
Внимание вопросам критики и библиографии (1940, № 12 [88],
    3-7).
ВОЕВОДСКИЙ, М. О методах вредительства в археологии и этно-
    графии см. АРЦИХОВСКИЙ, А. (1937, № 2 [60], 78-91).
Военно-боевые организации при Петербургском комитете больше-
    виков в революции 1905-1907 годов (1936, № 2 [54], 93-
    116).
ВОЙТИНСКАЯ, Н. Я. Страуян. Боевая быль, Москва, 1935
    (рецензия) (1936, № 6 [58], 235-236).
ВОЙТИНСКИЙ, Н. С. И. Лившиц. Партийные университеты под-
    полья. Капри, 1909 г.; Болонья, 1910-11 гг.; Лонжюмо,
    1911 г., Москва, 1929 (рецензия) (№ 14, 1929, 212-
    215).
ВОЛГИН, В. "Новая история. Ч. 1-я. От Французской буржуаз-
    ной революции до франко-прусской войны и Парижской
    коммуны 1789-1870" (1940, № 7 [83], 106-110).
-----. Политический радикализм накануне Французской революции
    (1939, № 3 [73], 13-36).
-----. --. Розенберг. Мюнстерская коммуна 1534-35 (прения)
    (1935, № 12 [52], 147-149).
-----. Развитие социалистических идей и Сталинская Консти-
    туция (Опыт исторического комментария к первой главе
    Конституции) (1940, № 1 [77], 25-62).
ВОЛИН, М. Н. Н. Розенталь. История Европы в эпоху торгового
    капитализма, Ленинград, 1927 (рецензия) (№ 18-19, 1930,
    201-202).
ВОЛКОВ, Н. Ленин--Сталин и авиация (1939, № 1 [71], 53-75).
-----. P. Supf. Das Buch der deutschen Fluggeschichte.
    Bd. I-II, Berlin, 1936 (рецензия) (1939, № 1 [71],
    184-187).
ВОЛКОВИЧЕР, И. "Центрархив. Дневник Е. А. Перетца, 1880-
    83." С предсл. А. Е. Преснякова, Москва, 1927 (рецен-
    зия) (№ 5, 1927, 252).
ВОЛОСЕВИЧ, В. К. А. Попов. Об исторических условиях пере-
    растания буржуазно-демократической революции в пролетар-
    скую (прения) (№ 12, 1929, 300-333).
ВОЛЬФСОН, Б. Изгнание англо-французских интервентов из Крыма
    и первые шаги советской власти (1940, № 4-5 [80-81],
    36-52).
Вопросы истории в советских периодических изданиях (1937,
    № 2 [60], 194-195; 1937, № 3 [61], 228-229).
"Вопросы преподавания истории на Западе" (1936, № 3 [55],
    201-202).

ВОРОНИН, Н. Некоторые исторические выводы на археологических
    исследований во Владимире и Боголюбове (1940, № 2 [78],
    164-168).
-----. Об итогах археологического изучения древнерусских
    городов. Пленум Института истории материальной куль-
    туры им. Н. Я. Марра, 11-15 марта 1941 г. (1941, № 6
    [94], 149-152).
XVIII съезд германских историков в Геттингене (1932, № 6
    [28], 146-147).
VIII международный конгресс исторических наук (1937, № 1
    [59], 190-194).
ВСЕСОЮЗНАЯ КОНФЕРЕНЦИЯ ИСТОРИКОВ-МАРКСИСТОВ. I. Пленарные
    заседания. II. Резолюция Всесоюзной конференции.
    III. Секция истории народов СССР. IV. Секция истории
    Запада. V. Социологическая секция (№ 11, 1929, 216-
    265).
ВСЕСОЮЗНАЯ КОНФЕРЕНЦИЯ ИСТОРИКОВ-МАРКСИСТОВ. Секции: Исто-
    рии ВКП (б); методическая; по исследованию истории воору-
    женных восстаний и революционных и гражданских войн;
    совещание историков Востока (№ 12, 1929, 300-333).
ВТОРОВ, Н. Н. Ванаг. Проблема двух путей развития капитал-
    изма в России в работах Ленина (прения) (№ 22, 1931,
    77-145).
Выставка "ХХ лет РККА и Военно-Морского Флота" (1938, № 4
    [68], 198-200).
Выставка международного исторического конгресса в Варшаве
    (1933, № 3 [31], 118).
Выставка произведений Маркса в ИМЭЛ (1933, № 3 [31], 115-117).
ВЯТКИН, М. "Материалы по истории туркмен и Туркмении".
    Т. II, Москва, 1938 (рецензия) (1938, № 6 [70], 175-
    176).

Г

Г. В обществе историков-марксистов (№ 2, 1926, 290-291).
Г., Б. "Исторический сборник". № 1-4, 1934-35 (рецензия)
    (1936, № 2 [54], 143-144).
-----. История фабрик и заводов (1933, № 1 [29], 156-157).
Г., Г. На фронте исторической науки в Азербайджане (1936,
    № 2 [54], 175).
Г., М. О работе архивных органов СССР (1935, № 11 [51], 136-
    138).
-----. A. E. Sayous. Le capitalisme commercial et financier
    dans les pays chrétiens de la Mediterranée occidentale
    depuis la première croisade jusqu'à la fin du moyen-âge.
    ("Vierteljahrschrift für Sozial-und Wirtschaftsgeschichte",
    Bd. 29, H. 3, 1936) (рецензия) (1937, № 2 [60], 186-187).

Г., П. В обществе историков-марксистов (№ 1, 1926, 317-
319).

-----. C. B. Welles. Royal correspondence in the hellenistic
period; a study in Greek epigraphy, New Haven (Prague),
1934 (рецензия) (1937, № 1 [59], 184).

Г., З. L. Bergsträsser. Der Weg zur Burschenschaft. ("Archiv
für Kulturgeschichte", Bd. XXVI, H. 2, 1935) (рецензия)
(1936, № 6 [58], 242-243).

Г-Н, З. "Были горы Высокой", Москва, 1935 (рецензия) (1935,
№ 10 [50], 149-150).

ГАБИДУЛЛИН, Х. Национальный вопрос в гражданской войне
(1932, № 6 [28], 22-34).

ГАДЗЯЦКИЙ, С. "Ежегодник ленинской и историко-партийной
библиографии, т. 1, Москва, 1932 (рецензия) (1934,
№ 3 [37], 129).

ГАЗГАНОВ, Э. Исторические взгляды Г. В. Плеханова (№ 7,
1928, 69-116).

-----. "Народная воля" (прения) (№ 15, 1930, 86-143).

-----. Против ревизии марксо-ленинского учения о феодализме
и крепостничестве (О статьях А. Малышева) (№ 22, 1931,
38-63).

ГАЙДАР, М. Собрание древнекитайских книг (1937, № 1 [59],
198-199).

ГАЙДУ, П. Р. Авербух. Царская интервенция в борьбе с
венгерской революцией 1848 г, Москва, 1935 (рецензия)
(1936, № 4 [56], 136-139).

ГАЙСИНОВИЧ, А. "История пролетариата СССР". Под ред. П. О.
Горина и др., Москва, 1930 (рецензия) (№ 21, 1931,
124-126).

-----. "Книга для чтения по истории народов СССР", т.I
(Общество историков-марксистов при Коммунистической
академии СССР) Под общей ред. М. Н. Покровского, Москва,
n. d. (рецензия) (№ 18-19, 1930, 218-221).

ГАЙСТЕР, А. И. С. М. Дубровский. Крестьянство в 1905 г.
(прения) (№ 1, 1926, 256-279).

ГАЛУЗО, П. Г. В редакцию журнала "Историк-марксист" (№ 7,
1928, 311).

-----. Е. Драбкина. Национальный и колониальный вопрос в
царской России, Москва, 1930 (рецензия) (№ 17, 1930,
122-123).

-----. Колониальная политика царского правительства в Средней Азии (№ 9, 1928, 115-133).

-----. Л. Резцов. Октябрь в Туркестане, Ташкент, 1927
(рецензия) (№ 7, 1928, 303-307).

-----. П. Алексеенков. Крестьянское восстание в Фергане,
Ташкент, 1927 (рецензия) (№ 8, 1928, 234-236).

-----. П. Кушнер (Кнышов) Горная Киргизия; социологическая
разведка, Москва, 1929 (рецензия) (№ 14, 1929, 209-
210).

ГАЛЬПЕРИН, А. Библиография по международным отношениям на
     Дальнем Востоке (краткая справка) (1941, № 1 [89],
     140-144).
-----. Обзор международных отношений на Дальнем Востоке с
     конца XVIII в. и до 1918 года (1939, № 4 [74], 94-118).
-----. Обзор международных отношений на Дальнем Востоке
     1918-1929 (1940, № 2 [78], 114-124).
-----. Обзор международных отношений на Дальнем Востоке
     1930-1939 (1940, № 4-5 [80-81], 85-99).
ГАН, Л. Р. Роллан. Робеспьер, Москва, n. d. (рецензия)
     (1939, № 3 [73], 163-166).
-----. Р. Роллан. Театр революции, Москва, n. d. (рецен-
     зия) (1939, № 3 [73], 163-166).
ГАНИЧЕВ, И. Б. А. Чагин. Борьба Ленина за марксизм и матери-
     ализм в девяностых годах, Москва, 1940 (рецензия)
     (1941, № 2 [90], 131-132).

-----. В Институте Истории АН СССР (1940, № 8 [84], 147-
     149).
-----. Обсуждение доклада С. Дмитриева "Славянофилы и славя-
     нофильство (Информация о дискуссии) (1941, № 1 [89],
     97-100).
-----. Плеханов в борьбе за материалистическое понимание
     истории (1938, № 6 [70], 159-166).
-----. Сессия Отделения истории и философии Академии наук
     СССР 25-26 апреля 1940 г. посвященная 70-летию со дня
     рождения В. И. Ленина (1940, № 7 [83], 151-154).
-----. Сессия Отделения истории и философии АН СССР 26-27
     мая 1940 г. (1940, № 8 [84], 145-147).
ГАСАНОВ, Г., САРКИСОВ, Н. Советская власть в Баку в 1918
     году (Бакинская коммуна) (1938, № 5 [69], 32-70).
ГЕЙЛИКМАН, Т. С. Г. Лозинский. Социальные корни антисеми-
     тизма, n. p., n. d. (рецензия) (№ 20, 1930, 188-190).
ГЕЙЛИКМАН, Э. "Базельский конгресс первого Интернационала",
     Москва, 1934 (рецензия) (1935, № 5-6 [45-46], 174-175).
ГЕЙМАН, В. "Городские восстания в Московском государстве
     XVII века", Москва, 1936 (рецензия) (1937, № 1 [59]
     163-167).
ГЕЛАХ, Т. Керченская археологическая конференция (№ 3,
     1927, 248-251).
ГЕЛИКМАН, Э. J. Kallbrunner. Zur Geschichte der österrei-
     chischen Verwaltung unter Maria Theresia. ("Viertel-
     jahrschrift für Sozial-und Wirtschaftsgeschichte". Bd.
     29, H. 1, 1936) (рецензия) (1937, № 3 [61], 218).
ГЕЛЬБАРС, Г. СССР и Иран (1917-1940 гг.) (1940, № 7 [83],
     35-53).
ГЕНКИНА, Э. Борьба за Царицын в 1918 г. (1935, № 7 [47],
     5-29).
-----. Двадцатилетие X съезда партии (1941, № 3 [91], 3-10).

-----. "История гражданской войны в СССР". Т. I, Москва, 1935 (рецензия) (1936, № 1 [53], 186-192).
-----. М. В. Родзянко. Крушение империи, Ленинград, 1927 (рецензия) (№ 5, 1927, 260-261).
-----. "Народная воля" (прения) (№ 15, 1930, 86-143).
-----. СССР в 1930-1931 годах (1940, № 12 [88], 53-75).
-----. Советская страна в период перехода к новой экономической политике (1939, № 5-6 [75-76], 38-66).
ГЕНКИНА, Э., ЛОМАКИН, А. Против алашордынской контрабанды. С. Брайнин, Ш. Шафиро. Очерки по истории Алаш-орды, Алма-Ата, 1935 (рецензия) (1935, № 4 [44], 108-110).
Генрих Якобсон (1936, № 2 [54], 188).
ГЕОРГИЕВ, А. "Deutschland--England 1933-1939". Die Dokumente des deutschen Friedenswillens". Hrsg. von F. Berber, Essen, 1940 (рецензия) (1941, № 2 [90], 132-135).
ГЕОРГИЕВ, Г. "Женщина в гражданской войне". Эпизоды борьбы на Северном Кавказе в 1917-1920 гг., Москва, 1937 (рецензия) (1938, № 2 [66], 130-131).
ГЕРМАН, Е. С. Рабинович. История гражданской войны; краткий очерк, Москва, 1933 (рецензия) (1934, № 2 [36], 126-131).
ГЕХТМАН, С. Правооппортунистическая ревизия Ленина под флагом критики национал-демократизма (О статье т. М. Рубача в № 5 журнала "Летопись революции") (№ 22, 1931, 160-170).
ГИНГОР, С. М. М. Айзенштат. Революция 1848 г. во Франции. (История Франции I половины XIX в.) Из серии "Библиотека для работы по Дальтон-плану", Ленинград, n. d. (рецензия) (№ 4, 1927, 256-258).
ГИНДИН, В. "Протоколы совещания расширенной редакции "Пролетария", юнь 1909 г., Москва, 1934 (рецензия) (1935, № 12 [52], 134-136).
ГИНДИН, И. Ф. К спорным вопросам истории финансового капитала в России (№ 12, 1929, 47-90).
-----. Новая книга об империализме в России (№ 5, 1927, 191-196).
ГИРЧЕНКО, В. А. И. Востриков, Н. И. Поппе. Летопись баргузинских бурят. Тексты и исследования, Москва, 1935. (Академия наук СССР. Труды Института востоковедения, VIII) (рецензия) (1937, № 5-6 [63-64], 211-213).
ГИРШФЕЛЬД, А. В. Ф. Новицкий. Мировая война 1914-1918 гг. Кампания 1914 г. в Бельгии и Франции. Т. I, Москва, 1938 (рецензия) (1939, № 2 [72], 174-177).
ГЛУХАРЕВА, О. Выставка "Искусство Китая". (1940, № 3 [79], 155-158).
ГНИДАШ, П. "Літопісь революціі" (рецензия) см. БРИГАДА ИКП ИСТОРИИ (1932, № 3 [25], 135-141).
Годичная сессия Исторической ассоциации в Англии (1935, № 7 [47], 138).
Годовщина смерти Д. Благоева (1935, № 5-6 [45-46], 203-204).

ГОЛИКОВ, Г. А. Федоров. Разгром контрреволюционных очагов Красной Гвардией (ноябрь 1917-февраль 1918 г.), Москва, 1940 (рецензия) (1940, № 11 [87], 124-126).

-----. Н. Рубинштейн. Большевики и Учредительное собрание, Москва, 1938 (рецензия) (1938, № 4 [68], 160-162).

ГОЛУБЕВА, Р. М. Лурье. Июльские баррикады 1914 г., Ленинград, 1939 (рецензия) (1940, № 6 [82], 116).

-----. М. Лурье. Сталин в Петербурге в годы революционного подьема, Ленинград, 1939 (рецензия) (1940, № 6 [82], 116).

-----. Сентябрьские события 1917 г. в Ташкенте (1941, № 4 [92], 26-42).

ГОЛУБОВИЧ, В. Молодой Сталин (Обзор воспоминаний) (1940, № 1 [77], 120-128).

ГОЛЬДБЕРГ, Н. К вопросу о возникновении пенджабских контингентов индийской армии и их социальном составе (1940, № 6 [82], 75-89).

ГОПНЕР, С. Двадцать лет основания Коммунистического Интернационала (1919 г. 2-6 марта-1939 г.) (1939, № 2 [72], 54-72).

ГОРБАЧЕВСКИЙ, В. Д. И. Писарев в Петропавловской крепости (1941, № 5 [93], 106-110).

ГОРЕВ, Б. И. Б. П. Козьмин. Революционное подполье в эпоху "белого террора", Москва, 1929 (рецензия) (№ 13, 1929, 253-254).

-----. Бакунин в материалах и документах. "Материалы для биографии М. Бакунина". Ред. и примеч. В. Полонского. Т. 1-3, Москва, 1923-1933, 1928 (рецензия) (1934, № 3 [37], 115-118).

-----. В. Кирпотин. Радикальный разночинец Д. И. Писарев, Ленинград, 1929 (рецензия) (№ 11, 1929, 203-204).

-----. Военная история и марксизм (№ 9, 1928, 115-133).

-----. Г. И. Крамольников. Конференция большевиков в Таммерфорсе 11-17 декабря 1905 г. (прения) (№ 12, 1929, 300-333).

-----. "Записки Секции по изучению проблем войны", Москва, 1930 (рецензия) (№ 18-19, 1930, 225-226).

-----. Классовая борьба во Франции накануне 1917 г. (1934, № 4 [38], 69-81).

-----. М. Н. Покровский. Чернышевский как историк (прения) (№ 8, 1928, 129-152).

-----. Н. А. Добролюбов (1936, № 1 [53], 91-97).

-----. Н. Г. Чернышевский. Избранные сочинения, т. I, Москва, 1928 (рецензия) (№ 13, 1929, 252-253).

-----. Новейшая военно-историческая литература (№ 8, 1928, 179-182).

-----. Памяти Н. А. Рожкова см. ПОКРОВСКИЙ, М. Н. (№ 4, 1927, 179-186).

-----. Стачечная борьба во Франции в годы войны (1934, № 4 [38], 38-48).

-----. Чернышевский и революционные войны. Выступления
    А. Свечина и М. Н. Покровского (№ 10, 1928, 178-196).
-----. J. F. Hecker. Russian Sociology, London, 1934
    (рецензия) (1935, № 8-9 [48-49], 222-225).
-----. M. Beer. Fifty years of International socialism,
    London, 1933 (рецензия) (1936, № 2 [54], 161-162).
ГОРИН, П. О. К вопросу о характере революции 1905 г.
    ("История ВКП(б)", т. II. Сост. Г. Крамольников и др.
    под ред. Е. Ярославского), Москва, 1930 (рецензия)
    (№ 20, 1930, 164-173).
-----. М. Н. Покровский как историк первой русской революции
    (№ 9, 1928, 34-57).
-----. Н. Рожков. Русская история в сравнительно-историческом
    освещении, т. XII, Москва, 1926 (рецензия) (№ 2, 1926,
    271-275).
-----. "Народная воля" (прения) (№ 15, 1930, 86-143).
-----. "Очерки по истории Октябрьской революции" т. I.
    Под ред. М. Н. Покровского (№ 8, 1928, 153-160).
-----. Письмо в редакцию (№ 12, 1929, 334-335).
-----. Чем же были Советы Рабочих Депутатов в 1905?. Прения:
    Скабыш, Сверчков, Богданов, Васильев-Южин, Рогов, Рожков,
    Смирнов, Егоров (№ 1, 1926, 201-235).
ГОРЛОВСКИЙ, И. Г. Зиновьев. История германской социал-
    демократии. ("Большая Советская Энциклопедия", Т. XVI,
    Москва, 1929 (прения) (№ 18-19, 1930, 117-124).
ГОРОДЕЦКИЙ, Е. Легенда о "нейтралитете" (из истории октябрь-
    ских дней 1917 г. в Киеве) (1937, № 4 [62], 100-123).
-----. --. Мирошниченко. Харьковская Красная гвардия,
    Харькiв, 1932 (рецензия) (1934, № 2 [36], 131-132).
-----. Третий съезд советов (январь 1918 г.) (1941, № 3
    [91], 11-35).
-----. Центральная рада--оплот всероссийской контрреволюции
    (1935, № 8-9 [48-49], 111-132).
ГОРОДЕЦКИЙ, Е., ВЕРХОВЕНЬ, Б. "Против исторической концепции
    М. Н. Покровского". Сборник статей. Ч. I, Москва,
    1939 (рецензия) (1939, № 4 [74], 157-162).
ГОРСКИЙ, Г. Против троцкистской контрабанды в вопросах
    истории бакинской большевистской организации (1935,
    № 12 [52], 124-133).
ГОТЬЕ, Ю. А. Е. Пресняков. Лекции по русской истории.
    Т. I. Киевская Русь, Москва, 1938 (рецензия) (1938,
    № 4 [68], 145-148).
-----. Балтийский вопрос в XVIII-XVI веках (1941, № 6 [94],
    87-95).
-----. В. Левашев. Реформа 1861 г. в Самарской и Симбирской
    губерниях, Куйбышев, 1940 (рецензия) (1941, № 5 [93],
    125).
-----. "Документы и материалы по истории Мордовской АССР".
    Т. I, Т. II, Т. III, часть 1-я, Саранск, 1939-40
    (рецензия) (1941, № 6 [94], 120).

-----. К. Осипов, Суворов. С. Калинин, Суворов. Очерк
жизни и деятельности великого полководца, Москва, 1938
(рецензия) (1938, № 5 [69], 202-203).

ГОХБЕРГ, И., АКСЕНОВ, Ю. М. И. Калинин в период подполья
(1940, № 12 [88], 8-26).

ГРАВЕ, Б. Истфак ЛИФЛИ в 1934/35 г. (1935, № 8-9 [48-49],
237-240).

-----. М. Балабанов. Царская Россия XX века, Москва, 1927
(рецензия) (№ 5, 1927, 255-257).

ГРАНОВСКИЙ, Е. Когда русский капитализм вступил в фазу моно-
полистического развития? (№ 4, 1927, 33-61).

-----. Н. Ванаг. Проблема двух путей развития капитализма
в России в работах Ленина (прения) (№ 22, 1931, 77-
145).

-----. Письмо в редакцию (№ 18-19, 1930, 230-231).

-----. Спорные вопросы проблемы финансового капитала в
России (№ 12, 1929, 91-114).

ГРАЦИАНСКИЙ, Н. Немецкая агрессия в Прибалтике в XIII-XV
веках (1938, № 6 [70], 87-111).

-----. О материальных взысканиях в Варварских правдах
(1940, № 7 [83], 54-64).

-----. Письмо в редакцию (1941, № 2 [90], 157-158).

ГРЕБЕНКИН, К. На поводу у классового врага. "Архив Радянсь-
кої України", 1932-1934 гг. (рецензия) (1934, № 3
[37], 105-107).

ГРЕКОВ, Б. Автор "Слова о полку Игореве" и его время (1938,
№ 4 [68], 10-19).

-----. Была ли Киевская Русь обществом рабовладельческим?
(1939, № 4 [74], 134-143).

-----. Вопросы истории на ноябрьской сессии Академии Наук
СССР (1933, № 6 [34], 166).

-----. Киевская Русь и проблема генезиса русского феодализма
у М. Н. Покровского (1937, № 5-6 [63-64], 41-76).

-----. Ломоносов--историк (1940, № 11 [87], 18-34).

ГРИГОРЬЕВ, Н. Иркутский краевой музей (1936, № 4 [56], 163-
165).

Группа по истории Москвы (1939, № 5-6 [75-76], 279).

ГУБЕРГРИЦ, М. Центральный архив Октябрьской революции
(1935, № 10 [50], 165).

ГУДОШНИКОВ, М. Из истории землевладения на Севере в XV веке
(1937, № 2 [60], 115-122).

ГУКОВСКИЙ, А. "Военно-исторический журнал" (рецензия)
(1940, № 12 [88], 88-93).

-----. Д. Кин. Деникинщина. Истпарт ЦК ВКП(б). История
гражданской войны. Под ред. М. Н. Покровского, Ленинград, 1927 (рецензия) (№ 6, 1927, 288-289).

-----. Документы грабежа и насилий (1936, № 6 [58], 176-
184).

-----. З. И. Миркин. СССР, царские долги и наши контр-пре-
тензии, Москва, 1928 (рецензия) (№ 10, 1928, 254).

-----. Иностранная интервенция на Украине в 1917-1919 гг.
    (1939, № 1 [71], 76-100).
-----. "Исторические книжки" -- приложение к газете "Гудок",
    Москва, 1927 (рецензия) (№ 9, 1928, 202-203).
-----. Литература о союзной интервенции в России в годы
    гражданской войны (№ 6, 1927, 242-253).
-----. "Научная литература СССР"; систематический указатель
    книг и журнальных статей 1928 г. Общественные науки.
    Полутомы I-II, Москва, 1932-33 (рецензия) (1934, № 2
    [36], 140-144).
-----. Обзор белоэмигрантской литературы по гражданской
    войне за 1928 год (№ 11, 1929, 266-270).
-----. П. Кушнер (Кнышев). Очерк развития общественных
    форм; учебное пособие для Комвузом, Вузов и Совпартшкол.
    3.изд., Москва, 1927 (рецензия) (№ 4, 1927, 233-235).
-----. Победа советской власти в Армении в 1920 году
    (1940, № 11 [87], 8-17).
-----. Разгром Германии в 1918 г. и подготовка интервенции
    стран Антанты против Страны советов (1937, № 3 [61],
    42-61).
-----. Трехмесячная передышка (1940, № 9 [85], 27-50).
-----. W. P. Coats, Z. Coats. Armed Intervention in Russia,
    1918-1920, London, 1935 (рецензия) (1936, № 1 [53],
    202-204).
ГУКОВСКИЙ, М. A. Sapori. Una compagnia di Calimala ai primi
    Trecento, Firenze, 1932 (рецензия) (1936, № 5 [57],
    164-166).
ГУРКО-КРЯЖИН, В. А. Английская интервенция в 1918-19 г.г.
    в Закаспии и Закавказье (№ 2, 1926, 115-139).
-----. В секцию зарубежного востока общества историков-
    марксистов; заявление (№ 17, 1930, 69-96).
-----. М. П. Павлович, как историк (№ 5, 1927, 147-152).
ГУСТИНЧИЧ, Д. Национальное движение словенцев накануне и в
    период войны 1914-1918 гг. (1941, № 5 [93], 82-91).
ГУЩА,--. М. Цвибак. Классовая борьба в Туркестане (прения)
    (№ 11, 1929, 130-151).
Густав Глоц (1935, № 5-6 [45-46], 210).

Д

Д., В. Н. Корнев. Принцы и приказчики Марианны, Москва,
    1935 (рецензия) (1935, № 11 [51], 120-121).
-----. A. Zévaès. Une révolution manquée (L'insurrection
    du 12 mai 1839), Paris, 1933 (рецензия) (1935, № 1
    [41], 104-105).

Д., Е. Л. Фишер. Империализм нефти, Москва, 1927
     (рецензия) (№ 5, 1927, 246-247).
Д., Л. "Библиография Востока". Вып. I. История. Научная
     ассоциация востоковедения при ЦИК СССР, Москва, 1928
     (рецензия) (№ 10, 1928, 254-256).
ДАЛИН, В. Вокруг Клемансо. G. Clemenceau. Grandeurs et
     misères d'une victoire, Paris, 1930 (рецензия)
     (№ 20, 1930, 182-188).
-----. Из истории французской социалистической партии в
     1912-1918 годах (1935, № 12 [52], 26-37).
-----. К истории оппортунистического перерождения гедизма;
     гедисты и синдикаты Севера (1933, № 3 [31], 31-44).
-----. К истории раскола дрейфусаров Л. Герр и Шарль Пеги
     (рецензия) (1934, № 3 [37], 97-104).
-----. Мануфактурная стадия капитализма во Франци XVIII в.
     в освещении "Русской школы" (№ 14, 1929, 68-116).
-----. Маркс и Энгельс как руководители международного
     рабочего движения ("Архив Маркса и Энгельса" т. I (VI)),
     Москва, 1932 (рецензия) (1933, № 1 [29], 127-140).
-----. Н. Лукин. Буржуазные историки Запада в СССР (прения)
     (№ 21, 1931, 44-86).
-----. Н. Лукин. О работе над учебником по новой истории
     (прения) (1935, № 4 [44], 87-107).
-----. Новая книга о Марате (рецензия). (1935, № 1 [41]
     93-101).
-----. Письмо Энгельса о Великой французской революции
     (1933, № 2 [30], 47-60).
-----. XVI век в экономической истории Франции (1933, № 2
     [30], 177-183).
-----. Ц. Фридлянд. История Западной Европы, 1789-1914,
     Москва, 1928 (рецензия) (№ 8, 1928, 237-243).
-----. A. Zévaès. Le socialisme en France depuis 1904,
     Paris, 1934 (рецензия) (1936, № 2 [54], 163-164).
-----. G. E. B. Clemenceau. Le silence de M. Clemenceau,
     Paris, 1929 (рецензия) (№ 20, 1930, 182-188).
-----. J. Martet. Clemenceau peint par lui-même, Paris,
     1930 (рецензия) (№ 20, 1930, 182-188).
-----. J. Martet. Le Tigre, Paris, 1930 (рецензия) (№ 20,
     1930, 182-188).
-----. L. Blum. Souvenir sur l'Affaire, Paris, 1935
     (рецензия) (1936, № 3 [55], 179-181).
ДАУГЕ, П. Прибалтика в 1917-1940 годах (1941, № 1 [89],
     3-42).
-----. Революция 1905-1907 гг. в Прибалтике (1940, № 11
     [87], 35-75).
Двадцать лет Великой Октябрьской социалистической революции
     в СССР (тезисы для пропагандистов) (1937, № 4 [62],
     22-38).

21-ая годовщина Октябрьской революции. Доклад тов. Молотова
      на торжественном заседании Московского совета в ноября
      1938 г. (1938, № 6 [70], 3-15).
XXII годовщина Октябрьской революции. Доклад тов. В. М.
      Молотова на торжественном заседании Московского совета
      в ноября 1939 г. (1939, № 5-6 [75-76], 3-14).
Две неопубликованные статьи академика В. В. Бартольда о
      раннем исламе (1939, № 5-6 [75-76], 227-239).
ДЕЛЬВАЛ, Т. К характеристике движущих сил испанской революции
      (№ 22, 1931, 146-159).
ДЕМСКИЙ, Л. "The colonial problem", London, 1937 (рецен-
      зия) (1938, № 5 [69], 219-222).
-----. T. Roosevelt. Colonial policies of the United States,
      New York, 1937 (рецензия) (1938, № 6 [70], 185-187).
ДЕНИКЕ, Б. III международный конгресс иранского искусства
      и археологии (1935, № 10 [50], 160-163).
ДЕНИСОВА, Е. Ph. Sagnac, J. Robiquet. La révolution de
      1789. T. I-II, Paris, 1934 (рецензия) см.
      СТАРОСЕЛЬСКАЯ, О. (1935, № 10 [50], 152-154).
ДЕРЖАВИН, Н. Герцен и славянофилы (1939, № 1 [71], 125-145).
-----. К истории капитализма в Болгарии (1941, № 1 [89],
      43-57).
ДЖАНАШИА, С. Письма в редакцию (1940, № 12 [88], 141-153).
ДЖЕРВИС, М. Исторические отношения Польши к Германии
      (рецензия) (1936, № 3 [55], 138-148).
-----. Польская историческая наука на VII Международном
      конгрессе историков (1933 г.) (1934, № 2 [36], 106-123).
ДЗЕНИС, З. Этнографическая экспедиция в Западную Сибирь
      (1941, № 3 [91], 156-157).
ДЗЮБИНСКИЙ, С. Вперед или назад (№ 9, 1928, 134-140).
ДИАМАНД,--. Т. Зиновьев. История германской социал-демократии
      ("Большая Советская Энциклопедия", Т. XVI, Москва, 1929)
      (прения) (№ 18-19, 1930, 137-140).
ДИКШТЕЙН, Е. Юбилейная научная сессия в Одесском универси-
      тете, посвященная 150-детию Французской буржуазной ре-
      волюции (1939, № 4 [74], 198).
"Дискуссия о германской социал-демократии". Г. Зиновьев.
      История германской социал-демократии. ("Большая Совет-
      ская Энциклопедия", Т. XVI, Москва, 1929) (прения)
      (№ 18-19, 1930, 84-156).
Дискуссия о марксистском понимании социологии. Выступления:
      В. Максимовского (вступительное слово), П. Кушнера, В.
      Аптекаря, И. Разумовского, А. Удальцова, А. Ефимова,
      В. Максимовского (заключ. слово), П. Кушнера (резюме)
      (№ 12, 1929, 189-213).
Дискуссия о "Народной воле" (№ 15, 1930, 86-143).
Дискуссия о социально-экономических формациях. По докладу
      С. Дубровского, А. Ефимова (№ 16, 1930, 104-161).
Дискуссия по докладу акад. Б. Д. Грекова 4-11 июня 1939 г.
      (1939, № 4 [74], 191-194).

Диспут о книге Д. М. Петрушевского. Заседание первое.
     Выступления: С. С. Кривцова, Ц. Фридлянда, Е. А.
     Косминского, А. Д. Удальцова, А. И. Неусыхина. Засе-
     дание второе. Выступления: П. И. Кушнера, В. Д.
     Аптекаря, Е. А. Косминского, А. И. Неусыхина, Ц.
     Фридлянда (№ 8, 1928, 79-128).
ДИСТЛЕР, И. Центральный военно-исторический архив (1936,
     № 2 [54], 173-174).
ДИТЯКИН, В. А. Е. Кудрявцев. Испания в средние века,
     Ленинград, 1937 (рецензия) (1938, № 4 [68], 172-175).
-----. А. Лурье. Гарибальди, Москва, 1938. А. Лурье,
     Гарибальди, Москва, 1939 (рецензия) (1939, № 3 [73],
     154-159).
-----. "Антирелигиозные новеллы эпохи Возрождения (XIV-
     XVI вв.)", Москва, 1939 (рецензия) (1940, № 4-5 [80-
     81], 147-149).
-----. Д. Джерманетто. Записки цирюльника, Москва, 1935
     (рецензия) (1936, № 4 [56], 141-142).
-----. К. А. Попов. Об исторических условиях перерастания
     буржуазно-демократической революции в пролетарскую
     (прения) (№ 12, 1929, 300-333).
-----. Курс истории торгового капитализма в ВУЗ'ах (№ 10,
     1928, 197-202).
-----. М. Шейнман. Кто такие папы римские?, Москва, 1941
     (рецензия) (1941, № 5 [93], 128-129).
-----. Н. Макиавелли. О военном искусстве, Москва, 1939
     (рецензия) (1940, № 8 [84], 134-136).
-----. Новая биография Леонардо да Винчи (1936, № 2 [54],
     131-137).
-----. С. Инфессура, И. Бурхард. Дневники. Документы по
     истории папства XV-XVI вв., Москва, 1939 (рецензия)
     (1940, № 6 [82], 121-123).
-----. Ч. Беккариа. О преступлениях и наказаниях, Москва,
     1939 (рецензия) (1940, № 9 [85], 139-141).
-----. A. Doren. Italienische Wirtschaftsgeschichte. Bd. I,
     Jena, 1934 (рецензия) (1936, № 5 [57], 166-169).
-----. J. Gaddi. Travailleurs d'Italie. La vie et le travail
     en régime fasciste, Paris, 1939 (рецензия) (1939, № 4
     [74], 183-184).
ДМИТРИЕВ, П. Научно-исследовательская работа по истории
     СССР в Государственном Историческом музее в Москве
     (1940, № 6 [82], 149-152).
-----. Экспедиции Государственного исторического музея в
     1937 году (1937, № 3 [61], 227-228).
ДМИТРИЕВ, П., МАЛИЦКИЙ, Г. Государственный исторический
     музей (1936, № 6 [58], 248-249).
ДМИТРИЕВ, С. Славянофилы и славянофильство (Из истории
     русской общественной мысли середины XIX века) (1941,
     № 1 [89], 85-97).

ДМИТРИЕВ-КЕЛЬДА,--. А. Арциховский. Новые методы археологии
(прения) (№ 14, 1929, 136-155).
ДОБРОЛЮБСКИЙ, К. П. Истфак Одесского университета (1936,
№ 2 [54], 177).
-----. К истории прериальского восстания 1795 года (Тарле,
Е. Жерминаль и прериаль) (1938, № 3 [67], 87-93).
-----. Одесский университет (1937, № 3 [61], 225).
-----. Термидорианская реакция (№ 1, 1926, 96-122).
-----. Финансовое законодательство термидорианского Конвента
(№ 13, 1929, 166-183).
-----. A. Mathiez. Le Directoire. Du 11 brumaire an IV
au 18 fructidor an V, Paris, 1934 (рецензия) (1936,
№ 2 [54], 156-158).
-----. G. Froidcourt. Le diplôme maconnique de Marat.
("Annales historiques de la Révolution française", Nov.-
Dec. 1935, 545-547) (рецензия) (1936, № 2 [54], 156-
158).
-----. H. Sée. Französische Wirtschaftsgeschichte. Hand-
buch der Wirtschaftsgeschichte. T. I-II, Jena, 1930-
36 (рецензия) (1937, № 5-6 [63-64], 240-245).
ДОБРОТВОР, Н. Массовое рабочее движение от Февраля к Октябрю
(1932, № 4-5 [26-27], 37-71).
ДОДОНОВ, И. К. Житов, В. Непомнин. От колониального раб-
ства к социализму. К 15-летию Узбекской ССР, Ташкент,
1939 (рецензия) (1940, № 6 [82], 119-120).
-----. Научная работа на историческом факультете Средне-
азиатского гос. университета (1940, № 7 [83], 157-158).
Доклад общества историков-марксистов в президиуме Комакадемии
(№ 7, 1928, 309-310).
Докладная записка Витте Николаю II (1935, № 2-3 [42-43],
130-139).
Доклады на группе Института Востоковедения (1935, № 4 [44],
154-155).
ДРАБКИНА, Е. Итальянский фашизм (№ 4, 1927, 210-213).
-----. О гегемонии пролетариата в буржуазно-демократической
революции в связи с программой большевизма по националь-
ному вопросу (1932, № 4-5 [26-27], 9-36).
ДРАКОХРУСТ, Е. Документы о Правобережной Украине XVIII века.
(Альбома и дневники Иоганна-Генриха Мюнца) (1940, № 9
[85], 130-134).
ДРОЗДОВ, П. К вопросу о разложении крепостного хозяйства в
первой половине XIX века (1936, № 5 [57], 34-69).
-----. Помещичьи группировки накануне реформ 60-х годов
(1935, № 5-6 [45-46], 67-87).
-----. Решение партии и правительства об учебниках по истории
и задачи советских историков (1936, № 1 [53], 9-22).
ДРУЖИНИН, Н. М. Восточная война (1853-1856) (1939, № 2 [72],
112-128).

-----. С. Дмитриев. Славянофилы и славянофильство (прения)
     (1941, № 1 [89], 97-100).
-----. С. Н. Драницын, Польское восстание 1863 г. и его
     классовая сущность, Ленинград, 1937 (рецензия) (1937,
     № 5-6 [63-64], 213-216).
ДУБЕНЬ, Т. М. В. Нечкина. Постановка исторического семинара
     в исторических вузах (прения) (№ 9, 1928, 115-133).
ДУБИНСКИЙ, Б. Н. Лукин. Буржуазные историки запада в СССР
     (прения) (№ 21, 1931, 44-86).
ДУБРОВСКИЙ, С. Г. Документы Великой социалистической рево-
     люции (1939, № 1 [71], 151-157).
-----. "Листовки петебургских большевиков 1902-1917 гг.".
     Т. I. 1902-1907, Ленинград, 1939 (рецензия) (1939,
     № 5-6 [75-76], 244-248).
-----. "Листовки петербургских большевиков 1902-1917. Т. II.
     1907-1917", Москва, n. d. (рецензия) (1940, № 4-5
     [80-81], 141-145).
ДУБРОВСКИЙ, С. М. А. Ефимов. Концепция экономических форма-
     ций у Маркса и Энгельса и их взгляды на структуру восточ-
     ных обществ (прения) (№ 16, 1930, 104-161).
-----. К вопросу о сущности "азиатского" способа производства,
     феодализма, крепостничества, и торгового капитала
     (заключительное слово) (№ 16, 1930, 104-161).
-----. Крестьянство в 1905 г. Прения: Ярославский, Пече,
     Покровский, Шестаков, Сеф, Гайстер (№ 1, 1926, 256-
     279).
ДУБЫНА, Т. Институт красной профессуры истории (1935, № 4
     [44], 146-148).

Е

ЕГОРОВ, Д. Н.? П. О. Горин. Чем же были Советы Рабочих
     Депутатов в 1905 г.? (прения) (№ 1, 1926, 201-235).
-----. С. Кривцов. Ленин о преподавании истории в школе
     (прения) (№ 21, 1931, 87-89).
ЕЛЬНИЦКИЙ, Л. Раскопки. Экспедиции Государственного истори-
     ческого музея в 1936 г. (1937, № 2 [60], 191-192).
ЕРМАКОВ, П. Против извращения истории гражданской войны
     см. ВАСИЛЬЕВ, М. (1934, № 2 [36], 135-138).
ЕРОФЕЕВ, Н. A. Hope-Jones. Income Tax in the Napoleonic
     Wars, Cambridge (Eng.), 1939 (рецензия) (1941, № 4
     [92], 125-126).
-----. A. Soboul. 1789, l'an premier de la liberté, Paris,
     1939 (рецензия) (1939, № 5-6 [75-76], 264-266).

-----. E. Anchiéri. Storia della politica inglese nel
Sudan, 1882-1938, Milano, 1939 (рецензия) (1941, № 1
[89], 133-135).

-----. E. Driault. La question d'Orient 1918-1937 (La paix
de la Mediterranée), Paris, 1938 (рецензия) (1939,
№ 1 [71], 180-184).

-----. F. Cataluccio. Storia del nazionalismo arabo, Milano,
1939 (рецензия) (1940, № 9 [85], 141-143).

-----. H. Chassagne. Le Japon contre le Monde, Paris, 1938
W. Smith. Ou en est le Japon?, Paris, 1936 (рецензия)
(1939, № 4 [74], 185-189).

-----. H. V. W. Temperley, L. Penson. Foundations of British
Foreign Policy from Pitt (1792) to Salisbury (1902);
H. V. W. Temperley, L. Penson. A century of diplomatic
Blue Books 1814-1914, Cambridge, 1938 (рецензия)
(1940, № 7 [83], 146-148).

-----, ОСИПОВ, М. Отчет об обсуждении 1-й части учебника
для вузов по "Новой истории" на заседании кафедры новой
истории на истфаке МГУ (1940, № 7 [83], 110-119).

ЕРУСАЛИМСКИЙ, А. Вопрос об ответственности за войну (1932,
№ 1-2 [23-24], 26-74).

-----. Из истории мировой войны (1935, № 2-3 [42-43], 63-
64).

-----. Н. П. Полетика. Сараевское убийство. Исследование
по истории австро-сербских отношений и балканской политики России в период 1903-1914 гг. С предисл. К. П.
Шелавина, Ленинград, 1930 (рецензия) (№ 18-19, 1930,
216-218).

-----. Ллойд Джордж и его мемуары (рецензия) (1935, № 4
[44], 111-119).

-----. Проблемы внешней политики Бисмарка в послевоенной
германской историографии (№ 12, 1929, 214-237).

-----. A. Mousset. Un drame historique. L'attentat de
Sarajevo, Paris, 1930 (рецензия) (№ 18-19, 1930, 216-
218).

-----. D. M. Bogićević. Mord und Justizmord. Aus der Vorgeschichte des Mordes von Sarajevo und des Königreichs
Jugoslawien, n. p., n. d. (рецензия) (№ 14, 1929,
205-207).

-----. M. Lurje. Studien zur Geschichte der wirtschaftlichen
und sozialen Verhältnisse im israelitisch-jüdischen
Reiche von der Einwanderung in Kanaan bis zum babylonischen Exil. ("Beihefte zur Zeitschrift für die alt-
testamentliche Wissenschaft"), Giessen, 1927 (рецензия)
(№ 11, 1929, 182-184).

ЕФИМОВ, А. А. Канторович. Америка в борьбе за Китай, Москва,
1935 (рецензия) (1936, № 5 [57], 178-180).

-----. Из истории борьбы за свободные земле в Соединенных
штатах Америки (Акт о гомстедах и их коммутация) (1934,
№ 3 [37], 59-82).

-----. Концепция экономических формаций у Маркса и Энгельса
и их взгляды на структуру восточных обществ (№ 16,
1930, 104-161).
-----. Кризис буржуазной исторической науки в США   см.
Историческая наука за рубежом (1935, № 7 [47], 135-138).
-----. Марксистское понимание социологии (Дискуссия) (№ 12,
1929, 189-213).
-----. Н. Лукин. О работе над учебником по новой истории
(прения) (1935, № 4 [44], 87-107).
-----. Новая книга о русско-американских отношениях (1936,
№ 3 [55], 149-159).
-----. Основные течения в современной американской истори-
ографии (1934, № 4 [38], 126-140).
-----. Посылка двух русских эскадр в Северную Америку
(1936, № 3 [55], 101-115).
-----. A. C. McLaughlin. A constitutional history of the
U. S. A., New York, 1935 (рецензия) (1935, № 10 [50],
157-158).
-----. C. Ware. The Early New England Cotton Manufacture;
a study in industrial beginnings, Boston, 1931 (рецензия)
(1933, № 3 [31], 113-114).
ЕФИМОВ, Г. Великая Октябрьская социалистическая революция
и Сун Ят-сен (1937, № 5-6 [63-64], 105-130).
Еще раз о практике защиты диссертаций (1941, № 6 [94], 147-
149).

Ж

ЖДАНОВ, А. Замечания о конспекте учебника "Новой истории"
см. СТАЛИН, И., ЖДАНОВ, А., КИРОВ, С. (1936, № 1
[53], 7-8).
-----. Замечания по поводу конспекта учебника по "Истории
СССР" см. СТАЛИН, И., ЖДАНОВ, А., КИРОВ, С. (1936,
№ 1 [53], 5-6).
ЖЕБЕЛЕВ, С. С. И. Ковалев. История античного общества.
Греция. 2.испр. изд., Ленинград, 1937 (рецензия)
(1937, № 5-6 [63-64], 221-223).
ЖЕЛОХОВЦЕВА, А. Библиографическая справка о В. Н. Татищеве
(1940, № 6 [82], 57-62).
-----. Библиографическая справка о С. М. Соловьеве (1940,
№ 3 [79], 114-126).
ЖЕЛУБОВСКАЯ, Э. Борьба за коммуну в Марселе в 1871 году
(1941, № 6 [94], 60-77).
ЖИЛИНСКИЙ, А. Против извращения истории гражданской войны
см. ВАСИЛЬЕВ, М. (1934, № 2 [36], 135-138).

<u>З</u>

З., А. Г. И. Карпов. Восстание тедженских туркмен в 1916 году, n. p. , 1935 (рецензия) (1936, № 6 [58], 236).
-----. И. Кумач, Ф. Калюта. В Акмолинских степях, Алма-Ата, 1936 (рецензия) (1936, № 6 [58], 236-237).
-----. По музеям и архивам Томска (1935, № 12 [52], 150-153).
З., И. G. T. Garatt. The Mugwumps and the Labour Party, London, 1932 (рецензия) (1932, № 3 [25], 171-173).
-----. H. H. Tiltman, James Ramsay MacDonald. Labour's Man of Destiny, London, 1929-31 (рецензия) (1932, № 3 [25], 171-173).
-----. J. Scanlon. Decline and Fall of the Labour Party, London, 1933 (рецензия) (1934, № 2 [36], 152-153).
З., Л. H. J. Carman. Social and Economic History of the United States. V. II. The Rise of Industrialism 1820-75, Boston, 1934 (рецензия) (1935, № 5-6 [45-46], 182-183).
-----. L. L. Lorwin. The American Federation of Labor. History, Policies and Prospects, Washington, 1933 (рецензия) (1936, № 2 [54], 167-169).
З., С. Мэкстон о Ленине (1933, № 3 [31], 95-101).
З., Я. Из деятельности Ленинградского отделения Института истории РАНИОН'а (№ 5, 1927, 278).
За передовую историческую науку! (1938, № 4 [68], 3-9).
За революционную бдительность, за большевистскую партийность! (1935, № 1 [41], 4-8).
За решительную перестройку исторического фронта (1932, № 1-2 [23-24], 7-12).
ЗАВИТНЕВИЧ, И. Е. В. Тарле. Рабочий класс в первые времена машинного производства; от конца империи до восстания рабочих в Лионе, Москва, 1928 (рецензия) (№ 11, 1929, 189-193).
-----. Новейшие работы по крестьянскому вопросу накануне и во время Великой Французской Революции (№ 7, 1928, 245-255).
-----. Расслоение крестьян в Бретани накануне Великой французской революции (№ 11, 1929, 100-129).
ЗАЙДЕЛЬ, Г. С. "Большая Советская Энциклопедия". Т. I-VIII; статьи по всеобщей истории, Москва, 1926- (№ 7, 1928, 239-244).
-----. Коммунисты в революции 1848 года во Франции (№ 8, 1928, 41-78).
-----. Побольше добросовестности, поменьше злопыхательства (Ответ т. Бантке) (№ 22, 1931, 64-76).
ЗАЙОНЧКОВСКИЙ, П. К вопросу о библиотеке П. И. Пестеля (1941, № 4 [92], 86-89).

ЗАК, И. Чаянов. Основные линии развития русской сельско-
хозяйственной мысли за два века. Доп. статья к книге
Р. Крицимовского "Развитие основных принципов науки о
сельском хозяйстве в Западной Европе", Москва, 1927
(рецензия) (№ 8, 1928, 222-225).
----. К истории крепостного хозяйства (№ 17, 1930, 51-68).
ЗАЛКИНД, Г. H. K. Baker. A Seventeenth century sidelight
on the Spanish Armada, London, 1938 (рецензия) (1940,
№ 4-5 [80-81], 145-147).
----. W. L. Godshall. American foreign policy. Select
Readings, Ann Arbor, 1937 (рецензия) (1940, № 2 [78],
158-160).
ЗАНДБЕРГ, Д., ШВЕЦ, Н. О статье Кёппена "Берлинские историки"
(1940, № 8 [84], 67-71).
Заседание Ленинградского отделения Института истории АН 25-
27 декабря 1939 г., посвященное 60-летию товарища
Сталина (1940, № 3 [79], 154-155).
Заседание, посвященное памяти О. А. Добиаш-Рождественской
(1940, № 8 [84], 155).
Заседание Ученого совета Института истории АН 16-17 декабря
1939 г., посвященное 60-летию товарища Сталина (1940,
№ 3 [79], 153-154).
Заседание Ученого совета Института истории Академии наук
СССР 11 февраля 1940 г. посвяшенное 20-летию освобождения
Туркмении (1940, № 4-5 [80-81], 150-151).
ЗАСТЕНКЕР, Н. Баварская советская республика и тактика бавар-
ских коммунистов (1932, № 4-5 [26-27], 211-252).
ЗАСУРЦЕВ, П. Археологические раскопки на Славне в Новгороде
(1938, № 3 [67], 157-160).
ЗАХАРЕНКО, А. Научная работа исторического факультета Ленин-
градского университета в конце 1939 и в 1940 году:
Кафедра истории СССР (1941, № 2 [90], 140-142).
ЗАХАРОВ, С. Англия во время первой империалистической войны
(1914-1916 гг.) (1939, № 5-6 [75-76], 118-149).
----. Англия во время первой империалистической войны
(1917-1918) (1940, № 2 [78], 54-77).
----. Маркс и Энгельс о некоторых вопросах истории Англии
(1940, № 10 [86], 81-106).
----. L. Elton. James Ramsay MacDonald, 1866-1919, London,
1939 (рецензия) (1941, № 6 [94], 113-119).
----. R. Brifault. The decline and fall of the British
empire, New York, 1938 (рецензия) (1940, № 4-5 [80-
81], 126-131).
----. W. Davies. Lloyd George. 1863-1914, London, 1939
(рецензия) (1940, № 6 [82], 105-109).
ЗАХАРОВА, М. Из истории послевоенной Румынии (1940, № 11
[87], 76-88).
----. О "Летописи важнейших событий истории СССР" (1935,
№ 5-6 [45-46], 200-201).

ЗАХАРЬЯНУ, А. М. Emerit. Les paysans roumains depuis le
    traité d'Adrianopole jusqu'à la liberation des terres
    (1829-1864), Paris, 1937 (рецензия) (1940, № 3 [79],
    141-144).
ЗАХЕР, Я. М. П. П. Щеголев. Заговор Бабефа, Ленинград,
    1927 (рецензия) (№ 4, 1927, 255-256).
-----. Письмо в редакцию (№ 7, 1928, 311).
-----. Проблема "Термидора" в свете новейших исторических
    работ (№ 6, 1927, 236-242).
Защита диссертации в Военно-политической академии (1939,
    № 5-6 [75-76], 278-279).
Защита диссертации в Институте истории Академии наук СССР
    (1939, № 5-6 [75-76], 276-278).
Защита диссертации Н. С. Волковым (1940, № 8 [84], 149-151).
ЗВАВИЧ, И. Английские журналы за 1926 г. (№ 5, 1927, 226-
    230).
-----. Английские исторические журналы за 1927 г. (№ 7,
    1928, 261-264).
-----. Новая литература по истории британской внешней поли-
    тики (№ 2, 1926, 250-257).
-----. Обзор английских исторических журналов (№ 13, 1929,
    221-227).
-----. "Репарационный вопрос и военные долги;" сборник доку-
    ментов под ред. А. Ерусалимского и Л. Иванова. Предисл.
    Е. Варга, Москва, 1933 (рецензия) (1933, № 5 [33],
    153-154).
-----. R. H. B. Lockhart. Memoirs of a British agent; Being
    an account of the author's early life in many lands and
    of his official mission to Moscow in 1918, London, 1932
    (рецензия) (1933, № 3 [31], 109-111).
-----. T. Sclafert. Le Haut Dauphiné au moyen âge, Paris,
    1926 (рецензия) (№ 8, 1928, 204-206).
-----. W. S. Churchill. Thoughts and adventures, London,
    1932 (рецензия) (1933, № 3 [31], 108-109).
ЗЕЛЕНСКИЙ, М. О двух "новых" теориях происхождения и сущ-
    ности крепостного хозяйства в России (№ 20, 1930, 130-
    163).
ЗЕЛЬИН, К. В. Сергеев. История древней Греции, Москва,
    1939 (рецензия) (1940, № 2 [78], 153-158).
ЗЕЛЬКИНА, Е. П. Г. Галузо. Вооружение русских переселенцев
    в Средней Азии, исторический очерк, Ташкент, 1926
    (рецензия) (№ 3, 1927, 241-242).
-----. П. Г. Галузо. Колониальная политика царского прави-
    тельства в Средней Азии (прения) (№ 9, 1928, 115-133).
ЗЕЛЬЦЕР, В. "Записки историко-бытового отдела государственного
    Русского музея. Т. I, Ленинград, 1928 (рецензия)
    (№ 8, 1928, 225-227).
-----. К вопросу о рабочих первой половины XVIII в. (1934,
    № 5 [39], 86-94).

-----. "Краеведение в руках буржуазных ученых. Московский
край в его прошлом, Москва, n. d. (рецензия) (№ 10,
1928, 246-251).

-----Н. А. Рожнов. К методологии истории промышленных
предприятий (прения) (№ 2, 1926, 210-224).

ЗИЛЬБЕРФАРБ, И. Фашистские фальсификаторы истории Французской
революции (1939, № 3 [73], 72-92).

ЗИНИЧ, С. В. Лан. Классы и партии в США. 2-е доп. и пере-
раб. изд., Москва, 1937 (рецензия) (1938, № 4 [68],
185-190).

-----. Об учебниках по истории нового времени (1938, № 6
[70], 200-201).

-----. L. Adamic. Dynamite. The Story of class violence
in America. Rev. ed., New York, 1934 (рецензия)
(1938, № 3 [67], 126-129).

ЗОЛОТАРЕВ, А. А. Брксов. История древней Карелии. ("Труды
Гос. исторического музея", вып. IX), Москва, 1940
(рецензия) (1941, № 3 [91], 122-123).

-----. "Вопросы истории доклассового общества". Сборник
статей к 50-летию книги Фридриха Энгельса "Происхождение
семьи частной собственности и государства, Москва, 1936
(рецензия) (1937, № 3 [61], 203-206).

-----. Д. К. Зеленин. Культ онгонов в Сибири, Москва, 1936
(Академия наук СССР. Труды Института антропологии,
археологии и этнографии, Т. XIV) (рецензия) (1937,
№ 5-6 [63-64], 201-202).

-----. Л. П. Потапов. Очерки по истории Шории; ("Труды
Института востоковедения Академии Наук СССР", Т. XV)
(рецензия) (1938, № 1 [65], 132-134).

-----. Л. П. Потапов. Разложение родового строя у племен
северного Алтая. ("Известия ГАИМК им. Марра", вып.
128, 1935) (рецензия) (1938, № 1 [65], 132-134).

-----. Новые данные о тунгусах и ламутах XVIII века (1938,
№ 2 [66], 63-88).

-----. Первые сведения о юкагирах и чукчах (1939, № 2 [72],
188-192).

-----. "Происхождение семьи, частной собственности и государства" Ф. Энгельса и современная наука (1940, № 12
[88], 27-46).

-----. С. А. Токарев. Докапиталистические пережитки в Ойротии.
(ГАИМК им. Н. Я. Марра), Ленинград, 1936 (рецензия)
(1938, № 1 [65], 132-134).

ЗОРИН, А., МАРТОВ, Б. О методике преподавания истории во
Всесоюзном коммунистическом сельскохозяйственном университете имени Я. М. Свердлова (1935, № 8-9 [48-49], 209-
215).

ЗОРКИЙ, М. А. Ефимов. Концепция экономических формаций у
Маркса и Энгельса и их взгляды на структуру восточных
обществ (прения) [№ 16, 1930, 104-161].

-----. К. Маркс. Господин Фогт, Москва, 1938 (рецензия)
(1939, № 4 [74], 150-152).

-----. К. Маркс, Ф. Энгельс. Сочинения. Т. XVI. Ч. 1-я,
Москва, 1937 (рецензия) (1937, № 4 [62], 177-185).

ЗРЯЧКИН, С. Летопись важнейших революционных событий 1917 г.
в Средней Азии (март-декабрь) (1941, № 4 [92], 101-111).

ЗУБОК, Л. А. Ефимов. К истории капитализма в США, Москва,
1934 (рецензия) (1935, № 4 [44], 120-123).

-----. Ирландское восстание 1916 года (1937, № 5-6 [63-64],
17-40).

-----. У истоков коммунистического движения в США (1935,
№ 5-6 [45-46], 39-66).

-----. Энгельс и американское рабочее движение (1936, № 2
[54], 44-68).

-----. A. Bittelman. 15 years of the Communist Party, New
York, 1934 (рецензия) (1935, № 7 [47], 114-116).

-----. M. Hillquitt. Loose Leaves from a Busy Life, New
York, 1934 (рецензия) (1935, № 11 [51], 123-124).

-----. P. R. Dutt. World Politics 1918-1936, London, 1936
(рецензия) (1937, № 4 [62], 207-218).

-----. S. Murray. The Irish Revolt 1916 and after, Dublin,
1936; B. O'Neill. Easter Week, London, 1936 (рецензия)
(1937, № 3 [61], 214-215).

-----. T. Paine. Selections from his Writings, New York,
1937 (рецензия) (1939, № 3 [73], 152-153).

-----. W. Z. Foster. From Bryan to Stalin, New York, 1937
(рецензия) (1938, № 1 [65], 169-173).

ЗУТИС, Я. Я. Б. Ф. Поршнев. Абсолютная монархия и народ
(прения) (1940, № 6 [82], 63-68).

-----. Балтийский вопрос в политике великих держав (От
Полтавской битвы до Семилетней войны) (1941, № 2 [90],
66-80).

-----. И. Г. Ринг. Латвия, Ленинград, 1936 (рецензия)
(1937, № 1 [59], 181-182).

-----. Русско-эстонские отношения в IX-XIV вв. (1940, № 3
[79], 39-56).

-----. С. Д. Сказкин. Маркс и Энгельс о западноевропейском
абсолютизме (прения) (1940, № 6 [82], 63-68).

И

ИКП истории в 1932/33 г. (1933, № 4 [32], 149-150).

Иван Павлович Товстуха (1935, № 7 [47], 3-4).

ИВАНОВ, А. А. Авторханов. Революция и контрреволюция в Чечне
см. ТЛЮНЯЕВ, Н. (1934, № 2 [36], 132-135).

-----. Научно-исследовательская работа истфака Ростовского
     пединститута (1940, № 8 [84], 153-154).
ИВАНОВ, В. О работе по истории фабрик и заводов (1935,
     № 4 [44], 148-151).
ИВАНОВ, Л. С. Ф. Платонов. Очерки по истории смуты в
     Московском государстве XVI-XVII вв., Москва, 1937
     (рецензия) (1938, № 4 [68], 153-156).
-----. Средиземноморская проблема (1938, № 4 [68], 36-52).
-----. "Труды исторического факультета Одесского государ-
     ственного университета". Т. I, Одесса, 1939 (рецензия)
     (1941, № 1 [89], 125-126).
ИВАНОВ, П. Новые материалы по истории Средней Азии (по
     поводу открытия архива хивинских ханов) (1937, № 3
     [61], 220-222).
ИВАНОВ, Ю. Научная работа на историческом факультете крас-
     нодарского пединститута (1941, № 4 [92], 150-151).
ИВАШИН, И. Тридцатилетие научной деятельности доктора
     исторических наук проф. Н. П. Грацианского (1941, № 1
     [89], 153).
-----. "Ученые записки исторического факультета Московского
     областного педагогического института". Т. II, Москва,
     1940 (рецензия) (1941, № 3 [91], 137-138).
ИВИН, А. Литература о Китае (№ 4, 1927, 206-210).
ИГНАТОВИЧ, И. Из истории движения крепостных крестьян на
     Дону (1818-1820) (1935, № 2-3 [42-43], 99-121).
-----. Месячина в России в первой половине XIX века (№ 3,
     1927, 90-116).
Из архива декабриста В. Л. Давыдова: неизданные письма с
     комментариями Н. К. Пиксанова (№ 1, 1926, 175-200).
Из жизни историков в комвузах (№ 1, 1926, 322-323).
Из иностранных исторических журналов (1933, № 5 [33], 203-
     207; 1934, № 2 [36], 164-167; 1934, № 4 [38], 153-155;
     1935, № 1 [41], 108-114; 1935, № 4 [44], 135-137; 1935,
     № 5-6 [45-46], 191-193; 1935, № 8-9 [48-49], 234-235;
     1935, № 11 [51], 125-126; 1936, № 1 [53], 206-207;
     1936, № 2 [54], 186-187; 1936, № 4 [56], 153; 1936, № 5
     [57], 191-192; 1936, № 6 [58], 246-247; 1937, № 1 [59],
     189; 1937, № 4 [62], 265-266; 1938, № 4 [68], 197; 1939,
     № 2 [72], 184-187).
Из истории организации комитетов незаможних селян Украины.
     Предисл. Г. Костомарова (1936, № 6 [58], 164-175).
Из текущей деятельности общества (№ 1, 1926, 320-322).
Издание археографической комиссии Акад. Наук нового состава
     (№ 16, 1930, 202).
Издательский план Соцэкгиза на 1939 г. (1939, № 2 [72], 198-
     199).
ИЗМАИЛЬСКАЯ, В. "La correspondance générale de J.-J. Rousseau".
     Collectionée sur les originaux, annotée et commentée par
     Theophile Dufour. 20v., Paris, 1924-34 (рецензия) (1937,
     № 2 [60], 175-178).

ИЛЬИНСКИЙ, Г. М. Ордубады. Тавриз туманный. Роман. Книга
     I, Баку, 1940 (рецензия) (1940, № 7 [83], 144-146).
-----. М. Ордубады. Тавриз Туманный. Роман. кн. 2-я,
     Баку, 1940 (рецензия) (1941, № 5 [93], 127-128).
ИНГЛЕЗИ, Р. Краткий перечень биографических работ о Ф.
     Энгельсе (1940, № 10 [86], 139-141).
-----. Французская буржуазная революция XVIII в. (обзор
     литературы) (1940, № 4-5 [80-81], 114-125; 1940, № 6
     [82], 110-115; 1940, № 7 [83], 128-134; 1940, № 8 [84],
     110-114).
Иностранная литература о происхождении мировой империалисти-
     ческой войны 1914-1918 гг. (1934, № 5 [39], 104-112).
Иностранные отзывы о советских исторических работах (1936,
     № 2 [54], 182-183; 1936, № 3 [55], 200-201).
Институт востоковедения Академии наук СССР (1937, № 3 [61],
     226-227).
Институт иностранной библиографии Огиза. Немецкий фашизм
     (1932, № 6 [28], 114-124).
Институт истории Академии наук СССР (1939, № 2 [72], 197-
     198).
Институт истории Академии наук СССР в 1937 году (1937,
     № 5-6 [63-64], 265-267).
Институт истории Белорусской академии наук (1935, № 1 [41],
     115-116).
Институт Истории Комакадемии. Комиссия по преподаванию
     истории (1934, № 3 [37], 135-136).
ИОАННИАСИАНИ, А. З. "Борьба за обществоведение и школьная
     практика последних лет"; сборник под ред. С. Н.
     Дзюбинского и Б. Н. Жаворонкова, Москва, 1925 (рецензия)
     (№ 2, 1926, 286-288).
-----. История в школе II ступени (№ 3, 1927, 152-171).
-----. Организация педагогического процесса преподавания
     истории (№ 12, 1929, 300-333).
-----. Рабочие книги по обществоведению (№ 7, 1928, 207-
     217).
-----. С. Дзюбинский, Б. Жаворонков, С. Сингалевич. Очерки
     методики обществоведения в школах II ступени, Казань,
     1927 (рецензия) (№ 6, 1927, 295-296).
ИОАННИСЯН, А. В. Волгин. Социальные и политические идеи
     во Франции (1748-1789), Москва, 1940 (рецензия) (1941,
     № 2 [90], 135-139).
-----. Дела и дни Захария Акулисского (1937, № 1 [59],
     139-152).
-----. Источники проектов ассоциаций Фурье (1939, № 1 [71],
     101-124).
-----. Учебник по истории армянского народа (1940, № 4-5
     [80-81], 158).
ИОГАННСЕН, Г. Б. История Японии 1918-1939 гг. (основная
     литература) (1941, № 4 [92], 139-145).

-----. Международные отношения капиталистических стран
      1918-1939 гг. (основная литература) (1941, № 3 [91],
      140-149).
ИОНОВА, О. Выставка в Музее народов СССР, посвященная
      Латвийской, Литовской и Эстонской ССР (1941, № 1 [89],
      146-148).
-----. Выставки в Музее народов СССР, посвященные Карело-
      Финской ССР и Молдавской ССР (1941, № 3 [91], 153-156).
-----. С. Токарев. Очерк истории якутского народа, Москва,
      1940 (рецензия) (1941, № 5 [93], 120-123).
-----. Якуты в XVII веке (1939, № 5-6 [75-76], 175-191).
Ирандуст. Вопросы гилянской революции (№ 5, 1927, 124-146).
Историк. М. М. Литвинов. Внешняя политика СССР. Речи и
      заявления 1927-1935, Москва, 1935 (рецензия) (1936,
      № 5 [57], 160-163).
"Историк-марксист" за пять лет (№ 21, 1931, 135-136).
Историческая комиссия института советского строительства
      (№ 6, 1927, 302-303).
Историческая литература германской эмиграции (1937, № 2
      [60], 200).
Историческая литература немецкой эмиграции (1936, № 2 [54],
      182; 1936, № 3 [55], 203; 1936, № 4 [56], 171; 1936,
      № 6 [58], 261; 1937, № 1 [59], 202-203).
"Историческая наука в фашистской Италии" (1936, № 4 [56],
      168-169).
Историческая наука за рубежом (1935, № 8-9 [48-49], 241-
      242; 1936, № 1 [53], 211-212; 1938, № 5 [69], 235-236;
      1939, № 5-6 [75-76], 280-281; 1940, № 2 [78], 173;
      1940, № 11 [87], 157).
Историческая наука за рубежом: А. Ефимов. Кризис буржуазной
      исторической науки в США (1935, № 7 [47], 135-138).
Историческая наука за рубежом: Пленум Международного
      исторического комитета (1935, № 5-6 [45-46], 209).
Историческая наука за рубежом. США, Бельгия, Англия, Венгрия
      (1939, № 3 [73], 221).
Историческая наука за рубежом. Франция. Доклад тов. М.
      Тореза о Робеспьере (1939, № 3 [73], 220-221).
"Исторические сборники" (1934, № 3 [37], 143).
Исторические съезды. Научные общества и учреждения (1936,
      № 3 [55], 201).
Исторические съезды и научные организации (1936, № 2 [54],
      185).
Исторический сектор института абхазской культуры им. Н. Я.
      Марра (1936, № 6 [58], 253).
Историческую науку -- на уровень великих задач (1934, № 2
      [36], 3-10).
ИСКРОВ, П. С. Д. Благоева. Георгий Димитров, Москва, 1934
      (рецензия) (1935, № 7 [47], 112-114).
Итоги выборов в Верховный Совет СССР (1937, № 5-6 [63-64],
      9-16).

Итоги объединенного пленума ЦК и ЦКК ВКП(б) и задачи истори-
    ческого фронта (1932, № 6 [28], 3-7).
Итоги проведения марксовых дней в Комакадемии (1933, № 4
    [32], 145-146).
"Історик-більшовик" (1934, № 4 [38], 159).

К

К. "Советская этнография", журнал за 1937 год (рецензия)
    (1938, № 4 [68], 163-164).
К., А. В Музее народов СССР (1936, № 3 [55], 196).
К., В. С. Черномордик (П. Ларионов). Махно и махновщина
    (анархисты за "работой"), Москва, 1933 (рецензия)
    (1934, № 3 [37], 107-109).
К., Г. "Колониальная политика царизма на Камчатке и Чукотке
    в XVIII в.", Ленинград, 1935. (рецензия) (1936, № 3
    [55], 184).
-----. "Материалы по истории Татарии второй половины XIX
    в. ч. I. Аграрный вопрос и крестьянское движение
    50-70-х годов XIX вена, Москва, 1935? (рецензия)
    (1936, № 4 [56], 145).
-----. "Револющищнная борьба крестьянства Грузии в 1905 г.",
    Москва, 1935 (рецензия) (1936, № 3 [55], 184).
К., Д. О. Чаадаева. Армия накануне Февральской революции,
    Москва, 1935 (рецензия) (1935, № 12 [52], 137).
К., Е. "Акты Кремоны X-XIII вв. в собрании Академии наук
    СССР", Москва, 1937 (рецензия) (1938, № 1 [65], 157-
    158).
К., Л. Сессия Отделения истории и философии Академии наук
    СССР 26 декабря 1940 г. (1941, № 2 [90], 152-154).
К., М. Научная работа на историческом факультете Могилев-
    ского педагогического института (БССР) (1941, № 4
    [92], 150).
К Маркс и I Интернационал о гражданской войне в САСШ
    (1933, № 1 [29], 11-32).
К 50-летию со дня смерти Маркса (1933, № 2 [30], 184-188).
К., С. Научная жизнь за рубежом (1935, № 10 [50], 165-166).
-----. "Письма А. Н. Карамзина, 1847-1848 гг." (Материалы
    по истории французской револьщии 1848 г.", Москва, 1935)
    (рецензия) (1936, № 2 [54], 160).
-----. С. Красильников. Боевые действия Парижской коммуны,
    Москва, 1935 (рецензия) (1935, № 10 [50], 154-156).
-----. Ф. Пиа. Избранные произведения, Ленинград, 1934
    (рецензия) (1934, № 5 [39], 101).

-----. F. E. Manuel. L'introduction des machines en France et les ouvriers. La grève de tisserands de Lodève. ("Revue d'histoire moderne", Sept.-Oct. 1935, 352-372) (рецензия) (1936, № 2 [54], 159-160).

-----. G. Martin. Nantes au XVIII siècle. L'ère des négriers (1714-1774), Paris, 1931 (рецензия) (1933, № 3 [31], 114).

-----. H. Pönicke. Wirtschaftskrise in Sachsen vor Hundert Jahren; Beitrag zur Sächsischen Wirtschaftsgeschichte, Herrnhut, 1933 (рецензия) (1933, № 4 [32], 142-143).

-----. H. Spangenberg. Territorialwirtschaft und Stadtwirtschaft, München, 1932 (рецензия) (1933, № 4 [32], 143-144).

-----. K. Mass. Deutsche Kultur- und Wirtschaftgeschichte, Munich, 1932 (рецензия) (1933, № 5 [33], 151-153).

-----. L. Madelin. Clio à l'Academie. ("La Revue de France", № 5, 1936) (рецензия) (1936, № 4 [56], 151).

-----. P. Allard. Les déssous de la guerre révélés par les comités sécrets, Paris, 1933 (рецензия) (1933, № 3 [31], 111-113).

К сведению всех организаций ВКП(б). Извещение о созыве очередного XVIII съезда ВКП(б) (1939, № 1 [71], 3).

К 150-летию Французской буржуазной революции XVIII века (1939, № 3 [73], 215).

К столетию со дня рождения Н. Г. Чернышевского. (Отчет о докладах в О-ве историков-марксистов) (№ 8, 1928, 129-152).

Н., Ф. A. Mirot. Une lettre de François Martin à Colbert sur ses négociations à la Cour de Golconde en juin-juillet 1681. ("Revue d'histoire des Colonies", V. XXIX, 1936, 1. trimestre) (рецензия) (1937, № 1 [59], 185).

-----. C. Bauer. Unternehmung und Unternehmungsformen im Spätmittelalter und in der beginnenden Neuzeit. ("Münchener volkswirtschaftliche Studien", H. 25, Jena, 1936) (рецензия) (1936, № 6 [58], 240).

-----. E. Zechlin. Das Problem der vorkolumbischen Entdeckung Amerikas und die Kolumbusforschung. ("Historische Zeitschrift, 1935, Bd. 152, H. I.) (рецензия) (1936, № 6 [58], 239-240).

-----. F. Valsecchi. La politica di Cavour e la Prussia nel 1859. ("Archivo Storico Italiano", V. I, 1936) (рецензия) (1937, № 2 [60], 187).

-----. H. Grundmann. Die Frauen und die Literatur im Mittelalter. ("Archiv fur Kulturgeschichte", 1935, Bd. XXVI, H. 2) (рецензия) (1936, № 3 [55], 188).

-----. H. S. Lucas. Diplomatic Relations between England and Flanders from 1329 to 1336. ("Speculum", 1936, January) (рецензия) (1936, № 3 [55], 188).

-----. J. Haller. Das Papsttum. Bd. I, Stuttgart, 1934 (рецензия) (1936, № 3 [55], 186-187).
-----. J. Kukulievics. Die Gestaltung der Viehzucht Pannonias von der Regierung der Römer bis Maria-Theresia ("Deutsche landwirtschaftliche Tierzucht", № 39, № 40, 1936) (рецензия) (1937, № 2 [60], 187).
-----. J. Saintoyant. Des politiques réligieuses et indigènes des diverses colonisations européennes avant le XIX siècle. ("Revue d'histoire des Colonies", 1935, 4. trimestre.) (рецензия) (1937, № 1 [59], 184-185).
-----. J. Saltmorsh, H. C. Darby. The infield and outfield system on a Norfolk manor. ("Economic Journal". Economic History Supplement, V. III, № 10, February, 1935) (рецензия) (1937, № 2 [60], 184-185).
-----. K. Hartlyb. Polski Cyriak z Ankony, nieznany peregrynant na Malte, do Hispanii i Portugalii. ("Kwartalnik Historyczny", 1935, T. XLIX, № 1-2) (рецензия) (1936, № 3 [55], 189).
-----. L. Kolankowsky. Problema Krymu w dziejach jagellonskich. ("Kwartalnik historyczny", 1935, T. XLIX, № 3) (рецензия) (1936, № 3 [55], 188).
-----. M. D. Hall. Early Bankers in the Genoese Notarial Records. ("Economic History Review", 1935, V. VI, № 1) (рецензия) (1936, № 3 [55], 187).
-----. O. Veit. Die Tragik des technischen Zeitalters. Mensch und Maschine im XIX.Jahrhundert, Berlin, 1935 (рецензия) (1936, № 5 [57], 190).
-----. O. E. Fussel, V. G. B. Atwater. Farmers Goods and Chattels 1500 to 1800. ("History", 1935, Dec., V. XX, № 79) (рецензия) (1936, № 3 [55], 188).
-----. P. Geyl. Johann de Witt, Grand Pensionary of Holland, 1653-1672. ("History", V. XX, March 1936) (рецензия) (1937, № 3 [61], 218).
-----. P. Rolland. De l'économie antique au grand commerce médiéval: le problème de la continuité à Tournai et dans la Gaule du Nord. ("Annales d'histoire économique et sociale", Mai 1935) (рецензия) (1936, № 3 [55], 187).
-----. V. Manvilli. Di alcuni nostri primati georgei. ("L'Italia Agricola", № 4, April, 1936) (рецензия) (1936, № 6 [58], 240).
-----. V. Marcu. Die Vertreibung der Juden aus Spanien, Amsterdam, 1934 (рецензия) (1936, № 5 [57], 186).
-----. W. Lenel. Die angebliche Unterwerfung Venedigs durch Otto II. ("Historische Zeitschrift", Bd. 152, H. 3) (рецензия) (1936, № 3 [55], 187).
КАБАКЧИЕВ, Х. Главные этапы и особенности развития фашизма в Болгарии (1936, № 6 [58], 44-67).

КАБАКЧИЕВ, Х. Димитрий Благоев и болгарские тесняки (1935, № 4 [44], 31-57).

-----. Ленин и болгарские "тесняки" (1934, № 1 [35], 173-188).

-----, КАРАКОЛОВ, Р. Болгария в первой мировой империалистической войне, 1915-1919 гг. (1941, № 1 [89], 58-72).

КАБАЛКИНА, М. Н. Ванаг. Проблема двух путей развития капитализма в России в работах Ленина (прения) (№ 22, 1931, 77-145).

КАГАРОВ, Е. "Калевала" как устный эпос родового общества (1935, № 4 [44], 58-68).

-----. "Ученые записки Ленинградского государственного педагогического института имени М. Н. Покровского" Т. V. Серия исторического факультета, вып. 1, Ленинград, 1940 (рецензия) (1941, № 3 [91], 133-135).

-----. "Ученые записки Молотовского государственного педагогического института". Вып. 6-й, Молотов, 1940 (рецензия) (1941, № 3 [91], 135).

-----. Фальсификация истории общественного строя древних германцев немецкими фашистскими "учеными" (1937, № 5-6 [63-64], 131-151).

-----. Фридрих Энгельс и вопрос о родовой организации древних кельтов (1940, № 6 [82], 9-23).

-----. E. Salin. Staat und Handel in Hellas in archaischer und klassischer Zeit. ("Zeitschrift für gesamte Staatswissenschaft, Bd. 89, H. 2) (рецензия) (1936, № 3 [55], 172-173).

-----. F. Heichelheim. Die Ausbreitung der Münzgeldwirtschaft und der Wirtschaftsstil im archaischen Griechenland. ("Schmollers Jahrbücher für Gesetzgebung, Verwaltung und Volkswirtschaft im Deutschen Reiche. Bd. IV. H. 2) (рецензия) (1936, № 4 [56], 126-127).

-----. С. Семенов-Зусер. Скіфи-кочовники на території північного Причорномор'я, Харків, 1939. (Отдел. оттиск из журнала "Науков записки" Харьковского гос. пед. института, № 1, 1939) (рецензия) (1940, № 4-5 [80-81], 132-133).

-----. W. Schwahn. Die xenophontischen "Poroi" und die athenische Industrie im IV. Jahrhundert. ("Rheinisches Museum für Philologie". Neue Folge. Bd. LXXX. H. 3) (рецензия) (1936, № 5 [57], 163-164).

-----. W. Schwahn. Gehalts- und Lohnzahlung in Athen. ("Rheinisches Museum für Philologie", N. F. LXXIX) (рецензия) (1936, № 3 [55], 172).

КАЗАРИН, А. М. Ронге. Разведка и контрразведка, Москва, 1937 (рецензия) (1938, № 2 [66], 133-135).

-----. Мемуары шпиона. Л. Ланаз. Четыре года разведывательной работы 1914-1918 , Москва, 1937 (рецензия) (1938, № 1 [65], 167-169).

-----. Петэн, маршал. Оборона Вердена, Москва, 1937
(рецензия) (1938, № 5 [69], 214-217).
Казенные железные "рудни" в Смоленском уезде во второй половине XVII в. Предисловие А. Сперанского (1935, № 1
[41], 60-81).
КАЛИНИН, М. И. Двадцать три года советской власти. Доклад
на торжественном заседании в Большом театре в ноября
1940 г. (1940, № 11 [87], 3-7).
КАЛИСТРАТОВ, Н. Изучение истории марийского народа в Марий-
ском научно-исследовательском институте социалистической
культуры (1941, № 5 [93], 152-153).
-----. Провозглашение советской автономии марийского народа (1941, № 3 [91], 106-108).
КАН, С. Б. А. Рошфор. Приключения моей жизни, Москва,
1933 (рецензия) (1935, № 1 [41], 105-106).
-----. А. Г. Слуцкий. Методика постановки учебников по
историческим дисциплинам (прения) (№ 9, 1928, 115-133).
-----. А. И. Молок. Июньские дни 1848 г., Ленинград, 1933
(рецензия) (1934, № 3 [37], 127-128).
-----. Из истории борьбы Маркса за пролетарскую партию в
Германии (1940, № 9 [85], 51-69).
-----. "Исторический сборник". Труды Горьковского педа-
гогического института. Вып. 7-й, Горький, 1940
(рецензия) (1941, № 3 [91], 136-137).
-----. К вопросу о подготовке событий 18 марта 1871 г.
(по поводу статьи И. Книжника-Ветрова в № 3 журнала
"Каторга и ссылка" за 1931 г.) (1932, № 3 [25], 142-
164).
-----. Навстречу Гитлеру ("Historische Zeitschrift" за
1932 г.) (1933, № 6 [34], 129-137).
-----. Назад к Тьеру (1933, № 3 [31], 90-94).
-----. Силезская полотняная промышленность в конце XVIII
в. (1936, № 6 [58], 97-133).
-----. Французские исторические журналы в 1932 г. (1933,
№ 5 [33], 137-144).
-----. Французский банк и подготовка событий 17 марта 1871
г. (1933, № 4 [32], 91-105).
-----. Якобинская пресса перед 18 марта 1871 г. (№ 6,
1927, 111-141).
-----. A. Zévaès. Les proscrits de la Commune, Paris,
1935? (рецензия) (1936, № 3 [55], 192).
-----. C. W. Efroymson. Documents. An Austrian Diplomat
in America, 1840. ("The American Historical Review",
1936, Nr. 3, April, V. XLI) (рецензия) (1936, № 3
[55], 191).
-----. D. C. McCay. The national workshops. A study in
the French revolution of 1848, Cambridge, Mass., 1933
(рецензия) (1935, № 5-6 [45-46], 183-185).
-----. E. Schüle. Russland und Frankreich vom Ausgang des
Krimkrieges bis zum italienischen Krieg 1856-1859,
Königsberg, 1935 (рецензия) (1936, № 3 [55], 164-165).

-----. G. Bozonnat. La jeunesse d'Henri Rochefort. L'Empire.
La Guerre. La Commune, St.-Maurice, 1933 (рецензия)
(1935, № 7 [47], 123-124).

-----. G. Perreux. Les origines du drapeau rouge en France,
Paris, 1930 (рецензия) (1932, № 3 [25], 183-185).

-----. G. Stewart. The white armies of Russia, New York,
1933 (рецензия) (1934, № 2 [36], 138-139).

-----. K. Zimmermann. Deutsche Geschichte als Rassenschicksal, Leipzig, 1933 (рецензия) (1934, № 4 [38], 148-
149).

-----. M. Foulon. Eugène Varlin, relieur et membre de la
Commune, Clermont-Ferrand, 1934 (рецензия) (1934,
№ 5 [39], 103).

-----. P. Duchon. Les élections de 1848. ("Revue de Paris",
1936, № 5,6) (рецензия) (1936, № 3 [55], 191).

-----. W. d'Ormesson. La grande crise mondiale de 1857,
Paris, 1933 (рецензия) (1934, № 3 [37], 126-127).

КАПЕЛЮШ, Ф. G. Espinas. Les origines du capitalisme. I.
Sire Johann Boinebroke, patricien et drapler Douaisien,
Lille, 1933 (рецензия) (1936, № 3 [55], 173-174).

-----. H. M. Robertson. Aspects of the Rise of Economic
Individualism. A criticism of Max Weber and his School,
Cambridge, 1933 (рецензия) (1936, № 6 [58], 216-217).

-----. H. Schaller. Die Weltanschauung des Mittelalters,
München, 1934 (рецензия) (1936, № 3 [55], 174-175).

КАРА-МУРЗА, Г. Китай в 1918-1924 гг. (1939, № 5-6 [75-76],
150-167).

КАРАГОВ, Е. G. M. Calhoun. Ancient Athenian Mining.
("Journal of Economic and Business History". Bd. III,
№ 3, May) (рецензия) (1936, № 4 [56], 127-128).

КАРАКОЛОВ, Р. Болгария в первой мировой империалистической
войне см. КАБАКЧИЕВ, Х. (1941, № 1 [89], 58-72).

КАРАТАЕВ, Н. Первые переводчики "Капитала" (1940, № 11
[87], 100-104).

КАРПЕНКО, З. Научно-исследовательская работа исторического
факультета Калининского педагогического института им.
М. И. Калинина (1940, № 2 [78], 171-172).

КАРСАВИН, Л. П.? А. Ацаркин. О задачах Секции истории
юношеского движения (прения) (№ 21, 1931, 90-91).

КАСАТКИН,--. М. Н. Покровский. Чернышевский как историк
(прения) (№ 8, 1928, 129-152).

КАТАЕВ,--. А. Ацаркин. О задачах Секции истории юношеского
движения (прения) (№ 21, 1931, 90-91).

КАТЕНИНА, Л. Борьба крымских татар против Врангеля (1941,
№ 5 [93], 74-81).

КАФЕНГАУЗ, Б. Б. Полтавская битва (1939, № 4 [74], 44-56).

-----. С. Дмитриев. Славянофилы и славянофильство (прения)
(1941, № 1 [89], 97-100).

-----, НОВИЦКИЙ, Г. М. М. Богословский. Петр I. Материалы для биографии. Томы I и II, Москва, 1940-41 (рецензия) (1941, № 2 [90], 127-131).

КАЦ, Б. О замысле Кутузова в Бородинском сражении (1941, № 3 [91], 108-114).

КАЦПРЖАК, Е. О материалах по истории Польши конца XVIII в. (1941, № 5 [93], 110).

КАШИНЦЕВ, Д. Горнозаводская промышленность Урала и крестьянская война 1773-1774 гг. (1936, № 1 [53], 133-185).

КЕЛЬДА, И. Д. "Исследование и материалы по финно-угроведению. Под ред. В. А. Егорова, Ленинград, 1929 (рецензия) (№ 12, 1929, 275-277).

КЁППЕН, К. Ф. Берлинские историки (1940, № 8 [84], 72-84).

КИЗРИН, И. М. Кубанин. Махновщина. Истпарт. Отдел по изучению истории Октябрьской революции и ВКП(б). История гражданской войны. Под ред. М. Н. Покровского, Ленинград, 1927 (рецензия) (№ 6, 1927, 291-294).

-----. С. Е. Рабинович. Борьба за армию 1917 г.; очерки партийно-политической борьбы и работы в армии в 1917 году, Москва, 1930 (рецензия) (№ 17, 1930, 116-119).

КИКВИДЗЕ, А. Я. Акад И. А. Джавахишвили (1941, № 1 [89], 157-158).

-----. Исторический факультет Тбилисского государственного университета (1938, № 3 [67], 166-168).

КИЛЬБЕРГ,--. Справочная и научно-библиографическая работа Государственной публичной исторической библиотеки (1939, № 5-6 [75-76], 275-276).

КИН, Д. Я. В. В. Куйбышев. Эпизоды моей жизни, Москва, 1935 (рецензия) (1935, № 11 [51], 116-117).

-----. Книга большевистской мудрости (1936, № 2 [54], 120-124).

-----. М. Н. Покровский как историк Октябрьской революции (№ 9, 1928, 18-33).

-----. Н. Н. Батурин, как историк партии (№ 6, 1927, 195-201).

-----. О пролетарской революции, буржуазных реставраторах и мелкобуржуазном ликвидаторстве (№ 21, 1931, 19-37).

-----. О статьях по истории гражданской войны (1935, № 8-9 [48-49], 216-220).

-----. Памятник гению человечества и вождю пролетариата (1936, № 4 [56], 154-156).

-----. Семнадцатый год в изображении т. А. Шляпникова (№ 3, 1927, 40-55).

К-ИН, А. Ш. Фурье. Избранные сочинения. Т. I. Теория четырех движений и всеобщих судеб, Москва, 1938 (рецензия) (1938, № 4 [68], 175-178).

КИРОВ, С. Замечания о конспекте учебника "Новой истории". см. СТАЛИН, И., ЖДАНОВ, А., КИРОВ, С. (1936, № 1 [53], 7-8).

-----. Замечания по поводу конспекта учебника по "Истории
СССР" см. СТАЛИН, И., ЖДАНОВ, А., КИРОВ, С. (1936,
№ 1 [53], 5-6).

КИРПИЧНИКОВ, С. Документы по истории "Союза союзов" (1940,
№ 11 [87], 104-108).

КИРПОТИН, В. Чернышевский и марксизм (№ 8, 1928, 27-40).

-----. Ю. М. Стеклов. Н. Г. Чернышевский. Его жизнь и
деятельность. Изд. 2-е, Москва, 1928 (рецензия) (№ 11,
1929, 162-169).

КИСЕЛЕВ, Н. А. Анциховский. Новые методы археологии
(прения) (№ 14, 1929, 136-155).

-----. Пятисотлетие книгопечатания (Выставка и конференция
во Львове) (1941, № 1 [89], 100-108).

КИСЕЛЕВ, С. О методах вредительства в археологии и этнографии
см. АРЦИХОВСКИЙ, А. (1937, № 2 [60], 78-91).

КЛИМОВИЧ, Л. Две неопубликованные статьи академика В. В.
Бартольда о раннем исламе см. Две неопубликованные
статьи академика В. В. Бартольда в раннем исламе (1939,
№ 5-6 [75-76 , 227-239).

КЛОЧКОВ, М. Научная работа кафедры Истории СССР Архангельского
педагогического института (1940, № 8 [84], 152-153).

КОВАЛЕВСКИЙ, А. Работа над арабскими источниками по истории
Восточной Европы и Кавказа в Академии наук СССР (1937,
№ 1 [59], 197-198).

КОВНАТОР, Р. А. И. Герцен -- Письма из Франции и Италии. С
того берега, Москва, 1931 (рецензия) (1932, № 6 [28],
137-140).

-----. В. С. Печерин -- Замогильные записки, Москва, 1932
(рецензия) (1932, № 6 [28], 140-143).

КОГАН, Л. G. de la Batut. Les pavés de Paris. V. I-II,
Paris, 1937 (рецензия) (1938, № 3 [67], 124-126).

КОГАН, М. Преподавание истории средних веков в Ленинградском
университете (1941, № 1 [89], 148-150).

КОГАН-БЕРНШТЕЙН, Ф. Массовое революционное движение в Германий
в первые годы войны (1934, № 4 [38], 6-37).

КОЗЛОВ, Ф. К вопросу о якобинской диктатуре (1939, № 3 [73],
46-71).

КОЗМИН, Н. Максим Горький и Императорская Академия наук
по неофициальным документам (1938, № 4 [68], 53-74).

КОЗОК, П. Советы в Руре во время германской революции 1918/19
гг. (№ 10, 1928, 13-44).

КОЗЬМИН, Б. В. Евгеньев-Максимов. Современник в 40-50-х
годах, Ленинград, 1935 (рецензия) (1936, № 2 [54],
144-146).

-----. В. Евгеньев-Максимов. "Современник" при Чернышевском
и Добролюбове, Ленинград, 1936 (рецензия) (1936, № 6
[58], 200-201).

-----. "Глеб Успенский в жизни", Москва, 1935 (рецензия)
(1936, № 4 [56], 123-124).

-----. Е. А. Штакеншнейдер. Дневник и записки (1854-1886), Москва, 1934 (рецензия) (1935, № 4 [44], 126-128).

-----. "Звенья". Сборник материалов и документов по истории литературы, искусства и общественной мысли XIX в. Под ред. В. Бонч-Бруевича. Т. VI, Москва, 1936 (рецензия) (1936, № 5 [57], 153-154).

-----. М. М. Клевенский. Ишутинский кружок и покушение Каракозова. 2-ое посмертное изд., Москва, 1928 (рецензия) (№ 10, 1928, 251).

-----. Н. Морозов. С оружием в руках. Повести моей жизни. Т. III. Проблески, "Земли и Воля". В Алексеевском равелине, Москва, 1928 (рецензия) (№ 9, 1928, 191-192).

-----. "Памятники русской общественной мысли. Десятилетие Вольной русской типографии в Лондоне, 1852-60 г". I. Факсимильное воспроизведение первопечатного текста. II. Библиографическое описание лондонских изданий 1853-65, Москва, 1935 (рецензия) (1935, № 12 [52], 137-138).

КОКИЕВ, Г. В. П. Пожидаев. Горцы северного Кавказа, Москва, 1926 (рецензия) (№ 3, 1927, 239-241).

-----. "Сборник материалов для описания местностей и племен Кавказа". Вып. 45. Под ред. Н. Я. Марра и др., Махач-Кала, 1926 (рецензия) (№ 4, 1927, 264-265).

КОЛЕНКОВСКИЙ, А. Е. Бирхер, А. В. Боде. Шлифен. Воин и мыслитель, Москва, 1939? (рецензия) (1940, № 12 [88], 99-109).

"Коммунистический Манифест" и царская цензура (1938, № 2 [66], 106-119).

КОН, Ф. Адам Мицкевич (1941, № 6 [94], 38-46).

КОНДРАТЬЕВ,--. С. Дмитриев. Славянофилы и славянофильство (прения) (1941, № 1 [89], 97-100).

Конкурс на школьное историческое сочинение (1941, № 4 [92], 157-158).

Конституция (Основной Закон) Союза ССР (1936, № 6 [58], 29-43).

КОНЧАЛОВСКИЙ, Д. Т. Моммзен. История Рима. Т. II, Ленинград, 1937 (рецензия) (1938, № 3 [67], 113-116).

КОРБУТ, М. Обществоведение в Казанском университете (№ 5, 1927, 283-284).

КОРЕЛЬ, И. Книжные богатства Ленинградского государственного университета (1941, № 2 [90], 143-145).

КОРНАТОВСКИЙ, Н. В. А. Быстрянский (1941, № 1 [89], 155-157).

КОРОЛЕВ, А. Б. Тихомиров. Разинщина, Москва, 1930 (рецензия) (№ 21, 1931, 122-124).

КОРОСТОВЦЕВ, М. S. Dairaines. Un socialisme d'état quinze siècles avant J.-C. L'Egypte économique sous la XYIII dynastie pharaonique, Paris, 1934 (рецензия) (1937, № 2 [60], 170-172).

КОРРАДОВ, Т. Двадцать лет борьбы за мир (1937, № 4 [62], 62-80).

КОСВЕН, М. А. Ф. Анисимов. Родовое общество эвенков
    (тунгусов), Ленинград, 1936 (рецензия) (1937, № 1
    [59], 160-161).
-----. Ошибки М. Н. Покровского в вопросах первобытной
    истории и древнейшей истории восточых славян (1938,
    № 5 [69], 129-137).
-----. L. Levy-Bruhl. La mythologie primitive. Le monde
    mythique des australiens et des papous, Paris, 1935
    (рецензия) (1936, № 3 [55], 171-172).
КОСМИНСКИЙ, Е. А. А. Л. Сидоров. Ленин и Сталин о русском
    самодержавии (прения) (1940, № 6 [82], 63-68).
-----. Д. М. Петрушевский. Очерки из экономической истории
    средневековой Европы, Москва, 1928 (прения) (№ 8,
    1928, 79-128).
-----. Е. В. Оловянишникова. Западная Европа в средние
    века, XII-XIV в.в., Москва, 1926 (рецензия) (№ 2,
    1926, 286).
-----. Н. Грацианский, Западная Европа в средние века; источ-
    ники по социально-экономической истории, Москва, 1925
    (рецензия) (№ 2, 1926, 285).
-----. Новые проблемы в аграрной истории Англии (№ 2, 1926,
    257-262; № 3, 1927, 199-201; № 4, 1927, 214-219).
-----. --. Розенберг. Мюнстерская коммуна 1534-34 (прения)
    (1935, № 12 [52], 147-149).
-----. Столетие преподавания истории средних веков в Москов-
    ском университете (1940, № 7 [83], 101-105).
КОСТОМАРОВ, Г. Московский совет на первом этапе пролетарской
    революции (1935, № 11 [51], 21-37).
-----. Центральный архив Октябрьской революции (1937, № 1
    [59], 195-197).
КОТРОХОВ, Н. А. Г. Слуцкий. Методика постановки учебников
    по историческим дисциплинам (прения) (№ 9, 1928, 115-
    133).
-----. "Революционное правительство во Франции в эпоху
    Конвента (1792-1794 г.г.)," сборник документов и матери-
    алов. Перевод Н. П. Фрейберг. Под ред. Н. М. Лукина,
    Москва, 1927 (рецензия) (№ 3, 1927, 238-239).
КОЦЕВАЛОВ, А. Греческие, латинские и немецкие рукописи в
    научной библиотеке Харьковского государственного универ-
    ситета (1941, № 3 [91], 151-153).
КРАВЧЕНКО, И. "Лiтопiсь революцii" (рецензия) см. БРИГАДА
    ИКП ИСТОРИИ (1932, № 3 [25], 135-141).
КРАЕВСКИЙ, А. "Proletarjat" -- pierwsza socialno-rewolucyjna
    partja w Polsce, Москва, 1934 (рецензия) (1935, № 5-6
    [45-46], 177-179).
КРАМОЛЬНИКОВ, Г. И. В. И. Невский. История ВКП(б) как
    наука (прения) (№ 12, 1929, 300-333).
-----. Конференция большевиков в Таммерфорсе 11-17 декабря
    1905 г. (доклад) (№ 12, 1929, 300-333).

КРАСНЫЙ, С. В. П. Волгин. История социалистических идей. Ч. I, Москва, 1928 (рецензия) (№ 9, 1928, 178-181).

----. В. П. Волгин. Предшественники современного социализма. Ч. I, Москва, 1928 (рецензия) (№ 9, 1928, 178-181).

----. О книге М. Беера "Всеобщая история социализма и социальной борьбы", Москва?, 1927? (рецензия) (№ 7, 1928, 220-223).

----. С. Куниский, В. Позняков. Общинные земли в эпоху Великой Французской революции. Под ред. и со вступ. статьей Н. М. Лукина, Москва, 1927 (рецензия) (№ 4, 1927, 253-255).

----. Эволюция социально-политических воззрений Бланки. Приложения к статье С. Красного. Неопубликованные произведения Бланки. Доклад Огюста Бланки, прочитанный в Обществе друзей народа (№ 20, 1930, 68-85).

КРЕТОВ, Ф. Н. Г. Чернышевский о крестьянской поземельной общине (№ 14, 1929, 117-135).

КРИВОШЕИНА, Е. Политика Петроградского совета Р. и С. Д. и апрельская демонстрация 1917 г. (1935, № 8-9 [48-49], 90-110; 1935, № 10 [50], 68-84).

----. "Протоколы Центрального Комитета РСДРП", Москва, 1929 (рецензия) (№ 13, 1929, 259-262).

КРИВЦОВ, С. С. Д. М. Петрушевский. Очерки из экономической истории средневековой Европы, Москва, 1928 (прения) (№ 8, 1928, 79-128).

----. "Искра" №№1-52, декабрь 1900 г.-ноябрь 1903 г. Польный текст под ред. с предисл. П. Лепешинского и со вступ. статьей Н. Крупской. Вып. I, № 1-7, вып. II, № 8-15, вып. III, № 16-23, Ленинград, 1925/26 (рецензия) (№ 4, 1927, 245-248).

----. К. И. Захарова-Цедербаум и С. И. Цедербаум. Из эпохи "Искры", с предисл. В. И. Невского, Москва, 1926 (рецензия) (№ 4, 1927, 245-248).

----. "Ленин о преподавании истории в школе" (№ 21, 1931, 87-89).

----. Место истории в программах общественно-экономических вузов (№ 2, 1926, 225-234).

----. Методика и методология истории (№ 12, 1929, 300-333).

----. Н. Лукин. Буржуазные историки Запада в СССР (прения) (№ 21, 1931, 44-86).

----. Н. Рубинштейн и Г. Стопалов. "Искра" 1900-1903, Москва, 1926 (рецензия) (№ 4, 1927, 245-248).

----. Постановка методики истории в вузах (№ 12, 1929, 300-333).

КРИЦМАН, Л. Николай Иорга как историк (1933, № 6 [34], 138-142).

----. Румынский историк о роли Румынии в борьбе с советской Венгрией. C. Kiritescu. Istoria războiului pentru intregirea româniei, 1916-19. V. III, Bucureşti, 1927 (review) (1932, № 3 [25], 173-176).

КРИЧЕВСКИЙ, Г. А. Полянский и Д. Матвеев. 15 лет борьбы.
     Хроника важнейших событий, Москва, 1932 (рецензия)
     (1934, № 2 [36], 139-140).
-----. Карты БСЭ (1936, № 3 [55], 182-183).
КРУМИН, Я. За болшевистскую историю Советской Латвии! (1935,
     № 2-3 [42-43], 24-42).
-----. Против троцкистской фальсификации в вопросах истории
     КП Латвии (1933, № 5 [33], 67-79).
КРУТЬ, В. А. Иргизов. Пролетаріят Киіва у боротьбі за
     жовтень, Харків, 1933 (рецензия) (1933, № 4 [32], 130-
     135).
-----. В. И. Ленин. Статьи и речи об Украине, Кіев, 1936
     (рецензия) (1936, № 3 [55], 165-168).
-----. "Історія України". Короткий курс, Київ, 1940 см.
     ПИЧЕТА, В. (1941, № 6 [94], 103-110).
-----. "Літопісь революціі" (рецензия) см. БРИГАДА ИКП
     ИСТОРИИ (1932, № 3 [25], 135-141).
-----. Ценная документация ("Резолюціі всеукраінських
     зьіздів рад") (рецензия) (1933, № 3 [31], 102-104).
КРУТЬ, Я. Октябрьская революция на Украине (1933, № 5 [33],
     23-66).
КУБАНИН, М. К истории Октября в деревне (№ 7, 1928, 18-35).
КУБЛАНОВ, И. М. Горький и декабрьское восстание (1941, № 6
     [94], 3-17).
КУБЛИЦКИЙ, Ф. "Agricultural History" (рецензия) (1938, № 1
     [65], 164-166).
-----. D. Mackay. The Honourable Company. A History of the
     Hudson's Bay-Company, Indianapolis, 1936 (рецензия)
     (1938, № 2 [66], 131-132).
-----. E. Monroe. The Mediterranean in policy, London,
     1939 (рецензия) (1940, № 6 [82], 130-132).
-----. G. East. The Mediterranean Problem. ("Geographical
     Review", Jan. 1938) (рецензия) (1938, № 3 [67], 141-
     144).
-----. P. Norlund. Viking settlers in Greenland and their
     descendent during 500 years, London, 1936 (рецензия)
     (1938, № 4 [68], 170-172).
-----. W. Vogel. La Hanse d'après les publications récentes.
     ("Revue historique", t. CLXXIX, Jan.-Mars 1937)
     (рецензия) (1937, № 5-6 [63-64], 231-232).
КУДРЯВЦЕВ, А. Ост-индская компания -- англо-голландский
     торговый капитал (№ 5, 1927, 205-210).
КУДРЯВЦЕВ, Н. Крупное событие на историческом фронте см.
     СИДОРОВ, А. (1940, № 4-5 [80-81], 100-107).
КУЗНЕЦОВ, И. Н. Ванаг. Порблема двух путей развития капи-
     тализма в России в работах Ленина (прения) (№ 22, 1931,
     77-145).
КУН, БЕЛА. Развал II Интернационала (1933, № 3 [31], 3-15).
КУНИСКИЙ, С. Д. Жорес -- историк (№ 2, 1926, 140-158; № 3,
     1927, 117-151; № 4, 1927, 101-124).

-----. К. Шелавин. Авангардные бои западно-европейского
пролетариата. Очерки Германской революции 1918-1919 гг.
Ч. I-II, Ленинград, 1929-30 (рецензия) (№ 17, 1930,
109-111).
-----. Н. Н. Розенталь. История Европы в эпоху торгового
капитализма, Ленинград, 1927 (рецензия) (№ 7, 1928,
278-279).
-----. Обзор литературы о Парижской коммуне за последние
два года (№ 3, 1927, 196-199).
-----. Саул Красный (№ 20, 1930, 65-67).
-----. Ц. Фридлянд. 9 термидора (прения) (№ 7, 1928, 158-
206).
КУРШАНАК, И. Как разрабатывают буржуазные историки идеологию
интервенции. Ю. В. Готье. Железный век в Восточной
Европе, Москва, 1930 (рецензия) (№ 21, 1931, 115-118).
КУСИКИЯН, Т. Б. И. Горев. Военная история и марксизм
(прения) (№ 9, 1928, 115-133).
-----. М. В. Нечкина. Постановка исторического семинара в
исторических вузах (прения) (№ 9, 1928, 115-133).
КУСИКЬЯН, И. М. Н. Сперанский. Из старинной новгородской
литературы XIV в., Ленинград, 1934 (рецензия) (1935,
№ 1 [41], 103-104).
КУШЕВА, Е. Научная работа кафедры истории СССР Московского
государственного педагогического института имени К.
Либкнехта (1941, № 6 [94], 154-155).
КУШНЕР, П. И. (КНЫШЕВ). А. Арциховский. Новые методы археологии (прения) (№ 14, 1929, 136-155).
-----. В. И. Лебедев. Очерки по истории орудий труда,
Москва, 1927 (рецензия) (№ 5, 1927, 240).
-----. Д. М. Петрушевский. Очерки из экономической истории
средневековой Европы, Москва, 1928 (прения) (№ 8,
1928, 79-128).
-----. Марксисткое понимание социологии (дискуссия) (№ 12,
1929, 189-213).
-----. Нужно ли изучать общественные формы? (№ 6, 1927,
206-214).

Л

Л., А. "Комбеды Воронежской и Курской областей", Воронеж,
1935 (рецензия) (1935, № 10 [50], 150-151).
-----. Международная конференция по преподаванию истории
(1934, № 4 [38], 160).
Л., В. Ноябрьская сессия Академии наук СССР (1935, № 12
[52], 147-149).

-----. A. Steel. English Governement Finance, 1377-1413. ("The English Historical Review", V. LI, № 201, 29-52) (рецензия) (1936, № 5 [57], 186).

-----. D. Wagner. Coke and the Rise of economic Liberalism. ("The Economic History Review", V. VI, № 1, Oct. 1935) (рецензия) (1936, № 4 [56], 148-149).

-----. F. Stoy. Zur Bevölkerung- und Sozialstatistik kursächsischer Kleinstädte im Zeitalter der Reformation. ("Vierteljahrschrift für Sozial- und Wirtschaftsge-schichte", 1935, Bd. 28, H. 2) (рецензия) (1936, № 4 [56], 148).

-----. F. E. Hyde. British Capital and American Enterprise in the North West. ("The Economic History Review", V. VI, № 2, Apr. 1936, 201-208) (рецензия) (1936, № 5 [57], 189-190).

-----. H. G. Richardson. Heresy and the lay power under Richard II. ("The English Historical Review", V. LI, № 202, 1-29) (рецензия) (1936, № 5 [57], 185-186).

-----. H. Hauser. La première "révolution" industrielle anglaise. ("Annales d'histoire économique et sociale", 1936, Janvier, № 37) (рецензия) (1936, № 3 [55], 189-190).

-----. K. Haff. Geschlechtshöfe und freie Marken in Skandinavien und Deutschland. ("Vierteljahrschrift für Sozial-und Wirtschaftsgeschichte", 1935, Bd. 28, H. 2) (рецензия) (1936, № 4 [56], 148).

-----. R. Conyers. Profits on the recoinage of 1560-1561. ("The Economic History Review", V. VI, № 2, Apr. 1936, 186-193) (рецензия) (1936, № 5 [57], 186-187).

-----. T. A. M. Bishop. Monastic Granges in Yorkshire. ("The English Historical Review", V. LI, № 202, Apr. 1936, 193-214 (рецензия) (1936, № 5 [57], 184-185).

Д., Н. В Институте истории Академии наук (1936, № 2 [54], 172).

-----. Выставка "Парижская Коммуна 1871 года" (№ 10, 1928, 274-275).

-----. Мировая война в музеях Парижа (1934, № 4 [38], 156).

ЛАВРЕНТЬЕВ, В. П. Г. Галузо. Туркестан -- колония. Очерк истории Туркестана от завоевания русскими до революции 1917 г., Москва, 1929 (рецензия) (№ 14, 1929, 210-212).

ЛАВРОВ, Н. "Архивы СССР". Ленинградское отделение Центрального исторического архива, Ленинград, 1933 (рецензия) (1936, № 3 [55], 169-171).

ЛАВРОВСКИЙ, В. "Агрикультура в памятниках западного средневековья". "Труды Института истории науки и техники", сер. 5, вып. 1, 1936 (рецензия) (1938, № 1 [65], 158-159).

-----. О работе сектора истории средних веков института истории А. Н. СССР (1936, № 6 [58], 250).

-----. Основные проблемы аграрной истории Англии XVIII-XIX веков (1935, № 10 [50], 98-111).

-----. Проблемы экономической истории Англии XV-XVII вв. (до эпохи промышленного переворота) (1936, № 4 [56], 113-121).

-----. С. И. Архангельский. Аграрное законодательство великой английской революции 1643-1648 гг. Ч. I, Москва, 1935 (рецензия) (1936, № 6 [58], 212-216).

-----. A. Martineau, L. May. Trois siècles d'histoire antillaise. ("Revue d'histoire des colonies", 1935, 3, 205-248) (рецензия) (1936, № 2 [54], 158-159).

-----. D. George. The combination laws. ("The Economic History Review", V. VI, Nr. 2, Apr. 1936, 172-178) (рецензия) (1936, № 5 [57], 188).

-----. E. Dard. L'ultimatum de Talleyrand (1805). ("Revue d'histoire diplomatique", juil.-sept. 1935, 308-321) (рецензия) (1936, № 2 [54], 159).

-----. F. Dutacq. La réaction royaliste à Lyon. ("Révolution de 1848", 1935, Nr. 154, 421-431) (рецензия) (1936, № 2 [54], 159).

-----. F. Günther. Der deutsche Bauernkrieg, München, 1933 (рецензия) (1935, № 5-6 [45-46], 188-189).

-----. F. M. Stenton. The road system of medieval England. ("The Economic History Review", V. VII, Nr. 1, 1936 (рецензия) (1937, № 2 [60], 185-186).

-----. G. Lenz. Demokratie und Diktatur in der englischen Revolution 1640-1660, München, 1933 (рецензия) (1934, № 4 [38], 149).

-----. G. H. Bolsover. Palmerston and Metternich on the Eastern Question in 1834. ("The English Historical Review", V. LI, Nr. 202, April 1936) (рецензия) (1936, № 4 [56], 150).

-----. G. N. Clark. Early Capitalism and Invention. ("The Economic History Review", V. VI, Nr. 2, April 1936) (рецензия) (1936, № 4 [56], 149).

-----. J. E. A. Jolliffe. A survey of fiscal tenements. ("The Economic History Review", V. VI, Nr. 2, Apr. 1936, 157-171) (рецензия) (1936, № 5 [57], 184).

-----. J. U. Nef. The Progress of Technology and the Growth of large scale Industry in Great Britain, 1540-1640. ("The Economic History Review", 1934, October) (рецензия) (1936, № 3 [55], 189).

-----. M. Bloch. La seigneurie lorraine. ("Annales d'histoire économique et sociale", 1935, Nr. 35, 451-459) (рецензия) (1936, № 2 [54], 150).

-----. M. Postan. Recent trends in the accumulation of capital. ("The Economic History Review", 1935, VI, Nr. 1, 1-12) (рецензия) (1936, № 2 [54], 169).

-----. M. Z. Jedlicki. Die Anfänge des polnischen Staates. ("Historische Zeitschrift", 1935, Bd. 152, H. 3, 519-529) (рецензия) (1936, № 2 [54], 150).

-----. N. Gash. Rural unemployment 1815-1834. ("The Economic History Review", 1935, VI, Nr. 1, 90-93) (рецензия) (1936, № 2 [54], 159).

-----. O. E. Fussel. English agriculture from A. Joung to W. Cobbett. ("The Economic History Review", 1936, April, V. VI, Nr. 2) (рецензия) (1936, № 4 [56], 151-152).

-----. S. Howe. Le rôle de Sir Robert Farguhar, Gouverneur de l'île Maurice dans l'histoire de Madagascar. ("Revue d'histoire des colonies", 1935, 3. trimestre) (рецензия) (1936, № 4 [56], 149-150).

-----. S. Painter. English Castles in the Early Middle Ages. ("Speculum", July 1935, 321-332) (рецензия) (1936, № 2 [54], 150).

-----. S. Runciman. Charlemagne and Palestine. ("The English Historical Review", V. 1 [50], Nr. 200) (рецензия) (1936, № 5 [57], 183-184).

-----. T. A. Bishop. Assarting and the growth of the open fields. ("The Economic History Review", 1935, VI, Nr. 1, 13-29) (рецензия) (1936, № 2 [54], 150-151).

-----. W. Beveridge. Wages in the Winchester manors. ("The Economic History Review", V. VII, Nr. 1, November, 1936) (рецензия) (1937, № 2 [60], 186).

ЛАЗАРЕВ, Н. Историческая картография на службе у германского фашизма (1938, № 5 [69], 190-201).

ЛЕБЕДЕВ, В. И. А. Л. Сидоров. Ленин и Сталин о русском самодержавии (прения) (1940, № 6 [82], 63-68).

-----. Астраханское восстание 1705-1706 гг. см. Астраханское восстание 1705-1706 гг. (1935, № 4 [44], 77-86).

-----. Булавинское восстание, 1707-1708 гг. (1933, № 3 [31], 45-64).

-----. В. Ключевский. "Курс русской истории". Часть 1-5. Переизд., Москва, 1937 (рецензия) (1938, № 4 [68], 143-145).

ЛЕБЕДЕВ, И. Ф. Энгельс. Заметки о войне; статьи о франко-прусской войне 1870-1871 гг., Москва, 1940 (рецензия) (1941, № 2 [90], 123-126).

ЛЕБЕДЕВ, М. Филиал музея В. И. Ленина в Ленинграде (1938, № 4 [68], 94-101).

ЛЕБОВИЧ, М. Из истории Венгерской коммуны (1935, № 7 [47], 48-72).

-----. Работа Института истории Белорусской академии наук за последние три года (1936, № 2 [54], 176-177).

ЛЕВИН, Ш. Н. А. Чарушин. О далеком прошлом. Ч. 1-2. Кружок Чайковцев. Из воспоминаний о революционном движении 1870-х г.г., Москва, 1926 (рецензия) (№ 4, 1927, 242-244).

ЛЕДЯЕВ, В. Л. М. Каптерев. Нижегородское Поволжье X-XVI вв., Горький, 1939 (рецензия) (1940, № 4-5 [80-81], 133-136).

Ленин (1940, № 4-5 [80-81] , 3-11).

ЛЕНИН, В. И. Фридрих Энгельс (1940, № 10 [86], 5-13).

Ленин о западноевропейском революционном движении (1934, № 1 [35], 224-248).

ЛЕНЧНЕР, С. Крестьянский вопрос в Германской революции 1918 года (1941, № 3 [91], 63-80).

-----. X. Лурье. Энгельс и основание II Интернационала, Москва, 1935 (рецензия) (1937, № 1 [59], 178-180).

ЛЕПЕШИНСКАЯ, А. J. T. Murphy. Preparing for Power, London, 1934 (рецензия) (1934, № 4 [38], 143-144).

ЛЕПЕШИНСКИЙ, П. Второй съезд партии (1933, № 4 [32], 20-52).

Летопись событий Великой пролетарской революции (1935, № 11 [51], 78-91).

ЛЕХТБЛАУ, Л. Из истории просветительной литературы в России (1939, № 1 [71], 197-204).

-----. Полицейские донесения о Марксе (1940, № 12 [88], 76).

-----. Революция 1848 г. и царская цензура (1940, № 7 [83], 3-13).

ЛИДАН, О. "Аграрная революция", Т. II. Под ред. В. П. Милютина, Москва, n.d. (рецензия) (№ 7, 1928, 299-302).

-----. Июльские события 1917 года (№ 4, 1927, 3-32).

ЛИТВИНОВ, И. Н. Ванаг. Проблема двух путей развития капитализма в России в работах Ленина (прения) (№ 22, 1931, 77-145).

Литература к шестидесятилетию товарища Сталина (1940, № 2 [78], 133-138).

ЛИХНИЦКИЙ, Н. В обществе историков-марксистов. Ростовский кружок историков-марксистов (№ 16, 1930, 199-200).

-----. Феодализм в Адыгее накануне крестьянской реформы (1934, № 6 [40], 3-23).

-----, ПОКРОВСКИЙ, Н. Против великодержавного шовинизма в изучении истории горского национально-освободительного движения (1934, № 2 [36], 99-105).

ЛОВЕЦКИЙ, --. С. Дмитриев. Славянофилы и славянофильство (прения) (1941, № 1 [89], 97-100).

ЛОЗОВИК, Г. В. Г. Богораз-Тан. Христианство в свете этнографии, Москва, 1928 (рецензия) (№ 8, 1928, 203-204).

-----. Десять лет русской византологии (1917-27) (№ 7, 1928, 228-238).

-----. Ф. И. Успенский-- (некролог) (№ 9, 1928, 110-114).

-----. E. Stein. Geschichte des spätrömischen Reiches, Wien, 1928 (рецензия) (№ 14, 1929, 197-199).

ЛОМАКИН, А. М. М. Хвостов. История древнего Востока; учебное пособие для вузов. 2. изд. под ред. Т. Пригоровского, Москва, 1927 (рецензия) (№ 4, 1927, 235-237).

-----. О ленинском этапе в истории и задачах большевистских историков (1934, № 1 [35], 3-20).

-----. Против алашордынской контрабанды. см. ГЕНКИНА, Э.,
   ЛОМАКИН, А. (1935, № 4 [44], 108-110).
-----. С. М. Дубровский. К вопросу о сущности "азиатского"
   способа производства феодализма, крепостничества и торгового капитала (прения) (№ 16, 1930, 104-161).
-----. Ценный вклад в изучение истории большевизма (1935,
   № 10 [50], 127-141).
ЛУНАЧЕВСКИЙ, А. М. Рейзнер. Идеологии Востока. Очерки
   восточной теократии, Москва, 1927 (рецензия) (№ 9,
   1928, 197-200).
ЛУКИН, Н. М. Альбер Матьез (1874-1932) (1932, № 3 [25],
   60-86).
-----. Альфонс Олар (№ 10, 1928, 71-88).
-----. Борьба классов во французской деревне и продовольст-
   венная политика Конвента в период действия 2-го и 3-го
   максимума (№ 16, 1930, 20-67).
-----. Буржуазные историки Запада в СССР (№ 21, 1931, 44-
   86).
-----. Великая французская революция в работах советских
   историков (№ 5, 1927, 197-205).
-----. VIII пленум Международного комитета исторических
   наук в Париже (21-23 марта 1934 г.) (1934, № 3 [37],
   93-96).
-----. Г. Зиновьев. История германской социал-демократии.
   ("Большая Советская Энциклопедия", Т. XVI, Москва, 1929)
   (прения) (№ 18-19, 1930, 124-129).
-----. Е. Тарле. Наполеон, Москва, 1937 (рецензия) (1937,
   № 1 [59], 153-159).
-----. За большевистскую партийность в исторической науке
   (№ 22, 1931, 3-10).
-----. К вопросу о фашизации исторической науки в Германии
   (1935, № 1 [41], 15-27; 1935, № 2-3 [42-43], 13-23).
-----. Л. Г. Райский. Новейшая история САСШ, Ленинград,
   1930 (рецензия) (№ 18-19, 1930, 208-209).
-----. Ленин и проблема якобинской диктатура (1934, № 1
   [35], 99-146).
-----. Маркс как историк (1933, № 2 [30], 3-40).
-----. Новая книга по социально-экономической истории эпохи
   террора (рецензия) (№ 10, 1928, 203-210).
-----. Новая немецкая книга по истории эпохи империализма.
   W. W. Goetz. Das Zeitalter des Imperialismus, 1890-
   1933, Berlin, 1933 (рецензия) (1934, № 4 [38], 112-
   121).
-----. Новая работа по аграрной истории Великой французской
   революции (1933, № 6 [34], 120-128).
-----. Новейшая эволюция Альбера Матьеза (№ 21, 1931, 38-
   43).
-----. Новый американский журнал (№ 14, 1929, 183-186).
-----. О книге Матьеза: "La Terreur". Т. III, Paris, 1927
   (рецензия) (№ 7, 1928, 218-220).

-----. О работе над учебником по новой истории (доклад)
(1935, № 4 [44], 87-107).

-----. Основные проблемы построения всемирной истории
(1937, № 3 [61], 3-23).

-----. Пленум исторического комитета в Бухаресте (1936,
№ 3 [55], 76-84).

-----. Пленум Международного исторического комитета в
Гааге (1932, № 6 [28], 147-150).

-----. Последнее слово социал-фашистской историографии
(K. Kautsky, Krieg und Demokratie), Berlin, 1932
(рецензия) (1933, № 2 [30], 163-176).

-----. "Протоколы Парижской коммуны, 28 марта-30 апреля
1871 г.", Москва, 1933 (рецензия) (1934, № 2 [36],
154-155).

-----. Русская революция 1905 г. и Западная Европа (1936,
№ 1 [53], 23-55).

-----. VII Международный исторический конгресс в Варшаве
(1933, № 5 [33], 118-129).

-----. Ц. Фридлянд. 9 термидора (прения) (№ 7, 1928,
158-206).

-----. E. Mason. The Paris Commune; an Episode in the
History of the Socialist Movement, New York, 1930
(рецензия) (1932, № 3 [25], 176-179).

-----. E. O. Volkmann. Revolution über Deutschland, Oldenburg, 1930 (рецензия) (1932, № 3 [25], 165-171).

-----. G. Laronze. Histoire de la Commune de 1871 d'après
des documents et des souvenirs inédits, Paris, 1928
(рецензия) (№ 11, 1929, 193-197).

-----. H. Grossmann. Die gesellschaftlichen Grundlagen der
mechanistischen Philosophie und die Manufaktur. ("Zeitschrift für Sozialforschung", 1935, Bd. IV, H. 2, 161-
231) (рецензия) (1936, № 2 [54], 152-153).

-----. "Pariser Kommune 1871". Berichte und Dokumente von
Zeitgenossen, Berlin, 1931 (рецензия) (1932, № 1-2
[23-24], 181-183).

-----. R. S. Ward. Maximilien Robespierre: a Study in
Deterioration, London, 1934 (рецензия) (1936, № 2
[54], 153-155).

-----. S. Maritch. Histoire du mouvement social dans le
second Empire à Lyon, Paris, 1930 (рецензия) (1932,
№ 3 [25], 179-183).

-----. W. v. Kloeber. Vom Weltkrieg zur nationalen Revolution, München, 1933 (рецензия) (1934, № 2 [36], 144-
148).

ЛУКОМСКАЯ, И. В. Владимирова. Год службы "социалистов"
капиталистам, n.p., n.d. (рецензия) (№ 5, 1927, 264-
265).

-----. Пролетариат Донбасса и реализация сталинского плана
разгрома Деникина (1940, № 1 [77], 98-119).

ЛУНИН, Б. Новинки исторической литературы в Ростовской
    области (1940, № 11 [87], 154-155).
ЛУРЬЕ, М. Л. Большевистская печать Закавказья и царская
    цензура, 1905-1907 гг. см. Большевистская печать
    Закавказья и царская цензура, 1905-1907 гг. (1937,
    № 3 [61], 126-136).
-----. От всеобщей стачки в вооруженному восстанию (1935,
    № 10 [50], 116-126).
-----. Работа товарища Молотова в "Правде" (1912-1914 гг.)
    (1940, № 3 [79], 3-23).
ЛУРЬЕ, С. Я. Письмо в редакцию (1937, № 5-6 [63-64], 279).
ЛУРЬЕ, Х. Из истории борьбы Энгельса против оппортунизма
    во II Интернационале (1935, № 8-9 [48-49], 40-57).
-----. Как Каутский издает Энгельса (1936, № 2 [54], 69-
    81).
-----. Ленин и судьбы социализма в Англии (1934, № 1 [35],
    147-172).
-----. Марксизм в борьбе с бернштейнианством (1933, № 1
    [29], 94-110; 1933, № 2 [30], 143-162).
-----. Н. Лукин. О работе над учебником по новой истории
    (прения) (1935, № 4 [44], 87-107).
-----. Последние десять лет революционной борьбы и теоре-
    тической работы (1934, № 5 [39], 79-85).
ЛЮБИМОВ, В. Палеографические наблюдения над Академическим
    списком Русской Правды (1938, № 5 [69], 156-161).
ЛЮСЬИН, Н. Краткий обзор юбилейной литературы о 2-м съезде
    РСДРП (№ 9, 1928, 173-174).
ЛЯЩЕНКО, П. И. М. Кулишер. История русского народного
    хозяйства, Т. I-II, Москва, 1925 (рецензия) (№ 3,
    1927, 225-226).

М

М., А. В Институте истории Коммунистической академии (1935,
    № 10 [50], 164).
М., В. Массовая работа Института истории Комакадемии в пер-
    вом полугодии 1934 г. (1934, № 4 [38], 157-159).
М., Г. К. Новые данные о древнем Китае (1939, № 2 [72],
    192-194).
М., З. Обсуждение II тома учебника по истории средних веков
    для вузов (1939, № 5-6 [75-76], 272-275).
М., И. Проблемы праистории и преподавания истории в фашист-
    ской Германии (1935, № 11 [51], 127-129).
-----. Робеспьер и современная Франция (1934, № 2 [36],
    161-163).

-----. A. Pingaud. L'Entente et la conduite de la guerre. ("Revue d'histoire de la guerre mondiale", 1935, № 3, 225-256) (рецензия) (1936, № 2 [54], 165).

-----. A. Pingaud. L'Intervention portugaise dans la guerre mondiale. ("Revue d'histoire diplomatique", Juil.-Sept. 1935, 322-338) (рецензия) (1936, № 2 [54], 165-166).

-----. C. Apput. Les négociations austro-allemandes du printemps de 1917 et la mission du prince Sixte. ("Revue d'histoire de la guerre mondiale", 1935, № 3, 210-223) (рецензия) (1936, № 2 [54], 166).

-----. Ch. Daniélou. Le vrai visage d'Aristide Briand, Paris, 1936 (рецензия) (1936, № 2 [54], 166-167).

-----. "L'histoire militaire de la guerre mondiale en Hongrie". ("Revue d'histoire de la guerre mondiale", Oct. 1935, № 4, 313-324) (рецензия) (1936, № 2 [54], 166).

-----. M. Gunzenhäuser. Die Leistungen des Auslandes auf dem Gebiet der Weltkriegsbibliographie. ("Berliner Monatshefte", № 2, 1936) (рецензия) (1936, № 4 [56], 152).

-----. R. P. Basler. The Lincoln legend. A study in chang-conceptions, Boston, 1935 (рецензия) (1936, № 2 [54], 165).

М., Н. Китайское издание "Новой истории колониальных и зависимых стран" (1941, № 6 [94], 157).

М., Л. Труды института истории; всеобщая история (рецензия) (№ 5, 1927, 210-214).

М., М. Созревание революционного кризиса в Германии летом 1917 г. (1934, № 4 [38], 82-91).

М., Н. "Annales d'histoire économique et sociale", № 36, Novembre, 1935 (рецензия) (1936, № 2 [54], 170-171).

-----. H. R. Keller. The Dictionary of Dates. v. I-II, New York, 1934 (1936, № 2 [54], 169-170).

-----. M. V. C. Jeffreys. The subject-matter of history in schools. ("History", Dec. 1935, 233-242) (1936, № 2 [54], 170).

М. Н. Покровский: краткая биографическая справка (№ 9, 1928, 79-83).

М. Н. Покровский (некролог) (1932, № 1-2 [23-24], 5-6).

М., О. L. Widerszal. Sprawy kaukaskie w polityce europejskiej w latach 1831-1864, Warszawa, 1934 (рецензия) (1936, № 6 [58], 197-200).

М. С. Ольминский, 1863-1933 ; (некролог) (1933, № 2 [30], 190).

М., Ш. Массовая работа Института истории (1935, № 5-6 [45-46], 199-200).

М., Ш. H. Kück. Die Göttinger Sieben. Ihre Protestation und ihre Entlassung im Jahre 1837. ("Historische Studien", H. 258, Berlin, 1934) (рецензия) (1936, № 5 [57], 189).

М-Н, А. Я. М. Захер. Революция 1848 г. в Германии, Ленинград, n. d. (рецензия) (№ 6, 1927, 274-275).

МАДЬЯР, Л. Г. Зиновьев. История германской социал-демократии.
("Большая Советская Энциклопедия", Т. XVI, Москва, 1929)
(прения) (№ 18-19, 1930, 103-105).

-----. С. М. Дубровский. К вопросу о сущности "азиатского"
способа производства, феодализма, крепостничества и
торгового капитала (прения) (№ 16, 1930, 104-161).

МАЕВСКИЙ, И. В. C. M. E. Mangin. Souvenirs d'Afrique.
Lettres et carnets de route, Paris, 1936 (рецензия)
(1937, № 5-6 [63-64], 249-251).

МАЙЗЕЛЬ, С. Саад Заглул Паша и его роль в национально-осво-
бодительном движении Египта (№ 6, 1927, 175-194).

МАЙОРСКИЙ, Н. Н. А. Попов. Об исторических условиях перерастания буржуазно-демократической революции в пролетарскую (прения) (№ 12, 1929, 300-333).

МАКСИМОВ, А. Суконные мануфактуры в XVIII в. (1935, № 8-9
[48-49], 178-208).

МАКСИМОВ, В. Кулацкая контрреволюция и ижевское восстание
(1918 г.) (1932, № 4-5 [26-27], 109-162).

МАКСИМОВСКИЙ, В. Идеи диктатуры у Макиавелли (№ 13, 1929,
55-94).

-----. Марксистское понимание социологии (№ 12, 1929, 189-
213).

МАЛАХОВСКИЙ, В. Большевистская фракция IV Государственной
думы (1939, № 2 [72], 136-141).

-----. "Народная воля" (прения) (№ 15, 1930, 86-143).

-----. "Наши разногласия" Плеханова и народничество (1935,
№ 11 [51], 58-77).

-----. "1905 г. История революционного движения в отдельных
очерках". Т. III, вып. I. Под ред. М. Н. Покровского,
Москва, 1927 (рецензия) (№ 5, 1927, 257-259).

МАЛИЦКИЙ, Г. Государственный исторический музей см.
ДМИТРИЕВ, П. (1936, № 6 [58], 248-249).

МАЛЫШЕВ, А. О феодализме и крепостничестве (№ 15, 1930, 43-
73; № 16, 1930, 68-103).

-----. С. М. Дубровский. К вопросу о сущности "азиатского"
способа производства, феодализма, крепостничества и
торгового капитала (прения) (№ 16, 1930, 104-161).

МАЛЬКОВ, А. Н. Ванаг. Проблема двух путей развития капитализма в России в работах Ленина (прения) (№ 22, 1931,
77-145).

МАМЕДОВ, А. Азербайджанское нефтяное хозяйство до отмены
откупной системы (1800-1872) (1936, № 4 [56], 98-112).

МАМЕТ, Л. П. А. Пионтковский. Великорусская буржуазная
историография последнего десятилетия (прения) (№ 18-
19, 1930, 171-172).

-----. А. Г. Слуцкий. Методика постановки учебников по
историческим дисциплинам (прения) (№ 9, 1928, 115-133).

-----. Бег на месте; Ответ С. Дзюбинскому (№ 9, 1928, 141-144).

-----. "Библиографический бюллетень секции обществоведения Педагогического Общества при Восточном Педагогическом Институте. № 1-3, Казань, 1927 (рецензия) (№ 5, 1927, 274-175).

-----. Бюллетень секции обществоведения Педагогического Общества при Восточном Педагогическом Институте и Татарского бюро Краеведения Академического Центра Н. К. П. № 4-5, Казань, 1927 (рецензия) (№ 5, 1927, 274-275).

-----. И. К. Михайлов. Четверть века подпольщика, Москва, 1928 (рецензия) (№ 10, 1928, 253-254).

-----. История и общественно-политическое воспитание (№ 14, 1929, 156-172).

-----. К вопросу о методике историко-революционной экскурсии (№ 11, 1929, 152-156).

-----. "Коммунистический Интернационал и война". Документы и материалы о борьбе Коминтерна против империалистической войны и в защиту СССР, Москва, 1928 (рецензия) (№ 9, 1928, 200-202).

-----. "Лабораторный план в преподавании истории". Сборник статей под ред. Е. Л. Брюннели. Вып. 2. История, Москва, 1927 (рецензия) (№ 3, 1927, 243-244).

-----. М. Мартынов. Современный II Интернационал, Москва, 1928 (рецензия) (№ 9, 1928, 200-202).

-----. "Музей революции Союза ССР". Второй сборник статей, Москва, 1929 (рецензия) (№ 14, 1929, 215-217).

-----. Основые направления в вопросах преподавания истории (№ 12, 1929, 300-333).

-----. Отражение марксизма в буржуазном востоковедении (№ 17, 1930, 69-96).

-----. П. Дроздов. Очерки по истории классовой борьбы в Зап. Европе и в России в XVIII-XX веках, Москва, 1928 (рецензия) (№ 7, 1928, 307-308).

-----. П. Е. Щеголев. Петрашевцы в воспоминаниях современников; сборник материалов, Москва, 1926 (рецензия) (№ 1, 1926, 307).

-----. "Партии Коммунистического Интернационала". Справочник пропагандиста. Сборник статей о важнейших секциях Коминтерна, под ред. Д. Петровского, Москва, 1928 (№ 9, 1928, 200-202).

-----. Преподавание истории в индустриально-технических вузах (№ 2, 1926, 235-237).

-----. Программно-организационные вопросы преподавания истории на рабочих факультетах. Прения: М. Н. Покровский, А. Милюков (№ 4, 1927, 187-199).

МАНАНДЯН, Я. Актуальные вопросы историографии древней Армении (1940, № 6 [82], 3-8).

МАНУИЛЬСКИЙ, Д. Международное значение Октябрьской революции (1933, № 5 [33], 3-22).

МАНФРЕД, А. А. Марти. Восстание на Черном море, Москва,
  1940 (рецензия) (1941, № 4 [92], 128-132).
-----. J. Jaurès. Oeuvres. T. IX. Pour la paix. Au bord
  de l'abime, Paris, 1939 (рецензия) (1941, № 1 [89],
  129-132).
МАРГУЛАН, А. Научная работа исторического сектора Казахстан-
  ского филиала АН СССР (1941, № 6 [94], 153).
МАРКОВА, О. Присоединение Грузии к России в 1801 году
  (1940, № 3 [79], 57-91).
-----. W. E. D. Allen. A History of the Georgian People
  from the Beginning down to the Russian Conquest in the
  nineteenth Century, London, 1932 (рецензия) (1938,
  № 3 [67], 105-107).
Маркс и историческая наука (1933, № 1 [29], 3-10).
МАРТИ, А. Анри Барбюс (1935, № 10 [50], 3-13).
-----. Революционное движение в южнофранцузской деревне в
  1907 г. (1933, № 6 [34], 6-26).
МАРТОВ, Б. О методике преподавания истории во Всесоюзном
  Коммунистическом сельскохозяйственном университете им.
  Я. М. Свердлова см. ЗОРИН, А. (1935, № 8-9 [48-49],
  209-215).
МАРТЫНОВ, М. "Договор" Владимира с волжскими болгарами 1006
  г. (1941, № 2 [90], 116-117).
МАСЛЕННИКОВ, В. Ш. Лиф. Война и экономика Японии, Москва,
  1940 (рецензия) (1941, № 4 [92], 132-135).
Материалы к библиографии М. Н. Покровского (№ 9, 1928, 213-
  231).
МАТЬЕЗ, А. Революционное правительство (1936, № 3 [55], 54-
  75).
МАХАРАДЗЕ, Н. Г. В. Хачапуридзе. Борьба за пролетарскую
  революцию в Грузии 1917-1921 гг., n. p., 1936 (рецензия)
  (1939, № 5-6 [75-76], 253-255).
МАХАРАДЗЕ, Ф. В. И. Невский. История ВКП(б) как наука
  (прения) (№ 12, 1929, 300-333).
МАШКИН, Н. А. Движение агонистиков (из истории римской
  Африки IV в.) (1935, № 1 [41], 28-52).
-----. Спорные вопросы истории древнего мира (1939, № 4
  [74], 77-84).
МЕДВЕДЕВ, А. Против извращения истории гражданской войны
  см. ВАСИЛЬЕВ, М. (1934, № 2 [36], 135-138).
МЕЕРСОН, О. Г. А. Калинников. Национально-революционное
  движение в Монголии, Москва, 1926 (рецензия) (№ 1,
  1926, 315-316).
-----. А. Калинников. Революционная Монголия, Москва, 1926
  (рецензия) (№ 1, 1926, 315-316).
-----. Н. Ванаг. Проблема двух путей развития капитализма
  в России в работах Ленина (прения) (№ 22, 1931, 77-
  145).

-----. П. Г. Галузо. Колониальная политика царского правительства в Средней Азии (прения) (№ 9, 1928, 115-133).
Международная комиссия по истории социальных движений (1933,
№ 1 [29], 158).
МЕЛЬНИК, А. Kemal Ataturk. Путь новой Турции. Т. IV,
Москва, 1936 (рецензия) (1936, № 5 [57], 175-178).
МЕЛЬЧИН, А. Г. К. Орджоникидзе. Избранные статьи и речи.
1911-1937 гг., Москва, 1939 (рецензия) (1939, № 4 [74],
168-170).
-----. И. Разгон. Сергей Миронович Киров. Краткий биографический очерк, Москва, 1938 (рецензия) (1939, № 2 [72],
168-170).
МЕНИЦКИЙ,--. М. Цвибак. Классовая борьба в Туркестане
(прения) (№ 11, 1929, 130-151).
МЕРЗОН, А. Ц. Конкурс на лучший студенческий доклад на истфаке МГУ (1940, № 6 [82], 147-149).
-----. Научная работа на истфаке Московского государственного
университета (1940, № 6 [82], 142-146).
МЕСИН, Ф. В плену биологизма (№ 9, 1928, 145-159; № 10,
1928, 154-177).
МЕСТНИКОВ, Р. Якутский институт языка и культуры (1941, № 5
[93], 153-155).
МИЛИЦЫНА, Т. Второй том публикации "Царизм и французская
буржуазная революция" (1941, № 4 [92], 96-100).
-----. A. Dansette. Les affaires de Panama. 2. ed., Paris,
1934 (рецензия) (1937, № 1 [59], 180-181).
-----. A. L. Zévaès. Louise Michel, Paris, 1936 (рецензия)
(1937, № 3 [61], 219).
-----. C. Chesnelong. L'avénement de la République (1873-
1875), Paris, 1934 (рецензия) (1935, № 12, [52], 139-
140).
-----. D. Halévy. La république des ducs, Paris, 1937
(рецензия) (1938, № 5 [69], 210-211).
-----. F. Bac. Intimités de la III République; De monsieur
Thiers au president Carnot, Paris, 1935 (рецензия)
(1936, № 5 [57], 172-173).
-----. F. Challaye.Jaurès, Paris, 1935? M. Lair. Jaurès
et Allemagne , Paris, 1935. H. R. Weinstein. Jean
Jaurès. A study of patriotism in the French socialist
movement, New York, 1936 (рецензия) (1937, № 5-6 [63-
64]).
-----. F. Gaucher. Contribution à l'histoire du socialisme
français, 1905-33, Paris, 1934 (рецензия) (1935, № 2-
3 [42-43], 151-152).
-----. G. Vidal. Le mouvement ouvrier français de la Commune
à la guerre mondiale, Paris, 1934 (рецензия) (1934,
№ 4 [38], 145-146).
-----. J. Bainville. La troisième République, 1870-1935,
Paris, 1935 (рецензия) (1936, № 2 [54], 162-163).

-----. M. Deslandres. Histoire constitutionnelle de la
France. L'avènement de la Troisième République. La
Constitution de 1875, Paris, 1937 (рецензия) (1939,
№ 3 [73], 159-162).

-----. R. Garmy. Histoire de mouvement syndical en France
des origins à 1914, Paris, 1933 (рецензия) (1933,
№ 4 [32], 136-139).

-----. R. P. F. David. Histoire de la III République;
soixante ans de politique et d'histoire (de 1871 à nous
jours), Paris, 1934 (рецензия) (1935, № 5-6 [45-46],
186-188).

МИЛЛЕР, П., РАБИНОВИЧ, М. Комиссия по истории города Москвы
(1940, № 11 [87], 147-150).

МИЛЛЕР, Ф. Брестский мир и Антанта (1933, № 1 [29], 111-
126).

МИЛОВ, Д. И. Я. Третьяк. Партизанское движение в горном
Алтае, Новосибирск, 1933 (рецензия) (1934, № 3 [37],
112-114).

МИЛОНОВ,--. Информационное сообщение о социологических
задачах экспедиций Гос. Истор. музея на 1930 г. (№ 17,
1930, 133-135).

МИЛЬШТЕЙН, А. Вооруженное восстание в Сибири в 1905 году
(1940, № 8 [84], 3-27).

-----. Ю. Бочаров, А. Иоанисиани и др. Учебник истории
классовой борьбы, XVIII-XX. Под ред. А. Д. Удальцова,
Москва, 1928 (рецензия) (№ 11, 1929, 212-215).

МИЛЬШТЕЙН, Е., ПОЛЯНСКАЯ, Г., ТОЛМАЧЕВ, Г. За партийную
критику (О рецензии т. Гуляева на сборник "История пролетариата СССР" в газете "Труд") (рецензия) (№ 22,
1931, 181-183).

МИЛЮКОВ, А. Л. П. Мамет. Программно-организационные вопросы
преподавания истории на рабочих факультетах (прения)
(№ 4, 1927, 187-199).

МИЛЮКОВ, П. В. И. Невский. История ВКП(б) как наука
(прения) (№ 12, 1929, 300-333).

-----. Г. И. Крамольников. Конференция большевиков в
Таммерфорсе 11-17 декабря 1905 г. (прения) (№ 12, 1929,
300-333).

МИНАСЯН, О. Внешняя политика закавказской контрреволюции в
первой половине 1918 года (1938, № 6 [70], 53-86).

МИНКИН, Г. Колониальная политика царизма в Калмыкии во второй
половине XIX и начале XX в. (1933, № 6 [34], 51-67).

МИНЛОС, Б. Испанская буржуазная и буржуазно-демократическая
революция в XIX и XX веках (1937, № 1 [59], 98-124).

-----. F. Ganz. Ensayo marxista de la historia de Espana,
Madrid, 1934 (рецензия) (1936, № 3 [55], 175-177).

МИНЦ, И. А. Ефимов. Концепция экономических формаций у
Маркса и Энгельса и их взгляды на структуру восточных
обществ (прения) (№ 16, 1930, 104-161).

-----. В. П. Семенников. Политика Романовых накануне революции. От Антанты к Германии, Москва, 1926 (рецензия) (№ 3, 1927, 230-231).

-----. К десятилетию неудачи интервенции (№ 11, 1929, 83-99).

-----. К. А. Попов. Об исторических условиях перерастания буржуазно-демократической революции в пролетарскую (прения) (№ 12, 1929, 300-333).

-----. "Красный Архив", т. т. XXXI, XXXII (рецензия) (№ 12, 1929, 272-274).

-----. "Левые коммунисты" в свете новых фактов (рецензия) (№ 15, 1930, 160-163).

-----. Маркс о вооруженном восстании (1933, № 2 [30], 61-88).

-----. Марксисты на исторической неделе в Берлине и 6-м международном конгрессе историков в Осло (№ 9, 1928, 84-96).

-----. Письмо в редакцию (№ 11, 1929, 277-278; 1939, № 4 [74], 205).

-----. С. М. Дубровский. К вопросу о сущности "азиатского" способа производства, феодализма, крепостничества и торгового капитала (прения) (№ 16, 1930, 104-161).

-----, ЭЙДЕМАН, Р. Расстановка боевых сил контрреволюции накануне Октября (1934, № 1 [35], 53-98).

МИРОНЕНКО, Н. "Червона гвардія на Україні 1917-1918. Документы", Київ, 1939 рецензия (1939, № 5-6 [75-76], 255-258).

МИРОНОВ, М. К. А. Попов. Об исторических условиях перерастания буржуазно-демократической революции в пролетарскую (прения) (№ 12, 1929, 300-333).

-----. В. И. Невский. История ВКП(б) как наука (прения) (№ 12, 1929, 300-333).

МИРОШЕВСКИЙ, В. Екатерина II и Франсиско Миранда (К вопросу о международных связях испано-американских сепаратистов в XVIII веке) (1940, № 2 [78], 125-132).

-----. "Народничество" в Перу. К вопросу о роли X.-К. Мариатеги в истории латиноамериканской общественной мысли (1941, № 6 [94], 78-86).

МИСКО, М. Маркс и Энгельс о польском вопросе (1933, № 2 [30], 117-142).

-----. Революционный кризис в Польше в 1923 г. и тактика польской компартии (1932, № 6 [28], 42-84).

МИСХЕЛАШВИЛИ, Л. Город эпохи Руставели (1937, № 3 [61], 224-225).

МИТТ, А. J. Adamson. Eesti ajalugu. Т. 1-4, Tartu, 1935-37 (рецензия) (1941, № 1 [89], 115-119).

МИХАЙЛОВ, С. Ф. Г. Эрр. "Артиллерия в прошлом, настоящем и будущем". Перев. и ред. С. Вишнева, Москва, 1936 (рецензия) (1937, № 5-6 [63-64], 166-169).

МИЦКЕВИЧ, С. "Народная воля" (прения) (№ 15, 1930, 86-143).

МИЦКЕВИЧ-КАПСУКАС, В. С. Революция в Литве (1918) и создание Временного революционного рабоче-крестьянского правительства (1935, № 2-3 [42-43], 44-52).

МИЦКУН, Н. Восстание 2 мая 1808 г. в Мадриде (1940, № 9 [85], 115-126).

МИШИН, М. К. А. Попов. Об исторических условиях перерастания буржуазно-демократической революции в пролетарскую (прения) (№ 12, 1929, 300-333).

МОЛОДЦОВ, В. О забастовочном движении в годы революционного подъема (1940, № 9 [85], 127-129).

МОЛОК, А. В. Колоколкин и С. Моносов. Что такое термидор, Москва, 1928 (рецензия) (№ 8, 1928, 210-212).

-----. Военная организация Парижской Коммуны и делегат Россель (№ 7, 1928, 117-157).

-----. Как июльская революция 1830 г. была встречена в провинции (1936, № 6 [58], 139-163).

-----. П. Керженцев. История Парижской Коммуны 1871 г., Москва, 1940 (рецензия) (1941, № 3 [91], 125-129).

-----. Ф. П. Шиллер. Поэзия германской революции 1848 года, Ленинград, 1934 (рецензия) (1936, № 6 [58], 223-225).

-----. Ф. Потемкин. Лионские восстания 1831 и 1834 гг., Москва, 1937 (рецензия) (1937, № 5-6 [63-64], 189-196).

-----. G. Bourgin. Les premières journées de la Commune, Paris, 1928 (рецензия) (№ 8, 1928, 212-213).

-----. H. Sée. La Vie économique de la France sous la monarchie censistaire (1815-1846), Paris, 1927 (рецензия) (№ 6, 1927, 272-274).

-----. L. Andrieux. A travers la République. Mémoires, Paris, 1926 (рецензия) (№ 7, 1928, 283-285).

МОЛОТОВ, В. М. Доклад на торжественном заседании в Большом театре 6 ноября 1937 г. (1937, № 4 [62], 7-21).

-----. Доклад на торжественном заседании Московского совета 6 ноября 1938 г. см. Двадцать первая годовщина Октябртской революции (1938, № 6 [70], 3-15).

МОЛОТОВ, К. П. С. Парфенов (Алтайский). На соглашательских фронтах, Москва, 1927 (рецензия) (№ 5, 1927, 265-268).

МОНГАЙТ, А. Раскопки 1938 г. на Ярославовом дворище в Новгороде (1938, № 6 [70], 192-195).

МОНОСОВ, С. М. А. Чекин (Яроцкий). История рабочего движения. Вып. I-II, Москва, 1928 (рецензия) (№ 11, 1929, 187-189).

-----. Г. Дж. Кол. История рабочего движения в Англии, Ленинград, 1927 (рецензия) (№ 6, 1927, 271-272).

-----. Е. В. Тарле. Очерк новейшей истории Европы, 1814-1919. Изд. 2, Ленинград, 1929 (рецензия) (№ 13, 1929, 235-238).

-----. Новая литература на русском языке по французской
революции (№ 1, 1926, 290-298).
-----. Ц. Фридлянд. 9 термидора (прения) (№ 7, 1928,
158-206).
-----. A. Mathiez. Французская революция, Т. II. Жиронда и
гора. Пер. С. Лосева. Предисл. Н. Лукина, Москва,
n. d. (рецензия) (№ 12, 1929, 278-279).
-----. A. Mathiez. Réaction thermidorienne, Paris, 1929
(рецензия) (№ 15, 1930, 153-156).
МОРОЗОВА, Т. А. Гуманенко. Октябрь в старом городе Самар-
канде, Ташкент, 1933 (рецензия) (1934, № 3 [37], 109-
112).
-----. Ф. Божко. Октябрьская революция в Средней Азии,
Ташкент, 1933 (рецензия) (1934, № 3 [37], 109-112).
МОРОХОВЕЦ, Е. А. В. Н. Кашин. Крепостные крестьяне-земле-
владельцы накануне реформы, Ленинград, 1934 (рецензия)
(1934, № 6 [40], 88-89).
-----. "Воспоминания Льва Тихомирова". Предисловие В. И.
Невского. Вступ. статья В. Н. Фигнер, Москва, 1927
(рецензия) (№ 6, 1927, 281-282).
-----. Институт Истории (№ 5, 1927, 276-278).
-----. Институт Истории Ранион (№ 6, 1927, 298-302).
-----. М. В. Нечкина. Постановка исторического семинара
в исторических вузах (прения) (№ 9, 1928, 115-133).
-----. Отчет Института истории РАНИОН за 1-ю половину 1928
г. (№ 9, 1928, 204-212).
-----. "Памятники социально-экономической истории Москов-
ского государства XIV-XVII вв. Т. I. Под ред. С. Б.
Веселовского, А. И. Яковлева, Москва, 1929 (рецензия)
(№ 13, 1929, 244-246).
-----. Письмо в редакцию (№ 6, 1927, 303).
-----. С. Дмитриев. Славянофилы и славянофильство (прения)
(1941, № 1 [89], 97-100).
-----. Ю. Стеклов. Михаил Александрович Бакунин, 1814-
1876. Т. I-IV, Москва, 1927 (№ 5, 1927, 249-251).
-----. Юбилейная литература о Бакунине (№ 4, 1927, 219-
223).
-----, НИКИТИН, С., СИВКОВ, К., ХЕЙФЕЦ, Ф. "Красный архив"
за 1935-1937 годы, Москва (рецензия) (1937, № 5-6
[63-64], 174-180).
МОСИНА, З. В. А. Рутченко, М. Тубянский. Тюренн, Москва,
1939 (рецензия) (1940, № 6 [82], 123-125).
-----. Абсолютизм в политике Генриха IV (1938, № 2 [66],
34-62).
-----. Взаимоотношения абсолютизма с дворянством (доклад)
(1940, № 6 [82], 63-68).

-----. "История средних веков", учебник для 6-7-х классов
средней школы. Под ред. Е. А. Косминского, Москва,
1940 (рецензия) (1941, № 1 [89], 126-129).

-----. К обсуждению проблемы абсолютизма (1940, № 6 [82],
68-74).

МОСКАЛЕВ, М. Авлабарская большевистская типография (1940,
№ 4-5 [80-81], 53-63).

-----. И. В. Сталин во главе бакинских большевиков и
рабочих в 1907-1908 годах (1940, № 1 [77], 79-97).

МОХОВ, И. Как нельзя писать предисловий. И. Тэн. Фило-
софия искусства. С предисл. Ю. Янель, Москва, 1933
(рецензия) (1933, № 5 [33], 168-169).

МУРАТОВ, Х. Роль Англии в "восточном кризисе" (1940, № 7
[83], 65-81).

МУХАРДЖИ, А. С. М. Дубровский. К вопросу о сущности
"азиатского" способа производства, феодализма, крепостничества, и торгового капитала (прения) (№ 16, 1930,
104-161).

Н

Н. П. Фрейберг (1933, № 5 [33], 208).
На конференции историков ЦЧО (1933, № 6 [34], 166-167).
На фронте исторической науки. В Совнаркоме Союза ССР и ЦК
     ВКП(б) (1936, № 1 [53], 3-4).
НАЙДА, С. Процесс 52-х матросов Балтийского флота (1940,
     № 2 [78], 78-90).
НАРОЧНИЦКИЙ, А. С. Окунь. Российско-американская компания,
     Москва, 1939 (рецензия) (1940, № 8 [84], 127-129).
-----. J. Salwyn-Shapiro. Condorcet and the Rise of
     Liberalism, New York,1934 (рецензия) (1936, № 4 [56],
     131-133).
НАРЦОВ, Н. Исторические судьбы Бессарабии и Молдавии (1940,
     № 9 [85], 85-98).
НАСОНОВ, А. Н. "Летописные памятники Пскова" (1937, № 5-6
     [63-64], 271-272).
Научная библиотека Казанского университета (1940, № 2 [78],
     172-173).
Научная жизнь за рубежом (1934, № 5 [39], 126-127).
Научная конференция Саратовского университета 20-25 февраля
     1939 г. (1939, № 3 [73], 216-218).
Научная работа на историческом факультете Белорусского
     университета (1939, № 2 [72], 199-200).
Научно-исследовательская работа американских историков (№ 8,
     1928, 244-247).
Научные издания и журналы (1939, № 2 [72], 204-205).
Научные конференции и общества (1939, № 2 [72], 203-204).
Научные общества и учреждения (1936, № 6 [58], 257-258; 1937,
     № 1 [59], 201-202; 1937, № 2 [60], 197-200; 1937, № 3
     [61], 230-232; 1937, № 5-6 [63-64], 275).
НЕВСКИЙ, В. И. А. Бубнов. ВКП(б). Всесоюзная Коммунисти-
     ческая Партия (большевиков). Отдельный оттиск из XI
     тома "Большой Советской Энциклопедии", Москва, 1930
     (рецензия) (№ 18-19, 1930, 226-229).
-----. А. Ф. Ильин-Женевский. От февраля к захвату власти;
     воспоминания о 1917 г., Ленинград, n. d. (рецензия)
     (№ 5, 1927, 261-262).
-----. В. Качинский. Селяньский рух на Украïні в роки
     1905-7 n. p., 1907 (рецензия) (№ 5, 1927, 259-260).
-----. Г. И. Крамольников. Конференция большевиков в
     Таммерсфорсе 11-17 декабря 1905 г. (прения) (№ 12,
     1929, 300-333).
-----. Голоса старой гвардии (1933, № 4 [32], 123-130).
-----. З. Гуревич. Молода Украина. Вип. II. За ред. М.
     Яворського, Киев, 1928 (рецензия) (№ 7, 1928, 286-287).
-----. История ВКП(б)как наука (доклад) (№ 12, 1929, 300-
     333).
-----. К вопросу о рабочем движении в 70-е г.г. (№ 4, 1927,
     125-178).

-----. Н. Л. Сергиевский. "Рабочий". Газета партии
    русских соц.-демократов (благоевцев) 1885 г., Ленин-
    град, 1928 (рецензия) (№ 10, 1928, 252-253).
-----. "Народная воля" (№ 15, 1930, 86-143).
-----. Северно-русский рабочий союз (№ 12, 1929, 300-333).
НЕЕДЛЫ, З. К истории славяноведения до XVIII века (1941,
    № 2 [90], 81-94).
Неизданные документы времен якобинской диктатуры (1939,
    № 3 [73], 136-141).
Некролог (1936, № 6 [58], 261-262; 1937, № 1 [59], 203-204).
Некрологи (1936, № 3 [55], 204-206).
НЕЛИДОВ, Н. Н. Н. Авдеев (некролог) (№ 1, 1926, 288-289).
Неопубликованные письма Фридриха Лесснера Фридриху Энгельсу
    (1935, № 8-9 [48-49], 58-60).
НЕУСЫХИН, А. И. Д. М. Петрушевский. Очерки из экономической
    истории средневековой Европы, Москва, 1928 (прения)
    (№ 8, 1928, 79-128).
НЕЧКИНА, М. В. А. Рындич. Лабораторный план и преподавание
    истории (прения) (№ 3, 1927, 172-186).
-----. А. Г. Слуцкий. Методика постановии учебников по
    историческим дисциплинам (прения) (№ 9, 1928, 115-
    133).
-----. А. Н. Штраух. К вопросу о генезисе социальных
    воззрений Н. Г. Чернышевского, Москва, 1929 (рецензия)
    (№ 15, 1930, 156-157).
-----. А. С. Пушкин и декабристы (1937, № 1 [59], 16-47).
-----. Б. Д. Греков. История русского народного хозяйства;
    материалы для лабораторной проработки вопроса. I.
    Промышленный капитализм (дореформенный период) Сост.
    Б. Д. Греков и И. М. Троцкий, Ленинград, 1926 (рецензия)
    (№ 4, 1927, 237-238).
-----. "Восстание декабристов". Библиография. Сост. Н. М.
    Ченцов, под ред. Н. К. Пиксанова, Москва, 1929 (рецензия)
    (№ 12, 1929, 285-287).
-----. "Восстание декабристов". Материалы, т. VI, Москва,
    1929 (рецензия) (№ 13, 1929, 248-253).
-----. "Декабристы и их время". т. 1, Москва, n.d. (рецен-
    зия) (№ 11, 1929, 202-203).
-----. "Деятели революционного движения в России". Ч. 2.
    Био-библиографический словарь. От предшественников
    декабристов до падения царизма. Под ред. Феликса Кона
    и др., Москва, 1928 (рецензия) (№ 7, 1928, 287-289).
-----. Е. С. Коц. Крепостная интеллигенция, Ленинград,
    1926 (рецензия) (№ 3, 1927, 222-225).
-----. Кризис Южного общества декабристов (1935, № 7 [47],
    30-47).
-----. Л. Райский. Социальные воззрения петрашевцев. Очерк
    из истории утопического социализма в России, Ленинград,
    1927 (рецензия) (№ 6, 1927, 279-281).
-----. Лев Пушкин в восстании 14 декабря 1825 года (1936,
    № 3 [55], 85-100).

-----. Ленин о западноевропейском революционном движении.
см. Ленин о западноевропейском революционном движении
(1934, № 1 [35], 224-248).

-----. М. Н. Покровский. Чернышевский как историк (прения)
(№ 8, 1928, 129-152).

-----. Н. А. Рожков. К методологии истории промышленных
предприятий (прения) (№ 2, 1926, 210-224).

-----. Накануне юбилея Н. Г. Чернышевского (№ 8, 1928,
173-179).

-----. Новая работа по хозяйственной истории России (№ 6,
1927, 221-227).

-----. Новые материалы о восстании декабристов (№ 5, 1927,
217-220).

-----. Обзор юбилейной литературы о Чернышевском (№ 10,
1928, 211-221).

-----. Общество Соединенных Славян (№ 1, 1926, 154-174).

-----. Письмо в редакцию (№ 11, 1929, 277-278; № 22, 1931,
184).

-----. Постановка исторического семинара в исторических
вузах (№ 9, 1928, 115-133).

-----. С. Дмитриев, Славянофилы и славянофильство (прения)
(1941, № 1 [89], 97-100).

-----. Столетие восстания декабристов в юбилейной литературе, 1825-1925 г.г. (№ 2, 1926, 238-250).

-----. Т. Осьминский. Развитие капитализма в России в
первой половине XIX в. и крестьянская реформа 1861 г.,
Москва, 1926 (рецензия) (№ 2, 1926, 276-278).

-----. "Труды Иваново-Вознесенского губернского научного
общества краеведения". Вып. 4. Историко-революционный
сборник, Иваново-Вознесенск, 1926 (рецензия) (№ 5,
1927, 255).

-----. Украинская юбилейная литература о декабристах (№ 3,
1927, 187-195).

-----. Учебная литература по истории классовой борьбы (№ 5,
1927, 160-171).

-----. Ю. М. Стеклов. Чернышевский и его политические
воззрения (прения) (№ 8, 1928, 129-152).

НИКИТИН, Н. Г. И. Крамольников. Конференция большевиков
в Таммерфорсе 11-17 декабря 1905 г. (прения) (№ 12,
1929, 300-333).

НИКИТИН, С. "Авантюры русского царизма в Болгарии". Сборник
документов, Москва, 1935 (рецензия) (1937, № 5-6,
[63-64], 216-218).

-----. "Красный архив" за 1935-1937 годы. см. МОРОХОВЕЦ,
Е. (1937, № 5-6 [63-64], 174-180).

-----. B. H. Sumner. Russia and the Balkans, 1870-1880,
Oxford, 1937 (рецензия) (1938, № 4 [68], 159-160).

-----. I. Sakŭzov. Bulgarische Wirtschaftsgeschichte,
Berlin, 1929 (рецензия) (№ 14, 1929, 207-209).

НИКИФОРОВ, Л.   В Московском ордена Ленина университете им.
     М. В. Ломоносова. (Защита диссертаций) (1941, № 6
     [94], 157).
-----.   Защита диссертации Е. А. Луцким (1940, № 12 [88],
     132-134).
-----.   Защита диссертаций на истфаке МГУ (1941, № 1 [89],
     150).
НИКОЛАЕВ, Е.   A. Zévaès. Jules Guesde, Paris, 1928 (рецен-
     зия) (№ 12, 1929, 280-282).
-----.   P. Lombard. Au berceau du Socialisme français,
     Paris, 1932 (рецензия) (1933, № 4 [32], 139-141).
-----.   S. Bernstein. The beginnings of marxian socialism
     in France, New York, 1933 (рецензия) (1934, № 6 [40],
     92-93).
НИКОЛЬСКИЙ, Н. М.   А. Арциховский. Новые методы археологии
     (прения) (№ 14, 1929, 136-155).
-----.   В. Г. Тан-Богораз. Разложение коммунистического
     строя у американских эскимосов (прения) (1935, № 12
     [52], 147-149).
НИКСДОРФ,--.   Г. Зиновьев. История германской социал-
     демократии ("Большая Советская Энциклопедия", Т. XVI,
     Москва, 1929) (прения) (№ 18-19, 1930, 111-113).
НИФОНТОВ, А.   Н. Лукин. Буржуазные историки Запада в СССР
     (прения) (№ 21, 1931, 44-86).
Новая литература по истории Греции и Рима (1935, № 4 [44],
     138-145).
Новгородская историко-бытовая экспедиция Государственного
     исторического Музея в 1936 году (1936, № 6 [58], 255).
НОВИКОВ, Н.   P. Köppen. Die Ueberwasserstreitkräfte und
     ihre Technik, Berlin, 1930 (рецензия) (1938, № 5 [69],
     217-219).
Новинки иностранной исторической литературы (1934, № 3 [37],
     132-134; 1935, № 2-3 [42-43], 158-159; 1935, № 7 [47],
     126-127).
Новинки исторической литературы (1934, № 5 [39], 113-116;
     1934, № 6 [40], 101-102; 1935, № 1 [41], 107; 1935, № 4
     [44], 133-134; 1935, № 5-6 [45-46], 190-191; 1935, № 8-9
     [48-49], 233-234; 1935, № 10 [50], 159; 1935, № 12 [52],
     145-146; 1936, № 1 [53], 205-206; 1936, № 2 [54], 184;
     1936, № 3 [55], 203; 1936, № 4 [56], 169-171; 1936, № 6
     [58], 258-260; 1937, № 1 [59], 203; 1937, № 2 [60], 202-
     203; 1937, № 3 [61], 234-236; 1937, № 5-6 [63-64], 275-
     278).
Новинки немецкой литературы (1936, № 2 [54], 181-182).
НОВИЦКИЙ, Г. А.   Восстание в Курске в 1648 г. (Из истории
     классовой борьбы в городах Московского государства XVII
     в.) (1934, № 6 [40], 24-36).
-----.   "Крепостная мануфактура в России, ч.V. Московский
     суконный двор", Ленинград, 1934 (рецензия) (1935, № 2-
     3 [42-43], 156-157).

-----. М. М. Богословский. Петр I. Материалы для биографии. Т. I-II, Москва, 1940-41 (рецензия) см. КАФЕНГАИЗ, Б. (1941, № 2 [90], 127-131).

-----. "Реформы Петра I". Сборник документов, Москва, 1937 (рецензия) (1938, № 1 [65], 142-143).

-----. "Техники, изобретатели крепостной России", Ленинград, 1934 (рецензия) (1935, № 1 [41], 102).

"Новые документы" (1936, № 3 [55], 202).

Новые документы и раскопки (1936, № 6 [58], 260-261; 1937, № 1 [59], 199-200, 202).

Новые книги (№ 13, 1929, 263-268; № 16, 1930, 195-198; № 17, 1930, 124-127).

Новый документ о революции 18 марта 1871 г. (1935, № 5-6 [45-46], 209).

Новый исторический журнал (1934, № 3 [37], 142-143).

Носков, М. Научная работа кафедры истории Кзыл-ордынского педагогического института (1941, № 2 [90], 145-146).

НОТОВИЧ, Ф. Д. Рыбин. Черные дни германской армии (Разгром в 1918 году), Москва, 1938 (рецензия) (1938, № 6 [70], 189-190).

-----. Источник международной отравы (1939, № 2 [72], 142-155).

-----. К вопросу о зачинщиках мировой войны (1938, № 4 [68], 20-35).

-----. "Контрнаступление Антанты на Западном фронте в 1918 году" (18 июля-7 августа) Французский генеральный штаб, Москва, 1936 (рецензия) (1937, № 3 [61], 156-164).

-----. Обвинительный акт против империалистической борьбы за раздел мира (советское издание документов "Международные отношения в эпоху империализма и иностранные публикации) (1934, № 1 [35], 210-223).

-----. Образец троцкистского вредительства в области изучения истории международных отношений (Ц. Фридлянд. "Европейская дипломатия и буланжизм". "Историк-марксист" № 1 за 1936 год) (1937, № 2 [60], 143-159).

-----. Поражение Германии в мировой войне (генерал Луазо) Германская стратегия в 1918 году, Москва, 1936 (рецензия) (1937, № 3 [61], 156-164).

-----. Последние попытки империалистов закончить войну. 1. Д. Ллойд-Джордж. Военные мемуары. Т. V. 2. "Berliner Monatshefte" Mai 1937 (рецензия) (1938, № 3 [67], 134-139).

-----. Революционное движение во французской армии в 1917 г. (письма солдат и матросов). Предисловие Ф. Нотовича (1934, № 4 [38], 92-111).

-----. A. Messimy. Mes Souvenirs, Paris, 1937 (рецензия) (1938, № 5 [69], 211-214).

-----. A. Ribot. L'alliance franco-russe ("Revue d'histoire de la guerre mondiale", Nr. 3, juillet, 1937) (рецензия) (1938, № 3 [67], 133).

-----. A. Ribot. Journal d'Alexandre Ribot et correspondance
     inédite (1914-1922), Paris, 1936 (рецензия) (1938, № 1
     [65], 161-164).
-----. A. Zischka. Le Japon dans le monde; L'expansion
     nippone, 1854-1934, Paris, 1935 (рецензия) (1935, № 10
     [50], 142-148).
-----. "Deutscher Kolonial-Atlas" Berlin, 1936 (рецензия)
     (1937, № 5-6 [63-64], 248-249).
-----. "Documents diplomatiques français (1871-1914)", Paris,
     1929 (рецензия) (1937, № 3 [61], 148-155).
-----. "Documents diplomatiques français (1871-1914)", 3-ième
     série (1911-1914). T. X. (17 mars-23 juillet 1914),
     Paris, 1936 (рецензия) (1938, № 4 [68], 137-142).
-----. H. Mordacq. Faut-il changer le régime?, Paris, 1936
     (рецензия) (1938, № 1 [65], 159-161).
-----. "Peuples et civilisations". Histoire générale publiée
     sous la direction de L. Halphen et P. Sagnac. T. XVIII.
     M. Baumont. L'essor industriel et l'impérialisme colonial
     (1878-1904), Paris, 1937 (рецензия) (1938, № 5 [69],
     206-210).
-----. "La politique extérieure de l'Allemagne 1871-1914".
     T. XXVII, Paris, 1938 (рецензия) (1938, № 3 [67], 129-
     133).
-----. R. Poincaré. L'année trouble 1917, Paris, 1932
     (рецензия) (1933, № 5 [33], 156-158).
Ноябрьская революция в Германии; библиографические материалы
     (1933, № 5 [33], 170-202; 1933, № 6 [34], 159-162).

О

О. Д. А. Фурманов. Сборник материалов, Иваново, 1936
     (рецензия) (1937, № 1 [59], 183).
-----. Пятилетие "Истории фабрик и заводов" (1936, № 5
     [57], 200-201).
-----. "Рабочее движение и социал-демократия в Азово-
     Черноморском крае". Сборник, Ростов на Дону, 1935
     (рецензия) (1936, № 6 [58], 235).
О двадцатилетии восстания казахского народа в 1916 г. (1936,
     № 3 [55], 197).
О задачах марксистской исторической науки в реконструктивный
     период. Тезисы фракции совета Общества историков-
     марксистов (№ 21, 1931, 8-17).
О., М. Библиографические заметки (1941, № 3 [91], 139).
-----. В Институте истории АН СССР. см. Б., Д. (1941,
     № 1 [89], 150-152).

-----. Защита диссертации Е. Д. Андич (1940, № 9 [85], 153-154).

-----. Защита диссертации тт. А. Остальцевой, Кунисским (1940, № 12 [88], 138-140).

-----. Итоги обсуждения учебников в Институте истории АН СССР (1940, № 9 [85], 144-148).

-----. Конкурс на лучший студенческий доклад на истфаках Московского областного и Московского гос. пед. институтов (1940, № 8 [84], 154-155).

-----. Проф. В. С. Сергеев (1941, № 4 [92], 155).

-----. Проф. Н. А. Кун (1941, № 4 [92], 155-156).

-----. С. Хэкси. Английские консерваторы у власти, Москва, 1940 (рецензия) (1940, № 11 [87], 129-131).

-----. Сессия Отделения истории и философии Академии наук СССР 25-26 сентября 1940 г. (1940, № 11 [87], 140-146).

О международной библиографии по историческим дисциплинам (1935, № 5-6 [45-46], 209-210).

О научной работе историков Одессы и Киева (1941, № 6 [94], 140-147).

О неизданных трудах акад. Шахматова по истории русского летописания (1936, № 6 [58], 254-255).

О постановке партийной пропаганды в связи с выпуском "Краткого курса истории ВКП(б). Постановление ЦК ВКП(б)" (1938, № 6 [70], 16-28).

О практике защиты диссертаций (1940, № 6 [82], 103-104).

"О преподавании гражданской истории в школах СССР" (Постановление СНК Союза ССР и ЦК ВКП(б) (1934, № 3 [37], 83-84).

О работе Археографического сектора Института истории АН СССР (1936, № 6 [58], 250-253).

О работе Института истории Комакадемии за 1-е полугодие 1932 г. (1932, № 3 [25], 190-195).

О работе историков-марксистов в провинции (№ 21, 1931, 136-139).

О работе местных комиссий содействия "Истории гражданской войны" (1933, № 4 [32], 146-147).

О работе над публикацией "Царизм и буржуазная революция конца XVIII века" (1936, № 6 [58], 253-254).

О работе над учебником по новой истории. Сообщение Н. Лукина и выступления В. Далина, Ц. Фридлянда, З. Серебрянского, Х. Лурье, А. Ефимова, Е. Пашуканиса (1935, № 4 [44], 87-107).

О работе редакционной коллегии польских изданий ИМЭЛ (1933, № 4 [32], 147-148).

О франко-русском томе "Литературное наследство" (1936, № 5 [57], 195-197).

О., Ю. А. Яцевич. Крепостной Петербург пушкинского времени, Ленинград, 1937 (рецензия) (1937, № 5-6 [63-64], 263-264).

-----. В. Вогау. "Пролог". Глава из истории верхисетского завода им. И. Д. Кабакова, Свердловск, 1935 (рецензия) (1936, № 5 [57], 181).

-----. К. Ананьев. В боях за Перекоп; записки участника, Москва, 1935 (рецензия) (1936, № 5 [57], 182).

-----. Н. И. Розенблюм. Январские дни 1905 года, Ленинград, 1937 (рецензия) (1937, № 3 [61], 216).

-----. Н. Р. Паялин. Волжские ткачи, 1722-1917. (Фабрика "Красный Перекоп", Ярославская большая мануфактура, 1722-1933, Т. I) (рецензия) (1936, № 5 [57], 181).

-----. "Партизанское движение в Западной Сибири в 1918-1919 гг." Партизанская армия Мамонтова и Громова. Сборник документов, Новосибирск, 1936 (рецензия) (1936, № 5 [57], 157-158).

-----. С. Купер. Война. 1914-1927 годы на заводе "Красная заря", Москва, 1933 (рецензия) (1936, № 5 [57], 181-182).

-----. Ю. Бессонов. Рабочие верхисетского завода в гражданской войне 1918 года, Свердловск, 1935 (рецензия) (1936, № 5 [57], 182).

-----. J. P. Selsam. The attempts to form an Anglo-French alliance 1919-1924, Philadelphia, 1936 (рецензия) (1937, № 2 [60], 187-188).

Об институте К. Маркса и Ф. Энгельса при ЦИК СССР (№ 1, 1926, 323-326).

Об организации конкурса на лучший учебник для начальной школы по элементарному курсу истории СССР с краткими сведениями по всеобщей истории (1936, № 2 [54], 117-118).

Об организации научно-вспомогательного кабинета при институте истории Комакадемии (1932, № 6 [28], 146).

Об учебнике Новой истории зависимых и колониальных стран для 10-го класса средней школы (1939, № 4 [74], 201-203).

Обзор иностранной литературы по истории (1938, № 2 [66], 135-142).

Обзор иностранной литературы по новой истории (1938, № 4 [68], 191-196).

Обсуждение постановления ЦК ВКП(б) и СНК СССР об учебниках истории в Ленинграде (1936, № 2 [54], 174).

Обсуждение проблемы абсолютизма на заседании Ученого совета Института истории АН СССР 16 и 20 марта и 10 апреля 1940 г. (1940, № 6 [82], 63-68).

Общее собрание членов Общества историков-марксистов. 29 апреля 1927 г. (№ 4, 1927, 268-278).

ОГЛОБЛИН, А. К вопросу об измене Мазепы (1941, № 5 [93], 47-60).

ОКУЛОВА, Е. Три документа Э. Варлена. см. Три документа Э. Варлена (1935, № 4 [44], 69-79).

ОСИПОВ, К. Н. Э. Бауман--агент "Искры" (1941, № 1 [89], 77-85).

ОСИПОВ, М. "Архив полковника Хауза". Т. III, Москва, 1939 (рецензия) (1940, № 6 [82], 125-130).

-----. И. Юзефович. Основание Коммунистического Интернационала, Москва, 1940 (рецензия) (1941, № 3 [91], 129-131).

-----. Отчет об обсуждении 1-й части учебника для вузов по "Новой истории" см. ЕРОФЕЕВ, Н. (1940, № 7 [83], 110-119).

ОСИПОВА, П. "Международные отношения в эпоху империализма". Документы из архивов царского и Временного правительств 1878-1917 гг. Серия 2-я. Т. XVIII. Ч. 1-я, 14 мая-13 сентября 1911 г.; Ч. 2-я, 14 сентября-13 ноября 1911 г., Москва, n.d. (рецензия) (1939, № 2 [72], 170-174).

-----. "Международные отношения в эпоху империализма. Документы из архивов царского и Временного правительств 1878-1917 гг.". Серия II. 1900-1913. Т. XIX. Ч. 1-я. 14 ноября 1911 г.-13 января 1912 г. Ч. 2-я. 14 января-13 мая 1912 г., Москва, n.d. (рецензия) (1939, № 4 [74], 178-183).

-----. "Международные отношения в эпоху империализма". Документы из архивов царского и Временного правительств. Серия III. Т. IX. 17 октября 1915 г.-13 января 1916 г., Москва, n.d.   (рецензия) (1938, № 3 [67], 80-86).

-----. "Международные отношения в эпоху империализма". Документы из архивов царского и Временного правительств. Серия III. Т. X. 14 января-13 апреля 1916 г., Москва, n.d. (рецензия) (1938, № 6 [70], 166-174).

-----. C. G. Dawes. Journal as ambassador to Great Britain, New York, 1939 (рецензия) (1941, № 6 [94], 131-135).

ОСНОС, Ю. Г. Г. Рейхберг. Японская интервенция на Дальнем Востоке, Москва, 1935 (рецензия) (1935, № 8-9 [48-49], 221-222).

-----. И. Безродных. Амур в огне, Хабаровск, 1935 (рецензия) (1936, № 4 [56], 125).

-----. Из послеоктябрьской истории интеллигенции (1940, № 8 [84], 28-45).

-----. "Оборона Царицына". Сборник, Сталинград, 1937 (рецензия) (1937 , № 3 [61], 200-203).

-----. "Таежные походы". Материалы к XIII тому "Истории гражданской войны в СССР", Москва, 1936 (рецензия) (1936, № 3 [55], 168-169).

-----. Три международные конференции Дальневосточной республики (1939, № 4 [74], 57-76).

-----. A. G. Mazour. Dimitry Zavalishin, dreamer of a Russian-American Empire. ("The Pacific Historical Review", 1936, v. 2) (рецензия) (1937, № 5-6 [63-64], 263).

-----. K. Kersten. Peter der Grosse. Vom Wesen und von den Ursachen historischer Grösse, Amsterdam, 1935 (рецензия) (1937, № 2 [60], 165-167).

От редакции (№ 12, 1929, 3-4; 1937, № 2 [60], 32-39; 1940, № 8 [84], 158; 1941, № 3 [91], 158).

От редакции академического издания "Правды Русской" (1941, № 2 [90], 103-113).

Ответ редакции "Истор.-марксист" (№ 9, 1928, 108-109).

Отдел рукописей Всесоюзной библиотеки им. Ленина (1936, № 3
    [55], 196-197).
"Отзывы о работах советских историков" (1936, № 4 [56], 171).
Отклики заграницей к столетию со дня смерти А. С. Пушкина
    (1937, № 2 [60], 196-197).
Отражение событий 9 января 1905 года заграницей (1936, № 1
    [53], 98-115).
Отчет о докладах в обществе за 1-ю половину 1928 года (№ 9,
    1928, 115-133).
Отчет об обсуждении книги о "Древнем Востоке" ("История
    древнего мира". Т. 1. "Древний Восток") (1938, № 1
    [65], 111-119).

П

П. А. Н. Энгельгардт. " Из деревни". 12 писем, 1871-1887,
    Москва, 1937 (рецензия) (1937, № 5-6 [63-64], 264).
-----. И. Т. Посошков. Книга о скудности и богатстве,
    Москва, 1937 (рецензия) (1937, № 5-6 [63-64], 262).
-----. П. П. Иванов. Восстание китай-кипчаков в Бухарском
    ханстве 1821-1825 гг. (Труды Института востоковедения.),
    Москва, 1937 (рецензия) (1937, № 5-6 [63-64], 263).
П., Г. История гражданской войны (1933, № 1 [29], 154-155).
-----. C. Fries. Zur neuen Homerfrage. ("Philologische
    Wochenschrift", 1936) (рецензия) (1936, № 5 [57], 182).
-----. C. Ptolemaeus. Geographiae codex Urbinus Graecus.
    I, II, Wien, 1932-35 (рецензия) (1936, № 2 [54], 149).
-----. C. Vering. Platon für die deutsche Gegenwart. Bd.
    I-V, Berlin, 1926-34 (рецензия) (1936, № 3 [55], 185-
    186).
-----. D. M. Robinson. Die Ausgrabungen von Olynth in
    Macedonien. ("Die Antike", Berlin, 1935, Bd. XI, H. 4.)
    (рецензия) (1936, № 2 [54], 148).
-----. H. Lamer. Nachkommen des Dichters Horaz. ("Philolo-
    gische Wochenschrift", 1936, Nr. 14, April) (рецензия)
    (1936, № 3 [55], 184).
-----. H. Weinstock. Polis. Der griechische Beitrag zur
    deutschen Bildung heute an Thukydides erläutert, Berlin,
    1934 (рецензия) (1936, № 4 [56], 147-148).
-----. K. Janaček. Co víme dnes o etrustine. ("Listy filolo-
    gicke", Praha, 1935) (рецензия) (1936, № 3 [55], 184-
    185).
-----. "Kulturwissenschaftliche Bibliographie zum Nachleben
    der Antike". Die Erscheinungen des Jahres 1931, Leipzig,
    1934 (рецензия) (1937, № 1 [59], 187).

-----. L. Mader. Platon und wir. ("Neue Jahrbücher für Wissenschaft und Jugendbildung, 1935, Bd. II, H. 2, 126-138) (рецензия) (1936, № 2 [54], 148-149).
П. Г. Смидович (1935, №4 [44], 159-160).
П., И. А. А. Татищев. "Объезд Сатрапа". Записки А. А. Татищева о карательной экспедиции Дубасова в Черниговской губернии, Смоленск, 1936 (рецензия) (1937, № 2 [60], 183).
-----. В Институте истории АН СССР (1941, № 2 [90], 154-155).
-----. Защита диссертации И. С. Брагинским (1940, № 11 [87], 151-152).
-----. Защита диссертации С. Я. Боровым (1940, № 9 [85], 151-153).
-----. Защита диссертаций тт. Н. Полонской-Василенко, Е. Бор-Раменским и А. Андреевым (1940, № 12 [88], 135-138).
-----. К 300-летию английской революции (1940, № 11 [87], 150-151).
-----. Сессия Отделения истории и философии Академии наук СССР 28-29 октября 1940 г. (1940, № 12 [88], 130-132).
-----. "Сормово на баррикадах 1905 года", Горький, 1935 (рецензия) (1937, № 2 [60], 182).
П., К. Защита диссертаций (1941, № 4 [92], 151-152).
П., Ф. P. Louis. Histoire de la classe ouvrière en France, Париж, 1927 (рецензия) (№ 5, 1927, 247-248).
ПАВЛОВИЧ, М. П. Революция 1905 г. и Восток (№ 1, 1926, 142-153).
ПАЖИТНОВ К. П. Лященко. История народного хозяйства СССР. Т. 1, Москва, 1939 (рецензия) (1940, № 12 [88], 93-97).
Памяти А. А. Иванова (1935, № 8-9 [48-49], 240).
Памяти В. С. Мицкевича-Капсукас (1935, № 2-3 [42-43], 43).
Памяти Н. Я. Марра (1935, № 2-3 [42-43], 53).
Памяти С. И. Гусева (1933, № 4 [32], 151).
"Памятники истории СССР" (1936, № 4 [56], 156-159).
ПАНКРАТОВА, А. Советская делегация и польская общественность (1933, № 5 [33], 130-136).
-----. Создание "Истории заводов" и задачи историков-марксистов (1932, № 6 [28], 8-21).
-----. Сталин и исторический фронт (1940, № 1 [77], 14-24).
ПАРАДИЗОВ, П. Маркс и Энгельс о России XIX столетия (1933, № 2 [30], 89-116).
ПАРХОМЕНКО, В. Б. Греков, А. Якубовский. Золотая орда. Очерк истории улуса Джучи в период сложения и расцвета в XIII-XIV вв., Ленинград, 1937 (рецензия) (1938, № 4 [68], 148-150).
-----. В. Мавродин. Очерки истории Левобережной Украины, Ленинград, 1940 (рецензия) (1941, № 1 [89], 120-122).
-----. К вопросу о "норманском завоевании" и происхождении Руси (1938, № 4 [68], 106-111).

-----. К вопросу о Тмуторокани (1939, № 1 [71], 195-197).

------. М. И. Артамонов. Очерки древнейшей истории хазар,
Москва, 1936 (рецензия) (1937, № 5-6 [63-64], 200-201).

-----. Первая известная точная дата существования государства Руси (1938, № 6 [70], 191-192).

ПАСТУХОВ, М. О. А. Лидак, 1917 год. Очерки Истории Октябрьской революции, n.p., n.d. (рецензия) (1933, № 3 [31],
105-108).

ПАШУКАНИС, Е. Н. Лукин. О работе над учебником по новой
истории (прения) (1935, № 4 [44], 87-107).

Первый совет рабочих депутатов г. Варшавы. Предисловие В.
Гостинская (1932, № 4-5 [26-27], 339-351).

Первый том "Истории гражданской войны" (1935, № 7 [47], 128).

ПЕРВЫШЕВ, И. Е. Беляев. Л. Климович, Н. Смирнов. Ислам.
("Большая Советская Энциклопедия", Т. XXIX) (рецензия)
(1939, № 1 [71], 178-179).

-----. Ресала-и-Якуби. Воспоминания о Якуб-беке кашгарском
Камиль-хана-ишана. Публикация И. Первышева (1940, № 3
[79], 127-135).

Переписка Маркса и Энгельса с Домела-Нивенгейсом (Послесловие
и примечания А. С. Бернштейна) (1934, № 6 [40], 37-69).

ПЕРЧИК, Л. От революционного демократизма к коммунизму
(Маркс периода "Рейнской газеты" 1842-1843 гг.) (1933,
№ 3 [31], 16-30).

ПЕТРОВСКИЙ, Н. Научная сессия Института истории Украины
Академии наук УССР, посвященная истории Западной Украины
(1940, № 2 [78], 169-171).

ПЕТРУШЕВСКИЙ, И. С. К. Бушуев. Борьба горцев за независи-
мость под руководством Шамиля, Москва, 1939 (рецензия)
(1940, № 7 [83], 141-144).

ПЕЧЕ, --. С. М. Дубровский. Крестьянство в 1905 г. (прения)
(№ 1, 1926, 256-279).

ПИГУЛЕВСКАЯ, Н. Сирийские источники по истории народов СССР
(1941, № 4 [92], 92-96).

ПИКСАНОВ, Н. К. Из архива декабриста В. Л. Давыдова: неизданные письма. (комментарий) (№ 1, 1926, 175-200).

ПИОНТКОВСКИЙ, С. Архив тайной экспедиции о крестьянских
настроениях 1774 г. (1935, № 7 [47], 91-100).

-----. Е. Шмурло. Курс русской истории. Т. II. Вып. 1.
Москва и Литва, 1462-1613, Прага, 1933 (рецензия) (1935,
№ 12 [52], 142-144).

-----. Борьба М. Н. Покровского с российской буржуазной
историографией (1932, № 6 [28], 85-99).

-----. Великодержавные тенденции в историографии России
(№ 17, 1930, 21-26).

-----. Великорусская буржуазная историография последнего
десятилетия. Прения по докладу. Выступления т.т. Шестакова, Мамета и Татарова (№ 18-19, 1930, 157-176).

-----. "Декреты Октябрьской революции". I. От октябрьского
переворота до роспуска Учредительного собрания, Москва,
1933 (рецензия) (1934, № 2 [36], 124-126).

-----. Историография крестьянских войн в России (1933, № 6 [34], 80-119).

-----. К 50-летию Казанского б-ва археологии, истории и этнографии (№ 11, 1929, 275-276).

-----. Крестьянские выступления 1775-1795 гг. по данным Тайной экспедиции (1935, № 10 [50], 85-97).

-----. "Переписка Николая и Александры. 1916-1917". Т. V. С предисл. Покровского, Москва, 1927 (рецензия) (№ 4, 1927, 248-250).

Письма в редакцию (№ 11, 1929, 277-278).

Письма виконта Г. Кастильона к Гизо. Пред. С. Бушуева (1936, № 5 [57], 105-123).

Письма Марии-Антуанетты Екатерине II (1938, № 4 [68], 112-119).

Письма рабочих в большевистскую фракцию IV государственной думы. Вступительная статья М. Л. Лурье (1937, № 2 [60], 123-142).

Письма С. М. Степняка-Кравчинского Фридриху Энгельсу (1935, № 10 [50], 112-115).

Письма Фридриха Лесснера Карлу Марксу (1935, № 5-6 [45-46], 150-163).

Письмо К. Ф. Кёппена к Марксу 3 июня 1841 года (1940, № 8 [84], 85-86).

Письмо тов. Иванова и ответ товарища Сталина (1938, № 2 [66], 3-7).

ПИЧЕТА, В. А. Е. Пресняков. Лекции по русской истории. Т. II. Вып. 1-й. Западная Русь и Литовско-Русское государство, Москва, 1939 (рецензия) (1940, № 3 [79], 138-140).

-----. Г. Ф. Миллер. История Сибири. Т. I, Москва, 1937 (рецензия) (1938, № 1 [65], 138-142).

-----. "Законодательные акты великого княжества Литовского XV-XVI веков". Документы и материалы по истории народов БССР. Сборник, Ленинград, 1936 (рецензия) (1937, № 3 [61], 184-187).

-----. К. Гуслистый. Нариси з історії України. Вип. II. Україна під литовським пануванням і захоплення її Польщею (з XIV ст. по 1569 р.) (рецензия) (1940, № 2 [78], 150-153).

-----. К истории славяноведения в СССР (1941, № 3 [91], 36-62).

-----. "Мазепа". Збірник. Т. I и II, Варшава, 1938-39 (рецензия) (1941, № 5 [93], 123-125).

-----. "Материалы по истории СССР", под ред. А. В. Шестакова ("Пропагандист и агитатор РККА, NoNo 33-36 за 1937 год, No. 4 за 1938 г.) (рецензия) (1938, № 4 [68], 124-137).

-----. О. П. Оглоблин. Україна в часи Петра I, Київ, 1939 (рецензия) (1940, № 4-5 [80-81], 136-137).

-----. Основные моменты в исторических судьбах народов Западной Украины и Западной Белоруссии (1939, № 5-6 [75-76], 67-98).

-----. Ф. Ястребов. Нариси з історії України. Вип. VIII.
    Україна в першій половині XIX століття, Київ, 1939
    (рецензия) (1940, № 4-5 [80-81], 137-138).
-----. Я. Я. Зутис. Политика царизма в Прибалтике в первой
    половине XVIII века, Москва, 1937 (рецензия) (1937,
    № 5-6 [63-64], 202-208).
-----. K. Avižonis. Bajorai valstybiniame lietuvos gyvenime
    Vazu laikais, Kaunas, 1940 (рецензия) (1941, № 6 [94],
    121-122).
-----., Круть, В. "Історія України". Короткий курс. Під
    ред. С. М. Белоусова et al., Київ, 1940 (рецензия)
    (1941, № 6 [94], 103-110).
План изданий Отделения общественных наук АН на 1938 год
    (1937, № 5-6 [63-64], 272-274).
План работ редакции "Историка-марксиста" на 1938 год (1938,
    № 3 [67], 148-151).
ПЛЫШЕВСКИЙ, И. Аграрные отношения в эпоху Токугава (1938,
    № 1 [65], 44-73).
По научным учреждениям и обществам (1937, № 2 [60], 189-191).
По поводу процесса военно-боевой организации Петербургского
    комитета РСДРП(б) 1908 года (1936, № 2 [54], 90-92).
По СССР (1934, № 6 [40], 104-108).
По страницам иностранных исторических журналов (1936, № 1
    [53], 212-213).
ПОДВОЙСКИЙ, Н. От Красной Гвардии к Красной Армии (1938, №
    1 [65], 16-43).
Подготовка к 50-летию со дня смерти К. Маркса (1933, № 1
    [29], 149-153).
ПОКРОВСКИЙ, И. Н. Ростов. Крестьянские волнения в 1861
    году, Москва, 1936 (рецензия) (1937, № 2 [60], 168-170).
ПОКРОВСКИЙ, М. Н. А. Иоаннисиани. История в школе II ступени
    (прения) (№ 3, 1927, 165-171).
-----. А. П. Щапов (№ 3, 1927, 5-13).
-----. Америка и война 1914 г. (№ 13, 1929, 3-18; № 15, 1930,
    3-42).
-----. Б. Горев. Чернышевский и революционные войны (прения)
    (№ 10, 1928, 178-196).
-----. буржуазная концепция пролетарской революции (№ 3,
    1927, 56-77).
-----. В. И. Невский. История ВКП(б) как наука (прения)
    (№ 12, 1929, 300-333).
-----. Возникновение Московского государства и "великорусская
    народность" (№ 18-19, 1930, 14-28).
-----. Всесоюзная конференция историков-марксистов (№ 11,
    1929, 3-11).
-----. Задачи Общества историков-марксистов (№ 1, 1926, 3-10).
-----. Институт истории и задача историков-марксистов (№ 14,
    1929, 3-12).
-----. К вопросу о пугачевщине (Письмо семинару 1-го курса
    ИКП, 1931) (1932, № 1-2 [23-24], 75-78).

-----. К истории СССР (№ 17, 1930, 17-20).
-----. К юбилею Д. Б. Рязанова (№ 15, 1930, 168-169).
-----. Л. П. Мамет. Программно-организационные вопросы преподавания истории на рабочих факультетах (прения) (№ 4, 1927, 187-199).
-----. Мюридизм у власти (1934, № 2 [36], 30-75).
-----. Н. А. Рожков. К методологии истории промышленных предприятий (прения) (№ 2, 1926, 210-224).
-----. Н. А. Рожков (некролог) (№ 3, 1927, 254-260).
-----. Н. Г. Чернышевский как историк (№ 8, 1928, 3-26).
-----. Н. Чужак. Правда о Пугачеве. Опыт литературно-исторического анализа, Москва, 1926 (рецензия) (№ 3, 1927, 218-222).
-----. Неопубликованные заключительные слова на семинарах в ИКП истории (1933, № 3 [31], 73-78).
-----. "Новые" течения в русской исторической литературе (№ 7, 1928, 3-17).
-----. О задачах марксистской исторической науки в реконструктивный период (№ 21, 1931, 3-7).
-----. Октябрьская революция в изображениях современников (№ 5, 1927, 3-35).
-----. Очередные задачи Историков-марксистов (№ 16, 1930, 3-19).
-----. По поводу некоторой путаницы (1932, № 1-2 [23-24], 13-25).
-----. По поводу юбилея Народной воли (№ 15, 1930, 74-85).
-----. Русские документы империалистической войны (№ 17, 1930, 3-16).
-----. С. И. Черномордик. Декабрьское вооруженное восстание (прения) (№ 1, 1926, 236-255).
-----. С. М. Дубровский. Крестьянство в 1905 г. (прения) (№ 1, 1926, 256-279).
-----. Чернышевский и крестьянское движение конца 1850-ых годов (№ 10, 1928, 3-12).
-----. Ю. М. Стеклов. Чернышевский и его политические воззрения (прения) (№ 8, 1928, 129-152).
-----., Б. И. ГОРЕВ. Памяти Н. А. Рожкова (№ 4, 1927, 179-186).
ПОКРОВСКИЙ, Н. Против великодержавного шовинизма в изучении истории горского национально-освободительного движения. см. ЛИХНИЦКИЙ, Н. (1934, № 2 [36], 99-105).
ПОЛАК, К. Рабочий вопрос в политике Ватикана (1939, № 4 [74], 119-133).
ПОЛЕТИКА, Н. П. Сараевское убийство как дипломатический повод к войне (№ 11, 1929, 49-82).
ПОЛОНСКАЯ-ВАСИЛЕНКО, Н. Заселение Южной Украины в середине XVIII в (1941, № 5 [93], 30-46).
ПОЛОНСКИЙ, В. Бакунин в первом Интернационале (№ 2, 1926, 5-43).
ПОЛОСИН, И. "Международная библиография исторических наук, Washington, 1930-32 (рецензия) (1933, № 5 [33], 163-168).

ПОЛТАВСКИЙ, М. J. Hardy. The first American Revolution, New
     York, 1938 (рецензия) (1939, № 5-6 [75-76], 258-260).
ПОЛЬ, К. Г. Зиновьев. История германской социал-демократии.
     ("Большая Советская Энциклопедия", Т. XVI, Москва, 1929)
     (прения) (№ 18-19, 1930, 106-109).
-----. "Причины германского крушения в 1918 году". Die
     Ursachen des deutschen Zusammenbruches im Jahre 1918.
     4. Reihe im Werk des Parlamentarischen Untersuchungsaus-
     schusses, Berlin, 1926-29 (рецензия) (1933, № 5 [33],
     149-151).
-----. Работа группы по истории мировой войны и послевоенного
     империализма (1934, № 4 [38], 157-159).
-----. Революционное движение в германском флоте в 1917 г.
     и борьба Ленина за Октябрь (1934, № 4 [38], 3-25).
ПОЛЯКОВ, Г. П. Новейшие публикации по истории древнего мира
     (рецензия) (1938, № 4 [68], 167-168).
-----. C. E. Goodfellow. Roman citizenship, a study of its
     territorial and numerical expansion from the earliest times
     to the death of Augustus, Bryn Mawr, 1935 (рецензия)
     (1937, № 3 [61], 217).
-----. E. Schmidt. Excavations at Persepolis. ("Illustrated
     London News", Nr. 5053, 22, February, 1936) (рецензия)
     (1936, № 6 [58], 237).
-----. G. Welcker. Das Ende der Kretischen Seemacht. ("Philo-
     logische Wochenschrift", Mitteilungen, April, 1936)
     (рецензия) (1936, № 5 [57], 182-183).
-----. J. Hashagen. Ueber die weltgeschichtliche Bedeutung
     der antiken Staats- und Soziallehren. ("Vierteljahrschrift
     für Sozial- und Wirtschaftsgeschichte", 1935, Bd. 28,
     H. 1) (рецензия) (1936, № 6 [58], 238).
-----. J. Papastavru. Amphipolis. Geschichte und Prosopo-
     graphie, Leipzig, 1936 (рецензия) (1937, № 3 [61], 217).
-----. K. Willing. Der Geist Spartas; Geschichte, Verfassung
     und Sitten der Spartaner nach Schilderungen griechischer
     Schriftsteller (рецензия) (1936, № 3 [55], 185).
-----. T. Frank. An economic survey of ancient Rome. Vol. I.
     Italy by T. Frank. Vol. II. Roman Egypt by A. C. Johnson,
     Baltimore, 1933-36 (рецензия) (1937, № 1 [59], 174-175).
-----. T. Nissen. Platons Staat, Berlin, 1936 (рецензия)
     (1936, № 4 [56], 147).
-----. Vitruvius Pollio. Десять книг об архитектуре. Т. I.
     Текст трактата, Москва, 1936 (рецензия) (1938, № 3 [67],
     116-119).
-----. W. Kammeier. Die Fälschung der deutschen Geschichte,
     Leipzig, 1935 (рецензия) (1936, № 6 [58], 208-209).
-----. W. Kaspers. Zum Streit um den Namen "Germanen". ("Philo-
     logische Wochenschrift", Leipzig, 5. Sept. 1936) (рецен-
     зия) (1936, № 6 [58], 238-239).
ПОЛЯНСКАЯ, Г. За партийную критику. см. МИЛЬШТЕЙН, Е. (№ 22,
     1931, 181-183).

ПОЛЯНСКИЙ, Ф. H. S. Bennet. Life on the English Manor,
    Cambridge, 1937 (рецензия) (1941, № 4 [92], 124-125).
ПОПЛАВСКАЯ, Е., ТРЕСНИНА, А. Китай в период 1918-1940 гг.
    (Основная литература) (1941, № 5 [93], 135-147).
ПОПОВ, А. Б. А. Романов. Россия в Манчжурии (1892-1906),
    Ленинград, 1928 (рецензия) (№ 14, 1929, 173-182).
-----. Вступление Америки в войну (№ 7, 1928, 36-68).
-----. Дальневосточная политика царизма в 1894-1901 гг.
    (1935, № 11 [51], 38-57).
-----. Кризис дальневосточной политики царизма накануне
    революции 1905 г. (1935, № 12 [52], 3-25).
-----. "Международные отношения в эпоху империализма".
    Документы из архивов царского и Временного правительств,
    1878-1917. Серия III, 1914-17. Т. VII. Ч. 1-2, Москва,
    1935 (рецензия) (1936, № 5 [57], 138-148).
-----. Н. Левицкий. Русско-японская война 1904-1905 годов,
    2. изд., Москва, 1936 (рецензия) (1937, № 3 [61], 192-
    196).
-----. От Босфора к Тихому океану (1934, № 3 [37], 3-28).
ПОПОВ, В. Разгром итальянцев в октябре-ноябре 1917 г.,
    Капоретто (1939, № 4 [74], 12-30).
ПОПОВ, Н. "Сибирский союз РСДРП. К 30-летию большевистских
    партийных организаций в Сибири", Москва, 1935 (рецензия)
    (1936, № 1 [53], 196-198).
ПОПОВ, Н. А. Об исторических условиях перерастания буржуазно-
    демократической революции в пролетарскую (доклад) (№ 12,
    1929, 300-333).
ПОПОВ, Н. Марксистское учение о войне в работах Энгельса
    (1935, № 8-9 [48-49], 28-39).
ПОПОВА, Н. "Баррикады в Австрии". Рассказы рабочих-шуцбун-
    довцев, Москва, 1935 (рецензия) (1935, № 5-6 [45-46],
    179-181).
-----. "Ленин и международное рабочее движение", Москва,
    1934 (рецензия) (1935, № 2-3 [42-43], 147-148).
ПОРТНОЙ, И. Новый документ об Августе Бебеле (1940, № 12
    [88], 77-78).
ПОРШНЕВ, Б. Ф. Абсолютная монархия и народ (доклад) (1940,
    № 6 [82], 63-68).
-----. Крестьянские и плебейские движения XVII-XVIII вв.
    во Франции (1939, № 4 [74], 85-93),
-----. Проблема Фронды (1941, № 5 [93], 96-105).
-----. Сен-Симон. Мемуары, Ленинград, 1936 (рецензия)
    (1937, № 5-6 [63-64], 234-237).
-----. Чем было "третье сословие" во Франции XVII века?
    (1940, № 2 [78], 91-113).
ПОСЕЛЯНИНА, А. Вторая пятилетка Института истории Комакадемии
    (1932, № 6 [28], 144-146).
Постановление Бюро президиума Комакадемии о работе Института
    истории от 13/VII 1932 г. (1932, № 3 [25], 195-196).

Постановление дирекции Института истории Комакадемии от 25 мая 1933 г. По докладу секретариата главной редакции "Истории Фабрик и Заводов" (1933, № 3 [31], 118).

Постановление Жюри правительственной комиссии по конкурсу на лучший учебник для 3-го и 4-го классов средней школы по истории СССР (1937, № 3 [61], 137-141).

Постановление президиума Общества историков-марксистов о Д. Б. Рязанове (№ 21, 1931, 18).

Постановление президиума центрального исполнительного комитета союза ССР (1936, № 4 [56], 16).

Постановление ЦК ВКП(б) и СНК Союза ССР (1936, № 1 [53], 5).

Постановления Чрезвычайного VIII Съезда Советов Союза ССР (1936, № 6 [58], 28).

ПОТАПОВ, Л. Общественные отношения у алтайцев (к вопросу о патриархально-феодальных отношениях у кочевников-алтайцев) (1940, № 11 [87], 112-114).

ПОТАШ, М. "Народная воля" (прения) (№ 15, 1930, 86-143).

ПОТЕМКИН, Ф. Н. Лукин. Буржуазные историки Запада в СССР (прения) (№ 21, 1931, 44-86).

-----. Промышленная революция во Франции (№ 12, 1929, 115-152).

ПРЕДТЕЧЕНСКИЙ, А. Е. Тарле. Нашествие Наполеона на Россию, 1812 г., Москва, 1938 (рецензия) (1938, № 6 [70], 178-181).

ПРЕОБРАЖЕНСКИЙ, В. Д. Е. А. Косминский и А. Д. Удальцов (ред.). Социальная история средневековья. т.т. I, II, Москва, 1927 (рецензия) (№ 6, 1927, 268-271).

ПРЕОБРАЖЕНСКИЙ, П. Ф. А. В. Мишулин. Спартаковское, Москва, 1936 (рецензия) (1936, № 6 [58], 207-208).

-----. "Дневник В. Н. Ламэдорфа (1886-1890 г.г.)" Под ред. и с предисл. Ф. А. Ротштейна. Центрархив?, Москва, 1926 (рецензия) (№ 3, 1927, 232-233).

-----. Г. П. Гуч. История современной Европы. Сокращ. пер. с. англ. Ю.Соловьева и Н. Ждановой. Предисл. Ф. Ротштейна, Ленинград, 1925 (рецензия) (№ 2, 1926, 282-283).

-----. "Закат" Европы и "восход" фашизма. O. Spengler. Jahre der Entscheidung, Munich, 1933 (рецензия) (1933, № 6 [34], 153-156).

-----. Лорд Берти. За кулисами Антанты. Перевод и прим. Е. Берловича, Москва, 1927 (рецензия) (№ 6, 1927, 275-276).

-----. Международные отношения в эпоху империализма. Сер. III. Т. I-V, Москва, n.d. (рецензия) (1934, № 4 [38], 121-126).

-----. П. Дармштеттер. История раздела Африки (1870-1919 г.г.) Пер. с немец. Н. Качкачева, Москва, n.d. (рецензия) (№ 2, 1926, 284).

-----. Ф. Ротштейн. Захват и закабаление Египта, Москва, 1925 (рецензия) (№ 2, 1926, 283-284).

ПРЕСНЯКОВ, А. С. K. Webster. The foreign policy of Castle-
     reagh, 1815-22; Britain and the European Alliance,
     London, 1925 (рецензия) (№ 5, 1927, 244-246).
-----. H. W. V. Temperley. The foreign policy of Canning,
     1822-1827, London, 1925 (рецензия) (№ 5, 1927, 244-
     246).
-----. I. Daszynsky. Pamietniki. 2 tt., Krakow, 1925-26
     (рецензия) (№ 4, 1927, 260-263).
-----. L. Bilinski. Wspomnienia i dokumenty, 1896-1922.
     2 tt., Warszawa, 1924 (рецензия) (№ 4, 1927, 260-263).
Привет пролетарскому бойцу! (1932, № 3 [25], 2).
ПРИГОРОВСКИЙ, Г. М. И. И. Кулишер. Очерк экономической
     истории древней Греции, Ленинград, 1925 (рецензия)
     (№ 2, 1926, 285).
ПРИСЕЛКОВ, М. "Слово о полку Игореве", как исторический
     источник (1938, № 6 [70], 112-133).
Программа по истории СССР для высшей школы (обсуждение в
     секторе истории СССР) (1938, № 5 [69], 234).
Проект Конституции Союза ССР (1936, № 4 [56], 17-31).
Проект схемы многотомника всемирной истории. "История сред-
     них веков. История нового времени". Часть 1-я и 2-я
     (1938, № 2 [66], 143-191).
Проект схемы многотомника всемирной истории (продолжение).
     История древнего мира (1938, № 3 [67], 170-189).
Произведения товарища Сталина, изданные на иностранных
     языках (Краткая справка) (1940, № 1 [77], 129-136).
ПРОКОПЕНКО, Н. "20 років під ярмом польских панів", Київ,
     1940 (рецензия) (1941, № 1 [89], 122-123).
ПРОКОШЕВА, --. А. Ацаркин. К вопросу об условиях возник-
     новения и развития пролетарского юношеского движения
     (прения) (№ 21, 1931, 91-93).
ПРОТАСОВ, Н. Раскопки в г. Судаке (Крым) (1938, № 5 [69],
     162-169).
ПРОТАСОВА, С. В. С. Сергеев. Очерки по истории древнего
     Рима. Ч. 1-я и 2-я, Москва, 1938 (рецензия) (1939,
     № 4 [74], 172-176).
Процесс антисоветского "право-троцкистского блока" (1938,
     № 2 [66], 8-15).
ПЬЯНКОВ, А. В. Галкин. Суздальская Русь, Иваново, 1939
     (рецензия) (1939, № 4 [74], 164-165).
-----. Научная жизнь на историческом факультете Белорусс-
     кого гос. университета в 1939 году (1940, № 4-5 [80-
     81], 157-158).
-----. Научно-исследовательская работа на историческом
     факультете Белорусского государственного университета
     (1938, № 3 [67], 168-169).
-----. Одно забытое иностранное известие о рабстве в Киев-
     ской Руси (1940, № 3 [79], 136).
50-летие Французского института в Каире (1935, № 7 [47],
     138).

15 лет Октября и задачи историков-марксистов (1932, № 4-5
[26-27], 3-8).
ПЯТНИЦКИЙ, О. Из истории Октябрьского восстания в Москве
(1935, № 4 [44], 3-30; 1935, № 5-6 [45-46], 3-38; 1936,
№ 5 [57], 21-33).
-----. Подготовка большевиками Октябрьского восстания в
Москве (1935, № 10 [50], 14-34).

<u>Р</u>

Р. А. Шурыгин. Октябрьская революция и гражданская война
на Дальнем Востоке; хроника событий, 1917-1922 гг.,
Москва, 1933 (рецензия) <u>см.</u> ЦЫЛКИН, С. (1933,
№ 5 [33], 148).
-----. С. Булыгин. Октябрьская революция и гражданская
война на Дальнем Востоке; хроника событий, 1917-1922
гг., Москва, 1933 (рецензия) <u>см.</u> ЦЫЛКИН, С. (1933,
№ 5 [33], 148).
-----. С. Цыпкин, А. Шурыгин, С. Булыгин. Октябрьская
революция и гражданская война на Дальнем Востоке; хроника событий, 1917-1922 гг., Москва, 1933 (рецензия)
(1933, № 5 [33], 148).
Р., А. A. Ording. Le bureau de police du Comité de salut
public, Oslo, 1930 (рецензия) (№ 22, 1931, 173-174).
-----. G. Lefebvre, R. Guyot, P. Sagnac. La Révolution
française, Paris, 1930 (рецензия) (№ 20, 1930, 179-180).
Р., Г. З. Карпенко. Гражданская война в Дальневосточном
крае, 1918-22, Хабаровск, 1934 (рецензия) (1935,
№ 5-6 [45-46], 181).
-----. Новная советская литература о Японии и планах япон-
ского империализма (1934, № 3 [37], 119-122).
Р-Г, Г. В. Светлов. Происхождение капиталистической Японии,
Москва, 1931 (рецензия) (1932, № 1-2 [23-24], 191-192).
-----. "Материалы кружка японоведения в Токио", вып. III
и IV , Москва, 1931 (рецензия) (1932, № 1-2 [23-24],
187-190).
Р., Н. С. Д. Сазонов. Воспоминания, Берлин, 1927 (рецен-
зия) (№ 8, 1928, 230-232).
-----. A. Martineau, L. May. Tableau de l'expansion euro-
péenne à travers le monde de la fin du XIIe au début du
XIXe s., Paris, 1935 (рецензия) (1937, № 2 [60], 184).
Р., С. Б. Томсон. Шпионаж во время войны, Москва, 1938
(рецензия) (1938, № 3 [67], 139-141).
-----. Совещание историков Тулы (1941, № 2 [90], 147-149).
РАБИНОВИЧ, М. Археологическая экспедиция студентов истфака
МГУ (1938, № 4 [68], 204-205).

-----. Комиссия по истории города Москвы. см. МИЛЛЕР, П.
    (1940, № 11 [87], 147-150).
РАБИНОВИЧ, С. Е. И. Мартынов. Царская армия в февральском
    перевороте, Ленинград, 1927 (рецензия) (№ 4, 1927,
    250-253).
Работа большевиков среди безработных (1905-1907 гг.) (1935,
    № 12 [52], 75-97).
Работа горских научно-исследовательских институтов Сев.
    Кавказа в области истории (1934, № 3 [37], 136-138).
Работа над "Историей гражданской войны" (1934, № 3 [37],
    138-140).
Работа научных учреждений (1936, № 4 [56], 172).
РАДЦИГ, Н. Французская Индия в эпоху революции 1789 года
    (1939, № 3 [73], 173-177).
-----. E. Camau. L'année 1789 en Provence, Paris, 1937
    (рецензия) (1939, № 1 [71], 179-180).
-----. E. Vicomte de Guichen: La Guerre de Crimée (1854-
    1856) et l'attitude des puissances européennes. Étude
    d'histoire diplomatique, Paris, 1936 (рецензия) (1937,
    № 5-6 [63-64], 208-211).
-----. G. Vallée. Au service de la Compagnie des Indes.
    Lettres inédites d'une famille du Poitou au XVIIIe
    siècle. ("Revue d'histoire des colonies", T. III,
    1938) (рецензия) (1939, № 3 [73], 153-154).
-----. J. Caloni. La France au Maroc, Paris, 1937 (рецен-
    зия) (1939, № 3 [73], 162-163).
-----. R. Cattani. Le règne de Mohammed Ali d'après les
    archives russes en Egypte. T. I. Rapports consulaires
    de 1819-1833. T. II. La mission du colonel Duhamel,
    1834-1837, Cairo, 1931, Rome, 1933-34 (рецензия)
    (1937, № 5-6 [63-64], 237-240).
РАЗГОН, И. "В дни Великой пролетарской революции". Эпизоды
    борьбы в Петрограде в 1917 году, Москва, 1937 (рецен-
    зия) (1938, № 1 [65], 152-154).
-----. Из истории борьбы горцев Северного Кавказа за власть
    советов в 1917-1920 гг. (1941, № 2 [90], 49-59).
-----. Октябрьская социалистическая революция на Югозапад-
    ном и Румынском фронтах (1937, № 4 [62], 81-99).
-----. Разгром бичераховского мятежа на Тереке в 1918 году
    (1940, № 6 [82], 24-42).
-----. С. Киров. Статьи и речи. Т. I. 1912-1921, Ленин-
    град, 1935 (рецензия) (1936, № 1 [53], 193-195).
Разгром Керенского под Петроградом (1932, № 4-5 [26-27],
    329-339).
РАЗУМОВСКАЯ, В. Государственный архив феодально-крепост-
    нической эпохи (1936, № 3 [55], 194-196).
РАЗУМОВСКИЙ, И. Марксистское понимание социологии (Дискуссия)
    (№ 12, 1929, 189-213).
РАИМОВ, Р. А. П. Чулошников. Восстание 1755 г. в Башкирии,
    Москва, 1940 (рецензия) (1941, № 6 [94], 122-123).

-----. Н. Латышев. Удмурты накануне реформы 1861 г.,
     Ижевск, 1939 (рецензия) (1940, № 12 [88], 119-120).
-----. С. Дмитриев. Славянофилы и славянофильство (прения)
     (1941, № 1 [89], 97-100).
-----. Экономическое положение Башкирии накануне революции
     1905 г. (1939, № 5-6 [75-76], 212-226).
РАЙСКИЙ, Л. А. Бимба. История американского рабочего
     класса. Перевод с английского Г. М. Зив. Под ред.
     Л. Мартенса, Москва, 1930 (рецензия) (№ 17, 1930,
     106-109).
-----. Г. Майерс. История американских миллиардеров. Т.
     1-2, Москва, 1924-27 (рецензия) (№ 7, 1928, 285-286).
-----. "Петрашевцы в воспоминаниях современников" Т.Т. I,II.
     Сборник материалов. Сост. П. Е. Щеголев, с пред. Н.
     Рожкова, Москва, 1926-27 (рецензия) (№ 4, 1927, 238-
     240).
-----. Э. Богарт. Экономическая история Соединенных
     Штатов, Москва, 1927 (рецензия) (№ 5, 1927, 242-244).
РАКОВСКИЙ, --. Н. А. Рожков. К методологии истории промыш-
     ленных предприятий (прения) (№ 2, 1926, 210-224).
Раскопка на Кипре (1935, № 7 [47], 138).
Раскопки (1937, № 2 [60], 201-202).
РАХЛИН, А. "Архивное дело", 1927 г., вып. X-XIII 1928 г. и
     вып. I (14)-III (16) (№ 10, 1928, 238-242).
РАХЛИНА, А. Обзор журнала "Архивное дело". Вып. V-VI, VII,
     VIII-IX. (№ 3, 1927, 207-208).
РАХМЕТОВ, В. Н. К. А. Попов. Об исторических условиях
     перерастания буржуазно-демократической революции в
     пролетарскую (прения) (№ 12, 1929, 300-333).
-----. Об одном неудачном учебнике по истории России
     (рецензия) (№ 7, 1928, 223-228).
-----. Происхождение меньшевистской концепции русского
     исторического процесса (№ 12, 1929, 300-333).
РЕДИН, М. М. Н. Покровский как историк колониальной и
     внешней политики самодержавия (1932, № 3 [25], 37-59).
-----. К вопросу о преподавании "истории развития общест-
     венных форм" (№ 6, 1927, 202-205).
РЕЗВУШКИН, Я. А. Ефимов. Концепция экономических формаций
     у Маркса и Энгельса и их взгляды на структуру восточ-
     ных обществ (прения) (№ 16, 1930, 104-161).
Резолюция принята на заседании директората Института истории
     Комакадемии по поводу рецензии т. Гуляева (рецензия)
     (№ 22, 1931, 183).
Резолюция фракции Общества историков-марксистов по докладу
     тов. Кнорина. "О политических уроках письма т. Сталина
     и задачах историчевкого фронта" (1932, № 1-2 [23-24],
     212-215).
РЕЗЦОВ, --. М. Цвибак. Классовая борьба в Туркестане
     (прения) (№ 11, 1929, 130-151).

РЕЙНШТЕЙН, Б. К 50-летию первомайской резолюции I конгресса II Интернационала (1939, № 2 [72], 194-196).

РЕЙСНЕР, И. Классовая сущность гандизма (№ 18-19, 1930, 63-82).

-----. С. М. Дубровский. К вопросу о сущности "азиатского" способа производства, феодализма, крепостничества и торгового капитала (прения) (№ 16, 1930, 104-161).

РЕЙХБЕРГ, Г. Е. В. И. Ленин. Из эпохи гражданской войны, Москва, 1934 (рецензия) (1934, № 5 [39], 95-96).

-----. В. П. Саввин. Взаимоотношения царской России и СССР с Китаем, Москва, 1930 (рецензия) (№ 17, 1930, 119-120).

-----. В. С. Грэвс. Американская авантюра в Сибири, 1918-20. Пер. с англ. А. Ф. Сперанского и С. С. Соколова, Москва, 1932 (рецензия) (1932, № 6 [28], 129-136).

-----. Воспоминания твердолобого интервента. W. Churchill, Мировой кризис, Москва, 1932 (рецензия) (1932, № 6 [28], 125-129).

-----. К. Харнский. Китай с древнейших времен до наших дней, Хабаровск, 1927 (рецензия) (№ 6, 1927, 294-295).

-----. К. Харнский. Япония в прошлом и настоящем, Владивосток, 1926 (рецензия) (№ 3, 1927, 242-243).

-----. К. В. Базилевич. В гостях у богдызана. Путешествие русских в Китай в XV в, Ленинград, 1927 (рецензия) (№ 4, 1927, 263).

-----. М. Галкович. Соединенные Штаты и дальневосточная проблема. С предисл. Е. Пашуканиса, Москва, 1928 (рецензия) (№ 8, 1928, 236-237).

-----. Местная литература и некоторые вопросы истории революции 1917 г. в провинции. Троцкий, В. Октябрьская революция в Среднем Поволжье (рецензия) (1934, № 2 [36], 129-131).

-----. О. Лазо. Боевой путь Сергея Лазо, Москва, 1938 (рецензия) (1938, № 5 [69], 205-206).

-----. П. Курц. Русско-китайские сношения в XVI-XVII и XVIII столетиях, n.p., 1929 (рецензия) (№ 11, 1929, 212).

-----. С. Борисов. Лазо, Сергей Георгиевич, Москва, 1938 (рецензия) (1939, № 2 [72], 168).

-----. "Сергей Лазо". Сборник воспоминаний и документов, Москва, 1938 (рецензия) (1937, № 5-6 [63-64], 162-166).

-----. События 4-5 апреля 1920 г. в Приморье (1935, № 5-6 [45-46], 131-141).

-----. Ф. Попов. Дутовщина. Борьба с казачьей контрреволюцией в Оренбургском крае, Москва, 1934 (рецензия) (1935, № 7 [47], 122-123).

-----. "4-5 апреля 1920 года". Сборник документов, Хабаровск, 1937 (рецензия) (1938, № 1 [65], 150-152).

-----. Э. Д. Гримм. Сборник договоров и других документов по истории международных отношений на Дальнем Востоке, 1842-1925, Москва, 1927 (рецензия) (№ 5, 1927, 273-274).

-----. Японская интервенция на Дальнем Востоке и борьба
    с ней в 1918-1922 гг. (1937, № 4 [62], 124-254).
-----. "Японская интервенция 1918-1922 гг. в документах,
    Москва, 1934 (рецензия) (1934, № 4 [38], 150-152).
Реорганизация преподавания истории и философии в Италии
    (1936, № 2 [54], 183).
РИВЛИН, Е. Х. Лурье. Между первым и вторым Интернационалом,
    Москва, 1928 (рецензия) (№ 8, 1928, 213-216).
РОГОВ, --. П. О. Горин. Чем же были Советы Рабочих Депу-
    татов в 1905 г.? (прения) (№ 1, 1926, 201-235).
РОЖКОВ, Н. А. К методологии истории промышленных предпри-
    ятий (стенограммы, доклады и прения на заседании Об-
    ва) (№ 2, 1926, 210-224).
-----. П. Н. Столпянский. Жизнь и быт петербургской фабрики
    1704-1914 г.г., Ленинград, 1925 (рецензия) (№ 2,
    1926, 278).
-----. П. О. Горин. Чем же были Советы Рабочих Депутатов
    в 1905 г.? (прения) (№ 1, 1926, 201-235).
-----. Прохоровская мануфантура за первые 40 лет ее сущест-
    вования (№ 6, 1927, 79-110).
РОЗЕНБЕРГ, --. Мюнстерская коммуна 1534-35 (1935, № 12
    [52], 147-149).
РОЛЛАН, Р. Неизбежность революции 1789 года (1939, № 3
    [73], 37-45).
РОМАНОВИЧ, А. Новая страница из истории польской интервенции
    в Московском государстве в начале XVII в. (1936, № 6
    [58], 68-96).
РОНИН, С. Борьба большевиков за организацию комбедов (1932,
    № 4-5 [26-27], 96-108).
-----. Н. А. Рожнов. К методологии истории промышленных
    предприятий (прения) (№ 2, 1926, 210-224).
РОСТОВСКИЙ, С. "Английские путешественники в Московском
    государстве в XVI веке". Пер. с английского Ю. В.
    Готье, Ленинград, 1938 (рецензия) (1938, № 4 [68],
    150-153).
-----. В Институте востоковедения АН СССР (сессия историчес-
    кого сентора 3-6 февраля 1941 г.) (1941, № 4 [92],
    78-85).
-----. Д. Джексон. Послевоенный мир, Москва, 1937 (рецен-
    зия) (1938, № 4 [68], 182-184).
-----. Царская Россия и Синь-Цзян в XIX-XX веках (1936,
    № 3 [55], 26-53).
РОТЕНБЕРГ, --. А. Л. Сидоров. Ленин и Сталин о русском
    самодержавии (прения) (1940, № 6 [82], 63-68).
-----. С. Дмитриев. Славянофилы и славянофильство (прения)
    (1941, № 1 [89], 97-100).
РОТШТЕЙН, Ф. Англия и Октябрьская революция (№ 5, 1927,
    36-48).
РУБАЧ, М. В. И. Невский. История ВКП(б) как наука (прения)
    (№ 12, 1929, 300-333).

-----. К. А. Попов. Об исторических условиях перерастания
буржуазно-демократической революции в пролетарскую
(прения) (№ 12, 1929, 300-333).
-----. К истории крестьянских восстаний накануне октября
1917 г.; материалы по Украине (1934, № 3 [37], 29-58).
РУБЕН, --. Против искажения истории компартии Грузии
(1932, № 1-2 [23-24], 135-139).
РУБИНШТЕЙН, Е. К. Маркс, Ф. Энгельс. Сочинения. Т. XVI.
Ч. 2-я, Москва, 1937 (рецензия) (1937, № 4 [62],
186-194).
-----. К характеристике германского фашизма (1932, № 1-2
[23-24], 79-116).
-----. "Манифест Коммунистической партии". (К девяносто-
летию со дня его опубликования) (1938, № 1 [65], 3-15).
-----. Новый том Сочинений Маркса и Энгельса. Соч. Т.
XXVIII, Письма Ф. Энгельса 1888-1891 гг. (1941, № 5
[93], 112-117).
-----. Распад Габсбургской монархии в 1918 году (1940,
№ 7 [83], 14-34).
-----. Серия брошюр "Коммунистический интернационал в документах (рецензия) (1935, № 2-3 [42-43], 144-146).
РУБИНШТЕЙН, Н. А. Л. Сидоров. Ленин и Сталин о русском
самодержавии (прения) (1940, № 6 [82], 63-68).
-----. Иностранная периодика по истории России и СССР
(1933, № 1 [29], 141-148).
-----. К истории учредительного собрания в России (№ 10,
1928, 45-70).
-----. М. Н. Покровский. Империалистическая война; сборник
статей, 1915-27, Москва, 1928 (рецензия) (№ 8, 1928,
218-220).
-----. М. Н. Покровский--историк внешней политики (№ 9,
1928, 58-78).
-----. Накануне Генуэзской конференции (1941, № 2 [90],
22-48).
-----. Отступление в боевом беспорядке (№ 11, 1929, 157-
162).
-----. "Памятники истории Киевского государства IX-XII вв".
Сборник документов, Ленинград, 1936 (рецензия) (1938,
№ 1 [65], 130-132).
-----. Сергей Михайлович Соловьев. 1820-1879 (1940, № 3
[79], 92-113).
-----. "Центрархив. Последние дни Колчаковщины". Сборник
документов, Москва, 1926 (рецензия) (№ 3, 1927, 233-
234).
-----. Ю. Соловьев. 25 лет моей дипломатической службы,
1893-1918, Москва, 1928 (рецензия) (№ 9, 1928, 190-
191).
-----. "British documents on the origins of the war 1898-
1914". Ed. by G. P. Gooch and H. Temperley. V. XI.
The outbreak of war, London, n.d. (рецензия) (№ 11,
1929, 197-201).

-----. H. Johnson. The socialist sixth of the world, London, 1939 (рецензия) (1941, № 6 [94], 110-113).

-----. K. Stählin. Geschichte Russlands von den Anfängen bis zur Gegenwart. Bd. III, Berlin, 1935 (рецензия) (1936, № 5 [57], 154-156).

-----, СИДОРОВ, А. К. В. Базилевич, С. В. Бахрушин, А. М. Панкратова, А. В. Фохт. "История СССР". Части I, II, III. Учебник для VIII, IX и X классов средней школы. Под. ред. А. М. Панкратовой, Москва, 1940 (рецензия) (1941, № 3 [91], 115-121).

РУДЕРМАН, И. "Октябрьская революция перед судом американских сенаторов". Официальный отчет "Овермэнской Комиссии" сената. Перевод В. Вельского, Москва, 1927 (рецензия) (№ 6, 1927, 276-278).

РУТГЕРС, С. Встречи с Лениным (1935, № 2-3 [42-43], 85-98).

РУТКЕВИЧ, Н. М. Н. Покровский о возникновении мировой войны (1938, № 3 [67], 3-35).

РЫКЛИН, Л. Борьба Ленина с международным центризмом за партию (1932, № 3 [25], 11-36).

РЫММ, Ф. К. Маркс, Ф. Энгельс. Революция в Испании. Статьи и корреспонденции (1854-1873), Москва, 1937 (рецензия) (1937, № 4 [62], 195-198).

РЫНДИЧ, А. Коммунистическое воспитание и школьное обществоведение (№ 12, 1929, 185-188).

-----. Лабораторный план и преподавание истории (№ 3, 1927, 172-186).

-----. "Народная воля" (прения) (№ 15, 1930, 86-143).

РЫЧКОВА, Г. Против извращения истории гражданской войны. см. ВАСИЛЬЕВ, М. (1934, № 2 [36], 135-138).

РЯБИНИН-СКЛЯРЕВСКИЙ, А. Одесский областной исторический архив (1936, № 5 [57], 199-200).

РЯБИНСКИЙ, А. Царская Россия и Бухара в эпоху империализма (1941, № 4 [92], 3-25).

РЯБОВ, Н. "Ладо Кецховели (1876-1903)", Москва, 1938 (рецензия) (1938, № 4 [68], 162-163).

РЯЗАНОВ, Д. Б. М. Н. Покровский. Чернышевский как историк (прения) (№ 8, 1928, 129-152).

-----. Ю. М. Стеклов. Чернышевский и его политические воззрения (прения) (№ 8, 1928, 129-152).

С

С. З. Д. Кастельская. Восстание 1916 г. в Узбекистане.
(К 20-летию восстания), Ташкент, 1937 (рецензия)
(1937, № 5-6 [63-64], 220-221).
-----. З. Д. Кастельская. Восстание 1916 г. в Узбекистане.
Научно-исследовательский институт, Ташкент, 1937
(рецензия) (1937, № 5-6 [63-64], 220-221).
-----. "Информационный листок" № 1 и 2, Москва, 1934
(рецензия) (1934, № 4 [38], 152).
-----. "Основание Первого Интернационала", Москва, 1934
(рецензия) (1934, № 5 [39], 102).
С., А. E. Jaroslavsky. History of Anarchism in Russia.
Experiences of the Anarchist movement from Bakunin
through the Russian revolution in relation to anarchism
in Spain today, New York, 1937 (рецензия) (1937, № 4
[62], 199-206).
С., М. А. П. Серебровский. На золотом фронте; воспоминания
хозяйственников, Москва, 1936 (рецензия) (1936, № 5
[57], 158-160).
С. М. Киров (1935, № 1 [41], 1-3).
С. М. Киров на фронтах гражданской войны. Предисловие З.
Ширинского (1935, № 1 [41], 53-59).
С., О. К истории социалистической мысли во Франции в период
великой революции (1938, № 6 [70], 199).
-----. Сен-Симон. Мемуары, Ленинград, 1934 (рецензия)
(1935, № 2-3 [42-43], 154-156).
-----. A. Parrot. La civilisation sumérienne. ("Revue de
Paris", nov. 1, 1935, 77-99) (рецензия) (1936, № 2
[54], 148).
-----. C. Preaux, R. Goossens. La papyrus Cumont. ("Revue
des études anciennes", oct.-déc. 1935, 401-434)
(рецензия) (1936, № 2 [54], 149).
-----. E. F. Gautier. Du nouveau au Sahara. ("Revue de
Paris", nov. 15, 1935, 414-428) (рецензия) (1936,
№ 2 [54], 149-150).
-----. H. Calvet. Le commissaire aux accaparements de la
section des Champs-Élysées. ("Annales historiques de
la Révolution française", juillet-août, 1936) (рецензия) (1937, № 1 [59], 186-187).
-----. M. Hofmann. Die letzten Quintilii Vari und ihre
Villa in Tivoli. ("Historische Vierteljahrschrift",
1935, Bd. 2, 193-232) (рецензия) (1936, № 2 [54], 149).
-----. M. Emerite. Une mystification. Les mémoires du
baron d'Ambès. ("Revue d'histoire moderne", mai-août,
1936) (рецензия) (1936, № 6 [58], 243).
-----. M. Eude. Politique économique et sociale de la
Commune Robespierriste. ("Annales historiques de la
Révolution française", nov.-déc. 1935, 481-518)
(рецензия) (1936, № 2 [54], 155-156).

-----. M. B. Garrett. The States general of 1789. The problems of composition and organization, London, 1935 (рецензия) (1937, № 1 [59], 186).

-----. P. Caron, H. Stein. Répertoire bibliographique de l'histoire de France, T. IV, 1926-27, Paris, 1932 (рецензия) (1934, № 3 [37], 130-131).

-----. V. A. Wroblevski. Der Boulangismus im Lichte russischer Berichterstattung. ("Berliner Monatshefte", Aug. 1936) (рецензия) (1936, № 5 [57], 190).

С., С. C. Saumer. Un caricaturiste républicain sous le Second Empire: Jules Baric. ("Révolution de 1848", no. 153, juin-août 1935) (рецензия) (1936, № 4 [56], 150-151).

-----. W. Hallgarten. L'essor et l'échec de la politique Boer de l'Allemagne (1890-1898). ("Revue historique", T. CLXXVII, mai-juin, 1936) (рецензия) (1936, № 6 [58], 243).

С., Я. R. H. Soltau. An outline of european economic development, London, 1935 (рецензия) (1938, № 1 [65], 166-167).

С-Й. Монографии по политической истории Великой французской революции за 1928-1929 гг. (№ 16, 1930, 162-175).

-----. Я. М. Захер. "Бешеные", Ленинград, 1930 (рецензия) (№ 18-19, 1930, 205-208).

-----. A. Mathiez. Girondins et montagnards, Paris, 1930 (рецензия) (№ 18-19, 1930, 202-205).

-----. P. Gaxotte. La Révolution française, Paris, 1928 (рецензия) (№ 20, 1930, 180-182).

САВЕЛЬЕВ, М. Значение II съезда партии в истории большевизма (1933, № 4 [32], 3-19).

САВИН, М. А. Мельчин. Г. К. Орджоникидзе. Краткий биографический очерк, Москва, 1939 (рецензия) (1939, № 4 [74], 166-168).

САВИЧ, А. Польская интервенция начала XVII века в оценке М. Н. Покровского (1938, № 1 [65], 74-110).

САЛИКОВ, Д. Осиповский мятеж в Ташкенте 18-22 января 1919 г. (Воспоминания) (1941, № 4 [92], 59-72).

САМАРКИН, В. 1917 год в Мордовии, Саранск, 1939. см. КУПРЯШКИН, Т. (1941, № 1 [89], 124-125).

САМОЙЛО, А. A. Martineau. Bussy et l'Inde française 1720-1785, Paris, 1935 (рецензия) (1938, № 2 [66], 132-133).

-----. --. Wyndham. The Atlantic and Slavery, London, 1935 (рецензия) (1938, № 3 [67], 123-124).

САНДОМИРСКИЙ, Г. В. "Центрархив. Царская Россия в мировой войне". С предисл. М. Н. Покровского. Т. I., Ленинград, 1926 (рецензия) (№ 2, 1926, 278-280).

САНЖИЕВ, Б. В Бурят-монгольском научно-исследовательском институте языка, литературы и истории (1941, № 3 [91], 150-151).

САНТО, Б. Борьба беднейшего крестьянства и батраков Венгрии в 90-х годах XIX века (1941, № 6 [94], 47-59).

САРКИСОВ, Н. Советская власть в Баку в 1918 году. см.
     ГАСАНОВ, Г. (1938, № 5 [69], 32-70).
САФАРГАЛИЕВ, М. "История Татарии в документах и материалах",
     Ленинград, 1937 (рецензия) (1938, № 3 [67], 103-105).
САФРОНОВ, Б. Т. М. Джонсон. Американская разведка во
     время мировой войны, Москва, 1938 (рецензия) (1938,
     № 6 [70], 187-189).
СВЕРЧКОВ, --. П. О. Горин. Чем же были Советы Рабочих
     Депутатов в 1905 г.? (прения) (№ 1, 1926, 201-235).
СВЕЧИН, А. Б. Горев. Чернышевский и революционные войны
     (прения) (№ 10, 1928, 178-196).
Северо-Кавказская историко-бытовая экспедиция Государствен-
     ного исторического музея (1936, № 6 [58], 254).
СЕГАЛЛ, Я. А. Д. Новичев. Очерки экономики Турции до миро-
     вой войны, Москва, 1937 (рецензия) (1937, № 5-6
     [63-64], 257-261).
-----. А. И. Шнеерсон. Финансовый капитал во Франции,
     Москва, 1937 (рецензия) (1938, № 4 [68], 178-180).
-----. "Мировые экономические кризисы". Т. III. И. Трах-
     тенберг. "Денежные кризисы (1821-1938)", Москва, 1939
     (рецензия) (1941, № 4 [92], 112-115).
-----. "Мировые экономические кризисы, 1848-1935". Т. I.,
     Москва, 1937 (рецензия) (1937, № 5-6 [63-64], 170-173).
-----. R. Lewinsohn. Les profits de guerre à travers les
     siècles, Paris, 1935 (рецензия) (1937, № 2 [60],
     178-180).
Секция истории империализма Института истории Комакадемии.
     Группа по изучению истории германской социал-демократии
     (№ 20, 1930, 195-198).
СЕЛИНСКАЯ, --. М. В. Нечкина. Постановка исторического
     семинара в исторических вузах (прения) (№ 9, 1928,
     115-133).
СЕМЕНОВ, В. В. М. Лавровский. Основные проблемы аграрной
     истории Англии конца XVIII и начала XIX веков, Москва,
     1935 (рецензия) (1937, № 1 [59], 176-178).
-----. "Древние германцы". Сборник документов, Москва,
     1937 (рецензия) (1937, № 5-6 [63-64], 224-226).
-----. Е. А. Косминский. Английская деревня в XIII веке,
     Москва, 1935 (рецензия) (1937, № 3 [61], 206-209).
-----. Е. А. Косминский, Д. М. Петрушевский. Английская
     деревня в XIII-XIV вв. и восстание Уота Тайлора, Москва,
     1935 (рецензия) (1937, № 1 [59], 175-176).
-----. К 250-летию английской "славной революции" 1688
     года (1688-1938) (1938, № 3 [67], 36-52).
-----. М. Корбут. Казанский государственный университет
     им. В. И. Ульянова-Ленина за 120 лет, 1804/05-1929/30
     гг. Т. I-II, Казань, 1930 (рецензия) (№ 20, 1930,
     192-194).
-----. Маркс и Энгельс и чартизм (1933, № 1 [29], 67-93).

-----. Н. П. Грацианский, С. Д. Сказкин. Хрестоматия по
    истории средних веков. Т. II. Ч. 1-я и 2-я, Москва,
    1938 (рецензия) (1938, № 4 [68], 168-170).
-----. Новая литература о Томасе Море (1936, № 2 [54],
    125-131).
-----. П. Щеголев. Очерки из истории Западной Европы XVI-
    XVII вв. Курс лекции, Ленинград, 1938 (рецензия)
    (1938, № 6 [70], 182-185).
СЕМЕНОВЫХ, Ф. "Международные отношения в эпоху империализма.
    Документы из архивов царского и Временного правитель-
    ства". 1878-1917 гг. Серия II. 1900-1913 гг. Т. XX.
    Ч. 1-я, Москва, 1939 (рецензия) (1940, № 11 [87],
    115-120).
СЕМЕНЫЧЕВ, И. Государственная Публичная Историческая библио-
    тека (1941, № 4 [92], 73-78).
Семитомное издание истории СССР (1939, № 3 [73], 213-215).
СЕРГЕЕВ, А. А. Об одной литературной подделке (дневник
    А. А. Вырубовой) (№ 8, 1928, 160-172).
СЕРГЕЕВ, В. Западная социология в период "высокого" и
    "организованного" капитализма (№ 12, 1929, 238-268).
-----. Кризис античного мира и христианская церковь (№ 6,
    1927, 227-236).
-----. Очерки по истории поздне-римской империи (1938,
    № 3 [67], 53-79).
-----. Очерки по истории поздне-римской империи (продолжение)
    Римская империя в последиоклетиановский период (1938,
    № 5 [69], 97-128).
-----. Эдуард Мейер (1855-1930) (№ 21, 1931, 104-114).
СЕРЕБРЯНСКИЙ, 3. Н. Лукин. О работе над учебником по новой
    истории (прения) (1935, № 4 [44], 87-107).
Сессии Отделения общественных наук и групп Академии наук
    СССР 25-28 апреля, 26-29 мая и 1-3 июля 1938 г. (1938,
    № 4 [68], 200-204).
Сессии Отделения общественных наук и групп ООН Академии наук
    СССР (1938, № 3 [67], 152-156).
Сессия Института истории Комакадемии (1933, № 2 [30], 188-
    189).
Сессия Института истории Коммунистической академии при ЦИК
    СССР, посвященная 30-летию буржуазно-демократической
    революции 1905 года (1935, № 12 [52], 153).
Сессия ООН Академии наук СССР, посвященная 15-летию со дня
    смерти В. И. Ленина, 25-26 января 1939 г. (1939, № 2
    [72], 197).
Сессия Отделения истории и философии Академии наук СССР 26-
    27 марта 1939 г. (1939, № 3 [73], 210-211).
Сессия Отделения истории и философии АН 25-27 июня 1939 г.,
    посвященная 150-летию Французской революции XVIII века
    (1939, № 4 [74], 190-191).
Сессия Отделения истории и философии АН СССР 22-23 декабря
    1939 г., посвященная 60-летию со дня рождения товарища
    И. В. Сталина (1940, № 3 [79], 153).

Сессия отделения истории и философии Академии наук СССР
    26-27 февраля 1940 года (1940, № 4-5 [80-81], 150).
Сессия отделения истории и философии АН СССР 26-27 марта
    1940 г. (доклады М. Артамонова и Н. Державина о слав-
    янстве и доклад И. И. Минца о втором томе учебника по
    истории СССР для вузов) (1940, № 6 [82], 136-142).
СЕФ, С. "Буржуазия накануне февральской революции". Сбор-
    ник документов и материалов. Сост. Б. Граве, Москва,
    1927 (рецензия) (№ 7, 1928, 294-295).
-----. Е. Драбкина. Грузинская контрреволюция, Ленинград,
    1928 (рецензия) (№ 11, 1929, 207-211).
-----. Из истории борьбы за национализацию нефтяной про-
    мышленности (№ 18-19, 1930, 29-62).
-----. С. М. Дубровский. Крестьянство в 1905 г. (прения)
    (№ 1, 1926, 256-279).
СИВКОВ, К. "Источниковедение истории СССР". Т. I. С
    древнейших времен до конца XVIII в. М. Н. Тихомиров,
    Москва, 1940 (рецензия) (1941, № 5 [93], 118-120).
-----. "Источниковедение истории СССР". Т. II, XIX век
    (до начала 90-х гг.) С. А.Никитин, Москва, 1940
    (1941, № 5 [93], 118-120).
-----. "Колониальная политика российского царизма в Азер-
    байджане в 20-60-х гг. XIX века", Ч. 1, Москва, 1936
    (рецензия) (1937, № 3 [61], 187-190).
-----. "Красный архив" за 1935-1937 годы. см. МОРОХОВЕЦ,
    Е. (1937, № 5-6 [63-64], 174-180).
-----. О публикации материалов по XVIII веку истории СССР
    (1937, № 4 [62], 227-228).
-----. "Хрестоматия по истории СССР". Т. I, Москва, 1937
    (рецензия) (1938, № 1 [65], 137-138).
СИДОРОВ, А. А. Е. Бадаев. Большевики в Государственной
    думе, Москва, 1937 (рецензия) (1938, № 1 [65], 147-
    148).
-----. А. М. Большаков, Н. А. Рожков. История хозяйства
    России в материалах и документах. Вып. III, Москва,
    1926 (рецензия) (№ 4, 1927, 244-245).
-----. А. Маниковский. Боевое снабжение русской армии в
    мировую войну, Москва, 1937 (рецензия) (1939, № 4
    [74], 153-156).
-----. А. П. Щапов. Собрание сочинений. Дополнительный
    том, Иркутск, 1937 (рецензия) (1937, № 5-6 [63-64],
    218-220).
-----. "Военно-исторический журнал" № 1 за 1939 г. (рецен-
    зия) (1939, № 4 [74], 170-172).
-----. И. И. Литвинов. Экономические последствия столыпин-
    ского аграрного законодательства, n.p., n.d. (рецензия)
    (№ 11, 1929, 204-207).
-----. И. Ф. Гиндин. Банки и промышленность в России;
    к вопросу о финансовам капитале в России (№ 6, 1927,
    283-286).

-----. Исторические взгляды Н. А. Рожкова. К выходу нов. изд. "Рус. Истории" (№ 13, 1929, 184-220).

-----. К. В. Базилевич, С. В. Бахрушин и др. История СССР, Москва, 1940 (рецензия) см. РУБИНШТЕЙН, Н. (1941, № 3 [91], 115-121).

-----. Ленин и Сталин о русском самодержавии (доклад) (1940, № 6 [82], 63-68).

-----. Н. Ванаг и С. Томсинский. Экономическое развитие России, т.т. I и II, Москва, 1928 (рецензия) (№ 8, 1928, 220-222).

-----. Начало первой буржуазно-демократической революции в России (1940, № 2 [78], 20-36).

-----. Ошибки М. Н. Покровского в оценке русско-японской войны 1904-1905 годов (1937, № 3 [61], 99-125).

-----. "Петроградский пролетариат и большевистская организация в годы империалистической войны 1914-1917", Ленинград, n.d. (рецензия) (1940, № 6 [82], 116-119).

-----. Почему игнорируются директивы партии и правительства? см. ШАРОВА, П. (1939, № 1 [71], 146-150).

-----. "Протоколы съездов и конференций Всесоюзной коммунистической партии(б). Третий съезд РСДРП", Москва, 1937 (рецензия) (1937, № 3 [61], 197-200).

-----. С. И. Мицкевич. На грани двух эпох, Ленинград, 1937 (рецензия) (1938, № 3 [67], 107-110).

-----., КУДРЯВЦЕВ, И. Крупное событие на историческом фронте. "История СССР. Т. I. С древнейших времен до конца XVIII в.". Под ред. В. И. Лебедев и др., Москва, 1939 (рецензия) (1940, № 4-5 [80-81], 100-107).

СИДОРОВ, К. В. И. Невский. История ВКП(б) как наука (прения) (№ 12, 1929, 300-333).

СИЛОНЭ, И. Конец историка-позитивиста (№ 20, 1930, 174-178).

СИМОНОВ, С. А. А. Новосельский. Вотчинник и его хозяйство в XVII веке, Москва, 1929 (рецензия) (№ 13, 1929, 246-248).

СИРОТИНСКИЙ, С. М. В. Фрунзе в сибирской ссылке (1941, № 2 [90], 60-65).

Систематический указатель статей за 1935 год (1935, № 12 [52], 156-158).

Систематический указатель статей за 1936 г. (1936, № 6 [58], 263-268).

Систематический указатель статей за 1937 год (1937, № 5-6 [63-64], 280-284).

Систематический указатель за 1938 год (1938, № 6 [70], 202-205).

Систематический указатель за 1939 год (1939, № 5-6 [75-76], 282-283).

Систематический указатель за 1940 г. (1940, № 12 [88], 154-158).

СКАБЫШ, --. П. О. Горин. Чем же были Советы Рабочих Депутатов в 1905 г.? (прения) (№ 1, 1926, 201-235).

СКАЗКИН, С. Д. В. Невлер (Вилин). К истории воссоеди-
    нения Италии, Москва, 1936 (рецензия) (1936, № 3
    [55], 177-178).
-----. Диференциация крестьянства во Франции накануне
    революции 1789 года (1936, № 2 [54], 22-43).
-----. К. Маркс. Хронологические выписки. Тетрадь II,
    приблизительно с 1300 по 1470 гг. "Архив Маркса и
    Энгельса", Т. VI, Москва, 1939 (рецензия) (1939,
    № 5-6 [75-76], 240-243).
-----. Кавур и воссоединение Италии (1935, № 5-6 [45-46],
    88-116).
-----. Маркс и Энгельс о западно-европейском абсолютизме
    (доклад) (1940, № 6 [82], 63-68).
-----. F. Lütge. Die Mitteldeutsche Grundherrschaft,
    Jena, 1934 (рецензия) (1935, № 8-9 [48-49], 228-232).
-----. M. Göring. Die Feudalität in Frankreich vor und in
    der Grossen Revolution ("Historische Studien", H. 247)
    Berlin, 1934 (рецензия) (1936, № 5 [57], 169-170).
СКУБИЦКИЙ, Т. Классовая борьба в украинской исторической
    литературе (№ 17, 1930, 27-40).
-----. М. Яворский. История Украины в сжатом очерке, Киев,
    1929 (рецензия) (№ 12, 1929, 282-285).
СЛУЦКИЙ, А. Г. А. Н. Жилинская. К вопросам методологии
    и методики обществоведения. Вып. I, Ленинград, 1928
    (рецензия) (№ 10, 1928, 257-261).
-----. Г. Зиновьев. История германской социал-демократии.
    ("Большая Советская Энциклопедия", Т. XVI, Москва,
    1929) (прения) (№ 18-19, 1930, 97-103).
-----. Методика постановки учебников по историческим дисци-
    плинам (№ 9, 1928, 115-133).
-----. Новая книга по истории империализма. "Книга для
    чтения по истории нового и новейшего времени", Т. III,
    n.p., n.d. (рецензия) (№ 15, 1930, 144-152).
-----. О проблеме учебника (№ 12, 1929, 300-333).
СЛЮСАРЕНКО, Г. "Лiтопiсь революцii" (рецензия) см.
    Бригада ИКП истории (1932, № 3 [25], 135-141).
СМИРИН, М. Немецкий гуманизм (1941, № 3 [91], 94-105).
-----. "Хронологические выписки" Карла Маркса. ("Архив Маркса
    и Энгельса" Т. VII) Москва, 1940 (рецензия) (1940,
    № 12 [88], 79-87).
СМИРНОВ, --. П. О. Горин. Чем же были Советы Рабочих Депу-
    татов в 1905 г.? (прения) (№ 1, 1926, 201-235).
СМИРНОВ, Н. Б. Я. Владимирцов. Общественный строй монголов,
    Ленинград, 1934 (рецензия) (1935, № 4 [44], 123-126).
-----. О феодализме у кочевых народов. Н. Н. Козьмин. К
    вопросу о турецко-монгольском феодализме, Москва, 1934
    (рецензия) (1935, № 2-3 [42-43], 140-143).
Совещание в Отделении общественных наук Академии наук СССР
    об учебниках истории (1938, № 5 [69], 231-233).
Совещание в редакции "Историка-марксиста" (1939, № 2 [72],
    200-201).

Совещание исторических факультетов и исторических институтов
   (1935, № 5-6 [45-46]), 167-173).
Совещание о работе над I, II и III томами пятитомника по
   истории СССР (1938, № 3 [67], 162-166).
Совещание по византиноведению (1939, № 2 [72], 199).
Совещание по вопросам этногенеза в Институте истории АН
   СССР (1938, № 6 [70], 201).
СОКОЛЬНИКОВ, Г. "Протоколы съездов и конференций ВКП(б)".
   Седьмой съезд, Москва, 1928 (рецензия) (№ 12, 1929,
   294-295).
СОЛЬЦ, И. А. Ефимов. Концепция экономических формаций у
   Маркса и Энгельса и их взгляды на структуру восточных
   обществ (прения) (№ 16, 1930, 104-161).
СОМИН, Н. Отчет об обсуждении 2-й части учебника для вузов
   по "Новой истории" в Московском ордена Ленина государст-
   венном университете имени М. В. Ломоносова (1940,
   № 8 [84], 118-125).
Сообщение Центральной избирательной комиссии о количестве
   избирателей, голосовавших за кандидатов блока коммунистов и беспартийных на выборах в Верховный Совет СССР
   12 декабря 1937 года (1937, № 5-6 [63-64], 7-8).
40-летие со дня смерти Ф. Энгельса (1935, № 8-9 [48-49],
   236-237).
СПЕРАНСКИЙ, А. К вопросу о сущности и характере псковского
   восстания 1650 года (1936, № 5 [57], 124-138).
-----. Казенные железные "рудни" в Смоленском уезде во
   второй половине XVII века. см. Казенные железные
   "рудни" в Смоленском уезде во второй половине XVII в.
   (1935, № 1 [41], 60-81).
-----. "Крестьянские национальные движения накануне обра-
   зования Российской империи. Булавинское восстание,
   1707-08 гг." ("Трубы Историко-археографического института АН СССР) Москва, 1935 (рецензия) (1935, № 11
   [51], 119-120).
СПИРОВА, А. Центральный архив революции (1936, № 5 [57],
   193-194).
СПИС, Ю. Борьба с люксембургианством в Коммунистической
   партии Польши в 1918-1924 гг. (1935, № 5-6 [45-46],
   117-130).
СТАЛИН, И. В. Доклад председателя Редакционной комиссии
   Чрезвычайного VIII Съезда Советов Союза ССР товарища
   Сталина, И. В. 5 ноября 1936 г. (1936, № 6 [58], 26-27).
-----. Заключительное слово товарища Сталина на Пленуме
   ЦК ВКП(б) 5 марта 1937 г. (1937, № 2 [60], 19-28).
-----. Как понимает социал-демократия национальный вопрос?
   (1940, № 2 [78], 3-13).
-----. Класс пролетариев и партия пролетариев (По поводу
   первого пункта устава партии) (1940, № 2 [78], 14-19).
-----. О недостатках партийной работы и о мерах ликвидации
   троцкистских и иных двурушников. Доклад товарища Сталина
   на Пленуме ЦК ВКП(б) 3 марта 1937 года (1937, № 2 [60],
   3-18).

-----. О проекте Конституции Союза ССР. Доклад на Чрезвычайном VIII Всесоюзном Съезде Советов 25 ноября 1936 г. (1936, № 6 [58], 5-25).

-----. Об учебнике истории ВКП(б). Письмо составителям учебника истории ВКП(б) (1937, № 2 [60], 29-31).

-----. Отчетный доклад на XVIII съезде партии о работе ЦК ВКП(б) (1939, № 2 [72], 3-35).

-----. Речь товарища И. В. Сталина на предвыборном собрании избирателей Сталинского избирательного округа гор. Москвы 11 декабря 1937 года в Большом театре (1937, № 5-6 [63-64], 3-6).

-----, ЖДАНОВ, А., КИРОВ, С. Замечания о конспекте учебника "Новой истории" (1936, № 1 [53], 7-8).

-----. Замечания по поводу конспекта учебника по "Истории СССР" (1936, № 1 [53], 5-6).

-----, МОЛОТОВ, В., КАГАНОВИЧ, Л. и др. **Памяти** товарища Орджоникидзе (1937, № 1 [59], 5).

Сталинская Конституция--великая хартия победившего социализма (1936, № 4 [56], 32-38).

СТАЛЬНЫЙ, В. Попытки англо-германского сближения в 1898-1901 гг. (№ 10, 1928, 89-120).

СТАРИКОВ, Н. В. Энгельс об истории (библиография) (1940, № 10 [86], 122-138).

СТАРИЦЫНА, П. Р. Кабо. Очерки истории и экономики Тувы. Ч. 1-я. Дореволюционная Тува, Москва, 1934 (рецензия) (1935, № 11 [51], 117-118).

СТАРОСЕЛЬСКАЯ, Н. Извращения в преподавании истории колониальных и зависимых стран (1938, № 4 [68], 75-84).

СТАРОСЕЛЬСКАЯ, О. А. Р. Тюрго. Избранные философские произведения, Москва, 1937 (рецензия) (1938, № 3 [67], 121-123).

-----. К истории науки в эпоху Французской буржуазной революции 1789-1794 годов (Развитие физико-математических и естественных наук) (1939, № 3 [73], 109-135).

-----. Научные общества и учреждения (1936, № 5 [57], 203).

-----. Некролог (1936, № 5 [57], 205).

-----. Новинки исторической литературы (1936, № 5 [57], 203-205).

-----. Фашизация исторической науки в Германии (1936, № 5 [57], 202-203).

-----. A. Latzko. Le général Lafayette, 5. éd., Paris, 1935 (рецензия) (1936, № 6 [58], 218-220).

-----. A. Mathiez. Les doctrines politiques des physiocrates. ("Annales historiques de la Révolution française", mai-juin, 1935) (рецензия) (1936, № 6 [58], 241-242).

-----. A. Söderhjelm. Marie-Antoinette et Barnave; Correspondance secrète (juillet 1791-janvier 1792), Paris, 1934 (рецензия) (1936, № 5 [57], 170-172).

-----. "Bibliographie critique des principaux travaux parus
sur l'histoire de 1600 à 1914 en 1932 et 1933", Paris,
1935 (рецензия) (1935, № 7 [47], 124-125).

-----. E. Albert-Clément. La vraie figure de Charlotte
Corday, Paris, 1935 (рецензия) (1936, № 6 [58], 218-
220).

-----. E. Coulter, M. Gerstenfeld. Historical Bibliographies.
A systematic and annotated guide, Berkeley, 1935
(рецензия) (1937, № 1 [59], 187-188).

-----. G. Berzero. Le idee politiche di Giuseppe Parini.
("Nuova rivista storica", Genn.-Febr., 1935, fasc. 1)
(рецензия) (1936, № 6 [58], 241).

-----. G. E. Fussel. The First 18-th Century English Book
on Cattle. ("The Journal of the Ministry of Agriculture", Vol. XLII, Nr. 12, March, 1936) (рецензия)
(1936, № 6 [58], 240-241).

-----. G. J. Renier. Ph. Robespierre, Edinburgh, 1936
(рецензия) (1936, № 5 [57], 187).

-----. G. Lacour-Gayet. Talleyrand (1754-1838). T. IV,
Paris, 1934 (рецензия) (1936, № 4 [56], 133-136).

-----. I. H. Reed. The European hard-paste porcelain manufacture of the eighteenth Century ("Journal of Modern
History", Sept. 1936) (рецензия) (1937, № 1 [59],
185-186).

-----. "International bibliography of historical sciences",
1928, 1929, 1932, Washington, D. C., 1933-34 (рецензия)
(1934, № 6 [40], 96-100).

-----. J.-J. Chevallier. Barnave ou les deux faces de la
Révolution 1761-1793, Paris, 1936 (рецензия) (1936,
№ 6 [58], 218-220).

-----. M. Jaryc. A propos de quelques bibliographies historiques récentes ("Revue d'histoire moderne", mai-
août, 1936) (рецензия) (1936, № 6 [58], 244-245).

-----. "Napoléon. Lettres (inédites) à Marie-Louise pendant
la campagne de Russie". ("La Revue de France", Mar. 1,
1935 (рецензия) (1936, № 5 [57], 187-188).

-----, ДЕНИСОВА, Е. Ph. Sagnac, J. Robiquet. La révolution
de 1789. T. I-II, Paris, 1934 (рецензия) (1935, № 10
[50], 152-154).

СТАРОСЕЛЬЦЕВ, Н. Е. Жуков. История Японии, Москва, 1939
(рецензия) (1939, № 5-6 [75-76], 266-269).

СТЕГАРЬ, С. Научная работа исторического факультета Московского государственного педагогического института (1941,
№ 2 [90], 149-152).

СТЕКЛОВ, Ю. М. Бакунин и подготовка нечаевского дела (№ 2,
1926, 44-83).

-----. М. Н. Покровский. Чернышевский как историк (прения)
(№ 8, 1928, 129-152).

-----. Чернышевский и его политические воззрения (№ 8,
1928, 129-152).

СТЕЛЛЕЦКИЙ, И. А. Смирнов, Н. Милонов. Краткое руководство
    по археологии, Москва, 1939 (рецензия) (1940, № 9
    [85], 135-138).
СТЕПАНОВ, Н. М. Цвибак. Рожков--историк, Ташкент, 1927
    (рецензия) (№ 9, 1928, 183-187).
СТЕПАНОВА, Е. "Воспоминания о Марксе", Москва, 1940
    (рецензия) (1941, № 2 [90], 118-122).
-----. Фридрих Энгельс (краткая биография) (1940, № 10
    [86], 14-53).
СТОКЛИЦКАЯ-ТЕРЕШКОВИЧ, В. В. Б. Ф. Поршнев. Абсолютная
    монархия и народ (прения) (1940, № 6 [82], 63-68).
-----. В. Циммерман. История крестьянской войны в Германии.
    Перевод с немецкого. Т. I-II, Москва, 1937 (рецензия)
    (1937, № 5-6 [63-64], 226-231).
-----. О деятельности Томаса Мюнцера как вождя мюльгаузен-
    ского плебса во время крестьянской войны в Германии
    (1938, № 6 [70], 195-199).
-----. Обзор записей из жизни безработных. "Case studies
    of unemployment", Philadelphia, 1931 (рецензия) (1933,
    № 5 [33], 160-163).
-----. C. Calkins. Some folks won't work, New York, 1931
    (рецензия) (1933, № 5 [33], 160-163).
-----. H. Pirenne. Les villes du moyen âge, Bruxelles,
    1927 (рецензия) (№ 14, 1929, 199-201).
-----. P. Champion. La vie de Paris au moyen âge. Splen-
    deur et misère de Paris (XIV-XV siècles), Paris, 1934
    (рецензия) (1937, № 3 [61], 209-210).
-----. "Pamietniki bezrobotnych", Warszawa, 1933 (рецензия)
    (1933, № 5 [33], 160-163).
СТОПАЛОВ, Г. "Группа Освобождение Труда" (из архивов Г. В.
    Плеханова, В. И. Засулича и Л. Г. Дейча)". Под. ред.
    Л. Г. Дейча. Сборник Nr. 5, Москва, 1926 (рецензия)
    (№ 3, 1927, 235-236).
СТРУМИЛИН, С. В. Геннин. Описание уральских и сибирских
    заводов 1735 года, Москва, 1937 (рецензия) (1938,
    № 1 [65], 143-145).
-----. В. Г. Тан-Богораз. Разложение коммунистического
    строя у американских эскимосов (прения) (1935, № 12
    [52], 147-149).
-----. М. Туган-Варановский. Русская фабрика в прошлом и
    настоящем. Т. I. Историческое развитие русской фабрики
    в XIX веке, 7-е изд., Москва, 1938 (рецензия) (1938,
    № 4 [68], 156-159).
-----. П. Г. Любомиров. Очерки по истории металлургической
    и металлобрабатывающей промышленности в России, XVII,
    XVIII и начало XIX в., Ленинград, 1937 (рецензия)
    (1938, № 1 [65], 143-145).
-----. --. Розенберг. Мюнстерская коммуна 1534-35 (прения)
    (1935, № 12 [52], 147-149).

-----. С. Левидова. История Онежского завода. Вып. I.
    Завод в крепостную эпоху, Петрозаводск, 1938 (рецен-
    зия) (1938, № 6 [70], 177-178).
СУРОВЦЕВА, Н. "Сталин и Хашим", Сухум, 1934 (рецензия)
    (1935, № 5-6 [45-46], 176-177).
СУСЛИН, М. Московский историко-философский и литературный
    институт (1935, № 7 [47], 130-132).
Схема пятитомника по истории СССР (1938, № 1 [65], 174-204).
СЫРОЕЧКОВСКИЙ, Б. Е. С. Дмитриев. Славянофилы и славяно-
    фильство (прения) (1941, № 1 [89], 97-100).
СЫРОМЯТНИКОВА, М. О научно-публикаторской работе в Централь-
    ном архиве революции Главного архивного управления
    НКВД СССР в 1939 году (1940, № 7 [83], 154-155).

T

T. Четвертое совещание Истпартотделов при ЦК ВКП(б) (№ 3,
    1927, 246-248).
Т., В. Выставка персидского искусства (1934, № 6 [40],
    103-104).
-----. "Шахнамэ" Фердоуси как исторический источник (1935,
    № 2-3 [42-43], 122-129).
ТАЛЕНСКИЙ, Н. Р. Турнэс. Фош и победа союзников 1918 г.,
    Москва, 1938 (рецензия) (1939, № 2 [72], 177-179).
ТАН-БОГОРАЗ, В. Г. Разложение коммунистического строя у
    американских эскимосов (1935, № 12 [52], 147-149).
ТАРАСОВ, А. Контрреволюционная авантюра татарской буржуазии
    (1918 год) (1940, № 7 [83], 93-100).
ТАРАСОВ, Н. В Государственной академии истории материальной
    культуры (1936, № 2 [54], 173).
-----. Историческая топография Москвы на трассе метро
    (1935, № 8-9 [48-49], 153-177).
-----. Новые данные о старой Москве (1934, № 5 [39], 123-
    126).
-----, АРЦИХОВСКИЙ, А. История и археология на службе
    Метростроя (1934, № 3 [37], 140-142).
ТАРДОВ, В. Г. Из истории землевладения и земельной ренты
    в Иране (1937, № 3 [61], 62-84).
-----. О происхождении племенного названия арийцев (1934,
    № 5 [39], 18-32).
ТАРЛЕ, Е. В. Бегство Вильгельма II (№ 4, 1927, 62-72).
-----. "Восточное пространство" и фашистская геополитика
    (1938, № 2 [66], 89-105).
-----. К вопросу о начале войны (№ 9, 1928, 101-107).
-----. Как пишется теперь история Испании? (1939, № 1 [71],
    165-170).

-----. Новые показания о мировой империалистической войне
(1938, № 2 [66], 120-125).

-----. О буржуазной демократии и новой Конституции СССР
(1937, № 1 [59], 125-138).

-----. Прериальское восстание 1795 г. (1936, № 4 [56],
53-97).

-----. Р. Пуанкаре. 1914-1915. Воспоминания, Москва,
1936 (рецензия) (1936, № 4 [56], 139-141).

-----. F. Challaye. Souvenirs sur la colonisation, Paris,
1935 (рецензия) (1936, № 3 [55], 181-182).

-----. F. Delaisi. La Banque de France aux mains des 200
familles, Paris, 1936 (рецензия) (1936, № 5 [57],
173-174).

-----. H. W. V. Temperley. England and the Near East.
Crimea, London, 1936 (рецензия) (1937, № 3 [61], 190-
192).

-----. R. Morandi. Storia della grande industria in Italia,
Bari?, 1931? (рецензия) (1936, № 2 [54], 164).

ТАТАРОВ, И. А. Пионтковский. Великорусская буржуазная
историография последнего десятилетия (прения) (№ 18-
19, 1930, 172-176).

-----. "Летопись занятий Археографической комиссии за
1927/28 г. Вып. XXXV, Ленинград, 1929 (рецензия)
(№ 13, 1929, 241-244).

-----. "Народная воля" (№ 15, 1930, 86-143).

-----. Письма в редакцию (№ 21, 1931, 140-142).

-----. Правооппортунистическая апология "Народной Воли"
(№ 18-19, 1930, 185-200).

-----. С. М. Дубровский. К вопросу о сущности "азиатского"
способа производства, феодализма, крепостничества и
торгового капитала (прения) (№ 16, 1930, 104-161).

ТЕОДОРОВИЧ, И. "Народная воля" (№ 15, 1930, 86-143).

ТИПЕЕВ, Ш. Национально-освободительное движение в Башкирии
в 70-80-х годах XIX века (1939, № 5-6 [75-76], 192-
211).

-----. С. Дмитриев. Славянофилы и славянофильство (прения)
(1941, № 1 [89], 97-100).

ТИХОМИРОВ, Б. А. Н. Сперанский. Очерки по истории Приказа
каменных дел Московского государства, Москва, 1930
(рецензия) (№ 22, 1931, 178-181).

-----. К вопросу о генезисе и характере иммунитета в Феодальной Руси (1936, № 3 [55], 3-25).

-----. "Крепостная мануфактура в России". Материалы по
истории экономического развития России. Под ред. М. Н.
Покровского, чч. I и II, Ленинград, 1930-31 (рецензия)
(1932, № 3 [25], 186-189).

-----. Проблема "вторичного закрепощения" и крестьянский
выход (1932, № 3 [25], 118-134).

-----. "Хозяйство крупного феодала-крепостника XVII в.";
     материалы по истории феодально-крепостного хозяйства,
     вып. I, Ленинград, 1933 (рецензия) (1933, № 6 [34],
     143-145).
ТИХОМИРОВ, М. Б. Д. Греков. Киевская Русь. Изд. 3, Москва,
     1939 (рецензия) (1940, № 2 [78], 147-150).
-----. Василий Никитич Татищев (1940, № 6 [82], 43-56).
-----. Издевка над историей (О сценарии "Русь") (1938,
     № 3 [67], 93-96).
-----. "Материалы для терминологического словаря древней
     России", Москва, 1937 (рецензия) (1938, № 3 [67],
     97-98).
-----. "Новгородский исторический сборник". Вып. III-IV,
     Новгород, 1938 (рецензия) (1939, № 4 [74], 163-164).
-----. Русская Правда (к 200-летию открытия памятника)
     (1938, № 5 [69], 138-155).
-----. С. В. Юшков. Очерки по истории феодализма в Киев-
     ской Руси, Москва, 1939 (рецензия) (1940, № 7 [83],
     135-137).
ТЛЮНЯЕВ, Н., ИВАНОВ, А. А. Авторханов. Революция и контр-
     революция в Чечне, Грозный, 1933 (рецензия) (1934,
     № 2 [36], 132-135).
Товарищу Григорию Константиновичу Орджоникидзе (1936, № 5
     [57], 5).
ТОКАРЕВ, С. А. П. Окладников. Очерки из истории западных
     бурят-монголов (XVII-XVIII вв.), Ленинград, 1937
     (рецензия) (1938, № 3 [67], 98-103).
-----. "Колониальная политика Московского государства в
     Якутии XVII в.", Ленинград, 1936 (рецензия) (1936,
     № 3 [55], 160-162).
ТОКИН, Н. К вопросу о производственных отношениях докласссов-
     ого общества (1934, № 1 [35], 189-209).
-----. Н. М. Никольский. История доклассового общества.
     Древный Восток. Античный мир; учебник для средней
     школы. 5-й год обучения, Москва, 1933 (рецензия)
     (1933, № 5 [33], 145-147).
ТОЛМАЧЕВ, Г. Г. Зиновчев. История германской социал-демо-
     кратии. ("Большая Советская Энциклопедия", Т. XVI,
     Москва, 1929) (прения) (№ 18-19, 1930, 113-117).
-----. За партийную критику. см. МИЛЬШТЕЙН, Е. (№ 22,
     1931, 181-183).
ТОЛСТИХИНА, А. Краткая библиографическая справка о В. М.
     Молотове. см. ФЕДОРОВ, Л. (1940, № 3 [79], 145-150).
-----. О работе вечернего Института красной профессуры
     истории (1935, № 7 [47], 134-135).
ТОЛСТОВ, С. О методах вредительства в археологии и этно-
     графии. см. АРЦИХОВСКИЙ, А. (1937, № 2 [60], 78-91).
ТОМАРА, М. М. Ковалевский. Очерк происхождения и развития
     семьи и собственности, Москва, 1939 (рецензия) (1940,
     № 6 [82], 120-121).

ТОМИЛОВА, В. О рукописях научной библиотеки Томского государственного университета имени В. В. Куйбышева (1941, № 6 [94], 155-157).

ТОМСИНСКИЙ, С. Г. Значение реформ Петра I (1936, № 2 [54], 9-21).

-----. "Матэрыялы да гісторыі мануфактуры на Беларусі у часы разложэния феодализма". II. 1793-1861, Минск, 1935 (рецензия) (1936, № 2 [54], 140-141).

-----. Н. Янчевский. Колониальная политика на Дону торгового капитала Московского государства в XVI-XVII вв., Ростов н/Д, 1930 (рецензия) (№ 18-19, 1930, 221-225).

-----. О работе историко-археографического института Академии наук СССР (1932, № 4-5 [26-27], 351-355).

-----. О характере пугачевщины (№ 6, 1927, 48-78).

-----. Октябрь в белогвардейском освещении (№ 5, 1927, 184-190).

-----. "Петровские реформы" (1933, № 4 [32], 53-80).

ТОНКОВА, Р. A. Martin, G. Walter. Catalogue de l'histoire de la révolution française. T. I. Ecrits de la période révolutionnaire. Abassal-Debry, Paris, 1936 (рецензия) (1937, № 5-6 [63-64], 246-248).

ТОРДАЙ, Л. Распад Австрии (№ 6, 1927, 253-259).

Торжественное заседание Академии наук СССР 25 мая 1938 г. (1938, № 4 [68], 200).

Торжество ленинизма (1939, № 1 [71], 4-22).

ТРАХТЕНБЕРГ, О. А. Ефимов. Концепция экономических формаций у Маркса и Энгельса и их взгляды на структуру восточных обществ (прения) (№ 16, 1930, 104-161).

ТРЕСКИНА, А. Китай в период 1918-1940 гг. (Основная литература) см. ПОПЛАВСКАЯ, Е. (1941, № 5 [93], 135-147).

Три документа Э. Варлена. Предисловие Е. Окуловой (1935, № 4 [44], 69-76).

ТРОЦКИЙ, И. Из эмигрантских журналов (№ 11, 1929, 270-275).

-----. Н. Г. Чернышевский. Литературное наследие, Т. II. Письма. Под ред. Н. А. Алексеева и А. П. Скафтымова, Москва, 1928 (рецензия) (№ 12, 1929, 287-290).

-----. Обзор статей по русской истории в издании Академии Наук СССР (№ 5, 1927, 220-224).

-----. Основные вопросы древней русской истории в литературе последних дней (№ 8, 1928, 182-191).

-----. П. Смірнов. Вольжский шлях і стародавні руси; нариси з руської історії VI-IX вв., Кіев, 1928 (рецензия) (№ 10, 1928, 244-246).

-----. G. Laehr. Die Anfänge des russischen Reiches. Politische Geschichte im 9. und 10. Jahrhundert, Berlin, 1930 (рецензия) (№ 16, 1930, 185-186).

ТЮМЕНЕВ, А. Индивидуализирующий и генерализирующий методы в исторической науке (№ 12, 1929, 153-184).

ТЮРЯКУЛОВ, Н. Л. Климович. Ислам в царской России, Москва, 1936 (рецензия) (1936, № 6 [58], 205-207).

У

У., М. Историческая секция Научно-Исслед. Ассоциации Сталинского Комвуза (№ 4, 1927, 278-279).

УДАЛЬЦОВ, А. Д. Б. Ф. Поршнев. Абсолютная монархия и народ (прения) (1940, № 6 [82], 63-68).

-----. Д. М. Петрушевский. Очерки из экономической истории средневековой Европы, Москва, 1928 (прения) (№ 8, 1928, 79-128).

-----. К публикации первой тетради "Хронологических выписок" К. Маркса (Архив Маркса и Энгельса, Т. V, 1938) (1939, № 3 [73], 142-146).

-----. Марксистское понимание социологии (Дискуссия) (№ 12, 1929, 189-213).

-----. С. Д. Сказкин. Маркс и Энгельс о западноевропейском самодержавии (прения) (1940, № 6 [82], 63-68).

-----. С. М. Дубровский. К вопросу о сущности "азиатского" способа производства, феодализма, крепостничества и торгового капитала (прения) (№ 16, 1930, 104-161).

-----. Ц. Фридлянд. 9 термидора (прения) (№ 7, 1928, 158-206).

Указатель исторической литературы вышедших в январе-июне 1926 г. в Америке, Англии, Германии, СССР и Франции (№ 4, 1927, 280-287).

Указатель исторической литературы (продолжение) вышедших в январе-декабре 1926 г. в Англии, Германии, САСШ, СССР и Франции (№ 6, 1927, 304-319).

Указатель книг по истории, вышедших в январе-июне 1926 г. в Англии, Германии, САСШ, СССР и Франции (продолжение) (№ 5, 1927, 285-302).

Указатель книг по истории, вышедших в Англии, Германии, САСШ, СССР и Франции за июль-декабрь 1926 г. (продолжение) (№ 8, 1928, 248-260).

Указатель книг по истории, вышедших в Англии, Германии, САСШ, СССР и Франции за июль-декабрь 1926 г. (продолжение) (№ 9, 1928, 232-250).

Указатель статей и материалов, помещенных в журнале "Историк-марксист" за 1934 г. (1934, № 6 [40], 109-112).

Уничтожение последних остатков исторической науки в Фашистской Германии (1937, № 2 [60], 201).

УРСЫНОВИЧ, С. Л. S. Bergman. Vulkane, Bären und Nomaden; Reisen und Erlebnisse im wilden Kamtschatka, Stuttgart, 1926 (рецензия) (№ 2, 1926, 288-289).

УСТЮГОВ, Н. "Известия Казахского филиала Академии наук СССР". Серия историческая. Вып. I, Алма-Ата, 1940 (рецензия) (1941, № 4 [92], 136-138).

-----. "Материалы по истории Башкирской АССР. Ч. I. Башкирские восстания в XVII и первой половине XVIII в.", Москва, 1936 (рецензия) (1938, № 1 [65], 145-147).

-----. "Прошлое Казахстана в источниках и материалах". Сборник I. (V в. до нашей эры-XVIII в. нашей эры.), Алма-Ата, 1935 (рецензия) (1936, № 6 [58], 201-205).

УТЕВСКИЙ, М. А. Ольшевский. Марат. ("Жизнь замечательных людей"), Москва, 1938 (рецензия) (1939, № 3 [73], 149-152).

Ф

Ф., Ь. Ф. Т. Аленин. Советы в германской революции, Москва, 1934 (рецензия) (1934, № 6 [40], 91-92).

Ф., И. "Н. А. Добролюбов. Сто лет со дня рождения, 1836-1936". Памятник, Ленинград, 1936 (рецензия) (1936, № 2 [54], 147).

ФАЙЗУЛЛА-ХОДЖАЕВ. О младо-бухарцах (№ 1, 1926, 123-141).

ФАЙНГАР, И. А. А. Могилевич, М. Айрапетян. На путях к мировой войне 1914-1918 гг., Москва, 1940 (рецензия) (1940, № 7 [83], 148-150).

Фашизация исторической науки в Германии (1936, № 2 [54], 178-180; 1936, № 3 [55], 198-199; 1936, № 4 [56], 166-168; 1936, № 6 [58], 256-257).

ФЕДОРОВ, Г. Отдел истории в Якутском республиканском музее имени Емельяна Ярославского (1941, № 5 [93], 155-157).

ФЕДОРОВ, Л., ТОЛСТИХИНА, А. Краткая библиографическая справка о В. М. Молотове (в связи с 50-летием со дня рождения) (1940, № 3 [79], 145-150).

ФЕДОРЧЕНКО, Л. С. (Н. ЧАРОВ). Ф. Кон. Под знаменем революции (Воспоминания), Харьков, 1926 (рецензия) (№ 1, 1926, 311-312).

-----. "Материалы по истории профдвижения в России". Сборники Nrs. 1, 2, 3, 4, Москва, 1924- (рецензия) (№ 1, 1926, 313-315).

ФЕЙГЕЛЬСОН, М. З. Атлас. Очерки по истории денежного обращения в СССР (1917-1925), Москва, 1940 (рецензия) (1941, № 6 [94], 126-128).

-----. Мешочничество и борьба с ним пролетарского государства (1940, № 9 [85], 70-84).

ФЕЙГЕЛЬСОН, Я. Письмо в редакцию (№ 16, 1930, 202).

ФЕНДЕЛЬ, И. Ц. Фридлянд. История Западной Европы 1789-1914. Ч. 2, Москва, 1928 (рецензия) (№ 17, 1930, 104-106).

ФИННКЕЛЬШТЕЙН, Н. Научная работа исторического факультета Свердловского педагогического института (1940, № 9 [85], 148-149).

ФЛЕГОНТОВ, А. Г. Рейхберг. Разгром японской интервенции на Дальнем Востоке, Москва, 1939 (рецензия) (1940, № 9 [85], 138-139).

ФОХТ, А. Работа преподавателя истории над классиками маркс-
     изма-ленинизма (1935, № 11 [51], 92-98).
ФРЕЙБЕРГ, Н. Декрет 19 вандемьера и борьба бешеных за кон-
     ституцию 1793 г. (№ 6, 1927, 142-174).
-----. Из французских исторических журналов за 1928/29 гг.
     (№ 14, 1929, 187-191).
-----. Н. Лукин. Буржуазные историки Запада в СССР (прения)
     (№ 21, 1931, 44-86).
-----. Ц. Фридлянд. 9 термидора (прения) (№ 7, 1928,
     158-206).
-----. A. Mathiez. La réaction thermidorienne. ("Revue
     des cours et conférences", Nr. 9, 10, 11, 13, 16 за
     1928 год) (рецензия) (№ 10, 1928, 243-244).
-----. "La comission des subsistances de l'an II. Fasc. I-
     II, Paris, 1924-25 (рецензия) (№ 8, 1928, 207-209).
-----. G. Belloni. Le Comité de Sûreté Générale de la Con-
     vention Nationale, Paris, 1924 (рецензия) (№ 9, 1928,
     181-182).
-----. "Le père Duchesne d'Hebert". Fasc. I-IV, Paris,
     1922-25 (рецензия) (№ 8, 1928, 209-210).
ФРЕЙДЛИН, Б. Декрет о рабочем контроле (1933, № 5 [33],
     80-95).
ФРЕЛИХ, П. Русская революция и Германия. Пер. с немец. Ф.
     Штурма (№ 5, 1927, 49-70; № 6, 1927, 3-20).
ФРИДЛЯНД, Ц. А. Розенберг. Die Entstehung der deutschen
     Republik, 1871-1918, Berlin, 1928 (рецензия) (№ 13,
     1929, 238-241).
-----. А. Рындич. Лабораторный план и преподавание истории
     (прения) (№ 3, 1927, 172-186).
-----. А. Эссен. Три Интернационала, Москва, 1926 (рецен-
     зия) (№ 4, 1927, 258-260).
-----. В. Бушуев. II Интернационал, Киев?, 1926 (рецензия)
     (№ 4, 1927, 258-260).
-----. В. Кожевников. Великая крестьянская война в Гер-
     мании, Москва, 1925 (рецензия) (№ 2, 1926, 280-282).
-----. Г. Зиновьев. История германской социал-демократии.
     ("Большая Советская Энциклопедия", Т. XVI, Москва, 1929)
     (прения) (№ 18-19, 1930, 129-135).
-----. Д. М. Петрушевский. Очерки из экономической истории
     средневековой Европы, Москва, 1928 (прения) (№ 8,
     1928, 79-128).
-----. 9 термидора. Прения по докладу. Выступления С.
     Моносова, С. Куниского, А. Удальцова, Н. Фрейберг, Н.
     Лукина (№ 7, 1928, 158-206).
-----. Европейская дипломатия и буланжизм (1936, № 1 [53],
     56-90).
-----. И. Браславский. Материалы по истории 1 и 2 Интер-
     националов. Предисл. А. Тальгеймера, Москва, 1926
     (рецензия) (№ 4, 1927, 258-260).

-----. К итогам совещания исторических факультетов (1935,
№ 5-6 [45-46], 164-166).

-----. Классовая борьба в июне-июле 1793 г. (№ 1, 1926,
48-95; № 2, 1926, 159-209).

-----. Классовая идеология и реакционная утопия (№ 17,
1930, 97-103).

-----. М. Н. Покровский. Чернышевский как историк (прения)
(№ 8, 1928, 129-152).

-----. Марат и гражданская война XVIII в. (1934, № 5 [39],
61-63).

-----. Марксизм и западно-европейская историография (№ 14,
1929, 13-35).

-----. Международный комитет исторических наук в Кембридже
(№ 17, 1930, 128-132).

-----. Н. Лукин. Буржуазные историки Запада в СССР (прения)
(№ 21, 1931, 44-86).

-----. Н. Лукин. О работе над учебником по новой истории
(прения) (1935, № 4 [48], 87-107).

-----. "Народная воля" (прения) (№ 15, 1930, 86-143).

-----. О всероссийской методической конференции преподавателей истории в совпартшколах (№ 1, 1926, 280-287).

-----. Переписка Робеспьера (№ 3, 1927, 78-89).

-----. Письмо в редакцию (№ 22, 1931, 184).

-----. Римская церковь и европейская демократия (№ 18-19,
1930, 177-184).

-----. --. Розенберг. Мюнстерская коммуна 1534-35 (прения)
(1935, № 12 [52], 147-149).

-----. Третья сессия интернационального комитета исторических
наук (№ 13, 1929, 269-275).

-----. Французская печать об Октябре (№ 5, 1927, 71-93).

-----. "Хрестоматия по социально-экономической истории Европы в новое и новейшее время". Под ред. В. П. Волгина,
Москва, 1929 (рецензия) (№ 11, 1929, 184-187).

-----. Э. Баумгартнер. Великая крестьянская война (1525).
Пер. с немец. с предисл. П. Стучка, Москва, 1925
(рецензия) (№ 2, 1926, 280-282).

-----. Энгельс как историк. (Три письма Энгельса) (1936,
№ 2 [54], 82-89).

-----. Энгельс об истории как науке (1935, № 8-9 [48-49],
5-27).

-----. D. Mornet. Les origines intellectuelles de la Révolution française, 1715-1787, Paris, 1933 (рецензия)
(1935, № 2-3 [42-43], 149-151).

-----. H. G. v. Treitschke. Deutsche Geschichte im 19. Jahrhundert, Berlin, 1933 (рецензия) (1936, № 2 [54],
160-161).

-----. J. v. Leers. 14 Jahre Judenrepublik; die Geschichte
eines Rassenkampfes, Berlin, 1933 (рецензия) (1934,
№ 4 [38], 146-148).

-----. P. Caron. Les massacres de septembre, Paris, 1935
    (рецензия) (1936, № 1 [53], 198-201).
ФРОЛОВ, И. Безответственная книга (1936, № 3 [55], 119-
    137).
-----. Д. И. Писарев. Избранные сочинения. Т. I. Под
    общ. ред. В. Я. Кирпотина, Москва, 1934 (рецензия)
    (1935, № 11 [51], 99-115).
-----. Н. Ванаг. Проблема двух путей развития капитализма
    в России в работах Ленина (прения) (№ 22, 1931, 77-
    145).
-----. "Пролетарская революция". Nr. 6, 1935 (рецензия)
    (1936, № 2 [54], 141-143).

X

X. И. Файнгар и Е. Хмельницкая. Мировая война--начало
    общего кризиса капитализма (статья в сборнике "Общий
    кризис капитализма", вып. I), Москва, 1933 (рецензия)
    (1934, № 3 [37], 118-119).
X., B. D. C. Long. The Austro-French Commercial Treaty of
    1866. ("The American Historical Review", 1936, Nr. 3,
    April, V. XLI) (рецензия) (1936, № 3 [55], 191).
-----. H. Graf Lerchenfeld-Koeffering. Erinnerungen und
    Denkwürdigkeiten 1843-1925, Berlin, 1935 (рецензия)
    (1936, № 6 [58], 243-244).
-----. K. R. Greenfeld. The Historiography of the Risorgi-
    mento since 1920. ("Journal of Modern History", 1935,
    Nr. 1, V. VII) (рецензия) (1936, № 3 [55], 191-192).
-----. O. v. Bismarck. Die gesammelten Werke. Bd. VIc.
    Politische Schriften 1871 bis 1890, Berlin, 1935
    (рецензия) (1936, № 3 [55], 192).
-----. W. Mommsen. Politische Geschichte von Bismarck bis
    zur Gegenwart, 1850-1933, Frankfurt am Main, 1935
    (рецензия) (1935, № 11 [51], 122-123).
ХАРЛАМОВ, П. О рукописных фондах Государственной библиотеки
    им. Ленина (1940, № 9 [85], 156-157).
ХАРЛАМОВА, Е. см. Ленин о западноевропейском революционном
    движении (1934, № 1 [35], 224-248).
ХАТАЕВИЧ, М. "Рабочая оппозиция" в Самаре в 1920 г. (1935,
    № 7 [47], 86-90).
ХАЧАПУРИДЗЕ, Г. Грузия во второй половине XIX века (1940,
    № 8 [84], 46-66).
-----. Закавказье накануне 1917 г. (1933, № 5 [33], 96-117).
ХАЧАТРЯН, А. Б. А. Тураев. История дервнего Востока. Т. I
    и II, Москва, 1936 (рецензия) (1937, № 3 [61], 176-181).

ХВОСТОВ, В. Ближне-восточный кризис 1895-97 гг. (№ 13,
     1929, 19-54).
-----. К. Ф. Новак. Версаль. Перевод с нем. А. В. Юдиной
     с предисл. Б. Е. Штейна, Москва, 1930 (рецензия)
     (№ 15, 1930, 157-160).
-----. Кризис внешней политики Бисмарка (1934, № 5 [39],
     33-55).
-----. Начало итальянской колониальной экспансии и первая
     итало-абиссинская война 1895-1896 годов (1935, № 12
     [52], 58-74).
-----. Проблема захвата Босфора в 90-х годах XIX века
     (№ 20, 1930, 100-129).
-----. С. Фей. Происхождение мировой войны, Т. I, Москва,
     1934 (рецензия) (1934, № 4 [38], 141-143).
-----. С. Фей. Происхождение мировой войны, Т. II, Москва,
     1934 (рецензия) (1935, № 2-3 [42-43], 148-149).
-----. Фашистская пресса Германии о двадцатилетии мировой
     войны (1934, № 6 [40], 84-87).
-----. E. Kehr. Schlachtflottenbau und Parteipolitik 1894-
     1901, Berlin, 1930 (рецензия) (1932, № 1-2 [23-24],
     184-187).
-----. H. Oncken. Das deutsche Reich und die Vorgeschichte
     des Weltkrieges. T. 1-2, Leipzig, 1933 (рецензия)
     (1933, № 5 [33], 154-156).
-----. P. Jostock. Der Ausgang des Kapitalismus; Ideen-
     geschichte seiner Überwindung, München, 1928 (рецензия)
     (№ 14, 1929, 202-205).
-----. R. J. S. Hoffman. Great Britain and the German trade
     rivalry, 1875-1914, Philadelphia, 1935 (рецензия)
     (1936, № 6 [58], 225-227).
-----. S. Fay. The origins of the world war. V. 1-2, New
     York, 1929 (рецензия) (№ 18-19, 1930, 209-216).
-----. S. Fay. The origins of the world war. Vol. II.
     After Sarajevo; the immediate causes of the war, New
     York, 1929 (рецензия) (№ 22, 1931, 174-178).
-----. W. L. Langer. European alliances and alignments
     1871-1890, New York, 1931 (рецензия) (1933, № 5 [33],
     158-160).
ХЕЙФЕЦ, Ф. "Красный архив" за 1935-1937 годы. см.
     МОРОХОВЕЦ, Е. (1937, № 5-6 [63-64], 174-180).
ХМЕЛЬКОВ, А. Музей обороны Царицына им. И. В. Сталина
     (1938, № 4 [68], 102-105).
-----. Сталинградский музей обороны Царицына имени товарища
     Сталина (1940, № 1 [77], 141-143).
ХОДОРОВ, А. К вопросу об исторической эволюции землевла-
     дения в Туркестане (№ 10, 1928, 121-153).
ХОЛМОГОРЦЕВ, П. "История древнего мира". Учебник для 5-6-х
     классов средней школы под ред. А. Мишулина, Москва,
     1940 (рецензия) (1940, № 11 [87], 126-129).

Хроника крестьянского движения в центральных промышленных
     губерниях (октябрь-декабрь 1905 года) (1935, № 12
     [52], 98-118).

Ц

Царская цензура о произведениях Ф. Энгельса (1935, № 8-9
     [48-49], 61-89).
ЦВИБАК, М. В. И. Невский. История ВКП(б)как наука (прения)
     (№ 12, 1929, 300-333).
-----. Классовая борьба в Туркестане. Прения: Резцов,
     Меницкий, Гуша, Аршаруни, Шестаков. Заключ. слово: М.
     Цвибак (№ 11, 1929, 130-151).
ЦИГЛЕР, --. Б. И. Горев. Военная история и марксизм
     (прения) (№ 9, 1928, 115-133).
ЦОБЕЛЬ, Э. Г. Зиновьев. История германской социал-демокра-
     тии ("Большая Советская Энциклопедия", Т. XVI, Москва,
     1929) (прения) (№ 18-19, 1930, 135-137).

Ч

Ч., В. В секретариате редакции "История гражданской войны"
     (1939, № 3 [73], 216).
Ч., О. Э. Корольчук. Петербургский "Союз борьбы за осво-
     бождение рабочего класса", Ленинград, 1940 (рецензия)
     (1941, № 5 [93], 126).
ЧАЕВ, Н. С. В Академии наук СССР. Труды Историко-архео-
     графического института в 1934 г. (1934, № 5 [39],
     117-120).
-----. Обзор архива Историко-археографического института
     Академии наук СССР (1933, № 6 [34], 163-165).
ЧЕПМЭН, А. Революционное движение в Англии в годы войны
     (1934, № 4 [38], 49-68).
ЧЕРКАССКАЯ, Е. Стачка рабочих Бахмутских и Торских соляных
     заводов в 1765 году (1940, № 11 [87], 109-111).
ЧЕРНОМОРДИК, С. И. Декабрьское вооруженное восстание.
     Прения: Васильев-Южин, Шестаков, Покровский (№ 1,
     1926, 236-255).
-----. Сталин и коллективизация (1940, № 2 [78], 37-53).
ЧЕРНЯВСКИЙ, Е. В. И. Ленин. Сочинения 1917 года в трех
     томах, Москва, 1937 (рецензия) (1937, № 5-6 [63-64],
     197-200).

ЧЕТЫРКИН, А. Крестьянство юга России под властью Деникина.
(Аграрная политика деникинщины) (1941, № 5 [93],
61-73).
ЧОБАНЯН, С. Документ о розыске Ленина в Октябрьские дни
(1940, № 9 [85], 127).

Ш

Ш., А. М. В. Павлович (Вельтман) (№ 4, 1927, 266-267).
-----. Труды института истории; русская история (рецензия)
(№ 5, 1927, 210-217).
-----. A. Landry. Quelques aperçus concernant la dépopula-
tion dans l'antiquité gréco-romaine. ("Revue historique",
jan.-fév. 1936) (рецензия) (1936, № 6 [58], 237-238).
-----. J. Bainville. L'Académie pendant la Révolution.
("La Revue universelle", 15 mai, 1936) (рецензия)
(1936, № 6 [58], 242).
-----. M. Marion. Un révolutionnaire très conservateur:
Creuzé-Latouche. ("Revue d'histoire moderne, mars-
avril, 1936) (рецензия) (1936, № 6 [58], 242).
Ш., Ц. Л. Рыклин. О книге В. И. Ленина "Детская болезнь
'левизны' в коммунизме", Москва, 1936 (рецензия)
(1936, № 4 [56], 147).
-----. Совещание преподавателей институтов красной профессуры
(1935, № 12 [52], 119-123).
-----. Э. Б. Генкина. О книге В. И. Ленина "Что такое
'друзья народа' и как они воюют против социал-демократов?",
Москва, 1936 (рецензия) (1936, № 4 [56], 147).
Ш-ОВ, А. А. П. Таняев (ред.). Рабочий класс Урала в годы
войны и революции. В документах и материалах. Т. 1:
Годы войны, Свердловск, 1927 (рецензия) (№ 6, 1927,
266-287).
Ш-Х, А. М. В. Нечкина. Общество Соединенных Славян, Москва,
1927 (рецензия) (№ 6, 1927, 278-279).
-----. М. Н. Покровский. Декабристы, Москва, 1927. (Центр-
архив) (рецензия) (№ 6, 1927, 278-279).
ШАНГИН, М. Византийские мероприятия по охране границ (1941,
№ 4 [92], 89-92).
-----. Византийский писатель Арефа--автор "Слова о мире с
болгарами 927 года" (1939, № 3 [73], 177).
-----. Два договора (1941, № 2 [90], 114-115).
-----. Комментарии к двум статьям договора Игоря с греками
945 г. (1941, № 5 [93], 111).
-----. М. Левченко. История Византии (краткий очерк), Москва,
1940 (рецензия) (1940, № 12 [88], 120-121).

-----. О "Византийском сборнике" (1940, № 9 [85], 157-158).

-----. Первая известная греческая азбука очкового письма и глаголический алфавит (1940, № 2 [78], 168).

ШАПИРО, Ц. Обсуждение учебника по новой истории. см. В институте истории Комакадемии (1935, № 7 [47], 132-234).

ШАРОВА, П. Переселенческая политика царизма в Средней Азии в 1906-1916 гг. (1940, № 6 [82], 90-102).

-----, БАЕВСКИЙ, Д., СИДОРОВ, А. Почему игнорируются директивы партии и правительства? (1939, № 1 [71], 146-150).

ШАТОВ, В. К. В. Харлампович. Восстание тургайских казак-киргизов 1916-1917, Кызыл-орда, n.d. (рецензия) (№ 4, 1927, 263-264).

ШАФИРО, Ш. О движущих силах восстания 1916 г. в Казахстане. см. БРАЙНИН, С. (1933, № 6 [34], 27-50).

-----. Против идеализации и ипрощенческого понимания исторического прошлого алашского движения. см. БРАЙНИН, С. (1934, № 2 [36], 76-88).

ШАХБАЗОВ, М. Против искажения ленинизма в вопросах социалической революции в азербайджанской деревне (1932, № 1-2 [23-24], 177-180).

ШАХНОВИЧ, М. А. Б. Ранович. Очерк истории древнееврейской религии, Москва, 1937 (рецензия) (1938, № 3 [67], 110-113).

ШВЕЦ, К. О статье Кёппена "Берлинские историки". см. ЗАНДВЕРГ, Д. (1940, № 8 [84], 67-71).

ШЕБУНИН, А. А. Ф. Тютчева. При дворе двух императоров. Воспоминания--дневник. Перевод Е. В. Герье, Москва, 1928 (рецензия) (№ 9, 1928, 188-190).

-----. Испарт. Отдел: ЦК БКП(б) по изучению истории Октябрьской Революции. А. И. Ульянов и дело 1 марта 1887 г.; сборник. Составл. А. И. Ульяновой-Елизаровой, Москва, 1927 (рецензия) (№ 5, 1927, 252-255).

-----. "Центрархив. 1 марта 1887 г." С предисл. А. И. Елизаровой, Москва, 1927 (рецензия) (№ 5, 1927, 252-255).

ШЕЙХЕТ, С. В краевых и областных издательствах ОГИЗ (1940, № 9 [85], 149-151).

-----. Работа краевых и областных издательств ОГИЗа (1940, № 6 [82], 134-135).

ШЕКУН, О. "Ленин в Петербурге. Места пребывания и революционной деятельности В. И. Ленина в Петербурге-Петрограде 1890-1920 гг.", Ленинград, 1939 (рецензия) (1939, № 3 [73], 147-149).

-----. М. Лурье. Петроградская Красная Гвардия (февраль 1917 г.-февраль 1918 г.), Ленинград, 1938 (рецензия) (1939, № 2 [72], 163-165).

-----. Научная работа на истфаке ИФЛИ (1939, № 4 [74], 194-198).

-----. С. В. Борисов, М. В. Фрунзе. Краткий биографический очерк, Москва, 1938 (рецензия) (1939, № 2 [72], 165-168).

-----. Создание и героическая оборона Белорусской ССР
(1940, № 1 [77], 63-78).

ШЕЛЮБСКИЙ, А. Партийное строительство в восстановительный
период (1941, № 6 [94], 18-37).

ШЕПЕЛЕВА. О научно-исследовательской работе Центрального
архива Октябрьской революции (1940, № 8 [84], 151-152).

ШЕСТАКОВ, А. В. А. Пионтковский. Великорусская буржуазная
историография последнего десятилетия (прения) (№ 18-
19, 1930, 170-171).

-----. А. Рындич. Лабораторный план и преподавание истории
(прения) (№ 3, 1927, 172-186).

-----. А. Л. Сидоров. Ленин и Сталин о русском самодержавии (прения) (1940, № 6 [82], 63-68).

-----. Агитация и пропаганда большевиков в деревне в революции 1905-1907 годов (1935, № 12 [52], 38-57).

-----. Б. Граве. К истории классовой борьбы в России в
годы империалистической войны, Москва, 1926 (рецензия)
(№ 1, 1926, 312-313).

-----. Блок с левыми эсерами (№ 6, 1927, 21-47).

-----. Борьба пролетариата и его партии за союзника-крестьян-
ство в революции 1917 г. (1932, № 4-5 [26-27], 72-95).

-----. Восстание в Средней Азии в 1916 г. (№ 2, 1926, 84-
114).

-----. Всероссийский Крестьянский союз (№ 5, 1927, 94-123).

-----. Е. Мороховец. Аграрные программы российских полити-
ческих партий в 1917 г., Ленинград, n.d. (рецензия)
(№ 12, 1929, 292-294).

-----. И. Любимов. Революция 1917 года; хроника событий.
Т. VI. Октябрь-декабрь, Москва, 1930 (рецензия) (№ 16,
1930, 193-194).

-----. "Историческая наука в свете "Краткого курса истории
ВКП(б)" (дискуссия по докладу чл.-кор. АН Шестакова
25 февраля 1939 г.) (1939, № 3 [73], 211-213).

-----. Историческая наука в Узбекистане (1940, № 6 [82],
156-157).

-----. Исторические журналы в СССР на русском языке за первый триместр 1928 года (№ 7, 1928, 269-277).

-----. Исторические журналы в СССР на русском языке за второй триместр 1928 г. (№ 8, 1928, 199-202).

-----. Исторические журналы в СССР на русском языке за 3-й
триместр 1928 г. (№ 9, 1928, 175-177).

-----. Исторические журналы в СССР на русском языке за 4-й
триместр 1928 года (№ 11, 1929, 170-173).

-----. Исторические журналы в СССР на русском языке за вто-
рую половину 1929 г. (№ 16, 1930, 176-180).

-----. Исторические журналы СССР на русском языке (№ 12,
1929, 269-272).

-----. Л. П. Мамет. Ойротия. Очерк национально-освободительного движения и гражданской войны на Горном Алтае,
Москва, 1930 (рецензия) (№ 15, 1930, 163-164).

-----. Лабораторный план и рабочие тетради по истории
(№ 4, 1927, 200-205).

-----. М. В. Нечкина. Постановка исторического семинара
в исторических вузах (прения) (№ 9, 1928, 115-133).

-----. М. Н. Покровский--историк-марксист (№ 9, 1928, 3-
17).

-----. М. Ц. Цвибак. Классовая борьба в Туркестане
(прения) (№ 11, 1929, 130-151).

-----. Н. А. Рожков. К методологии истории промышленных
предприятий (прения) (№ 2, 1926, 210-224).

-----. О. Чаадаева. Помещики и их организации в 1917 году,
Москва, 1928 (рецензия) (№ 9, 1928, 196-197).

-----. Основные проблемы учебника "Краткий курс истории
СССР" (1937, № 3 [61], 85-98).

-----. П. Г. Галузо. Колониальная политика царского правительства в Средней Азии (прения) (№ 9, 1928, 115-
133).

-----. Письмо в редакцию (№ 22, 1931, 184).

-----. Русские журналы (№ 14, 1929, 191-196).

-----. Русские исторические журналы конца 1925 г. и начала
1926 г. (№ 1, 1926, 302-305).

-----. Русские исторические журналы весны 1926 г. (№ 2,
1926, 268-270).

-----. Русские исторические журналы 2-й половины 1926 г.
(№ 3, 1927, 201-207).

-----. Русские исторические журналы конца 1926 и начала
1927 г. (№ 4, 1927, 223-228).

-----. Русские исторические журналы середины 1927 года
(№ 5, 1927, 230-238).

-----. Русские исторические журналы конца 1927 г. (№ 6,
1927, 264-267).

-----. С. Дмитриев. Славянофилы и славянофильство (прения)
(1941, № 1 [89], 97-100).

-----. С. И. Черномордик. Декабрьское вооруженное восстание (прения) (№ 1, 1926, 236-255).

-----. С. М. Дубровский. Крестьянство в 1905 г. (прения)
(№ 1, 1926, 256-279).

-----. Сельские рабочие--одна из движущих сил революции
1905 г. (№ 18-19, 1930, 3-13).

-----. "Центрархив. Крестьянское движение в 1917 году".
Под ред. М. Н. Покровского и Я. А. Яковлева. С предисл.
Я. А. Яковлева, Москва, 1927 (рецензия) (№ 5, 1927,
262-263).

ШИРИНСКИЙ, Э. С. М. Киров на фронтах гражданской войны.
см. С. М. Киров на фронтах гражданской войны (1935,
№ 1 [41], 53-59).

ШИХОВ, --. П. Г. Галузо. Колониальная политика царского
правительства в Средней Азии (прения) (№ 9, 1928,
115-133).

ШМИТТ, Б. Россия и война (1935, № 2-3 [42-43], 65-84).

ШМОНИН, С. А. Ефимов. Концепция экономических формаций
у Маркса и Энгельса и их взгляды на структуру восточных обществ (прения) (№ 16, 1930, 104-161).

ШМЮКЛЕ, К. Г. Зиновьев. История германской социал-демократии. ("Большая Советская Энциклопедия", Т. XVI,
Москва, 1929) (прения) (№ 18-19, 1930, 109-113).

-----. Загадка Макиавелли. Пер. с немецкого (№ 9, 1928,
159-163).

-----. I том полного собрания сочинений Маркса и Энгельса.
Пер. с немец. рукописи Ф. Штрум (№ 6, 1927, 215-221).

ШОВКРИНСКИЙ, Ю. Об искажении ленинизма в вопросах истории
Дагестана (1932, № 1-2 [23-24], 162-176).

ШОЛПО, Н. "Древний Восток". Атлас по древней истории
Египта, Передней Азии, Индии и Китая, Ленинград, 1937
(рецензия) (1938, № 4 [68], 164-165).

-----. И. Снегирев, Ю. Францов. Древний Египет. Исторический очерк, Ленинград, 1938 (рецензия) (1938, № 6
[70], 181-182).

ШОХИН, А. П. А. Ацаркин. К вопросу об условиях возникновения и развития пролетарского юношеского движения
(прения) (№ 21, 1931, 91-93).

-----. М. Н. Покровский. Чернышевский как историк (прения)
(№ 8, 1928, 129-152).

-----. О закономерностях в развитии юношеского пролетарского
движения (№ 12, 1929, 300-333).

ШПИЛЕВ, Г. "Центросибирцы". Под ред. В. Д. Виленского-
Сибир-Якова, Н. Ф. Чужака-Насимовича и П. Ф. Щелока,
Москва, n.d. (рецензия) (№ 5, 1927, 268-270).

ШТЕЙН, Б. Из истории первоначального периода гражданской
войны (конец 1917 г.-начало 1918 г.) (1940, № 4-5
[80-81], 12-35).

ШТЕЙНБЕРГ, Е. "Автобиография Тимура". Богатырские сказания
о Чингиз-хане и Аксак-Темире, Ленинград, 1934 (рецензия)
(1934, № 6 [40], 93-96).

ШТОК, Э. "Geschichtsunterricht im neuen Geiste". Bd. I.
Urgeschichte. Bd. II. Germanische Frühgeschichte. Bd.
III. Mittelalter, Langensalza, 1934-35 (рецензия)
(1935, № 12 [52], 140-142).

ШТРАУХ, А. Н. В. Викторов. Крестьянские движения XVII-
XVIII в.; сборник документов и материалов с примечани-
ями, Москва, 1926 (рецензия) (№ 2, 1926, 275-276).

-----. Г. Берлинер. Н. Г. Чернышевский и его литературные
враги. Под ред. и с предисл. Л. Б. Каменева, Москва,
1930 (рецензия) (№ 16, 1930, 191-193).

-----. Г. Штаден. О Москве Ивана Грозного: Записки оприч-
ника, Ленинград, 1925 (рецензия) (№ 1, 1926, 305-306).

-----. "Новое известие о России времени Ивана Грозного".
"Сказание" Альберта Шлихтинга", Ленинград, 1934 (рецензия) (1935, № 4 [44], 131-132).

ШУЛЕЙКИНА, А. Е. Kern. Studien zur Geschichte des Augsburger Kaufmannshauses der Hochstätter. ("Archiv für
Kulturgeschichte", 1935, Bd. XXVI, H. 2, 162-198)
(рецензия) (1936, № 2 [54], 151).
-----. H. Buffet. La traite des noirs et le commerce de
l'argent au Port-Louis et à Lorient sous Louis XIV.
("Revue des études historiques", 1935, oct.-déc.)
(рецензия) (1936, № 3 [55], 190).
-----. H. Fitzler. Der Anteil der Deutschen an der Kolonial-
politik Philipps II von Spanien in Asien. ("Vierteljahrschrift für Sozial- und Wirtschaftsgeschichte",
1935, Bd. 28, H. 3) (рецензия) (1936, № 2 [54], 151).
-----. O. R. Schellenberg. The secret Treaty of Verona:
a newspaper forgery. ("The Journal of Modern History",
1935, Nr. 3, V. VII) (рецензия) (1936, № 3 [55],
190-191).
-----. P. E. Jones, A. V. Judges. London population in the
late seventeenth century. ("Economic History Review",
1935, Nr. 1, V. VI) (рецензия) (1936, № 3 [55], 190).
-----. R. Giese. Erasmus and the fine arts. ("The Journal
of Modern History", 1935, VII, Nr. 3, 257-279) (рецензия) (1936, № 2 [54], 152).
ШУЛЬГИН, В. К вопросу о проникновении марксизма в Россию в
40-60-х годах XIX века (1939, № 5-6 [75-76], 168-174).
-----. О знакомстве Белинского с работами Маркса и Энгельса
(1940, № 7 [83], 82-92).
ШУМИЛИН, В. В. В. Бартольд. История культурной жизни Туркестана, Ленинград, 1927 (рецензия) (№ 7, 1928, 302-303).
ШУНКОВ, В. Крестьянское переселение в Сибирь в XVII веке
(1941, № 3 [91], 81-93).
-----. "Новгородские записные кабальные книги 100-104 и 111
годов (1591-1596 и 1602-1603)", Москва, 1938 (рецензия)
(1939, № 2 [72], 158-162).
-----. П. Г. Любомиров. Очерки истории нижегородского опол-
чения 1611-1613 гг., Москва, 1939 (рецензия) (1940,
№ 3 [79], 137-138).
-----. Работа Института истории АН СССР над многотомником
"Истории СССР" (1940, № 4-5 [80-81], 156-157).
-----, О-В, М. В Институте истории Академии наук СССР.
(Защита диссертаций) (1940, № 4-5 [80-81], 151-156).
ШУРЫГИН, --. А. Ацаркин. О задачах Секции истории юношеского
движения (прения) (№ 21, 1931, 90-91).
ШУСТЕРМАН, С. А. С. Тагер. Царская Россия и дело Бейлиса.
2. изд., Москва, 1934 (рецензия) (1935, № 7 [47],
118-121).
-----. О. Бисмарк. Мысли и воспоминания. Т. I, Москва,
1940 (рецензия) (1940, № 12 [88], 108-117).
-----. Х.-А. Льоренте. Критическая история испанской инкви-
зиции. Том I и II, Москва, 1936 (рецензия) (1937,
№ 2 [60], 172-175).

Щ

Щ., П. "Архив К. Маркса и Ф. Энгельса". Кн. III. Под
    ред. Д. Рязанова, Москва, 1927 (рецензия) (№ 7, 1928,
    279-281).
ЩЕГОЛЕВ, П. П. И. Л. Попов-Ленский. Лильборн и левеллеры,
    Москва, 1928 (рецензия) (№ 16, 1930, 186-191).
-----. К характеристике экономической политики термидори-
    анской реакции (№ 4, 1927, 73-100).
-----. E. V. Tarle. Le blocus continentale et le Royaume
    d'Italie. La situation économique de l'Italie sous
    Napoléon I-er. D'après des documents inédits, Paris,
    1928 (рецензия) (№ 7, 1928, 281-283).
ЩЕРБА, А. Тобольский государственный музей Обь-иртышского
    севера (1941, № 2 [90], 146-147).
ЩЕРБА, Ф. Отношение к Марксу Киевского студенчества в 1884
    г. (1941, № 6 [94], 102).

Э

ЭВЕНЧИК, С. Е. Д. Черменский. Буржуазия и царизм в революции
    1905-1907 гг., Москва, 1939 (рецензия) (1940, № 11
    [87], 121-124).
ЭГГЕРТ, З. Крушение германской империи в 1918 г. (1939,
    № 4 [74], 31-43).
Эдвард Булл (1933, № 4 [32], 152).
ЭДИНГ, Д. Раскопки на Горбуновском торфянике в 1936 г.
    (1937, № 2 [60], 192-193).
ЭЙДЕМАН, Р. Расстановка боевых сил контрреволюции накануне
    Октября. см. МИНЦ, И. (1934, № 1 [35], 53-98).
Экспедиционная работа советских археологов за 20 лет (1937,
    № 5-6 [63-64], 269-271).
ЭНГЕЛЬС, Ф. Письмо к К. Каутскому (1933, № 2 [30], 41-46).
Энгельс об истории (библиография) (1940, № 10 [86], 122-138).
ЭПШТЕЙН, --. Б. Ф. Поршнев. Абсолютная монархия и народ
    (прения) (1940, № 6 [82], 63-68).
ЭССЕН, М. Истпартовская общественность (№ 5, 1927, 278-282).

Ю

Ю., М. З. Серебрянский. От Керенщины к пролетарской диктатуре. Очерки по истории 1917 г., Москва, 1928
(рецензия) (№ 9, 1928, 193-196).

ЮГОВ, М. А. Панкратова. Фабзавкомы и профсоюзы в революции
1917 г., Москва, 1927 (рецензия) (№ 6, 1927, 287-288).

------. "Всероссийское Совещание Советов рабочих и солдатских депутатов". Под ред. М. Цапенка с предисл. Я.
Яковлева, Москва, 1928 (рецензия) (№ 8, 1928, 232-234).

------. "Государственное совещание". Центрархив. С предисл.
Я. А. Яковлева, Москва, 1930 (рецензия) (№ 17, 1930,
111-116).

------. К истории рабочего движения в 1917 году (№ 5, 1927,
172-183).

------. М. Балабанов. От 1905 к 1917. Массовое рабочее
движение, Москва, 1927 (рецензия) (№ 7, 1928, 296-299).

------. Меньшевики в 1917 году (№ 22, 1931, 11-37).

------. "Народная воля" (прения) (№ 15, 1930, 86-143).

------. П. Половцев. Дни затмения; записки главнокомандую-
щего войсками Петроградского военного округа в 1917 г.,
Париж, 1928 (рецензия) (№ 21, 1931, 126-128).

------. Положение и задачи исторического фронта в Белоруссии
(№ 17, 1930, 41-50).

------. С. Агурский. Революционное движение в Белоруссии,
1863-1917, Минск, 1928 (рецензия) (№ 13, 1929, 254-
259).

------. С. Л. Данишевский. Опыт библиографии октябрьской
революции, Москва, 1926 (рецензия) (№ 3, 1927, 226-
230).

ЮДОВСКИЙ, В. К. А. Попов. Об исторических условиях перерастания буржуазно-демократической революции в пролетарскую (прения) (№ 12, 1929, 300-333).

ЮРЬЕВ, А. Книги о героической борьбе (рецензия) (1936,
№ 6 [58], 185-190).

ЮШКОВ, С. А. С. Пушкин о русском феодализме (1937, № 1
[59], 48-62).

------. "Древне-русские летописи". Перевод и комментарии
В. Панова, Ленинград, 1936 (рецензия) (1937, № 3
[61], 182-184).

------. "Історія України в документах і матеріалах. Т. І.
Київска Русь і феодальні князівства XII-XIII століть",
Київ, 1939 (рецензия) (1940, № 4-5 [80-81], 136-137).

------. "Нариси з Історії України". I вип. "Київська Русь
і феодальні князівства XII-XIII століть", Київ, 1937
(рецензия) (1939, № 1 [71], 171-173).

------. Об академическом издании "Правды Русской" (1941,
№ 2 [90], 95-102).

-----. С. Б. Веселовский. Село и деревня в северовосточной Руси XIV-XVI веков. ("Известия ГАИМК", вып. 139), Москва, 1936 (рецензия) (1938, № 1 [65], 134-137).
-----. Эволюция дани в феодальную ренту в Киевском государстве в X-XI вв. (1936, № 6 [58], 134-138).
ЮЩАК, К. Библиографические заметки. см. АЛЬПЕРОВИЧ, М. (1941, № 4 [92], 146-149).
-----. Война в Китае и политика США (1940, № 8 [84], 99-109).
-----. "Foreign Affairs", New York, January 1941 (рецензия) (1941, № 5 [93], 133-134).
-----. H. Armstrong. The Downfall of France. ("Foreign Affairs", Oct.-Dec. 1940, 55-144) (рецензия) (1940, № 12 [88], 124-125).
-----. H. G. Wells. The New World Order, London, 1940 (рецензия) (1941, № 1 [89], 110-114).
-----. L. R. Buel. Isolated America, New York, 1940? (рецензия) (1941, № 4 [92], 135-136).
-----. N. Peffer. Prerequisites to peace in the Far-East, New York, 1940 (рецензия) (1941, № 3 [91], 131-133).
-----. "Problems of the Pacific" (Proceedings of the study meeting of the Institute of Pacific relations), New York, 1940 (рецензия) (1941, № 5 [93], 129-131).
-----. S. Hisida. Japan among the Great Powers, New York, 1940 (рецензия) (1941, № 4 [92], 126-128).

Я

Я-Н, Г. К истории национально-освободительной борьбы в странах Южной и Караибской Америки (1933, № 4 [32], 81-90; 1933, № 6 [34], 68-79).
-----. Революционный подъем и рабочее движение в странах Латинской Америки в первые послевоенные годы (1932, № 4-5 [26-27], 293-328).
ЯКОВЛЕВ, А. "Мордовский научно-исследовательский институт языка, литературы и истории при СНК Мордовской автономной ССР"; Сборник, Саранск, 1940 (рецензия) (1941, № 1 [89], 124).
-----. Развал Англии. Мысли вслух и про себя доктора Инга, настоятеля собора св. Павла в Лондоне (1940, № 7 [83], 120-127).
-----. Т. Купряшкин, В. Самаркин. 1917 год в Мордовии, Саранск, 1939 (рецензия) (1941, № 1 [89], 124-125).
ЯКОВЛЕВ, Н. Я. Г. Кокиев. Очерки по истории Осетии, ч. I, Владикавказ, 1926 (рецензия) (№ 5, 1927, 270-273).

ЯРОСЛАВСКИЙ, Е. А. М. Горький (1936, № 4 [56], 41-52).
-----. Анархо-синдикалистская "рабочая оппозиция" в ВКП(б)
    (1935, № 7 [47], 73-85).
-----. Валериан Куйбышев (1935, № 2-3 [42-43], 3-12).
-----. Д. Ю. Берлинский. Ладо Кецховели в Киеве (к 35-
    летию со дня убийства. 1903-1938), Київ, 1940 (рецен-
    зия) (1941, № 4 [92], 120-121).
-----. Девятнадцать лет Октябрьской социалистической рево-
    люции (1936, № 5 [57], 6-20).
-----. Историческое значение буржуазно-демократической
    революции 1905 года (1935, № 11 [51], 3-20).
-----. Историческое значение II съезда РСДРП (к 35-летию
    II съезда) (1938, № 2 [66], 16-33).
-----. Итоги процесса троцкистских изменников и предателей
    социалистической родины (1937, № 1 [59], 6-15).
-----. Итоги процесса троцкистско-зиновьевского террорис-
    тического контрреволюционного центра и исторический
    фронт (1936, № 4 [56], 3-15).
-----. К итогам XVIII съезда (1939, № 2 [72], 36-53).
-----. Классики марксизма о Французской буржуазной револю-
    ции XVIII века (1939, № 3 [73], 3-12).
-----. Краткая энциклопедия большевизма (1938, № 5 [69],
    3-31).
-----. Маркс и революционное народничество (1933, № 1
    [29], 33-66).
-----. Маркс и Энгельс о России (1940, № 10 [86], 54-80).
-----. "Народная Воля" (прения) (№ 15, 1930, 86-143).
-----. Невыполненные задачи исторического фронта (1939,
    № 4 [74], 3-11).
-----. О жизни и деятельности Николая Гавриловича Черны-
    шевского (1939, № 5-6 [75-76], 15-37).
-----. О роли интеллигенции прежде и теперь (1939, № 1
    [71], 23-52).
-----. Об одной неверной оценке революции 1905 года (1936,
    № 2 [54], 3-8).
-----. Октябрьская революция в Сибири (1932, № 6 [28], 35-
    41).
-----. Опыт политической массовой стачки и вооруженного
    восстания первой русской революции в свете учения
    Маркса-Ленина (№ 20, 1930, 3-64).
-----. От великих утопий к Великой социалистической Октябрь-
    ской революции (1937, № 4 [62], 39-61).
-----. Письма в редакцию (№ 21, 1931, 143-160).
-----. Пражская конференция партии большевиков (1937, № 1
    [59], 63-97).
-----. С. М. Дубровский. Крестьянство в 1905 г. (прения)
    (№ 1, 1926, 256-279).
-----. Сталин--это Ленин сегодня (1940, № 1 [77], 3-13).
-----. Шире поставить изучение истории партии! (1935, № 1
    [41], 9-14).

ЯРОЦКИЙ, В. Г. Зиновьев. История германской социал-демо-
    кратии. ("Большая Советская Энциклопедия", Т. XVI,
    Москва, 1929) (прения) (№ 18-19, 1930, 105-106).
ЯРЦЕВ, --. А. Ацаркин. К вопросу об условиях возникно-
    вения и развития пролетарского юношеского движения
    (прения) (№ 21, 1931, 91-93).
ЯСИНСКИЙ, Ч. H. Swoboda. Pierwsze pietnastolecie niepod-
    leglej Polski, 1918-33, Warszawa, 1933 (рецензия)
    (1934, № 3 [37], 122-126).
ЯЦУНСКИЙ, В. Предмет и задачи исторической географии
    (1941, № 5 [93], 3-29).

SUBJECT INDEX

ПРЕДМЕТНЫЙ УКАЗАТЕЛЬ

SUBJECT INDEX

A.

AHA--45TH ANNUAL MEETING, WASHINGTON, 1934.
    Istoricheskaia nauka za..., 1935, Nr. 7 (47), 135-138.
AHA--50TH ANNUAL MEETING, CHATTANOOGA, 1935.
    Nauchnye obshchestva i..., 1937, Nr. 1 (59), 201-202.
AHA--54TH ANNUAL MEETING, WASHINGTON, D.C., 1939.
    Istoricheskaia nauka za..., 1940, Nr. 11 (87), 157.
AHA--FINANCIAL SITUATION--1936.
    Nauchnye obshchestva i..., 1937, Nr. 3 (61), 231.
AHA. PACIFIC SECTION--CONFERENCE, 32ND, OAKLAND, CALIF.,
    DECEMBER, 1936.
    Nauchnye obshchestva i..., 1937, Nr. 3 (61), 231.
AHA--SURVEY OF AMERICAN HISTORIANS.
    Nauchno-issledovatel'skaia..., Nr. 8, 1928, 244-247.
"A.I.K. KUSBASS"--S.J. RUTGER'S RECOLLECTIONS.
    Rutgers, S., 1935, Nr. 2-3 (42-43), 85-98.
AN BELORUSSKOĬ SSR. INST. IST.--WORK IN PROGRESS AND PUBLI-
    CATIONS--1933-36.
    Lebovich, --., 1936, Nr. 2 (54), 176-177.
AN SSSR--ARCHIVES--UNAUTHORIZED HOLDINGS--OBSHCHESTVO
    ISTORIKOV-MARKSISTOV--RESOLUTION--1929.
    V obshchestve..., Nr. 14, 1929, 218-220.
AN SSSR--PUBLICATIONS ON RUSSIAN HISTORY--14TH-18TH C.--
    BIBLIOGRAPHY.
    Trotskiĭ, I., Nr. 5, 1927, 220-224.
AN SSSR./SESSIIA, MOSCOW, MAY, 1938--"SLOVO O POLKU IGOREVE"--
    750TH ANNIVERSARY
    Torzhestvennoe zasedanie AN SSSR..., 1938, Nr. 4 (68),
    200.
AN SSSR./ZASEDANIE, MOSCOW, MARCH, 1935.
    Bashindzhagian, L., 1935, Nr. 4 (44), 152-154.
AN SSSR. ARKHEOGRAFICHESKAIA KOMISSIIA--PUBLICATIONS--
    BIBLIOGRAPHY.
    Izdanie Arkheograficheskoĭ komissii..., Nr. 16,
    1930, 202.
AN SSSR. ARMIANSKIĬ FILIAL IUBILEĬNAIA SESSIIA, EREVAN,
    NOVEMBER, 1940.
    Budumian, S., 1941, Nr. 1 (89), 145-146.
AN SSSR. GRUPPA ISTORII PRI OTDEL. OBSHCHESTV. NAUK--1936-37.
    V gruppe istorii..., 1937, Nr. 1 (59), 195.

AN SSSR. INST. ANTROPOLOGII, ARKHEOLOGII I ETNOGRAFII--
HISTORY--CRITIQUE.
Artsikhovskiĭ, A. et. al., 1937, Nr. 2 (60), 78-91.
AN SSSR. INST. IST./ORGANIZATSIONNOE SOBRANIE ISSLEDOVATEL'-
SKOGO SEMINARA PO VOPROSAM SOTSIALISTICHESKOGO
STROITEL'STVA 1918-1920 GODOV, MOSCOW, NOVEMBER,
1940.
B.,D., O.,M., 1941, Nr. 1 (89), 150-152.
AN SSSR. INST. IST./ZASEDANIE, MOSCOW, MARCH-APRIL, 1940--
PROBLEMS OF ABSOLUTISM.
Obsuzhdenie problemy absoliutizma..., 1940, Nr. 6
(82), 63-68.
AN SSSR. INST. IST.--COOPERATION WITH INST. IST. UKRAINY
UKRAINSKOĬ AKADEMII NAUK--1941.
V Institute istorii..., 1941, Nr. 5 (93), 157-158.
AN SSSR. INST. IST.--REORGANIZATION--1936.
L.,N., 1936, Nr. 2 (54), 172.
AN SSSR. INST. IST.--WORK IN PROGRESS AND PUBLICATIONS--
1935-36.
L.,N., 1936, Nr. 2 (54), 172.
AN SSSR. INST. IST.--WORK IN PROGRESS AND PUBLICATIONS--
1937-38.
Istoricheskaia nauka v..., 1939, Nr. 2 (72), 197-198.
AN SSSR. INST. IST.--WORK IN PROGRESS AND PUBLICATIONS--1937.
Institut istorii Akademii..., 1937, Nr. 5-6 (63-64),
265-267.
AN SSSR. INST. IST.--WORK IN PROGRESS AND PUBLICATIONS--1938.
V Institute istorii..., 1938, Nr. 3 (67), 156.
AN SSSR. INST. IST.--WORK IN PROGRESS AND PUBLICATIONS--1939.
Zashchita dissertatsii v..., 1939, Nr. 5-6 (75-76),
276-278.
AN SSSR. INST. IST. ARKHEOGRAFICHESKIĬ SEKTOR--WORK IN
PROGRESS AND PUBLICATIONS--1936.
O rabote arkheograficheskogo..., 1936, Nr. 6 (58),
250-253.
AN SSSR. INST. IST. GRUPPA PO IZUCHENIIU ISTORII MOSKVY--
FORMATION--JUNE,1939.
Miller, P., Rabinovich, M., 1940, Nr. 11 (87),
147-150.
AN SSSR. INST. IST. KABINET ISTORII NARODOV SSSR--AID TO
TEXTBOOK COMPILERS--1936.
V pomoshch sostaviteliam..., 1936, Nr. 2 (54), 119.
AN SSSR. INST. IST. LENINGRADSKOE OTDEL./ZASEDANIE, POSV.
60-LETIIU TOV. STALINA, DECEMBER, 1939.
Zasedanie Leningradskogo otdeleniia..., 1940, Nr. 3
(79), 154-155.
AN SSSR. INST. IST. NAUCHNYĬ KABINET ISTORII NARODOV SSSR--
WORK IN PROGRESS AND PUBLICATIONS--1936.
Bushuev, S., 1936, Nr. 3 (55), 116-118.
AN SSSR. INST. IST. SEKTOR ISTORII SSSR./SESSIIA, SEPTEMBER,
1938.
Programma po istorii..., 1938, Nr. 5 (69), 234.

AN SSSR. INST. IST. SEKTOR ISTORII SREDNIKH VEKOV--WORK
IN PROGRESS AND PUBLICATIONS--1936.
Lavrovskiĭ, V., 1936, Nr. 6 (58), 250.
AN SSSR. INST. IST./SOVESHCHANIE PO VOPROSAM ETNOGENEZA,
MOSCOW, SEPTEMBER, 1938.
Soveshchanie po voprosam..., 1938, Nr. 6 (70), 201.
AN SSSR. INST. IST. UCHENYĬ SOVET--PUBLICATIONS PROGRAM--
1938.
V uchenom sovete..., 1938, Nr. 3 (67), 151-152.
AN SSSR. INST. IST. UCHENYĬ SOVET./ZASEDANIE, MOSCOW,
FEBRUARY, 1940.
Zasedanie uchenogo soveta..., 1940, Nr. 4-5
(80-81), 150-151.
AN SSSR. INST. IST. UCHENYĬ SOVET./ZASEDANIE, POSV. 60-
LETIIU TOV. STALINA, DECEMBER, 1939.
Zasedanie uchenogo soveta..., 1940, Nr. 3 (79),
153-154.
AN SSSR. INST. IST. MATERIAL'NOĬ KUL'TURY. IM. N. IA.
MARRA. PLENUM./SESSIIA, LENINGRAD, MARCH, 1941.
Voronin, N., 1941, Nr. 6 (94), 149-152.
AN SSSR. INST. VOSTOKOVEDENIIA--HISTORY AND PUBLICATIONS--
1921-36.
Institut vostokovedeniia Akademii..., 1937, Nr. 3
(61), 226-227.
AN SSSR. INST. VOSTOKOVEDENIIA. IST. SEKTOR./SESSIIA,
MOSCOW, 1941--HISTORY OF EASTERN FEUDALISM.
Rostovskiĭ, S., 1941, Nr. 4 (92), 78-85.
AN SSSR. IST. KOMISSIIA.--CONFERENCE, MOSCOW, NOVEMBER, 1933.
Grekov, B., 1933, Nr. 6 (34), 166.
AN SSSR. ISTORICHESKAIA GRUPPA./ZASEDANIE, NOV. 18, 1935--
PROCEEDINGS.
L.,V., 1935, Nr. 12 (52), 147-149.
AN SSSR. ISTORIKO-ARKHEOGRAFICHESKIĬ INST.--ARCHIVES.
Chaev, N., 1933, Nr. 6 (34), 163-164.
AN SSSR. ISTORIKO-ARKHEOGRAFICHESKIĬ INST.--WORK IN PROGRESS
AND PUBLICATIONS--1930-32.
Tomsinskiĭ, S.G., 1932, Nr. 4-5 (26-27), 351-355.
"AN SSSR. ISTORIKO-ARKHEOGRAFICHESKIĬ INSTITUT." TRUDY,
T. XI. (REVIEW).
Zel'tser, V., 1934, Nr. 5 (39), 86-94.
"AN SSSR. ISTORIKO-ARKHEOGRAFICHESKIĬ INSTITUT." TRUDY 1934 G.
Chaev, P., 1934, Nr. 5 (39), 117-120.
AN SSSR. KAZAKHSTANSKIĬ FILIAL. IST. SEKTOR.--WORK IN
PROGRESS AND PUBLICATIONS--1940-41.
Margulan, A., 1941, Nr. 6 (94), 153.
AN SSSR. OTDEL. IST. I FILOSOFII./SESSIIA, MOSCOW, MARCH,
1939.
Sessiia Otdeleniia istorii..., 1939, Nr. 3 (73),
210-211.
AN SSSR. OTDEL. IST. I FILOSOFII./SESSIIA, POSV. 150-
LETIIU FRANTSUSZKOĬ BURZHUAZNOĬ REVOLIUTSII XVIII
VEKA, MOSCOW, JUNE, 1939.
Sessiia otdeleniia istorii..., 1939, Nr. 4 (74),
190-191.

AN SSSR. OTDEL. IST. I FILOSOFII./SESSIIA, POSV. 60-LETIIU
    SO DNIA ROZHDENIIA TOV. I. V. STALINA, MOSCOW,
    DECEMBER, 1939.
    Sessiia Otdel. istorii..., 1940, Nr. 3 (79), 153.
AN SSSR. OTDEL. IST. I FILOSOFII./SESSIIA, MOSCOW, FEBRUARY,
    1940.
    Sessiia Otdel. istorii..., 1940, Nr. 4-5 (80-81), 150.
AN SSSR. OTDEL. IST. I FILOSOFII./SESSIIA, MOSCOW, MARCH,
    1940.
    Sessiia Otdel. istorii..., 1940, Nr. 6 (82), 136-142.
AN SSSR. OTDEL. IST. I FILOSOFII./SESSIIA, MOSCOW, APRIL, 1940.
    Ganichev, I., 1940, Nr. 7 (83), 151-154.
AN SSSR. OTDEL. IST. I FILOSOFII./SESSIIA, MOSCOW, MAY, 1940.
    Ganichev, I., 1940, Nr. 8 (84), 145-147.
AN SSSR. OTDEL. IST. I FILOSOFII./SESSIIA, MOSCOW, SEPTEMBER,
    1940.
    O.,M., 1940, Nr. 11 (87), 140-146.
AN SSSR. OTDEL. IST. I FILOSOFII./SESSIIA, MOSCOW, OCTOBER,
    1940.
    P.,I., 1940, Nr. 12 (88), 130-132.
AN SSSR. OTDEL. IST. I FILOSOFII./SESSIIA, MOSCOW, DECEMBER,
    1940.
    K.,L., 1941, Nr. 2 (90), 152-154.
AN SSSR. OTDEL. IST. I FILOSOFII--WORK IN PROGRESS AND PUBLI-
    CATIONS--1939.
    Sessiia Otdel. istorii..., 1940, Nr. 4-5 (80-81), 150.
AN SSSR. OTDEL. OBSHCHEST. NAUK./SESSIIA, MOSCOW, JULY, 1938.
    Soveshchanie v Otdelenii..., 1938, Nr. 5 (69), 231-233.
AN SSSR. OTDEL. OBSHCHEST. NAUK./SESSIIA, MOSCOW, JANUARY,
    1939--15TH ANNIVERSARY OF V.I. LENIN'S DEATH.
    Sessiia OON Akademii..., 1939, Nr. 2 (72), 197.
AN SSSR. OTDEL. OBSHCHEST. NAUK--PUBLISHING PLAN--1938.
    Plan izdanii Otdeleniia..., 1937, Nr. 5-6 (63-64),
    272-274.
AN SSSR. OTDEL. OBSHCHEST. NAUK I GRUPP OON/SESSIIA, FEBRUARY,
    1938.
    Sessii Otdeleniia obshchestvennykh..., 1938, Nr. 3
    (67), 152-153.
AN SSSR. OTDEL. OBSHCHEST. NAUK I GRUPP OON./SESSIIA, MOSCOW,
    APRIL, 1938.
    Sessii Otdeleniia obshchestvennykh..., 1938, Nr. 4
    (68), 200-204.
AN SSSR. PRESIDIUM./ZASEDANIE, MOSCOW, DECEMBER, 1940--TASKS
    OF BIBLIOGRAPHY.
    B.,D., O.,M., 1941, Nr. 1 (89), 150-152.
AN UKRAINSKOĬ SSR. BIBLIOTEKA. L'VOVSKIĬ FILIAL--CONFERENCE,
    L'VOV, OCTOBER, 1940--PRINTING AND PUBLISHING--
    PROCEEDINGS.
    Kiselev, N., 1941, Nr. 1 (89), 100-108.
AN UKRAINSKOĬ SSR. BIBLIOTEKA. L'VOVSKIĬ FILIAL--EXHIBITION,
    L'VOV, OCTOBER, 1940--PRINTING AND PUBLISHING.
    Kiselev, N., 1941, Nr. 1 (89), 100-108.

AN UKRAINSKOĬ SSR. INST. IST. UKRAINY./NAUCHNAIA SESSIIA
POSV. ISTORII ZAPADNOĬ UKRAINY, KIEV, NOV., 1939.
Petrovskiĭ, N., 1940, Nr. 2 (78), 169-171.
AN UKRAINSKOĬ SSR. INST. IST. UKRAINY.--WORK IN PROGRESS
AND PUBLICATIONS--1941.
V. Institute istorii..., 1941, Nr. 5 (93), 157-158.
AN UKRAINSKOĬ SSR. IST. FAK.--WORK IN PROGRESS AND PUBLI-
CATIONS--1940-41.
O nauchnoi rabote..., 1941, Nr. 6 (94), 140-147.
ABKHASIA--HISTORY--SOVIET HISTORIOGRAPHY--1936.
Istoricheskoĭ sektor instituta..., 1936, Nr. 6
(58), 253.
"ABRAHAM LINCOLN" (JOURNAL) (REVIEW).
Al'perovich, M., Belen'kiĭ, A., 1941, Nr. 6 (94),
157-158.
ABSOLUTISM--FRANCE--16TH-17TH C.--REIGN OF HENRI IV.
Mosina, Z., 1938, Nr. 2 (60), 34-62.
ABYSSINIA--FOREIGN RELATIONS--ITALY--1884-96.
Khvostov, V., 1935, Nr. 12 (52), 58-74.
ADAMIC, L.: DYNAMITE. THE STORY OF CLASS VIOLENCE IN AMERICA.
REV. ED. NEW YORK, 1934. (REVIEW).
Zinich, S., 1938, Nr. 3 (67), 126-129.
ADAMS, C.F.--1865--INTERNATIONAL I--CORRESPONDENCE--AMERICAN
CIVIL WAR.
K. Marks i..., 1933, Nr. 1 (29), 11-32.
ADAMSON, J.: EESTI AJALUGU. T. 1-4. TARTU, 1935-37. (REVIEW).
Mitt, A., 1941, Nr. 1 (89), 115-119.
ADLER, VICTOR.
Averbukh, R., 1933, Nr. 3 (31), 79-89.
ADYGEIA--HISTORY--MID 19TH C.
Likhnitskiĭ, N., 1934, Nr. 6 (40), 3-23.
ADYGEIA--LAND TENURE--MID-19TH C.
Likhnitskiĭ, N., 1934, Nr. 6 (40), 3-23.
ADYGEIA--SOCIAL CONDITIONS--MID 19TH C.
Likhnitskiĭ, N., 1934, Nr. 6 (40), 3-23.
AFRICA, NORTH--ANTIQUITY--4TH C.--CIRCUMCELLIONS.
Mashkin, N.A., 1935, Nr. 1 (41), 28-52.
AGONISTS see CIRCUMCELLIONS.
"AGRARNAIA REVOLIUTSIIA" T. II. POD RED. V. P. MILIUTINA.
MOSCOW, n.d. (REVIEW).
Lidak, O., Nr. 7, 1928, 299-302.
"AGRICULTURAL HISTORY" (JOURNAL) (REVIEW).
Kublitskiĭ, F., 1938, Nr. 1 (65), 164-166.
AGRICULTURAL LABORERS--RUSSIA--REVOLUTION OF 1905.
Shestakov, A., Nr. 18-19, 1930, 3-13.
AGRICULTURE see also LAND TENURE.
AGRICULTURE--EGYPT--ANTIQUITY.
Avdiev, V.I., 1934, Nr. 6 (40), 70-83.
AGRICULTURE--ENGLAND--MIDDLE AGES--HISTORIOGRAPHY.
Kosminskiĭ, E.A., Nr. 2, 1926, 257-262.

AGRICULTURE--ENGLAND--1643-60.
    Arkhangel'skii, S., 1935, Nr. 5-6 (45-46), 142-149.
AGRICULTURE--ENGLAND--18TH-19TH C.
    Lavrovskii, V., 1935, Nr. 10 (50), 98-111.
AGRICULTURE--ENGLAND--18TH-19TH C.--HISTORIOGRAPHY--
    BIBLIOGRAPHY.
    Lavrovskii, V., 1935, Nr. 10 (50), 98-111.
AGRICULTURE--FRANCE--LATE 18TH C.--G. LEFEBVRE--BOOK REVIEW.
    Lukin, N., 1933, Nr. 6 (34), 120-128.
AGRICULTURE--FRANCE--1907--VINEYARD LABORERS.
    Marti, A., 1933, Nr. 6 (34), 6-26.
AGRICULTURE--JAPAN-1600-1868.
    Plyshevskii, I., 1938, Nr. 1 (65), 44-73.
AGRICULTURE--USA--MID 19TH C.
    Efimov, A., 1934, Nr. 3 (37), 59-82.
"AGRIKUL'TURA V PAMIATNIKAKH ZAPADNOGO SREDNEVEKOV'IA".
    ("TRUDY INST. ISTORII NAUKI I TEKHNIKI," SER. 5,
    VYP. 1, 1936) (REVIEW).
    Lavrovskii, V., 1938, Nr. 1 (65), 158-159.
AGURSKII, S.: REVOLIUTSIONNOE DVIZHENIE V BELORUSSII,
    1863-1917. MINSK, 1928 (REVIEW).
    IUgov, M., Nr. 13, 1929, 254-259.
AIR FORCE--SOVIET RUSSIA--1914-23.
    Volkov, N., 1939, Nr. 1 (71), 53-75.
AIZENSHTAT, M.M.: REVOLIUTSIIA 1848 G. VO FRANTSII. (ISTORIIA
    FRANTSII I POLOVINY XIX V.) (IZ SERII "BIBLIOTEKA DLIA
    RABOTY PO DAL'TON-PLANU") LENINGRAD, n.d. (REVIEW)
    Gingor, S., Nr. 4, 1927, 256-258.
AKKADIA--ARCHAEOLOGICAL EXCAVATIONS--TEL ASMARA.
    Avdiev, V., 1937, Nr. 5-6 (63-64), 152-161.
AKSAKOV, K.--1839-80--SLAVOPHILE.
    Dmitriev, S., 1941, Nr. 1 (89), 85-97.
"AKTY KREMONY X-XIII VV. V SOBRANII AKADEMII NAUK SSSR."
    MOSCOW, 1937. (REVIEW).
    K.,E., 1938, Nr. 1 (65), 157-158.
AKULISSKII, ZAKHARII: DNEVNIK.
    Ioannisian, A., 1937, Nr. 1 (59), 139-152.
ALASH-ORDY--KAZAKHSTAN--1916-18.
    Brainin, S., Shafiro, Sh., 1934, Nr. 2 (36), 76-88.
ALBERT-CLEMENT, E.: LA VRAIE FIGURE DE CHARLOTTE CORDAY.
    PARIS, 1935. (REVIEW).
ALEFIRENKO, P.K.: OTNOSHENIE PRAVITEL'STVA EKATERINY II K
    FRANTSUZSKOI BURZHUAZNOI REVOLIUTSII. (DISSERTATION)
    MOSCOW, 1940.
    P.,I., 1941, Nr. 2 (90), 154-155.
ALEKSEENKOV, P.: KREST'IANSKOE VOSSTANIE V FERGANE. TASHKENT,
    1927. (REVIEW).
    Galuzo, P., Nr. 8, 1928, 234-236.
ALEKSEEV, M.P.: SIBIR' V IZVESTIIAKH ZAPADNOEVROPEISKIKH
    PUTESHESTVENNIKOV I PISATELEI. T. I. CH. 2 IRKUTSK,
    1936.(REVIEW).
    Bakhrushin, S., 1936, Nr. 5 (57), 149-152.

ALENIN, F.T.: SOVETY V GERMANSKOĬ REVOLIUTSII. MOSCOW, 1934.
(REVIEW).
F.,B., 1934, Nr. 6 (40), 91-92.
ALEXANDER I, EMPEROR OF RUSSIA--CORRESPONDENCE--A.I. CHERNY-
SHEV--1818-20.
Ignatovich, I., 1935, Nr. 2-3 (42-43), 99-121.
ALL-RUSSIAN CENTRAL EXECUTIVE COMMITTEE see VTSIK
ALL-RUSSIAN CONGRESS OF SOVIETS, 1ST, 1917.
Burdzhalov, E., 1937, Nr. 3 (61), 24-41.
ALL-RUSSIAN CONGRESS OF SOVIETS, 3RD, 1918.
Gorodetskiĭ, E., 1941, Nr. 3 (91), 11-35.
ALL-RUSSIAN PEASANT LEAGUE--HISTORY--1905-17.
Shestakov, A., Nr. 5, 1927, 94-123.
ALL-RUSSIAN TEACHERS' UNION see VUS.
ALL-UNION COMMUNIST PARTY (OF BOLSHEVIKS) (VKP)(b) see KPSS.
ALLARD, P.: LES DÉSSOUS DE LA GUERRE, RÉVÉLÉS PAR LES COMITÉS
SÉCRETS. PARIS, 1932 (REVIEW).
K.,S., 1933, Nr. 3 (31), 111-113.
ALLEN, W.E.D.: A HISTORY OF THE GEORGIAN PEOPLE FROM THE
BEGINNING DOWN TO THE RUSSIAN CONQUEST IN THE NINE-
TEENTH CENTURY. LONDON, 1932. (REVIEW).
Markova, O., 1938, Nr. 3 (67), 105-107.
ALLGEMEINER DEUTSCHER ARBEITERVEREIN--HISTORY--1869-78.
Bernshteĭn, A.S., Nr. 13, 1929, 95-136.
ALPHABET, CYRILLIC--ORIGIN.
Shangin, M., 1940, Nr. 2 (78), 168.
ALTAI TRIBES--SOCIAL AND ECONOMIC RELATIONS--19TH C.
Potapov, L., 1940, Nr. 11 (87), 112-114.
ALTHEIM, F.: EPOCHEN DER RÖMISCHEN GESCHICHTE. BD. I:
VON DEN ANFÄNGEN BIS ZUM BEGINN DER WELTHERRSCHAFT.
B. II: WELTHERRSCHAFT UND KRISE. FRANKFURT A/M.,
1934-35. (REVIEW).
Berger, A., 1937, Nr. 1 (59), 171-174.
ALVAREZ DEL VAYO, J.: FREEDOM'S BATTLE. NEW YORK, 1940.
(REVIEW).
Al'perovich, M., Belen'kiĭ, A., 1941, Nr. 6 (94),
157-158.
AMERICA, NORTH--DISCOVERY AND EXPLORATION, PRECOLUMBIAN--
GERMAN HISTORIOGRAPHY.
Novinki nemetskoĭ literatury, 1936, Nr. 2 (54),
181-182.
AMERICAN COUNCIL OF LEARNED SOCIETIES--ADVISORY BUREAU--
1936--WORK IN PROGRESS AND PUBLICATIONS.
Nauchnye doklady i..., 1937, Nr. 2 (60), 199.
AMERICAN HISTORICAL ASSOCIATION see AHA.
"THE AMERICAN HISTORICAL REVIEW" (JOURNAL) (REVIEW).
Vasiutinskiĭ, V.A., Nr. 4, 1927, 229-232; Nr. 10,
1928, 234-238.
AMERICAN INSTITUT FOR THE STUDY OF IRANIAN ART AND ARCH-
AEOLOGY, NEW YORK--WORK IN PROGRESS AND PUBLICA-
TIONS--1936.
Nauchnye doklady i..., 1937, Nr. 2 (60), 199.

ANAN'EV, K.: V BOIAKH ZA PEREKOP; ZAPISKI UCHASTNIKA.
     MOSCOW, 1935 (REVIEW).
     IU.,O., 1936, Nr. 5 (57), 182.
ANARCHO-SYNDICALISM--SOVIET RUSSIA--1920--"WORKERS' OPPOSI-
     TION"--SAMARA--M. KHATAEVICH--DOCUMENT.
     Khataevich, M., 1935, Nr. 7 (47), 86-90.
ANATOL'EV, P.I.: MARKS I LENIN O PERVOM ETAPE RABOCHEGO
     DVIZHENIIA V ROSSII (LECTURE)--CONFERENCE, VORONEZH,
     NOVEMBER, 1933.
     Na konferentsiia istorikov..., 1933, Nr. 6 (34),
     166-167.
ANATOL'EV, P.I., KOMAROV,--: OB IZUCHENII ISTORII FABRIK I
     ZAVODOV. (LECTURE)--CONFERENCE, VORONEZH, NOVEMBER,
     1933.
     Na konferentsiia istorikov..., 1933, Nr. 6 (34),
     166-167.
ANCHIERI, E.: STORIA DELLA POLITICA INGLESE NEL SUDAN,
     1882-1938. MILANO, 1939. (REVIEW).
     Erofeev, N., 1941, Nr. 1 (89), 133-135.
ANCIENT HISTORY see ANTIQUITY.
ANDICS, E .: REVOLIUTSIIA 1918-1919 V VENGRII. (DISSERTATION)
     MOSCOW, 1940.
     O.,M., 1940, Nr. 9 (85), 153-154.
ANDLER, C.P.T.: VIE DE LUCIEN HERR, 1864-1926. PARIS, 1932.
     (REVIEW).
     Dalin, V., 1934, Nr. 3 (37), 97-104.
ANDREEV, A.I.: OCHERKI PO ISTOCHNIKOVEDENIIU SIBIRI.
     (DISSERTATION) MOSCOW, 1940.
     P.,I., 1940, Nr. 12 (88), 135-138.
ANDREEV, M.: AGRARNYĬ VOPROS DO I V REVOLIUTSII MEĬDZI
     ("MATERIALY KRUZHKA IAPONOVEDENIIA V TOKIO," VYP. III)
     MOSCOW, 1931 (REVIEW).
     R-g, G., 1932, Nr. 1-2 (23-24), 187-190.
ANDRIEUX, L.: A TRAVERS LA RÉPUBLIQUE; MEMOIRES. PARIS,
     1926. (REVIEW).
     Molok, A., Nr. 7, 1928, 283-285.
"ANGLIĬSKIE PUTESHESTVENNIKI V MOSKOVSKOM GOSUDARSTVE V XVI
     VEKE." PEREVOD S ANGLIĬSKOGO IU. V. GOT'E. LENINGRAD,
     1938. (REVIEW).
     Rostovskiĭ, S., 1938, Nr. 4 (68), 150-153.
ANGLO-AMERICAN CONFERENCE OF HISTORIANS, LONDON, JULY, 1935.
     Istoricheskaia nauka za..., 1936, Nr. 1 (53), 211-212.
ANGLO-AMERICAN CONFERENCE OF HISTORIANS, LONDON, JULY, 1936.
     Nauchnye obshchestva i..., 1936, Nr. 6 (58), 257-258.
ANGLO-NORMAN TEXT SOCIETY--CONFERENCE, LONDON, OCTOBER, 1936.
     Nauchnye obshchestva i..., 1937, Nr. 3 (61), 230.
ANISIMOV, A.F.: RODOVOE OBSHCHESTVO ĖVENKOV (TUNGUSOV)
     (NAUCHNO-ISSLEDOVATEL'SKAIA ASSOTSIATSIIA INSTITUTA
     NARODOV SEVERA TSIK SSSR IM. P.G. SMIDOVICHA. TRUDY
     PO ĖTNOGRAFII, T.I) LENINGRAD, 1936. (REVIEW).
     Kosven, M., 1937, Nr. 1 (59), 160-161.

"ANNALES D'HISTOIRE ÉCONOMIQUE ET SOCIALE" (JOURNAL) NR. 36,
    NOVEMBER, 1935. (REVIEW).
    M.,N., 1936, Nr. 2 (54), 170-171.
"ANNALES HISTORIQUES DE RÉVOLUTION FRANÇAISE" (JOURNAL)
    (REVIEW).
    Freiberg, N., Nr. 14, 1929, 187-191.
"ANNALES HISTORIQUES DE LA RÉVOLUTION FRANÇAISE" (JOURNAL)--
    1933, NOV.-DEC. (REVIEW).
    M.,I., 1934, Nr. 2 (36), 161-163.
ANTELAVA, I.G.: OCHERKI PO ISTORII ABKHAZII V XVII-XVIII VV.
    (DISSERTATION) MOSCOW, 1941.
    V Institute istorii..., 1941, Nr. 4 (92), 152-153.
ANTHROPOLOGY see also ETHNOLOGY
ANTHROPOLOGY--F. ENGELS.
    Zolotarev, A., 1940, Nr. 12 (88), 47-52.
"ANTI-SOVIET TROTSKYITE CENTER"--1937--TRIAL.
    IAroslavskii, E., 1937, Nr. 1 (59), 6-15.
ANTIQUITY--EUROPEAN HISTORIOGRAPHY--BIBLIOGRAPHY.
    Novaia literatura po..., 1935, Nr. 4 (44), 138-145.
"ANTIRELIGIOZNYE NOVELLY ÉPOKHI VOZROZHDENIIA, XIV-XVI VV."
    MOSCOW, 1939. (REVIEW).
    Ditiakin, V., 1940, Nr. 4-5 (80-81), 147-149.
ANTONOVA, K.: INDIIA V PERIOD GENERAL-GUBERNATORSTVA
    GASTINGSA. (DISSERTATION) MOSCOW, 1940.
    Nikiforov, L., 1941, Nr. 6 (94), 157.
APPUT, C.: LES NÉGOCIATIONS AUSTROALLEMANDES DU PRINTEMPS DE
    1917 ET LA MISSION DU PRINCE SIXTE ("REVUE D'HISTOIRE
    DE LA GUERRE MONDIALE, 1935, NR. 3, 210-223) (REVIEW).
    M.,I., 1936, Nr. 2 (54), 166.
AQUILA, G.: FASHIZM V ITALII. MOSCOW, n.d. (REVIEW).
    Drabkina, E., Nr. 4, 1927, 210-213.
ARCHAEOLOGY--AKKADIA--TEL-ASMARA--EXCAVATIONS.
    Avdiev, V., 1937, Nr. 5-6 (63-64), 152-161.
ARCHAEOLOGY--ASIA MINOR--AMERICAN SCHOLARSHIP--1935.
    Arkheologicheskie raskopki i..., 1937, Nr. 3 (61), 234.
ARCHAEOLOGY--BELGIUM--1936.
    Raskopki, 1937, Nr. 2 (60), 201.
ARCHAEOLOGY--CHINA--AMERICAN EXPEDITIONS--1934-35--SHANG DYNASTY--
    18TH-12TH B.C.
    M.,G.K., 1939, Nr. 2 (72), 192-194.
ARCHAEOLOGY--CHUVASHIA--BALANOVSKII GRAVESITE--1936.
    Novye dokumenty i..., 1937, Nr. 1 (59), 199-200.
ARCHAEOLOGY--CYPRUS.
    Raskopka na Kipre, 1935, Nr. 7 (47), 138.
ARCHAEOLOGY--CYPRUS--1936.
    Novye dokumenty i..., 1936, Nr. 6 (58), 260-261.
ARCHAEOLOGY--CZECHOSLOVAKIA--1936.
    Raskopki, 1937, Nr. 2 (60), 201.
ARCHAEOLOGY--CZECHOSLOVAKIA--CZECH SCHOLARSHIP.
    Arkheologiia, 1936, Nr. 2 (54), 185.
ARCHAEOLOGY--CRIMEA--SUDAK.
    Protasov, N., 1938, Nr. 4 (69), 162-169.

ARCHAEOLOGY--EGYPT--AMERICAN EXPEDITIONS--1925-35.
     Avdiev, V., 1935, Nr. 4 (44), 156-158.
ARCHAEOLOGY--EGYPT--ANTIQUITY.
     Avdiev, V.I., 1934, Nr. 6 (40), 70-83.
ARCHAEOLOGY--EGYPT--BRITISH SCHOLARSHIP--1936.
     Raskopki, 1937, Nr. 2 (60), 201-202.
ARCHAEOLOGY--EGYPT--FRENCH SCHOLARSHIP--1939.
     Al'perovich, M., Belen'kiĭ, A., 1941, Nr. 1 (89),
     153-154.
ARCHAEOLOGY--EGYPT--MEDINET-ABU--EXCAVATIONS--AMERICAN
     SCHOLARSHIP.
     Avdiev, V., 1935, Nr. 11 (51), 129-133.
ARCHAEOLOGY--FRANCE--1936.
     Arkheologicheskie raskopki i..., 1937, Nr. 3 (61),
     233-234.
ARCHAEOLOGY--FRANCE--1936--FAKE VENUS.
     Istoricheskaia nauka za..., 1939, Nr. 5-6 (75-76), 280.
ARCHAEOLOGY--FRANCE--1939--EASTERN PROVINCES.
     Istoricheskaia nauka za..., 1939, Nr. 5-6 (75-76), 280.
ARCHAEOLOGY--FRANCE--NEOLITHIC FINDS--1934-36.
     Istoricheskaia nauka za..., 1940, Nr. 11 (87), 157.
ARCHAEOLOGY--GEORGIA (TRANSCAUCASIA)--1936.
     Miskhelashvili, L., 1937, Nr. 3 (61), 224-225.
ARCHAEOLOGY--GERMANY--ARENSBURG (HOLSTEIN).
     Arkheologiia, 1936, Nr. 2 (54), 185.
ARCHAEOLOGY--IRAN--BRITISH EXCAVATIONS--AUREL STEIN.
     Istoricheskaia nauka za..., 1939, Nr. 5-6 (75-76), 280.
ARCHAEOLOGY--KOLOMNA--1935-36.
     Novye dokumenty i..., 1937, Nr. 1 (59), 199-200.
ARCHAEOLOGY--LEBANON--FRENCH EXPEDITIONS--1921-38.
     Arkheologicheskie raskopki v..., 1939, Nr. 2 (72),
     202-203.
ARCHAEOLOGY--MESOPOTAMIA--BRITISH EXCAVATIONS--L. WOLLEY.
     Istoricheskaia nauka za..., 1939, Nr. 5-6 (75-76), 280.
ARCHAEOLOGY--NEAR EAST--DUTCH SCHOLARSHIP--1940.
     Al'perovich, M., Belen'kiĭ, A., 1941, Nr. 1 (89),
     153-154.
ARCHAEOLOGY--NEAR EAST--INTERNATIONAL SCHOLARSHIP.
     Arkheologicheskie raskopki na..., 1940, Nr. 11 (87)
     156-157.
ARCHAEOLOGY--SYRIA--FRENCH EXPEDITION--1936.
     Novye dokumenty i..., 1937, Nr. 1 (59), 202.
ARCHAEOLOGY--SYRIA--FRENCH EXPEDITIONS--1921-38.
     Arkheologicheskie raskopki v..., 1939, Nr. 2 (72),
     202-203.
ARCHAEOLOGY--SYRIA--R. DU MESNIL DU BUISSON.
     Novye dokumenty i..., 1936, Nr. 6 (58), 260-261.
ARCHAEOLOGY--TURKEY--1939.
     Al'perovich, M., Belen'kiĭ, A., 1941, Nr. 5 (93), 158.
ARCHAEOLOGY--USSR--CONFERENCE, KERCHI, SEPTEMBER, 1926.
     Gelakh, T., Nr. 3, 1927, 248-251.

ARCHAEOLOGY-USSR--1917-37.
    Ekspeditsionnaia rabota sovetskikh..., 1937, Nr. 5-6
    (63-64), 269-271.
ARCHAEOLOGY--USSR--ANCIENT TOWNS--CONFERENCE, LENINGRAD,
    MARCH, 1941.
    Voronin, N., 1941, Nr. 6 (94), 149-152.
ARCHAEOLOGY--USSR--BOGOLIUBOV--EXCAVATIONS--1934-37.
    Voronin, N., 1940, Nr. 2 (78), 164-168.
ARCHAEOLOGY--USSR--EXPEDITIONS--1936.
    El'nitskiĭ, L., 1937, Nr. 2 (60), 191-192.
ARCHAEOLOGY--USSR--EXPEDITIONS AND EXCAVATIONS--1934.
    Po SSSR, 1934, Nr. 6 (40), 104-108.
ARCHAEOLOGY--USSR--GORBUNOVSKIĬ TORFIANIK--1936.
    Éding, D., 1937, Nr. 2 (60), 192-193.
ARCHAEOLOGY--USSR--GNEZDOVO BURIAL MOUNDS.
    Artsikhovskiĭ, A., 1939, Nr. 1 (71), 193-195.
ARCHAEOLOGY--USSR--GOS. IST. MUZEI--1936.
    Dmitriev, P., 1937, Nr. 3 (61), 227-228.
ARCHAEOLOGY--USSR--HISTORY--CRITIQUE.
    Artsikhovskiĭ, A. et. al., 1937, Nr. 2 (60), 78-91.
ARCHAEOLOGY--USSR--IAMAL PENINSULA--EXCAVATIONS--1936.
    Novye dokumenty i..., 1937, Nr. 1 (59), 199-200.
ARCHAEOLOGY--USSR--KUBAN RIVER--1936.
    Novye dokumenty i..., 1937, Nr. 1 (59), 199-200.
ARCHAEOLOGY-USSR--METHODOLOGY.
    Artsikhovskiĭ, A., Nr. 14, 1929, 136-155.
ARCHAEOLOGY--USSR--MOSCOW--METRO EXCAVATIONS.
    Tarasov, N., Artsikhovskiĭ, A., 1934, Nr. 3 (37),
    140-142.
ARCHAEOLOGY--USSR--MOSCOW--METRO EXCAVATIONS.
    Tarasov, N., 1934, Nr. 5 (39), 123-126.
ARCHAEOLOGY--USSR--MOSCOW--METRO EXCAVATIONS--1934-35.
    Artsikhovskiĭ, A., 1935, Nr. 5-6, (45-46), 204-207.
ARCHAEOLOGY--USSR--MOSCOW--METRO EXCAVATIONS--1935.
    Tarasov, N., 1935, Nr. 8-9 (48-49), 153-177.
ARCHAEOLOGY--USSR--NORTHERN DON RIVER VALLEY--1936.
    Novye dokumenty i..., 1937, Nr. 1 (59), 199-200.
ARCHAEOLOGY--USSR--NOVGOROD--EXCAVATIONS--1937.
    Rabinovich, M., 1938, Nr. 4 (68), 204-205.
ARCHAEOLOGY--USSR--NOVGOROD--EXCAVATIONS--1937.
    Zasurtsev, P., 1938, Nr. 3 (67), 157-160.
ARCHAEOLOGY--USSR--NOVGOROD--EXCAVATIONS--1938.
    Mongaĭt, A., 1938, Nr. 6 (70), 192-195.
ARCHAEOLOGY--USSR--NOVGOROD VELIKIĬ--EXCAVATIONS--1934.
    Artsikhovskiĭ, A.V., 1935, Nr. 1 (41), 116-118.
ARCHAEOLOGY--USSR--VLADIMIR--EXCAVATIONS--1934-37.
    Voronin, N., 1940, Nr. 2 (78), 164-168.
"ARCHIV FÜR DIE GESCHICHTE DES SOZIALISMUS UND DER
    ARBEITERBEWEGUNG" (JOURNAL) (REVIEW).
    Vasiutinskiĭ, A., Nr. 11, 1929, 173-179.

"ARCHIV FÜR SOZIALWISSENSCHAFT UND SOZIALPOLITIK" (JOURNAL)
(REVIEW).
      Vasiutinskiĭ, A., Nr. 6, 1927, 260-264; Nr. 11, 1929,
      173-179.
ARCHIVAL SCIENCES--INTERNATIONAL CONGRESS OF HISTORICAL
      SCIENCES, 6TH, OSLO, 1928.
      Adoratskiĭ, V., Nr. 9, 1928, 97-100.
ARCHIVAL SCIENCES, AMERICAN--CONFERENCE, PROVIDENCE,
      DECEMBER, 1936.
      Arkhivnoe delo zagranitseĭ, 1937, Nr. 3 (61), 233.
ARCHIVES--EUROPE--SWISS GUIDE.
      Istoricheskaia nauka za..., 1938, Nr. 5 (39), 235.
ARCHIVES--FRANCE--PARIS COMMUNE--1871.
      Arkhivnoe delo zagranitseĭ, 1937, Nr. 3 (61), 232-233.
ARCHIVES--USA--HISTORICAL RECORDS SURVEY--1936.
      Arkhivnoe delo zagranitseĭ, 1937, Nr. 3 (61), 233.
ARCHIVES--USA--NATIONAL ARCHIVES--1938.
      Nauchnye konferentsiia i..., 1939, Nr. 2 (72), 204.
ARCHIVES--USSR--GAFKÉ--HISTORY AND HOLDINGS.
      Razumovskaia, V., 1936, Nr. 3 (55), 194-196.
ARCHIVES--USSR--ISTORIKO-ARKHEOGRAFICHESKIĬ INSTITUT AN SSSR.
      Chaev, N., 1933, Nr. 6 (34), 163-165.
ARCHIVES--USSR--ODESSKIĬ OBLASTNOĬ ISTORICHESKIĬ ARKHIV--
      HOLDINGS.
      Riabinin-Skliarevskiĭ, A., 1936, Nr. 5 (57), 199-200.
ARCHIVES--USSR--TSAOR--HISTORY AND HOLDINGS--1936.
      Kostomarov, G., 1937, Nr. 1 (59), 195-197.
ARCHIVES--USSR--TOMSK.
      Z.,A., Nr. 12 (52), 150-153.
ARCHIVES--USSR--TSENTRAL'NYĬ ARKHIV REVOLUTSII--HOLDINGS.
      Spirova, A., 1936, Nr. 5 (57), 193-194.
ARCHIVES--USSR--TSENTRAL'NYĬ ARKHIV REVOLIUTSII GLAVNOGO
      ARKHIVNOGO UPRAVLENIIA NKVD SSSR.
      Syromiatnikova, M., 1940, Nr. 7 (83), 154-155.
ARCHIVES--USSR--WORK IN PROGRESS AND PUBLICATIONS--1935-36.
      G.,M., 1935, Nr. 11 (51), 136-138.
ARCHIVES--UKRAINE--1928--WORK IN PROGRESS AND PUBLICATIONS.
      Vsesoiuznaia konferentsiia..., Nr. 11, 1929, 216-265.
ARCHIVES--VATICAN--L. BRANCADORI COLLECTION.
      Novye dokumenty i..., 1937, Nr. 1 (59), 202.
ARCHIVISTS, SWISS--CONFERENCE, SEPTEMBER, 1940.
      Al'perovich, M., Belen'kiĭ, A., 1941, Nr. 5 (93), 158.
"ARCHIVUM EUROPAE CENTRO-ORIENTALIS" (JOURNAL) (REVIEW).
      Novinki istoricheskoĭ literatury, 1936, Nr. 3 (55), 203.
"ARCHIVUM EUROPAE CENTRO-ORIENTALIS"--SPECIAL ISSUE--1938--
      STEPHEN I--900TH ANNIVERSARY OF HIS DEATH.
      Istoricheskaia nauka za..., 1939, Nr. 3 (73), 221.
AREF: SLOVO O MIRE S BOLGARAMI 927 G.--VATICAN MANUSCRIPT
      NR. 483.
      Shangin, M., 1939, Nr. 3 (73), 177.
ARENBERG ARCHIVE--MIRABEAU LETTER.
      Novye dokumenty, 1936, Nr. 3 (55), 202.

ARENSBURG (HOLSTEIN)--ARCHAEOLOGICAL EXCAVATIONS--A. Rust.
      Arkheologiia, 1936, Nr. 2 (54), 185.
ARGENTINA--HISTORY--ARGENTINIAN HISTORIOGRAPHY--HANDBOOKS.
      Nauchnye obshchestva i..., 1936, Nr. 6 (58), 257-258.
ARGENTINA--HISTORY--1918-21--REVOLUTIONARY MOVEMENT.
      Ia-n, G., 1932, Nr. 4-5 (26-27), 293-328.
ARKHANGEL'SKIĬ, S.I.: AGRARNOE ZAKONODATEL'STVO VELIKOĬ
      ANGLIĬSKOĬ REVOLIUTSII 1643-1648 GG. CH. I. MOSCOW,
      1935. (REVIEW).
      Lavrovskiĭ, V., 1936, Nr. 6 (58), 212-216.
ARKHANGEL'SKIĬ PED. INSTITUT. KAFEDRA ISTORII SSSR.--WORK IN
      PROGRESS AND PUBLICATIONS--1939.
      Klochkov, M., 1940, Nr. 8 (84), 152-153.
ARKHEOLOGICHESKAIA KONFERENTSIIA. KERCHI, SEPTEMBER 5-15, 1926.
      Gelakh, T., Nr. 3, 1927, 248-251.
"ARKHIV K. MARKSA I F. ENGEL'SA." KN. III. POD RED. D.
      RIAZANOVA. MOSCOW, 1927. (REVIEW).
      Shch., P., Nr. 7, 1928, 279-281.
"ARKHIV MARKSA I ENGEL'SA." T. I (VI). MOSCOW, 1932 (REVIEW).
      Dalin, V., 1933, Nr. 1 (29), 127-140.
"ARKHIV MARKSA I ENGEL'SA." T. 5. MOSCOW, 1938. (REVIEW).
      Udal'tsov, A., 1939, Nr. 3 (73), 142-146.
"ARKHIV POLKOVNIKA KHAUZA." T. III. PODGOTOV. K PECHATI
      CH. SEĬMUROM. PEREVOD S ANGLIISKOGO. MOSCOW, 1939.
      (REVIEW).
      Osipov, M., 1940, Nr. 6 (82), 125-130.
"ARKHIV RADIANS'KOĬ UKRAINY," 1932-34 GG. (REVIEW).
      Grebenkin, K., 1934, Nr. 3 (37), 105-107.
"ARKHIVNOE DELO" (JOURNAL) (REVIEW).
      Rakhlina, A., Nr. 3, 1927, 207-208.
"ARKHIVNOE DELO" (JOURNAL) (REVIEW).
      Rakhlin, A., Nr. 10, 1928, 238-242.
"ARKHIVY SSSR." LENINGRADSKOE OTDELENIE TSENTRAL'NOGO
      ISTORICHESKOGO ARKHIVA." POD RED. A.K. DREZENA.
      LENINGRAD, 1933. (REVIEW).
      Lavrov, N., 1936, Nr. 3 (55), 169-171.
ARMED UPRISINGS--K. MARX'S INTERPRETATION.
      Mints, I., 1933, Nr. 2 (30), 61-88.
ARMENIA--HITORY--CONFERENCE, EREVAN, NOVEMBER, 1940.
      Budumian, S., 1941, Nr. 1 (89), 145-146.
ARMENIA--HISTORY--SOVIET HISTORIOGRAPHY.
      Manandian, IA., 1940, Nr. 6 (82), 3-8.
ARMENIA--HISTORY--STUDY AND TEACHING--USSR--TEXTBOOKS.
      Ioannisian, A., 1940, Nr. 4-5 (80-81), 158.
ARMENIA--HISTORY--17TH C.--ZAKHARIĬ AKULISSKIĬ.
      Ioannisian, A., 1937, Nr. 1 (59), 139-152.
ARMENIA--HISTORY--1920.
      Gukovskiĭ, A., 1940, Nr. 11 (87), 8-17.
ARMENIA--SOCIAL HISTORY--SOVIET HISTORIOGRAPHY.
      Manadian, IA., 1940, Nr. 6 (82), 3-8.
ARMENIA--SOCIO-ECONOMIC CONDITIONS--2ND-12TH C.--SOVIET
      HISTORIOGRAPHY.
      Manadian, IA., 1940, Nr. 6 (82), 3-8.

ARMSTRONG, H.F.: THE DOWNFALL OF FRANCE ("FOREIGN AFFAIRS,"
    OCT.-DEC., 1940, 55-144). (REVIEW).
    IUshchak, K., 1940, Nr. 12 (88), 124-125.
ARMY--FRANCE--1917--DOCUMENTS.
    Notovich, F., 1934, Nr. 4 (38), 92-111.
ARMY--INDIA--18TH-20TH C.--PUNJAB.
    Gol'dberg, N., 1940, Nr. 6 (82), 75-89.
ARMY--RUSSIA--HISTORY--SOVIET HISTORIOGRAPHY--BOOK REVIEW.
    Gukovskiĭ, A., 1940, Nr. 12 (88), 88-93.
ARMY--RUSSIA--WWI--SOVIET HISTORIOGRAPHY.
    Sidorov, A., 1939, Nr. 4 (74), 153-156.
ARMY--RUSSIA--REVOLUTION OF 1917--OCTOBER--DOCUMENTS.
    Bor'ba za armiiu..., 1937, Nr. 4 (62), 155-176.
ARMY, RED see RED ARMY.
ARNDT, G.: GRUNDSÄTZE DER SIEDLUNGSPOLITIK UND SIEDLUNGS-
    METHODE FRIEDRICHS DES GROSSEN. BRESLAU, 1935.
    (REVIEW).
    Fashizatsiia istoricheskoĭ nauki..., 1936, Nr. 3
    (55), 200.
ART--EGYPT--ANTIQUITY.
    Avdiev, V.I., 1934, Nr. 6 (40), 70-83.
ART, CHINESE--EXHIBITION--MOSCOW--1939.
    Glukhareva, O., 1940, Nr. 3 (79), 155-158.
ART, ISLAMIC--POLISH SCHOLARSHIP--1936.
    Nauchnye doklady..., 1937, Nr. 2 (60), 199.
ART, PERSIAN--EXHIBITION--MOSCOW--1934.
    T., V., 1934, Nr. 6 (40), 103-104.
ARTAMONOV, M.I.: OCHERKI DREVNEĬSHEĬ ISTORII KHAZAR.
    MOSCOW, 1936. (REVIEW).
    Parkhomenko, V., 1937, Nr. 5-6 (63-64), 200-201.
ARTAMONOV, M.I.: SPORNYE VOPROSY DREVNEĬSHEĬ ISTORII SLAVIAN
    I RUSI. (LECTURE), MOSCOW, 1940.
    Sessiia otdel. istorii..., 1940, Nr. 6 (82), 136-142.
ARYANS--ORIGIN OF NAME.
    Tardov, V.G., 1934, Nr. 5 (39), 18-32.
ASHLEY, M.P.: FINANCIAL AND COMMERCIAL POLICY UNDER THE
    CROMWELLIAN PROTECTORATE. LONDON, 1934. (REVIEW).
    Vasiutinskiĭ, V., 1936, Nr. 6 (58), 209-212.
ASIA--SOCIO-ECONOMIC DEVELOPMENT--K. MARX.
    Diskussiia o sushchnosti..., Nr. 16, 1930, 104-161.
ASIA, CENTRAL--ECONOMIC CONDITIONS--8TH-19TH C.--LAND TENURE.
    Khodorov, A., Nr. 10, 1938, 121-153.
ASIA, CENTRAL--ECONOMIC RELATIONS--RUSSIA--19TH C.
    Otchet o dokladakh..., Nr. 9, 1928, 115-133.
ASIA, CENTRAL--HISTORY--19TH C.--SOURCES.
    Ivanov, P., 1937, Nr. 3 (61), 220-222.
ASIA, CENTRAL--HISTORY--REVOLUTION OF 1917--MARCH-DECEMBER--
    CHRONOLOGY.
    Zriachkin, S., 1941, Nr. 4 (92), 101-111.
ASIA, CENTRAL--RUSSIA--INDEPENDENCE MOVEMENTS--1916.
    Shestakov, A.V., Nr. 2, 1926, 84-114.

ASIA, CENTRAL--RUSSIAN IMPERIAL POLICIES--19TH C.
    Otchet o dokladakh..., Nr. 9, 1928, 115-133.
ASIA, CENTRAL--RUSSIAN IMPERIAL POLICIES--1906-16--COLONIZATION.
    Sharova, P., 1940, Nr. 6 (82), 90-102.
ASIA, CENTRAL--SOCIO-ECONOMIC CONDITIONS--14TH-15TH C.--
    SUIURGAL.
    Belenitskiĭ, A., 1941, Nr. 4 (92), 43-58.
ASIA, CENTRAL--SOCIO-ECONOMIC CONDITIONS--EARLY 20TH C.
    Sharova, P., 1940, Nr. 6 (82), 90-102.
"ASIAN MODE OF PRODUCTION"--CRITIQUE OF S.M. DUBROVSKIĬ'S
    VIEWS.
    Diskussiia o sushchnosti..., Nr. 16, 1930, 104-161.
"ASIAN MODE OF PRODUCTION"--S.M. DUBROVSKIĬ'S VIEWS--
    CRITIQUE.
    Malyshev, A., Nr. 15, 1930, 43-73; Nr. 16, 1930, 68-103.
ASIAN STUDIES see ORIENTAL STUDIES.
ASSOCIATION FOR THE STUDY OF NEGRO LIFE AND HISTORY--
    CONFERENCE, CHICAGO, SEPTEMBER, 1940.
    Al'perovich, M., Belen'kiĭ, A., 1941, Nr. 5
    (93), 158.
ASSOCIATION OF STATE PUBLISHING HOUSES (1930-1945) see OGIZ.
ASTER, E. VON: DIE FRANZÖSISCHE REVOLUTION IN DER ENTWICKLUNG
    IHRER POLITISCHEN IDEEN. LEIPZIG, 1929 (REVIEW).
    S-i, Nr. 16, 1930, 162-175.
ASTRAKHAN--HISTORY--1705-06--DOCUMENTS.
    Astrakhanskoe vosstanie..., 1935, Nr. 4 (44), 77-86.
ASTROV, V.: VTOROĬ S"EZD PARTII. MOSCOW, 1928 (REVIEW).
    Lius'in, N., Nr. 9, 1928, 173-174.
ATATURK, KEMAL: PUT' NOVOĬ TURTSII. T. IV. MOSCOW, 1936
    (REVIEW).
    Mel'nik, A., 1936, Nr. 5 (57), 175-178.
ATLAS, Z.: OCHERKI PO ISTORII DENEZHNOGO OBRASHCHENIIA V
    SSSR, 1917-1925. MOSCOW, 1940 (REVIEW).
    Feĭgel'son, M., 1941, Nr. 6 (94), 126-128.
AUGUSTINUS, SAINT, BISHOP OF HIPPO--CIRCUMCELLIONS.
    Mashkin, N.A., 1935, Nr. 1 (41), 28-52.
AULARD, A.--OBITUARY.
    Lukin, N., Nr. 10, 1928, 71-88.
AUSTRIA--FOREIGN RELATIONS--RUSSIA--1848-49--RUSSIAN
    MILITARY INTERVENTION IN HUNGARIAN REVOLUTION.
    Averbukh, R., 1932, Nr. 3 (25), 87-117.
AUSTRIA--HISTORY--1848-49--HUNGARIAN REVOLUTION--RUSSIAN
    MILITARY INTERVENTION.
    Averbukh, R., 1932, Nr. 3 (25), 87-117.
AUSTRIA--HISTORY--1848--K. MARX.
    Averbukh, R., 1933, Nr. 3 (31), 79-89.
AUSTRIA-HUNGARY--FOREIGN RELATIONS--1904-14--DOCUMENTS--
    BOOK REVIEW.
    Notovich, F., 1934, Nr. 1 (35), 210-223.
AUSTRIA-HUNGARY--FOREIGN RELATIONS--RUSSIA--1849--L. KOSSUTH.
    Baraboĭ, A., 1941, Nr. 6 (94), 100-102.

AUSTRIA-HUNGARY--FOREIGN RELATIONS--RUSSIA--1895-97--
    NEAR EAST CRISIS.
    Khvostov, V., Nr. 13, 1929, 19-54.
AUSTRIA-HUNGARY--HISTORY--LATE 19TH-EARLY 20TH C.--
    HISTORIOGRAPHY--BIBLIOGRAPHY.
    Tordaĭ, L., Nr. 6, 1927, 253-259.
AUSTRIA-HUNGARY--HISTORY--1918--COLLAPSE.
    Rubinshteĭn, E., 1940, Nr. 7 (83), 14-34.
AUSTRIA-HUNGARY--NATIONALITIES PROBLEM--SLOVENES--1867-1918.
    Gustinchich, D., 1941, Nr. 5 (93), 82-91.
AUSTRO-HUNGARIAN EMPIRE see AUSTRIA-HUNGARY.
AUSTRO-HUNGARIAN MONARCHY. MINISTERIUM DES K. UND K. HAUSES
    UND DES ÄUSSERN. ÖSTERREICH-UNGARNS AUSSENPOLITIK
    1908-1914 see "ÖSTERREICH-UNGARNS AUSSENPOLITIK, 1908-
    1914."
"DIE AUSWÄRTIGE POLITIK PREUSSENS 1858-1871." 2.SER. BD. 5.
    OLDENBURG, 1935 (REVIEW).
    Novinki nemetskoĭ literatury, 1936, Nr. 2 (54), 181-182.
AVARS--RELATIONS--BYZANTINE EMPIRE--5TH-6TH C.--SYRIAN
    CHRONICLES.
    Pigulevskaia, N., 1941, Nr. 4 (92), 92-96.
"AVANTIURY RUSSKOGO TSARIZMA V BOLGARII." SBORNIK DOKUMENTOV.
    SOST. P. PAVLOVICH. MOSCOW, 1935 (REVIEW).
    Nikitin, S., 1937, Nr. 5-6 (63-64), 216-218.
AVDEEV, N.N.--OBITUARY.
    Nelidov, N., Nr. 1, 1926, 288-289.
AVERBUKH, R.A., TSARSKAIA INTERVENTSIIA V BOR'BE S VENGERSKOĬ
    REVOLIUTSIEĬ 1848-49 GG. MOSCOW, 1935 (REVIEW).
    Gaĭdu, P., 1936, Nr. 4 (56), 136-139.
AVIATION--SOVIET RUSSIA--HISTORY--1919-23.
    Volkov, N., 1939, Nr. 1 (71), 53-75.
AVIŽONIS, K.: BAJORAI VALSTYBINIAME LIETUVOS GYVENIME VAZU
    LAIKAIS. KAUNAS, 1940 (REVIEW).
    Picheta, V., 1941, Nr. 6 (94), 121-122.
"AVTOBIOGRAFIIA TIMURA. BOGATYRSKIE SKAZANIIA O CHINGIZ-
    KHANE I AKSAK-TEMIRE." PEREVOD S TIURSKOGO I
    DZHAGATAĬSKOGO IAZYKOV. VSTUP. STAT'IA I KOMMENTARII
    V.A. PANOVA. LENINGRAD, 1934.
    Shteĭnberg, E., 1934, Nr. 6 (40), 93-96.
AVTONOMNAIA INDUSTRIAL'NAIA KOLONIIA KUSBASSA see "A.I.K.
    KUSBASS."
AVTORKHANOV, A.: K OSNOVNYM VOPROSAM ISTORII CHECHNI.
    GROZNYĬ,? 1930? (REVIEW).
    Burkin, N., 1934, Nr. 2 (36), 89-98.
AVTORKHANOV, A.: REVOLIUTSIIA I KONTRREVOLIUTSIIA V CHECHNE.
    IZ ISTORII GRAZHDANSKOĬ VOĬNY V TERSKOĬ OBLASTI.
    GROZNYĬ, 1933 (REVIEW).
    Tliuniaev, N., Ivanov, A., 1934, Nr. 2 (36), 132-135.
AZERBAIJAN--ECONOMIC CONDITIONS--1800-72--OIL INDUSTRY.
    Mamedov, A., 1936, Nr. 4 (56), 98-112.

AZERBAIJAN--HISTORY--17TH C.--ZAKHARIĬ AKULISSKIĬ.
    Ioannisian, A., 1937, Nr. 1 (59), 139-152.

B.

BKP--HISTORY--1923--SEPTEMBER UPRISING.
    Bazhenov, L., 1932, Nr. 4-5 (26-27), 253-292.
BKP(TS)--HISTORY--D. BLAGOEV.
    Kabakchiev, Kh., 1935, Nr. 4 (44), 31-57.
BKP(TS)--V.I. LENIN.
    Kabakchiev, Kh., 1934, Nr. 1 (35), 173-188.
BSDP--HISTORY--D. BLAGOEV.
    Kabakchiev, Kh., 1935, Nr. 4 (44), 31-57.
"BABIĬ GORODOK."
    "Babiĭ Gorodok," 1939, Nr. 5-6 (75-76), 279-280.
BAC, F.: INTIMITÉS DE LA III. RÉPUBLIQUE; DE MONSIEUR THIERS
    AU PRESIDENT CARNOT. PARIS, 1935 (REVIEW).
    Militsyna, T., 1936, Nr. 5 (57), 172-173.
BADAEV, A.E.: BOL'SHEVIKI V GOSUDARSTVENNOĬ DUME. MOSCOW,
    1937 (REVIEW).
    Sidorov, A., 1938, Nr. 1 (65), 147-148.
BAGALEĬ, D.I.--UKRAINIAN HISTORIOGRAPHY.
    Skubitskyĭ, T., Nr. 17, 1930, 27-40.
BAINVILLE, J.: L'ACADÉMIE PENDANT LA RÉVOLUTION ("LA
    REVUE UNIVERSELLE," 15 MAI, 1936) (REVIEW).
    Sh.,A., 1936, Nr. 6 (58), 242.
BAINVILLE, J.: LA TROISIÈME RÉPUBLIQUE, 1870-1935. PARIS,
    1935 (REVIEW).
    Militsyna, T., 1936, Nr. 2 (54), 162-163.
BAKHMUT AND TOR SALT WORKS--1765--STRIKES.
    Cherkasskaia, E., 1940, Nr. 11 (87), 109-111.
BAKHRUSHIN, S.V.--SOVIET HISTORIOGRAPHY.
    Piontkovskiĭ, S., Nr. 17, 1930, 21-26.
BAKHRUSHIN, S.V.: PREDPOSYLKI OBRAZOVANIIA VSEROSSIĬSKOGO
    RYNKA V XVI VEKE. (LECTURE) MOSCOW,1940.
    Ganichev, I., 1940, Nr. 8 (84), 147-149.
BAKHTIAROV,--: ISTORIIA OKTIABR'SKOĬ SOTSIALISTICHESKOĬ
    REVOLIUTSII TATARII. (DISSERTATION) MOSCOW, 1940
    (REVIEW)--CRITIQUE.
    Ot redaktsii, 1941, Nr. 3 (91), 158.
BAKU--1904--STRIKE.
    Sidorov, A., 1940, Nr. 2 (78), 20-36.
BAKU--1907-08--BOLSHEVIKS--I.V. STALIN.
    Moskalev, M., 1940, Nr. 1 (77), 79-97.
BAKU--1918.
    Gasanov, G., Sarkisov, N., 1938, Nr. 5 (69), 32-70.
BAKU--1918--PETROLEUM INDUSTRIES.
    Sef, S., Nr. 18-19, 1930, 29-62.

BAKUNIN, M.A.--BOOK REVIEW.
    Gorev, V., 1934, Nr. 3 (37), 115-118.
BAKUNIN, M.A.--I INTERNATIONAL--HAGUE CONGRESS OF 1872--
    INTERNATIONAL ALLIANCE OF SOCIALIST DEMOCRACY--
    CORRESPONDENCE--T.G. MORAGO.
    Polonskiĭ, V., Nr. 2, 1926, 5-43.
BAKUNIN, M.A.--S.G. NECHAEV.
    Steklov, IU. M., Nr. 2, 1926, 44-83.
BAKUNIN, M.A.--SOVIET HISTORIOGRAPHY--1926--BIBLIOGRAPHY.
    Morokhovets, E., Nr. 4, 1927, 219-223.
BAKER, H.K.: A SEVENTEENTH CENTURY SIDELIGHT ON THE SPANISH
    ARMADA. LONDON, 1938 (REVIEW).
    Zalkind, G., 1940, Nr. 4-5 (80-81), 145-147.
BALABANOV, M.S.: OT 1905 K 1917; MASSOVOE RABOCHEE
    DVIZHENIE. MOSCOW, 1927 (REVIEW).
    IUgov, M., Nr. 7, 1928, 296-299.
BALABANOV, M.S.: ROSSIIA I EVROPEĬSKIE REVOLIUTSII V
    PROSHLOM.VYP. III. PARIZHKAIA KOMMUNA. KIEV, 1925
    (REVIEW).
    Kuniskii, S.D. , Nr. 3, 1927, 196-199.
BALABANOV, M.S.: TSARSKAIA ROSSIIA XX VEKA; NAKANUNE
    REVOLIUTSII 1917 GODA. MOSCOW, 1927 (REVIEW).
    Grave, B., Nr. 5, 1927, 255-257.
BALTIC FLEET--RUSSIA--1910-12--TRIAL OF 52 SAILORS.
    Naĭda, S., 1940, Nr. 2 (78), 78-90.
BALTIC QUESTION--HISTORY--13TH-16TH C.
    Got'e, IU., 1941, Nr. 6 (94), 87-95.
BALTIC QUESTION--HISTORY--18TH C.
    Zutis, IA., 1941, Nr. 2 (90), 66-80.
BALKAN STATES--HISTORY--ARAB SOURCES--SOVIET INTERPRETATION.
    Kovalevskiĭ, A., 1937, Nr. 1 (59), 197-198.
BALTIC STATES--HISTORY--CONFERENCE, MOSCOW, SEPTEMBER, 1940.
    O.,M., 1940, Nr. 11 (87), 140-146.
BALTIC STATES--HISTORY--13TH-15TH C.--GERMAN EXPANSION.
    Gratsianskiĭ, N., 1938, Nr. 6 (70), 87-111.
BALKAN STATES--HISTORY--1877-78--RUSSO-TURKISH WAR.
    Muratov, Kh., 1940, Nr. 7 (83), 65-81.
BALTIC STATES--HISTORY--1917-40.
    Dauge, P., 1941, Nr. 1 (89), 3-42.
BALTIC STATES--HISTORY--1917--23RD ANNIVERSARY--EXHIBITION,
    MOSCOW, 1940.
    Ionova, O., 1941, Nr. 1 (89), 146-148.
BANKS AND BANKING--RUSSIA--LATE 19TH-EARLY 20TH C.--
    MONOPOLISTIC CAPITAL--PERIODIZATION.
    Granovskiĭ, E., Nr. 4, 1927, 33-61.
BANQUE DE FRANCE--1870-71.
    Kan, S., 1933, Nr. 4 (32), 91-105.
BANQUE DE FRANCE--1871--PARIS COMMUNE.
    Vaĭnshteĭn, O.L., Nr. 1, 1926, 11-47.

BANTKE, S.S.: POBOL'SHE LENINSKOĬ CHETKOSTI ("ISTORIK-MARKSIST,"
NR. 21, 1930, 94-103)--G. ZAĬDEL'S REPLY.
Zaĭdel, G., Nr. 22, 1931, 64-76.
BARBAGELATA, H.D.: LA RÉVOLUTION FRANÇAISE ET L'AMÉRIQUE
LATINE, 1789-1815. PARIS, 1936 (REVIEW).
Novinki istoricheskoĭ literatury, 1937, Nr. 1
(59), 203.
BARBUSSE, H.--OBITUARY.
Marti, A., 1935, Nr. 10 (50), 3-13.
BARIATINSKIĬ, A.P.
Nechkina, M., 1935, Nr. 7 (47), 30-47.
"BARRIKADY V AVSTRII"; RASSKAZY RABOCHIKH-SHUTSBUNDOVTSEV.
SOBRANY IA. MIROVYM. MOSCOW, 1935 (REVIEW).
Popova, N., 1935, Nr. 5-6 (45-46), 179-181.
BARTOL'D, V.V.--HISTORY OF ISLAM.
Dve neopublikovannye stat'i..., 1939, Nr. 5-6
(75-76), 227-239.
BARTOL'D, V.V.: ISTORIIA KUL'TURNOĬ ZHIZNI TURKESTANA.
LENINGRAD, 1927 (REVIEW).
Shumilin, V., Nr. 7, 1928, 302-303.
BASHKIRIA--ECONOMIC CONDITIONS--1895-1905.
Raĭmov, R., 1939, Nr. 5-6 (75-76), 212-226.
BASHKIRIA--HISTORY--CONFERENCE, MOSCOW, NOVEMBER, 1933.
Grekov, B., 1933, Nr. 6 (34), 166.
BASHKIRIA--HISTORY--1870-84--INDEPENDENCE MOVEMENT.
Tipeev, Sh., 1939, Nr. 5-6 (75-76), 192-211.
BASLER, R.P.: THE LINCOLN LEGEND: A STUDY IN CHANGING
CONCEPTIONS. BOSTON, 1935 (REVIEW).
M.,I., 1936, Nr. 2 (54), 165.
"BATUMSKAIA DEMONSTRATSIIA 1902 GODA." 35-LETIE POLITICHESKOĬ
DEMONSTRATSII BATUMSKIKH RABOCHIKH. MOSCOW,
1937 (REVIEW).
Blium, S., 1937, Nr. 4 (62), 257-261.
BATURIN, N.N.--HISTORIAN.
Kin, D., Nr. 6, 1927, 195-201.
BAUER, C.: UNTERNEHMUNG UND UNTERNEHMUNGSFORMEN IM
SPÄTMITTELALTER UND IN DER BEGINNENDEN NEUZEIT
("MÜNCHENER VOLKSWIRTSCHAFTLICHE STUDIEN," H. 25,
JENA, 1936) (REVIEW).
K.,F., 1936, Nr. 6 (58), 240.
BAUER, D.: DIE ÖSTERREICHISCHE REVOLUTION. VIENNA, 1923 (REVIEW).
Tordaĭ, L., Nr. 6, 1927, 253-259.
BAUMAN, N.É.--"ISKRA" (NEWSPAPER)--1901.
Osipov, K., 1941, Nr. 1 (89), 77-85.
BAUMGARTNER, E.: VELIKAIA KREST'IANSKAIA VOINA (1525). PER.
S NEMETS. S PREDISL. P. STUCHKA. MOSCOW, 1925 (REVIEW).
Fridliand, TS., Nr. 2, 1926, 280-282.
BAUMONT, M.: L'ESSOR INDUSTRIEL ET L'IMPÉRIALISME COLONIAL,
1878-1904. PARIS, 1937 ("PEUPLES ET CIVILISATIONS,"
T. XVIII) (REVIEW).
Notovich, F., 1938, Nr. 5 (69), 206-210.

BAVARIA--HISTORY--1919--SOVIET REPUBLIC.
    Zastenker, N., 1932, Nr. 4-5 (26-27), 211-252.
BAZAROV, V.--POLITICAL AND ECONOMIC VIEWS.
    Kin, D., Nr. 21, 1931, 19-37.
"BAZEL'SKII KONGRESS PERVOGO INTERNATSIONALA (6-11 SENTIABRIA
    1869 G.)." POD RED. V. ADORATSKOGO, S PRED. M.
    ZORKOGO. MOSCOW, 1934 (REVIEW).
    Geĭlikman, E., 1935, Nr. 5-6 (45-46), 174-175.
BAZILEVICH, K.V.: V GOSTIAKH U BOGDYKHANA; PUTESHESTVIE
    RUSSKIKH V KITAĬ V XV V. LENINGRAD, 1927 (REVIEW).
    Reĭkhberg, G., Nr. 4, 1927, 263.
BAZILEVICH, K.V. ET AL.: ISTORIIA SSSR. CH. I-III. UCHEBNIK
    DLIA VIII, IX I X KLASSOV SREDNEĬ SHKOLY. POD. RED.
    A.M. PANKRATOVOĬ. MOSCOW, 1940 (REVIEW).
    Rubinshteĭn, N., Sidorov, A., 1941, Nr. 3 (91), 115-121.
BEBEL, A.--DOCUMENTS.
    Portnoĭ, I., 1940, Nr. 12 (88), 77-78.
BEBEL, A.--GERMAN SOCIAL DEMOCRATIC MOVEMENT--1869-78.
    Bernshteĭn, A.S., Nr. 13, 1929, 95-136.
BECCARIA, C.: O PRESTUPLENIIAKH I NAKAZANIIAKH. BIOGRAFI-
    CHESKIĬ OCHERK I PEREVOD KNIGI BEKKARIA M.M. ISAEVA.
    MOSCOW, 1939 (REVIEW).
    Ditiakin, V., 1940, Nr. 9 (85), 139-141.
BECKER,C.L., DUNCALF, F.: STORY OF CIVILIZATION, SHOWING HOW,
    FROM EARLIEST TIMES, MEN HAVE INCREASED THEIR KNOWLEDGE
    AND MASTERY OF THE WORLD, AND THEREBY CHANGED THEIR
    WAYS OF LIVING IN IT. NEW YORK, 1938 (REVIEW).
    Istoricheskaia nauka za..., 1939, Nr. 3 (73), 221.
BEER, M.: FIFTY YEARS OF INTERNATIONAL SOCIALISM. LONDON,
    1933 (REVIEW).
    Gorev, B., 1936, Nr. 2 (54), 161-162.
BEER, M.: VSEOBSHCHAIA ISTORIIA SOTSIALIZMA I SOTSIAL'NOĬ
    BOR'BY. MOSCOW, 1927 (REVIEW).
    Krasnyĭ, S., Nr. 7, 1928, 220-223.
BEGUN, S.V.: SEKULIARIZATSIIA TSERKOVNYKH ZEMEL' PRI
    KAROLINGAKH. (DISSERTATION), MOSCOW, 1940.
    Nikiforov, L., 1941, Nr. 1 (89), 150.
BELIAEV, E., KLIMOVICH, L., SMIRNOV, N.: ISLAM ("BOL'SHAIA
    SOVETSKAIA ENTSIKLOPEDIIA," T. XXIX) (REVIEW).
    Peryshev, I., 1939, Nr. 1 (71), 178-179.
BELIAEV, V.--SOVIET HISTORIAN.
    Kovalevskiĭ, A., 1937, Nr. 1 (59), 197-198.
BELINSKII, V.G.--INFLUENCE OF K. MARX AND F. ENGELS.
    Shul'gin, V., 1940, Nr. 7 (83), 82-92.
BELINSKIĬ, V.G.--RUSSIAN HISTORY.
    Bushuev, S., 1940, Nr. 8 (84), 87-98.
BELINSKIĬ, V.G.: IZBRANNYE SOCHINENIIA V TREKH TOMAKH, T. I.
    MOSCOW, 1934 (REVIEW).
    V.,I., 1935, Nr. 7 (47), 116-118.
BELLONI, G.: LE COMITÉ DE SÛRETÉ GÉNÉRALE DE LA CONVENTION
    NATIONALE. PARIS, 1924 (REVIEW).
    Freĭberg, N., Nr. 9, 1928, 181-182.

BELORUSSIA see WHITE RUSSIA.
BELORUSSKAIA AKADEMIIA NAUK. INST. IST.--WORK IN PROGRESS AND
    PUBLICATIONS--1934-35.
    Institut istorii Belorusskoĭ..., 1935, Nr. 1 (41),
    115-116.
BELORUSSKIĬ GOS. UNIVERSITET. IST. FAK.
    Po SSSR, 1934, Nr. 6 (40), 104-108.
BELORUSSKIĬ GOS. UNIVERSITET. IST. FAK.--WORK IN PROGRESS
    AND PUBLICATIONS--1938.
    P'iankov, A., 1938, Nr. 3 (67), 168-169.
BELORUSSKIĬ GOS. UNIVERSITET. IST. FAK.--WORK IN PROGRESS
    AND PULICATIONS--1938-39.
    Nauchnaia rabota na..., 1939, Nr. 2 (72), 199-200.
BELORUSSKIĬ GOS. UNIVERSITET. IST. FAK.--WORK IN PROGRESS
    AND PUBLICATIONS--1939.
    P'iankov, A., 1940, Nr. 4-5 (80-81), 157-158.
BENNET, H.S.: LIFE ON THE ENGLISH MANOR. CAMBRIDGE, 1937
    (REVIEW).
    Polianskiĭ, F., 1941, Nr. 4 (92), 124-125.
BERGMAN, S.: VULKANE, BÄREN UND NOMADEN; REISEN UND ERLEBNISSE
    IM WILDEN KAMTSCHATKA. STUTTGART, 1926 (REVIEW).
    Ursynovich, S.L., Nr. 2, 1926, 288-289.
BERGSTRÄSSER, L.: DER WEG ZUR BURSCHENSCHAFT ("ARCHIV FÜR
    KULTURGESCHICHTE," BD. XXVI, H. 2, 1935) (REVIEW).
    G.,Ė., 1936, Nr. 6 (58), 242-243.
BERIIA, L.: K VOPROSU OB ISTORII BOL'SHEVISTSKIKH
    ORGANIZATSII V ZAKAVKAZ'E. MOSCOW, 1935 (REVIEW).
    Lomakin, A., 1935, Nr. 10 (50), 127-141.
BERKSHIRE HISTORICAL ASSOCIATION--CONFERENCE--STOCKBRIDGE,
    MASS., MAY, 1936.
    Nauchnye obshchestva i..., 1936, Nr. 6 (58), 257-258.
BERLIN. DEUTSCHES AUSLANDSWISSENSCHAFTLICHES INSTITUT.
    K.,S., 1935, Nr. 10 (50), 166.
BERLINER, G.: N.G. CHERNYSHEVSKIĬ I EGO LITERATURNYE
    VRAGI. POD. RED. I S PREDISL. L. B. KAMENEVA.
    MOSCOW, 1930 (REVIEW).
    Shtraukh, A., Nr. 16, 1930, 191-193.
"BERLINER MONATSHEFTE." (JOURNAL) (REVIEW).
    Notovich, F., 1939, Nr. 2 (72), 142-155.
"BERLINER MONATSHEFTE" (JOURNAL) MAI 1937 (REVIEW).
    Notovich, F., 1938, Nr. 3 (67), 134-139.
BERLINSKIĬ, D. IU.: LADO KETSKHOVELI V KIEVE (K 35-LETIIU
    SO DNIA UBIĬSTVVA, 1903-1938) KYĬV, 1940 (REVIEW).
    IAroslavskiĭ, E., 1941, Nr. 4 (92), 120-121.
BERNARD, H.: LE COMMERCE FRANÇAIS AU LEVANT DE 1798 À 1804.
    (ARTICLE) (REVIEW).
    Po stranitsam inostrannykh..., 1936, Nr. 1 (53),
    212-213.
BERNSTEIN, E.--F. ENGELS' CRITICISM.
    Lur'e, Kh., 1933, Nr. 1 (29), 94-110; 1933, Nr. 2
    (30), 143-162.

BERNSTEIN, E.: DETSTVO I IUNOST', 1850-72 G. PER. S NEMETS.
A.M. GINZBURGA, S PREDISL. A. TAL'GEĬMERA, POD RED.
S. SH. MOSCOW, 192? (REVIEW).
Bernshteĭn, A., Nr. 8, 1928, 216-218.
BERNSTEIN, S.: THE BEGINNINGS OF MARXIAN SOCIALISM IN
FRANCE. NEW YORK, 1933 (REVIEW).
Nikolaev, E., 1934, Nr. 6 (40), 92-93.
BERTIE, F.: ZA KULISAMI ANTANTY. PER. I PRIM. E. BERLOVICHA.
MOSCOW, 1927 (REVIEW).
Preobrazhenskiĭ, P.F., Nr. 6, 1927, 275-276.
BERTRAND, L.: HISTOIRE D'ESPAGNE. PARIS, 1938 (REVIEW).
Tarle, E.V., 1939, Nr. 1 (71), 165-170.
BERZERO, G.: LE IDEE POLITICHE DE GIUSEPPE PARINI. ("NUOVA
RIVISTA STORICA," GENN.-FEBR., 1935, FASC. I)
(REVIEW).
Starosel'skaia, O., 1936, Nr. 6 (58), 241.
BESSARABIA--HISTORY--6TH-20TH C.
Nartsov, N., 1940, Nr. 9 (85), 85-98.
BESSARABIA--HISTORY--1917-18.
Shteĭn, B., 1940, Nr. 4-5 (80-81), 12-35.
BESSONOV, IU.: RABOCHIE VERKHISETSKOGO ZAVODA V GRAZHDANSKOĬ
VOĬNE 1918 GOD. SVERDLOVSK, 1935 (REVIEW).
IU.,O., 1936, Nr. 5 (57), 182.
BESTUZHEV-RIUMIN, M.P.
Nechkina, M., 1935, Nr. 7 (47), 30-47.
BEVERIDGE, W.: WAGES IN THE WINCHESTER MANORS. ("THE
ECONOMIC HISTORY REVIEW," V. VII, NR. 1, NOVEMBER,
1936) (REVIEW).
Lavrovskiĭ, V., 1937, Nr. 2 (60), 186.
BEZRODNYKH, I.: AMUR V OGNE. KHABAROVSK, 1935 (REVIEW).
Osnos, IU., 1936, Nr. 4 (56), 125.
BIBL, V.: DER ZERFALL ÖSTERREICHS. BD. I. KAISER FRANZ
UND SEIN ERBE. BD. II. VON REVOLUTION ZU REVOLUTION.
VIENNA, 1922-24 (REVIEW).
Tordaĭ, L., Nr. 6, 1927, 253-259.
"BIBLIOGRAFICHESKIĬ BIULLETEN' SEKTSII OBSHCHESTVOVEDENIIA
PEDAGOGICHESKOGO OBSHCHESTVA PRI VOSTOCHNOM
PEDAGOGICHESKOM INSITUTE." NR. 1-3. KAZAN',
1927 (REVIEW).
Mamet, L., Nr. 5, 1927, 274-275.
"BIBLIOGRAFIIA PO ISTORII PROLETARIATA V ÉPOKHU TSARIZMA.
FEODAL'NYĬ-KREPOSTNOĬ PERIOD." POD RED. M.V.
NECHKINOĬ. VYP. I. MOSCOW, 1935 (REVIEW).
Akhun, M., 1936, Nr. 4 (56), 143-144.
"BIBLIOGRAFIIA VOSTOKA" VYP. I. ISTORIIA. NAUCHNAIA
ASSOTSIATSIIA VOSTOKOVEDENIIA PRI TSIK SSSR.
MOSCOW, 1928 (REVIEW).
D.,L., Nr. 10, 1928, 254-256.

"BIBLIOGRAPHIE CRITIQUE DES PRINCIPAUX TRAVAUX PARUS SUR
    L'HISTOIRE DE 1600 À 1914 EN 1932 ET 1933."
    PARIS, 1935 (REVIEW).
    Starosel'skaia, O., 1935, Nr. 7 (47), 124-125.
"BIBLIOGRAPHIE ZUR VORGESCHICHTE DES WELTKRIEGES" (REVIEW).
    K.,S., 1935, Nr. 10 (50), 166.
"BIBLIOGRAPHISCHE VIERTELJAHRESHEFTE DER WELTKRIEGS-
    BÜCHEREI" (JOURNAL) (REVIEW).
    K.S., 1935, Nr. 10 (50), 165.
BIBLIOGRAPHY--USSR--PRINTED BOOKS--FRENCH REVOLUTION OF
    1789-1804--CATALOG.
    Berkova, I., Tonkova, R., 1936, Nr. 5 (57), 197-198.
BIBLIOGRAPHY--USSR--TASKS AND GOALS--1940.
    B.,D., O.,M., 1941, Nr. 1 (89), 150-152.
"BIBLIOGRAPHY OF BRITISH HISTORY." STUART PERIOD, 1603-1714.
    ED. BY GODFREY DAVIES. OXFORD, 1928 (REVIEW).
    Vasiutinskiĭ, V., Nr. 13, 1929, 232-234.
"BIBLIOGRAPHY OF HISTORICAL SCIENCES" (REVIEW).
    Novinki istoricheskoĭ literatury, 1936, Nr. 3
    (55), 203.
"BIBLIOGRAPHY OF THE WRITINGS OF SIR CHARLES FIRTH." OXFORD,
    1928 (REVIEW).
    Vasiutinskiĭ, V., Nr. 13, 1929, 232-234.
BIBLIOGRAPHY, HISTORICAL--USSR.
    Vnimanie voprosom kritiki..., 1940, Nr. 12 (88), 3-7.
BIBLIOGRAPHY, HISTORICAL--USSR--1940.
    Borovskiĭ, A., 1940, Nr. 12 (88), 97-99.
BICHERAKOV, G.F.--1918--TEREK REBELLION.
    Razgon, I., 1940, Nr. 6 (82), 24-42.
BIDLO, J.--CZECH HISTORIAN--OBITUARY.
    Istoricheskaia nauka za..., 1938, Nr. 5 (69),
    235.
BILINSKI, L.: WSPOMINIENIA I DOKUMENTY, 1896-1922. 2TT.
    WARSAW, 1924 (REVIEW).
    Presniakov, A., Nr. 4, 1927, 260-263.
BIMBA, A.: ISTORIIA AMERIKANSKOGO RABOCHEGO KLASSA. PER.
    S ANGLIĬSKOGO G.M. ZIV. POD RED. L. MARTENSA.
    MOSCOW, 1930 (REVIEW).
    Raĭskiĭ, L., Nr. 17, 1930, 106-109.
BIRCHER, E., BODE, A.W.: SHLIFEN. VOIN I MYSLITEL'.
    MOSCOW, 1939? (REVIEW).
    Kolenkovskiĭ, A., 1940, Nr. 12 (88), 99-109.
BISCHOFF, J.: DIE LETZTE FRONT. BERLIN, 1936 (REVIEW).
    Novinki nemetskoĭ literatury, 1936, Nr. 2 (54),
    181-182.
BISHOP, T.A.M.: ASSARTING AND THE GROWTH OF THE OPEN FIELDS.
    ("THE ECONOMIC HISTORY REVIEW," 1935, VI, NR. 1,
    13-29) (REVIEW).
    Lavrovskiĭ, V., 1936, Nr. 2 (54), 150-151.

BISHOP, T.A.M.: MONASTIC GRANGES IN YORKSHIRE. ("THE
    ENGLISH HISTORICAL REVIEW," V. LI, NR. 202, Apr.,
    1936, 193-214) (REVIEW).
    L.,V., 1936, Nr. 5 (57), 184-185.
BISMARCK, O. v.--FOREIGN POLICY--GERMAN HISTORIOGRAPHY--
    1920-29--BIBLIOGRAPHY.
    Erusalimskiĭ, A., Nr. 12, 1929, 214-237.
BISMARCK, O. v.--FOREIGN POLICY--1871-95.
    Khvostov, V., 1934, Nr. 5 (39), 33-55.
BISMARCK, O. v.: DIE GESAMMELTEN WERKE. BD. VI C. POLITISCHE
    SCHRIFTEN 1871 BIS 1890. BERLIN, 1935 (REVIEW).
    Kh., V., 1936, Nr. 3 (55), 192.
BISMARCK, O. v.: MYSLI I VOSPOMINANIIA T. I. MOSCOW,
    1940 (REVIEW).
    Shusterman, S., 1940, Nr. 12 (88), 108-117.
BITTELMAN, A.: 15 YEARS OF THE COMMUNIST PARTY. NEW YORK,
    1934 (REVIEW).
    Zubok, L., 1935, Nr. 7 (47), 114-116.
"BIULLETEN' SEKTSII OBSHCHESTVOVEDENIIA PEDAGOGICHESKOGO
    OBSHCHESTVA PRI VOSTOCHNOM PEDAGOGICHESKOM INSTITUTE
    I TATARSKOGO BIURO KRAEVEDENIIA AKADEMICHESKOGO
    TSENTRA N. K. P." NR. 4-5. KAZAN', 1927 (REVIEW).
    Mamet, L., Nr. 5, 1927, 274-275.
BLACK STUDIES--USA--CONFERENCE, CHICAGO, SEPTEMBER, 1940.
    Al'perovich, M., Belen'kiĭ, A., 1941, Nr. 5
    (93), 158.
BLAGOEV, D.--11TH ANNIVERSARY OF HIS DEATH.
    1935, Nr. 5-6 (45-46), 203-204.
BLAGOEV, D.--TESNI SOTSIALISTI (BULGARIA).
    Kabakchiev, Kh., 1935, Nr. 4 (44), 31-57.
BLAGOEVA, S.D.: GEORGIĬ DIMITROV. OCHERK ZHIZNI I BOR'BY
    PROLETARSKOGO REVOLIUTSIONERA. MOSCOW, 1934 (REVIEW).
    Iskrov, P., 1935, Nr. 7 (47), 112-114.
BLANC, L.
    Blanki, O., Nr. 20, 1930, 97-98.
BLANQUI, A.--ARMED UPRISING, 1867-68--PROGRAM.
    Blanqui, A., Nr. 3, 1927, 14-39.
BLANQUI, A.--FRENCH REVOLUTION OF 1848--ROLE.
    Zaĭdel', G.S., Nr. 8, 1928, 41-78.
BLANQUI, A.--SOCIO-POLITICAL VIEWS.
    Krasnyĭ, S., Nr. 20, 1930, 68-99.
BLANQUI, A.--UNPUBLISHED DOCUMENTS.
    Krasnyĭ, S., Nr. 20, 1930, 68-99.
BLANQUI, A.--1848--ANTIMILITARY APPEAL.
    Blanki, O., Nr. 20, 1930, 98-99.
BLOCH, M.: LA SEIGNEURIE LORRAINE. ("ANNALES D'HISTOIRE
    ÉCONOMIQUE ET SOCIALE," 1935, NR. 35, 451-459)
    (REVIEW).
    Lavrovskiĭ, V., 1936, Nr. 2 (54), 150.
BLUM, L.: SOUVENIRS SUR L'AFFAIRE. PARIS, 1935 (REVIEW).
    Dalin, V., 1936, Nr. 3 (55), 179-181.

BOBRISHCHEV-PUSHKIN, P.S.--CORRESPONDENCE--V.L. DAVYDOV.
    Iz arkhiva dekabrista V.L. Davidova..., Nr. 1,
    1926, 175-200.
BOBROVSKAIA, TS. S. (ZELKINSON): ZAPISKI RIADOBOGO
    PODPOL'SHCHIKA, 1894-1914. MOSCOW, 1922- (REVIEW).
    Nevskiĭ, --, 1933, Nr. 4 (32), 123-130.
BOCHAROV, IU., IOANISIANI, A., I DR.: UCHEBNIK ISTORII
    KLASSOVOĬ BOR'BY XVIII-XX VV. POD RED. A.D.
    UDAL'TSOVA. MOSCOW, 1928 (REVIEW).
    Mil'shteĭn, A., Nr. 11, 1929, 212-215.
BOCHAROV, IU., IOANISIANI, A.: UCHEBNIK ISTORII KLASSOVOĬ
    BOR'BY XVIII-XX VV. IZD. 5-E. MOSCOW, 1931 (REVIEW).
    Brigada IKP istorii..., 1932, Nr. 1-2 (23-24),
    201-211.
BOCHKAREV, V.N.
    Piontkovskiĭ, A., Nr. 18-19, 1930, 157-176.
BOCHORIDZE, M.--1903-06--AVLABAR (TIFLIS) UNDERGROUND
    BOLSHEVIK PRESS.
    Moskalev, M., 1940, Nr. 4-5 (80-81), 53-63.
BODIANSKIĬ, O.M.--SLAVIC STUDIES.
    Picheta, V., 1941, Nr. 3 (91), 36-62.
BOGART, É.: ÉKONOMICHESKAIA ISTORIIA SOEDINENNYKH SHTATOV.
    MOSCOW, 1927 (REVIEW).
    Raĭskiĭ, L., Nr. 5, 1927, 242-244.
BOGIČEVIĆ, D.M.: MORD UND JUSTIZMORD. AUS DER VORGESCHICHTE
    DES MORDES VON SARAJEVO UND DES KÖNIGREICHS VON
    JUGOSLAWIEN. N.P., N.D. (REVIEW).
    Erusalimskiĭ, A., Nr. 14, 1929, 205-207.
BOGOSLOVSKIĬ, M.M.: PETR I. MATERIAL'Y DLIA BIOGRAFII.
    T. 1-2. MOSCOW, 1940-41 (REVIEW).
    Kafengauz, B., Novitskiĭ, G., 1941, Nr. 2 (90),
    127-131.
BOKHARA see BUKHARA.
"BOLETIN DO CENTRO DE ESTUDOS HISTORICOS" (JOURNAL) (REVIEW).
    Arkheologicheskie raskopki i..., 1937, Nr. 3 (61), 234.
"BOL'SHAIA SOVETSKAIA ÉNTSIKLOPEDIIA" T. I-VIII. STAT'I PO
    VSEOBSHCHEĬ ISTORII. MOSCOW, 1926- (REVIEW).
    Zaĭdel', G., Nr. 7, 1928, 239-244.
BOL'SHAKOV, A.M., ROZHKOV, N.A.: ISTORIIA KHOZIAĬSTVA
    V ROSSII V MATERIALAKH I DOKUMENTAKH. VYP. III.
    MOSCOW, 1926 (REVIEW).
    Sidorov, A., Nr. 4, 1927, 244-245.
"BOL'SHEVIKI V GODY IMPERIALISTICHESKOĬ VOĬNY, 1914-
    FEVRAL' 1917." SBORNIK DOKUMENTOV MESTNYKH BOL'SHE-
    VISTKIKH ORGANIZATSII. MOSCOW, 1939 (REVIEW).
    Baevskiĭ, D., 1940, Nr. 8 (84), 130-134.
BOLSHEVIKS--1883-1903--PARTY ORIGINS AND DEVELOPMENT.
    Lepeshinskiĭ, P., 1933, Nr. 4 (32), 20-52.
BOLSHEVIKS--1895-1917--M. I. KALININ.
    Gokhberg, I. , Aksenov, IU., 1940, Nr. 12 (88),
    8-26.

BOLSHEVIKS--1897-1934--TRANSCAUCASIA--PARTY ORGANIZATIONS.
Lomakin, A., 1935, Nr. 10 (50), 127-141.
BOLSHEVIKS--1902-1907--ST. PETERSBURG--DOCUMENTS--BOOK
REVIEW.
Dubrovskiĭ, S.G., 1939, Nr. 5-6 (75-76), 244-248.
BOLSHEVIKS--1903-1906--PRINTING AND PUBLISHING--AVLABAR
(TIFLIS).
Moskalev, M., 1940, Nr. 4-5 (80-81), 53-63.
BOLSHEVIKS--1903-1914--V.I. LENIN.
Ryklin, L., 1932, Nr. 3 (25), 11-36.
BOLSHEVIKS--1903--POLITICAL ORGANIZATION.
Savel'ev, M., 1933, Nr. 4 (32), 3-19.
BOLSHEVIKS--1904-05.
Sidorov, A., 1940, Nr. 2 (78), 20-36.
BOLSHEVIKS--1904-05--BAKU--A. RAEVSKIĬ'S INTERPRETATION--
CRITIQUE.
Gorskiĭ, G., 1935, Nr. 12 (52), 124-133.
BOLSHEVIKS--1905-11--TRANSCAUCASIA--ROLE IN IRANIAN REVOLUTION
OF 1905-11.
Bor-Ramenskiĭ, E., 1940, Nr. 11 (87), 89-99.
BOLSHEVIKS--1905-07--ALLIANCE OF WORKERS AND PEASANTS.
Shestakov, A., 1935, Nr. 12 (52), 38-57.
BOLSHEVIKS--1905-07--GEORGIA AND TRANSCAUCASIA--MEMORIAL
EXHIBIT--TBLISI.
Po nauchnym uchrezhdeniiam..., 1937, Nr. 2 (60), 190.
BOLSHEVIKS--1905-07--PRINTING AND PUBLISHING--CAUCASUS DOCUMENTS.
Lur'e M.L., 1937, Nr. 3 (61), 126-136.
BOLSHEVIKS--1905-07--ST. PETERSBURG--MILITARY ORGANIZATIONS.
Voenno-boevye organizatsii..., 1936, Nr. 2 (54),
93-116.
BOLSHEVIKS--1905-07--SOVIET OF THE UNEMPLOYED--DOCUMENTS.
Rabota bol'shevikov sredi..., 1935, Nr. 12 (52),
75-97.
BOLSHEVIKS--1907-08--BAKU--I.V. STALIN.
Moskalev, M., 1940, Nr. 1 (77), 79-97.
BOLSHEVIKS--1908--ST. PETERSBURG--MILITARY ORGANIZATION--
TRIAL.
Po povodu protsessa..., 1936, Nr. 2 (54), 90-92.
BOLSHEVIKS--1908--ST. PETERSBURG--MILITARY ORGANIZATION--
TRIAL--DOCUMENTS.
Voenno-boevye organizatsii..., 1936, Nr. 2 (54),
93-116.
BOLSHEVIKS--1912-1914--MEMBERSHIP IN DUMA IV--DOCUMENTS.
Pis'ma rabochikh v..., 1937, Nr. 2 (60), 123-142.
BOLSHEVIKS--1912-17--DUMA IV--DOCUMENTS.
Malakhovskiĭ, V., 1939, Nr. 2 (72), 136-141.
BOLSHEVIKS--1912--RSDRP PRAGUE CONFERENCE.
IAroslavskiĭ, E., 1937, Nr. 1 (59), 63-97.
BOLSHEVIKS--1915-17--TRANSCAUCASIA.
Khachapuridze, G., 1933, Nr. 5 (33), 96-117.

BOLSHEVIKS--1917-20--NORTHERN CAUCASUS.
 Razgon, I., 1941, Nr. 2 (90), 49-59.
BOLSHEVIKS--1917--BLOC WITH LEFT SOCIALIST REVOLUTIONARY
 PARTY.
 Shestakov, A.V., Nr. 6, 1927, 21-47.
BOLSHEVIKS--1917--OCTOBER--DOCUMENTS.
 Dubrovskiĭ, S.G., 1939, Nr. 1 (71), 151-157.
BOLSHEVIKS--1917--OCTOBER--MOSCOW--TACTICS.
 Piatnitskiĭ, O., 1935, Nr. 10 (50), 14-34.
BOLSHEVIKS--1917--OCTOBER--SOUTHWESTERN AND ROMANIAN FRONTS.
 Razgon, I., 1937, Nr. 4 (62), 81-99.
BOLSHEVIKS--1917--NOVEMBER-DECEMBER.
 Ambrosenok, P., 1939, Nr. 3 (73), 178-199.
BOLSHEVIKS--1917--TASHKENT.
 Golubeva, R., 1941, Nr. 4 (92), 26-42.
BOLSHEVIKS--1917--WORKER-PEASANT ALLIANCE.
 Shestakov, A., 1932, Nr. 4-5 (26-27), 72-95.
BOLSHEVIKS--1918--CONSTITUENT ASSEMBLY.
 Rubinshteĭn, N., Nr. 10, 1928, 45-70.
"BOL'SHEVISTSKAIA FRAKTSIIA IV GOSUDARSTVENNOĬ DUMY."
 LENINGRAD, 1938 (REVIEW).
 Malakhovskiĭ, V., 1939, Nr. 2 (72), 136-141.
"BOL'SHEVISTSKAIA PECHAT' V TISKAKH TSARSKOĬ TSENZURY,
 1910-14." GAZETY 'ZVEZDA' I 'PRAVDA'. SBORNIK
 DOKUMENTOV. SOST. M. LUR'E I L. POLIANSKAIA.
 POD RED. V. BYSTRIANSKOGO. LENINGRAD, 1930 (REVIEW).
 Bukhbinder, N., 1940, Nr. 1 (77), 137-140.
BOL'SHOĬ TEATR--ARCHIVES--DMITRIĬ AND V.I. ULIANOV (LENIN).
 Novye dokumenty i..., 1937, Nr. 1 (59), 199-200.
BOLSOVER, G.H.: PALMERSTON AND METTERNICH ON THE EASTERN
 QUESTION IN 1834. ("THE ENGLISH HISTORICAL REVIEW,"
 V. LI, NR. 202, APRIL, 1936) (REVIEW).
 Lavrovskiĭ, V., 1936, Nr. 4 (56), 150.
BOR-RAMENSKIĬ, E.: REVOLIUTSIIA V IRANE V 1905-1911
 GODAKH I BOL'SHEVIKI ZAKAVKAZ'IA. (DISSERTATION)
 MOSCOW, 1940 (REVIEW).
 P.,I., 1940, Nr. 12 (88), 135-138.
"BOR'BA ZA OBSHCHESTVOVEDENIE I SHKOL'NAIA PRAKTIKA
 POSLEDNIKH LET," SBORNIK POD RED. S.N. DZIUBINSKOGO
 I B.N. ZHAVORONKOVA. MOSCOW, 1925 (REVIEW).
 Ioanniasiani, A.Z., Nr. 2, 1926, 286-288.
BORISENKO, I.: SOVETSKIE RESPUBLIKI NA SEVERNOM KAVKAZE
 V 1918 GODU. ROSTOV/DON, 1930 (REVIEW).
 Burkin, N., 1934, Nr. 2 (36), 89-98.
BORISOV, S.B.: LAZO, SERGEĬ GEORGIEVICH. BIBLIOTEKA
 KRASNOARMEĬTSA. MOSCOW, 1938 (REVIEW).
 Reĭkhberg, G., 1939, Nr. 2 (72), 168.
BORISOV, S.B.: M.V. FRUNZE; KRATKIĬ BIOGRAFICHESKIĬ
 OCHERK. MOSCOW, 1938 (REVIEW).
 Shekun, O., 1939, Nr. 2 (72), 165-168.

BORODINO, BATTLE OF--1812--M.I. KUTUZOV.
  Kan, B., 1941, Nr. 3 (91), 108-114.
BOROVOĬ, S. IA.: OCHERKI PO ISTORII EVREEV NA UKRAINE
  V XVII-XVIII VV. (DISSERTATION) MOSCOW, 1940.
  P.,I., 1940, Nr. 9 (85), 151-153.
BOROVSKIĬ, A.: 1905 GOD. KHRONIKA SOBYTIĬ. BIBLIOGRAFIIA.
  MOSCOW, 1925 (REVIEW).
  Bocharov, IU.M., Nr. 1, 1926, 307-311.
BOULANGER, G.E.J.M.
  Notovich, F., 1937, Nr. 2 (60), 143-159.
BOULANGER, G.E.J.M.--1885-89.
  Fridliand, TS., 1936, Nr. 1 (53), 56-90.
BOURGIN, G.: HISTOIRE DE LA COMMUNE. PARIS, 1907 (REVIEW).
  Kuniskiĭ, S.D., Nr. 3, 1927, 196-199.
BOURGIN, G.: ISTORIIA KOMMUNY. LENINGRAD, 1926 (REVIEW).
  Kuniskiĭ, S.D., Nr. 3, 1927, 196-199.
BOURGIN, G.: LED PREMIERS JOURNÈES DE LA COMMUNE. PARIS,
  1928 (REVIEW).
  Molok, A., Nr. 8, 1928, 212-213.
BOYER, A.--"OUVRIER-RÉFORMATEUR"
  Po stranitsam inostrannykh..., 1936, Nr. 1 (53),
  212-213.
BOZHKO, F.: GRAZHDANSKAIA VOĬNA V SREDNEĬ AZII. TASHKENT,
  1930 (REVIEW).
  Boechin, --, 1933, Nr. 3 (31), 104-105.
BOZHKO, F.: OKTIABR'SKAIA REVOLIUTSIIA V SREDNEĬ AZII.
  TASHKENT, 1932 (REVIEW).
  Morozova, T., 1934, Nr. 3 (37), 109-112.
BOZONNAT, G.: LA JEUNESSE D'HENRI ROCHEFORT. L'EMPIRE.
  LA GUERRE. LA COMMUNE. ST.-MAURICE, 1933 (REVIEW).
  Kan, S., 1935, Nr. 7 (47), 123-124.
BRAESCH, F.: LE PÈRE DUCHESNE D'HÉBERT. PARIS, 1938
  (REVIEW).
  Nauchnye izdaniia i..., 1939, Nr. 2 (72), 205.
BRAGINSKIĬ, I.S.: NARODNYE DVIZHENIIA V BUKHARSKOM
  KHANSTVE POSLE TSARKOGO ZAVOEVANIIA I DO REVOLIU-
  TSII 1917 GODA. (DISSERTATION) MOSCOW, 1940.
  P.,I., 1940, Nr. 11 (87), 151-152.
BRAĬNIN, S., SHAFIRO, SH.: OCHERKI PO ISTORII ALASH-
  ORDY. ALMA-ATA, 1935 (REVIEW).
  Genkina, È., Lomakin, A., 1935, Nr. 4 (44), 108-110.
BRAĬNIN, S., SHAFIRO, SH.: OCHERKI PO ISTORII ALASH-
  ORDY. ALMA-ATA, 1935 (REVIEW).
  V institute istorii..., 1935, Nr. 4 (44), 155-156.
BRANCADORI, L.--VATICAN ARCHIVES COLLECTION.
  Novye dokumenty i..., 1937, Nr. 1 (59), 202.
BRANDENBURG, E.--GERMAN HISTORIAN.
  Fashizatsiia istoricheskoĭ nauki..., 1936, Nr. 2
  (54), 178-180.
BRANDENBURGSKIĬ, L.--PERSONAL ENCOUNTERS WITH V.I. LENIN--
  1905-08.
  Brandenburgskiĭ, L., 1941, Nr. 1 (89), 73-77.

BRANDI, K.--GERMAN HISTORIAN.
　　　Fashizatsiia istoricheskoĭ nauki..., 1936, Nr. 4
　　　(56), 166-168.
BRASLAVSKIĬ, I.: ISTORIIA PARIZHKOĬ KOMMUNY 1871 G.
　　　MOSCOW, 1925 (REVIEW).
　　　Kuniskiĭ, S.D., Nr. 3, 1927, 196-199.
BRASLAVSKIĬ, I.: MATERIALY PO ISTORII 1 I 2 INTERNATSIONALOV.
　　　PREDISL. A. TAL'GEĬMERA. MOSCOW, 1926 (REVIEW).
　　　Fridliand,TS., Nr. 4, 1927, 258-260.
BRAZIL--HISTORY--1918-21--REVOLUTIONARY MOVEMENT.
　　　IA-n, G., 1932, Nr. 4-5 (26-27), 293-328.
BREAD PRICES--SOVIET RUSSIA--1918.
　　　Feĭgel'son, M., 1940, Nr. 9 (85), 70-84.
BREASTED, J.H.--OBITUARY.
　　　Nekrologi, 1936, Nr. 3 (55), 204-206.
BREISIG, K.--SOCIOLOGY--CRITIQUE.
　　　Sergeev, V., Nr. 12, 1929, 238-268.
BREST-LITOVSK, TREATY OF--1918--REACTION OF ENTENTE.
　　　Miller, F., 1933, Nr. 1 (29), 111-126.
BRIFAULT, R.: THE DECLINE AND FALL OF THE BRITISH EMPIRE.
　　　NEW YORK, 1938 (REVIEW).
　　　Zakharov, S., 1940, Nr. 4-5 (80-81), 126-131.
"BRITISH DOCUMENTS ON THE ORIGINS OF THE WAR,1898-1914."
　　　LONDON, 1927-1938 (REVIEW).
　　　Notovich, F., 1934, Nr. 1 (35), 210-223.
"BRITISH DOCUMENTS ON THE ORIGINS OF THE WAR, 1898-1914."
　　　ED. BY G.P. GOOCH AND H. TEMPERLEY. V. XI. THE
　　　OUTBREAK OF WAR. LONDON, N.D. (REVIEW).
　　　Rubinshteĭn, N., Nr. 11, 1929, 197-201.
BRIUSOV, A.: ISTORIIA DREVNEĬ KARELII. (TRUDY GOS.
　　　ISTORICHESKOGO MUZEIA, VYP. IX) MOSCOW, 1940 (REVIEW).
　　　Zolotarev, A., 1941, Nr. 3 (91), 122-123.
BRYANT, A.: CHARLES II. EDINBOROUGH, 1931 (REVIEW).
　　　Vasiutinskiĭ, V., 1936, Nr. 4 (56), 128-131.
BRYANT, A.: ENGLAND OF CHARLES II. LONDON, 1934 (REVIEW).
　　　Vasiutinskiĭ, V., 1936, Nr. 4 (56), 128-131.
BUBNOV, A.: VKP(B)--VSESOIUZNAIA KOMMUNISTICHESKAIA
　　　PARTIIA (BOL'SHEVIKOV). OTDEL'NYĬ OTTISK IZ XI
　　　TOMA "BOL'SHOĬ SOVETSKOĬ ENTSIKLOPEDII." MOSCOW,
　　　1930.
　　　Nevskiĭ, V., Nr. 18-19, 1930, 226-229.
BUEL, R.L.: ISOLATED AMERICA. NEW YORK, 1940? (REVIEW).
　　　IUshchak, K., 1941, Nr. 4 (92), 135-136.
BUENOS AIRES--HISTORY--400TH ANNIVERSARY--CONFERENCE, 1937.
　　　Nauchnye obshchestva i..., 1937, Nr. 3 (61), 231-232.
BUFFET, H.: LA TRAITE DES NOIRS ET LE COMMERCE DE L'ARGENT
　　　AU PORT-LOUIS ET À LORIENT SOUS LOUIS XIV. ("REVUE
　　　DES ÉTUDES HISTORIQUES," 1935, OCT.-DEC.) (REVIEW).
　　　Shuleĭkina, A., 1936, Nr. 3 (55), 190.
BUKHARA--ECONOMIC RELATIONS--RUSSIA--1868-1917.
　　　Riabinskiĭ, A., 1941, Nr. 4 (92), 3-25.

BUKHARA--FOREIGN RELATIONS--RUSSIA--1868-1917.
      Riabinskiĭ, A., 1941, Nr. 4 (92), 3-25.
BUKHARA--HISTORY--1238.
      Doklady na gruppe..., 1935, Nr. 4 (44), 154-155.
BUKHARA--REVOLUTIONARY MOVEMENTS--EARLY 20TH C.
      Faĭzulla-Khodzhaev, Nr. 1, 1926, 123-141.
BUKHARIN, N.I.--POLITICAL VIEWS.
      Kin, D., Nr. 21, 1931, 19-37.
BUKHARIN, N.I.--TRIAL--1938.
      Protsess antisovetskogo..., 1938, Nr. 2 (66), 8-15.
BUKHARIN, N.I.--REVOLUTION--VIEWS.
      Baevskiĭ, D., Nr. 11, 1929, 12-48.
BULAKOV, M.M.--ARCHIVES.
      Po SSSR, 1934, Nr. 6 (40), 104-108.
BULAVIN, K.--1707-08.
      Lebedev, V., 1933, Nr. 3 (31), 45-64.
BULGARIA--ECONOMIC CONDITIONS--18TH-19TH C.--DEVELOPMENT
      OF CAPITALISM.
      Derzhavin, N., 1941, Nr. 1 (89), 43-57.
BULGARIA--ECONOMIC CONDITIONS--1915-19.
      Kabakchiev, Kh., Karakolov, R., 1941, Nr. 1 (89),
      58-72.
BULGARIA--HISTORY--WWI--1915-19.
      Kabakchiev, Kh., Karakolov, R., 1941, Nr. 1 (89),
      58-72.
BULGARIA--HISTORY--1923-36--DEVELOPMENT OF FASCISM.
      Kabakchiev, Kh., 1936, Nr. 6 (58), 44-67.
BULGARIA--HISTORY--1923--SEPTEMBER UPRISING.
      Bazhenov, L., 1932, Nr. 4-5 (26-27), 253-292.
BULGARIA--POLITICS AND GOVERNMENT--1915-19.
      Kabakchiev, Kh., Karakolov, R., 1941, Nr. 1 (89),
      58-72.
BULGARIAN COMMUNIST PARTY see BKP.
BULGARIAN COMMUNIST PARTY (NARROW SOCIALISTS) see BKP(TS).
BULGARSKA KOMUNISTICHESKA PARTIIA see BKP.
BULGARSKA KOMUNISTICHESKA PARTIIA (TESNI SOTSIALISTI)
      see BKP(TS).
BULGARSKA SOTSIALDEMOKRATICHESKA PARTIIA see BSDP.
BULL, E.--OBITUARY.
      Edvard Bull..., 1933, Nr. 4 (32), 152.
"BULLETIN OF THE INTERNATIONAL INSTITUTE FOR SOCIAL
      HISTORY" (JOURNAL).
      Nauchnye doklady i..., 1937, Nr. 2 (60), 200.
BURIAT-MONGOL'SKIĬ NAUCHNO-ISSLEDOVATEL'SKIĬ INST. IAZYKA,
      LITERATURY I ISTORII--HISTORY AND WORK IN PROGRESS--
      1923-40.
      Sanzhiev, B., 1941, Nr. 3 (91), 150-151.
"BURZHUAZIIA NAKANUNE FEVRAL'SKOĬ REVOLIUTSII." SBORNIK
      DOKUMENTOV I MATERIALOV. SOST. B. GRAVE. MOSCOW,
      1927 (REVIEW).
      Sef, S., Nr. 7, 1928, 294-295.

BUSHUEV, S.K.: BOR'BA GORTSEV ZA NEZAVISIMOST' POD RUKO-
VODSTVOM SHAMILIA. MOSCOW, 1939 (REVIEW).
Petrushevskiĭ, I., 1940, Nr. 7 (83), 141-144.
BUSHUEV, S.K.: PRICHINY PORAZHENIIA SHAMILIA. (LECTURE)
FEBRUARY, 1938.
Sessii Otdeleniia obshchestvennykh..., 1938,
Nr. 3 (67), 156.
BUSHUEV, V.I.: OPYT PRIMENENIIA TOCHNOGO IZMERITEL'NOGO
PRIBORA-VESOV-K ISTORICHESKOMU ISSLEDOVANIIU-K
ISTORII SUZDAL'SKO-NIZHEGORODSKOGO KNIAZHESTVA V
PERVOĬ POLOVINE XV VEKA. (LECTURE) MOSCOW, 1940.
Berezhkov, N., 1940, Nr. 12 (88), 134-135.
BUSHUEV, V.V.: II INTERNATSIONAL. KIEV?, 1926 (REVIEW).
Fridliand, Ts., Nr. 4, 1927, 258-260.
BUZESKUL, V.P.--SOVIET HISTORIAN.
Burzhuaznye istoriki zapada..., Nr. 21, 1931, 44-86.
"BYLI GORY VYSOKOĬ." RASSKAZY RABOCHIKH VYSOKOGORSKOGO
ZHELEZNOGO RUDNIKA STAROĬ I NOVOĬ ZHIZNI. POD RED.
M. GOR'KOGO I MIRSKOGO. ("IZ ISTORII FABRIK I
ZAVODOV") MOSCOW, 1935 (REVIEW).
G--n , É., 1935, Nr. 10 (50), 149-150.
"BYLOE" (JOURNAL) (REVIEW).
Shestakov, A.V., Nr. 1, 1926, 302-305; Nr. 2,
1926, 268-270.
BYSTRIANSKIĬ, V.A.--OBITUARY.
Kornatovskiĭ, N., 1941, Nr. 1 (89), 155-157.
BYZANTINE EMPIRE--FOREIGN RELATIONS--BORDER SECURITY--DOCUMENT.
Shangin, M., 1941, Nr. 4 (92), 89-92.
BYZANTINE EMPIRE--RELATIONS--AVARS--5TH-6TH C.--SYRIAN
CHRONICLES.
Pigulevskaia, N., 1941, Nr. 4 (92), 92-96.
BYZANTINE EMPIRE--RELATIONS--KIEVAN RUS--10TH C.--TREATIES.
Shangin, M., 1941, Nr. 2 (90), 114-115.
BYZANTINE EMPIRE--RELATIONS--RUSSIA--TREATY OF 945--
BYZANTINE LAW.
Shangin, M., 1941, Nr. 5 (93), 111.
BYZANTINE EMPIRE--RELATIONS--SLAVS--5TH-6TH C.--SYRIAN
CHRONICLES.
Pigulevskaia, N., 1941, Nr. 4 (92), 92-96.
BYZANTINE STUDIES--USSR--CONFERENCE, MOSCOW, NOVEMBER, 1938.
Soveshchanie po vizantinovedeniiu, 1939, Nr. 2 (72),
199.
BYZANTINE STUDIES--USSR--1917-27--BIBLIOGRAPHY.
Lozovik, G., Nr. 7, 1928, 228-238.

C.

CLP--HISTORY.
Zubok, L., 1935, Nr. 5-6 (45-46), 39-66.

COMINTERN.
    Lur'e, Kh., 1934, Nr. 1 (35), 147-172.
COMINTERN--ORIGINS--1914-19.
    Gopner, S., 1939, Nr. 2 (72), 54-72.
COMINTERN--USA.
    Zubok, L., 1935, Nr. 5-6 (45-46), 39-66.
COMINTERN--1905-1919--FORMATION.
    Baevskiĭ, D., Nr. 11, 1929, 12-48.
COMINTERN--1918-19--PCF.
    Bantke, S., 1936, Nr. 5 (57), 70-83.
COMINTERN--1919-20--PCF.
    Bantke, S., 1935, Nr. 10 (50), 35-48.
CPA--HISTORY.
    Zubok, L., 1935, Nr. 5-6 (45-46), 39-66.
CPUSA--HISTORY.
    Zubok, L., 1935, Nr. 5-6 (45-46), 39-66.
CAIRO. INSTITUT FRANÇAIS D'ARCHÉOLOGIE ORIENTALE--
    50TH ANNIVERSARY.
    50-letie frantsuzskogo instituta..., 1935, Nr. 7
    (47), 138.
CALHOUN, G.M.: ANCIENT ATHENIAN MINING. ("JOURNAL OF
    ECONOMIC AND BUSINESS HISTORY." BD. III, NR. 3,
    MAY) (REVIEW).
    Kagarov, E., 1936, Nr. 4 (56), 127-128.
CALKINS, C.: SOME FOLKS WON'T WORK. NEW YORK, 1931 (REVIEW).
    Stoklitskaia-Tereshkovich, V., 1933, Nr. 5 (33),
    160-163.
CALONI, J.: LA FRANCE AU MAROC. PARIS, 1937. (REVIEW).
    Radtsig, N., 1939, Nr. 3 (73), 162-163.
CALVET, H.: LE COMMISSAIRE AUX ACCAPAREMENTS DE LA SECTION
    DES CHAMPS-ÉLYSÉES ("ANNALES HISTORIQUES DE LA
    RÉVOLUTION FRANÇAISE," JUILLET--AOUT, 1936.)
    (REVIEW).
    S.,O., 1937, Nr. 1 (59), 186-187.
CAMAU, E.: L'ANNÉE 1789 EN PROVENCE. PARIS, 1937. (REVIEW).
    Radtsig, N., 1939, Nr. 1 (71), 179-180.
CANADA--HISTORY--CONFERENCE, OTTAWA, MAY, 1938.
    Nauchnye konferentsii i..., 1939, Nr. 2 (72), 203.
CANADIAN HISTORICAL ASSOCIATION--ANNUAL MEETING, OTTAWA,
    MAY, 1938.
    Nauchnye konferentsii i..., 1939, Nr. 2 (72), 203.
CAPITAL, MERCHANT see MERCHANT CAPITAL.
CAPITALISM--BULGARIA--15TH-19TH C.
    Derzhavin, N., 1941, Nr. 1 (89), 43-57.
CAPITALISM--FRANCE--18TH C.--RUSSIAN HISTORIOGRAPHY--
    "RUSSIAN SCHOOL."
    Dalin, V., Nr. 14, 1929, 68-116.
CAPITALISM--GERMANY--FINANCIAL CAPITAL--1930's.
    Rubinshteĭn, E., 1932, Nr. 1-2 (23-24), 79-116.
CAPITALISM--RUSSIA--SOVIET HISTORIOGRAPHY--METHODOLOGY.
    Granovskiĭ, E., Nr. 12, 1929, 91-114.

CAPITALISM--RUSSIA--SOVIET HISTORIOGRAPHY--TASKS AND GOALS.
Ot redaktsii..., Nr. 12, 1929, 3-4.
CAPITALISM--RUSSIA--"TWO PATHS OF DEVELOPMENT"--N. VANAG'S
VIEWS--SELF-CRITICISM.
Vanag, N., 1932, Nr. 4-5 (26-27), 355-359.
CAPITALISM--RUSSIA--LATE 19TH-EARLY 20TH C.--FINANCIAL
CAPITAL.
Gindin, I.F., Nr. 12, 1929, 47-90.
CAPITALISM--RUSSIA--IATE 19TH-EARLY 20TH C.--FINANCIAL
CAPITAL.
Granovskiĭ, E., Nr. 12, 1929, 91-114; Nr. 18-19,
1930, 230-231.
CAPITALISM--RUSSIA--LATE 19TH-EARLY 20TH C.--FINANCIAL
CAPITAL--FOREIGN AND RUSSIAN.
Vanag, N., Nr. 12, 1929, 5-46.
CAPITALISM--RUSSIA--LATE 19TH-EARLY 20TH C.--FINANCIAL
CAPITAL--N. VANAG'S VIEWS--SELF-CRITICISM.
Vanag, N., 1932, Nr. 4-5 (26-27), 355-359.
CAPITALISM--RUSSIA--LATE 19TH-EARLY 20TH C.--V.I. LENIN--
"TWO PATHS OF DEVELOPMENT."
Vanag, N., Nr. 22, 1931, 77-145.
CAPITALISM--RUSSIA--LATE 19TH-EARLY 20TH C.--PERIODIZATION.
Granovskiĭ, E., Nr. 4, 1927, 33-61.
CAPITALISM--RUSSIA--1847-95 -- K. MARX'S AND F. ENGEL'S VIEWS.
Paradizov, P., 1933, Nr. 2 (30), 89-116.
CAPITALISM--RUSSIA--EARLY 20TH C.--V.I. LENIN AND
G.V. PLEKHANOV'S VIEWS.
Brover, I., 1939, Nr. 2 (72), 73-86.
CAPITALISM--WESTERN SOCIOLOGY--CRITIQUE.
Sergeev, V., Nr. 12, 1929, 238-268.
CAPORETTO, BATTLE OF--1917.
Popov, V., 1939, Nr. 4 (74), 12-30.
CARDENAL, L.: LA PROVINCE PENDANT LA RÉVOLUTION; HISTOIRE
DES CLUBS JACOBINS, 1789-95. PARIS, 1929 (REVIEW).
S--i, Nr. 16, 1930, 162-175.
CARMAN, H.J.: SOCIAL AND ECONOMIC HISTORY OF THE UNITED
STATES. V. II. THE RISE OF INDUSTRIALISM, 1820-75.
BOSTON, 1934 (REVIEW).
Z.,L., 1935, Nr. 5-6 (45-46), 182-183.
CARON, P.: LES MASSACRES DE SEPTEMBRE. PARIS, 1935 (REVIEW).
Fridliand, TS., 1936, Nr. 1 (53), 198-201.
CARON, P., STEIN, H. see "RÉPERTOIRE BIBLIOGRAPHIQUE DE
L'HISTOIRE DE FRANCE."
CARTHAGE--HISTORY--4TH C.--CIRCUMCELLIONS.
Mashkin, N. A., 1935, Nr. 1 (41), 28-52.
CARTOGRAPHY--GERMANY--1937--CRITIQUE.
Lazarev, N., 1938, Nr. 5 (69), 19C-201.
"CASE STUDIES OF UNEMPLOYMENT." PHILADELPHIA, 1931 (REVIEW).
Stoklitskaia-Tereshkovich, V., 1933, Nr. 5 (33),
160-163.

CASTILION, G.--CORRESPONDENCE--F. GUIZOT--RUSSIAN MILITARY
 OPERATIONS--CAUCASUS--1844-46.
  Pis'ma Vikonta..., 1936, Nr. 5 (57), 105-123.
CATALUCCIO, F.: STORIA DEL NAZIONALISMO ARABO. MILANO,
 1939. (REVIEW).
  Erofeev, N., 1940, Nr. 9 (85), 141-143.
CATHARINE II, THE GREAT--F. MIRANDA.
  Miroshevskiĭ, V., 1940, Nr. 2 (78), 125-132.
CATHARINE II, THE GREAT--1791-93--SECRET DIPLOMACY AGAINST
 FRANCE.
  Alefirenko, P., 1941, Nr. 6 (94), 96-99.
CATHARINE II, THE GREAT--1791-92--CORRESPONDENCE--MARIE
 ANTOINETTE, QUEEN OF FRANCE.
  Pis'ma Marii-Antuanetty..., 1938, Nr. 4 (68),
  112-119.
CATHERINE II, THE GREAT see CATHARINE II, THE GREAT.
CATHOLIC CHURCH--HISTORY--18TH C.--PAPAL ENCYCLICALS--
 1925.
  Fridliand, TS., Nr. 18-19, 1930, 177-184.
CATHOLIC CHURCH--SOCIAL DOCTRINE--1848-1939.
  Polak, K., 1939, Nr. 4 (74), 119-133.
CATTANI, R.: LE RÈGNE DE MOHAMMED ALI D'ARÈS LES ARCHIVES
 RUSSES EN EGYPTE. T.I. RAPPORTS CONSULAIRES DE
 1819-1833. CAIRO, 1931. T. II. LA MISSION DU
 COLONEL DUHAMEL 1834-1837. 1.-2. PART. ROME,
 1933-34. (REVIEW).
  Radtsig, N., 1937, Nr. 5-6 (63-64), 237-240.
CAUCASUS--HISTORY--1830-59 see also SHAMIL.
CAUCASUS see also TRANSCAUCASIA.
CAUCASUS--FOREIGN RELATIONS--RUSSIA--1844-46--MILITARY
 OPERATIONS.
  Pis'ma Vikonta..., 1936, Nr. 5 (57), 105-123.
CAUCASUS--HISTORY--ARAB SOURCES--SOVIET INTERPRETATION.
  Kovalevskiĭ, A., 1937, Nr. 1 (59), 197-198.
CAUCASUS--HISTORY--STUDY AND TEACHING--SOVIET HISTORIO-
 GRAPHY--CRITIQUE.
  Dzhanashia, S., 1940, Nr. 12 (88), 141-153.
CAUCASUS--HISTORY--MID 19TH C.
  Likhnitskiĭ, N., 1934, Nr. 6 (40), 3-23.
CAUCASUS--HISTORY--1844-46--RUSSIAN MILITARY OPERATIONS.
  Pis'ma Vikonta..., 1936, Nr. 5 (57), 105-123.
CAUCASUS--HISTORY--1905-07--BOLSHEVIKS--DOCUMENTS.
  Lur'e, M.L., 1937, Nr. 3 (61), 126-136.
CAUCASUS, NORTHERN--HISTORY--RUSSIAN HISTORIOGRAPHY--
 BIBLIOGRAPHY.
  Burkin, N., 1932, Nr. 1-2 (23-24), 140-161.
CAUCASUS, NORTHERN--HISTORY--SOVIET HISTORIOGRAPHY--
 BIBLIOGRAPHY.
  Burkin, N., 1932, Nr. 1-2 (23-24), 140-161.
CAUCASUS, NORTHERN--HISTORY--SOVIET HISTORIOGRAPHY--
 TASKS AND GOALS.
  Rabota gorskikh nauchno-issledova-tel'skikh...,
  1934, Nr. 3 (37), 136-138.

CAUCASUS, NORTHERN--HISTORY--STUDY OF SOURCES--EXPEDITION--
1936-37.
Severo-kavkazskaia istoriko-bytovaia..., 1936,
Nr. 6 (58), 254.
CAUCASUS, NORTHERN--HISTORY--1917-20.
Razgon, I., 1941, Nr. 2 (90), 49-59.
CAUCASUS, NORTHERN--HISTORY--1917-18--BOOK REVIEWS.
Burkin, N., 1934, Nr. 2 (36), 89-98.
CAUCASUS, NORTHERN--HISTORY--1918-19.
Burkin, N., 1934, Nr. 2 (36), 11-29.
CAUCASUS, NORTHERN--LOCAL HISTORIANS--WORK IN PROGRESS
AND PUBLICATIONS--1934.
Rabota gorskikh nauchno-issledovatel'skikh...,
1934, Nr. 3 (37), 136-138.
CAVOUR, C.B., CONTE DI.
Skazkin, S., 1935, Nr. 5-6 (45-46), 88-116.
CAZZAMINI-MUSSI, F.: Il GIORNALISMO A MILANO DAL
QUARANTOTTO AL NOVECENTO. COMO, 1935. (REVIEW).
Novinki istoricheskoĭ literatury, 1937, Nr. 1 (59),
203.
CELTS--CLAN ORGANIZATION--F. ENGELS
Kagarov, E., 1940, Nr. 6 (82), 9-23.
CENSORSHIP--RUSSIA--1848.
Lekhtblau, L., 1940, Nr. 7 (83), 3-13.
CENSORSHIP--RUSSIA--LATE 19TH-EARLY 20TH C.--WORKS OF
F. ENGELS--DOCUMENTS.
Tsarskaia tsenzura o..., 1935, Nr. 8-9 (48-49),
61-89.
CENSORSHIP--RUSSIA--1910-14--"PRAVDA" AND "ZVEZDA".
Bukhbinder, N., 1940, Nr. 1 (77), 137-140.
CENTRAL AMERICA see LATIN AMERICA.
CENTRAL ASIA see ASIA, CENTRAL.
CENTRAL ARCHIVES OF THE OCTOBER REVOLUTION see TSAOR.
CENTRAL BLACK EARTH REGION see TSCHO.
CENTRAL EXECUTIVE COMMITTEE, USSR see TSIK SSSR.
CENTRAL STATE ARCHIVES OF MILITARY HISTORY, USSR see TSGVIA.
CENTRAL STATE ARCHIVES OF THE OCTOBER REVOLUTION, HIGH STATE
GOVERNMENT BODIES AND STATE ADMINISTRATIVE BODIES,
USSR see TSGAOR.
"CENTRO DE ESTUDIOS HISTORICOS," MEXICO.
Istoricheskaia nauka za..., 1939, Nr. 5-6 (75-76),
281.
CHAADAEVA, O.: ARMIIA NAKANUNE FEVRAL'SKOĬ REVOLIUTSII.
MOSCOW, 1935 (REVIEW).
K.,D., 1935, Nr. 12 (52), 137.
CHAADAEVA, O.: POMESHCHIKI I IKH ORGANIZATSII V 1917 GODU.
MOSCOW, 1928 (REVIEW).
Shestakov, A., Nr. 9, 1928, 196-197.
CHAGIN, B.A.: BOR'BA LENINA ZA MARKSISTSKIĬ MATERIALIZM V
DEVIANOSTYKH GODAKH. MOSCOW, 1940. (REVIEW).
Ganichev, I., 1941, Nr. 2 (90), 131-132.

CHAIANOV, A.V.: OSNOVNYE LINII RAZVITIIA RUSSKOĬ SEL'SKO-
    KHOZIAĬSTVENNOĬ MYSLI ZA DVA VEKA. (ARTICLE IN
    R. KRITSIMOVSKIĬ, RAZVITIE OSNOVNYKH PRINTSIPOV
    NAUKI O SEL'SKOM KHOZIAĬSTVE V ZAPADNOI EVROPE.
    MOSCOW, 1927) (REVIEW).
    Zak, I., Nr. 8, 1928, 222-225.
CHALLAYE, F.: JAURÈS. PARIS, 1935? (REVIEW).
    Militsyna, T., 1937, Nr. 5-6 (63-64), 251-254.
CHALLAYE, F.: SOUVENIRS SUR LA COLONISATION. PARIS,
    1935. (REVIEW).
    Tarle, E.V., 1936, Nr. 3 (55), 181-182.
CHAMBERLAIN, N.--1917-39--FOREIGN POLICY--BOOK REVIEW.
    Zakharov, S., 1940, Nr. 4-5 (80-81), 126-131.
CHAMBERS, R.W.: THOMAS MORE. LONDON, 1935. (REVIEW).
    Semenov, V., 1936, Nr. 2 (54), 125-131.
CHAMPION, P.: LA VIE DE PARIS AU MOYEN ÂGE. SPLENDEUR
    ET MISÈRE DE PARIS (XIV-XV SIÈCLES) PARIS, 1934.
    (REVIEW).
    Stoklitskaia-Tereshkovich, V., 1937, Nr. 3 (61),
    209-210.
CHARTISM--GREAT BRITAIN--V.I. LENIN'S INTERPRETATION.
    Lure, Kh., 1934, Nr. 1 (35), 147-172.
CHARTISM--GREAT BRITAIN--1840-60--K. Marx and F. Engels.
    Semenov, V., 1933, Nr. 1 (29), 67-93.
CHARUSHIN, N.A.: O DALEKOM PROSHLOM. CH. 1-2. KRUZHOK
    CHAĬKOVTSEV. IZ VOSPOMINANII O REVOLIUTSIONNOM
    DVIZHENII 1870-KH G.G. MOSCOW, 1926 (REVIEW.
    Levin, Sh., Nr. 4, 1927, 242-244.
CHASSAGNE, H.: LE JAPON CONTRE LE MONDE. PARIS, 1938.
    (REVIEW).
    Erofeev, N., 1939, Nr. 4 (74), 185-189.
CHEKIN, A. (IAROTSKIĬ): ISTORIIA RABOCHEGO DVIZHENIIA.
    MOSCOW, 1928 (REVIEW).
    Monosov, S., Nr. 11, 1929, 187-189.
CHERKESSIIA see ADYGEIA.
CHERMENSKII, E.D.: BURZHUAZIIA I TSARIZM V REVOLIUTSII
    1905-1907 GG. MOSCOW, 1939. (REVIEW).
    Evenchik, S., 1940, Nr. 11 (87), 121-124.
CHERNOMORDIK, S.I. (P. LARIONOV): MAKHNO I MAKHNOVSHCHINA
    (ANARKHISTY ZA "RABOTOĬ") MOSCOW, 1933. (REVIEW).
    K.,V., 1934, Nr. 3 (37), 107-109.
CHERNOV, V.M.: KONSTRUKTIVNYĬ SOTSIALIZM. T. 1. PRAGUE,
    1935. (REVIEW).
    Tomsinskiĭ, S.G., Nr. 5, 1927, 184-190.
CHERNYSHEV, A.I.--CORRESPONDENCE--ALEXANDER I, EMPEROR OF
    RUSSIA--1818-20.
    Ignatovich, I., 1935, Nr. 2-3 (42-43), 99-121.
CHERNYSHEVSKIĬ, N.G.
    IAroslavskiĭ, E., 1939, Nr. 5-6 (75-76), 15-37.
CHERNYSHEVSKIĬ, N.G.--100TH ANNIVERSARY OF HIS BIRTH--
    CONFERENCE, MAY 4-18, 1928.
    K stoletiiu..., Nr. 8, 1928, 129-152.

CHERNYSHEVSKIĬ, N.G.--100TH ANNIVERSARY OF HIS BIRTH--
    SOVIET HISTORIOGRAPHY--1928--BIBLIOGRAPHY.
    Nechkina, M., Nr. 10, 1928, 211-221.
CHERNYSHEVSKIĬ, N.G.--HISTORIAN.
    K stoletiiu..., Nr. 8, 1928, 129-152.
CHERNYSHEVSKIĬ, N.G.--HISTORICAL VIEWS.
    Pokrovskiĭ, M., Nr. 8, 1928, 3-26.
CHERNYSHEVSKIĬ, N.G.--OBSHCHINA--SOCIALIST UTOPIANISM--
    VIEWS.
    Kretov, F., Nr. 14, 1929, 117-135.
CHERNYSHEVSKIĬ, N.G.--POLITICAL VIEWS.
    Kirpotin, V., Nr. 8, 1928, 27-40; K stoletiiu...,
    Nr. 8, 1928, 129-152.
CHERNYSHEVSKIĬ, N.G.--REVOLUTIONARY WARS.
    Gorev, B., Nr. 10, 1928, 178-196.
CHERNYSHEVSKIĬ, N.G.--RUSSIAN HISTORY.
    Bushuev, S., 1940, Nr. 8 (84), 87-98.
CHERNYSHEVSKIĬ, N.G.--SOVIET HISTORIOGRAPHY--BIBLIOGRAPHY.
    Nechkina, M., Nr. 8, 1928, 173-179.
CHERNYSHEVSKIĬ, N.G.--1842-50--EDUCATION AND PHILOSOPHY.
    Bushuev, S., 1939, Nr. 5-6 (75-76), 99-117.
CHERNYSHEVSKIĬ, N.G.--1858-61--PEASANT MOVEMENT.
    Pokrovskiĭ, M.N., Nr. 10, 1928, 3-12.
CHERNYSHEVSKIĬ, N.G.: IZBRANNYE SOCHINENIIA, T. 1.
    MOSCOW, 1928 (REVIEW).
    Gorev, B., Nr. 13, 1929, 252-253.
CHERNYSHEVSKIĬ, N.G.: LITERATURNOE NASLEDIE. T. II.
    PIS'MA. POD RED. N.A. ALEKSEEVA I A.P. SKAFTYMOVA.
    MOSCOW, 1928. (REVIEW).
    Trotskiĭ, I., Nr. 12, 1929, 287-290.
CHERNYSHEVSKIĬ, N.G.: NEOPUBLIKOVANNYE PROIZVEDENIIA
    1863-1864 GG. SARATOV, 1939. (REVIEW).
    Bushuev, S., 1940, Nr. 4-5 (80-81), 138-141.
CHERNYSHEVSKIĬ, N.G.: POLNOE SOBRANIE SOCHINENII. T. 1.
    MOSCOW, 1939. (REVIEW).
    Bushuev, S., 1940, Nr. 4-5 (80-81), 138-141.
"CHERVONA HVARDIIA NA UKRAĬNI, 1917-1918." DOKUMENTY.
    KIEV, 1939. (REVIEW).
    Mironenko, N., 1939, Nr. 5-6 (75-76), 255-258.
CHESNELONG, C.: L'AVÉNEMENT DE LA RÉPUBLIQUE, 1873-1875.
    PARIS, 1934 (REVIEW).
    Militsyna, T., 1935, Nr. 12 (52), 139-140.
"4-5 APRELIA 1920 GODA." SBORNIK DOKUMENTOV. KHABAROVSK,
    1937. (REVIEW).
    Reĭkhberg, G.E., 1938, Nr. 1 (65), 150-152.
CHEVALIER, J.-J.: BARNAVE OU LES DEUX FACES DE LA RÉVOLUTION
    1761-1793. PARIS, 1936. (REVIEW).
    Starosel'skaia, O., 1936, Nr. 6 (58), 218-220.
CHICAGO NEWSPAPERS--1833-1930--EDITORIAL PROJECT--WPA.
    Nauchnye izdaniia i..., 1939, Nr. 2 (72), 205.

CHICHERIN, G.V.--PHILOSOPHY OF HISTORY--M.N. POKROVSKIĬ'S
        CRITIQUE.
        Piontkovskiĭ, S., 1932, Nr. 6 (28), 85-99.
CHILE--HISTORY--1918-21--REVOLUTIONARY MOVEMENT.
        IA-n, G. , 1932, Nr. 4-5 (26-27), 293-328.
CHINA--FOREIGN RELATIONS--GREAT BRITAIN--19TH-EARLY 20TH
        C.--HSIN-CHIANG.
        Rostovskiĭ, S., 1936, Nr. 3 (55), 26-53.
CHINA--FOREIGN RELATIONS--JAPAN--1931-39.
        Gal'perin, A., 1940, Nr. 4-5 (80-81), 85-99.
CHINA--FOREIGN RELATIONS--RUSSIA--19TH-EARLY 20TH C.--
        HSIN-CHIANG.
        Rostovskiĭ, S., 1936, Nr. 3 (55), 26-53.
CHINA--FOREIGN RELATIONS--USSR--1925-29.
        Gal'perin, A., 1940, Nr. 2 (78), 114-124.
CHINA--HISTORY--18TH-12TH C. B.C.--SHANG DYNASTY--
        ARCHAEOLOGICAL EXCAVATIONS--AMERICAN EXPEDITIONS--
        1934-35.
        M.,G.K., 1939, Nr. 2 (72), 192-194.
CHINA--HISTORY--1800-1918--WESTERN AND JAPANESE IMPERIALISM.
        Gal'perin, A., 1939, Nr. 4 (74), 94-118.
CHINA--HISTORY--RUSSIAN REVOLUTION OF 1905--INFLUENCE.
        Pavlovich, M.P., Nr. 1, 1926, 142-153.
CHINA--HISTORY--1912--YUAN SHIH-K'AI--DOCUMENTS--BOOK REVIEW.
        Semenovykh, F., 1940, Nr. 11 (87), 115-120.
CHINA--HISTORY--1918-1940--INTERNATIONAL HISTORIOGRAPHY--
        BIBLIOGRAPHY.
        Poplavskaia, E., Treskina, A., 1941, Nr. 5 (93),
        135-147.
CHINA--HISTORY--1918-24.
        Kara-Murza, G., 1939, Nr. 5-6 (75-76), 150-167.
CHINA--HISTORY--1918-25--SUN YAT-SEN--INFLUENCE OF RUSSIAN
        REVOLUTION.
        Efimov, G., 1937, Nr. 5-6 (63-64), 105-130.
CHINA--HISTORY--1925-27--GERMAN HISTORIOGRAPHY--BIBLIOGRAPHY.
        Ivin, A., Nr. 4, 1927, 206-210.
CHINA--HISTORY--1925-27--SOVIET HISTORIOGRAPHY--BIBLIOGRAPHY.
        Ivin, A., Nr. 4, 1927, 206-210.
CHINA--HISTORY--1931-40--SINO-JAPANESE WAR--DESTRUCTION OF
        LIBRARIES.
        Al'perovich, M., Belen'kiĭ, A., 1941, Nr. 1 (89),
        153-154.
CHINA--HISTORY--1931-45--SINO-JAPANESE WAR--AMERICAN INTEREST.
        IUshchak, K., 1940, Nr. 8 (84), 99-109.
CHINESE COMMUNIST PARTY see CHUNG-KUO KUNG-CH'AN TANG.
CHKHETIIA, SH.K.: TBILISI V XIX STOLETIIA. (DISSERTATION)
        MOSCOW, 1940.
        P.,I., 1941, Nr. 2 (90), 154-155.
CHRONICLES--SYRIA--5TH-6TH C.--JOHN OF EPHESUS AND ZACHARIUS
        OF MYTILENE.
        Pigulevskaia, N., 1941, Nr. 4 (92), 92-96.

CHRONICLES, PERSIAN--RASHĪD AL-DIN TABĪB.
    Bertel's, --, 1937, Nr. 3 (61), 222-224.
CHUD, LAKE, BATTLE OF--1242--SOVIET HISTORIOGRPAHY.
    Tikhomirov, M., 1938, Nr. 3 (67), 93-96.
CHULOSHNIKOV, A.P.: VOSSTANIE 1755 G. V BASHKIRII.
    MOSCOW, 1940 (REVIEW).
    Raĭmov, R., 1941, Nr. 6 (94), 122-123.
CHUNG-KUO KUNG-CH'AN TANG--1921-24--ORIGINS AND EARLY
    HISTORY.
    Kara-Murza, G., 1939, Nr. 5-6 (75-76), 150-167.
CHURCHILL, W.S.: MIROVOĬ KRIZIS. S PREDISL. I. MINTSA.
    MOSCOW, 1932 (REVIEW).
    Reĭkhberg, G., 1932, Nr. 6 (28), 125-129.
CHURCHILL, W.S.: THOUGHTS AND ADVENTURES. LONDON, 1932
    (REVIEW).
    Zvavich, I., 1933, Nr. 3 (31), 108-109.
CHUVASHIA--ARCHAEOLOGICAL EXCAVATIONS--BALANOVSKII
    GRAVESITE--1936.
    Novye dokumenty i..., 1937, Nr. 1 (59), 199-200.
CHUZAK, N.: PRAVDA O PUGACHEVE; OPYT LITERATURNO-ISTORI-
    CHESKOGO ANALIZA. MOSCOW, 1926 (REVIEW).
    Pokrovskiĭ, M.N., Nr. 3, 1927, 218-222.
CIRCUMCELLIONS--AFRICA--4TH C.
    Mashkin, N.A., 1935, Nr. 1 (41), 28-52.
CITIES see TOWNS.
CLARK, G.N.: EARLY CAPITALISM AND INVENTION. ("THE
    ECONOMIC HISTORY REVIEW," V. VI, NR. 2, APRIL,
    1936) (REVIEW).
    Lavrovskiĭ, V., 1936, Nr. 4 (56), 149.
CLARK, G.N.: THE LATER STUARTS 1660-1714. OXFORD, 1934
    (REVIEW).
    Vasiutinskiĭ, V., 1936, Nr. 4 (56), 128-131.
"CLASSICA ET MEDIAEVALIA; REVUE DANOISE DE PHILOLOGIE
    ET D'HISTOIRE" (JOURNAL) (REVIEW).
    Nauchnye izdaniia i..., 1939, Nr. 2 (72), 205.
CLAY, C.M.--AMERICAN EMBASSY IN RUSSIA--1861-69.
    Efimov, A., 1936, Nr. 3 (55), 149-159.
CLEMENCEAU, G.E.B.: GRANDEURS ET MISÈRES D'UNE VICTOIRE.
    PARIS, 1930 (REVIEW).
    Dalin, V., Nr. 20, 1930, 182-188.
CLEMENCEAU, G.E.B.: LE SILENCE DE M. CLEMENCEAU. PARIS,
    1929 (REVIEW).
    Dalin, V., Nr. 20, 1930, 182-188.
COATS, W.P., COATS, Z.: ARMED INTERVENTION IN RUSSIA,
    1918-1920. LONDON, 1935 (REVIEW).
    Gukovskiĭ, A., 1936, Nr. 1 (53), 202-204.
COLE, G.D.H.: ISTORIIA RABOCHEGO DVIZHENIIA V ANGLII.
    LENINGRAD, 1927 (REVIEW).
    Monosov, S., Nr. 6, 1927, 271-272.
COLLECTIVIZATION--USSR--I.V. STALIN.
    Chernomordik, S., 1940, Nr. 2 (78), 37-53.

COLLECTIVIZATION--USSR--1930-31.
 Genkina, E., 1940, Nr. 12 (88), 53-75.
"THE COLONIAL PROBLEM." A REPORT BY A STUDY GROUP OF
 MEMBERS OF THE ROYAL INSTITUTE OF INTERNATIONAL
 AFFAIRS. LONDON, 1937 (REVIEW).
 Demskiĭ, L., 1938, Nr. 5 (69), 219-222.
COLONIALISM--HISTORY--STUDY AND TEACHING--USSR.
 Starosel'tsev, N., 1938, Nr. 4 (68), 75-84.
COLONIALISM--LEGAL AND POLITICAL STUDIES--ITALY--1940.
 Al'perovich, M., Belen'kiĭ, A., 1941, Nr. 1
 (89), 153-154.
COLONIALISM, EUROPEAN--LATE 19TH-EARLY 20TH C.--V.I. LENIN'S
 INTERPRETATION.
 Vanag, N., 1934, Nr. 1 (35), 21-52.
COLONIALISM, RUSSIAN--LATE 19TH-EARLY 20TH C.--V.I. LENIN'S
 INTERPRETATION.
 Vanag, N., 1934, Nr. 1 (35), 21-52.
COLONIES, FRENCH--INDIA--1789.
 Radstig, N., 1939, Nr. 3 (73), 173-177.
COLUMBUS, C.--DANISH HISTORIOGRAPHY--1935.
 K.,S., 1935, Nr. 10 (50), 166.
COLUMBUS, C.--GERMAN HISTORIOGRAPHY--1935.
 K.,S., 1935, Nr. 10 (50), 166.
"LA COMMISSION DES SUBSISTANCES DE L'AN II." ("COLLECTION
 DES DOCUMENTS INÉDITS SUR L'HISTOIRE ÉCONOMIQUE DE
 LA RÉVOLUTION FRANÇAISE") FASCIE I-II. PARIS,
 1924-25 (REVIEW).
 Freĭberg, N., Nr. 8, 1928, 207-209.
COMMISSION ON THE HISTORY OF THE OCTOBER REVOLUTION AND
 THE RUSSIAN COMMUNIST PARTY see ISTPART.
COMMITTEE OF THE POOR PEASANTS (UKRAINE) see KNS.
COMMITTEES OF THE POOR--SOVIET RUSSIA--1917-18--ORIGINS.
 Ronin, S., 1932, Nr. 4-5 (26-27), 96-108.
COMMITTEES OF THE POOR--SOVIET RUSSIA--1918.
 Bronshteĭn, V., 1938, Nr. 5 (69), 71-96.
COMMUNISM--HUNGARY--1918-19.
 Lebovich, M., 1935, Nr. 7 (47), 48-72.
COMMUNISM--POLAND--1918-1924.
 Spis, IU., 1935, Nr. 5-6 (45-46), 117-130.
COMMUNISM--USA--HISTORY.
 Zubok, L., 1935, Nr. 5-6 (45-46), 39-66.
COMMUNISM, PRIMITIVE--AMERICAN ESKIMOS.
 L.,V., 1935, Nr. 12 (52), 147-149.
COMMUNIST MANIFESTO--90TH ANNIVERSARY OF ITS FIRST PUBLICATION.
 Rubinshteĭn, E., 1938, Nr. 1 (65), 3-15.
COMMUNIST MANIFESTO--1872-1913--TSARIST CENSORSHIP.
 "Kommunisticheskiĭ Manifest"..., 1938, Nr. 2 (66),
 106-119.
COMMUNIST ACADEMY see KA.
COMMUNIST INTERNATIONAL see COMINTERN.
COMMUNIST LABOR PARTY (USA) see CLP.
COMMUNIST PARTY OF AMERICA see CPA.

COMMUNIST PARTY OF CHINA see CHUNG-KUO KUNG-CH'AN TANG.
COMMUNIST PARTY OF FRANCE see PCF.
COMMUNIST PARTY OF GEORGIA see KPG.
COMMUNIST PARTY OF GERMANY see KPD.
COMMUNIST PARTY OF POLAND see KPP.
COMMUNIST PARTY OF THE SOVIET UNION see KPSS.
COMMUNIST PARTY OF THE UNITED STATES see CPUSA.
COMMUNIST UNIVERSITY OF WORKERS OF THE EAST see KUTV.
COMMUNIST WORKERS' PARTY OF POLAND see KPRP.
CONFÉRENCE INTERNATIONALE DES HISTORIENS DE LA RÉVOLUTION
    FRANÇAISE, PARIS, FIRST, JUNE, 1936.
        Nauchnye obshchestva i..., 1937, Nr. 2 (60), 198.
CONSTANT, B.
        Vipper, R., 1940, Nr. 12 (88), 47-52.
CONSTITUTION--FRANCE--1793-1875.
        Tarle, E., 1937, Nr. 1 (59), 125-138.
CONSTITUTION--USSR--1936.
        Stalin, I.V., 1936, Nr. 6 (58), 5-25; 26-27.
CONSTITUTION--USSR--1936.
        Stalin, I.V., 1936, Nr. 6 (58), 26-27.
CONSTITUTION--USSR--1936--HISTORICAL ANALYSIS.
        Tarle, E., 1937, Nr. 1 (59), 125-138.
CONSTITUTION--USSR--1936--IDEOLOGICAL BASIS--HISTORICAL
    DEVELOPMENT.
        Volgin, V., 1940, Nr. 1 (77), 25-62.
CONSTITUTION--USSR--1936--RESOLUTIONS OF THE S"EZD SOVETOV
    SSSR.
        Postanovleniia chrezvychainogo..., 1936, Nr. 6
        (58), 28.
CONSTITUTIONAL DEMOCRATIC PARTY see KADETS.
CONYERS, R.: PROFITS ON THE RECOINAGE OF 1500-1561
        ("THE ECONOMIC HISTORY REVIEW," V. VI, NR. 2,
        APR., 1936, 186-193) (REVIEW).
        L.,V., 1936, Nr. 5 (57), 186-187.
CORBETT, J.S.; NEWBOLT, H.: HISTORY OF THE GREAT WAR.
        NAVAL OPERATIONS. V. I, 1920, V. II, 1921,
        V. III, 1923, V. IV, 1928, V. V, 1931. LONDON (REVIEW).
        Belli, V., 1937, Nr. 5-6 (63-64), 180-189.
"LA CORRESPONDANCE GÉNÉRALE DE J.-J. ROUSSEAU." COLL. SUR
    LES ORIGINAUX ANNOTÉE ET COMMENTÉE PAR T. DUFOUR.
    20 VOLS. PARIS, 1924-34 (REVIEW).
        Izmail'skaia, V., 1937, Nr. 2 (60), 175-178.
COSSACKS--DON REGION--1818-20.
        Ignatovich, I., 1935, Nr. 2-3 (42-43), 99-121.
COSSACKS--1917--COUNTER-REVOLUTIONARY FORCES.
        Mints, I., Eideman, R., 1934, Nr. 1 (35), 53-98.
COSSACKS, ZAPOROZHIAN--1734-75.
        Polonskaia-Vasilenko, N., 1941, Nr. 5 (93), 30-46.
COTTON INDUSTRY--FRANCE--1902-13--STRIKES.
        Dalin, V., 1933, Nr. 3 (31), 31-44.

COULTER, E., GERSTENFELD, M.: HISTORICAL BIBLIOGRAPHIES.
    A SYSTEMATIC AND ANNOTATED GUIDE. BERKELEY, 1935
    (REVIEW).
    Starosel'skaia, O., 1937, Nr. 1 (59), 187-188.
COUNCIL OF PEOPLES' COMMISSARS (1917-1946) see SNK.
CRIMEA--ARCHAEOLOGICAL EXCAVATIONS--SUDAK.
    Protasov, I., 1938, Nr. 5 (69), 170-189.
CRIMEA--HISTORY--17TH C.--"BABIĬ GORODOK."
    "Babiĭ Gorodok," 1939, Nr. 5-6 (75-76), 279-280.
CRIMEAN TATARS--1920--P.N. WRANGEL.
    Katenina, L., 1941, Nr. 5 (93), 74-81.
CRIMEAN WAR--1853-56.
    Druzhinin, N., 1939, Nr. 2 (72), 112-128.
CROWN LANDS--ENGLAND--1649-60.
    Arkhangel'skiĭ, S., 1937, Nr. 2 (60), 92-114.
CUNOW, H.: POLITICHESKIE PARTII; SILUÉTY VREMEN VELIKOĬ
    FRANTSUZSKOĬ REVOLIUTSII. PER. S NEMETS.
    LENINGRAD, 1926 (REVIEW).
    Vasiutinskiĭ, A., Nr. 3, 1927, 236-238.
CYPRUS--ARCHAEOLOGICAL EXCAVATIONS--1933-34.
    Raskopka na Kipre, 1935, Nr. 7 (47), 138.
CYPRUS--ARCHAEOLOGICAL EXCAVATIONS--1936.
    Novye dokumenty i..., 1936, Nr. 6 (58), 260-261.
CZECHOSLOVAKIA--HISTORY--1918--COLLAPSE OF AUSTRIA-HUNGARY.
    Rubinshteĭn, E., 1940, Nr. 7 (83), 14-34.

D.

DVR--FOREIGN POLICY--1921-22--DAIREN AND WASHINGTON
    CONFERENCES.
    Osnos, IU., 1939, Nr. 4 (74), 57-76.
DVR--HISTORY--1920-22.
    Reĭkhberg, G., 1937, Nr. 4 (62), 124-154.
DVR--HISTORY--APRIL 1920--JAPANESE INTERVENTION.
    Reĭkhberg, G., 1935, Nr. 5-6 (45-46), 131-141.
DA VINCI, LEONARDO.
    Ditiakin, V., 1936, Nr. 2 (54), 131-137.
DAGESTAN--HISTORY--1830-59--SHAMIL MOVEMENT.
    Bushuev, S., 1937, Nr. 5-6 (63-64), 77-104.
DAGESTAN--SOCIO-ECONOMIC CONDITIONS--19TH-20TH C.
    Shovrinskiĭ, IU., 1932, Nr. 1-2 (23-24), 162-176.
DAGHESTAN see DAGESTAN.
DAIRAINES, S.: UN SOCIALISME D'ÉTAT QUINZE SIÈCLES
    AVANT J.-C. L'ÉGYPT ÉCONOMIQUE SOUS LA XVIII
    DYNASTIE PHARAONIQUE. PARIS, 1934 (REVIEW).
    Korostovtsev, M., 1937, Nr. 2 (60), 170-172.
DAIREN CONFERENCE--1921-22.
    Osnos, IU., 1939, Nr. 4 (74), 57-76.
DAITZ, W.--GERMAN HISTORIAN.
    Fashizatsiia istoricheskoĭ nauki..., 1936, Nr. 3
    (55), 198-199.

DAL'NEVOSTOCHNAIA RESPUBLIKA (1920-22) see DVR.
DANIELOU, C.: LE VRAI VISAGE D'ARISTIDE BRIAND. PARIS,
1936 (REVIEW).
M.,I., 1936, Nr. 2 (54), 166-167.
DANISHEVSKIĬ, S.L.: OPYT BIBLIOGRAFII OKTIABR'SKOĬ
REVOLIUTSII. MOSCOW, 1926 (REVIEW).
IUgov, M., Nr. 3, 1927, 226-230.
DANSETTE, A.: LES AFFAIRES DE PANAMA. 2.ED. PARIS,
1934 (REVIEW).
Militsyna, T., 1937, Nr. 1 (59), 180-181.
DANTON, G.J.--BIOGRAPHY--MANUSCRIPT.
Novye dokumenty i..., 1936, Nr. 6 (58), 260-261.
DARD, E.: L'ULTIMATUM DE TALLEYRAND, 1805. ("REVUE D'-
HISTOIRE DIPLOMATIQUE," JUIL.-SEPT., 1935, 308-321)
(REVIEW).
Lavrovskiĭ, V., 1936, Nr. 2 (54), 159.
DARMSTÄDTER, P.: ISTORIIA RAZDELA AFRIKI, 1870-1919 GG.
PER. S NEMETS. N. KACHKACHEVA. MOSCOW, N.D. (REVIEW).
Preobrazhenskiĭ, P.F., Nr. 2, 1926, 284.
DASZYNSKY, I.: PAMIETNIKI. 2 TT. KRAKOW, 1925-26 (REVIEW).
Presniakov, A., Nr. 4, 1927, 260-263.
DAUGE, P.G.: LATVIIA S 1918 PO 1940 GOD. (LECTURE)
MOSCOW, 1940.
O.,M., 1940, Nr. 11 (87), 140-146.
DAVID, R.P.F.: LA TROISIÈME RÉPUBLIQUE; SOIXANTE ANS DE
POLITIQUE ET D'HISTOIRE (DE 1871 A NOS JOURS). . .
PARIS, 1934 (REVIEW).
Militsyna, T., 1935, Nr. 5-6 (45-46), 186-188.
DAVIES, R.T.: THE GOLDEN CENTURY OF SPAIN, 1501-1621.
LONDON, 1937 (REVIEW).
Tarle, E.V., 1939, Nr. 1 (71), 165-170.
DAVIES, W.: LLOYD GEORGE, 1863-1914. LONDON, 1939 (REVIEW).
Zakharov, S., 1940, Nr. 6 (82), 105-109.
DAVYDOV, V.L.--CORRESPONDENCE.
Iz arkhiva dekabrista V.L. Davydova..., Nr. 1,
1926, 175-200.
DAWES, C.G.: JOURNAL AS AMBASSADOR TO GREAT BRITAIN.
NEW YORK, 1939 (REVIEW).
Osipova, P., 1941, Nr. 6 (94), 131-135.
DE LA BATUT, G.: LES PAVES DE PARIS. V. I-II. PARIS,
1937 (REVIEW).
Kogan, L., 1938, Nr. 3 (67), 124-126.
DE LAUNAY, L.: MONGE FONDATEUR DE L'ÉCOLE POLYTECHNIQUE.
PARIS, 1935? (REVIEW).
Virginskiĭ, V., 1936, Nr. 6 (58), 220-223.
DE L'ISLE AND DUDLEY, BARON see SIDNEY, P.H., BARON DE
L'ISLE AND DUDLEY.
DECEMBRISTS--SOVIET HISTORIOGRAPHY--1926-27.
Nechkina, M., Nr. 5, 1927, 217-220.
DECEMBRISTS--UKRAINIAN HISTORIOGRAPHY--1925-26--BIBLIOGRAPHY.
Nechkina, M., Nr. 3, 1927, 187-195.

DECEMBRISTS--100TH ANNIVERSARY--SOVIET HISTORIOGRAPHY--
    BIBLIOGRAPHY
    Nechkina, M.V., Nr. 2, 1926, 238-250.
DECEMBRISTS--P.S. BOBRISHCHEV-PUSHKIN--CORRESPONDENCE.
    Iz arkhiva dekabrista V.L. Davydova..., Nr. 1,
    1926, 175-200.
DECEMBRISTS--V.L. DAVYDOV--CORRESPONDENCE.
    Iz arkhiva dekabrista V.L. Davydova..., Nr. 1,
    1926, 175-200.
DECEMBRISTS--M.A. FONVIZIN--CORRESPONDENCE.
    Iz arkhiva dekabrista V.L. Davydova..., Nr. 1,
    1926, 175-200.
DECEMBRISTS--A.I. IAKUBOVICH--CORRESPONDENCE.
    Iz arkhiva dekabrista V.L. Davydova..., Nr. 1,
    1926, 175-200.
DECEMBRISTS--I.D. IAKUSHKIN--CORRESPONDENCE.
    Iz arkhiva dekabrista V.L. Davydova..., Nr. 1,
    1926, 175-200.
DECEMBRISTS--IUZHNOE OBSHCHESTVO DEKABRISTOV--1821-24.
    Nechkina, M., 1935, Nr. 7 (47), 30-47.
DECEMBRISTS--N.I. LORER--PAPERS--PUBLICATION.
    V obshchestve..., Nr. 13, 1929, 287.
DECEMBRISTS--A.Z. MURAV'EV--CORRESPONDENCE.
    Iz arkhiva dekabrista V.L. Davydova..., Nr. 1,
    1926, 175-200.
DECEMBRISTS--E.P. OBOLENSKIĬ--CORRESPONDENCE.
    Iz arkhiva dekabrista V.L. Davydova..., Nr. 1,
    1926, 175-200.
DECEMBRISTS--P.I. PESTEL'--LIBRARY--CATALOG.
    Zaĭonchkovskiĭ, P., 1941, Nr. 4 (92), 86-89.
DECEMBRISTS--I.V. PODZHIO--CORRESPONDENCE.
    Iz arkhiva V.L. Davydova..., Nr. 1, 1926, 175-200.
DECEMBRISTS--A.S. PUSHKIN--IDEOLOGICAL TIES.
    Nechkina, M., 1937, Nr. 1 (59), 16-47.
DECEMBRISTS--L.S. PUSHKIN.
    Nechkina, M., 1936, Nr. 3 (55), 85-100.
DECEMBRISTS--M.M. SPIRIDOV--CORRESPONDENCE.
    Iz arkhiva dekabrista V.L. Davydova..., Nr. 1,
    1926, 175-200.
DECEMBRISTS--S.P. TRUBETSKOĬ--CORRESPONDENCE.
    Iz arkhiva dekabrista V.L. Davydova..., Nr. 1,
    1926, 175-200.
DECEMBRISTS--OBSHCHESTVO SOEDINENNYKH SLAVIAN.
    Nechkina, M.V., Nr. 1, 1926, 154-174.
"DEIATELI I REVOLIUTSIONNOGO DVIZHENIIA V ROSSII"; BIO-
    BIBLIOGRAFICHESKIĬ SLOVAR' OT PREDSHESTVENNIKOV
    DEKABRISTOV DO PADENIIA TSARIZMA. POD RED. V.
    VILENSKOGO-SIBIRIAKOVA I DR. T.I.: OT PREDSHESTVEN-
    NIKOV DEKABRISTOV DO KONTSA "NARODNOĬ VOLI." CH. 1-
    DO 50-KH GG. XIX V. SOST. A.A. SHILOVYM I M.T.
    KARNAUKHOVOĬ. MOSCOW, 1927 (REVIEW).
    Akhun, M., Nr. 4, 1927, 240-242.

"DEIATELI REVOLIUTSIONNOGO DVIZHENIIA V ROSSII" Ch. 2.
BIO-BIBLIOGRAFICHESKIĬ SLOVAR'OT PREDSHESTVENNIKOV
DEKABRISTOV DO PADENIIA TSARIZMA. POD RED. F.
KONA I DR. MOSCOW, 1928 (REVIEW).
Nechkina, M., Nr. 7, 1928, 287-289.
"DEKABRISTY." ("LETOPISI GOS. LITERATURNOGO MUZEIA,"
KN. 3.) MOSCOW, 1938. (REVIEW).
Bushuev, S., 1939, Nr. 5-6 (75-76), 249-250.
"DEKRET O RABOCHEM KONTROLE"--1917.
Freĭdlin, B., 1933, Nr. 5 (33), 80-95.
"DEKRETY OKTIABR'SKOĬ REVOLIUTSII. I. OT OKTIABR'SKOGO
PEREVOROTA DO ROSPUSKA UCHREDITEL'NOGO SOBRANIIA."
MOSCOW, 1933. (REVIEW).
Piontkovskiĭ, S., 1934, Nr. 2 (36), 124-126.
DELAISI, F.: LA BANQUE DE FRANCE AUX MAINS DES 200
FAMILLES. PARIS, 1936 (REVIEW).
Tarle, E., 1936, Nr. 5 (57), 173-174.
DELESCLUZE, L.C.--1868-71--'JACOBIN' PRESS.
Kan, S.B., Nr. 6, 1927, 111-141.
"DELO PETRASHEVTSEV." T. 1. MOSCOW, 1937. (REVIEW).
Bushuev, S., 1938, Nr. 2 (66), 127-130.
DEMOGRAPHY--CONFERENCE, PARIS, 1937.
Nauchnye obshchestva i..., 1937, Nr. 3 (61), 230.
DEMOCRACY--EUROPE--HISTORY--K. KAUTSKY.
Lukin, N., 1933, Nr. 2 (30), 163-176.
DENIKIN, A.I.--1918-19--AGRARIAN POLICY.
Chetyrkin, A., 1941, Nr. 5 (93), 61-73.
DENIKIN ARMY--1919--DEFEAT.
Lukomskaia, I., 1940, Nr. 1 (77), 98-119.
DENISOV, ATAMAN--DON REGION--1818-20.
Ignatovich, I., 1935, Nr. 2-3 (42-43), 99-121.
DEPRESSIONS, ECONOMIC see ECONOMIC HISTORY.
DERZHAVIN, I.I.: PROISKHOZHDENIE VELIKORUSSKOGO,
UKRAINSKOGO I BELORUSSKOGO NARODOV. (LECTURE)
MOSCOW, 1940.
Sessiia otdel. istorii..., 1940, Nr. 6 (82),
136-142.
DESLANDRES, M.: HISTOIRE CONSTITUTIONELLE DE LA FRANCE.
L'AVÈNEMENT DE LA TROISIÈME RÉPUBLIQUE. LA
CONSTITUTION DE 1895. PARIS, 1937. (REVIEW).
Militsyna, T., 1939, Nr. 3 (73), 159-162.
DEUTSCHER HISTORIKERTAG, 18TH, GÖTTINGEN, AUGUST 1932--
PROCEEDINGS.
XVIII s"ezd germanskikh..., 1932, Nr. 6 (28),
146-147.
"DEUTSCHER KOLONIAL-ATLAS." BERLIN, 1936. (REVIEW).
Notovich, F., 1937, Nr. 5-6 (63-64), 248-249.
"DEUTSCHLAND-ENGLAND, 1933-1939." DIE DOKUMENTE DES
DEUTSCHEN FRIEDENSWILLENS. HRSG. VON F. BERBER.
ESSEN, 1940.
Georgiev, A., 1941, Nr. 2 (90), 132-135.

"DEUTSCHLAND UND POLEN." BEITRÄGE ZU IHREN GESCHICHTLICHEN
    BEZIEHUNGEN. HRSG. V. ALBERT BRACKMANN. MUNICH,
    1933 (REVIEW).
    Dzhervis, M., 1936, Nr. 3 (55), 138-148.
DIAS, J.: POD ZNAMENEM EDINOGO FRONTA. RECHI I STAT'I
    1935-1937 GG. MOSCOW, 1937. (REVIEW).
    B., 1937, Nr. 4 (62), 262-264.
DIPLOMACY--EUROPE--1787-91.
    Averbukh, R., 1939, Nr. 3 (73), 93-108.
DIPLOMACY--EUROPE--20TH C.--MEDITERRANEAN SEA.
    Ivanov, L., 1938, Nr. 4 (68), 36-52.
DIPLOMACY--EUROPE--1912--DOCUMENTS--BOOK REVIEW.
    Semenovykh, F., 1940, Nr. 11 (87), 115-120.
DISSERTATIONS, HISTORICAL--USSR--AN SSSR. INST. IST.--
    1938.
    V Institute istorii..., 1938, Nr. 3 (67), 156.
DISSERTATIONS, HISTORICAL--USSR--AN SSSR. INST. IST.--
    1938.
    V Institute istorii..., 1939, Nr. 3 (73), 218-219.
DISSERTATIONS, HISTORICAL--USSR--AN SSSR. INST. IST.--
    1939.
    V Institute istorii, 1939, Nr. 4 (74), 199-201.
DISSERTATIONS, HISTORICAL--USSR--AN SSSR. INST. IST.--
    1939.
    Zashchita dissertatsii v..., 1939, Nr. 5-6 (75-76),
    276-278.
DISSERTATIONS--USSR--DEFENSE--CRITIQUE.
    O praktike zashchite..., 1940, Nr. 6 (82), 103-104.
DISSERTATIONS, HISTORICAL--USSR--IFLI. ISTFAK.--1939.
    Shekun, O., 1939, Nr. 4 (74), 194-198.
DISSERTATIONS, HISTORICAL--USSR--KA--1935--LIST OF DOCTORAL
    CANDIDATES.
    V prezidiume Kommunisticheskoĭ..., 1936, Nr. 1 (53),
    209.
DISSERTATIONS, HISTORICAL--USSR--VOENNO-POLITICHESKAIA
    AKADEMIIA, MOSCOW--1939.
    Zashchita dissertatsii v..., 1939, Nr. 5-6 (75-76),
    278-279.
DMANISI (TRANSCAUCASIA)--ARCHAEOLOGICAL EXCAVATIONS--1936.
    Miskhelashvili, L., 1937, Nr. 3 (61), 224-225.
"DNEVNIK V.N. LAMZDORFA, 1886-1890 G.G." POD RED. I S
    PREDISL. F.A. ROTSHTEĬNA. MOSCOW, 1926 (REVIEW).
    Preobrazhenskiĭ, P., Nr. 3, 1927, 232-233.
DOBB, M.: OCHERK ISTORII EVROPY; OT UPADKA FEODALIZMA DO
    NASHEGO VREMENI. PER. S ANGLIĬSKOGO I. MARKEL'SA.
    MOSCOW, 1929. (REVIEW).
    Averbukh, R., Nr. 13, 1929, 234-235.
DOBIASH-ROZHDESTVENSKOĬ, O.A.--FIRST ANNIVERSARY OF HER
    DEATH.
    Zasedanie, posv. pamiati..., 1940, Nr. 8 (84), 155.

DOBIASH-ROZHDESTVENSKOĬ, O.A.: ISTORIIA KORBIĬSKOĬ GRA-
    FICHESKOĬ MASTERSKOĬ 651-830 GG. LENINGRAD, 1934.
    (REVIEW).
        Inostrannye otzyvy o..., 1936, Nr. 3 (55), 200-201.
DOBROLIUBOV, N.A.--100TH ANNIVERSARY OF HIS BIRTH.
        Gorev, B., 1936, Nr. 1 (53), 91-97.
DOBROLIUBOV, N.A.--RUSSIAN HISTORY.
        Bushuev, S., 1940, Nr. 8 (84), 87-98.
"DOCUMENTS DIPLOMATIQUES FRANÇAIS 1871-1914." PARIS,
    1919 (REVIEW).
        Notovich, F., 1934, Nr. 1 (35), 210-223.
"DOCUMENTS DIPLOMATIQUES FRANÇAIS, 1871-1914." I. SÉR.
    TT. I-VI; 2. SÉR. TT. I-VI; 3. SÉR. TT. I-XI.
    PARIS, 1929-36. (REVIEW).
        Novotich, F., 1937, Nr. 3 (61), 148-155.
"DOCUMENTS DIPLOMATIQUES FRANÇAIS, 1871-1914." 3. SÉR.
    1911-1914. T. X (17 MARS-23 JUILLET 1914).
    PARIS, 1936. (REVIEW).
        Notovich, F., 1938, Nr. 4 (68), 137-142.
DÖHL, W.: DIE DEUTSCHE NATIONALVERSAMMLUNG VON 1848 IM
    SPIEGEL DER "NEUEN RHEINISCHEN ZEITUNG."
    DILLINGEN/DONAU, 1931. (REVIEW).
        Averbukh, R., 1933, Nr. 4 (32), 141-142.
"DOKUMENTY I MATERIALY PO ISTORII MORDOVSKOĬ ASSR. T. I-
    III, CH. 1. SARANSK, 1939-40. (REVIEW).
        Got'e, IU., 1941, Nr. 6 (94), 120.
"DOKUMENTY PO ISTORII GRAZHDANSKOĬ VOINY. T. 1: PERVYĬ
    ETAP GRAZHDANSKOĬ VOĬNY. MOSCOW, 1940. (REVIEW).
        Baevskiĭ, D., 1941, Nr. 4 (92), 118-120.
"DOKUMENTY VELIKOĬ PROLETARSKOĬ REVOLIUTSII." T. 1.
    MOSCOW, 1938. (REVIEW).
        Dubrovskiĭ, S.G., 1939, Nr. 1 (71), 151-157.
DOMELA NIEUWENHUIS, F.--CORRESPONDENCE--F. ENGELS--
    1881-91.
        Perepiska Marksa i..., 1934, Nr. 6 (40), 37-69.
DOMELA NIEUWENHUIS, F.--CORRESPONDENCE--K. MARX--1880-81.
        Perepiska Marksa i..., 1934, Nr. 6 (40), 37-69.
DOMMANGET, M.: BABEF. PER. S FRANTS. LENINGRAD, 1925.
    (REVIEW).
        Monosov, S.M., Nr. 1, 1926, 290-298.
DON COSSACKS see COSSACKS--DON REGION.
DON RIVER VALLEY, NORTHERN--ARCHAEOLOGICAL EXCAVATIONS--
    1936.
        Novye dokumenty i..., 1937, Nr. 1 (59), 199-200.
DONATISTS see CIRCUMCELLIONS.
DON BASS--1919--PUBLIC OPINION--SUPPORT OF I.V. STALIN.
        Lukomskaia, I., 1940, Nr. 1 (77), 98-119.
DONETS BASIN see DON BASS.
DOPSCH, A.
        K.,S., 1935, Nr. 10 (50), 166.
D'ORMESSON, W. see ORMESSON, W. COMTE D'.

DOREN, A.: ITALIENISCHE WIRTSCHAFTSGESCHICHTE. BD. I.
     JENA, 1934 (REVIEW).
          Ditiakin, V., 1936, Nr. 5 (57), 166-169.
DRABKINA, E.: GRUZINSKAIA KONTRREVOLIUTSIIA. LENINGRAD,
     1928 (REVIEW).
          Sef, S., Nr. 11, 1929, 207-211.
DRABKINA, E.: NATSIONAL'NYĬ I KOLONIAL'NYĬ VOPROS V
     TSARSKOĬ ROSSII. MOSCOW, 1930. (REVIEW).
          Galuzo, P., Nr. 17, 1930, 122-123.
"DRANG NACH OSTEN"--IDEOLOGICAL JUSTIFICATION--GERMANY--
     20TH C.
          Tarle, E.V., 1938, Nr. 2 (66), 89-105.
"DRANG NACH OSTEN"--13TH-15TH C.--BALTIC STATES.
          Gratsianskiĭ, N., 1938, Nr. 6 (70), 87-111.
DRANITSYN, S.N.: POL'SKOE VOSSTANIE 1863 G. I EGO
     KLASSOVAIA SUSHCHNOST'. LENINGRAD, 1937. (REVIEW).
          Druzhinin, N., 1937, Nr. 5-6 (63-64), 213-216.
"DREVNE-RUSSKIE LETOPISI." PEREVOD I KOMM. V. PANOVA
     RED. V. LEBEDEVA. LENINGRAD, 1936. (REVIEW).
          IUshkov, S., 1937, Nr. 3 (61), 182-184.
"DREVNIE GERMANTSY". SBORNIK DOKUMENTOV. SOST. B.N.
     GRAKKHOVYM, S.P. MORAVSKIM I A.I. NEUSYKHINYM.
     MOSCOW, 1937. (REVIEW).
          Semenov, V., 1937, Nr. 5-6 (63-64), 224-226.
"DREVNYĬ VOSTOK." ATLAS PO DREVNYĬ ISTORII EGIPTA,
     PEREDNEĬ AZII, INDII I KITAIA. SOST. I. SNEGIREV
     POD RED. V.V. STRUVE. LENINGRAD, 1937. (REVIEW).
          Sholpo, N., 1938, Nr. 4 (68), 164-165.
DREYFUS, R.
          Kan, S., 1933, Nr. 3 (31), 90-94.
DREYFUS AFFAIR--BOOK REVIEW.
          Dalin, V., 1934, Nr. 3 (37), 97-104.
DRIAULT, E.: LA QUESTION D'ORIENT 1918-1937 (LA PAIX DE
     LA MEDITERRANÉE) PARIS, 1938. (REVIEW).
          Erofeev, N., 1939, Nr. 1 (71), 180-184.
DROZDOV, P.: OCHERKI PO ISTORII KLASSOVOĬ BOR'BY V
     ZAPADNOĬ EVROPE I V ROSSII V XVIII-XX VEKAKH.
     UCHEBNIK DLIA VOENNYKH SHKOL, RABFAKOV I
     TEKHNIKUMOV. MOSCOW, 1928 (REVIEW).
          Mamet, L., Nr. 7, 1928, 307-308.
DRUZHINA--RUSSIA--ARCHAEOLOGICAL EXCAVATIONS.
          Artsikhovskiĭ, A., 1939, Nr. 1 (71), 193-195.
DU MESNIL DU BUISSON, R., CONTE--FRENCH ARCHAEOLOGIST.
          Novye dokumenty i..., 1936, Nr. 6 (58), 260-261.
"DUBLIN HISTORICAL RECORD" (JOURNAL) (REVIEW).
          Nauchnye izdaniia..., 1939, Nr. 2 (72), 204;
          Istoricheskaia nauka za..., 1939, Nr. 5-6 (75-
          76), 281.
DUBROVSKIĬ, S.M.--"ASIAN MODE OF PRODUCTION"--VIEWS--
     CRITIQUE.
          Diskussiia o sushchnosti...,Nr. 16, 1930, 104-161.

DUBROVSKIĬ, S.M.--POLITICAL VIEWS.
    Kin, D., Nr. 21, 1931, 19-37.
DUBROVSKIĬ, S.M.--RUSSIAN CAPITALISM--VIEWS--CRITIQUE.
    Vanag, N., Nr. 22, 1931, 77-145.
DUBROVSKIĬ, S.M.--SERF ECONOMY--VIEWS--CRITIQUE.
    Zelenskiĭ, M., Nr. 20, 1930, 130-163.
DUBROVSKIĬ, S.M.: K VOPROSU O SUSHCHNOSTI "AZIATSKOGO"
    SPOSOBA PROIZVODSTVA, FEODALIZMA, KREPOSTNICHESTVA
    I TORGOVOGO KAPITALIZMA. MOSCOW, 1929--FEUDALISM
    AND SERFDOM--A. MALYSHEV'S CRITIQUE.
    Malyshev, A., Nr. 15, 1930, 43-73; Nr. 16, 1930,
    68-103.
DUCHON, P.: LES ÉLECTIONS DE 1848 ("REVUE DE PARIS,"
    1936, NR. 5, 6) (REVIEW).
    Kan, S., 1936, Nr. 3 (55), 191.
DUKEL'SKIĬ, M.--1919.
    IAroslavskiĬ, E., 1939, Nr. 1 (71), 23-52.
DUMA IV--1912-17--BOLSHEVIK FACTION--DOCUMENTS.
    MalakhovskiĬ, V., 1939, Nr. 2 (72), 136-141.
DUMA IV--1912-14--BOLSHEVIK FACTION--DOCUMENTS.
    Pis'ma rabochikh v..., 1937, Nr. 2 (60), 123-142.
DURA, SYRIA--ARCHAEOLOGICAL EXCAVATIONS--R. DU MESNIL DU
    BUISSON.
    Novye dokumenty i..., 1936, Nr. 6 (58), 260-261.
DUTACQ, F.: LA RÉACTION ROYALISTE À LYON. ("RÉVOLUTION
    DE 1848," 1934, NR. 154, 421-431) (REVIEW).
    LavrovskiĬ, V., 1936, Nr. 2 (54), 159.
DUTT, P.R.: WORLD POLITICS, 1918-1936. LONDON, 1936.
    (REVIEW).
    Zubok, L., 1937, Nr. 4 (62), 207-218.
"21 USLOVIE PRIEMA V KOMMUNISTICHESKIĬ INTERNATSIONAL."
    2. IZD. VSTUP. STAT'IA O. PIATNITSKOGO. MOSCOW,
    1934. (REVIEW).
    Rubinshteĭn, E., 1935, Nr. 2-3 (42-43), 144-146.
"20 ROKIV PID IARMOM POL'SKYKH PANIV." KYĬV, 1940.
    (REVIEW).
    Prokopenko, N., 1941, Nr. 1 (89), 122-123.
DZHAVAKHISHVILI, I.A.--OBITUARY.
    Kikvidlze, A., 1941, Nr. 1 (89), 157-158.
DZHIVELEGOV, A.K.: LEONARDO DA VINCHI. MOSCOW, 1935
    (REVIEW).
    Ditiakin, V., 1936, Nr. 2 (54), 131-137.
DZIUBINSKIĬ, S.--HISTORY--STUDY AND TEACHING--USSR--
    SECONDARY SCHOOLS--CRITIQUE.
    Mamet, L., Nr. 9, 1928, 141-144.
DZIUBINSKIĬ, S., ZHABORONKOV, B., SINGALEVICH, S.:
    OCHERKI METODIKI OBSHCHESTVOVEDENIIA V SHKOLE II
    STUPENI. KAZAN', 1927. (REVIEW).
    Ioannisiani, A., Nr. 6, 1927, 295-296.

EAST, G.: THE MEDITERRANEAN PROBLEM. ("GEOGRAPHICAL REVIEW ,"
    JANUARY, 1938) (REVIEW).
       Kublitskiĭ, F., 1938, Nr. 3 (67), 141-144.
EAST-INDIA COMPANY--HISTORIOGRAPHY--BIBLIOGRAPHY.
       Kudriavtsev, A., Nr. 5, 1927, 205-210.
EASTERN EUROPE--RELATIONS--GERMANY--20TH C.--EXPANSIONIST
    IDEOLOGY.
       Tarle, E.V., 1938, Nr. 2 (66), 89-105.
EASTERN QUESTION--RUSSO-TURKISH WAR--1877-78--ROLE OF GREAT
    BRITAIN.
       Muratov, Kh., 1940, Nr. 7 (83), 65-81.
EASTERN QUESTION--1896--RUSSIA'S SEIZURE OF THE BOSPHORUS.
       Khvostov, V., Nr. 20, 1930, 100-129.
ECONOMIC HISTORY--EUROPE--CRISES OF 1920-21, 1929 and 1937.
       Bordadyn, A., 1938, Nr. 6 (70), 29-52.
ECONOMIC HISTORY--FRANCE--16TH C.--FRENCH HISTORIOGRAPHY.
       Dalin, V., 1933, Nr. 2 (30), 177-183.
ECONOMIC HISTORY--STUDY AND TEACHING--USSR--METHODOLOGY--VUZ.
       Ditiakin, V., Nr. 10, 1928, 197-202.
"ECONOMIC HISTORY JOURNAL" (JOURNAL) (REVIEW).
       Zvavich, I., Nr. 13, 1929, 221-227.
EDUCATION--SOVIET RUSSIA--1917-18--TEACHERS.
       Osnos, IU., 1940, Nr. 8 (84), 28-45.
EDUCATION-USSR--ROLE OF HISTORY.
       Mamet, L., Nr. 14, 1929, 156-172.
EFIMOV, A.: K ISTORII KAPITALIZMA V SSHA. MOSCOW, 1934.
    (REVIEW).
       Zubok, L., 1935, Nr. 4 (44), 120-123.
EFIMOV, A.: NOVAIA ISTORIIA, 1789-1870; UCHEBNIK DLIA 8-60
    KLASSA SREDNEĬ SHKOLY. MOSCOW, 1940 (REVIEW).
       Biriukovich, V., 1941, Nr. 4 (92), 115-117.
EFROYMSON, C.W.: DOCUMENTS. AN AUSTRIAN DIPLOMAT IN AMERICA,
    1840 ("THE AMERICAN HISTORICAL REVIEW," 1936, NR. 3,
    APRIL, V. XLI) (REVIEW).
       Kan, S., 1936, Nr. 3 (55), 191.
EGYPT--ANTIQUITY--AMERICAN EXCAVATIONS--1925-35.
       Avdiev, V., 1935, Nr. 4 (44), 156-158.
EGYPT--ANTIQUITY--ART.
       Avdiev, V.I., 1934, Nr. 6 (40), 70-83.
EGYPT--ANTIQUITY--DEIFICATION OF RULER.
       Avdiev, V., 1935, Nr. 8-9 (48-49), 133-152.
EGYPT--ARCHAEOLOGICAL EXCAVATIONS--MEDINET-ABU--AMERICAN
    SCHOLARSHIP.
       Avdiev, V., 1935, Nr. 11 (51), 129-133.
EGYPT--HISTORY--1880-1927--SA'D ZAGHLŪL PASHA.
       Maĭzel', S., Nr. 6, 1927, 175-194.
EGYPTIAN DELEGATION see WAFD.
ELECTIONS--USSR--1937--SUPREME SOVIET.
       Itogi vyborov v..., 1937, Nr. 5-6 (63-64), 9-16.
ELECTIONS--USSR--1937--SUPREME SOVIET.
       Soobshchenie TSentral'noĭ izbiratel'noi..., 1937,
    Nr. 5-6 (63-64), 7-8.

ELTON, LORD: JAMES RAMSAY MACDONALD, 1866-1919. LONDON,
   1934. (REVIEW).
   Zakharov, S., 1941, Nr. 6 (94), 113-119.
EMERIT, M.: UNE MYSTIFICATION. LES MÉMOIRES DU BARON
   D'AMBÈS. ("REVUE D'HISTOIRE MODERNE," MAI-AOUT
   1936) (REVIEW).
   S.,O., 1936, Nr. 6 (58), 243.
EMERIT, M.: LES PAYSANS ROUMAINS DEPUIS LE TRAITÉ
   D'ADRIANOPLE JUSQU'A LA LIBÉRATION DES TERRES,
   1829-1864. PARIS, 1937 (REVIEW).
   Zakhar'ianu, A., 1940, Nr. 3 (79), 141-144.
EMIGRATION, RUSSIAN--EUROPE--HISTORIOGRAPHY--RUSSIAN CIVIL
   WAR OF 1918-21--BIBLIOGRAPHY.
   Gukovskii, A., Nr. 11, 1929, 266-270.
ENCYCLICALS, PAPAL--HISTORY--18TH C.--1925--BOOK REVIEW.
   Fridliand, TS., Nr. 18-19, 1930, 177-184.
ÉNERFEL'D, B.: S"EZDY I SOVET S"EZDOV GORNOPROMYSHLEN-
   NIKOV IUGA ROSSII KAK MONOPOLISTICHESKAIA ORGA-
   NIZATSIIA. (DISSERTATION) MOSCOW, 1940.
   P.,K., 1941, Nr. 4 (92), 151-152.
ENGEL, W.--GERMAN HISTORIAN.
   Fashizatsiia istoricheskoĭ nauki..., 1936, Nr. 3
   (55), 199.
ENGELGARDT, A.N.: IZ DEREVNI. 12 PISEM, 1872-1887.
   MOSCOW, 1937. (REVIEW).
   P., 1937, Nr. 5-6 (63-64), 264.
ENGELS, F.--40TH ANNIVERSARY OF HIS DEATH.
   40-letie so dnia..., 1935, Nr. 8-9 (48-49), 236-237.
ENGELS, F.--V.G. BELINSKIĬ--INFLUENCE.
   Shul'gin, V., 1940, Nr. 7 (83), 82-92.
ENGELS, F.--BIOGRAPHICAL CHRONOLOGY.
   Vazhneĭshie daty zhizni..., 1940, Nr. 10 (86),
   142-158.
ENGELS, F.--BIOGRAPHY--120TH ANNIVERSARY OF HIS BIRTH.
   Stepanova, E., 1940, Nr. 10 (86), 14-53.
ENGELS, F.--BIOGRAPHY--INTERNATIONAL HISTORIOGRAPHY--
   BIBLIOGRAPHY.
   Inglezi, R., 1940, Nr. 10 (86), 139-141.
ENGELS, F.--CLAN ORGANIZATION--CELTS.
   Kagarov, E., 1940, Nr. 6 (82), 9-23.
ENGELS, F.--CORRESPONDENCE--F. DOMELA NIEUWENHUIS--1881-91.
   Perepiska Marksa i..., 1934, Nr. 6 (40), 37-69.
ENGELS, F.--CORRESPONDENCE--K. KAUTSKY--1880-95.
   Lur'e, Kh., 1936, Nr. 2 (54), 69-81.
ENGELS, F.--CORRESPONDENCE--K. KAUTSKY--20 FEBRUARY, 1889.
   Engel's, F., 1933, Nr. 2 (30), 41-46.
ENGELS, F.--CORRESPONDENCE--K. KAUTSKY--1895--DOCUMENT.
   Fridliand, TS., 1936, Nr. 2 (54), 82-89.
ENGELS, F.--CORRESPONDENCE--F. LESSNER.
   Neopublikovannye pis'ma Fridrikha..., 1935, Nr. 8-9
   (48-49), 58-60.

ENGELS, F.--CORRESPONDENCE--F. MEHRING--1893--DOCUMENTS.
Fridliand, TS., 1936, Nr. 2 (54), 82-89.
ENGELS, F.--CORRESPONDENCE--S.M. STEPNIAK-KRAVCHINSKII--
1868-93.
Pis'ma S.M. ..., 1935, Nr. 10 (50), 112-115.
ENGELS, F.--CORRESPONDENCE--1888-91.
Rubinshteĭn, E., 1941, Nr. 5 (93), 112-117.
ENGELS, F.--DEATH--1895--V.I. LENIN'S EULOGY.
Lenin, V.I., 1940, Nr. 10 (86), 5-13.
ENGELS, F.--FEUDALISM AND SERFDOM.
Malyshev, A., Nr. 15, 1930, 43-73; Nr. 16, 1930,
68-103.
ENGELS, F.--FRANCO-PRUSSIAN WAR--1870-71--BOOK REVIEW.
Lebedev, I., 1941, Nr. 2 (90), 123-126.
ENGELS, F.--FRENCH REVOLUTION OF 1789--LETTER TO K. KAUTSKY,
20 FEBRUARY 1889.
Dalin, V., 1933, Nr. 2 (30), 47-60.
ENGELS, F.--GERMANY--EARLY AND MEDIAEVAL HISTORY.
Andreev, N., 1940, Nr. 10 (86), 107-118.
ENGELS, F.--GREAT BRITAIN--19TH C.
Zakharov, S., 1940, Nr. 10 (86), 81-106.
ENGELS, F.--HISTORICAL BIBLIOGRAPHY--BIBLIOGRAPHY.
Engel's ob istorii..., 1940, Nr. 10 (86), 122-138.
ENGELS, F.--HISTORICAL VIEWS.
Fridliand, TS.,1936, Nr. 2 (54), 82-89.
ENGELS, F.--INTERNATIONAL II.
Lur'e, Kh., 1935, Nr. 8-9 (48-49), 40-57.
ENGELS, F.--IRELAND--EARLY AND MEDIAEVAL HISTORY.
Andreev, N., 1940, Nr. 10 (86), 107-118.
ENGELS, F.--MILITARY VIEWS.
Popov, N., 1935, Nr. 8-9 (48-49), 28-39.
ENGELS, F.--PHILOSOPHY OF HISTORY.
Fridliand, TS., 1935, Nr. 8-9 (48-49), 5-27.
ENGELS, F.--POLISH QUESTION--1848-1852.
Misko, M., 1933, Nr. 2 (30), 117-142.
ENGELS, F.--RUSSIA.
IAroslavskiĭ, E., 1940, Nr. 10 (86), 54-80.
ENGELS, F.--RUSSIAN HISTORY--1847-1895--VIEWS.
Paradizov, P., 1933, Nr. 2 (30), 89-116.
ENGELS, F.--WORKERS' MOVEMENTS--USA--1860-92.
Zubok, L., 1936, Nr. 2 (34), 44-68.
ENGELS, F.--1840-60--CHARTIST MOVEMENT--GREAT BRITAIN.
Semenov, V., 1933, Nr. 1 (29), 67-93.
ENGELS, F.--1870-86--INTERNATIONAL SOCIALIST MOVEMENT.
Dalin, V., 1933, Nr. 1 (29), 127-140.
ENGELS, F.: ORIGINS OF THE FAMILY, PRIVATE PROPERTY AND
THE STATE--RECENT ANTHROPOLOGICAL RESEARCH.
Zolotarev, A., 1940, Nr. 12 (88), 47-52.
ENGELS, F.: SOCHINENIIA. MOSCOW, 1935-28 V. see MARX, K.,
ENGELS, F.: SOCHINENIIA. MOSCOW, 1935-28 V.
1935, Nr. 5-6 (45-46), 194-199.

ENGELS, F.: WORKS--TSARIST CENSORSHIP--DOCUMENTS.
TSarskaia tsenzura o..., 1935, Nr. 8-9 (48-49),
61-89.
ENGELS, F.: ZAMETKI O VOĬNE; STAT'I O FRANKO-PRUSSKOĬ
VOĬNE 1870-1871 GG. MOSCOW, 1940 (REVIEW).
Lebedev, I., 1941, Nr. 2 (90), 123-126.
ENGLAND see also GREAT BRITAIN
ENGLAND--AGRARIAN HISTORY--MIDDLE AGES--HISTORIOGRAPHY.
Kosminskiĭ, E.A., Nr. 2, 1926, 257-262.
ENGLAND--AGRICULTURE--18TH-19TH C.
Lavrovskiĭ, V., 1935, Nr. 10 (50), 98-111.
ENGLAND--AGRICULTURE--18TH-19TH C.--HISTORIOGRAPHY--
BIBLIOGRAPHY.
Lavrovskiĭ, V., 1935, Nr. 10 (50), 98-111.
ENGLAND--CULTURAL RELATIONS--POLAND--EXHIBIT, CAMBRIDGE,
ENGLAND, 1935.
Istoricheskaia nauka za..., 1935, Nr. 8-9 (48-49),
241-242.
ENGLAND--ECONOMIC CONDITIONS--15TH-17TH C.--AGRARIAN
RELATIONS.
Lavrovskiĭ, V., 1936, Nr. 4 (56), 113-121.
ENGLAND--ECONOMIC CONDITIONS--15TH-17TH C.--INDUSTRIAL
DEVELOPMENT.
Lavrovskiĭ, V., 1936, Nr. 4 (56), 113-121.
ENGLAND--ECONOMIC CONDITIONS--1640-50--AGRARIAN LEGISLATION--
"PRIMARY ACCUMULATION."
Arkhangel'skiĭ, S., 1932, Nr. 6 (28), 100-113.
ENGLAND--ECONOMIC CONDITIONS--1649-1660--SALE OF CROWN LANDS.
Arkhangel'skiĭ, S., 1937, Nr. 2 (60), 92-114.
ENGLAND--ECONOMIC CONDITIONS--18TH-19TH C.--AGRICULTURE.
Lavrovskiĭ, V., 1935, Nr. 10 (50), 98-111.
ENGLAND--FOREIGN RELATIONS--RUSSIA--18TH C.--BALTIC STATES.
Zutis, IA., 1941, Nr. 2 (90), 66-80.
ENGLAND--HISTORY--16TH-17TH C.--AGRARIAN CONDITIONS--
BRITISH HISTORIOGRAPHY--BIBLIOGRAPHY.
Kosminskiĭ, E., Nr. 3, 1927, 199-201.
ENGLAND--HISTORY--16TH C.--K. MARX--DOCUMENTS.
Smirin, M., 1940, Nr. 12 (88), 79-87.
ENGLAND--HISTORY--MID 17TH C.
Arkhangel'skiĭ, S.I., 1934, Nr. 5 (39), 3-17.
ENGLAND--HISTORY--1640--300TH ANNIVERSARY--SOVIET STUDY
GROUP.
P.,I., 1940, Nr. 11 (87), 150-151.
ENGLAND--HISTORY--1649-1660.
Arkhangel'skiĭ, S., 1937, Nr. 2 (60), 92-114.
ENGLAND--HISTORY--1660-1688--250TH ANNIVERSARY.
Semenov, V., 1938, Nr. 3 (67), 36-52.
ENLIGHTENMENT--FRANCE--18TH C.--INFLUENCE ON FRENCH REVOLUTION.
Volgin, V., 1939, Nr. 3 (73), 13-36.
ENLIGHTENMENT--RUSSIA--FRENCH INFLUENCE.
Lekhtblau, L., 1939, Nr. 1 (71), 197-204.

ENRAGÉS--FRENCH REVOLUTION OF 1793--DECREE OF 19 VENDÉMIAIRE.
    Freiberg, N., Nr. 6, 1927, 142-174.
ENTENTE-1918--REACTION TO TREATY OF BREST-LITOVSK.
    Miller, F., 1933, Nr. 1 (29), 111-126.
ERASMUS, D.--LATE 15TH-EARLY 16TH C.--GERMAN HUMANISM.
    Smirin, M., 1941, Nr. 3 (91), 94-105.
ERDMANN, A.: NIKOLAY KARLOVIC GIERS, RUSSISCHER AUSSEN-
    MINISTER, 1882-1895. (ARTICLE) (REVIEW).
    Po stranitsam inostrannykh..., 1936, Nr. 1 (53),
    212-213.
ÉSERY (PARTIIA SOTSIALISTOV-REVOLIUTSIONEROV) see SOCIALIST
    REVOLUTIONARY PARTY.
ESKIMOS, AMERICAN--PRIMITIVE COMMUNISM.
    L.,V., 1935, Nr. 12 (52), 147-149.
ESPINAS, G.: LES ORIGINES DU CAPITALISME. I. SIRE JOHAN
    BOINEBROKE, PATRICIEN ET DRAPIER DOUAISIEN.
    ("BIBLIOTHEQUE DE LA SOCIÉTÉ D'HISTOIRE DU DROIT
    DES PAYS FLAMANDS, PICARDS ET WALLONS," VII.)
    LILLE, 1933. (REVIEW).
    Kapeliush, F., 1936, Nr. 3 (55), 173-174.
ÉSSEN, A.: TRI INTERNATSIONALA. MOSCOW, 1926 (REVIEW).
    Fridliand, TS., Nr. 4, 1927, 258-260.
ESTONIA--HISTORY--1343--UPRISING--RUSSIAN AID.
    Zutis, IA., 1940, Nr. 3 (79), 39-56.
ESTONIA--HISTORY--18TH-20TH C.--BOOK REVIEW.
    Mitt, A., 1941, Nr. 1 (89), 115-119.
ESTONIA--HISTORY--REVOLUTION OF 1905-07.
    Dauge, P., 1940, Nr. 11 (87), 35-75.
ESTONIA--HISTORY--1917-40.
    Dauge, P., 1941, Nr. 1 (89), 3-42.
ESTONIA--RELATIONS--RUSSIA--9TH-14TH C.
    Zutis, IA., 1940, Nr. 3 (79), 39-56.
ETHNOGENY--USSR--CONFERENCE, MOSCOW, SEPTEMBER, 1938.
    Soveshchanie po voprosam..., 1938, Nr. 6 (70), 201.
ETHNOGRAPHY--RUSSIA--TUNGUS AND LAMUT PEOPLES--17TH-18TH C.
    Zolotarev, A., 1938, Nr. 2 (66), 63-88.
ETHNOGRAPHY--USSR--HISTORY--CRITIQUE.
    Artsikhovskiĭ, A., 1937, Nr. 2 (60), 78-91.
ETHNOLOGY--ALTAI TRIBES--19TH C.
    Potapov, L., 1940, Nr. 11 (87), 112-114.
ETHNOLOGY--F. ENGELS' VIEWS.
    Andreev, N., 1940, Nr. 10 (86), 107-118.
EUDE, M.: POLITIQUE ÉCONOMIQUE ET SOCIALE DE LA COMMUNE
    ROBESPIERRISTE ("ANNALES HISTORIQUES DE LA
    RÉVOLUTION FRANÇAISE," NOV.-DEC., 1935, 481-518)
    (REVIEW).
    S.,O., 1936, Nr. 2 (54), 155-156.
EUROPE--ECONOMIC CONDITIONS--1821-1938--MONETARY CRISES.
    Segall, IA., 1941, Nr. 4 (92), 112-115.
EUROPE--HISTORY--CONFERENCES--1934.
    Nauchnaia zhizn' za..., 1934, Nr. 5 (39), 126-127.

EUROPE--HISTORY--EUROPEAN HISTORIOGRAPHY--1933-34--
BIBLIOGRAPHY.
Novinki inostrannoĭ istoricheskoĭ..., 1934, Nr. 3
(37), 132-134.
EUROPE--HISTORY--EUROPEAN HISTORIOGRAPHY--1933-34--
BIBLIOGRAPHY.
Novinki istoricheskoĭ likratury, 1934, Nr. 5 (39),
113-116.
EUROPE--HISTORY--EUROPEAN HISTORIOGRAPHY--1934-35--
BIBLIOGRAPHY.
Novinki inostrannoĭ istoricheskoĭ..., 1935, Nr. 7
(47), 126-127.
EUROPE--HISTORY--EUROPEAN HISTORIOGRAPHY--1934-35--
BIBLIOGRAPHY.
Novinki istoricheskoĭ likratury..., 1935, Nr. 5-6
(45-46), 190-191; 1935, Nr. 10 (50), 159; 1936,
Nr. 1 (53), 205-206.
EUROPE--HISTORY--EUROPEAN HISTORIOGRAPHY--1934--
BIBLIOGRAPHY.
Nauchnaia zhizn' za..., 1934, Nr. 5 (39), 126-127.
EUROPE--HISTORY--EUROPEAN HISTORIOGRAPHY--1934--
BIBLIOGRAPHY.
Novinki inostrannoĭ literatury..., 1934, Nr. 6
(40), 101-102; 1935, Nr. 1 (41), 107; 1935, Nr. 2-3
(42-43), 158-159.
EUROPE--HISTORY--EUROPEAN HISTORIOGRAPHY--1935--
BIBLIOGRAPHY.
Novinki istoricheskoĭ likratury, 1935, Nr. 8-9
(48-49), 233-234.
EUROPE--HISTORY--EUROPEAN HISTORIOGRAPHY--1936-37--
BIBLIOGRAPHY.
Bibliograficheskie zametki, 1938, Nr. 3 (67),
144-147.
EUROPE--HISTORY--EUROPEAN HISTORIOGRAPHY--1936-37--
BIBLIOGRAPHY.
Obzor inostrannoĭ literatury..., 1938, Nr. 4 (68),
191-196.
EUROPE--HISTORY--EUROPEAN HISTORIOGRAPHY--1936-38--
BIBLIOGRAPHY.
Bibliograficheskie zametki, 1939, Nr. 1 (71),
188-192.
EUROPE--HISTORY--EUROPEAN HISTORIOGRAPHY--1936-39--
BIBLIOGRAPHY.
Bibliograficheskie zametki, 1939, Nr. 5-6 (75-76),
270-271.
EUROPE--HISTORY--EUROPEAN HISTORIOGRAPHY--1936--
BIBLIOGRAPHY.
Novinki istoricheskoĭ literatury, 1936, Nr. 6 (58),
258-260.
EUROPE--HISTORY--EUROPEAN HISTORIOGRAPHY--1936--
BIBLIOGRAPHY.
Obzor inostrannoĭ literatury..., 1938, Nr. 2 (66),
135-142.

EUROPE--HISTORY--EUROPEAN HISTORIOGRAPHY--1937-38--
     BIBLIOGRAPHY.
     Bibliograficheskie zametki, 1939, Nr. 2 (72),
     180-183.
EUROPE--HISTORY--EUROPEAN HISTORIOGRAPHY--1938--
     BIBLIOGRAPHY.
     Bibliograficheskie zametki, 1938, Nr. 5 (9),
     223-230.
EUROPE--HISTORY--EUROPEAN HISTORIOGRAPHY--PERIODICAL
     ARTICLES--1934--BIBLIOGRAPHY.
     Iz inostrannykh istoricheskikh..., 1935, Nr. 1
     (41), 108-114.
EUROPE--HISTORY--EUROPEAN HISTORIOGRAPHY--PERIODICAL
     ARTICLES--JAN.-APRIL, 1934, SUPPL. 1933--
     BIBLIOGRAPHY.
     Iz inostrannykh istoricheskikh..., 1934, Nr. 4
     (38), 153-154.
EUROPE--HISTORY--EUROPEAN HISTORIOGRAPHY--PERIODICAL
     ARTICLES--JAN.-APRIL, 1935--BIBLIOGRAPHY.
     Iz inostrannykh istoricheskikh..., 1935, Nr. 5-6
     (45-46), 191-193.
EUROPE--HISTORY--EUROPEAN HISTORIOGRAPHY--PERIODICAL
     ARTICLES--MAI-JULY, 1935--BIBLIOGRAPHY.
     Iz inostrannykh istoricheskikh..., 1935, Nr. 8-9
     (48-49), 234-235.
EUROPE--HISTORY--EUROPEAN HISTORIOGRAPHY--PERIODICAL
     ARTICLES--OCTOBER-NOVEMBER, 1935--BIBLIOGRAPHY.
     Iz inostrannykh istoricheskikh..., 1936, Nr. 1
     (53), 206-207.
EUROPE--HISTORY--EUROPEAN HISTORIOGRAPHY--PERIODICAL
     ARTICLES--1936--BIBLIOGRAPHY.
     Iz inostrannykh istoricheskikh..., 1936, Nr. 5
     (57), 191-192; 1937, Nr. 1 (59), 189.
EUROPE--HISTORY--EUROPEAN HISTORIOGRAPHY--PERIODICAL
     ARTICLES--1937-38--BIBLIOGRAPHY.
     Iz inostrannykh istoricheskikh..., 1938, Nr. 4
     (68), 197; 1939, Nr. 2 (72), 184-187.
EUROPE--HISTORY--INTERNATIONAL HISTORIOGRAPHY--PERIODICAL
     ARTICLES--1935-36--BIBLIOGRAPHY.
     Iz inostrannykh istoricheskikh..., 1936, Nr. 4
     (56), 153.
EUROPE--HISTORY--INTERNATIONAL HISTORIOGRAPHY--PERIODICAL
     ARTICLES--1936--BIBLIOGRAPHY.
     Iz inostrannykh istoricheskikh..., 1936, Nr. 6 (58),
     246-247.
EUROPE--HISTORY--WESTERN HISTORIOGRAPHY--1934-37--
     BIBLIOGRAPHY.
     Novinki istoricheskoĭ literatury..., 1937, Nr. 5-6
     (63-64), 275-278.
EUROPE--HISTORY--WESTERN HISTORIOGRAPHY--1935-37--
     BIBLIOGRAPHY.
     Novinki istoricheskoĭ literatury, 1937, Nr. 3 (61),
     234-236.

EUROPE--HISTORY--WESTERN HISTORIOGRAPHY--PERIODICAL ARTICLES--
        1937--BIBLIOGRAPHY.
        Iz inostrannykh istoricheskikh..., 1937, Nr. 4 (62),
        265-266.
EUROPE--HISTORY--1787-91.
        Averbukh, R., 1939, Nr. 3 (73), 93-108.
EUROPE--HISTORY--1871-95--O. v. BISMARCK'S FOREIGN POLICY.
        Khvostov, V., 1934, Nr. 5 (39), 33-55.
EUROPE--HISTORY--1871-1914--EUROPEAN HISTORIOGRAPHY--
        DOCUMENTS--BIBLIOGRAPHY.
        Notovich, F., 1934, Nr. 1 (35), 210-223.
EUROPE--HISTORY--1890-1933--GERMAN HISTORIOGRAPHY--BOOK
        REVIEW.
        Lukin, N., 1934, Nr. 4 (38), 112-121.
EUROPE--HISTORY--1905--INFLUENCE OF RUSSIAN REVOLUTION.
        Lukin, N., 1936, Nr. 1 (53), 23-55.
EUROPE--HISTORY--1905--REACTION TO RUSSIAN REVOLUTION--
        DOCUMENTS.
        Otrazhenie sobytii 9..., 1936, Nr. 1 (53), 98-115.
EUROPE, WESTERN--ECONOMIC CONDITIONS--1920-37.
        Bordadyn, A., 1938, Nr. 6 (70), 29-52.
EUROPE, WESTERN--HISTORY--SOVIET HISTORIOGRAPHY--TASKS AND
        GOALS--1931.
        Lukin, N., Nr. 22, 1931, 3-10.
EUROPE, WESTERN--HISTORY--SOVIET HISTORIOGRAPHY--VUZ PUBLI-
        CATIONS--1924-26--BIBLIOGRAPHY.
        Vaĭnshteĭn, O.L., Nr. 3, 1927, 209-212.
EUROPE, WESTERN--HISTORY--SOVIET HISTORIOGRAPHY--1917-31--
        BOURGEOIS HISTORIANS.
        Burzhuaznye istoriki zapada..., Nr. 21, 1931, 44-86.
EUROPE, WESTERN--POLITICS AND GOVERNMENT--ABSOLUTISM--
        CONFERENCE, MOSCOW, MARCH-APRIL, 1940.
        Obsuzhdenie problemy absoliutizma..., 1940, Nr. 6
        (82), 63-68.
EUROPE, WESTERN--POLITICS AND GOVERNMENT--ABSOLUTISM--
        SOVIET HISTORIOGRAPHY--CRITIQUE.
        Mosina, Z., 1940, Nr. 6 (82), 68-74.
EUROPEAN WAR, 1914-18 see WWI.
EVGEN̆EV-MAKSIMOV, V.: "SOVREMENNIK" PRI CHERNYSHEVSKOM
        I DOBROLIUBOVE. LENINGRAD, 1936. (REVIEW).
        Koz'min, B., 1936, Nr. 6 (58), 200-201.
EVGEN̆EV-MAKSIMOV, V.: "SOVREMENNIK" V 40-50-KH GODAKH.
        LENINGRAD, 1935. (REVIEW).
        Koz'min, B., 1936, Nr. 2 (54), 144-146.
"EZHEGODNIK LENINSKOĬ I ISTORIKO-PARTIINOI BIBLIOGRAFII.
        T.I. OBZOR LITERATURY PO LENINU I LENINIZMU,
        ISTORII VKP(b) I VLKSM, ISTORII KOMINTERNA I
        KIM ZA 1929 G. MOSCOW, 1932. (REVIEW).
        Gadziatskiĭ, S., 1934, Nr. 3 (37), 129.

FABRICHNO-ZAVODSKIE KOMITETY see FABZAVKOMY.
FABZAVKOMY--RUSSIA--FEBRUARY-OCTOBER, 1917.
        Dobrotvor, N., 1932, Nr. 4-5 (26-27), 37-71.
FACTORIES--RUSSIA--HISTORY--SOVIET HISTORIOGRAPHY--
        METHODOLOGY.
        Pankratova, A., 1932, Nr. 6 (28), 8-21.
FACTORIES--RUSSIA--PUTILOVSKIĬ ZAVOD--1789-1917--BOOK REVIEW.
        Baevskiĭ, D., 1940, Nr. 2 (78), 139-146.
FACTORIES--SOVIET RUSSIA--HISTORY--SOVIET HISTORIOGRAPHY--
        METHODOLOGY.
        Pankratova, A., 1932, Nr. 6 (28), 8-21.
FACTORIES--USSR--HISTORY--SOVIET HISTORIOGRAPHY--
        METHODOLOGY.
        Pankratova, A., 1932, Nr. 6 (28), 8-21.
FACTORY COMMITTEES see FABZAVKOMY.
FAĬNGAR, I., KHMEL'NĬTSKAIA, E.: MIROVAIA VOĬNA-NACHALO
        OBSHCHEGO KRIZISA KAPITALIZMA (STAT'IA V SBORNIKE
        "OBSHCHIĬ KRIZIS KAPITALIZMA," VYP. 1.) MOSCOW,
        1933, (REVIEW).
        Kh., 1934, Nr. 3 (37), 118-119.
FAĬZULLA-KHODZHAEV see KHOJA-OGHLI, F.
FAMINE--SOVIET RUSSIA--1921-22--WESTERN RELIEF PLANS.
        Rubinshteĭn, N., 1941, Nr. 2 (90), 22-48.
FAR EAST--FOREIGN RELATIONS--HISTORY--INTERNATIONAL
        HISTORIOGRAPHY--BIBLIOGRAPHY.
        Gal'perin, A., 1941, Nr. 1 (89), 140-144.
FAR EAST--HISTORY--INTERNATIONAL HISTORIOGRAPHY--BIBLIOGRAPHY.
        Gal'perin, A., 1941, Nr. 1 (89), 140-144.
FAR EAST--HISTORY--1850-1918.
        Gal'perin, A., 1939, Nr. 4 (74), 94-118.
FAR EAST--HISTORY--LATE 19TH-EARLY 20TH C.--RUSSIAN FOREIGN
        POLICY.
        Popov, A., 1935, Nr. 12 (52), 3-25.
FAR EAST--HISTORY--1894-1901--RUSSIAN FOREIGN POLICY.
        Popov, A., 1935, Nr. 11 (51), 38-57.
FAR EAST--INTERNATIONAL RELATIONS--1918-29.
        Gal'perin, A., 1940, Nr. 2 (78), 114-124.
FASCISM--BULGARIA--1923-44.
        Kabakchiev, Kh., 1936, Nr. 6 (58), 44-67.
FASCISM--GERMANY see also NATIONAL SOCIALISM--GERMANY.
FASCISM--GERMANY--BIBLIOGRAPHY.
        Institut inostrannoĭ bibliografii..., 1932, Nr. 6
        (28), 114-124.
FASCISM--GERMANY--FINANCIAL CAPITALISM.
        Rubinshteĭn, E., 1932, Nr. 1-2 (23-24), 79-116.
FASCISM--ITALY--SOVIET HISTORIOGRAPHY--BIBLIOGRAPHY.
        Drabkina, E., Nr. 4, 1927, 210-213.
FAY, S.: THE ORIGINS OF THE WORLD WAR. V. 1-2. NEW YORK,
        1929 (REVIEW).
        Khvostov, V., Nr. 18-19, 1930, 209-216.

FAY, S.: THE ORIGINS OF THE WORLD WAR. VOL. II. AFTER
    SARAJEVO; THE IMMEDIATE CAUSES OF THE WAR. NEW
    YORK, 1929 (REVIEW).
    Khvostov, V., Nr. 22, 1931, 174-178.
FAY, S.: PROISHKOZHDENIE MIROVOĬ VOĬNY. T. 1. PEREVOD
    S ANGLIĬSKOGO S. SOKOLOVA I A. SPERANSKOGO.
    MOSCOW, 1933. (REVIEW).
    Khvostov, V., 1934, Nr. 4 (38), 141-143.
FAY, S.: PROISKHOZHDENIE MIROVOĬ VOĬNY. T. II. PEREV.
    S ANGLIĬSKOGO B. ZHUKHOVETSKOGO, S PRED. A.
    ERUSALIMSKOGO. MOSCOW, 1934. (REVIEW).
    Khvostov, V., 1935, Nr. 2-3 (42-43), 148-149.
FÉDÉRATION DE SAONE ET LOIRE-CHALON--1912-18.
    Dalin, V., 1935, Nr. 12 (52), 26-37.
FEDOROV, A.: RAZGROM KONTRREVOLIUTSIONNYKH OCHAGOV
    KRASNOĬ GVARDIEĬ, NOIABR' 1917-FEVRAL' 1918 GG.
    MOSCOW, 1940. (REVIEW).
    Golikov, G., 1940, Nr. 11 (87), 124-126.
FEĬGEL'SON, IA., PETERSON, E.: UTOPICHESKIĬ I NAUCHNYĬ
    SOTSIALIZM. MOSCOW, 1930--IA. FEĬGEL'SON'S
    DISCLAIMER.
    Feĭgel'son, IA., Nr. 16, 1930, 202.
"FEODAL'NAIA DEREVNIA MOSKOVSKOGO GOSUDARSTVA XIV-XVI
    VEKOV." SBORNIK DOKUMENTOV. MOSCOW, 1935.
    (REVIEW).
    Bakhrushin, S., 1936, Nr. 6 (58), 195-196.
FERGUSON, J.H.: AMERICAN DIPLOMACY AND THE BOER WAR.
    PHILADELPHIA, 1939. (REVIEW).
    Al'perovich, M., Belen'kiĭ, A., 1941, Nr. 4 (92),
    153-154.
FERRERO, G.
    Silone, I., Nr. 20, 1930, 174-178.
FESTER, R.: DIE POLITIK KAISER KARLS UND DER WENDEPUNKT
    DES WELTKRIEGES. MUNICH, 1925. (REVIEW).
    Tordaĭ, L., Nr. 6, 1927, 253-259.
FEUDALISM--EUROPE--S.M. DUBROVSKIĬ'S VIEWS--CRITIQUE.
    Malyshev, A., Nr. 15, 1930, 43-73; Nr. 16, 1930,
    68-103.
FEUDALISM--EUROPE--15TH-16TH C.--"SECOND ENSERFMENT."
    Tikhomirov, B., 1932, Nr. 3 (25), 118-134.
FEUDALISM--JAPAN--1600-1868.
    Plyshevskiĭ, I., 1938, Nr. 1 (65), 44-73.
FEUDALISM--KIEVAN RUS--10TH-11TH C.--TRIBUTE AND RENTS.
    IUshkov, S., 1936, Nr. 6 (58), 134-138.
FEUDALISM--KIEVAN RUS--15TH-16TH C.--FEUDAL IMMUNITY.
    Tikhomirov, B., 1936, Nr. 3 (55), 3-25.
FEUDALISM--RUSSIA--RUSSIAN AND SOVIET HISTORIOGRAPHY.
    Vaĭnshteĭn, O., 1940, Nr. 9 (85).
FEUDALISM--RUSSIA--A.S. PUSHKIN'S VIEWS.
    IUshkov, S., 1937, Nr. 1 (59), 48-62.

FEUDALISM--RUSSIA--9TH-12TH C.--M.N. POKROVSKIĬ'S VIEWS.
      Grekov, B., 1937, Nr. 5-6 (63-64), 41-76.
FEUDALISM--RUSSIA--16TH C.--"SECOND ENSERFMENT."
      Tikhomirov, B., 1932, Nr. 3 (25), 118-134.
FEUDALISM--SOVIET HISTORIOGRAPHY--POLEMIC.
      Gazganov, E., Nr. 22, 1931, 38-63.
FINANCE--FRANCE--1870-71--LA BANQUE DE FRANCE.
      Kan, S., 1933, Nr. 4 (32), 91-105.
FINANCE--FRANCE--1871--PARIS COMMUNE.
      Vaĭnshteĭn, O.L., Nr. 1, 1926, 11-47.
FINANCE--RUSSIA--EARLY 20TH C.
      Granovskii,É., Nr. 18-19, 1930, 230-231.
FINDIN, I.F.:   BANKI I PROMYSHLENNOST' V ROSSII;
      K VOPROSU FINANSOVOM KAPITALE V ROSSII. MOSCOW,
      1927. (REVIEW).
      Sidorov, A., Nr. 6, 1927, 283-286.
FINLAND--HISTORY--SOURCES--KALEVALA.
      Kagarov, E., 1935, Nr. 4 (44), 58-68.
FINLAND--SOCIALISM--ARCHIVES.
      Rabota nauchnykh uchrezhdeniĭ, 1936, Nr. 4 (56),
      172.
FIRDAWSI: SHĀHNĀMAH.
      T.,V., 1935, Nr. 2-3 (42-43), 122-129.
FIRTH, SIR CHARLES HARDING--OBITUARY.
      Nekrolog, 1936, Nr. 6 (58), 261-262.
FISHER, L. :   IMPERIALIZM NEFTI. MOSCOW, 1927. (REVIEW).
      D.,E., Nr. 5, 1927, 246-247.
FITZLER, H.:   DER ANTEIL DER DEUTSCHEN AN DER KOLONIAL-
      POLITIK PHILIPPS II VON SPANIEN IN ASIEN
      ("VIERTELJAHRSCHRIFT FÜR SOZIAL--UND WIRTSCHAFTSGE-
      SCHICHTE." 1935, BD. 28, H. 3) (REVIEW).
      Shuleĭkina, A., 1936, Nr. 2 (54), 151.
FIVE-YEAR PLAN, FIRST--USSR.
      Genkina, E., 1940, Nr. 12 (88), 53-75.
FIVE-YEAR PLAN, SECOND--USSR--GOALS--HISTORIOGRAPHY.
      Itogi ob"edinennogo..., 1932, Nr. 6 (28), 3-7.
FLEER, M.G.:   PETERBURGSKIĬ KOMITET BOL'SHEVIKOV V GODY
      VOĬNY 1914-17. LENINGRAD, 1927 (REVIEW).
      Baevskiĭ, D., Nr. 7, 1928, 290-294.
FLEROVSKIĬ, N. (V.V. BERVI):   POLOZHENIE RABOCHEGO
      KLASSA V ROSSII. MOSCOW, 1938. (REVIEW).
      Bushuev, S., 1938, Nr. 5 (69), 203-204.
FLITTNER, N.D.:   V STRANE PIRAMID. MOSCOW, 1936. (REVIEW).
      Berger, A., 1937, Nr. 3 (61), 216.
FLOURENS, G.--DEATH, APRIL 1871--LETTER BY J. MARX.
      Alekseev-Popov, V., 1941, Nr. 5 (93), 92-96.
FOLKLORE--FRANCE--CONFERENCE, PARIS, 1937.
      Nauchnye obshchestva i..., 1937, Nr. 3 (61), 230.
FOMICHOV, --:   K VOPROSU OB IZUCHENII KREST'IANSKOGO
      DVIZHENIIA V REVOLIUTSII 1917 G. V TSCHO (LECTURE)--
      CONFERENCE, VORONEZH, NOVEMBER, 1933.
      Na konferentsiia istorikov..., 1933, Nr. 6 (34),
      166-167.

FONVIZIN, M.A.--CORRESPONDENCE--V.L. DAVYDOV.
        Iz arkhiva dekabrista V.L. Davydova..., Nr. 1,
        1926, 175-200.
"FOREIGN AFFAIRS." (JOURNAL) NEW YORK, JANURAY, 1941 (REVIEW).
        IUshchak, K., 1941, Nr. 5 (93), 133-134.
FOSTER, W.Z.
        Zubok, L., 1935, Nr. 5-6 (45-46), 39-66.
FOSTER, W.Z.: FROM BRYAN TO STALIN. NEW YORK, 1937 (REVIEW).
        Zubok, L., 1938, Nr. 1 (65), 169-173.
FOULON, M.: EUGÈNE VARLIN; RÈLIEUR ET MEMBRE DE LA
        COMMUNE. CLERMONT-FERRAND, 1934 (REVIEW).
        Kan, S., 1934, Nr. 5 (39), 103.
FOURIER, C.--THOUGHT AND INFLUENCE.
        Ioannisiian, A., 1939, Nr. 1 (71), 101-124.
FOURIER, C.: IZBRANNYE SOCHINENIIA. T. 1.: TEORIIA
        CHETYREKH DVIZHENII I VSEOBSHCHIKH SUDEB. PROSPEKT
        I ANONS OTKRYTIIA. POD RED. A. DVORTSOVA. MOSCOW,
        1938 (REVIEW).
        K--in, A., 1938, Nr. 4 (68), 175-178.
FOX, R.W.--BRITISH HISTORIAN--OBITUARY.
        Nekrolog, 1937, Nr. 1 (59), 203-204.
FRANCE--AGRARIAN RELATIONS--18TH C.--CHAMPAGNE.
        Skazkin, S., 1936, Nr. 2 (54), 22-43.
FRANCE. COMMISSION DE LA PUBLICATION DES DOCUMENTS RELATIFS
        AUX ORIGINES DE LA GUERRE DE 1914. DOCUMENTS
        DIPLOMATIQUES FRANÇAIS, 1871-1914 see "DOCUMENTS
        DIPLOMATIQUES FRANÇAIS, 1871-1914."
FRANCE--CONSTITUTION--1793-1875.
        Tarle, E., 1937, Nr. 1 (59), 125-138.
FRANCE--ECONOMIC CONDITIONS--16TH C.--FRENCH HISTORIOGRAPHY.
        Dalin, V., 1933, Nr. 2 (30), 177-183.
FRANCE--ECONOMIC CONDITIONS--18TH C.--MANUFACTURES--
        RUSSIAN HISTORIOGRAPHY--"RUSSIAN SCHOOL."
        Dalin, V., Nr. 14, 1929, 68-116.
FRANCE--ECONOMIC CONDITIONS--1793-94--LAWS OF THE MAXIMUM--
        PEASANTRY.
        Lukin, N., Nr. 16, 1930, 20-67.
FRANCE--ECONOMIC POLICY--1789-92--METALLURGY.
        Virginskiĭ, V., 1936, Nr. 5 (57), 84-104.
FRANCE--FINANCES--1870-71.
        Kan, S., 1933, Nr. 4 (32), 91-105.
FRANCE--FINANCIAL POLICY--1794-95--CONVENTION--LEGISLATION.
        Dobroliubskiĭ, K., Nr. 13, 1929, 166-183.
FRANCE--FOREIGN POLICY--1787-91.
        Averbukh, R., 1939, Nr. 3 (73), 93-108.
FRANCE--FOREIGN POLICY--1871-1914--DOCUMENTS--BOOK REVIEW.
        Notovich, F., 1937, Nr. 3 (61), 148-155.
FRANCE--FOREIGN POLICY--1918--INTERVENTION IN RUSSIAN
        CIVIL WAR.
        Gukovskiĭ, A., 1937, Nr. 3 (61), 42-61.

FRANCE--FOREIGN RELATIONS--1814-32.
   Blanki, O., Nr. 20, 1930, 86-96.
FRANCE--FOREIGN RELATIONS--1871-1914--DOCUMENTS--BOOK REVIEW.
   Notovich, F., 1934, Nr. 1 (35), 210-223.
FRANCE--FOREIGN RELATIONS--GERMANY--1885-89--BOULANGER
   AFFAIR.
   Fridliand, TS., 1936, Nr. 1 (53), 56-90.
FRANCE--FOREIGN RELATIONS--GERMANY--1885-89--BOULANGER
   AFFAIR.
   Notovich, F., 1937, Nr. 2 (60), 143-159.
FRANCE--FOREIGN RELATIONS--GREAT BRITAIN--1815-70.
   Istoricheskaia nauka za..., 1938, Nr. 5 (69), 235.
FRANCE--FOREIGN RELATIONS--RUSSIA--18TH C.--BALTIC STATES.
   Zutis, IA., 1941, Nr. 2 (90), 66-80.
FRANCE--FOREIGN RELATIONS--SOVIET RUSSIA--1917-18.
   Shteĭn, B., 1940, Nr. 4-5 (80-81), 12-35.
FRANCE--FOREIGN RELATIONS--SOVIET RUSSIA--1918-19--CRIMEAN
   CAMPAIGN.
   Vol'fson, B., 1940, Nr. 4-5 (80-81), 36-52.
FRANCE--FOREIGN RELATIONS--SOVIET RUSSIA--1918-19--
   MILITARY INTERVENTION--SOVIET HISTORIOGRAPHY--
   BIBLIOGRAPHY.
   Gurkovskiĭ, A., Nr. 6, 1927, 242-253.
FRANCE--HISTORY--FRENCH HISTORIOGRAPHY--CONFERENCE,
   MONTPELIER, MAY, 1937.
   Nauchnye obshchestva i..., 1937, Nr. 3 (61), 230.
FRANCE--HISTORY--FRENCH HISTORIOGRAPHY--LECTURES, CONFERENCES,
   PUBLICATIONS--1938-39.
   Istoricheskaia nauka za..., 1939, Nr. 3 (73), 220-221.
FRANCE--HISTORY--FRENCH PERIODICALS--1925-26.
   Vasiutinskiĭ, A.M., Nr. 2, 1926, 262-268.
FRANCE--HISTORY--16TH C.--K. MARX--DOCUMENTS.
   Smirin, M., 1940, Nr. 12 (88), 79-87.
FRANCE--HISTORY--1594-1610--HENRI IV.
   Mosina, Z., 1938, Nr. 2 (66), 34-62.
FRANCE--HISTORY--1648-1653--FRONDE.
   Porshnev, B., 1941, Nr. 5 (93), 96-105.
FRANCE--HISTORY--REVOLUTION OF 1789--BRITISH HISTORIOGRAPHY--
   BIBLIOGRAPHY.
   Inglezi, R., 1940, Nr. 6 (82), 110-115; 1940,
   Nr. 8 (84), 110-114.
FRANCE--HISTORY--REVOLUTION OF 1789--CONFERENCE, PARIS, JULY,
   1936.
   Rabota nauchnykh uchrezhdeniĭ, 1936, Nr. 4 (56), 172.
FRANCE--HISTORY--REVOLUTION OF 1789--CONFERENCE, SORBONNE,
   PARIS, JULY, 1936.
   Nauchnye obshchestva i..., 1937, Nr. 2 (60), 198.
FRANCE--HISTORY--REVOLUTION OF 1789--FRENCH HISTORIOGRAPHY.
   Monosov, S.M., Nr. 1, 1926, 290-298.

FRANCE--HISTORY--REVOLUTION OF 1789--FRENCH HISTORIOGRAPHY--
    BIBLIOGRAPHY.
    Inglezi, R., 1940, Nr. 6 (82), 110-115; 1940,
    Nr. 8 (84), 110-114.
FRANCE--HISTORY--REVOLUTION OF 1789--FRENCH HISTORIOGRAPHY--
    A. MATHIEZ.
    Lukin, N., 1932, Nr. 3 (25), 60-86.
FRANCE--HISTORY--REVOLUTION OF 1789--FRENCH HISTORIOGRAPHY--
    1928-29--BIBLIOGRAPHY.
    S--i, Nr. 16 (1930), 162-175.
FRANCE--HISTORY--REVOLUTION OF 1789--GERMAN HISTORIOGRAPHY--
    BIBLIOGRAPHY.
    Inglezi, R., 1940, Nr. 6 (82), 110-115; 1940,
    Nr. 8 (84), 110-114.
FRANCE--HISTORY--REVOLUTION OF 1789--GERMAN HISTORIOGRAPHY--
    1928-29--BIBLIOGRAPHY.
    S--i, Nr. 16, 1930, 162-175.
FRANCE--HISTORY--REVOLUTION OF 1789--GERMAN HISTORIOGRAPHY--
    1933-39.
    Zil'berfarb, I., 1939, Nr. 3 (73), 72-92.
FRANCE--HISTORY--REVOLUTION OF 1789--HISTORIOGRAPHY--
    BIBLIOGRAPHY.
    Inglezi, R., 1940, Nr. 4-5 (80-81), 114-125; 1940,
    Nr. 7 (83), 128-134.
FRANCE--HISTORY--REVOLUTION OF 1789--RUSSIAN HISTORIOGRAPHY--
    BIBLIOGRAPHY.
    Inglezi, R., 1940, Nr. 6 (82), 110-115; 1940,
    Nr. 8 (84), 110-114.
FRANCE--HISTORY--REVOLUTION OF 1789--SOURCES--BIBLIOGRAPHY.
    Inglezi, R., 1940, Nr. 4-5 (80-81), 114-125.
FRANCE--HISTORY--REVOLUTION OF 1789--SOVIET HISTORIOGRAPHY.
    Monosov, S.M., Nr. 1, 1926, 290-298.
FRANCE--HISTORY--REVOLUTION OF 1789--SOVIET HISTORIOGRAPHY--
    BIBLIOGRAPHY.
    Inglezi, R., 1940, Nr. 6 (82), 110-115; 1940,
    Nr. 8 (84), 110-114.
FRANCE--HISTORY--REVOLUTION OF 1789--SOVIET HISTORIOGRAPHY--
    BIBLIOGRAPHY.
    Lukin, N., Nr. 5, 1927, 197-205.
FRANCE--HISTORY--REVOLUTION OF 1789--AGRARIAN QUESTION--
    G. LEFEBVRE--BOOK REVIEW.
    Lukin, N., 1933, Nr. 6 (34), 120-128.
FRANCE--HISTORY--REVOLUTION OF 1789--150TH ANNIVERSARY--
    CONFERENCE, MOSCOW, JUNE, 1939.
    Sessiia Otdeleniia istorii..., 1939, Nr. 4
    (74), 190-191.
FRANCE--HISTORY--REVOLUTION OF 1789--150TH ANNIVERSARY--
    EXHIBITION, NYPL, JANUARY, 1939.
    Istoricheskaia nauka za..., 1939, Nr. 3 (73), 221.

FRANCE--HISTORY--REVOLUTION OF 1789--150TH ANNIVERSARY--
    INTERNATIONAL HISTORIOGRAPHY--BIBLIOGRAPHY.
    Bibliograficheskie zametki, 1939, Nr. 3 (73), 167-172.
FRANCE--HISTORY--REVOLUTION OF 1789--150TH ANNIVERSARY--
    ODESSA UNIVERSITY.
    Dikshteĭn, E., 1939, Nr. 4 (74), 198.
FRANCE--HISTORY--REVOLUTION OF 1789--150TH ANNIVERSARY--
    SOVIET HISTORIOGRAPHY.
    K 150-letiiu Frantsuzkoĭ..., 1939, Nr. 3 (73), 215.
FRANCE--HISTORY--REVOLUTION OF 1789--150TH ANNIVERSARY--
    SOVIET HISTORIOGRAPHY--IFLI.
    V Moskovskom institute..., 1939, Nr. 3 (73), 215-216.
FRANCE--HISTORY--REVOLUTION OF 1789--BIBLIOGRAPHY--RUSSIAN
    CATALOG.
    Berkova, I., Tonkova, R., 1936, Nr. 5 (57), 197-198.
FRANCE--HISTORY--REVOLUTION OF 1789--BRITTANY--PEASANTRY.
    Zavitnevich, I., Nr. 11, 1929, 100-129.
FRANCE--HISTORY--REVOLUTION OF 1789--CALENDAR OF EVENTS.
    Burzhuaznaia revoliutsiia vo..., 1939, Nr. 3
    (73), 200-209.
FRANCE--HISTORY--REVOLUTION OF 1789--F. ENGELS' LETTER TO
    K. KAUTSKY, 20 FEBRUARY, 1889.
    Dalin, V., 1933, Nr. 2 (30), 47-60.
FRANCE--HISTORY--REVOLUTION OF 1789--F. ENGELS' LETTER TO
    K. KAUTSKY, 20 FEBRUARY, 1889.
    Engel's, F., 1933, Nr. 2 (30), 41-46.
FRANCE--HISTORY--REVOLUTION OF 1789--INTELLECTUAL ORIGINS.
    Volgin, V., 1939, Nr. 3 (73), 13-36.
FRANCE--HISTORY--REVOLUTION OF 1789--JACOBINS--V.I. LENIN'S
    INTERPRETATION.
    Lukin, N., 1934, Nr. 1 (35), 99-146.
FRANCE--HISTORY--REVOLUTION OF 1789--JACOBINS--1793-94--
    DOCUMENTS.
    Neizdannye dokumenty..., 1939, Nr. 3 (73), 136-141.
FRANCE--HISTORY--REVOLUTION OF 1789--JACOBINS--1793-94--
    HISTORIOGRAPHY.
    Kozlov, F., 1939, Nr. 3 (73), 46-71.
FRANCE--HISTORY--REVOLUTION OF 1789--J.-P. MARAT.
    Fridliand, TS., 1934, Nr. 5 (39), 61-63.
FRANCE--HISTORY--REVOLUTION OF 1789--MARIE ANTOINETTE see
    MARIE ANTOINETTE, QUEEN OF FRANCE.
FRANCE--HISTORY--REVOLUTION OF 1789--MARXIST-LENINIST
    INTERPRETATION.
    IAroslavskiĭ, E., 1939, Nr. 3 (73), 3-12.
FRANCE--HISTORY--REVOLUTION OF 1789--PEASANTRY--FRENCH AND
    SOVIET HISTORIOGRAPHY--1913-27--BIBLIOGRAPHY.
    Zavitnevich, I., Nr. 7, 1928, 245-255.
FRANCE--HISTORY--REVOLUTION OF 1789--POLITICAL PHILOSOPHY.
    Istoricheskaia nauka za..., 1938, Nr. 5 (69), 235.
FRANCE--HISTORY--REVOLUTION OF 1789--M. ROBESPIERRE--
    CORRESPONDENCE.
    Fridliand, TS., Nr. 3, 1927, 78-89.

FRANCE--HISTORY--REVOLUTION OF 1789--R. ROLLAND'S INTERPRETATION.
    Rollan, R., 1939, Nr. 3 (73), 37-45.
FRANCE--HISTORY--REVOLUTION OF 1789--SWEDISH AND RUSSIAN
    OPPOSITION--1791-93.
    Alefirenko, P., 1941, Nr. 6 (94), 96-99.
FRANCE--HISTORY--1793-94--BELGIAN HISTORIOGRAPHY--CONFERENCE,
    LIÈGE, MAY/JUNE, 1936.
    Nauchnye obshchestva i..., 1936, Nr. 6 (58), 257-258.
FRANCE--HISTORY--1793-94--CONVENTION--LAWS OF THE MAXIMUM--
    PEASANTRY.
    Lukin, N., Nr. 16, 1930, 20-67.
FRANCE--HISTORY--1793-94--REVOLUTIONARY GOVERNMENT.
    Mathiez, A., 1936, Nr. 3 (55), 54-75.
FRANCE--HISTORY--1793--CONVENTION.
    Fridliand, TS., Nr. 1, 1926, 48-95; Nr. 2, 1926,
    159-209.
FRANCE--HISTORY--1793--DOCUMENTS.
    Novye dokumenty, 1936, Nr. 3 (55), 202.
FRANCE--HISTORY--1793--ENRAGÉS -- DECREE OF 19 VENDÉMIAIRE.
    Freĭberg, N., Nr. 6, 1927, 142-174.
FRANCE--HISTORY--1793--THERMIDORIAN REACTION--HISTORIOGRAPHY--
    BIBLIOGRAPHY.
    Zakher, IA.M., Nr. 6, 1927, 236-242.
FRANCE--HISTORY--1794-95--CONVENTION--FINANCIAL LEGISLATION.
    Dobroliubskiĭ, K., Nr. 13, 1929, 166-183.
FRANCE--HISTORY--1794--THERMIDORIAN REACTION.
    Fridliand, TS., Nr. 7, 1928, 158-206.
FRANCE--HISTORY--1794--THERMIDORIAN REACTION--ECONOMIC POLICY.
    Shchegolev, P.P., Nr. 4, 1927, 73-100.
FRANCE--HISTORY--1795--GERMINAL AND PRAIRIAL--HISTORIOGRAPHY.
    Dobroliubskiĭ, K., 1938, Nr. 3 (67), 87-93.
FRANCE--HISTORY--1795--THERMIDORIAN REACTION--GERMAN SOURCES.
    Dobroliubskiĭ, K.P., Nr. 1, 1926, 96-122.
FRANCE--HISTORY--1795--PRAIRIAL UPRISING.
    Tarle, E., 1936, Nr. 4 (56), 53-97.
FRANCE--HISTORY--1796--FRENCH HISTORIOGRAPHY--DISSERTATION--
    1938.
    Istoricheskaia nauka za..., 1938, Nr. 5 (69), 235.
FRANCE--HISTORY--1814-32.
    Blanki, O., Nr. 20, 1930, 86-96.
FRANCE--HISTORY--REVOLUTION OF 1830--REACTION IN PROVINCES.
    Molok, A., 1936, Nr. 6 (58), 139-163.
FRANCE--HISTORY--REVOLUTION OF 1848--LEADERSHIP.
    Zaĭdel', G.S., Nr. 8, 1928, 41-78.
FRANCE--HISTORY--1868-71--"JACOBIN" PRESS.
    Kan, S.B., Nr. 6, 1927, 111-141.
FRANCE--HISTORY--1870-73--A. THIERS.
    Kan, S., 1933, Nr. 3 (31), 90-94.
FRANCE--HISTORY--1870-71--SALTYKOV-SHCHEDRIN STATE PUBLIC
    LIBRARY, LENINGRAD--FRANCO-PRUSSIAN WAR COLLECTION.
    Alekseev-Popov, V., 1937, Nr. 2 (60), 189-190.

FRANCE--HISTORY--1870--DOCUMENTS--E.-L. VARLIN'S LETTERS.
 Tri dokumenta É. Varlena, 1935, Nr. 4 (44), 69-76.
FRANCE--HISTORY--1871--DOCUMENTS.
 Novyĭ dokument o..., 1935, Nr. 5-6 (45-46), 209.
FRANCE--HISTORY--1871--MARSEILLES.
 Zhelubovskaia, E., 1941, Nr. 6 (94), 60-77.
FRANCE--HISTORY--1871--PARIS COMMUNE see PARIS COMMUNE--1871.
FRANCE--HISTORY--1885-89--BOULANGER AFFAIR.
 Fridliand, TS., 1936, Nr. 1 (53), 56-90.
FRANCE--HISTORY--WWI--1917--ARMY--REVOLUTIONARY MOVEMENT--
 DOCUMENTS.
 Notovich, F., 1934, Nr. 4 (38), 92-111.
FRANCE--INDUSTRIAL REVOLUTION--18TH-19TH C.--SILK INDUSTRY.
 Potemkin, F., Nr. 12, 1929, 115-152.
FRANCE--INTELLECTUAL LIFE--LATE 18TH C.--SCIENTIFIC PROGRESS.
 Starosel'skaia, O., 1939, Nr. 3 (73), 109-135.
FRANCE--INTELLECTUAL LIFE--19TH C.--B. CONSTANT AND E. RÉCLUE.
 Vipper, R., 1940, Nr. 12 (88), 47-52.
FRANCE--POLITICAL PARTIES--1919--FORMATION OF PCF.
 Bantke, S., 1936, Nr. 5 (57), 70-83.
FRANCE--POLITICS AND GOVERNMENT--CONSTITUENT ASSEMBLY--
 1789-91--ECONOMIC POLICY--METALLURGY.
 Virginskiĭ, V., 1936, Nr. 5 (57), 84-104.
FRANCE--POLITICS AND GOVERNMENT--LEGISLATIVE ASSEMBLY--
 1791-92--ECONOMIC POLICY--METALLURGY.
 Virginskiĭ, V., 1936, Nr. 5 (57), 84-104.
FRANCE--PRESS--1917--ATTITUDE TOWARD RUSSIAN REVOLUTION.
 Fridliand, TS., Nr. 5, 1927, 71-93.
FRANCE--PUBLIC OPINION--PARIS--1795--GERMAN SOURCES.
 Dobroliubskiĭ, K.P., Nr. 1, 1926, 96-122.
FRANCE--SOCIAL CONDITIONS--17TH-18TH C.
 Porshnev, B., 1939, Nr. 4 (74), 85-93.
FRANCE--SOCIAL CONDITIONS--17TH C.--DEVELOPMENT OF "THIRD
 ESTATE."
 Porshnev, B., 1940, Nr. 2 (78), 91-113.
FRANCE--SOCIAL CONDITIONS--1902-1913--TEXTILE WORKERS.
 Dalin, V., 1933, Nr. 3 (31), 31-44.
FRANCE--SOCIAL CONDITIONS--1907--LANGUEDOC.
 Marti,A., 1933, Nr. 6 (34), 6-26.
FRANCE--SOCIAL CONDITIONS--1915-18--STRIKES.
 Gorev, B., 1934, Nr. 4 (38), 38-48.
FRANCE--SOCIAL CONDITIONS--1916-17--CHRONICLE OF EVENTS.
 Gorev, B., 1934, Nr. 4 (38), 69-81.
FRANCE--SOCIO-ECONOMIC CONDITIONS--18TH C.--CHAMPAGNE--
 "LABOUREURS" AND "MANOUVRIERS."
 Skazkin, S., 1936, Nr. 2 (54), 22-43.
FRANCO-PRUSSIAN WAR--1870-71--F. ENGELS--BOOK REVIEW.
 Lebedev, I., 1941, Nr. 2 (90), 123-126.
FRANCO-PRUSSIAN WAR--1870-71--SALTYKOV-SHCHEDRIN STATE PUBLIC
 LIBRARY, LENINGRAD--HOLDINGS.
 Alekseev-Popov, V., 1937, Nr. 2 (60), 189-190.

FRANK, T.: AN ECONOMIC SURVEY OF ANCIENT ROME. V. I. ITALY.
BY T. FRANK. V. II. ROMAN EGYPT. BY A.C. JOHNSON.
BALTIMORE, 1933-36 (REVIEW).
Poliakov, G., 1937, Nr. 1 (59), 174-175.
FRANK, WALTER--GERMAN HISTORIAN.
Fashizatsiia istoricheskoĭ nauki..., 1936, Nr. 2
(54), 178-180; 1936, Nr. 3 (55), 198-199; 1936, Nr. 6
(58), 256-257.
FRANKLIN, BENJAMIN--BRITISH SCHOLARSHIP.
Al'perovich, M., Belen'kiĭ, A., 1941, Nr. 6
(94), 157-158.
FRANKLIN, BENJAMIN--LETTERS--LIBRARY OF THE AMERICAN
PHILOSOPHICAL SOCIETY--HOLDINGS.
Nauchnye obshchestva i..., 1937, Nr. 2 (60), 199.
FRANZEL, E.: ABENDLÄNDISCHE REVOLUTION. GEIST UND
SCHICKSAL EUROPAS. BRATISLAVA, 1936 (REVIEW).
Istoricheskaia literatura nemetskoĭ..., 1936,
Nr. 4 (56), 171.
FRAZER, J.G.: CREATION AND EVOLUTION IN PRIMITIVE
COSMOGONIES, AND OTHER PIECES. LONDON, 1935 (REVIEW).
Venkstern, L., 1937, Nr. 1 (59), 184.
FREĬBERG, N.P.--OBITUARY.
N.P. Freĭberg..., 1933, Nr. 5 (33), 208.
FREĬMAN, A.A.--LECTURE, INSTITUT VOSTOKOVEDENIIA, MARCH, 1935.
Doklady na gruppe..., 1935, Nr. 4 (44), 154-155.
FRIDLIAND, TS.: EVROPEĬSKAIA DIPLOMATIIA I BULANZHIZM.
(ARTICLE) ("ISTORIK-MARKSIST," 1936, Nr. 1 (53),
56-90) (REVIEW).
Notovich, F., 1937, Nr. 2 (60), 143-159.
FRIDLIAND, TS.: ISTORIIA ZAPADNOĬ EVROPY, 1789-1914.
MOSCOW, 1928 (REVIEW).
Dalin, V., Nr. 8, 1928, 237-243.
FRIDLIAND, TS.: ISTORIIA ZAPADNOĬ EVROPY, 1789-1914. CH. 2.
MOSCOW, 1928 (REVIEW).
Fendel', I., Nr. 17, 1930, 104-106.
FRIDLIAND, TS.: ISTORIIA ZAPADNOĬ EVROPY. T. I. MOSCOW,
1930 (REVIEW).
Fridliand, TS., Nr. 22, 1931, 184.
FRIDLIAND, TS.: ZHAN-POL' MARAT I GRAZHDANSKAIA VOĬNA XVIII
V. MOSCOW, 1934 (REVIEW).
Dalin, V., 1935, Nr. 1 (41), 93-101.
FRIDLIAND, TS.: ZHAN-POL' MARAT I GRAZHDANSKAIA VOĬNA XVIII
V. MOSCOW, 1934 (REVIEW).
Inostrannye otzyvy o..., 1936, Nr. 2 (54), 182.
FRIEDJUNG, H.: HISTORISCHE AUFSÄTZE. STUTTGART, 1919 (REVIEW).
Tordaĭ, L., Nr. 6, 1927, 253-259.
FRIES, C.: ZUR NEUEN HOMERFRAGE ("PHILOLOGISCHE WOCHEN-
SCHRIFT," 1936) (REVIEW).
P.,G., 1936, Nr. 5 (57), 182.
FRIIS, A., BAGGE, P.: EUROPA, DANMARK OG NORDSLESVIG
1864-1879. B.I. ACTES ET LETTRES. KØBENHAVN,
1939 (REVIEW).
Adamov, E., 1940, Nr. 8 (84), 136-144.

FROIDCOURT, G.: LE DIPLÔME MACONNIQUE DE MARAT ("ANNALES
        HISTORIQUES DE LA RÉVOLUTION FRANÇAISE," NOV.-
        DEC., 1935, 545-547) (REVIEW).
        Dobroliubskiĭ, K., 1936, Nr. 2 (54), 156-158.
FRONDE--1648-53.
        Porshnev, B., 1941, Nr. 5 (93), 96-105.
FRUNZE, M.V.--DOCUMENTS.
        Novye dokumenty i..., 1937, Nr. 1 (59), 199-200.
FRUNZE, M.V.--1914-16--SIBERIAN EXILE.
        Sirotinskiĭ, S., 1941, Nr. 2 (90), 60-65.
FURMANOV, D.A.: SBORNIK MATERIALOV. IVANOVO, 1936 (REVIEW).
        O., 1937, Nr. 1 (59), 183.
FURNIVALL, J.S.: NETHERLANDS INDIA. A STUDY OF PLURAL
        ECONOMY. CAMBRIDGE, 1939 (REVIEW).
        Al'perovich, M., Belen'kiĭ, A., 1941, Nr. 4 (92),
        153-154.
FUSSEL, O.E.: ENGLISH AGRICULTURE FROM A. YOUNG TO W.
        COBBETT. ("THE ECONOMIC HISTORY REVIEW," 1936, APRIL,
        V. VI, NR. 2) (REVIEW).
        Lavrovskiĭ, V., 1936, Nr. 4 (56), 151-152.
FUSSEL, O.E.: THE FIRST 18TH CENTURY ENGLISH BOOK ON
        CATTLE. ("THE JOURNAL OF THE MINISTRY OF AGRI-
        CULTURE," VOL. XLII, NR. 12, MARCH, 1936) (REVIEW).
        Starosel'skaia, O., 1936, Nr. 6 (58), 240-241.
FUSSEL, O.E., ATWATER, V.G.B.: FARMERS GOODS AND CHATTELS
        1500 TO 1800. ("HISTORY," 1935, DEC. V. XX,
        NR. 79) (REVIEW).
        K.,F., 1936, Nr. 3 (55), 188.
FÜSSER, G.: BAUERNZEITUNGEN IN BAYERN UND THÜRINGEN VON
        1818-1848. EIN BEITRAG ZUR GESCHICHTE DES DEUTSCHEN
        BAUERNSTANDES UND DER DEUTSCHEN PRESSE, HILDBURG-
        HAUSEN, 1934 (REVIEW).
        Averbukh, R., 1935, Nr. 8-9 (48-49), 225-227.

G.

GAFKÉ--HISTORY AND HOLDINGS.
        Razumovskaia, V., 1936, Nr. 3 (55), 194-196.
GAIMK--HISTORY--CRITIQUE.
        Artsikhovskiĭ, A., et al., 1937, Nr. 2 (60), 78-91.
GAIMK--WORK IN PROGRESS AND PUBLICATIONS--1935-36.
        Alekseev-Popov, V., 1936, Nr. 3 (55), 193-194.
GAIMK--WORK IN PROGRESS AND PUBLICATIONS--1936.
        Tarasov, N., 1936, Nr. 2 (54), 173.
GAIMK--TASKS AND GOALS--1937-38.
        Otchet ob obsuzhdenii..., 1938, Nr. 1 (65), 111-119.
GAIMK. INST. ISTORICHESKOĬ TEKHNOLOGII--WORK IN PROGRESS
        AND PUBLICATIONS--1936.
        Alekseev-Popov, V., 1936, Nr. 4 (56), 161-163.

GAIMK. INST. ISTORII FEODAL'NOGO OBSHCHESTVA. PLENUM,
  NOVGOROD, JUNE, 1936.
  Alekseev-Popov, V., 1936, Nr. 4 (56), 159-161.
GUS--TEACHING PROGRAMS--SECONDARY SCHOOLS.
  Dziubinskiĭ, S.N., Nr. 9, 1928, 134-140; Mamet, L.,
  Nr. 9, 1928, 141-144.
GADDI, J.: TRAVAILLEURS D'ITALIE. LA VIE ET LE TRAVAIL EN
  RÉGIME FASCISTE. PARIS, 1939 (REVIEW).
  Ditiakin, V., 1939, Nr. 4 (74), 183-184.
GAFUROV, B.: ISTORIIA SEKTSII IZMAILITOV S NACHALA XIX
  V. DO PERVOĬ IMPERIALISTICHESKOI VOĬNY (DISSERTATION)
  MOSCOW, 1941.
  V Institute istorii..., 1941, Nr. 5 (93), 157-158.
GALICIA--HISTORY--10TH-20TH C.
  Picheta, V., 1939, Nr. 5-6 (75-76), 67-98.
GALICIA--HISTORY--OCTOBER, 1917.
  Razgon, I., 1937, Nr. 4 (62), 81-99.
GALKIN, V.: SUZDAL'SKAIA RUS'. IVANOVO, 1939 (REVIEW).
  P'iankov, A., 1939, Nr. 4 (74), 164-165.
GALKOVICH, M.: SOEDINENNYE SHTATY I DAL'NEVOSTOCHNAIA
  PROBLEMA. S PREDISL. E. PASHUKANISA. MOSCOW,
  1928 (REVIEW).
  Reĭkhberg, G., Nr. 8, 1928, 236-237.
GALUZO, P.G.: PERESELENCHESKAIA POLITIKA TSARKOGO
  PRAVITEL'STVA V SREDNEĬ AZII. (ARTICLE) ("KOMMUNIS-
  TICHESKAIA MYSL'," NR. 5)--P. GALUZO'S CORRECTION.
  Galuzo, P., Nr. 7, 1928, 311.
GALUZO, P.G.: TURKESTAN-KOLONIIA. OCHERK ISTORII
  TURKESTANA OT ZAVOEVANIIA RUSSKIMI DO REVOLIUTSII
  1917 G. MOSCOW, 1929 (REVIEW).
  Lavrent'ev, V., Nr. 14, 1929, 210-212.
GALUZO, P.G.: VOORUZHENIE RUSSKIKH PERESELENTSEV V
  SREDNEĬ AZII; ISTORICHESKIĬ OCHERK. TASHKENT,
  1926 (REVIEW).
  Zel'kina, E., Nr. 3, 1927, 241-242.
GAMBAROV, A.V.: PARIZHSKAIA KOMMUNA. MOSCOW, 1925 (REVIEW).
  Kuniskiĭ, S.D., Nr. 3, 1927, 196-199.
GANDHI, M.
  Reĭsner, I., Nr. 18-19, 1930, 63-82.
GANTZER, K.R.: VOM RINGEN HITLERS UM DAS REICH. N.P.
  1939 (REVIEW).
  Novinki nemetskoĭ literatury, 1936, Nr. 2 (54),
  181-182.
GANZ, F.: ENSAYO MARXISTA DE LA HISTORIA DE ESPANA.
  MADRID, 1934 (REVIEW).
  Minlos, B., 1936, Nr. 3 (55), 175-177.
GARATT, G.T.: THE MUGWUMPS AND THE LABOUR PARTY. LONDON,
  1932 (REVIEW).
  Z.,I., 1932, Nr. 3 (25), 171-173.

GARMY, R.: HISTOIRE DE MOUVEMENT SYNDICAL EN FRANCE DES
ORIGINES À 1914. PARIS, 1933 (REVIEW).
Militsyna, T., 1933, Nr. 4 (32), 136-139.
GARRETT, M.B.: THE STATES GENERAL OF 1789. THE PROBLEMS OF
COMPOSITION AND ORGANIZATION. LONDON, 1935 (REVIEW).
S.,O., 1937, Nr. 1 (59), 186.
GASH, N.: RURAL UNEMPLOYMENT, 1815-1834 ("THE ECONOMIC
HISTORY REVIEW," 1935, VI, NR. 1, 90-93) (REVIEW).
Lavrovskiĭ, V., 1936, Nr. 2 (54), 159.
GASTON-MARTIN see MARTIN, G.
GAUCHER, F.: CONTRIBUTION À L'HISTOIRE DU SOCIALISME
FRANÇAIS, 1905-33. PARIS, 1934 (REVIEW).
Militsyna, T., 1935, Nr. 2-3 (42-43), 151-152.
GAUTIER, E.F.: DU NOUVEAU AU SAHARA. ("REVUE DE PARIS,"
NOV. 15, 1935, 414-428) (REVIEW).
S.,O., 1936, Nr. 2 (54), 149-150.
GAXOTTE, P.: LA RÉVOLUTION FRANÇAISE. PARIS, 1928 (REVIEW).
C--i, -., Nr. 20, 1930, 180-182.
GENKINA, É.B.: O KNIGE V.I. LENINA "CHTO TAKOE 'DRUZ'IA
NARODA' I KAK ONI VOIUIUT PROTIV SOTSIAL-DEMOKRATOV?"
MOSCOW, 1936 (REVIEW).
Sh.,TS., 1936, Nr. 4 (56), 147.
GENNIN, V.: OPISANE URAL'SKIKH I SIBIRSKIKH ZAVODOV 1735
GODA. MOSCOW, 1937 (REVIEW).
Strumilin, S., 1938, Nr. 1 (65), 143-145.
GENOA CONFERENCE--1922--BACKGROUND.
Rubinshteĭn, N., 1941, Nr. 2 (90), 22-48.
GENTILE, G.--ITALIAN HISTORICAL COMMITTEE.
Istoricheskaia nauka za..., 1935, Nr. 8-9 (48-49),
241-242.
GENTZ, F. VON--LETTERS--C.L.W. VON METTERNICH-WINNEBURG
(REVIEW).
Po stranitsam inostrannykh..., 1936, Nr. 1 (53),
212-213.
GEOGRAPHY--GERMAN CARTOGRAPHY--1937.
Lazarev, N., 1938, Nr. 5 (69), 190-201.
GEOGRAPHY, HISTORICAL--TASKS AND GOALS.
IAtsunskiĭ, V., 1941, Nr. 5 (93), 3-29.
GEOPOLITICS--EASTERN EUROPE--20TH C.
Tarle, E.V., 1938, Nr. 2 (66), 89-105.
GEOPOLITICS--GERMAN CARTOGRAPHY--1937.
Lazarev, N., 1938, Nr. 5 (69), 190-201.
GEORGE, D.: THE COMBINATION LAWS ("THE ECONOMIC HISTORY
REVIEW," V. VI, NR. 2, APR., 1936, 172-178)
(REVIEW).
Lavrovskiĭ, V., 1936, Nr. 5 (57), 188.
GEORGIA (TRANSCAUCASIA)--ECONOMIC CONDITIONS--18TH C.
Markova, O., 1940, Nr. 3 (79), 57-91.
GEORGIA (TRANSCAUCASIA)--FOREIGN RELATIONS--SOVIET RUSSIA--
1918.
Minasian, O., 1938, Nr. 6 (70), 53-86.

GEORGIA (TRANSCAUCASIA)--HISTORY--1801--RUSSIAN ANNEXATION.
    Markova, O., 1940, Nr. 3 (79), 57-91.
GEORGIA (TRANSCAUCASIA)--NATIONALITIES QUESTION--19TH C.
    Khachapuridze, G., 1940, Nr. 8 (84), 46-66.
GEORGIA (TRANSCAUCASIA)--RELATIONS--RUSSIA--LATE 18TH-
    EARLY 19TH C.
    Markova, O., 1940, Nr. 3 (79), 57-91.
GEORGIA (TRANSCAUCASIA)--SOCIO-ECONOMIC CONDITIONS--1864-98.
    Khachapuridze, G., 1940, Nr. 8 (84), 46-66.
GERARD, M.C.: LES BULGARS DE LA VOLGA ET LES SLAVES DU
    DANUBE. PARIS, 1939 (REVIEW).
    Al'perovich, M., Belen'kiĭ, A., 1941, Nr. 4
    (92), 153-154.
GERLACH, H. v.: VON RECHTS NACH LINKS. ZÜRICH, 1936 (1937)
    (REVIEW).
    Istoricheskaia literatura nemetskoĭ..., 1936,
    Nr. 6 (58), 261.
GERMAĬZE, --.--UKRAINIAN HISTORIOGRAPHY.
    Skubitskyĭ, T., Nr. 17, 1930, 27-40.
GERMANETTO, G. : ZAPISKI TSIRIUL'NIKA. IZ VOSPOMINANIĬ
    ITAĿIANSKOGO REVOLIUTSIONERA. MOSCOW, 1935
    (REVIEW).
    Ditiakin, V., 1936, Nr. 4 (56), 141-142.
GERMANIC TRIBES--5TH-6TH C. A.D.--ITALY.
    Vaĭnshteĭn, O., 1938, Nr. 6 (70), 134-158.
GERMANY. AUSWÄRTIGES AMT. DIE GROSSE POLITIK DER
    EUROPÄISCHEN KABINETTE 1871-1914. see "DIE GROSSE
    POLITIK DER EUROPÄISCHEN KABINETTE 1871-1914."
GERMANY--CULTURAL HISTORY--LATE 15TH-EARLY 16TH C.--
    HUMANISM.
    Smirin, M., 1941, Nr. 3 (91), 94-105.
GERMANY--ECONOMIC CONDITIONS--1918--PEASANTRY.
    Lenchner, S., 1941, Nr. 3 (91), 63-80.
GERMANY--FOREIGN POLICY--O.v. BISMARCK--GERMAN HISTORIOGRAPHY--
    1920-29--BIBLIOGRAPHY.
    Erusalimskiĭ, A., Nr. 12, 1929, 214-237.
GERMANY--FOREIGN POLICY--1871-95--O. v. BISMARCK.
    Khvostov, V., 1934, Nr. 5 (39), 33-55.
GERMANY--FOREIGN POLICY--20TH C.--EASTERN EUROPE--GERMAN
    EXPANSIONIST IDEOLOGY.
    Tarle, E.V., 1938, Nr. 2 (66), 89-105.
GERMANY--FOREIGN POLICY--1914--GERMAN AND SOVIET HISTORI-
    OGRAPHY.
    Notovich, F., 1938, Nr. 4 (68), 20-35.
GERMANY--FOREIGN RELATIONS--1871-1914--DOCUMENTS--BOOK
    REVIEW.
    Notovich, F., 1934, Nr. 1 (35), 210-223.
GERMANY--FOREIGN RELATIONS--FRANCE--1885-89--BOULANGER
    AFFAIR.
    Fridliand, TS., 1936, Nr. 1 (53), 56-90.
GERMANY--FOREIGN RELATIONS--FRANCE--1885-89--BOULANGER
    AFFAIR.
    Notovich, F., 1937, Nr. 2 (60), 143-159.

GERMANY--FOREIGN RELATIONS--GREAT BRITAIN--1898-1901--
    ATTEMPTS AT RAPPROCHEMENT.
    Stal'nyǐ, V., Nr. 10, 1928, 89-120.
GERMANY--FOREIGN RELATIONS--RUSSIA--1895-97--NEAR EAST
    CRISIS.
    Khvostov, V., Nr. 13, 1929, 19-54.
GERMANY--FOREIGN RELATIONS--SOVIET RUSSIA--1917-18--
    BREST-LITOVSK.
    Frölich, P., Nr. 6, 1927, 3-20.
GERMANY--FOREIGN RELATIONS--WHITE RUSSIA--1917-20.
    Shekun, O., 1940, Nr. 1 (77), 63-78.
GERMANY--HISTORY--GERMAN HISTORIOGRAPHY--CONFERENCE,
    GÖTTINGEN, AUGUST, 1932.
    XVIII s"ezd germanskikh..., 1932, Nr. 6 (28),
    146-147.
GERMANY--HISTORY--GERMAN HISTORIOGRAPHY--F. MEINECKE AND
    L.v. RANKE.
    Fashizatsiia istoricheskoǐ nauki..., 1936, Nr. 3
    (55), 198-199.
GERMANY--HISTORY--GERMAN HISTORIOGRAPHY--1931-34.
    Lukin, N., 1935, Nr. 1 (41), 15-27.
GERMANY--HISTORY--GERMAN HISTORIOGRAPHY--1932.
    Kan, S., 1933, Nr. 6 (34), 129-137.
GERMANY--HISTORY--F. ENGELS' VIEWS.
    Andreev, N., 1940, Nr. 10 (86), 107-118.
GERMANY--HISTORY--ORIGINS OF TERM "VOLK"--GERMAN HISTORI-
    OGRAPHY.
    Kagarov, E., 1937, Nr. 5-6 (63-64), 131-151.
GERMANY--HISTORY--13TH-16TH C.--BALTIC QUESTION.
    Got'e, IU., 1941, Nr. 6 (94), 87-95.
GERMANY--HISTORY--16TH C.--REFORMATION--K. MARX--DOCUMENTS.
    Smirin, M., 1940, Nr. 12 (88), 79-87.
GERMANY--HISTORY--1523-25--TH. MÜNZER.
    Stoklitskaia-Tereshkovich, V., 1938, Nr. 6 (70),
    195-199.
GERMANY--HISTORY--1534-35--MÜNSTER COMMUNE.
    L.,V., 1935, Nr. 12 (52), 147-149.
GERMANY--HISTORY--1843-44.
    Kan, S., 1940, Nr. 9 (85), 51-69.
GERMANY--HISTORY--1848-1914--CATHOLIC CHURCH.
    Polak, K., 1939, Nr. 4 (74), 119-133.
GERMANY--HISTORY--1871-95--O.v. BISMARCK.
    Khvostov, V., 1934, Nr. 5 (39), 33-55.
GERMANY--HISTORY--WWI--WAR GUILT--DOCUMENTS--WESTERN
    HISTORIOGRAPHY.
    Erusalimskiǐ, A., 1932, Nr. 1-2 (23-24), 26-74.
GERMANY--HISTORY--WWI--WAR GUILT--GERMAN HISTORIOGRAPHY.
    Erusalimskiǐ, A., Nr. 12, 1929, 214-237.
GERMANY--HISTORY--WWI--WAR GUILT--GERMAN JOURNALISM.
    Notovich, F., 1939, Nr. 2 (72), 142-155.

GERMANY--HISTORY--1917--NAVY.
  Pol', K., 1934, Nr. 4 (38), 3-25.
GERMANY--HISTORY--1917--RUSSIAN REVOLUTION OF 1917--
  INFLUENCE.
  Frölich, P., Nr. 5, 1927, 49-70.
GERMANY--HISTORY--SUMMER 1917--CHRONICLE OF EVENTS.
  M.,M., 1934, Nr. 4 (38), 82-91.
GERMANY--HISTORY--REVOLUTION OF 1918--GERMAN HISTORIOGRAPHY.
  Lukin, N., 1932, Nr. 3 (25), 165-171.
GERMANY--HISTORY--REVOLUTION OF 1918--GERMAN HISTORIOGRAPHY--
  BIBLIOGRAPHY.
  Noiabr'skaia revoliutsiia..., 1933, Nr. 6 (34),
  159-162.
GERMANY--HISTORY--REVOLUTION OF 1918--HISTORIOGRAPHY--
  BIBLIOGRAPHY.
  Noiabr'skaia revoliutsiia 1918 g. ..., 1933,
  Nr. 5 (33), 170-202.
GERMANY--HISTORY--REVOLUTION OF 1918.
  Eggert, Z., 1939, Nr. 4 (74), 31-43.
GERMANY--HISTORY--REVOLUTION OF 1918--PEASANTRY.
  Lenchner, S., 1941, Nr. 3 (91), 63-80.
GERMANY--HISTORY--REVOLUTION OF 1918--RUHR--WORKERS AND
  PEASANT SOVIETS.
  Kozok, P., Nr. 10, 1928, 13-44.
GERMANY--HISTORY--1918--WILHELM II, GERMAN EMPEROR.
  Tarle, E., Nr. 4, 1927, 62-72.
GERMANY--HISTORY--1919--BAVARIA--SOVIET REPUBLIC.
  Zastenker, N., 1932, Nr. 4-5 (26-27), 211-252.
GERMANY--HISTORY--1932--FASCISM--BIBLIOGRAPHY.
  Institut inostrannoĭ bibliografii..., 1932,
  Nr. 6 (28), 114-124.
GERMANY--INTELLECTUAL LIFE--19TH C.--E. v. MEIER.
  Vipper, R., 1940, Nr. 12 (88), 47-52.
GERMANY--INTELLECTUAL LIFE--1800-48--HISTORIANS.
  Vaĭnshteĭn, O.L., Nr. 4-5 (80-81), 64-77.
GERMANY--POLITICS AND GOVERNMENT--LATE 19TH C.--O. v.
  BISMARCK--MEMOIRS--BOOK REVIEW.
  Shusterman, S., 1940, Nr. 12 (88), 108-117.
GERMANY--POLITICS AND GOVERNMENT--1932--RISE OF FASCISM.
  Rubinshteĭn, E., 1932, Nr. 1-2 (23-24), 79-116.
GERMANY--POLITICS AND GOVERNMENT--SOVIET RUSSIA--1917--
  ATTITUDE TOWARD RUSSIAN REVOLUTION.
  Frölich, P., Nr. 5, 1927, 49-70.
GERMANY--PRESS--1934--20TH ANNIVERSARY OF WWI.
  Khvostov, V., 1934, Nr. 6 (40), 84-87.
GERMANY--RELATIONS--POLAND--GERMAN HISTORIOGRAPHY--BOOK
  REVIEW.
  Dzhervis, M., 1936, Nr. 3 (55), 138-148.
GERMANY--SOCIAL CONDITIONS--ANTIQUITY--GERMAN SCHOLARSHIP--
  18TH-20TH C.
  Kagarov, E., 1937, Nr. 5-6 (63-64), 131-151.

GERMANY--SOCIAL CONDITIONS--1914-15.
    Kogan-Bernshteĭn, F., 1934, Nr. 4 (38), 6-37.
"GEROICHESKAIA ISPANIIA." MOSCOW, 1936 (REVIEW).
    IUr'ev, A., 1936, Nr. 6 (58), 185-190.
"GESCHICHTSUNTERRICHT IM NEUEN GEISTE." BD. I. URGE-
    SCHICHTE. BD. II. GERMANISCHE FRÜHGESCHICHTE.
    BD. III. MITTELALTER. LANGENSALZA, 1934-35 (REVIEW).
    Shtok, É., 1935, Nr. 12 (52), 140-142.
GEYL, P.: JOHANN DE WITT, GRAND PENSIONARY OF HOLLAND,
    1653-1672. ("HISTORY," V. XX, MARCH, 1936) (REVIEW).
    K.,F., 1937, Nr. 3 (61), 218.
GIESE, R.: ERASMUS AND THE FINE ARTS. ("THE JOURNAL OF
    MODERN HISTORY," 1935, VII, NR. 3, 257-279) (REVIEW).
    Shuleĭkina, A., 1936, Nr. 2 (54), 152.
GILAN REVOLUTION--1920-21 see IRAN--HISTORY--GILAN PROVINCE--
    REVOLUTION OF 1920-21.
GIL'FERDING, A.F.--SLAVIC STUDIES.
    Picheta, V., 1941, Nr. 3 (91), 36-62.
GIRSHFEL'D, A.V.: VERSAL'. (DISSERTATION) MOSCOW, 1940.
    P.,I., 1941, Nr. 2 (90), 154-155.
GLAGOLITSA--ORIGIN.
    Shangin, M., 1940, Nr. 2 (78), 168.
"GLEB USPENSKIĬ V ZHIZNI." PO VOSPOMINANIIAM, PEREPISKE
    I DOKUMENTAM. SOST. A.S. GLINKA-VOLZHSKIĬ. MOSCOW,
    1935 (REVIEW).
    Koz'min, B., 1936, Nr. 4 (56), 123-124.
GLOTZ, G.--OBITUARY.
    Giustav Glots..., 1935, Nr. 5-6 (45-46), 210.
GODSHALL, W.L.: AMERICAN FOREIGN POLICY. SELECT READINGS.
    ANN ARBOR, 1937 (REVIEW).
    Zalkind, G., 1940, Nr. 2 (78), 158-160.
GOETZ, W.W.: INTUITION IN DER GESCHICHTSWISSENSCHAFT.
    MUNICH, 1935 (REVIEW).
    Fashizatsiia istoricheskoĭ nauki..., 1936, Nr. 3
    (55), 199-200.
GOETZ, W.W.: DAS ZEITALTER DES IMPERIALISMUS, 1890-1933.
    BERLIN, 1933. (PROPYLÄEN WELTGESCHICHTE, 10. BD.)
    (REVIEW).
    Lukin, N., 1934, Nr. 4 (38), 112-121.
GOGOL', N.--V.F. PEREVERZEV'S VIEWS--CRITIQUE.
    Tatarov, I., Nr. 21, 1931, 140-142.
GOL'MAN, M.I.: RUSSKIĬ IMPERIALIZM; OCHERK RAZVITIIA
    MONOPOLISTICHESKOGO KAPITALIZMA V ROSSII. S PREDISL.
    S.G. STRUMILINA. LENINGRAD, 1927 (REVIEW).
    Gindin, I.F., Nr. 5, 1927, 191-196.
GOLUBKOV, A.: NA DVA FRONTA. N.P., N.D. (REVIEW).
    Nevskiĭ, --, 1933, Nr. 4 (32), 123-130.
GOLUBTSOV, S.A.
    Piontkovskiĭ, A., Nr. 18-19, 1930, 157-176.
GOOCH, G.P.--BRITISH HISTORIAN.
    Nauchnye obshchestva i..., 1936, Nr. 6 (58), 257-258.

GOOCH, G.P.: ISTORIIA SOVREMENNOĬ EVROPY. SOKRASHCH. PER.
S ANGL. IU. SOLOV'EVA I N. ZHDANOVOĬ. PREDISL.
F. ROTSHTEĬNA. LENINGRAD, 1925 (REVIEW).
Preobrazhenskiĭ, P.F., Nr. 2, 1926, 282-283.
GOODFELLOW, C.E.: ROMAN CITIZENSHIP, A STUDY OF ITS
TERRITORIAL AND NUMERICAL EXPANSION FROM THE EARLIEST
TIMES TO THE DEATH OF AUGUSTUS. (DISSERTATION) BRYN
MAWR, 1935 (REVIEW).
Poliakov, G., 1937, Nr. 3 (61), 217.
GORBUNOVSKIĬ TORFIANIK--EXCAVATIONS--1936.
Eding, D., 1937, Nr. 2 (60), 192-193.
GORIN, P.O.: OCHERKI PO ISTORII SOVETOV RABOCHIKH
DEPUTATOV V 1905 G. MOSCOW, 1930 (REVIEW).
Brigada vydelena kolektivom..., Nr. 21, 1931,
132-134.
GORIN, P.O.--VIEWS ON RUSSIAN REVOLUTION OF 1905--E.
IAROSLAVSKIĬ'S CRITIQUE.
IAroslavskiĭ, E., Nr. 21, 1931, 143-160.
GÖRING, M.: DIE FEUDALITÄT IN FRANKREICH VOR UND IN DER
GROSSEN REVOLUTION ("HISTORISCHE STUDIEN," H. 247)
BERLIN, 1934 (REVIEW).
Skazkin, S., 1936, Nr. 5 (57), 169-170.
GOR'KIĬ, A.M.--40TH ANNIVERSARY OF HIS FIRST PUBLICATION.
Privet proletarskomu boĭtsu..., 1932, Nr. 3
(25), 2.
GOR'KIĬ, A.M.--1902--ELECTION TO IMPERIAL ACADEMY OF
SCIENCES.
Kozmin, N., 1938, Nr. 4 (68), 53-74.
GOR'KIĬ, A.M.--OBITUARY.
IAroslavskiĭ, E., 1936, Nr. 4 (56), 41-52.
GOR'KIĬ, A.M.--REVOLUTION OF 1905.
Kublanov, I., 1941, Nr. 6 (94), 3-17.
GORKY, MAKSIM see GOR'KIĬ, A.M.
"GORODSKIE VOSSTANIIA V MOSKOVSKOM GOSUDARSTVE XVII VEKA";
DOKUMENTY I MATERIALY PO ISTORII NARODOV SSSR.
SOST. K.V. VASIL'EVICH. MOSCOW, 1936 (REVIEW).
Geĭman, V., 1937, Nr. 1 (59), 163-167.
GOS. AKADEMIIA ISTORII MATERIAL'NOĬ KUL'TURY IM. N. IA.
MARRA see GAIMK.
GOS. ARKHIV FEODAL'NO-KREPOSTNICHESKOĬ EPOKHI see GAFKE.
GOS. IST. MUZEĬ--ARCHAEOLOGICAL EXPEDITIONS--1936.
Dmitriev, P., 1937, Nr. 3 (61), 227-228.
GOS. IST. MUZEĬ--EXPEDITIONS--1930--TASKS AND GOALS.
Milonov, --., Nr. 17, 1930, 133-135.
GOS. IST. MUZEĬ--EXPEDITIONS--1936.
El'nitskiĭ, L., 1937, Nr. 2 (60), 191-192.
GOS. IST. MUZEĬ--HISTORY AND HOLDINGS.
Dmitriev, P., Malitskiĭ, G., 1936, Nr. 6 (58),
248-249.
GOS. IST. MUZEĬ--WORK IN PROGRESS AND PUBLICATIONS--1939.
Dmitriev, P., 1940, Nr. 6 (82), 149-152.

GOS. MUZEĬ VOSTOCHNYKH KUL'TUR, MOSCOW--"ISKUSSTVO KITAIA"--
EXHIBITION--1939.
Glukhareva, O., 1940, Nr. 3 (79), 155-158.
GOS. PUBLICHNAIA ISTORICHESKAIA BIBLIOTEKA--BIBLIOGRAPHICAL
TASKS--1939.
Kil'berg, 1939, Nr. 5-6 (75-76), 275-276.
GOS. PUBLICHNAIA ISTORICHESKAIA BIBLIOTEKA--HOLDINGS AND
PUBLICATIONS--1941.
Semenychev, I., 1941, Nr. 4 (92), 73-78.
GOS. PUBLICHNAIA ISTORICHESKAIA BIBLIOTEKA. NAUCHNO-
BIBLIOGRAFICHESKIĬ OTDEL--WORK IN PROGRESS--1940.
Bukhbinder, N., 1940, Nr. 7 (83), 155-156.
GOSUDARSTVENNAIA PUBLICHNAIA BIBLIOTEKA LENINGRADA see
SALTYKOV-SHCHEDRIN STATE PUBLIC LIBRARY, LENINGRAD.
"GOSUDARSTVENNOE SOVESHCHANIE." TSENTRARKHIV. S PREDISL.
IA. A. IAKOVLEVA. MOSCOW, 1930 (REVIEW).
IUgov, M., Nr. 17, 1930, 111-116.
GOSUDARSTVENNYĬ UCHENYĬ SOVET see GUS.
GOT'E, IU. V.
Piontkovskiĭ, A., Nr. 18-19, 1930, 157-176.
GOT'E, IU. V.: ZHELEZNYĬ VEK V VOSTOCHNOĬ EVROPE. MOSCOW,
1930 (REVIEW).
Kurshanak, I., Nr. 21, 1931, 115-118.
GOTHS--HISTORY--5TH-6TH C. A.D.--ITALY.
Vaĭnshteĭn, O., 1938, Nr. 6 (70), 134-158.
GOVOROV,--: K VOPROSU O IAKOBINSKOĬ IDEOLOGII ("VOINSTVU-
IUSHCHIĬ MATERIALIZM," NR. 5) (REVIEW).
Monosov, S.M., Nr. 1, 1926, 290-298.
GRAF, O.M. ("DIE NEUE WELTBÜHNE," NR. 1, 1937).
Istoricheskaia literatura germanskoĭ..., 1937,
Nr. 2 (60), 200.
GRANT, I.F.: THE ECONOMIC HISTORY OF SCOTLAND. LONDON,
1935 (REVIEW).
Vasiutinskiĭ, V., 1937, Nr. 5-6 (63-64), 254-256.
GRATSIANSKIĬ, N.P.--30TH JUBILEE.
Ivashin, I., 1941, Nr. 1 (89), 153.
GRATSIANSKIĬ, N.P.: BURGUNDSKAIA DEREVNIA V X-XII ST.
MOSCOW, 1935? (REVIEW).
Gratsianskiĭ, N., 1941, Nr. 2 (90), 157-158.
GRATSIANSKIĬ, N.P.: ZAPADNAIA EVROPA V SREDNIE VEKA;
ISTOCHNIKI PO SOTSIAL'NO-EKONOMICHESKOĬ ISTORII.
MOSCOW, 1925 (REVIEW).
Kosminskiĭ, E.A., Nr. 2, 1926, 285.
GRATSIANSKIĬ, N.P., SKAZKIN, S.D.: KHRESTOMATIIA PO
ISTORII SREDNIKH VEKOV. T. II., CH. 1-2. MOSCOW,
1938 (REVIEW).
Semenov, V., 1938, Nr. 4 (68), 168-170.
GRAVE, B.: K ISTORII KLASSOVOĬ BOR'BY V ROSSII V GODY
IMPERIALISTICHESKOĬ VOĬNY. MOSCOW, 1926 (REVIEW).
Shestakov, A.V., Nr. 1, 1926, 312-313.

GRAVES, W.S.: AMERIKANSKAIA AVANTIURA V SIBIRI, 1918-20.
    PER. S ANGL. A.F. SPERANSKOGO I S.S. SOKOLOVA.
    MOSCOW, 1932 (REVIEW).
    Reĭkhberg, G., 1932, Nr. 6 (28), 129-136.
GREAT BRITAIN see also ENGLAND.
GREAT BRITAIN--COLONIAL POLICY--IRELAND--EARLY 20TH C.
    Zubok, L., 1937, Nr. 5-6 (63-64), 17-40.
GREAT BRITAIN--ECONOMIC RELATIONS--IRAN--1907-30.
    Gel'bars, G., 1940, Nr. 7 (83), 35-53.
GREAT BRITAIN. FOREIGN OFFICE. BRITISH DOCUMENTS ON THE
    ORIGINS OF THE WAR, 1898-1914 see "BRITISH
    DOCUMENTS ON THE ORIGINS OF THE WAR, 1898-1914."
GREAT BRITAIN--FOREIGN POLICY--BRITISH HISTORIOGRAPHY--
    BIBLIOGRAPHY.
    Zvavich, I., Nr. 2, 1926, 250-257.
GREAT BRITAIN--FOREIGN POLICY--1877-78--RUSSO-TURKISH WAR.
    Muratov, Kh., 1940, Nr. 7 (83), 65-81.
GREAT BRITAIN--FOREIGN POLICY--1895-97--NEAR EAST CRISIS.
    Khvostov, V., Nr. 13, 1929, 19-54.
GREAT BRITAIN--FOREIGN POLICY--1917-39--N. CHAMBERLAIN--
    BOOK REVIEW.
    Zakharov, S., 1940, Nr. 4-5 (80-81), 126-131.
GREAT BRITAIN--FOREIGN POLICY--1917-18.
    Zakharov, S., 1940, Nr. 2 (78), 54-77.
GREAT BRITAIN--FOREIGN RELATIONS--CHINA--19TH-EARLY
    20TH C.--HSIN-KIANG.
    Rostovskiĭ, S., 1936, Nr. 3 (55), 26-53.
GREAT BRITAIN--FOREIGN RELATIONS--FRANCE--1815-70.
    Istoricheskaia nauka za..., 1938, Nr. 5 (69), 235.
GREAT BRITAIN--FOREIGN RELATIONS--GERMANY--1898-1901--
    ATTEMPTS AT RAPPROCHEMENT.
    Stal'nyĭ, V., Nr. 10, 1928, 89-120.
GREAT BRITAIN--FOREIGN RELATIONS--RUSSIA--19TH-EARLY
    20TH C.--HSIN-KIANG.
    Rostovskiĭ, S., 1936, Nr. 3 (55), 26-53.
GREAT BRITAIN--FOREIGN RELATIONS--RUSSIA--1895-97--
    NEAR EAST CRISIS.
    Khvostov, V., Nr. 13, 1929, 19-54.
GREAT BRITAIN--FOREIGN RELATIONS--RUSSIA--1917-20--
    MEMOIRS--F. ROTSHTEĬN.
    Rotshteĭn, F., Nr. 5, 1927, 36-48.
GREAT BRITAIN--FOREIGN RELATIONS--SOVIET RUSSIA--1917-20--
    MEMOIRS--F. ROTSHTEIN.
    Rotshteĭn, F., Nr. 5, 1927, 36-48.
GREAT BRITAIN--FOREIGN RELATIONS--SOVIET RUSSIA--1918-19--
    ALLIED MILITARY INTERVENTION--10TH ANNIVERSARY.
    Mints, I., Nr. 11, 1929, 83-99.
GREAT BRITAIN--FOREIGN RELATIONS--SOVIET RUSSIA--1918-19--
    BRITISH MILITARY INTERVENTION IN CENTRAL ASIA.
    Gurko-Kriazhin, V.A., Nr. 2, 1926, 115-139.

GREAT BRITAIN--FOREIGN RELATIONS--SOVIET RUSSIA--1918-19--
    CRIMEAN CAMPAIGN.
    Vol'fson, B., 1940, Nr. 4-5 (80-81), 36-52.
GREAT BRITAIN--FOREIGN RELATIONS--SOVIET RUSSIA--1918-19--
    MILITARY INTERVENTION IN CENTRAL ASIA--SOVIET
    HISTORIOGRAPHY--BIBLIOGRAPHY.
    Gurkovskiĭ, A., Nr. 6, 1927, 242-253.
GREAT BRITAIN--HISTORY--BRITISH HISTORIOGRAPHY--CONFERENCES,
    LONDON AND BRISTOL, JANUARY AND APRIL, 1940.
    Al'perovich, M., Belen'kiĭ, A., 1941, Nr. 2
    (90), 156.
GREAT BRITAIN--HISTORY--19TH C.--F. ENGELS' AND K. MARX'S
    WRITINGS.
    Zakharov, S., 1940, Nr. 10 (86), 81-106.
GREAT BRITAIN--HISTORY--1840-60--CHARTIST MOVEMENT--
    K. MARX AND F. ENGELS.
    Semenov, V., 1933, Nr. 1 (29), 67-93.
GREAT BRITAIN--HISTORY--20TH C.--BOOK REVIEW.
    IAkovlev, A., 1940, Nr. 7 (83), 120-127.
GREAT BRITAIN--HISTORY--WWI--1914-16.
    Zakharov, S., 1939, Nr. 5-6 (75-76), 118-149.
GREAT BRITAIN--INDUSTRIAL REVOLUTION--18TH-19TH C.--
    WESTERN HISTORIOGRAPHY--BIBLIOGRAPHY.
    Vasiutinskiĭ, V.A., Nr. 10, 1928, 221-233.
GREAT BRITAIN--POLITICS AND GOVERNMENT--1894-1917--
    J.R. MACDONALD--BOOK REVIEW.
    Zakharov, S., 1941, Nr. 6 (94), 113-119.
GREAT BRITAIN--POLITICS AND GOVERNMENT--1914-16.
    Zakharov, S., 1939, Nr. 5-6 (75-76), 118-149.
GREAT BRITAIN--POLITICS AND GOVERNMENT--1917-18--D. LLOYD
    GEORGE.
    Zakharov, S., 1940, Nr. 2 (78), 54-77.
GREAT BRITAIN--SOCIAL CONDITIONS--F. ENGELS' AND K. MARX'S
    WRITINGS.
    Zakharov, S., 1940, Nr. 10 (86), 81-106.
GREAT BRITAIN--SOCIAL CONDITIONS--MID 19TH C.-EARLY 20TH C.
    Lur'e, Kh., 1934, Nr. 1 (35), 147-172.
GREAT BRITAIN--SOCIAL CONDITIONS--WWI.
    Chapman, A., 1934, Nr. 4 (38), 49-68.
GREAT NORTHERN WAR--1709--BATTLE OF POLTAVA.
    Kafengauz, B., 1939, Nr. 4 (74), 44-56.
GREAT REFORMS--RUSSIA--1858-1861--N.G. CHERNYSHEVSKIĬ.
    Pokrovskiĭ, M.N., Nr. 10, 1928, 3-12.
GREECE--HISTORY--ANTIQUITY--EUROPEAN HISTORIOGRAPHY--BIBLIOGRAPHY.
    Novaia literatura po..., 1935, Nr. 4 (44), 138-145.
GREECE--HISTORY--ANTIQUITY--SOVIET HISTORIOGRAPHY--1930'S.
    Mashkin, N., 1939, Nr. 4 (74), 77-84.
GREENFELD, K.R.: THE HISTORIOGRAPHY OF THE RISORGIMENTO
    SINCE 1920. ("JOURNAL OF MODERN HISTORY," 1935,
    NR. 1, V. VII) (REVIEW).
    Kh.,V., 1936, Nr. 3 (55), 191-192.

GREKOV, B.D.: FEODAL'NYE OTNOSHENIIA V KIEVSKOM GOSUDARSTVE.
MOSCOW, 1936 (REVIEW).
Bazilevich, K., 1936, Nr. 2 (54), 138-139;
Bakhrushin, S., 1937, Nr. 3 (61), 165-175.
GREKOV, B.D.: ISTORIIA RUSSKOGO NARODNOGO KHOZIAĬSTVA;
MATERIALY DLIA LABORATORNOĬ PRORABOTKI VOPROSA.
I. PROMYSHLENNYĬ KAPITALIZM (DO
SOST. B.D. GREKOV I I.M. TROTSKIĬ. LENINGRAD,
1926 (REVIEW).
Nechkina, M., Nr. 4, 1927, 237-238.
GREKOV, B.D.: KIEVSKAIA RUS'. 3. IZD., PERE. I DOP.
MOSCOW, 1939 (REVIEW).
Tikhomirov, M., 1940, Nr. 2 (78), 147-150.
GREKOV, B.D.: OBSHCHESTVENNYĬ STROĬ KIEVSKOĬ RUSI
(LECTURE, MOSCOW, JUNE, 1939)--(DISCUSSION).
Diskussiia po dokladu..., 1939, Nr. 4 (74), 191-194.
GREKOV, B.D.: SOSTOIANIE VOPROSA O DREVNEĬSHIKH SUD'BAKH
SLAVIANSTVA V PRIKARPATSKIKH OBLASTIAKH. (LECTURE)
MOSCOW, 1940.
O.,M., 1940, Nr. 11 (87), 140-146.
GREKOV, B.D., IAKUBOVSKII, A.: ZOLOTAIA ORDA. OCHERK
ISTORII ULUSA DZUCHI V PERIOD SLOZHENIIA I
RASTSVETA V XIII-XIV VV. LENINGRAD, 1937 (REVIEW).
Parkhomenko, V., 1938, Nr. 4 (68), 148-150.
GRIGOR'EV, A.: ROST RABOCHEGO KLASSA IAPONII ("MATERIALY
KRUZHKA IAPONOVEDENIIA V TOKIO," VYP. IV) MOSCOW,
1931 (REVIEW).
R--g,G., 1932, Nr. 1-2 (23-24), 187-190.
GRIMM, É.D.: SBORNIK DOGOVOROV I DRUGIKH DOKUMENTOV PO
ISTORII MEZHDUNARODNYKH OTNOSHENIĬ NA DAL'NEM
VOSTOKE, 1842-1925. MOSCOW, 1927 (REVIEW).
Reĭkhberg, G., Nr. 5, 1927, 273-274.
GRIMM, JAKOB AND WILHELM--LETTERS--HOLDINGS IN PRUSSIAN
STATE LIBRARY.
Novye dokumenty, 1936, Nr. 3 (55), 202.
GROSS, W.--GERMAN ETHNOLOGIST.
Fashizatsiia istoricheskoĭ nauki..., 1936, Nr. 3
(55), 199.
"DIE GROSSE POLITIK DER EUROPÄISCHEN KABINETTE 1871-1914."
BERLIN, 1924- (REVIEW).
Notovich, F., 1934, Nr. 1 (35), 210-223.
"DIE GROSSEN DEUTSCHEN." 1. BD. BERLIN, 1935 (REVIEW).
Novinki nemetskoĭ literatury, 1936, Nr. 2 (54),
181-182.
GROSSMANN, H.: DIE GESELLSCHAFTLICHEN GRUNDLAGEN DER
MECHANISTISCHEN PHILOSOPHIE UND DIE MANUFAKTUR.
("ZEITSCHRIFT FÜR SOZIALFORSCHUNG," 1935, BD. IV,
H. 2, 161-231) (REVIEW).
Lukin, N., 1936, Nr. 2 (54), 152-153.
GROT, L.: SINDIKAT "PRODAMETA" KAK MONOPOLISTICHESKAIA
ORGANIZATSIIA. (DISSERTATION) MOSCOW, 1940.
P.,K., 1941, Nr. 4 (92), 151-152.

GRUNDMANN, H.: DIE FRAUEN UND DIE LITERATUR IM MITTELALTER.
    ("ARCHIV FÜR KULTURGESCHICHTE," 1935, BD. XXVI,
    H. 2) (REVIEW).
    K.,F., 1936, Nr. 3 (55), 188.
"GRUPPA 'OSVOBOZHDENIE TRUDA' (IZ ARKHIVOV G.V. PLEKHANOVA,
    V.I. ZASULICH I L.G. DEĬCHA)." POD RED. L.T. DEĬCHA.
    SBORNIK NR. 5. MOSCOW, 1926 (REVIEW).
    Stopalov, G., Nr. 3, 1927, 235-236.
GRUSHEVSKIĬ, M.S.--OBITUARY--see also HRUSHEVS'KYĬ, M.S.
    Po SSSR, 1934, Nr. 6 (40), 104-108.
GUESDE, J.
    Dalin, V., 1933, Nr. 3 (31), 31-44.
GUICHEN, E., VICOMTE DE: LA GUERRE DE CRIMÉE, (1854-1856)
    ET L'ATTITUDE DES PUISSANCES EUROPÉENNES. ÉTUDE
    D'HISTOIRE DIPLOMATIQUE. PARIS, 1936 (REVIEW).
    Radtsig, N., 1937, Nr. 5-6 (63-64), 208-211.
GUIZOT, F.--CORRESPONDENCE--G. CASTILION--RUSSIAN MILITARY
    OPERATIONS--CAUCASUS--1844-46.
    Pis'ma vikonta..., 1936, Nr. 5 (57), 105-123.
GULIAEV, V.: ZA PARTIĬNOST' V IZUCHENII ISTORII PROLETARIATA
    ("TRUD," FEB. 19, 1931)--RESOLUTION OF THE INST.
    IST. KA, FEB., 1931.
    Rezoliutsiia priniata na..., Nr. 22, 1931, 183.
GULIAEV, V.: ZA PARTIĬNOST' V IZUCHENII ISTORII PROLETARIATA
    ("TRUD," FEB. 19, 1931) (REVIEW).
    Mil'shteĬn, E., Polianskaia, G., Tolmachev, G.,
    Nr. 22, 1931, 181-183.
GUMANENKO, A.: OKTIABR' V STAROM GORODE SAMARKANDE.
    TASHKENT, 1933 (REVIEW).
    Morozova, T., 1934, Nr. 3 (37), 109-112.
GUNDERT, W.
    Fashizatsiia istoricheskoĭ nauki..., 1936, Nr. 4
    (56), 166-168.
GÜNTHER, F.: DER DEUTSCHE BAUERNKRIEG. MUNICH, 1933
    (REVIEW).
    Lavrovskiĭ, V., 1935, Nr. 5-6 (45-46), 188-189.
GUNZENHÄUSER, M.: DIE LEISTUNGEN DES AUSLANDES AUF DEM
    GEBIET DER WELTKRIEGSBIBLIOGRAPHIE. ("BERLINER
    MONATSHEFTE," NR. 2, 1936) (REVIEW).
    M.,I., 1936, Nr. 4 (56), 152.
GUREVICH, Z.: MOLODA UKRAINA. VYP. II. ZA RED. M.
    IAVORS'KOGO. KIEV, 1928.
    Nevskiĭ, V., Nr. 7, 1928, 286-287.
GURKO-KRIAZHIN, V.--ORIENTAL STUDIES--CRITIQUE.
    Mamet, L., Nr. 17, 1930, 69-96.
GUSEV, S.I.--OBITUARY.
    Pamiati S.I. Guseva..., 1933, Nr. 4 (32), 151.
GUSEV, S.I.--WORKS--BIBLIOGRAPHY.
    Vazhneĭshie istoricheskie..., 1933, Nr. 4 (32),
    151-152.

H.

HABSBURG MONARCHY--HISTORY--1918--COLLAPSE.
  Rubinshtein, E., 1940, Nr. 7 (83), 14-34.
HAFF, K.: GESCHLECHTSHÖFE UND FREIE MARKEN IN SKANDINAVIEN
  UND DEUTSCHLAND. ("VIERTELJAHRSCHRIFT FÜR
  SOZIAL-UND WIRTSCHAFTSGESCHICHTE," 1935, BD. 28,
  H. 2) (REVIEW).
  L.,V., 1936, Nr. 4 (56), 148.
HALÉVY, D.
  Kan, S., 1933, Nr. 3 (31), 90-94.
HALÉVY, D.: LA RÉPUBLIQUE DES DUCS. PARIS, 1937 (REVIEW).
  Militsyna, T., 1938, Nr. 5 (69), 210-211.
HALL, M.D.: EARLY BANKERS IN THE GENOESE NOTARIAL RECORDS
  ("ECONOMIC HISTORY REVIEW," 1935, V. VI, NR. 1)
  (REVIEW).
  K.,F., 1936, Nr. 3 (55), 187.
HALLER, J.: DAS PAPSTTUM. IDEE UND WIRKLICHKEIT. BD. I.
  STUTTGART, 1934 (REVIEW).
  K.,F., 1936, Nr. 3 (55), 186-187.
HALLGARTEN, W.: L'ESSOR ET L'ÉCHEC DE LA POLITIQUE
  BOER DE L'ALLEMAGNE, 1890-1898. ("REVUE HISTORIQUE,"
  T. CLXXVII, MAI-JUIN, 1936) (REVIEW).
  S.,S., 1936, Nr. 6 (58), 243.
HALLMANN, H.: UM DIE RUSSISCHE MOBILMACHUNG. STUTTGART,
  1939 (REVIEW).
  Al'perovich, M., Belen'kii, A., 1941, Nr. 4 (92),
  153-154.
HAMM, E.: DIE DEUTSCHE STADT IM MITTELALTER. STUTTGART,
  1935 (REVIEW).
  Fashizatsiia istoricheskoi nauki..., 1936, Nr. 3
  (55), 200.
HANKAR, F.: URGESCHICHTE KAUKASIENS VON DEN ANFÄNGEN BIS
  IN DIE ZEIT SEINER FRÜHEN METALLURGIE. VIENNA,
  N.D. (REVIEW).
  Istoricheskaia nauka za..., 1938, Nr. 5 (69), 236.
HANOTAUX, G.
  Kan, S., 1933, Nr. 3 (31), 90-94.
HANSEATIC LEAGUE--GERMAN HISTORIOGRAPHY--1935--W. DAITZ.
  Fashizatsiia istoricheskoi nauki..., 1936, Nr. 3
  (55), 198-199.
HARDY, J.: THE FIRST AMERICAN REVOLUTION. NEW YORK,
  1938 (REVIEW).
  Poltavskii, M., 1939, Nr. 5-6 (75-76), 258-260.
HARTLYB, K.: POLSKI CYRIAK Z ANKONY, NIEZNANY PEREGRYNANT
  NA MALTE, DO HISPANII I PORTUGALII. ("KWARTALNIK
  HISTORYCZNY," 1935, T. XLIX, NR. 1-2) (REVIEW).
  K.,F., 1936, Nr. 3 (55), 189.
HARVARD UNIVERSITY--300TH ANNIVERSARY--CONFERENCE, CAMBRIDGE
  (MASS.), SEPTEMBER, 1936.
  Nauchnye obshchestva i..., 1937, Nr. 2 (60), 198-199.

HASHAGEN, J.: UEBER DIE WELTGESCHICHTLICHE BEDEUTUNG DER
      ANTIKEN STAATS-UND SOZIALLEHREN ("VIERTELJAHRSCHRIFT
      FÜR SOZIAL-UND WIRTSCHAFTSGESCHICHTE," 1935, BD. 28,
      H. 1) (REVIEW).
      Poliakov, G., 1936, Nr. 6 (58), 238.
HAUSER, H.: LA PREMIÈRE "RÉVOLUTION" INDUSTRIELLE ANGLAISE
      ("ANNALES D'HISTOIRE ÉCONOMIQUE ET SOCIALE." 1936,
      JANVIER, NR. 37) (REVIEW).
      L.,V., 1936, Nr. 3 (55), 189-190.
HAUSSHERR, H.: ERFÜLLUNG UND BEFREIUNG. DER KAMPF UM
      DIE DURCHFÜHRUNG DES TILSITER FRIEDENS, 1807-1808.
      HAMBURG, 1935 (REVIEW).
      Fashizatsiia istoricheskoĭ nauki..., 1936, Nr. 3
      (55), 200.
HAXEY, S.: ANGLIĬSKIE KONSERVATORY U VLASTI. (TORY M.P.)
      SOKRASHCHENNYĬ PEREVOD S ANGL. DAVYDOVA. MOSCOW,
      1940 (REVIEW).
      O.,M., 1940, Nr. 11 (87), 129-131.
HECKER, J.F.: RUSSIAN SOCIOLOGY. A CONTRIBUTION TO THE
      HISTORY OF SOCIOLOGICAL THOUGHT AND THEORY. LONDON,
      1934 (REVIEW).
      Gorev, B., 1935, Nr. 8-9 (48-49), 222-225.
HEICHELHEIM, F.: DIE AUSBREITUNG DER MÜNZGELDWIRTSCHAFT
      UND DER WIRTSCHAFTSSTIL IM ARCHAISCHEN GRIECHENLAND.
      (SCHMOLLERS JARHBÜCHER FÜR GESETZGEBUNG, VERWALTUNG
      UND VOLKSWIRTSCHAFT IM DEUTSCHEN REICHE. BD. IV,
      H. 2) (REVIEW).
      Kagarov, E., 1936, Nr. 4 (56), 126-127.
HENNIG, R.--GERMAN HISTORIAN.
      Novinki nemetskoĭ literatury, 1936, Nr. 2 (54),
      181-182.
HENRI IV, KING OF FRANCE.
      Mosina, Z., 1938, Nr. 2 (66), 34-62.
HERESIES AND HERETICS--EARLY CHURCH--AFRICA--CA. 30-600.
      Mashkin, N.A., 1935, Nr. 1 (41), 28-52.
HERR, F.G.: ARTILLERIIA V PROSHLOM, NASTOIASHCHEM I
      BUDUSHCHEM. PEREVOD I RED. S. VISHNEVA. MOSCOW,
      1936 (REVIEW).
      Mikhaĭlov, S., 1937, Nr. 5-6 (63-64), 166-169.
HERR, LUCIEN--BOOK REVIEW.
      Dalin, V., 1934, Nr. 3 (37), 97-104.
HERTZEN, A.I.--1842-45--SLAVOPHILES.
      Derzhavin, N., 1939, Nr. 1 (71), 125-145.
HERTZEN, A.I.: PISMA IZ FRANTSII I ITALII; S TOGO BEREGA.
      MOSCOW, 1931 (REVIEW).
      Kovnator, R., 1932, Nr. 6 (28), 137-140.
HILLQUITT, M.: LOOSE LEAVES FROM A BUSY LIFE. NEW YORK,
      1934 (REVIEW).
      Zubok, L., 1935, Nr. 11 (51), 123-124.
HINTZE, H.: STAATSEINHEIT UND FÖDERALISMUS IM ALTEN FRANK-
      REICH UND IN DER REVOLUTION. STUTTGART, 1928 (REVIEW).
      S--i, --., Nr. 16, 1930, 162-175.

HISHIDA, SEIJI G.: JAPAN AMONG THE GREAT POWERS. NEW
    YORK, 1940 (REVIEW).
    IUshchak, K., 1941, Nr. 4 (92), 126-128.
"L'HISTOIRE MILITAIRE DE LA GUERRE MONDIALE EN HONGRIE."
    ("REVUE D'HISTOIRE DE LA GUERRE MONDIALE," OCT.,
    1935, NR. 4, 313-324) (REVIEW).
    M.,I., 1936, Nr. 2 (54), 166.
HISTORICAL AND ARCHAEOGRAPHICAL INSTITUTE (OF THE ACADEMY OF
    SCIENCES, USSR) see IAI.
HISTORICAL MATERIALISM--K. KAUTSKY'S INTERPRETATION--
    CRITIQUE.
    Mesin, F., Nr. 9, 1928, 145-159; Nr. 10, 1928,
    154-177.
HISTORICAL MATERIALISM--G.V. PLEKHANOV'S INTERPRETATION.
    Ganichev, I., 1938, Nr. 6 (70), 159-166.
HISTORICAL MATERIALISM--RUSSIAN HISTORIOGRAPHY.
    Pokrovskii, M.N., Nr. 1, 1926, 3-10.
HISTORICAL MATERIALISM--SOCIOLOGY.
    Diskussiia o marksistskom..., Nr. 12, 1929, 189-213.
HISTORICAL SCIENCES see also HISTORIOGRAPHY.
HISTORICAL SCIENCES--F. ENGELS' INTERPRETATION.
    Fridliand, TS., 1935, Nr. 8-9 (48-49), 5-27.
HISTORICAL SCIENCES--METHODOLOGY--GUIDES--BIBLIOGRAPHY.
    Valk, S., Nr. 5, 1927, 224-226.
HISTORICAL SCIENCES--METHODOLOGY--HISTORICAL GEOGRAPHY.
    IAtsunskii, V., 1941, Nr. 5 (93), 3-29.
HISTORICAL SCIENCES--METHODOLOGY--INDIVIDUALIZING AND
    GENERALIZING METHODS.
    Tiumenev, A., Nr. 12, 1929, 153-184.
HISTORICAL SCIENCES--1935--INFLUENCE OF FASCISM.
    Istoricheskaia nauka za..., 1935, Nr. 8-9 (48-49),
    241-242.
HISTORICAL SCIENCES, GERMAN--1931-34.
    Lukin, N., 1935, Nr. 1 (41), 15-27.
HISTORICAL SCIENCES, POLISH--TASKS AND GOALS--1933.
    Dzhervis, M., 1934, Nr. 2 (36), 106-123.
HISTORICAL SCIENCES, SOVIET.
    Za peredovuiu..., 1938, Nr. 4 (68), 3-9.
HISTORICAL SCIENCES, SOVIET--BASHKIRIA--CONFERENCE, MOSCOW,
    NOVEMBER, 1933.
    Grekov, B., 1933, Nr. 6 (34), 166.
HISTORICAL SCIENCES, SOVIET--CONFERENCE, MOSCOW, NOVEMBER,
    1933.
    Grekov, B., 1933, Nr. 6 (34), 166.
HISTORICAL SCIENCES, SOVIET--V.I. LENIN'S CONTRIBUTIONS.
    Lomakin, A. , 1934, Nr. 1 (35), 3-20.
HISTORICAL SCIENCES, SOVIET--METHODOLOGY--PROSEMINARS.
    Vershinskii, A., 1934, Nr. 5 (39), 56-60.
HISTORICAL SCIENCES, SOVIET--M.N. POKROVSKII.
    Gorodetskii, E., Verkhoven', B., 1939, Nr. 4 (74),
    157-162.

HISTORIOGRAPHY, EUROPEAN--1935--BIBLIOGRAPHY.
Novinki istoricheskoĭ literatury, 1935, Nr. 12
(52), 145-146.
HISTORIOGRAPHY, FRENCH--A. MATHIEZ.
Lukin, N., 1932, Nr. 3 (25), 60-86.
HISTORIOGRAPHY, GERMAN--K.F. KÖPPEN'S VIEWS.
Zandberg, D., Shvets, K., 1940, Nr. 8 (84), 67-71.
HISTORIOGRAPHY, GERMAN--19TH C.--CRITIQUE.
Keppen, K.F., 1940, Nr. 8 (84), 72-84.
HISTORIOGRAPHY, GERMAN--1800-48--L.v. RANKE.
Vaĭnshteĭn, O.L., 1940, Nr. 4-5 (80-81), 64-77.
HISTORIOGRAPHY, GERMAN--1800-48--ROMANTICISM.
Vaĭnshteĭn, O.L., 1940, Nr. 4-5 (80-81), 64-77.
HISTORIOGRAPHY, GERMAN--1931-34.
Lukin, N., 1935, Nr. 1 (41), 15-27.
HISTORIOGRAPHY, GERMAN--1936.
Novinki nemetskoĭ literatury, 1936, Nr. 2 (54),
181-182.
HISTORIOGRAPHY, GERMAN--1936--INFLUENCE OF FASCISM.
Starosel'skaia, O., 1936, Nr. 5 (57), 202-203.
HISTORIOGRAPHY, INTERNATIONAL--JAN.-JUNE 1926--BIBLIOGRAPHY.
Ukazatel' istoricheskoĭ literatury..., Nr. 4,
1927, 280-287; Nr. 5, 1927, 285-302.
HISTORIOGRAPHY, INTERNATIONAL--JAN.-DEC. 1926--BIBLIOGRAPHY.
Ukazatel' istoricheskoĭ literatury, Nr. 6, 1927,
304-319.
HISTORIOGRAPHY, INTERNATIONAL--JULY-DEC. 1926--BIBLIOGRAPHY.
Ukazatel' knig po..., Nr. 8, 1928, 248-260; Nr. 9,
1928, 232-250.
HISTORIOGRAPHY, INTERNATIONAL--1933-34--BIBLIOGRAPHY.
Novinki inostrannoĭ istoricheskoĭ..., 1934,
Nr. 3 (37), 132-134.
HISTORIOGRAPHY, INTERNATIONAL--1933-34--BIBLIOGRAHY.
Novinki istoricheskoĭ literatury..., 1934, Nr. 5
(39), 113-116.
HISTORIOGRAPHY, INTERNATIONAL--1934-35--BIBLIOGRAPHY.
Novinki inostrannoĭ istoricheskoĭ..., 1935,
Nr. 7 (47), 126-127.
HISTORIOGRAPHY, INTERNATIONAL--1934-35--BIBLIOGRAPHY.
Novinki istoricheskoĭ literatury, 1935, Nr. 5-6
(45-46), 190-191; 1935, Nr. 10 (50), 159; 1936,
Nr. 1 (53), 205-206.
HISTORIOGRAPHY, INTERNATIONAL--1934--BIBLIOGRAPHY.
Novinki inostrannoĭ istoricheskoĭ..., 1935, Nr. 2-3
(42-43), 158-159.
HISTORIOGRAPHY, INTERNATIONAL--1934--BIBLIOGRAPHY.
Novinki istoricheskoĭ literatury, 1934, Nr. 6 (40),
101-102; 1935, Nr. 1 (41), 107; 1935, Nr. 4 (44),
133-134.

HISTORIOGRAPHY, INTERNATIONAL--1935-36--BIBLIOGRAPHY.
    Istoricheskaia nauka v ..., 1936, Nr. 4 (56),
    169-171.
HISTORIOGRAPHY, INTERNATIONAL--1935--BIBLIOGRAPHY.
    Novinki istoricheskoĭ literatury, 1935, Nr. 8-9
    (48-49), 233-234; 1936, Nr. 2 (54), 184.
HISTORIOGRAPHY, INTERNATIONAL--1936-39--BIBLIOGRAPHY.
    Bibliograficheskie zametki, 1939, Nr. 5-6 (75-76),
    270-271.
HISTORIOGRAPHY, INTERNATIONAL--1936-38--BIBLIOGRAPHY.
    Bibliograficheskie zametki, 1939, Nr. 1 (71),
    188-192.
HISTORIOGRAPHY, INTERNATIONAL--1936-37--BIBLIOGRAPHY.
    Bibliograficheskie zametki, 1938, Nr. 3 (67),
    144-147.
HISTORIOGRAPHY, INTERNATIONAL--1936-37--BIBLIOGRAPHY.
    Obzor inostrannoĭ literatury..., 1938, Nr. 4
    (68), 191-196.
HISTORIOGRAPHY, INTERNATIONAL--1936--BIBLIOGRAPHY.
    Novinki istoricheskoĭ literatury, 1936, Nr. 6
    (58), 258-260.
HISTORIOGRAPHY, INTERNATIONAL--1936--BIBLIOGRAPHY.
    Obzor inostrannoĭ literatury..., 1938, Nr. 2 (66),
    135-142.
HISTORIOGRAPHY, INTERNATIONAL--1936--BIBLIOGRAPHY.
    Starosel'skaia, O., 1936, Nr. 5 (57), 203-205.
HISTORIOGRAPHY, INTERNATIONAL--1936--SOCIETIES AND
    INSTITUTIONS--ACTIVITIES.
    Starosel'skaia, O., 1936, Nr. 5 (57), 203.
HISTORIOGRAPHY, INTERNATIONAL--1937-38--BIBLIOGRAPHY.
    Bibliograficheskie zametki, 1939, Nr. 2 (72),
    180-183.
HISTORIOGRAPHY, INTERNATIONAL--1937-40--BIBLIOGRAPHY.
    Bibliograficheskie zametki, 1940, Nr. 12 (88),
    126-129.
HISTORIOGRAPHY, INTERNATIONAL--1938-39--BIBLIOGRAPHY.
    Bibliograficheskie zametki, 1940, Nr. 2 (78),
    161-163; 1940, Nr. 3 (79), 151-152.
HISTORIOGRAPHY, INTERNATIONAL--1938-40--BIBLIOGRAPHY.
    Al'perovich, M., Belen'kiĭ, A. ..., 1941, Nr. 1
    (89), 136-139; 1941, Nr. 4 (92), 146-149.
HISTORIOGRAPHY, INTERNATIONAL--1938--BIBLIOGRAPHY.
    Bibliograficheskie zametki, 1938, Nr. 5 (9),
    223-230.
HISTORIOGRAPHY, INTERNATIONAL--1939-40--BIBLIOGRAPHY.
    Bibliograficheskie zametki, 1940, Nr. 6 (82),
    133-134; 1940, Nr. 11 (87), 135-139; 1941, Nr. 5
    (93), 148-151.
HISTORIOGRAPHY, INTERNATIONAL--1939-41--BIBLIOGRAPHY.
    Bibliograficheskie zametki, 1941, Nr. 6 (94),
    136-139.

HISTORIOGRAPHY, INTERNATIONAL--PERIODICAL ARTICLES--
    BIBLIOGRAPHY--JAN.-AUG. 1933.
    Iz inostrannykh istoricheskikh..., 1933, Nr. 5
    (33), 203-207.
HISTORIOGRAPHY, INTERNATIONAL--PERIODICAL ARTICLES--
    SEPT.-DEC. 1933--BIBLIOGRAPHY.
    Iz inostrannykh istoricheskikh..., 1934, Nr. 2
    (36), 164-167.
HISTORIOGRAPHY, INTERNATIONAL--PERIODICAL ARTICLES--
    JAN.-APRIL 1934, SUPPL. 1933--BIBLIOGRAPHY.
    Iz inostrannykh istoricheskikh..., 1934, Nr. 4
    (38), 153-155.
HISTORIOGRAPHY, INTERNATIONAL--PERIODICAL ARTICLES--
    SEPT.-DEC. 1934--BIBLIOGRAPHY.
    Iz inostrannykh istoricheskikh..., 1935, Nr. 4
    (44), 135-137.
HISTORIOGRAPHY, INTERNATIONAL--PERIODICAL ARTICLES--
    1934--BIBLIOGRAPHY.
    Iz inostrannykh istoricheskikh..., 1935, Nr. 1
    (41), 108-114.
HISTORIOGRAPHY, INTERNATIONAL--PERIODICAL ARTICLES--
    1935-36--BIBLIOGRAPHY.
    Iz inostrannykh istoricheskikh..., 1936, Nr. 2
    (54), 186-187; 1936, Nr. 4 (56), 153.
HISTORIOGRAPHY, INTERNATIONAL--PERIODICAL ARTICLES--
    JAN.-APRIL 1935--BIBLIOGRAPHY.
    Iz inostrannykh istoricheskikh..., 1935, Nr. 5-6
    (45-46), 191-193.
HISTORIOGRAPHY, INTERNATIONAL--PERIODICAL ARTICLES--
    MAY-JULY 1935--BIBLIOGRAPHY.
    Iz inostrannykh istoricheskikh..., 1935, Nr. 8-9
    (48-49), 234-235.
HISTORIOGRAPHY, INTERNATIONAL--PERIODICAL ARTICLES--
    AUGUST-SEPTEMEBER, 1935--BIBLIOGRAPHY.
    Iz inostrannykh istoricheskikh..., 1935, Nr. 11
    (51), 125-126.
HISTORIOGRAPHY, INTERNATIONAL--PERIODICAL ARTICLES--
    OCTOBER-NOVEMBER, 1935--BIBLIOGRAPHY.
    Iz inostrannykh istoricheskikh..., 1936, Nr. 1
    (53), 206-207.
HISTORIOGRAPHY, INTERNATIONAL--PERIODICAL ARTICLES--
    1936--BIBLIOGRAPHY.
    Iz inostrannykh istoricheskikh..., 1936, Nr. 5
    (57), 191-192; 1936, Nr. 6 (58), 246-247; 1937,
    Nr. 1 (59), 189.
HISTORIOGRAPHY, INTERNATIONAL--PERIODICAL ARTICLES--
    1937-38--BIBLIOGRAPHY.
    Iz inostrannykh istoricheskikh..., 1938, Nr. 4
    (68), 197; 1939, Nr. 2 (72), 184-187.
HISTORIOGRAPHY, MARXIST--BIBLIOGRAPHY--F. ENGELS.
    Engel's ob istorii..., 1940, Nr. 10 (86), 122-138.

HISTORIOGRAPHY, POLISH--CONFERENCE, VILNA, SEPTEMBER, 1935.
    Istoricheskie s"ezdy i..., 1936, Nr. 2 (54), 185.
HISTORIOGRAPHY, POLISH--TASKS AND GOALS--1933.
    Dzhervis, M., 1934, Nr. 2 (36), 106-123.
HISTORIOGRAPHY, RUSSIAN--V.G. Belinskiĭ.
    Bushuev, S., 1940, Nr. 8 (84), 87-98.
HISTORIOGRAPHY, RUSSIAN--N.G. CHERNYSHEVSKIĬ.
    Bushuev, S., 1940, Nr. 8 (84), 87-98.
HISTORIOGRAPHY, RUSSIAN--N.A. DOBROLIUBOV.
    Bushuev, S., 1940, Nr. 8 (84), 87-98.
HISTORIOGRAPHY, RUSSIAN--N.F. DUBROVIN ON NORTHERN CAUCASUS--
    CRITIQUE.
    Burkin, N., 1932, Nr. 1-2 (23-24), 140-161.
HISTORIOGRAPHY, RUSSIAN--FRENCH MANUFACTURES--18TH C.--
    "RUSSIAN SCHOOL."
    Dalin, V., Nr. 14, 1929, 68-116.
HISTORIOGRAPHY, RUSSIAN--P.I. KOVALEVSKIĬ ON NORTHERN
    CAUCASUS--CRITIQUE.
    Burkin, N., 1932, Nr. 1-2 (23-24), 140-161.
HISTORIOGRAPHY, RUSSIAN--A.I. MARKEVICH.
    Piontkovskii, S., Nr. 17, 1930, 21-26.
HISTORIOGRAPHY, RUSSIAN--MIDDLE AGES--RUSSIA.
    Vaĭnshteĭn, O., 1940, Nr. 9 (85), 99-114.
HISTORIOGRAPHY, RUSSIAN--M.N. POKROVSKIĬ'S CRITIQUE.
    Piontkovskiĭ, S., 1932, Nr. 6 (28), 85-99.
HISTORIOGRAPHY, RUSSIAN--S.M. SOLOV'EV--"STATE SCHOOL."
    Rubinshteĭn, N., 1940, Nr. 3 (79), 92-113.
HISTORIOGRAPHY, RUSSIAN--STUDY OF RUSSIAN COLONIALISM.
    Redkin, M., 1932, Nr. 3 (25), 37-59.
HISTORIOGRAPHY, RUSSIAN--V.N. TATISHCHEV.
    Tikhomirov, M., 1940, Nr. 6 (82), 43-56.
HISTORIOGRAPHY, RUSSIAN--18TH C.--M. LOMONOSOV.
    Grekov, B., 1940, Nr. 11 (87), 18-34.
HISTORIOGRAPHY, RUSSIAN--19TH C.--A.P. SHCHAPOV.
    Pokrovskiĭ, M.N., Nr. 3, 1927, 5-13.
HISTORIOGRAPHY, SOVIET--CONFERENCE, MOSCOW, APRIL, 1938.
    Sessii Otdeleniia obshchestvennykh..., 1938,
    Nr. 4 (68), 200-204.
HISTORIOGRAPHY, SOVIET--CONFERENCE, SARATOV, FEBRUARY, 1939.
    Nauchnaia konferentsiia Saratovskogo..., 1939,
    Nr. 3 (73), 216-218.
HISTORIOGRAPHY, SOVIET--U. ALIEV ON NORTHERN CAUCASUS--
    CRITIQUE.
    Burkin, N., 1932, Nr. 1-2 (23-24), 140-161.
HISTORIOGRAPHY, SOVIET--S.V. BAKHRUSHIN.
    Piontkovskiĭ, S., Nr. 17, 1930, 21-26.
HISTORIOGRAPHY, SOVIET--A. BAL'SHIN ON NORTHERN CAUCASUS--
    CRITIQUE.
    Burkin, N., 1932, Nr. 1-2 (23-24), 140-161.
HISTORIOGRAPHY, SOVIET--N.N. BATURIN.
    Kin, D., Nr. 6, 1926, 195-201.

HISTORIOGRAPHY, SOVIET--A.N. D'IACHKOV-TARASOV ON NORTHERN
    CAUCASUS--CRITIQUE.
    Burkin, N., 1932, Nr. 1-2 (23-24), 140-161.
HISTORIOGRAPHY, SOVIET--FEUDALISM AND SERFDOM--POLEMIC.
    Gazganov, É., Nr. 22, 1931, 38-63.
HISTORIOGRAPHY, SOVIET--GAIMK see GAIMK.
HISTORIOGRAPHY, SOVIET--GREAT RUSSIAN NATIONALISM.
    Piontkovskiĭ, S., Nr. 17, 1930, 21-26.
HISTORIOGRAPHY, SOVIET--G. KOKIEV ON NORTHERN CAUCASUS--
    CRITIQUE.
    Burkin, N., 1932, Nr. 1-2 (23-24), 140-161.
HISTORIOGRAPHY, SOVIET--V.I. LENIN'S CONTRIBUTIONS.
    Lomakin, A., 1934, Nr. 1 (35), 3-20.
HISTORIOGRAPHY, SOVIET--M.K. LIUBAVSKII.
    Piontkovskiĭ, S., Nr. 17, 1930, 21-26.
HISTORIOGRAPHY, SOVIET--G.K. MARTIROS'IAN ON NORTHERN
    CAUCASUS--CRITIQUE.
    Burkin, N., 1932, Nr. 1-2 (23-24), 140-161.
HISTORIOGRAPHY, SOVIET--METHODOLOGY--STUDY OF INDUSTRY.
    Rozhkov, N.A., Nr. 2, 1926, 210-224.
HISTORIOGRAPHY, SOVIET--MIDDLE AGES--TEXTBOOKS--VUZ.
    M.,Z., 1939, Nr. 5-6 (75-76), 272-275.
HISTORIOGRAPHY, SOVIET--NORTHERN CAUCASUS--1934.
    Rabota gorskikh nauchno-issledovatel'skikh...,
    1934, Nr. 3 (37), 136-138.
HISTORIOGRAPHY, SOVIET--M.P. PAVLOVICH.
    Gurko-Kriazhin, V., Nr. 5, 1927, 147-152.
HISTORIOGRAPHY, SOVIET--S.A. PIONTKOVSKIĬ--BOOK REVIEW.
    Frolov, I., 1936, Nr. 3 (55), 119-137.
HISTORIOGRAPHY, SOVIET--S.F. PLATONOV.
    Piontkovskiĭ, S., Nr. 17, 1930, 21-26.
HISTORIOGRAPHY, SOVIET--M.N. POKROVSKIĬ.
    Drozdov, P., 1936, Nr. 1 (53), 9-22.
HISTORIOGRAPHY, SOVIET--M.N. POKROVSKIĬ.
    Za reshitel'nuiu perestroĭku..., 1932, Nr. 1-2
    (23-24), 7-12.
HISTORIOGRAPHY, SOVIET--RUSSIAN COLONIALISM--M.N. POKROVSKIĬ.
    Redkin, M., 1932, Nr. 3 (25), 37-59.
HISTORIOGRAPHY, SOVIET--D. SHERIPOV ON NORTHERN CAUCASUS--
    CRITIQUE.
    Burkin, N., 1932, Nr. 1-2 (23-24), 140-161.
HISTORIOGRAPHY, SOVIET--STUDY AND TEACHING.
    Institut Istorii Komakademii, 1934, Nr. 3 (37),
    135-136.
HISTORIOGRAPHY, SOVIET--STUDY AND TEACHING--IKP--1934-35.
    Dubyna, T., 1935, Nr. 4 (44), 146-148.
HISTORIOGRAPHY, SOVIET--STUDY AND TEACHING--UNIVERSITIES--
    TEXTBOOKS.
    O.,M., 1940, Nr. 9 (85), 144-148.
HISTORIOGRAPHY, SOVIET--STUDY AND TEACHING--1934.
    Bocharov, IU., 1934, Nr. 3 (37), 85-92.

HISTORIOGRAPHY, SOVIET--STUDY AND TEACHING--1934.
     "O prepodavanii grazhdanskoĭ..., 1934, Nr. 3
     (37), 83-84.
HISTORIOGRAPHY, SOVIET--E.V. TARLE AND D.M. PETRUSHEVSKIĬ--
     CRITIQUE.
     Pokrovskiĭ, M.N., Nr. 7, 1928, 3-17.
HISTORIOGRAPHY, SOVIET--TASKS AND GOALS--CONFERENCE,
     MOSCOW, DECEMBER, 1928.
     Pokrovskiĭ, M.N., Nr. 11, 1929, 3-11.
HISTORIOGRAPHY, SOVIET--TASKS AND GOALS--CONFERENCE,
     MOSCOW, DECEMBER, 1928.
     Vsesoiuznaia konferentsiia..., Nr. 11, 1929, 216-265.
HISTORIOGRAPHY, SOVIET--TASKS AND GOALS--CONFERENCE, MOSCOW,
     APRIL AND MAY, 1940.
     O.,M., 1940, Nr. 9 (85), 144-148.
HISTORIOGRAPHY, SOVIET--TASKS AND GOALS--SECOND FIVE-YEAR
     PLAN.
     Itogi ob"edinennogo..., 1932, Nr. 6 (28), 3-7.
HISTORIOGRAPHY, SOVIET--TASKS AND GOALS--SECOND FIVE-YEAR
     PLAN.
     Za reshitel'nuiu perestroĭku..., 1932, Nr. 1-2
     (23-24), 7-12.
HISTORIOGRAPHY, SOVIET--TASKS AND GOALS--STUDY OF CAPITALISM.
     Ot redaktsii..., Nr. 12, 1929, 3-4.
HISTORIOGRAPHY, SOVIET--TASKS AND GOALS--STUDY OF THE CIVIL
     WAR--1918-21.
     Vkliuchit'sia v bor'bu..., 1932, Nr. 3 (25), 3-10.
HISTORIOGRAPHY, SOVIET--TASKS AND GOALS--1925.
     Pokrovskiĭ, M.N., Nr. 1, 1926, 3-10.
HISTORIOGRAPHY, SOVIET--TASKS AND GOALS--1929.
     Pokrovskiĭ, M.N., Nr. 14, 1929, 3-12.
HISTORIOGRAPHY, SOVIET--TASKS AND GOALS--1931.
     O zadachakh marksistskoĭ..., Nr. 21, 1931, 8-17.
HISTORIOGRAPHY, SOVIET--TASKS AND GOALS--1931.
     Pokrovskiĭ, M.N., Nr. 21, 1931, 3-7.
HISTORIOGRAPHY, SOVIET--TASKS AND GOALS--1931--HISTORY OF
     WESTERN EUROPE--BOLSHEVIZATION.
     Lukin, N., Nr. 22, 1931, 3-10.
HISTORIOGRAPHY, SOVIET--TASKS AND GOALS--1931--I.V. STALIN'S
     VIEWS.
     Rezoliutsiia fraktsii obshchestva..., 1932,
     Nr. 1-2 (23-24), 212-215.
HISTORIOGRAPHY, SOVIET--TASKS AND GOALS--1932.
     15 let Oktiabria..., 1932, Nr. 4-5 (26-27), 3-8.
HISTORIOGRAPHY, SOVIET--TASKS AND GOALS--1932--STUDY OF
     FACTORIES.
     Pankratova, A., 1932, Nr. 6 (28), 8-21.
HISTORIOGRAPHY, SOVIET--TASKS AND GOALS--1934.
     Istoricheskuiu nauku..., 1934, Nr. 2 (36), 3-10.
HISTORIOGRAPHY, SOVIET--TASKS AND GOALS--1934.
     "O prepodavanii grazhdanskoĭ..., 1934, Nr. 3
     (37), 83-84.

HISTORIOGRAPHY, SOVIET--1924-40.
 Pankratova, A., 1940, Nr. 1 (77), 14-24.
HISTORIOGRAPHY, SOVIET--1929-30--BIBLIOGRAPHY.
 Novye knigi, Nr. 16, 1930, 195-198.
HISTORIOGRAPHY, SOVIET--1929--BIBLIOGRAPHY.
 Novye knigi, Nr. 13, 1929, 263-268.
HISTORIOGRAPHY, SOVIET--1930--BIBLIOGRAPHY.
 Novye knigi, Nr. 17, 1930, 124-127.
HISTORIOGRAPHY, SOVIET--1935--POLISH REVIEW.
 Inostrannye otzyvy o..., 1936, Nr. 3 (55), 200-201.
HISTORIOGRAPHY, SOVIET--1936-37--AN SSSR.
 V gruppe istorii..., 1937, Nr. 1 (59), 195.
HISTORIOGRAPHY, SOVIET--1939.
 Vnimanie voprosam kritiki..., 1940, Nr. 12 (88), 3-7.
HISTORIOGRAPHY, SOVIET--1940--BIBLIOGRAPHY.
 O.,M., 1941, Nr. 3 (91), 139.
HISTORIOGRAPHY, UKRAINIAN--D.I. BAGALEI.
 Skubitskyǐ, T., Nr. 17, 1930, 27-40.
HISTORIOGRAPHY, UKRAINIAN--GERMAǏZE.
 Skubitskyǐ, T., Nr. 17, 1930, 27-40.
HISTORIOGRAPHY, UKRAINIAN--M.S. HRUSHEVS'KYI.
 Skubitskyǐ, T., Nr. 17, 1930, 27-40.
HISTORIOGRAPHY, UKRAINIAN--M. IAVORSKYǏ.
 Skubitskyǐ, T., Nr. 17, 1930, 27-40.
HISTORIOGRAPHY, UKRAINIAN--M. IAVORSKYǏ.
 V obshchestve..., Nr. 15, 1930, 165-169.
HISTORIOGRAPHY, UKRAINIAN--"LITOPIS' REVOLIUTSII"--1931--
 CRITIQUE.
 Sliusarenko, G., et al., 1932, Nr. 3 (25), 135-141.
HISTORIOGRAPHY, UKRAINIAN--M.E. SLABCHENKO.
 Skubitskyǐ, T., Nr. 17, 1930, 27-40.
HISTORIOGRAPHY, WESTERN--1935-37--BIBLIOGRAPHY.
 Novinki istoricheskoǐ literatury..., 1937, Nr. 2
 (60), 202-203.
HISTORIOGRAPHY, WESTERN--SOVIET CRITIQUE.
 Vaǐnshteǐn, O.L., 1940, Nr. 3 (79), 24-38.
HISTORIOGRAPHY, WESTERN--20TH C.--MARXISM--SOVIET CRITIQUE.
 Fridliand, TS., Nr. 14, 1929, 13-35.
"HISTORISCHE VIERTELJAHRSCHRIFT" (JOURNAL) (REVIEW).
 Fashizatsiia istoricheskoǐ nauki..., 1936, Nr. 2
 (54), 178-180.
"HISTORISCHE VIERTELJAHRSCHRIFT" (JOURNAL) (REVIEW).
 Unichtozhenie poslednikh o statkov..., 1937,
 Nr. 2 (60), 201.
"HISTORISCHE ZEITSCHRIFT" (JOURNAL) (REVIEW).
 Fashizatsiia istoricheskoǐ nauki..., 1936, Nr. 2
 (54), 178-180.
"HISTORISCHE ZEITSCHRIFT" (JOURNAL) (REVIEW).
 Kan, S., 1933, Nr. 6 (34), 129-137.

"HISTORISCHE ZEITSCHRIFT" (JOURNAL) (REVIEW).
Vasiutinskiĭ, A., Nr. 6, 1927, 260-264; Nr. 11,
1929, 173-179.
"HISTORISCHES JAHRBUCH" (JOURNAL) (REVIEW).
Vasiutinskiĭ, A., Nr. 6, 1927, 260-264.
HISTORY--MARXIST HISTORIOGRAPHY--BIBLIOGRAPHY--F. ENGELS.
Engel's ob istorii..., 1940, Nr. 10 (86), 122-138.
HISTORY--PHILOSOPHY--MARXIST INTERPRETATION.
Mesin, F., Nr. 9, 1928, 145-159; Nr. 10, 1928, 154-177.
HISTORY--PHILOSOPHY--NEOROMANTICISM--SOVIET CRITIQUE.
Vaĭnshteĭn, O.L., 1940, Nr. 3 (79), 24-38.
HISTORY--SOVIET HISTORIOGRAPHY--PERIODICAL ARTICLES--
1937--BIBLIOGRAPHY.
Voprosy istorii v sovetskikh..., 1937, Nr. 3
(61), 228-229.
HISTORY--SOVIET HISTORIOGRAPHY--TEXTBOOKS ON SOCIAL STRUGGLE.
Nechkina, M., Nr. 5, 1927, 160-171.
HISTORY--STUDY AND TEACHING--FRANCO-GERMAN COOPERATION--
PARIS--1935.
Voprosy prepodavaniia istorii..., 1936, Nr. 3
(55), 201-202.
HISTORY--STUDY AND TEACHING--GERMANY--1935--RACIAL
INTERPRETATIONS.
M.,I., 1935, Nr. 11 (51), 127-129.
HISTORY--STUDY AND TEACHING--GERMANY--1936--PURGES OF
TEACHING PROFESSION.
Fashizatsiia istoricheskoĭ nauki..., 1936, Nr. 2
(54), 178-180.
HISTORY--STUDY AND TEACHING--GREAT BRITAIN--CONFERENCE,
LONDON, 1936.
Voprosy prepodavaniia istorii..., 1936, Nr. 3
(55), 201-202.
HISTORY--STUDY AND TEACHING--USSR see also USSR--HISTORY--
STUDY AND TEACHING.
HISTORY--STUDY AND TEACHING--USSR--CONFERENCE, MOSCOW,
JANUARY, 1926.
Fridliand, TS., Nr. 1, 1926, 280-287.
HISTORY--STUDY AND TEACHING--USSR--CONFERENCE, MOSCOW,
MAY, 1935.
Fridliand, TS., 1935, Nr. 5-6 (45-46), 164-166.
HISTORY--STUDY AND TEACHING--USSR--CONFERENCE, MOSCOW,
MAY, 1935.
Soveshchanie istoricheskikh fakul'tetov..., 1935,
Nr. 5-6 (45-46), 167-173.
HISTORY--STUDY AND TEACHING--USSR--CONFERENCE, MOSCOW,
SEPTEMBER, 1938.
Programma po istorii..., 1938, Nr. 5 (69), 234.
HISTORY--STUDY AND TEACHING--USSR--DISSERTATION DEFENSES--
CRITIQUE.
O praktike zashchite..., 1940, Nr. 6 (82), 103-104.

HISTORY--STUDY AND TEACHING--USSR--CONTEST FOR BEST STUDENT
HISTORICAL WRITING--1940--MGU.
Konkurs na shkol'noe..., 1941, Nr. 4 (92), 157-158.
HISTORY--STUDY AND TEACHING--USSR--CONTEST FOR HISTORY
TEXTBOOKS--1936.
Ob organizatsii konkursa..., 1936, Nr. 2 (54),
117-118.
HISTORY--STUDY AND TEACHING--USSR--HISTORICAL GEOGRAPHY.
IAtsunskiĭ, V., 1941, Nr. 5 (93), 3-29.
HISTORY--STUDY AND TEACHING--USSR--V.I. LENIN'S VIEWS.
Krivtsov, S., Nr. 21, 1931, 87-89.
HISTORY--STUDY AND TEACHING--USSR--MGU--1840-1940--
PROFESSORS OF MEDIEVAL HISTORY.
Kosminskiĭ, E., 1940, Nr. 7 (83), 101-105.
HISTORY--STUDY AND TEACHING--USSR--MARXIST EDUCATION.
Mamet, L., Nr. 14, 1929, 156-172.
HISTORY--STUDY AND TEACHING--USSR--MARXIST-LENINIST
CLASSICS--USE.
Fokht, A., 1935, Nr. 11 (51), 92-98.
HISTORY--STUDY AND TEACHING--USSR--METHODOLOGY.
Fridliand, TS., Nr. 1, 1926, 280-287.
HISTORY--STUDY AND TEACHING--USSR--METHODOLOGY--CHRONO-
LOGICAL APPROACH.
Bernadskiĭ, V., 1935, Nr. 7 (47), 101-111.
HISTORY--STUDY AND TEACHING--USSR--METHODOLOGY--FIELD TRIPS.
Mamet, L.P., Nr. 11, 1929, 152-156.
HISTORY--STUDY AND TEACHING--USSR--METHODOLOGY--"MOSCOW
SCHOOL."
Ryndich, A., Nr. 12, 1929, 185-188.
HISTORY--STUDY AND TEACHING--USSR--METHODOLOGY--PROSEMINARS.
Vershinskiĭ, A., 1934, Nr. 5 (39), 56-60.
HISTORY--STUDY AND TEACHING--USSR--METHODOLOGY--SEMINARS.
Otchet o dokladakh..., Nr. 9, 1928, 115-133.
HISTORY--STUDY AND TEACHING--USSR--METHODOLOGY--TEACHING
PROGRAMS.
Ryndich, A., Nr. 3, 1927, 172-186.
HISTORY--STUDY AND TEACHING--USSR--METHODOLOGY--VKSU
IM. IA. M. SVERDLOVA.
Zorin, A., Martov, B., 1935, Nr. 8-9 (48-49),
209-215.
HISTORY--STUDY AND TEACHING--USSR--MOSCOW HISTORIANS--
TEXTBOOK REVIEW--JUNE, 1935.
V institute istorii..., 1935, Nr. 7 (47), 132-134.
HISTORY--STUDY AND TEACHING--USSR--ODESSA--HISTORICAL
INSTITUTIONS--WORK IN PROGRESS--1926-27.
Vaĭnshteĭn, O.L., Nr. 3, 1927, 252-253.
HISTORY--STUDY AND TEACHING--USSR--RABFAK--METHODOLOGY.
Mamet, L.P., Nr. 4, 1927, 187-199.
HISTORY--STUDY AND TEACHING--USSR--REVOLUTION OF 1917--
SOURCES.
Bocharov, IU. M., Nr. 5, 1927, 153-159.

HISTORY--STUDY AND TEACHING--USSR--SECONDARY SCHOOLS--
    METHODOLOGY--GUS.
    Dziubinskii, S.N., Nr. 9, 1928, 134-140.
HISTORY--STUDY AND TEACHING--USSR--SECONDARY SCHOOLS--
    METHODOLOGY--GUS.
    Mamet, L., Nr. 9, 1928, 141-144.
HISTORY--STUDY AND TEACHING--USSR--SECONDARY SCHOOLS--
    1920-26--PROGRAMS.
    Ioannisiani, A., Nr. 3, 1927, 152-171.
HISTORY--STUDY AND TEACHING--USSR--TEXTBOOKS.
    Ioannisiani, A., Nr. 7, 1928, 207-217.
HISTORY--STUDY AND TEACHING--USSR--TEXTBOOKS.
    O rabote nad uchebnikom..., 1935, Nr. 4 (44),
    87-107.
HISTORY--STUDY AND TEACHING--USSR--TEXTBOOKS.
    Ob uchebnike Novoi..., 1939, Nr. 4 (74), 201-203.
HISTORY--STUDY AND TEACHING--USSR--TEXTBOOKS.
    Otchet o dokladakh..., Nr. 9, 1928, 115-133.
HISTORY--STUDY AND TEACHING--USSR--TEXTBOOKS.
    Shestakov, A.V., Nr. 4, 1927, 200-205.
HISTORY--STUDY AND TEACHING--USSR--TEXTBOOKS--"ISTORIIA
    SSSR"--OUTLINE--CRITIQUE--1936.
    Stalin, I., Zhdanov, A., Kirov, S., 1936, Nr. 1
    (53), 5-6.
HISTORY--STUDY AND TEACHING--USSR--TEXTBOOKS--"ISTORIIA
    SSSR." T. 1. S DREVNEISHIKH VREMEN DO KONTSA
    XVIII V.--1940.
    Sidorov, A., Kudriavtsev, I., 1940, Nr. 4-5
    (80-81), 100-107.
HISTORY--STUDY AND TEACHING--USSR--TEXTBOOKS--"NOVAIA
    ISTORIIA"--OUTLINE--CRITIQUE--1936.
    Stalin, I., Zhdanov, A., Kirov, S., 1936, Nr. 1
    (53), 7-8.
HISTORY--STUDY AND TEACHING--USSR--TEXTBOOKS--"NOVAIA
    ISTORIIA"--DISCUSSION--1939.
    Somin, N., 1940, Nr. 8 (84), 118-125.
HISTORY--STUDY AND TEACHING--USSR--TEXTBOOKS--"NOVAIA
    ISTORIIA"--DISCUSSION--1939.
    Erofeev, N., Osipov, M., 1940, Nr. 7 (83), 110-119.
HISTORY--STUDY AND TEACHING--USSR--TEXTBOOKS--"NOVAIA
    ISTORIIA"--REVIEW--1939.
    Volgin, V., 1940, Nr. 7 (83), 106-110.
HISTORY--STUDY AND TEACHING--USSR--TEXTBOOKS--RESOLUTION
    OF TSK VKP(B)--1936--REACTION IN AZERBAIJAN.
    Na fronte istoricheskoĭ..., 1936, Nr. 2 (54),
    175.
HISTORY--STUDY AND TEACHING--USSR--TEXTBOOKS--RESOLUTION
    OF TSK VKP(B)--1936--REACTION IN LENINGRAD.
    Obsuzhdenie postanovleniia TSK VKP(b)..., 1936,
    Nr. 2 (54), 174.

HISTORY--STUDY AND TEACHING--USSR--TEXTBOOKS--TASKS AND
    GOALS--1936.
    Drozdov, P., 1936, Nr. 1 (53), 9-22.
HISTORY--STUDY AND TEACHING--USSR--TEXTBOOKS--1936.
    Postanovlenie TSK VKP(b)..., 1936, Nr. 1 (53), 5.
HISTORY--STUDY AND TEACHING--USSR--TEXTBOOKS--1936.
    V Institute istorii..., 1936, Nr. 1 (53), 210.
HISTORY--STUDY AND TEACHING--USSR--TEXTBOOKS--1938.
    Zinich, S., 1938, Nr. 6 (70), 200-201.
HISTORY--STUDY AND TEACHING--USSR--TEXTBOOKS--CONFERENCE,
    MOSCOW, JULY, 1938.
    Soveshchanie v Otdelenii..., 1938, Nr. 5 (69),
    231-233.
HISTORY--STUDY AND TEACHING--USSR--TEXTBOOKS--CONFERENCE,
    MOSCOW, 1940.
    A., 1940, Nr. 4-5 (80-81), 107-113.
HISTORY--STUDY AND TEACHING--USSR--TEXTBOOKS ON SOCIAL
    STRUGGLE.
    Nechkina, M., Nr. 5, 1927, 160-171.
HISTORY--STUDY AND TEACHING--USSR--UNIVERSITIES--TASKS
    AND GOALS--1935.
    Fridliand, TS., 1935, Nr. 5-6 (45-46), 164-166.
HISTORY--STUDY AND TEACHING--USSR--UNIVERSITIES--TASKS
    AND GOALS--1935.
    Soveshchanie istoricheskikh fakul'tetov..., 1935,
    Nr. 5-6 (45-46), 167-173.
HISTORY--STUDY AND TEACHING--USSR--UNIVERSITIES--TEXTBOOKS.
    O.,M., 1940, Nr. 9 (85), 144-148.
HISTORY--STUDY AND TEACHING--USSR--VUZ.
    Kushner, P. (Knyshev), Nr. 6 1927, 206-214.
HISTORY--STUDY AND TEACHING--USSR--VUZ.
    Redin, N., Nr. 6, 1927, 202-205.
HISTORY--STUDY AND TEACHING--USSR--VUZ--INDUSTRIAL-
    TECHNICAL BRANCHES.
    Mamet, L.P., Nr. 2, 1926, 235-237.
HISTORY--STUDY AND TEACHING--USSR--VUZ--SOCIO-ECONOMIC
    BRANCHES.
    Krivtsov, S.S., Nr. 2, 1926, 225-234.
HISTORY--STUDY AND TEACHING--USSR--VUZ--TEXTBOOKS.
    M.,Z., 1939, Nr. 5-6 (75-76), 272-275.
HISTORY--STUDY AND TEACHING--USSR--VUZ--1934.
    Vershinskiĭ, A., 1935, Nr. 1 (41), 82-92.
HISTORY--STUDY AND TEACHING--USSR--1924-40--I.V. STALIN.
    Pankratova, A., 1940, Nr. 1 (77), 14-24.
HISTORY--STUDY AND TEACHING--USSR--1934.
    Bocharov, IU., 1934, Nr. 3 (37), 85-92.
HISTORY--STUDY AND TEACHING--USSR--1934--"O PREPODAVANIIA
    GRAZHDANSKOĬ ISTORII V SHKOLAKH SSSR."
    "O prepodavanii grazhdanskoĭ..., 1934, Nr. 3
    (37), 83-84.

HISTORY--STUDY AND TEACHING--USSR--1934-36--SOVNARKOM AND
    TSK VKP(B).
    Na fronte istoricheskoĭ..., 1936, Nr. 1 (53), 3-4.
HISTORY--STUDY AND TEACHING--USSR--1936-39.
    Sharova, P. ..., 1939, Nr. 1 (71), 146-150.
HISTORY--STUDY AND TEACHING--UKRAINE--1928--INSTITUTIONS.
    Vsesoiuznaia konferentsiia, Nr. 11, 1929, 216-265.
HISTORY, ANCIENT--INTERNATIONAL HISTORIOGRAPHY--1933-37--
    REVIEW.
    Poliakov, G., 1938, Nr. 4 (68), 167-168.
HISTORY, ECONOMIC see ECONOMIC HISTORY.
HISTORY, MILITARY--MARXIST INTERPETATION.
    Otchet o dokladakh..., Nr. 9, 1928, 115-133.
HISTORY, MILITARY--SOVIET HISTORIOGRAPHY--BIBLIOGRAPHY.
    Gorev, B., Nr. 8, 1928, 179-182.
HISTORY, MODERN--TEXTBOOKS--USSR.
    O rabote nad uchebnikom..., 1935, Nr. 4 (44),
    87-107.
HISTORY, MODERN--TEXTBOOKS--USSR--1936.
    V Institute istorii..., 1936, Nr. 1 (53), 210.
HITLER, A.: MEIN KAMPF. MUNICH, 1932 (REVIEW).
    Institut inostrannoĭ bibliografii..., 1932, Nr. 6
    (28), 114-124.
HITTITE LANGUAGE--INTERNATIONAL SCHOLARSHIP.
    Novye dokumenty i..., 1937, Nr. 1 (59), 202.
HOFFMAN, R.J.S.: GREAT BRITAIN AND THE GERMAN TRADE
    RIVALRY, 1875-1914. PHILADELPHIA, 1935 (REVIEW).
    Khvostov, V., 1936, Nr. 6 (58), 225-227.
HOFMANN, M.: DIE LETZTEN QUINTILII VARI UND IHRE VILLA
    IN TIVOLI. ("HISTORISCHE VIERTELJAHRSCHRIFT," 1935,
    BD. II, 193-232) (REVIEW).
    S.,O., 1932, Nr. 2 (54), 149.
HOHLFELD, A.: DAS FRANKFURTER PARLAMENT UND SEIN KAMPF UM
    DAS DEUTSCHE HEER. BERLIN, 1933 (REVIEW).
    Averbukh, R., 1933, Nr. 4 (32), 141-142.
HOMESTEAD ACT--1862.
    Efimov, A., 1934, Nr. 3 (37), 59-82.
HOPE-JONES, A.: INCOME TAX IN THE NAPOLEONIC WARS.
    CAMBRIDGE (ENG.), 1939 (REVIEW).
    Erofeev, N., 1941, Nr. 4 (92), 125-126.
HOUSE, E.M.--DOCUMENTS.
    Novye dokumenty i..., 1936, Nr. 6 (58), 260-261.
HOUSE, E.M.--WWI--AMERICAN INVOLVEMENT--1912-17.
    Tarle, E.V.,1938, Nr. 2 (66), 120-125.
HOUSE, E.M.--WWI--AMERICAN NEUTRALITY--1914.
    Pokrovskiĭ, M.N., Nr. 13, 1929, 3-18.
HOWE, S.: LE RÔLE DE SIR ROBERT FARGUHAR, GOUVERNEUR DE
    L'ÎSLE MAURICE DANS L'HISTOIRE DE MADAGASCAR
    ("REVUE D'HISTOIRE DES COLONIES," 1935, 3. TRI-
    MESTRE) (REVIEW).
    Lavrovskiĭ, V., 1936, Nr. 4 (56), 149-150.

HRUSHEVS'KYĬ, M.S.--UKRAINIAN HISTORIOGRAPHY.
        Skubitskyĭ, T., Nr. 17, 1930, 27-40.
HSIN-CHIANG--HISTORY--19TH-EARLY 20TH C.
        Rostovskiĭ, S., 1936, Nr. 3 (55), 26-53.
HUDSON'S BAY RECORD SOCIETY PUBLICATIONS--1938.
        Nauchnye izdaniia i..., 1939, Nr. 2 (72), 205.
HUMANISM--LATE 15TH-EARLY 16TH C.--GERMANY--INFLUENCE OF
        ITALIAN HUMANISM.
        Smirin, M., 1941, Nr. 3 (91), 94-105.
HUMBOLDT, W.v.--GERMAN HISTORIOGRAPHY--1935.
        Fashizatsiia istoricheskoĭ nauki..., 1936, Nr. 4
        (56), 166-168.
HUNGARY--AGRARIAN UNREST--1890-1900.
        Santo, B., 1941, Nr. 6 (94), 47-59.
HUNGARY--FOREIGN RELATIONS--RUSSIA--1848-49--RUSSIAN
        MILITARY INTERVENTION IN HUNGARIAN REVOLUTION.
        Averbukh, R., 1932, Nr. 3 (25), 87-117.
HUNGARY--HISTORY--1038--STEPHEN I--900TH ANNIVERSARY
        OF HIS DEATH--HUNGARIAN HISTORIOGRAPHY.
        Istoricheskaia nauka za..., 1939, Nr. 3 (73), 221.
HUNGARY--HISTORY--REVOLUTION OF 1848-49--RUSSIAN MILITARY
        INTERVENTION.
        Averbukh, R., 1932, Nr. 3 (25), 87-117.
HUNGARY--HISTORY--1918-19--COMMUNE.
        Lebovich, M., 1935, Nr. 7 (47), 48-72.
HUNGARY--HISTORY--1918--COLLAPSE OF AUSTRIA-HUNGARY.
        Rubinshteĭn, E., 1940, Nr. 7 (83), 14-34.
HUNGARY--HISTORY--1919--SOVIET REPUBLIC.
        Andich, E., 1932, Nr. 4-5 (26-27), 163-210.
HUNGARY--HISTORY--REVOLUTION OF 1919.
        Andich, E., 1932, Nr. 4-5 (26-27), 163-210.
HUSLYSTYĬ, K.H.: NARYSY Z ISTORII UKRAĬNY. VYP. II.
        PANUVANNIAM I ZAKHOPLENIIA ĬĬ POL'SHCHEIU (Z
        XIV ST. PO 1569 R.) KYĬV, 1939 (REVIEW).
        Picheta, V., 1940, Nr. 2 (78), 150-153.
HYDE, F.E.: BRITISH CAPITAL AND AMERICAN ENTERPRISE
        IN THE NORTH-WEST ("THE ECONOMIC HISTORY REVIEW,"
        V. VI, NR. 2, APR., 1936, 201-208) (REVIEW).
        L.,V., 1936, Nr. 5 (57), 189-190.

I.

IFLI--PUBLICATIONS ON FRENCH REVOLUTION OF 1789--150TH
        ANNIVERSARY--1939.
        V Moskovskom institute..., 1939, Nr. 3 (73),
        215-216.
IFLI. ISTFAK.--WORK IN PROGRESS AND PUBLICATIONS--1939.
        Shekun, O., 1939, Nr. 4 (74), 194-198.

IKP. SOVESHCHANIE PREPODAVATELEĬ, MOSCOW, 1935--PROCEEDINGS.
      Sh.,TS., 1935, Nr. 12 (52), 119-123.
IKP--WORK IN PROGRESS AND PUBLICATIONS--1934-35.
      Dubyna, T., 1935, Nr. 4 (44), 146-148.
IKP. INST. IST. OBSHCHEE SOBRANIE, MOSCOW, FEBRUARY, 1936.
      V Institute istorii..., 1936, Nr. 1 (53), 210.
IKP ISTORII--EVENING COURSES--WORK IN PROGRESS--1935.
      Tolstikhina, A., 1935, Nr. 7 (47), 134-135.
IKP ISTORII--SEMINARS--M.N. POKROVSKIĬ'S CONCLUDING REMARKS.
      Pokrovskiĭ, M.N., 1933, Nr. 3 (31), 73-78.
IKP ISTORII--WORK IN PROGRESS--1932-33.
      IKP istorii..., 1933, Nr. 4 (52), 149-150.
IKP. SEKTSIIA IST.--WORK IN PROGRESS--1935.
      Sh.,TS., 1935, Nr. 12 (52), 119-123.
IMĖ--WORK IN PROGRESS--1925.
      Ob institute K. Marksa..., Nr. 1, 1926, 323-326.
IMĖL--INTERNATIONAL I--PUBLICATION OF DOCUMENTS.
      V Institute Marksa..., 1935, Nr. 7 (47), 128-129.
IMĖL--K. MARX--DEATH--150TH ANNIVERSARY--1933--ACTIVITIES
      AND PUBLICATIONS--BIBLIOGRAPHY.
      Podgotovka k..., 1933, Nr. 1 (29), 149-153.
IMĖL--WORK IN PROGRESS AND PUBLICATIONS--1934-35.
      V Institute Marksa..., 1935, Nr. 4 (44), 151.
IMĖL. REDAKTSIONNAIA KOLLEGIIA POL'SKIKH IZDANIĬ--WORK
      IN PROGRESS AND PUBLICATIONS--1933.
      O rabote redaktsionnoĭ..., 1933, Nr. 4 (32),
      147-148.
ISS. IST. KOM.--WORK IN PROGRESS--1926.
      V istoricheskoĭ komissii..., Nr. 2, 1926, 291.
ISS. IST, KOM.--WORK IN PROGRESS AND PUBLICATIONS--1926-27.
      Istoricheskaia komissiia..., Nr. 6, 1927, 302-303.
IWW--WWI.
      Zubok, L., 1935, Nr. 5-6 (45-46), 39-66.
I.V. STALIN--1907-08--BAKU.
      Moskalev, M., 1940, Nr. 1 (77), 79-97.
IAKOBSON, G.--OBITUARY.
      1936, Nr. 2 (54), 188.
IAKUBOVICH, A.I.--CORRESPONDENCE--V.L. DAVYDOV.
      Iz arkhiva dekabrista V.L. Davydova..., Nr. 1,
      1926, 175-200.
IAKUBOVSKIĬ, A. IU.--LECTURE, INSTITUT VOSTOKOVEDENIIA,
      MARCH, 1935.
      Doklady na gruppe..., 1935, Nr. 4 (44), 154-155.
IAKUSHKIN, I.D.--A.S. PUSHKIN.
      Nechkina, M., 1937, Nr. 1 (59), 16-47.
IAKUSHKIN, I.D.--CORRESPONDENCE--V.L. DAVYDOV.
      Iz arkhiva dekabrista V.L. Davydova..., Nr. 1,
      1926, 175-200.
IAKUTSKIĬ INSTITUT IAZYKA I KUL'TURY--WORK IN PROGRESS
      AND PUBLICATIONS--1935-40.
      Mestnikov, R., 1941, Nr. 5 (93), 153-155.

IAKUTSKIĬ RESPUBLIKANSKII MUZEĬ IM. EMEL'IANA IAROSLAVSKOGO.
OTDEL ISTORII.--1941--50TH ANNIVERSARY.
Fedorov, G., 1941, Nr. 5 (93), 155-157.
IANCHEVSKIĬ, N.L.: GRAZHDANSKAIA BOR'BA ZA SEVERNOM
KAVKAZE. T. 1. ROSTOV/DON, 1927 (REVIEW).
Burkin, N., 1934, Nr. 2 (36), 89-98.
IANCHEVSKIĬ, N.L.: KOLONIALNAIA POLITIKA NA DONU TORGOVOGO
KAPITALA MOSKOVSKOGO GOSUDARSTVA V XVI-XVII VV.
ROSTOV N/D., 1930 (REVIEW).
Tomsinskiĭ, S., Nr. 18-19, 1930, 221-225.
IANCHEVSKIĬ, N.L.: OT POBEDY K POBEDE. ROSTOV/DON,
1931 (REVIEW).
Burkin, N., 1934, Nr. 2 (36), 89-98.
"IAPONSKAIA INTERVENTSIIA 1918-22 GG. V DOKUMENTAKH."
PODGOTOV. K PECHATI I. MINTS. MOSCOW, 1934 (REVIEW).
Reĭkhberg, G., 1934, Nr. 4 (38), 150-152.
IAROSLAVSKIĬ, E.--1908--TRIAL--DOCUMENTS.
Voenno-boevye organizatsii..., 1936, Nr. 2 (54),
93-116.
IASTREBOV, F.: NARYSY Z ISTORIĬ UKRAĬNY. VYP. VIII.
UKRAĬNA V PERSHIĬ POLOVYNI XIX STOLITTIA. KYĬV,
1939 (REVIEW).
Picheta, V., 1940, Nr. 4-5 (80-81), 137-138.
IASTEVICH, A.: KREPOSTNOĬ PETERBURG PUSHKINSKOGO VREMENI.
LENINGRAD, 1937 (REVIEW).
O.,IU., 1937, Nr. 5-6 (63-64), 263-264.
IATSKEVICH, M.--E.-L. VARLIN--LETTER OF OCTOBER, 1870.
Tri dokumenta É. Varlena, 1935, Nr. 4 (44), 69-76.
IAVORSKYĬ, M.I.--UKRAINIAN HISTORIOGRAPHY.
Skubitskyĭ, T., Nr. 17, 1930, 27-40.
IAVORSKYĬ, M.I.--UKRAINIAN HISTORIOGRAPHY.
V obshchestve..., Nr. 15, 1930, 165-169.
IAVORSKYĬ, M.I.: ISTORIIA UKRAĬNI V STISLOMU NARYSI.
KIEV, 1928--P. GORIN'S CRITIQUE.
Pis'mo v redaktsiiu..., Nr. 12, 1929, 334-335.
IAVORSKYĬ, M.I.: ISTORIIA UKRAINY V SZHATOM OCHERKE.
KIEV, 1929 (REVIEW).
Skubitskyĭ, T., Nr. 12, 1929, 282-285.
IAVORSKYĬ, M.I.: O SOVREMENNYKH ANTIMARKSISTSKIKH
TECHENIIAKH V UKRAINSKOĬ ISTORICHESKOĬ NAUKE--
VSESOIUZNAIA KONFERENTSIIA ISTORIKOV-MARKSISTOV.
MOSCOW, DECEMBER, 1928.
Vsesoiuznaia konferentsiia..., Nr. 11, 1929, 216-265.
IBARRURÍ, D.: FASHISTY NE PROĬDUT! MOSCOW, 1936 (REVIEW).
IUr'ev, A., 1936, Nr. 6 (58), 185-190.
IL'IN-ZHENEVSKIĬ, A.F.: OT FEVRALIA K ZAKHVATU VLASTI;
VOSPOMINANIIA O 1917 G. LENINGRAD, N.D. (REVIEW).
Nevskiĭ, V., Nr. 5, 1927, 261-262.
IMPERIALISM--V.I. LENIN'S THEORIES.
Bliumental', S., 1939, Nr. 4 (74), 144-149.

IMPERIALISM--RUSSIA--LATE 19TH-EARLY 20TH C.
 Gindin, I.F., Nr. 5, 1927, 191-196.
IMPERIALISM--RUSSIA--1905--M.N. POKROVSKIĬ'S VIEWS--
 CRITIQUE.
 IAroslavskiĭ, E., 1936, Nr. 2 (54), 3-8.
IMPOSTERS--RUSSIA--1775-95.
 Piontkovskiĭ, S., 1935, Nr. 10 (50), 85-97.
INDEPENDENCE MOVEMENTS--BASHKIRIA--1879-84.
 Tipeev, Sh., 1939, Nr. 5-6 (75-76), 192-211.
INDEPENDENCE MOVEMENTS--EGYPT--1880-1927--SA'D ZAGHLŪL PASHA.
 Maĭzel', S., Nr. 6, 1927, 175-194.
INDEPENDENCE MOVEMENTS--KAZAKHSTAN--1916-18.
 Braĭnin, S., Shafiro, Sh., 1934, Nr. 2 (36),
 76-88.
INDEPENDENCE MOVEMENTS--LATIN AMERICA--20TH C.
 IA--n, G., 1933, Nr. 4 (32), 81-90; 1933, Nr. 6
 (34), 68-79.
INDEPENDENCE MOVEMENTS--MEXICO--LATE 19TH-EARLY 20TH C.
 IA--n, G., 1933, Nr. 6 (34), 68-79.
INDEPENDENCE MOVEMENTS--POLAND--19TH C.--ADAM MICKIEWICZ.
 Kon, F., 1941, Nr. 6 (94), 38-46.
INDEPENDENCE MOVEMENTS--RUSSIAN CENTRAL ASIA--1916.
 Shestakov, A.V., Nr. 2, 1926, 84-114.
INDEPENDENCE MOVEMENTS--SPAIN--1808--MADRID UPRISING.
 Mitskun, N., 1940, Nr. 9 (85), 115-126.
INDEPENDENT SOCIAL DEMOCRATIC PARTY OF GERMANY see USPD.
INDIA--HISTORY--1789--FRENCH COLONIES.
 Radtsig, N., 1939, Nr. 3 (73), 173-177.
INDIA--HISTORY--EARLY 20TH C.--M. GANDHI.
 Reĭsner, I., Nr. 18-19, 1930, 63-82.
INDIA--HISTORY--RUSSIAN REVOLUTION OF 1905--INFLUENCE.
 Pavlovich, M.P., Nr. 1, 1926, 142-153.
INDIA--MILITARY HISTORY--ARMY--PUNJAB--18TH-20TH C.
 Gol'dberg, N., 1940, Nr. 6 (82), 75-89.
INDIA--SOCIAL CONDITIONS--20TH C.--PUNJAB--ARMY.
 Gol'dberg, N., 1940, Nr. 6 (82), 75-89.
"INDIAN JOURNAL OF POLITICAL SCIENCE" (JOURNAL) (REVIEW).
 Istoricheskaia nauka za..., 1940, Nr. 2 (78), 173.
INDO-IRANIANS see ARYANS.
INDUSTRIAL REVOLUTION--ENGLAND--E. LIPSON'S INTERPRETATION--
 CRITIQUE.
 Lavrovskiĭ, V., 1936, Nr. 4 (56), 113-121.
INDUSTRIAL REVOLUTION--FRANCE--18TH-19TH C.--SILK INDUSTRY.
 Potemkin, F., Nr. 12, 1929, 115-152.
INDUSTRIAL REVOLUTION--GREAT BRITAIN--18TH-19TH C.--
 WESTERN HISTORIOGRAPHY--BIBLIOGRAPHY.
 Vasiutinskiĭ, V.A., Nr. 10, 1928, 221-223.
INDUSTRIAL REVOLUTION--RUSSIA--K. MARX AND F. ENGELS'
 VIEWS.
 Paradizov, P., 1933, Nr. 2 (30), 89-116.

INDUSTRIAL WORKERS OF THE WORLD <u>see</u> IWW.
INDUSTRIES--AZERBAIJAN--1800-72--OIL.
     Mamedov, A., 1936, Nr. 4 (56), 98-112.
INDUSTRIES--BULGARIA--18TH-19TH C.
     Derzhavin, N., 1941, Nr. 1 (89), 43-57.
INDUSTRIES--FRANCE--18TH-19TH C.--SILK.
     Potemkin, F., Nr. 12, 1929, 115-152.
INDUSTRIES--FRANCE--1789-92--METALLURGY.
     Virginskiĭ, V., 1936, Nr. 5 (57), 84-104.
INDUSTRIES--RUSSIA--HISTORY--SOVIET HISTORIOGRAPHY--
     METHODOLOGY.
     Rozhkov, N.A., Nr. 2, 1926, 210-224.
INDUSTRIES--RUSSIA--LATE 17TH C.--SMOLENSK IRON WORKS--
     DOCUMENTS.
     Kazennye zheleznye "rudni"..., 1935, Nr. 1 (41),
     60-81.
INDUSTRIES--RUSSIA--17TH-18TH C.--SERF LABOR--BOOK REVIEW.
     Zel'tser, V., 1934, Nr. 5 (39), 86-94.
INDUSTRIES--RUSSIA--1773-74--URALS--INFLUENCE OF PEASANT
     UPRISINGS.
     Kashintsev, D., 1936, Nr. 1 (53), 133-185.
INDUSTRIES--RUSSIA--1789-1917--PUTILOVSKIĬ ZAVOD--BOOK
     REVIEW.
     Baevskiĭ, D., 1940, Nr. 2 (78), 139-146.
INDUSTRIES--RUSSIA--1877-97--S.IU. WITTE'S REPORT TO
     NIKOLAĬ II -- FEBRUARY, 1900.
     Dokladnaia zapiska Vitte..., 1935, Nr. 2-3 (42-43),
     130-139.
INDUSTRIES--SILESIA--LATE 18TH C.--LINEN.
     Kan, S., 1936, Nr. 6 (58), 97-133.
INDUSTRIES--SOVIET RUSSIA--1918--PETROLEUM--NATIONALIZATION.
     Sef, S., Nr. 18-19, 1930, 29-62.
INFESSURA, S., BURCHARD, I.: DNEVNIKI. DOKUMENTY PO
     ISTORII PAPSTVA XV-XVI VEKOV. MOSCOW, 1939
     (REVIEW).
     Ditiakin, V., 1940, Nr. 6 (82), 121-123.
"INFORMATSIONNYĬ LISTOK." NR. 1-2. MOSCOW, 1934 (REVIEW).
     S., 1934, Nr. 4 (38), 152.
ING, W.R.: ENGLAND. LONDON, 1933 (REVIEW).
     IAkovlev, A., 1940, Nr. 7 (83), 120-127.
INSTITUT ABKHAZKOĬ KUL'TURY IM. N.IA. MARRA. IST. SEKTOR--
     WORK IN PROGRESS--1936.
     Istoricheskoĭ sektor instituta..., 1936, Nr. 6
     (58), 253.
INSTITUT FILOSOFII, LITERATURY I ISTORII <u>see</u> IFLI.
INSTITUT ISTORII PRI KOMMUNISTICHESKOĬ AKADEMII <u>see</u> KA.
     INST. IST.
INSTITUT K. LIBKNEKHTA. NAUCHNYĬ KRUZHOK PO ISTORII--
     WORK IN PROGRESS--1930.
     B--n,G., Nr. 16, 1930, 200-201.

INSTITUT K. MARKSA I F. ENGEL'SA PRI TSIK SSSR (1920-31)
    see IMĖ.
INSTITUT KRASNOĬ PROFESSURY see IKP.
INSTITUT LENINA--MOSCOW--WORK IN PROGRESS--1928.
    Vsesoiuzṇaia konferentsiia..., Nr. 11, 1929, 216-265.
INSTITUT MARKSA-ĖNGEL'SA-LENINA PRI TSK KPSS see IMĖL.
INSTITUT MARKSIZMA--LENINGRAD--WORK IN PROGRESS--1928.
    Vsesoiuznaia konferentsiia..., Nr. 11 (1929, 216-265.
INSTITUT OF HISTORICAL RESEARCH, 4TH ANGLO-AMERICAN
    CONGRESS, LONDON, JULY, 1936.
    Istoricheskie s"ezdy i..., 1936, Nr. 2 (54), 185.
INSTITUT SOVETSKOGO STROITEL'STVA see ISS.
INSTITUTE OF PHILOSOPHY, LITERATURE AND HISTORY see IFLI.
INSTITUTE OF THE RED PROFESSORIAT see IKP.
INTELLIGENTSIA--EUROPE--19TH C.
    Vipper, R., 1940, Nr. 12 (88), 47-52.
INTELLIGENTSIA--SOVIET RUSSIA--1917-18--TEACHERS.
    Osnos, IU., 1940, Nr. 8 (84), 28-45.
INTELLIGENTSIA--RUSSIA--LATE 19TH-EARLY 20TH C.
    IAroslavskiĬ, E., 1939, Nr. 1 (71), 23-52.
INTELLIGENTSIA--USSR--1923-38.
    IAroslavskiĬ, E., 1939, Nr. 1 (71), 23-52.
"INTER-AMERICAN HISTORICAL SERIES" (REVIEW).
    Nauchnye obshchestva i..., 1936, Nr. 6 (58),
    257-258.
INTERNATIONAL I--70TH ANNIVERSARY.
    Anatol'ev, P., 1934, Nr. 5 (39), 64-78.
INTERNATIONAL I--DOCUMENTS--PROTOCOLS OF CONGRESSES AND
    CONFERENCES--PUBLICATION--1933.
    V Institute Marksa..., 1935, Nr. 7 (47), 128-129.
INTERNATIONAL I--FRANCE--E.-L. VARLIN.
    Tri dokumenta Ė. Varlena, 1935, Nr. 4 (44), 69-76.
INTERNATIONAL I--RUSSIAN PRESS--1862-1904.
    Anatol'ev, P., 1934, Nr. 5 (39), 64-78.
INTERNATIONAL I--1864-69--ANGLO-AMERICAN RELATIONS.
    K. Marks i..., 1933, Nr. 1 (29), 11-32.
INTERNATIONAL I--1864--C.F. ADAMS--CORRESPONDENCE--AMERICAN
    CIVIL WAR.
    K. Marks i..., 1933, Nr. 1 (29), 11-32.
INTERNATIONAL I--1868-77--AMERICAN WORKERS' MOVEMENTS--
    F. ENGELS.
    Zubok, L., 1936, Nr. 2 (54), 44-68.
INTERNATIONAL I--1869--LETTER FROM W.H. SYLVIS.
    K. Marks i..., 1933, Nr. 1 (29), 11-32.
INTERNATIONAL I--1872--HAGUE CONGRESS--M.A. BAKUNIN.
    Polonskiĭ, V., Nr. 2, 1926, 5-43.
INTERNATIONAL I. GENERAL COUNCIL, LONDON, NOVEMBER, 1864--
    ADDRESS TO A. LINCOLN--TEXT.
    K. Marks i..., 1933, Nr. 1 (29), 11-32.
INTERNATIONAL I. GENERAL COUNCIL--1869--LETTER TO W.H. SYLVIS.
    K. Marks i..., 1933, Nr. 1 (29), 11-32.

INTERNATIONAL II.
 Kun, B., 1933, Nr. 3 (31), 3-15.
INTERNATIONAL II.
 Lur'e, Kh., 1934, Nr. 1 (35), 147-172.
INTERNATIONAL II.
 Zaĭdel', G., Nr. 22, 1931, 64-76.
INTERNATIONAL II--F. ENGELS.
 Lur'e, Kh., 1935, Nr. 8-9 (48-49), 40-57.
INTERNATIONAL II--FRANÇE--E.-L. VARLIN.
 Tri dokumenta E. Varlena, 1935, Nr. 4 (44), 69-76.
INTERNATIONAL II--1889--PARIS--I. CONGRESS--50TH ANNIVERSARY.
 Reĭnshteĭn, B., 1939, Nr. 2 (72), 194-196.
INTERNATIONAL II--1903-14--"CENTRISM."
 Ryklin, L., 1932, Nr. 3 (25), 11-36.
INTERNATIONAL II--1905-19--SCHISM--V.I. LENIN.
 Baevskiĭ, D., Nr. 11, 1929, 12-48.
INTERNATIONAL III see COMINTERN.
INTERNATIONAL ALLIANCE OF SOCIALIST DEMOCRACY--M.A. BAKUNIN--
 I. INTERNATIONAL.
 Polonskiĭ, V., Nr. 2, 1926, 5-43.
"INTERNATIONAL BIBLIOGRAPHY OF HISTORICAL SCIENCES." 1926-
 1927. WASHINGTON, D.C., 1930-32 (REVIEW).
 Polosin, I., 1933, Nr. 5 (33), 163-168.
"INTERNATIONAL BIBLIOGRAPHY OF HISTORICAL SCIENCES." 1928,
 1929, 1932. WASHINGTON, D.C., 1933-34 (REVIEW).
 Starosel'skaia, O., 1934, Nr. 6 (40), 96-100.
"INTERNATIONAL BIBLIOGRAPHY OF HISTORICAL SCIENCES." 1937.
 WASHINGTON, D.C., 1939 (REVIEW).
 Al'perovich, M., Belen'kiĭ, A., 1941, Nr. 1 (89),
 153-154.
INTERNATIONAL COMMITTEE OF HISTORICAL SCIENCES, VENICE, 1929.
 Fridliand, TS., Nr. 13, 1929, 269-275.
INTERNATIONAL COMMITTEE OF HISTORICAL SCIENCES, CAMBRIDGE,
 1930--SOVIET DELEGATION.
 Fridliand, TS., Nr. 17, 1930, 128-132.
INTERNATIONAL COMMITTEE OF HISTORICAL SCIENCES, THE HAGUE,
 JULY, 1932--COMMISSION ON THE HISTORY OF SOCIAL
 MOVEMENTS--MEMBERS.
 Mezhdunarodnaia komissiia..., 1933, Nr. 1 (29),
 158.
INTERNATIONAL COMMITTEE OF HISTORICAL SCIENCES. PLENUM,
 THE HAGUE, JULY, 1932--PROCEEDINGS.
 Lukin, N.M., 1932, Nr. 6 (28), 147-150.
INTERNATIONAL COMMITTEE OF HISTORICAL SCIENCES. PLENUM,
 PARIS, MARCH, 1934.
 Lukin, N., 1934, Nr. 3 (37), 93-96.
INTERNATIONAL COMMITTEE OF HISTORICAL SCIENCES, BUCHAREST,
 1936.
 Istoricheskaia nauka za..., 1935, Nr. 5-6 (45-46),
 209.

INTERNATIONAL COMMITTTEE OF HISTORICAL SCIENCES. GENERAL
    ASSEMBLY. BUCHAREST, APRIL, 1936.
    Istoricheskie s"ezdy i..., 1936, Nr. 2 (54), 185.
INTERNATIONAL COMMITTEE OF HISTORICAL SCIENCES, PLENUM,
    BUCHAREST, 1936--PROCEEDINGS.
    Lukin, N., 1936, Nr. 3 (55), 76-84.
INTERNATIONAL COMMITTEE OF HISTORICAL SCIENCES--WORK IN
    PROGRESS AND PUBLICATIONS--1936.
    Nauchnye obshchestva i..., 1936, Nr. 6 (58), 257-258.
INTERNATIONAL COMMITTEE OF HISTORICAL SCIENCES, LUXEMBURG,
    MAY, 1939.
    Istoricheskaia nauka za..., 1940, Nr. 11 (87),
    157.
INTERNATIONAL CONGRESS FOR IRANIAN ART AND ARCHAEOLOGY,
    3RD, LENINGRAD, SEPTEMBER, 1935.
    Denike, B., 1935, Nr. 10 (50), 160-163.
INTERNATIONAL CONGRESS FOR STUDIES ON POPULATION, 2ND,
    BERLIN, 1935.
    Istoricheskie s"ezdy, 1936, Nr. 3 (55), 201.
INTERNATIONAL CONGRESS OF AMERICANISTS. 26TH, SEVILLE, 1935.
    Istoricheskaia nauka za..., 1935, Nr. 8-9 (48-49),
    241-242.
INTERNATIONAL CONGRESS OF HISTORICAL SCIENCES, 6TH, OSLO,
    1928.
    Mints, I., Nr. 9, 1928, 84-96.
INTERNATIONAL CONGRESS OF HISTORICAL SCIENCES, 6TH, OSLO,
    1928.
    Rabota nauchnykh uchrezhdeniĭ, 1936, Nr. 4 (56),
    172.
INTERNATIONAL CONGRESS OF HISTORICAL SCIENCES, 6TH, OSLO,
    1928--ARCHIVAL SCIENCES.
    Adoratskiĭ, V., Nr. 9, 1928, 97-100.
INTERNATIONAL CONGRESS OF HISTORICAL SCIENCES, 7TH, WARSAW,
    1933.
    Dzhervis, M., 1934, Nr. 2 (36), 106-123.
INTERNATIONAL CONGRESS OF HISTORICAL SCIENCES, 7TH, WARSAW,
    1933--EXHIBITION PLANNED BY INSTITUT OF HISTORY
    (KOMAKADEMIIA).
    Vystavka mezhdunarodnogo istoricheskogo..., 1933,
    Nr. 3 (31), 118.
INTERNATIONAL CONGRESS OF HISTORICAL SCIENCES, 7TH, WARSAW,
    1933--POLITICAL SIGNIFICANCE FOR POLAND.
    Pankratova, A., 1933, Nr. 5 (33), 130-136.
INTERNATIONAL CONGRESS OF HISTORICAL SCIENCES, 7TH, WARSAW,
    1933--PROCEEDINGS.
    Lukin, N., 1933, Nr. 5 (33), 118-129.
INTERNATIONAL CONGRESS OF HISTORICAL SCIENCES, 7TH, WARSAW,
    1933--SOVIET DELEGATION.
    Pankratova, A., 1933, Nr. 5 (33), 130-136.
INTERNATIONAL CONGRESS OF HISTORICAL SCIENCES. CZECHO-
    SLOVAK COMMITTEE--1935.
    Istoricheskie s"ezdy, 1936, Nr. 3 (55), 201.

INTERNATIONAL CONGRESS OF HISTORICAL SCIENCES, 8TH, ZÜRICH,
1938--PROGRAM.
VIII mezhdunarodnyĭ kongress..., 1937, Nr. 1 (59),
190-194.
INTERNATIONAL CONGRESS OF HISTORICAL SCIENCES, 8TH, ZÜRICH,
1938--PROPOSALS FOR PROGRAM.
Lukin, N., 1936, Nr. 3 (55), 76-84.
INTERNATIONAL CONGRESS OF LITERARY HISTORY. AMSTERDAM, 1935.
Istoricheskaia nauka za..., 1935, Nr. 8-9, (48-49),
241-242.
INTERNATIONAL CONGRESS OF NUMISMATICS, LONDON, JUNE-JULY,
1936.
Nauchnye doklady i..., 1937, Nr. 2 (60), 199.
INTERNATIONAL CONGRESS OF SOCIOLOGY. 12TH, BRUSSELS, 1935--
A. QUETELET AND K. MARX.
Istoricheskaia nauka za..., 1935, Nr. 8-9 (48-49),
241-242.
INTERNATIONAL CONGRESS OF THE HISTORY OF ART, 14TH, BASEL,
AUGUST-SEPTEMBER, 1936.
Nauchnye doklady i..., 1937, Nr. 2 (60), 199.
INTERNATIONAL CONGRESS ON THE HISTORY OF SCIENCES, 4TH,
PRAGUE, 1937.
Nauchnye obshchestva i..., 1937, Nr. 3 (61), 231.
INTERNATIONAL RELATIONS--HISTORY--1918-39--INTERNATIONAL
HISTORIOGRAPHY--BIBLIOGRAPHY.
Iogannsen, G.B., 1941, Nr. 3 (91), 140-149.
INTERNATIONAL RELATIONS--WORLD FEDERATION--H.G. WELLS--
BOOK REVIEW.
IUshak, K., 1941, Nr. 1 (89), 110-114.
"INTERNATIONAL REVIEW FOR SOCIAL HISTORY" (JOURNAL).
Nauchnye doklady i..., 1937, Nr. 2 (60), 199.
INTERNATIONAL TRADE UNION EDUCATIONAL LEAGUE--USA--WWI.
Zubok, L., 1935, Nr. 5-6 (45-46), 39-66.
INTERNATIONAL WORKINGMEN'S ASSOCIATION see INTERNATIONAL I.
"DIE INTERNATIONALEN BEZIEHUNGEN IM ZEITALTER DES IMPERIAL-
ISMUS." DOKUMENTE AUS DEN ARCHIVEN DER ZARISTISCHEN
UND PROVISORISCHEN REGIERUNG, 1978-1917. REIHE I:
DAS JAHR 1914 BIS ZUM KRIEGSAUSBRUCH. BERLIN,
1931-34. 5 V. (REVIEW).
Schmitt, B., 1935, Nr. 2-3 (42-43), 65-84.
IOANNISIANI, A.Z.: ORGANIZATSIIA PEDAGOGICHESKOGO
PROTSESSA PREPODAVANIIA ISTORII--VSESOIUZNAIA
KONFERENTSIIA ISTORIKOV-MARKSISTOV, MOSCOW,
DECEMBER, 1928.
Vsesoiuznaia konferentsiia..., Nr. 12, 1929,
300-333.
IORGA, N.--HISTORIAN.
Kritsman, L., 1933, Nr. 6 (34), 138-142.
IRAN--ECONOMIC CONDITIONS--3RD-20TH C.--LAND TENURE.
Tardov, V., 1937, Nr. 3 (61), 62-84.
IRAN--ECONOMIC RELATIONS--GREAT BRITAIN--1907-30.
Gel'bars, G., 1940, Nr. 7 (83), 35-53.

IRAN--HISTORY--SOURCES--FIRDAWSI'S SHĀHNĀMAH.
    T.,V., 1935, Nr. 2-3 (42-43), 122-129.
IRAN--HISTORY--REVOLUTION OF 1905-11.
    Bor-Ramenskiĭ, E., 1940, Nr. 11 (87), 89-99.
IRAN--HISTORY--REVOLUTION OF 1905-09.
    Irandust, Nr. 5, 1927, 124-146.
IRAN--HISTORY--RUSSIAN REVOLUTION OF 1905--INFLUENCE.
    Pavlovich, M.P., Nr. 1, 1926, 142-153.
IRAN--HISTORY--REVOLUTION OF 1920-21--GILAN PROVINCE.
    Irandust, Nr. 5, 1927, 124-146.
IRAN--RELATIONS--USSR--1917-40.
    Gel'bars, G., 1940, Nr. 7 (83), 35-53.
IRAN--SOCIO-ECONOMIC CONDITIONS--14TH-15TH C.--SUIURGAL.
    Belenitskiĭ, A., 1941, Nr. 4 (92), 43-58.
IRELAND--HISTORY--F. ENGELS' VIEWS.
    Andreev, N., 1940, Nr. 10 (86), 107-118.
IRELAND--HISTORY--1916.
    Chapman, A., 1934, Nr. 4 (38), 49-68.
IRELAND--HISTORY--1916--SINN FEIN REBELLION.
    Zubok, L., 1937, Nr. 5-6 (63-64), 17-40.
IRELAND--SOCIAL CONDITIONS--CLAN ORGANIZATION AMONG THE
    CELTS--F. ENGELS.
    Kagarov, E., 1940, Nr. 6 (82), 9-23.
"IRISH HISTORICAL STUDIES" (JOURNAL) (REVIEW).
    Istoricheskaia nauka za..., 1939, Nr. 5-6 (75-
    76), 281.
IRHYZOV, A.: PROLETARIIAT KYĬVA U BOROT'BI ZA ZHOVTEN'.
    KHARKOV, 1933 (REVIEW).
    Krut', V., 1933, Nr. 4 (32), 130-135.
IRKUTSKIĬ KRAEVOĬ MUZEĬ.
    Grigor'ev, N., 1936, Nr. 4 (56), 163-165.
IRON MINES--RUSSIA -- SMOLENSK DISTRICT--LATE 17TH C.--
    DOCUMENTS.
    Kazennye zheleznye "rudnyĭ"..., 1935, Nr. 1 (41),
    60-81.
ISAKOV, I.: OPERATSIIA IAPONTSEV PROTIV TSINDAO V 1914
    G. 3. ED. MOSCOW, 1937. (REVIEW).
    Belli, V., 1938, Nr. 4 (68), 180-182.
"ISKRA". NR. 1-52, DEKABR' 1900-NOIABR' 1903 G.
    POL'NYĬ TEKST POD RED. S PREDISL. P.
    LEPESHINSKOGO I SO VSTUP. STAT'EĬ N. KRUPSKOĬ.
    VYP. 1, NR. 1-7, VYP. II, NR. 9-15, VYP. III,
    NR. 16-23. LENINGRAD, 1925-26 (REVIEW).
    Krivtsov, S., Nr. 4, 1927, 245-248.
"ISKRA" (NEWSPAPER)--HISTORY--N.Ė. BAUMAN.
    Osipov, K., 1941, Nr. 1 (89), 77-85.
ISLAM--HISTORY--SOVIET HISTORIOGRAPHY--V.V. BARTOL'D.
    Dve neopublikovannye stat'i..., 1939, Nr. 5-6
    (75-76), 227-239.
ISLAM--POLISH SCHOLARSHIP--1936.
    Nauchnye doklady i..., 1937, Nr. 2 (60), 199.

"ISPANIIA V BOR'BE PROTIV FASHIZMA." SBORNIK STATEĬ I
    MATERIALOV. MOSCOW, 1936. (REVIEW).
    IUr'ev, A., 1936, Nr. 6 (58), 185-190.
"ISSLEDOVANIE I MATERIALY PO FINNO-UGROVEDENIIU." POD
    RED. V. A. EGOROVA. LENINGRAD, 1929. (REVIEW).
    Kel'da, I.D., Nr. 12, 1929, 275-277.
"ISTOCHNIKOVEDENIE ISTORII SSSR." T. 1. S DREVNEĬ-
    SHIKH VREMEN DO KONTSA XVIII V. M.N. TIKHOMIROV.
    MOSCOW, 1940. (REVIEW).
    Sivkov, K., 1941, Nr. 5 (93), 118-120.
"ISTOCHNIKOVEDENIE ISTORII SSSR." T. II. XIX VEK.
    (DO NACHALA 90-X GG.) S.A. NIKITIN. MOSCOW,
    1940.
    Sivkov, K., 1941, Nr. 5 (93), 118-120.
"ISTORICHESKAIA LITERATURA." BIBLIOGRAFICHESKIĬ
    BIULLETEN' KNIG I STATEĬ. (JOURNAL)(REVIEW).
    Borovskiĭ, A., 1940, Nr. 12 (88), 97-99.
"ISTORICHESKIE KNIZHKI"--PRILOZHENIE K GAZETE "GUDOK."
    MOSCOW, 1927. (REVIEW).
    Gukovskiĭ, A., Nr. 9, 1928, 202-203.
"ISTORICHESKIE SBORNIKI" (SERIES)(REVIEW).
    Istoricheskie sborniki, 1934, Nr. 3 (37), 143.
"ISTORICHESKIE ZAPISKI."--(JOURNAL) T. IV-VII. (REVIEW).
    B.,I., 1940, Nr. 11 (87), 152-154.
"ISTORICHESKIĬ ARKHIV", VYP. 1. (AN SSSR. INST. ISTORII.
    TRUDY ARKHEOGRAFICHESKOGO SEKTORA.) MOSCOW, 1936.
    (REVIEW).
    Bakhrushin, S., 1937, Nr. 1 (59), 161-163.
"ISTORICHESKIĬ SBORNIK" (JOURNAL) NR. 1-4, 1934-1935.
    (REVIEW).
    G.,B., 1936, Nr. 2 (54), 143-144.
"ISTORICHESKIĬ SBORNIK." TRUDY GOR'KOVSKOGO PED.
    INSTITUTA. VYP. 7. GOR'KIĬ, 1940 (REVIEW).
    Kan, S., 1941, Nr. 3 (91), 136-137.
"ISTORIIA ANGLIĬSKOGA PARLAMENTA"--1935--PUBLICATION
    ANNOUNCEMENT.
    Istoricheskaia nauka za..., 1935, Nr. 8-9
    (48-49), 241-242.
"ISTORIIA DREVNEGO MIRA." T. 1. "DREVNIĬ VOSTOK."
    MOSCOW, 1936. (REVIEW).
    Avdiev, V., 1938, Nr. 1 (65), 120-126.
"ISTORIIA DREVNEGO MIRA." UCHEBNIK DLIA 5-6-X KLASSOV
    SREDNEĬ SHKOLY POD RED. A. B. MISHULINA.
    MOSCOW, 1940 (REVIEW).
    Kholmogortsev, P., 1940, Nr. 11 (87), 126-129.
"ISTORIIA EPISKOPA SEBEOSA." PEREVEL S ARMIANSKOGO.
    EREVAN, 1939. (REVIEW).
    Abramian, A., 1940, Nr. 8 (84), 126-127.
"ISTORIIA FABRIK I ZAVODOV"--PUBLICATION PLAN--1931-32.
    G.,B., 1933, Nr. 1 (29), 156-157.

"ISTORIIA FABRIK I ZAVODOV SSSR"--PUBLICATION PLAN--1932.
Pankratova, A., 1932, Nr. 6 (28), 8-21.
"ISTORIIA FABRIK I ZAVODOV"--PUBLICATION PLAN--1933.
Postanovlenie direktsii Instituta..., 1933, Nr. 3
(31), 118.
"ISTORIIA FABRIK I ZAVODOV"--RESEARCH--1934-35.
Ivanov, B., 1935, Nr. 4 (44), 148-151.
"ISTORIIA FABRIK IZAVODOV"--5TH ANNIVERSARY OF ITS INCEP-
TION--WORK IN PROGRESS AND PUBLICATIONS--1936.
O., 1936, Nr. 5 (57), 200-201.
"ISTORIIA GRAZHDANSKOĬ VOĬNY"--PUBLICATION PLAN--1931-32.
P.,G., 1933, Nr. 1 (29), 154-155.
"ISTORIIA GRAZHDANSKOĬ VOĬNY"--PUBLICATION PLAN--1934.
Rabota nad "Istoriei...," 1934, Nr. 3 (37),
138-140.
"ISTORIIA GRAZHDANSKOĬ VOĬNY"--PUBLICATION PLAN--1939.
Ch., V., 1939, Nr. 3 (73), 216.
"ISTORIIA GRAZHDANSKOĬ VOĬNY." T. 1--PUBLISHER'S REPORT.
Pervyĭ tom "Istorii...," 1935, Nr. 7 (47), 128.
"ISTORIIA GRAZHDANSKOI VOĬNY V SSSR"--DIRECTIVE OF THE
TSK VKP(b).
Vkliuchit'sia v bor'bu..., 1932, Nr. 3 (25),
3-10.
"ISTORIIA GRAZHDANSKOI VOĬNY V SSSR"--MESTNYE KOMISSII
SODEĬSTVIIA--WORK IN PROGRESS--1933.
O rabote mestnykh..., 1933, Nr. 4 (32), 146-147.
"ISTORIIA GRAZHDANSKOĬ VOĬNY V SSSR." T 1. PODGOTOVKA
VELIKOĬ PROLETARSKOĬ REVOLIUTSII (OT NACHALA
VOĬNY DO NACHALA OKTIABRIA 1917 G.) POD RED.
M. GOR'KOGO I DR. MOSCOW, 1935 (REVIEW).
Genkina, E., 1936, Nr. 1 (53), 186-192.
"ISTORIIA PROLETARIATA SSSR." SB. 1. POD RED. P.O.
GORINA I DR. MOSCOW, 1930 (REVIEW).
Gaĭsinovich, A., Nr. 21, 1931, 124-126.
"ISTORIIA SSSR."--PUBLICATION PLAN--1938.
Shunkov, V., 1940, Nr. 4-5 (80-81), 156-157.
"ISTORIIA SSSR." T. 1-II.--CRITIQUE--S.N. DZHANASHIA.
Dzhanashia, S., 1940, Nr. 12 (88), 141-153.
"ISTORIIA SSSR." T. 1-III.--PREPUBLICATION DISCUSSION--
CONFERENCE, MOSCOW, MAY, 1939.
Ganichev, I., 1940, Nr. 8 (84), 145-147.
"ISTORIIA SSSR." T. 1. S DREVNEĬSHIKH VREMEN DO KONTSA
XVIII V. POD RED. V. I. LEBEDEV I DR. MOSCOW,
1939--CONFERENCE, MOSCOW, 1940.
A., 1940, Nr. 4-5 (80-81), 107-113.
"ISTORIIA SSSR." T. 1. S DREVNEĬSHIKH VREMEN DO KONTSA
XVIII V. POD RED. V. I. LEBEDEV I DR. MOSCOW,
1939. (REVIEW).
Sidorov, A., Kudriavtsev, I., 1940, Nr. 4-5
(80-81), 100-107.
"ISTORIIA SREDNIKH VEKOV." MOSCOW, 1938-39 (REVIEW).
Brigada: Zutis..., 1939, Nr. 1 (71), 158-164.

"ISTORIIA SREDNIKH VEKOV." UCHEBNIK DLIA 6-7-X KLASSOV
SREDNEĬ SHKOLY. POD RED. E.A. KOSMINSKOGO.
MOSCOW, 1940. (REVIEW).
Mosina, Z., 1941, Nr. 1 (89), 126-129.
"ISTORIIA TATARII V DOKUMENTAKH I MATERIALAKH." SOST.
INST. ISTORII AKADEMII NAUK I TATARSKIM INST.
MARKSIZMA-LENINIZMA. LENINGRAD, 1937. (REVIEW).
Safargaliev, M., 1938, Nr. 3 (67), 103-105.
"ISTORIIA UKRAĬNY." KOROTKYĬ KURS. PID RED. S.M.
BELOUSOVA ET AL. KYĬV, 1940. (REVIEW).
Picheta, V., 1941, Nr. 6 (94), 103-110.
"ISTORIIA UKRAĬNA V DOKUMENTAKH I MATERIALAKH. T. 1.
KYĬVSKA RUS' I FEODAL'NĬ KNIAZIVSTVA XII-XIII
STOLIT'." KYĬV, 1939. (REVIEW).
IUshkov, S., 1940, Nr. 4-5 (80-81), 136-137.
"ISTORIIA VKP(b)." T. II. SOST. G. KRAMOL'NIKOV I DR.
POD RED. E. IAROSLAVSKOGO. MOSCOW, 1930 (REVIEW).
Gorin, P., Nr. 20, 1930, 164-173.
"ISTORIIA VKP(b)." POD RED. E. IAROSLAVSKIĬ. VYP. II.
T. III. GL. 1. PRICHINY I PODGOTOVKA MIROVOĬ
VOĬNY. MOSCOW, 1931 (REVIEW).
Pokrovskiĭ, M.N., 1932, Nr. 1-2 (23-24), 13-25.
"ISTORIIA VSESOIUZNOĬ KOMMUNISTICHESKOĬ PARTII
(BOL'SHEVIKOV)." KRATKIĬ KURS. MOSCOW, 1938.
(REVIEW).
IAroslavskiĭ, E., 1938, Nr. 5 (69), 3-31.
"ISTORIIA VSESOIUZNOĬ KOMMUNISTICHESKOĬ PARTII.
(BOL'SHEVIKOV)"; KRATKIĬ KURS. MOSCOW, 1938--
CONFERENCE, MOSCOW, MARCH, 1939.
Sessiia Otdeleniia istorii..., 1939, Nr. 3 (73),
210-211.
"ISTORIIA VSESOIUZNOĬ KOMMUNISTICHESKOĬ PARTII.
(BOL'SHEVIKOV)." KRATKIĬ KURS. MOSCOW, 1938--
DISSEMINATION.
O postanovke..., 1938, Nr. 6 (70), 16-28.
"ISTORIIA ZAVODOV" see "ISTORIIA FABRIK I ZAVODOV.
"ISTORIK-MARKSIST" (JOURNAL)--EDITORIAL IDEOLOGY--1935.
Za revoliutsionnuiu bditel'nost'..., 1935, Nr. 1
(41), 4-8.
"ISTORIK-MARKSIST" (JOURNAL)--EDITORIAL PROGRAM--1938.
Plan rabot redaktsii..., 1938, Nr. 3 (67),
148-151.
"ISTORIK-MARKSIST" (JOURNAL)--INDEX--1935.
Sistematicheskiĭ ukazatel'..., 1935, Nr. 12 (52),
156-158.
"ISTORIK-MARKSIST" (JOURNAL)--READERS AND AUTHORS'
CONFERENCE, MOSCOW, JANUARY, 1939.
Soveshchanie v redaktsii..., 1939, Nr. 2 (72),
200-201.
"ISTORIK-MARKSIST" (JOURNAL)--1926-30.
"Istorik-marksist"..., Nr. 21, 1931, 135-136.

ISTORIKO-ARKHEOGRAFICHESKIĬ INSTITUT (AN SSSR) see IAI.
ISTORIKO-PARTIĬNYĬ INSTITUT--K. MARX--50TH ANNIVERSARY
OF HIS DEATH--1933--WORK IN PROGRESS AND PUBLI-
CATIONS.
Podgotovka K..., 1933, Nr. 1 (29), 149-153.
"ISTORIKO-REVOLIUTSIONNYĬ VESTNIK" (JOURNAL) see
"KATORGA I SSYLKA" (JOURNAL).
"ISTORYK-BIL'SHOVYK" (JOURNAL)--REVIEW.
"Istoryk-bil'shovyk," 1934, Nr. 4 (38), 159.
ISTPART--WORK IN PROGRESS AND PUBLICATIONS--1926-27.
Ėssen, M., Nr. 5, 1927, 278-282.
ISTPART. CHETVERTOE SOVESHCHANIE ISTPARTOTDELOV,
JANUARY 4-8, 1927.
T., Nr. 3, 1927, 246-248.
ISTPART. OTDEL TSK VKP(b) PO IZUCHENIIU ISTORII
OKTIABR'SKOĬ REVOLIUTSII I VKP(b):
A.I. UL'IANOV I DELO 1 MARTA 1887 G.; SBORNIK.
SOSTAVL. A.I. UL'IANOVOĬ-ELIZAROVOĬ. MOSCOW,
1927. (REVIEW).
Shebunin, A., Nr. 5, 1927, 252-255.
ITALY--COLONIAL POLICY--1884-96--AFRICA.
Khvostov, V., 1935, Nr. 12 (52), 58-74.
ITALY--FOREIGN RELATIONS--ABYSSINIA--1884-96.
Khvostov, V., 1935, Nr. 12 (52), 58-74.
ITALY--HISTORY see also ROME--HISTORY.
ITALY--HISTORY--ITALIAN HISTORIOGRAPHY.
Al'perovich, M., Belen'kiĭ, A., 1941, Nr. 2 (90),
156.
ITALY--HISTORY--ITALIAN HISTORIOGRAPHY--1936.
Reorganizatsiia prepodavaniia istorii..., 1936,
Nr. 2 (54), 183.
ITALY--HISTORY--STUDY AND TEACHING--ITALIAN HISTORIOGRAPHY--
1936.
Reorganizatsiia prepodavaniia istorii..., 1936,
Nr. 2 (54), 183.
ITALY--HISTORY--MID 19TH C.--RISORGIMENTO--ITALIAN
HISTORIOGRAPHY--1935.
Istoricheskaia nauka v..., 1936, Nr. 4 (56),
168-169.
ITALY--HISTORY--1848-60--RISORGIMENTO--C.B. CAVOUR.
Skazkin, S., 1935, Nr. 5-6 (45-46), 88-116.
ITALY--HISTORY--1895-96--ABYSSINIAN WAR.
Khvostov, V., 1935, Nr. 12 (52), 58-74.
ITALY--HISTORY--20TH C.--FASCISM--SOVIET HISTORIOGRAPHY--
BIBLIOGRAPHY.
Drabkina, E., Nr. 4, 1927, 210-213.
ITALY--HISTORY--1918-39--CATHOLIC CHURCH.
Polak, K., 1939, Nr. 4 (74), 119-133.
ITALY--HISTORY--WWI--BATTLE OF CAPORETTO see CAPORETTO,
BATTLE OF--1917.
IUROVSKIĬ, L.--ECONOMIC VIEWS.
Kin, D., Nr. 21, 1931, 19-37.

IUSHKOV, S.V.: OCHERKI PO ISTORII FEODALIZMA V KIEVSKOĬ
RUSI. MOSCOW, 1939 (REVIEW).
Tikhomirov, M., 1940, Nr. 7 (83), 135-137.
IUZEFOVICH, I.S.: OSNOVANIE KOMMUNISTICHESKOGO INTER-
NATSIONALA. MOSCOW, 1940 (REVIEW).
Osipov, M., 1941, Nr. 3 (91), 129-131.
IUZEFOVICH, I.S.: OSNOVANIE KOMMUNISTICHESKOGO INTER-
NATSIONALA. (DISSERTATION) MOSCOW, 1940.
Shunkov, V., O--v,M., 1940, Nr. 4-5 (80-81),
154-156.
IUZHNOE OBSHCHESTVO DEKABRISTOV--1821-24.
Nechkina, M., 1935, Nr. 7 (47), 31-47.
IVANOV, A.A.--OBITUARY.
Pamiati A.A. Ivanova, 1935, Nr. 8-9 (48-49), 240.
IVANOV, I.F.--LETTER TO I.V. STALIN ON TRANSITION TO
SOCIALISM.
Pis'mo tov. Ivanova..., 1938, Nr. 2 (66), 3-7.
IVANOV, P.P.: VOSSTANIE KITAĬ-KIPCHAKOV V BUKHARSKOM
KHANSTVE 1821-1825 GG. MOSCOW, 1937. ("TRUDY
INSTITUTA VOSTOKOVEDENIIA").
P., 1937, Nr. 5-6 (63-64), 263.
IVANOV, P.P.: ZADACHI IZUCHENIIA ISTORII NARODOV SREDNEĬ
AZII. (LECTURE) MOSCOW, 1940.
P.,I., 1940, Nr. 2 (88), 130-132.
IZHEVSK--HISTORY--UPRISING OF 1918.
Maksimov, V., 1932, Nr. 4-5 (26-27), 109-162.
"IZVESTIIA KAZAKHSKOGO FILIALA AKADEMIIA NAUK SSSR." SERIIA
ISTORICHESKAIA. VYP. I. ALMA-ATA, 1940 (REVIEW).
Ustiugov, N., 1941, Nr. 4 (92), 136-138.
"IZVESTIIA VIZANTIĬSKIKH PISATELEĬ O SEVERNOM PRICHER-
NOMOR'E." PRIMECHANIIA. ("IZVESTIIA GOS. AKADEMII
ISTORII MATERIAL'NOĬ KUL'TURY," VYP. 91) MOSCOW,
1934 (REVIEW).
Borozdin, I., 1934, Nr. 6 (40), 89-90.

J.

JACKSON, D.: POSLEVOENNYĬ MIR. MOSCOW, 1937 (REVIEW).
Rostovskiĭ, S., 1938, Nr. 4 (68), 182-184.
JACOBINS--FRANCE--1793-94--DOCUMENTS.
Neizdannye dokumenty..., 1939, Nr. 3 (73), 136-141.
JACOBINS--FRANCE--1793-94--V.I. LENIN'S INTERPRETATION.
Lukin, N., 1934, Nr. 1 (35), 99-146.
JACOBINS--FRANCE--1793-94--HISTORIOGRAPHY.
Kozlov, F., 1939, Nr. 3 (73), 46-71.
JADIDISM--BUKHARA--EARLY 20TH C.
Faĭzulla-Khodzhaev, Nr. 1, 1926, 123-141.
JAKOB, E.G.: KOLONIALPOLITISCHES QUELLENHEFT. DIE
DEUTSCHE KOLONIALFRAGE 1918-1935. BAMBERG, 1935
(REVIEW).
Fashizatsiia istoricheskoĭ nauki..., 1936, Nr. 6
(58), 256-257.

JANAČEK, K.: ČO VÍME DNES O ETRUSTINE ("LISTY FILO-
    LOGICKÉ," PRAGUE, 1935) (REVIEW).
    P.,G., 1936, Nr. 3 (55), 184-185.
JAPAN--AGRICULTURE--1600-1868.
    Plyshevskiĭ, I., 1938, Nr. 1 (65), 44-73.
JAPAN--FOREIGN POLICY--1854-1934.
    Notovich, F., 1935, Nr. 10 (50), 142-148.
JAPAN--FOREIGN POLICY--1868-1918--FAR EAST.
    Gal'perin, A., 1939, Nr. 4 (74), 94-118.
JAPAN--FOREIGN POLICY--1921-22--DAIREN AND WASHINGTON
    CONFERENCES.
    Osnos, IU., 1939, Nr. 4 (74), 57-76.
JAPAN--FOREIGN POLICY--1930-39--FAR EAST.
    Gal'perin, A., 1940, Nr. 4-5 (80-81), 85-99.
JAPAN--FOREIGN POLICY--1930-32--USSR.
    Abramov, Z., 1932, Nr. 1-2 (23-24), 117-134.
JAPAN--FOREIGN RELATIONS--CHINA--1931-39.
    Gal'perin, A., 1940, Nr. 4-5 (80-81), 85-99.
JAPAN--FOREIGN RELATIONS--DVR--1920-22.
    Osnos, IU., 1939, Nr. 4 (74), 57-76.
JAPAN--FOREIGN RELATIONS--SOVIET RUSSIA--1918-25.
    Gal'perin, A., 1940, Nr. 2 (78), 114-124.
JAPAN--FOREIGN RELATIONS--SOVIET RUSSIA--1918-21--MILITARY
    INTERVENTION--SIBERIA AND FAR EAST.
    Abramov, Z., 1932, Nr. 1-2 (23-24), 117-134.
JAPAN--FOREIGN RELATIONS--SOVIET RUSSIA--1920--DVR.
    Reĭkhberg, G., 1935, Nr. 5-6 (45-46), 131-141.
JAPAN--FOREIGN RELATIONS--USSR--1930-39.
    Gal'perin, A., 1940, Nr. 4-5 (80-81), 85-99.
JAPAN--HISTORY--EARLY 20TH C.--SOVIET HISTORIOGRAPHY--
    1933-34--BIBLIOGRAPHY.
    R.,G., 1934, Nr. 3 (37), 119-122.
JAPAN--HISTORY--1918-22--INTERVENTION IN DVR.
    Reĭkhberg, G., 1937, Nr. 4 (62), 124-154.
JAPAN--HISTORY--1918-39--INTERNATIONAL HISTORIOGRAPHY--
    BIBLIOGRAPHY.
    Iogannsen, G., 1941, Nr. 4 (92), 139-145.
JAPAN--RELATIONS--USA--1931-40.
    IUshchak, K., 1940, Nr. 8 (84), 99-109.
JAPANESE STUDIES--GERMANY--W. GUNDERT.
    Fashizatsiia istoricheskoĭ nauki..., 1936, Nr. 4
    (56), 166-168.
JAROSLAVSKY, E.: HISTORY OF ANARCHISM IN RUSSIA. EXPERIENCES
    OF THE ANARCHIST MOVEMENT FROM BAKUNIN THROUGH THE
    RUSSIAN REVOLUTION IN RELATION TO ANARCHISM IN
    SPAIN TO-DAY. NEW YORK, 1937 (REVIEW).
    S.,A., 1937, Nr. 4 (62), 199-206.
JARYC, M.: A PROPOS DES QUELQUES BIBLIOGRAPHIES HISTORIQUES
    RÉCENTES. ("REVUE D'HISTOIRE MODERNE," MAI-AOÛT,
    1936) (REVIEW).
    Starosel'skaia, O., 1936, Nr. 6 (58), 244-245.

JAURÈS, J.--BOOK REVIEW.
    Dalin, V., 1934, Nr. 3 (37), 97-104.
JAURÈS, J.--FRENCH REVOLUTION OF 1789.
    Kuniskiĭ, S., Nr. 3, 1927, 117-151; Nr. 4, 1927,
    101-124.
JAURÈS, J.--HISTORIAN.
    Kuniskiĭ, S.D., Nr. 2, 1926, 140-158; Nr. 3, 1927,
    117-151.
JAURÈS, J.--PHILOSOPHY OF HISTORY.
    Kuniskiĭ, S., Nr. 3, 1927, 117-151.
JAURÈS, J.: OEUVRES. TEXTES RASSEMBLÉS PRÉS. ET ANNOTÉS
    PAR MAX BONNAFOUS. T. IX. POUR LA PAIX. AU BORD
    DE L'ABIME. PARIS, 1939 (REVIEW).
    Manfred, A., 1941, Nr. 1 (89), 129-132.
JEDLICKI, M.Z.: DIE ANFÄNGE DES POLNISCHEN STAATES.
    ("HISTORISCHE ZEITSCHRIFT," 1935, BD. 152, H. 3,
    519-529) (REVIEW).
    Lavrovskiĭ, V., 1936, Nr. 2 (54), 150.
JEFFREYS, M.V.C.: THE SUBJECT-MATTER OF HISTORY IN
    SCHOOLS. ("HISTORY," DEC., 1935, 233-242) (REVIEW).
    M.,N., 1936, Nr. 2 (54), 170.
JERNEGAN, M.W.: PRODUCTIVITY OF DOCTORS OF PHILOSOPHY
    IN HISTORY ("AMERICAN HISTORICAL REVIEW," OCT.,
    1927) (REVIEW).
    Nauchno-issledovatel'skaia..., Nr. 8, 1928, 244-247.
JEWS--HISTORY--MIDDLE AGES--GERMAN HISTORIOGRAPHY--GUIDO
    KISCH.
    Istoricheskaia literatura nemetskoĭ..., 1936,
    Nr. 6 (58), 261.
JOHN OF EPHESUS: ECCLESIASTICAL HISTORY--BYZANTINE-SLAV
    RELATIONS.
    Pigulevskaia, N., 1941, Nr. 4 (92), 92-96.
JOHNSON, H.: THE SOCIALIST SIXTH OF THE WORLD. LONDON,
    1939 (REVIEW).
    Rubinshteĭn, N., 1941, Nr. 6 (94), 110-113.
JOHNSON, T.M.: AMERIKANSKAIA RAZVEDKA VO VREMIA MIROVOĬ
    VOĬNY. MOSCOW, 1938 (REVIEW).
    Safronov, B., 1938, Nr. 6 (70), 187-189.
JOLLIFFE, J.E.A.: A SURVEY OF FISCAL TENEMENTS ("THE
    ECONOMIC HISTORY REVIEW," V. VI, NR. 2, APRIL,
    1936, 157-171) (REVIEW).
    Lavrovskiĭ, V., 1936, Nr. 5 (57), 184.
"JOMSBURG; VÖLKER UND STAATEN IM OSTEN UND NORDEN EUROPAS"
    (JOURNAL) (REVIEW).
    Istoricheskaia nauka za..., 1938, Nr. 5 (69), 235.
JONES, P.E., JUDGES, A.V.: LONDON POPULATION IN THE LATE
    SEVENTEENTH CENTURY ("ECONOMIC HISTORY REVIEW,"
    1935, NR. 1, V. VI) (REVIEW).
    Shuleĭkina, A., 1936, Nr. 3 (55), 190.
JORGA, N. see IORGA, N.

JOST, W.: DIE WEHRPOLITISCHE REVOLUTION DES NATIONAL-
          SOZIALISMUS. HAMBURG, 1936 (REVIEW).
          Fashizatsiia istoricheskoĭ nauki..., 1936, Nr. 4
          (56), 166-168.
JOSTOCK, P.: DER AUSGANG DES KAPITALISMUS, IDEENGESCHICHTE
          SEINER ÜBERWINDUNG. MUNICH, 1928 (REVIEW).
          Khvostov, N., Nr. 14, 1929, 202-205.
"JOURNAL OF AUSTRALIAN AND NEW ZEALAND HISTORICAL STUDIES"--
          PUBLICATION ANNOUNCEMENT--1939.
          Al'perovich, M., Belen'kiĭ, A., 1941, Nr. 1 (89),
          153-154.
"THE JOURNAL OF MODERN HISTORY" (JOURNAL)   (REVIEW).
          Lukin, N., Nr. 14, 1929, 183-186.
"JOURNAL OF MODERN HISTORY" (JOURNAL), NR. 4, 1935
          (REVIEW).
          Po stranitsam inostrannykh..., 1936, Nr. 1 (53),
          212-213.
"THE JOURNAL OF MODERN HISTORY" (JOURNAL). CHICAGO,
          1939, NR. 1-4; 1940, NR. 1 (REVIEW).
          Al'perovich, M., Belen'kiĭ, A., 1941, Nr. 5
          (93), 131-133.
"JUGOSLOVENSKI ISTORISKI ČASOPIS" (JOURNAL)   (REVIEW).
          Arkheologicheskie raskopki i..., 1937, Nr. 3
          (61), 234.
JUKAGHIR--RUSSIAN EXPLORATION--17TH C.
          Zolotarev, A., 1939, Nr. 2 (72), 188-192.

K.

KA--CONFERENCE ON REVOLUTION OF 1905--30TH ANNIVERSARY--
          MOSCOW AND LENINGRAD, DECEMBER, 1935.
          V.,I., 1936, Nr. 1 (53), 208-209.
KA--PUBLICATIONS AND CONFERENCES--1933--50TH ANNIVERSARY
          OF THE DEATH OF KARL MARX.
          Itogi provedeniia..., 1933, Nr. 4 (32), 145-146.
KA. BIURO PREZIDIUMA./ZASEDANIE, JULY, 1932--PLENUM OF THE
          INTERNATIONAL COMMITTEE OF HISTORICAL SCIENCES,
          THE HAGUE, JULY, 1932.
          Lukin, N.M., 1932, Nr. 6 (28), 147-150.
KA. INST. IST.--ELECTIONS OF COMMITTEE MEMBERS--1935.
          V Institute istorii..., 1935, Nr. 5-6 (45-46),
          199.
KA. INST. IST.--K. MARX--DEATH--50TH ANNIVERSARY--1933--
          LECTURES AND PUBLICATIONS--BIBLIOGRAPHY.
          Podgotovka..., 1933, Nr. 1 (29), 149-153.
KA. INST. IST.--SECOND FIVE-YEAR PLAN--TASKS AND GOALS.
          Poselianina, A., 1932, Nr. 6 (28), 144-146.
KA. INST. IST.--TASKS ANE GOALS--1929.
          Pokrovskiĭ, M.N., Nr. 14, 1929, 3-12.
KA. INST. IST.--TASKS AND GOALS--1932.
          Postanovlenie Biuro prezidiuma..., 1932, Nr. 3
          (25), 195-196.

KA. INST. IST.--WORK IN PROGRESS AND PUBLICATIONS--1929.
V Institute istorii..., Nr. 14, 1929, 221-227.
KA. INST. IST.--WORK IN PROGRESS AND PUBLICATIONS--1932.
O rabote Institute..., 1932, Nr. 3 (25), 190-195.
KA. INST. IST.--WORK IN PROGRESS AND PUBLICATIONS--1933-35.
M.,Sh., 1935, Nr. 5-6 (45-46), 199-200.
KA. INST. IST.--WORK IN PROGRESS AND PUBLICATIONS--1933-34.
V Institute istorii..., 1934, Nr. 4 (38), 157-159.
KA. INST. IST.--WORK IN PROGRESS AND PUBLICATIONS--1933.
V Institute istorii..., 1933, Nr. 3 (37), 117.
KA. INST. IST.--WORK IN PROGRESS AND PUBLICATIONS--1935.
M.,A., 1935, Nr. 10 (50), 164.
KA. INST. IST.--WORK IN PROGRESS AND PUBLICATIONS--1935.
V Institute istorii..., 1935, Nr. 11 (51), 134-135.
KA. INST. IST.--WORK IN PROGRESS--JANUARY-FEBRUARY, 1936.
V Institute istorii..., 1936, Nr. 1 (53), 210.
KA. INST. IST./ZASEDANIE, SEPT. 14, 1933--7TH INTERNATIONAL
CONGRESS OF HISTORICAL SCIENCES, WARSAW, 1933--
SOVIET DELEGATION.
Pankratova, A., 1933, Nr. 5 (33), 130-136.
KA. INST. IST.--MARCH, 1933.
Sessiia Instituta istorii..., 1933, Nr. 2 (30),
188-189.
KA. INST. IST.--MARCH, 1933.
Vanag, N., 1933, Nr. 3 (31), 65-72.
KA. INST. IST.--SEPT. 14, 1933--7TH INTERNATIONAL CONGRESS
OF HISTORICAL SCIENCES, WARSAW, 1933.
Lukin, N., 1933, Nr. 5 (33), 118-129.
KA. INST. IST.--JUNE, 1935--TEXTBOOK REVIEW.
V Institute istorii..., 1935, Nr. 7 (47), 132-134.
KA. INST. IST.--DECEMBER, 1935--30TH ANNIVERSARY OF THE
RUSSIAN REVOLUTION OF 1905--PROCEEDINGS.
Sessiia Instituta istorii..., 1935, Nr. 12 (52),
153.
KA. INST. IST.--JANUARY AND FEBRUARY, 1936.
V Institute istorii..., 1936, Nr. 1 (53), 210.
KA. INST. IST. BIURO PREZIDIUMA/POSTANOVLENIE, JULY, 1932.
Postanovlenie Biuro prezidiuma..., 1932, Nr. 3
(25), 195-196.
KA. INST. IST. DIREKTORAT./ZASEDANIE, FEBRUARY 1931--
RESOLUTION CONCERNING V. GULIAEV.
Rezoliutsiia priniata na..., Nr. 22, 1931, 183.
KA. INST. IST. DIREKTORAT./ZASEDANIE, APRIL 9, 1932.
Tomsinskiĭ, S.G., 1932, Nr. 4-5 (26-27), 351-355.
KA. INST. IST. KOMISSIIA PO PREPODAVANIIA ISTORII--1934.
Institut Istorii Komakademii, 1934, Nr. 3 (37),
135-136.
KA. INST. IST. LENINGRADSKOE OTDEL.--WORK IN PROGRESS AND
PUBLICATIONS--1935.
Bantke, S., 1935, Nr. 5-6 (45-46), 201-203.
KA. INST. IST. NAUCHNO-VSPOMOGATEL'NYĬ KABINET--TASKS AND
GOALS--1932.
Ob organizatsii..., 1932, Nr. 6 (28), 146.

KA. INST. IST. SEKTSIIA ISTORII IMPERIALIZMA--GROUP FOR THE
STUDY OF GERMAN SOCIAL DEMOCRACY--TASKS AND GOALS.
Sektsiia istorii imperializma..., Nr. 20, 1930,
195-198.
KA. INST. IST. SEKTSIIA ISTORII IMPERIALIZMA./ZASEDANIE,
26 MARCH-13 APRIL, 1930.
Diskussiia o germans koĭ..., Nr. 18-19, 1930,
84-156.
KA. INST. IST. SEKTSIIA PROMYSHLENNOGO KAPITALIZMA./
ZASEDANIE, MOSCOW, OCTOBER 10, 1930.
Piontkovskiĭ, A., Nr. 18-19, 1930, 157-176.
KA. PREZIDIUM--WORK IN PROGRESS AND PUBLICATIONS--1934.
Po SSSR, 1934, Nr. 6 (40), 104-108.
KA. PREZIDIUM--1935--BOOK AWARDS.
V prezidiume..., 1935, Nr. 12 (52), 153.
KA. SEKTSIIA ISTORII REV. DVIZHENIIA--WORK IN PROGRESS--
1928.
V sektsii istorii..., Nr. 8, 1928, 244.
KNS--UKRAINE--1920--DOCUMENTS.
Iz istorii organizatsii..., 1936, Nr. 6 (58),
164-175.
KOMBEDY see also COMMITTEES OF THE POOR.
"KOMBEDY VORONEZHSKOĬ I KURSKOĬ OBLASTEĬ." MATERIALY PO
ISTORII KOMITETOV BEDNOTY. SOST. S.L. RONIN.
VORONEZH, 1935. (REVIEW).
L.,A., 1935, Nr. 10 (50), 150-151.
KOMINTERN see also COMINTERN
"KOMINTERN I TRUDIASHCHAIASIA ZHENSHCHINA." VSTUP.
STAT'IA K. KIRSANOVOĬ. MOSCOW, 1934 (REVIEW).
Rubinshteĭn, E., 1935, Nr. 2-3 (42-43), 144-146.
KPD--GERMAN REVOLUTION OF 1918--WORKERS AND PEASANT
SOVIETS--RVHR.
Kozok, P., Nr. 10, 1928, 13-44.
KPD--1919--BAVARIAN SOVIET REPUBLIC--TACTICS.
Zastenker, N., 1932, Nr. 4-5 (26-27), 211-252.
KPG--1917-27--T. ZHGENTI'S VIEWS--CRITIQUE.
Ruben, --., 1932, Nr. 1-2 (23-24), 135-139.
KPP--1918-24.
Spis, IU., 1935, Nr. 5-6 (45-46), 117-130.
KPP--1921-23--TACTICS.
Misko, M., 1932, Nr. 6 (28), 42-84.
KPRP--1918-24.
Spis, IU., 1935, Nr. 5-6 (45-46), 117-130.
KPSS--HISTORY--CONFERENCE, MOSCOW, MARCH, 1939.
Sessiia Otdeleniia istorii..., 1939, Nr. 3 (73),
210-211.
KPSS--HISTORY--SOVIET HISTORIOGRAPHY.
Vsesoiuznaia konferentsiia..., Nr. 12, 1929,
300-333.
KPSS--HISTORY--1917-19--RKP(b)--FORMATION OF PARTY.
Baevskiĭ, D., 1941, Nr. 2 (90), 3-21.

KPSS--HISTORY--1918--BAKU.
 Gasanov, G., Sarkisov, N., 1938, Nr. 5 (69), 32-70.
KPSS--HISTORY--1920--RKP(b)--"WORKERS' OPPOSITION"--
 SAMARA--M. KHATAEVICH--DOCUMENT.
 Khataevich, M., 1935, Nr. 7 (47), 86-90.
KPSS--HISTORY--1920-24--VKP(b)--"RABOCHAIA OPPOZITSIIA."
 IAroslavskiĭ, E., 1935, Nr. 7 (47), 73-85.
KPSS--HISTORY--1921-25--RKP(b).
 Sheliubskiĭ, A., 1941, Nr. 6 (94), 18-37.
KPSS--HISTORY--1921--10TH CONGRESS--RKP(b).
 Genkina, E., 1941, Nr. 3 (91), 3-10.
KPSS--HISTORY--1932--VKP(b) TSK--DIRECTIVE ON THE
 "ISTORIIA GRAZHDANSKOĬ VOĬNY V SSSR."
 Vkliuchit'sia v bor'bu..., 1932, Nr. 3 (25), 3-10.
KPSS--HISTORY--1932--VKP(b) TSK I TSKK--PLENUM--SECOND
 FIVE YEAR PLAN--TASKS AND GOALS.
 Itogi ob"edinennogo..., 1932, Nr. 6 (28), 3-7.
KPSS--HISTORY--1934-36--VKP(b) TSK-- TEACHING OF HISTORY.
 Na fronte istoricheskoĭ..., 1936, Nr. 1 (53),
 3-4.
KPSS--HISTORY--1934--"ANTI-ZINOV'EV-TROTSKIĬ" CAMPAIGN.
 IAroslavskiĭ, E., 1935, Nr. 1 (41), 9-14.
KPSS--HISTORY--1934--"ANTI-ZINOV'EV-TROTSKIĬ" CAMPAIGN.
 Za revoliutsionnuiu bditel'nost'..., 1935, Nr. 1
 (41), 4-8.
KPSS--HISTORY--1934--17TH CONGRESS--TASKS FOR HISTORIANS.
 Istoricheskuiu nauku..., 1934, Nr. 2 (36), 3-10.
KPSS--HISTORY--1936--VKP(b) TSK--DIRECTIVE--HISTORY
 TEXTBOOKS.
 Postanovlenie TSK VKP(b)..., 1936, Nr. 1 (53), 5.
KPSS--HISTORY--1936--VKP(b) TSK--GREETINGS TO G.K.
 ORDZHONIKIDZE.
 Tovarishchu Grigoriiu..., 1936, Nr. 5 (57), 5.
KPSS--HISTORY--1936--VKP(b) TSK--RESOLUTION ON HISTORY
 TEXTBOOKS--REACTION IN AZERBAIJAN.
 Na fronte istoricheskoĭ..., 1936, Nr. 2 (54), 175.
KPSS--HISTORY--1936--VKP(b) TSK--RESOLUTION ON HISTORY
 TEXTBOOKS--REACTION IN LENINGRAD.
 Obsuzhdenie postanovleniia TSK VKP(b)..., 1936,
 Nr. 2 (54), 174.
KPSS--HISTORY--1937--VKP(b)--SOVIET HISTORIOGRAPHY--
 I.V. STALIN'S CRITIQUE.
 Stalin, I.V., 1937, Nr. 2 (60), 29-31.
KPSS--HISTORY--1937--VKP(b). PLENUM--FEBRUARY-MARCH--
 I.V. STALIN'S SPEECH: O NEDOSTATKAKH PARTIĬNOĬ
 RABOTY...
 Stalin, I.V., 1937, Nr. 2 (60), 3-18.
KPSS--HISTORY--1937--VKP(b). PLENUM--FEBRUARY-MARCH--
 I.V. STALIN'S CLOSING REMARKS.
 Stalin, I.V., 1937, Nr. 2 (60), 19-28.
KPSS--HISTORY--1938--VKP(b)--"KRATKIĬ KURS"--I.V. STALIN.
 IAroslavskiĭ, E., 1938, Nr. 5 (69), 3-31.

KPSS--HISTORY--1938--VKP(b)--PROPAGANDA ACTIVITY.
O postanovke..., 1938, Nr. 6 (70), 16-28.
KPSS--HISTORY--1938--VKP(b)--TRIAL OF "RIGHT OPPOSITION."
Protsess antisovetskogo..., 1938, Nr. 2 (66), 8-15.
KPSS--HISTORY--1939--VKP(b)--18TH CONGRESS.
IAroslavskiĭ, E., 1939, Nr. 2 (72), 36-53.
KPSS--HISTORY--1939--VKP(b)--18TH CONGRESS.
K svedeniiu vsekh..., 1939, Nr. 1 (71), 3.
KPSS--HISTORY--1939--VKP(b)--18TH CONGRESS--I.V. STALIN'S
REPORT.
Stalin, I., 1939, Nr. 2 (72), 3-35.
KPSS--HISTORY--1939--VKP(b)--18TH CONGRESS--WORK PRODUCTIVITY.
Lenin..., 1940, Nr. 4-5 (80-81), 3-11.
KUTV--K. MARX--DEATH--50TH ANNIVERSARY--1933--LECTURES
AND PUBLICATIONS--BIBLIOGRAPHY.
Podgotovka k..., 1933, Nr. 1 (29), 149-153.
KUTV. BIURO NAUCH.-IST. GRUPPY--WORK IN PROGRESS--1926.
Iz zhizni istorikov..., Nr. 1, 1926, 322-323.
KUTV. NAUCHNO-ISSLEDOVATEL'SKAIA ASSOTSIATSIIA. IST.
SEKTSIIA.--WORK IN PROGRESS AND PUBLICATIONS--1927.
Ut.,M., Nr. 4, 1927, 278-279.
"K ISTORII BOL'SHEVISTSKIKH ORGANIZATSII ZAKAVKAZ'IA I
GRUZII"--EXHIBITION--TBILISI--MUZEĬ REVOLIUTSII.
Po nauchnym uchrezhdeniiam..., 1937, Nr. 2 (60),
190.
K ISTORII BOL'SHEVISTSKOĬ PARTII"; SBORNIK STATEĬ. VYP. I.
MOSCOW, 1936 (REVIEW).
V.,I., 1936, Nr. 4 (56), 146.
"K ISTORII BURIATO-MONGOLII." MATERIALY DISKUSSII, SOST.
V IUNE 1934 G. V ULAN-UDE. MOSCOW, 1935 (REVIEW).
Bakhrushin, S., 1936, Nr. 3 (55), 162-164.
KABAKCHIEV, KH. S.--MEETING WITH V.I. LENIN--MEMOIR.
Kabakchiev, Kh., 1934, Nr. 1 (35), 173-188.
KABAKCHIEV, KH. S.--OBITUARY.
Vladimirov, A., 1940, Nr. 11 (87), 158-159.
KABO, R.: OCHERKI ISTORII I ÉKONOMIKI TUVY. CH. 1.
DOREVOLIUTSIONNAIA TUVA. MOSCOW, 1934 (REVIEW).
Staritsina, P., 1935, Nr. 11 (51), 117-118.
KACHYNSKYĬ, V.: SELIANSKYĬ RUKH NA UKRAÏNI V ROKY 1905-7.
KIEV?, 1907 (REVIEW).
Nevskiĭ, V., Nr. 5, 1927, 259-260.
KAGAROV, E.: PEREZHITKI PERVOBYTNOGO KOMMUNIZMA V
OBSHCHESTVENNOM STROE DREVNIKH GREKOV I GERMANTSEV.
("TRUDY INST. ANTROPOLOGIIA I ÉTNOGRAFII," T. XV,
VYP. 1) MOSCOW, 1937 (REVIEW).
Al'tman, M., 1938, Nr. 4 (68), 166-167.
"KALENDAR-KHRONIKA SOBYTIĬ 1905 GODA S IANVARIA 1905 G. PO
MART 1905 G." MOSCOW, 1925 (REVIEW).
Bocharov, IU. M., Nr. 1, 1926, 307-311.
KALEVALA.
Kagarov, E., 1935, Nr. 4 (44), 58-68.

KALININ, M.I.--1895-1917.
    Gokhberg, I., Aksenov, IU., 1940, Nr. 12 (88), 8-26.
KALININ, M.I.: DOKLAD NA TORZHESTVENNOM ZASEDANII V
    BOLSHOM TEATRE, NOVEMBER 6, 1940.
    Kalinin, M.I., 1940, Nr. 11 (87), 3-7.
KALININ, S.: SUVOROV. OCHERK ZHIZNI I DEIATEL'NOSTI
    VELIKOGO POLKOVODTSA. MOSCOW, 1938 (REVIEW).
    Got'e, IU., 1938, Nr. 5 (69), 202-203.
KALININSKIĬ PED. INST. IM. M.I. KALININ. IST. FAK.--
    WORK IN PROGRESS AND PUBLICATIONS--1938-39.
    Karpenko, Z., 1940, Nr. 2 (78), 171-172.
KALINNIKOV, A.: NATSIONAL'NO-REVOLIUTSIONNOE DVIZHENIE V
    MONGOLII. MOSCOW, 1926 (REVIEW).
    Meerson, O.G., Nr. 1, 1926, 315-316.
KALINNIKOV, A.: REVOLIUTSIONNAIA MONGOLIIA. MOSCOW, 1926
    (REVIEW).
    Meerson, O.G., Nr. 1, 1926, 315-316.
KALLBRUNNER, J.: ZUR GESCHICHTE DER ÖSTERREICHISCHEN
    VERWALTUNG UNTER MARIA THERESIA. ("VIERTELJAHRSCHRIFT
    FÜR SOZIAL-UND WIRTSCHAFTSGESCHICHTE." BD. 29,
    H. 1, 1936) (REVIEW).
    Gelikman, É., 1937, Nr. 3 (61), 218.
KALMYKIA--HISTORY--LATE 19TH-EARLY 20TH C.
    Minkin, G., 1933, Nr. 6 (34), 51-67.
KAMENEV, L.B.
    Za revoliutsionnuiu bditel'nost'..., 1935, Nr. 1
    (41), 4-8.
KAMENEV, L.B.--1936--TRIAL.
    IAroslavskiĭ, E., 1936, Nr. 4 (56), 3-15.
KAMIL-KHAN-ISHAN--BIOGRAPHY OF YAKUB BEG.
    Pervyshev, I., 1940, Nr. 3 (79), 127-135.
KAMMEIER, W.: DIE FÄLSCHUNG DER DEUTSCHEN GESCHICHTE.
    LEIPZIG, 1935 (REVIEW).
    Poliakov, G., 1936, Nr. 6 (58), 208-209.
KAN, S.B.: DVA VOSSTANIIA SILEZSKIKH TKACHEĬ, 1793 I
    1844 GG. (DISSERTATION) MOSCOW, 1940.
    Belova, M., 1940, Nr. 9 (85), 154-156.
KANNER, H.: KAISERLICHE KATASTROPHENPOLITIK. EIN STÜCK
    ZEITGENÖSSISCHER GESCHICHTE. LEIPZIG, 1927
    (REVIEW).
    Tordaĭ, L., Nr. 6, 1927, 253-259.
KANTOROVICH, A.: AMERIKA V BOR'BE ZA KITAĬ. MOSCOW, 1935
    (REVIEW).
    Otzyvy o rabotakh..., 1936, Nr. 4 (56), 171;
    Efimov, A., 1936, Nr. 5 (57), 178-180.
KAPTEREV, L.M.: NIZHEGORODSKOE POVOL'ZHE X-XVI VV.
    GOR'KII, 1939 (REVIEW).
    Lediaev, V., 1940, Nr. 4-5 (80-81), 133-136.
KARA-MURZA, G.S.: KITAĬ V 1918-1924 GODAKH ("ISTORIK-
    MARKSIST," 1939, NR. 5-6 (75-76), 150-157)--CRITIQUE.
    Ot redaktsii, 1940, Nr. 8 (84), 158.

KARAMZIN, N.M.--LETTERS OF HIS SON--PARIS, 1847-48.
    Po SSSR, 1934, Nr. 6 (40), 104-108.
KAREEV, N.I.--A. BEBEL--DOCUMENTS.
    Portnoĭ, I., 1940, Nr. 12 (88), 77-78.
KAREEV, N.I.--FRENCH MANUFACTURES--18TH C.
    Dalin, V., Nr. 14, 1929, 68-116.
KAREEV, N.I.--SOVIET HISTORIAN.
    Burzhuaznye istoriki Zapada..., Nr. 21, 1931, 44-86.
KARELO-FINSKAIA SSR--HISTORY--EXHIBITION--MUZEĬ NARODOV SSSR,
    MOSCOW.
    Ionova, O., 1941, Nr. 3 (91), 153-156.
KARELO-FINSKIĬ GOS. PED. INSTITUT. IST. FAK.--WORK IN
    PROGRESS AND PUBLICATIONS--1940.
    Bukhbinder, N., 1940, Nr. 7 (83), 156-157.
KARPENKO, Z.: GRAZHDANSKAIA VOĬNA V DAL'NEVOSTOCHNOM
    KRAE, 1918-22. KHABAROVSK, 1934 (REVIEW).
    G.,R., 1935, Nr. 5-6 (45-46), 181.
KARPOV, G.I.: VOSSTANIE TEDZHENSKIKH TURKMEN V 1916 GODU.
    N.P., 1935 (REVIEW).
    Z.,A., 1936, Nr. 6 (58), 236.
KASHGAR--1860-77--YAKUB BEG--DOCUMENT.
    Pervyshev, I., 1940, Nr. 3 (79), 127-135.
KASHIN, V.N.: KREPOSTNYE KREST'IANE-ZEMLEVLADEL'TSY
    NAKANUNE REFORMY. LENINGRAD, 1934 (REVIEW).
    Morokhovets, E., 1934, Nr. 6 (40), 88-89.
KASPERS, W.: ZUM STREIT UM DEN NAMEN "GERMANEN."
    ("PHILOLOGISCHE WOCHENSCHRIFT," LEIPZIG, 5.SEPT.
    1936) (REVIEW).
    Poliakov, G., 1936, Nr. 6 (58), 238-239.
KASTEL'SKAIA, Z.D.: VOSSTANIE 1916 G. V UZBEKISTANE
    (K 20-LETIIU VOSSTANIIA). TASHKENT, 1937 (REVIEW).
    S., 1937, Nr. 5-6 (63-64), 220-221.
KASTEL'SKAIA, Z.D.: VOSSTANIE 1916 G. V UZBEKISTANE.
    NAUCHNO-ISSLEDOVATEL'SKIĬ INSTITUT. TASHKENT,
    1937 (REVIEW).
    S., 1937, Nr. 5-6 (63-64), 220-221.
KATKOV, M.N.--INTERNATIONAL I.
    Anatol'ev, P., 1934, Nr. 5 (39), 64-78.
"KATORGA I SSYLKA" (JOURNAL) (REVIEW).
    Shestakov, A.V., Nr. 1, 1926, 302-305; Nr. 2,
    1926, 268-270; Nr. 3, 1927, 196-199; Nr. 4, 1927,
    223-228; Nr. 5, 1927, 230-238; Nr. 6, 1927, 264-267;
    Nr. 7, 1928, 269-277; Nr. 8, 1928, 199-202; Nr. 9,
    1928, 175-177; Nr. 11, 1929, 170-173; Nr. 12, 1929,
    269-272; Nr. 14, 1929, 191-196; Nr. 16, 1930, 176-180.
KAUTSKY, K.--CORRESPONDENCE--F. ENGELS--1880-95.
    Lur'e, Kh., 1936, Nr. 2 (54), 69-81.
KAUTSKY, K.--CORRESPONDENCE--F. ENGELS--20 FEBRUARY 1889.
    Engel's, F., 1933, Nr. 2 (30), 41-46.
KAUTSKY, K.--CORRESPONDENCE--F. ENGELS--1895--DOCUMENT.
    Fridliand, TS., 1936, Nr. 2 (54), 82-89.

KAUTSKY, K.--PHILOSOPHY OF HISTORY--CRITIQUE.
      Mesin, F., Nr. 9, 1928, 145-159; Nr. 10, 1928,
      154-177.
KAUTSKY, K.--1903-14--INTERNATIONAL SOCIALISM.
      Ryklin, L., 1932, Nr. 3 (25), 11-36.
KAUTSKY, K.: KRIEG UND DEMOKRATIE. EINE HISTORISCHE
      UNTERSUCHUNG UND DARSTELLUNG IHRER WECHSELWIRKUNGEN
      IN DER NEUZEIT. 1. BUCH "REVOLUTIONSKRIEGE."
      BERLIN, 1932 (REVIEW).
      Lukin, N., 1933, Nr. 2 (30), 163-176.
KAUTSKY, K.: DIE MATERIALISTISCHE GESCHICHTSAUFFASSUNG.
      BERLIN, 1927 (REVIEW).
      Mesin, F., Nr. 9, 1928, 145-159; Nr. 10, 1928,
      154-177.
KAZAKHSTAN--HISTORY--SOVIET HISTORIOGRAPHY.
      Margulan, A., 1941, Nr. 6 (94), 153.
KAZAKHSTAN--HISTORY--1916-18.
      Brainin, S., Shafiro, Sh., 1934, Nr. 2 (36),
      76-88.
KAZAKHSTAN--HISTORY--1916--UPRISING.
      Brainin, S., Shafiro, Sh., 1933, Nr. 6 (34),
      27-50.
KAZAKHSTAN--HISTORY--1916--UPRISING--20TH ANNIVERSARY.
      O dvadtsatiletii vosstaniia..., 1936, Nr. 3
      (55), 197.
KAZANSKII UNIVERSITET--WORKS IN PROGRESS--1926-27.
      Korbut, M., Nr. 5, 1927, 283-284.
KAZANSKII UNIVERSITET. NAUCHNAIA BIBLIOTEKA.--HISTORY
      AND HOLDINGS.
      Nauchnaia biblioteka..., 1940, Nr. 2 (78), 172-173.
KAZANSKOE OBSHCHESTVO ARKHEOLOGII, ISTORII I ÉTNOGRAFII--
      50TH ANNIVERSARY.
      Piontkovskii, S., Nr. 11, 1929, 275-276.
KEHR, E.: SCHLACHTFLOTTENBAU UND PARTEIPOLITIK 1894-1901.
      BERLIN, 1930 (REVIEW).
      Khvostov, V., 1932, Nr. 1-2 (23-24), 184-187.
KEHR, P.F.--GERMAN HISTORIAN.
      Fashizatsiia istoricheskoi nauki..., 1936, Nr. 3
      (55), 199.
KELLER, H.R.: THE DICTIONARY OF DATES. V. I-II. NEW
      YORK, 1934 (REVIEW).
      M.,N., 1936, Nr. 2 (54), 169-170.
KERCHNAWE, H.: FELDMARSCHALL FÜRST WINDISCHGRAETZ UND
      DIE RUSSENHILFE 1848. INNSBRUCK, 1930 (REVIEW).
      Averbukh, R., 1933, Nr. 6 (34), 157-158.
KERCHNAWE, H.: DIE ÜBERWINDUNG DER ERSTEN WELTREVOLUTION.
      INNSBRUCK, 1932 (REVIEW).
      Averbukh, R., 1933, Nr. 6 (34), 157-158.
KERN, E.: STUDIEN ZUR GESCHICHTE DES AUGSBURGER KAUFMANNS-
      HAUSES DER HOCHSTÄTTER. ("ARCHIV FÜR KULTUR-
      GESCHICHTE," 1935, BD. XXVI, H. 2, 162-198) (REVIEW).
      Shuleikina, A., 1936, Nr. 2 (54), 151.

KERSTEN, K.: PETER DER GROSSE. VOM WESEN UND VON DEN
        URSACHEN HISTORISHCER GRÖSSE. AMSTERDAM, 1935
        (REVIEW).
        Osnos, IU., 1937, Nr. 2 (60), 165-167.
KERZHENTSEV, P.: ISTORIIA PARIZHSKOĬ KOMMUNY 1871 G.
        MOSCOW, 1940 (REVIEW).
        Molok, A., 1941, Nr. 3 (91), 125-129.
KHACHAPURIDZE, G.V.: BOR'BA ZA PROLETARSKUIU REVOLIUTSIIU
        V GRUZII 1917-1921 GG. N.P., 1936 (REVIEW).
        Makharadze, N., 1939, Nr. 5-6 (75-76), 253-255.
KHALDUN, IBN--1322-1406--"MUKADDAMA."
        Beliaev, E., 1940, Nr. 4-5 (80-81), 78-84.
KHARBI-SHURO--1917-20.
        Tarasov, A., 1940, Nr. 7 (83), 93-100.
KHAR'KOVSKIĬ GOS. UNIVERSITET--HISTORY--1805-1940--135TH
        ANNIVERSARY.
        Boĭko, I., Vich, K., 1940, Nr. 6 (82), 152-156.
KHAR'KOVSKIĬ GOS. UNIVERSITET. BIBLIOTEKA--GREEK, LATIN
        AND GERMAN MANUSCRIPT HOLDINGS.
        Kotsevalov, A., 1941, Nr. 3 (91), 151-153.
KHARLAMOVA, E.--EDITOR.
        Lenin o zapadnoevropeĭskom..., 1934, Nr. 1 (35),
        224-248.
KHARLAMPOVICH, K.V.: VOSSTANIE TURGAĬSKIKH KAZAK-KIRGIZOV,
        1916-17. KYZYL-ORDA, N.D. (REVIEW).
        Shatov, V., Nr. 4, 1927, 263-264.
KHARNSKIĬ, K.: IAPONIIA V PROSHLOM I NASTOIASHCHEM.
        VLADIVOSTOK, 1926 (REVIEW).
        Reĭkhberg, G., Nr. 3, 1927, 242-243.
KHARNSKIĬ, K.: KITAĬ S DREVNEĬSHIKH VREMEN DO NASHIKH
        DNEĬ. KHABAROVSK, 1927 (REVIEW).
        Reĭkhberg, V., Nr. 6, 1927, 294-295.
KHATAEVICH, M.--1920--"WORKERS' OPPOSITION"--SAMARA--
        DOCUMENT.
        Khataevich, M., 1935, Nr. 7 (47), 86-90.
KHIVINSKIĬ KHANSTVO.
        Ivanov, P., 1937, Nr. 3 (61), 220-222.
KHOJA, F. see KHOJA-OGHLI, F.
KHOJA-OGHLI, F.--YOUNG BUKHARANS--MEMOIRS.
        Faĭzulla-Khodzhaev, Nr. 1, 1926, 123-141.
KHOMIAKOV, A.S.--1839-80.
        Dmitriev, S., 1941, Nr. 1 (89), 85-97.
"KHOZIAĬSTVO KRUPNOGO FEODALA-KREPOSTNIKA XVII V"; MATERIALY
        PO ISTORII FEODAL'NO-KREPOSTNOGO KHOZIAĬSTVO, VYP. I.
        ("TRUDY ISTORIKO-ARKHEOGRAFICHESKOGO INSTITUTA,
        T. VIII. AN SSSR.) LENINGRAD, 1933 (REVIEW).
        Tikhomirov, B., 1933, Nr. 6 (34), 143-145.
"KHOZIAĬSTVO KRUPNOGO FEODALA-KREPOSTNIKA XVII VEKA."
        CH. 2. MOSCOW, 1936 (REVIEW).
        Bazilevich, K., 1937, Nr. 2 (60), 162-164.

"KHRESTOMATIIA PO ISTORII SSSR." T. 1.   SOST. V.I. LEBEDEV
    I DR. MOSCOW, 1937 (REVIEW).
        Sivkov, K., 1938, Nr. 1 (65), 137-138.
KHVOSTOV, M.M.: ISTORIIA DREVNEGO VOSTOKA; UCHEBNOE
    POSOBIE DLIA VUZOV. 2. IZD. POD RED. T. PRI-
    GOROVSKOGO. MOSCOW, 1927 (REVIEW).
        Lomakin, A., Nr. 4, 1927, 235-237.
KIEV--HISTORY--1884--STUDENT PROTESTS--K. MARX.
        Shcherba, F., 1941, Nr. 6 (94), 102.
KIEV--HISTORY--REVOLUTION OF 1917--OCTOBER.
        Gorodetskiĭ, E., 1937, Nr. 4 (62), 100-123.
KIEVAN RUS--ECONOMIC CONDITIONS--15TH-16TH C.--FEUDAL
    IMMUNITY.
        Tikhomirov, B., 1936, Nr. 3 (55), 3-25.
KIEVAN RUS--FEUDAL RELATIONS--10TH-11TH C.--TRIBUTE AND
    RENTS.
        IUshkov, S., 1936, Nr. 6 (58), 134-138.
KIEVAN RUS--HISTORY--SOURCES.
        Grekov, B., 1938, Nr. 4 (68), 10-19.
KIEVAN RUS--HISTORY--SOURCES.
        Priselkov, M., 1938, Nr. 6 (70), 112-133.
KIEVAN RUS--HISTORY--SOVIET HISTORIOGRAPHY--B.D. GREKOV.
        Diskussiia po dokladu..., 1939, Nr. 4 (74),
        191-194.
KIEVAN RUS--HISTORY--9TH-12TH C.--ORIGINS OF FEUDALISM--
    M.N. POKROVSKIĬ'S VIEWS.
        Grekov, B., 1937, Nr. 5-6 (63-64), 41-76.
KIEVAN RUS--HISTORY--10TH-11TH C.--CONVERSION TO CHRISTIANITY.
        Bakhrushin, S., 1937, Nr. 2 (60), 40-77.
KIEVAN RUS--ORIGINS--"NORMAN THEORY" see "NORMAN THEORY."
KIEVAN RUS--RELATIONS--BYZANTINE EMPIRE--10TH C.--
    TREATIES.
        Shangin, M., 1941, Nr. 2 (90), 114-115.
KIEVAN RUS--RELATIONS--VOLGA BULGARS--TREATY OF 1006--
    SOURCES.
        Martynov, M., 1941, Nr. 2 (90), 116-117.
KIEVAN RUS--SOCIAL CONDITIONS--11TH-12TH C.--SLAVERY--
    DOCUMENT.
        P'iankov, A., 1940, Nr. 3 (79), 136.
KIEVAN RUS--SOCIO-ECONOMIC CONDITIONS--9TH-11TH C.--
    SLAVERY--HISTORIOGRAPHY.
        Grekov, B., 1939, Nr. 4 (74), 134-143.
KIEVSKIĬ UNIVERSITET. IST. FAK.--WORK IN PROGRESS AND
    PUBLICATIONS--1940-41.
        O nauchnoĭ rabote..., 1941, Nr. 6 (94), 140-147.
KIN, D.: DENIKINSHCHINA. ISTPART TSK VKP(b). ISTORIIA
    GRAZHDANSKOĬ VOĬNY. POD RED. M.N. POKROVSKOGO.
    LENINGRAD, 1927 (REVIEW).
        Gukovskiĭ, A., Nr. 6, 1927, 288-289.
KIREEVSKIĬ, I.V.--1839-80.
        Dmitriev, S., 1941, Nr. 1 (89), 85-97.

KIRGHIZISTAN--HISTORY--1916.
    Shestakov, A.V., Nr. 2, 1926, 84-114.
KIRITESCU, C.: ISTORIA RĂZBOIULUI PENTRU INTREGIREA
    ROMÂNIEI, 1916-19. VOL. III. BUCUREŞTI, 1927
    (REVIEW).
    Kritsman, Z.L., 1932, Nr. 3 (25), 173-176.
KIROV, S.M.--OBITUARY.
    1935, Nr. 1 (41), 1-3.
KIROV, S.M.--1917-20--BOLSHEVIK ORGANIZATION IN NORTHERN
    CAUCASUS.
    Razgon, I., 1941, Nr. 2 (90), 49-59.
KIROV, S.M.--1919-20--DOCUMENTS.
    S.M. Kirov..., 1935, Nr. 1 (41), 53-59.
KIROV, S.M.: IZBRANNYE STAT'I I RECHI. MOSCOW, 1937
    (REVIEW).
    B.,S., 1938, Nr. 1 (65), 156-157.
KIROV, S.M.: STAT'I I RECHI. T. 1. 1912-1921. LENINGRAD,
    1935 (REVIEW).
    Razgon, I., 1936, Nr. 1 (53), 193-195.
KIRPOTIN, V.: RADIKAL'NYĬ RAZNOCHINETS D. I. PISAREV.
    LENINGRAD, 1929 (REVIEW).
    Gorev, B., Nr. 11, 1929, 203-204.
KIZEVETTER, A.A.
    Piontkovskiĭ, A., Nr. 18-19, 1930, 157-176.
KLEVENSKIĬ, M.M.: ISHUTINSKIĬ KRUZHOK I POKUSHENIE
    KARAKOZOVA. 2-OE POSMERTNOE IZD. MOSCOW, 1928
    (REVIEW).
    Koz'min, B., Nr. 10, 1928, 251.
KLIATSKIN, S.M.: ORGANIZATSIIA RABOCHE-KREST'IANSKOĬ
    KRASNOĬ ARMII V SSSR. (DISSERTATION) MOSCOW,
    1941.
    V Institute istorii..., 1941, Nr. 4 (92), 152-153.
KLIMOVICH, L.: ISLAM V TSARSKOĬ ROSSII. OCHERKI. MOSCOW,
    1936 (REVIEW).
    Tiuriakulov, N., 1936, Nr. 6 (58), 205-207.
KLIUCHEVSKIĬ, V.O.
    Piontkovskiĭ, A., Nr. 18-19, 1930, 157-176.
KLIUCHEVSKIĬ, V.O.--PHILOSOPHY OF HISTORY--M.N. POKROVSKIĬ'S
    CRITIQUE.
    Piontkovskiĭ, S., 1932, Nr. 6 (28), 85-99.
KLIUCHEVSKIĬ, V.O.: KURS RUSSKOĬ ISTORII. CH. 1-5.
    PEREIZD. MOSCOW, 1937 (REVIEW).
    Lebedev, V., 1938, Nr. 4 (68), 143-145.
KLOEBER, W.v.: VOM WELTKRIEG ZUR NATIONALEN REVOLUTION.
    DEUTSCHE GESCHICHTE, 1914-1933. MUNICH, 1933
    (PREVIEW).
    Lukin, N., 1934, Nr. 2 (36), 144-148.
"KNIGA DLIA CHTENIIA PO ISTORII NARODOV SSSR." (OBSHCHESTVO
    ISTORIKOV-MARKSISTOV PRI KOMMUNISTICHESKOĬ AKADEMII
    SSSR) POD OBSHCHEĬ RED. M.N. POKROVSKOGO. T. 1.
    MOSCOW, N.D. (REVIEW).
    Gaĭsinovich, A., Nr. 18-19, 1930, 218-221.

"KNIGA DLIA CHTENIIA PO ISTORII NOVOGO I NOVEĬSHEGO
        VREMENI." T. III. ÉPOKHA IMPERIALIZMA, 1871-1914;
        POD RED. G. ZAĬDELA I DR. N.P., N.D. (REVIEW).
        Slutskiĭ, A., Nr. 15, 1930, 144-152.
KNIZHNIK-VETROV, I.: PODGOTOVKA PARIZHSKOĬ KOMMUNY 1871 G.
        ("KATORGA I SSYLKA," NR. 3, 1931) (REVIEW).
        Kan, S., 1932, Nr. 3 (25), 142-164.
KNORIN, W.: O POLITICHESKIKH UROKAKH PIS'MA T. STALINA
        I ZADACHAKH ISTORICHESKOGO FRONTA (LECTURE)--
        OBSHCHESTVO ISTORIKOV-MARKSISTOV.
        Rezoliutsiia fraktsii Obshchestva..., 1932,
        Nr. 1-2 (23-24), 212-215.
KOKIEV, G.: OCHERKI PO ISTORII OSETII. CH. I. VLADI-
        KAVKAZ, 1926 (REVIEW).
        IAkovlev, N. IA., Nr. 5, 1927, 270-273.
KOLANKOWSKY, L.: PROBLEMA KRYMU W DZIEJACH JAGELLONSKICH.
        ("KWARTALNIK HISTORYCZNY," 1935, T. XLIX, NR. 3)
        (REVIEW).
        K.,F., 1936, Nr. 3 (55), 188.
KOLIUBAKIN, M.--1648.
        Novitskiĭ, G.A., 1934, Nr. 6 (40), 24-36.
KOLLONTAĬ, A.--VKP(b)--"RABOCHAIA OPPOZITSIIA"--1920-27.
        IAroslavskiĭ, E., 1935, Nr. 7 (47), 73-85.
KOLOKOLKIN, V., MONOSOV, S.: CHTO TAKOE TERMIDOR. MOSCOW,
        1928 (REVIEW).
        Molok, A., Nr. 8, 1928, 210-212.
KOLOMNA--ARCHAEOLOGICAL EXCAVATIONS--1935-36.
        Novye dokumenty i..., 1937, Nr. 1 (59), 199-200.
KOLOMNA. KRAEVEDCHESKIĬ MUZEĬ--WORK IN PROGRESS--1935-36.
        Novye dokumenty i..., 1937, Nr. 1 (59), 199-200.
"KOLONIAL'NAIA POLITIKA MOSKOVSKOGO GOSUDARSTVA V IAKUTII
        XVII V." SBORNIK DOKUMENTOV POD OBSHCHEĬ RED.
        IA. P. AL'KORA I B.D. GREKOVA. LENINGRAD, 1936
        (REVIEW).
        Tokarev, S., 1936, Nr. 3 (55), 160-162.
"KOLONIAL'NAIA POLITIKA ROSSIĬSKOGO TSARIZMA V AZERBAĬDZHANE
        V 20-60-X GG. XIX V." CH. 1. FEODAL'NYE OTNOSHENIIA
        I KOLONIAL'NYĬ REZHIM, 1827-1843 GG. MOSCOW, 1936
        (REVIEW).
        Sivkov, K., 1937, Nr. 3 (61), 187-190.
"KOLONIAL'NAIA POLITIKA TSARIZMA NA KAMCHATKE I CHUKOTKE
        V XVIII V." LENINGRAD, 1935 (REVIEW).
        K.,G., 1936, Nr. 3 (55), 184.
KOMISSIIA PO ISTORII OKTIABRSKOĬ REVOLIUTSII I RKP(b)
        see ISTPART.
KOMITET NEZAMOZHNYKH SELIAN see KNS.
KOMITETY BEDNOTY see COMMITTEES OF THE POOR.
KOMMUNISTICHESKAIA AKADEMIIA see KA.
"KOMMUNISTICHESKAIA MYSL'" (JOURNAL) (REVIEW).
        Shestakov, A., Nr. 5, 1927, 230-238; Nr. 6, 1927,
        264-267; Nr. 7, 1928, 269-277.

KOMMUNISTICHESKAIA PARTIIA GRUZII see KPG.
KOMMUNISTICHESKAIA PARTIIA SOVETSKOGO SOIUZA see KPSS.
KOMMUNISTICHESKII INTERNATSIONAL see also COMINTERN.
"KOMMUNISTICHESKII INTERNATSIONAL I VOINA." DOKUMENTY I
    MATERIALY O BOR'BE KOMINTERNA PROTIV IMPERIALISTI-
    CHESKOI VOINY I V ZASHCHITU SSSR. MOSCOW, 1928
    (REVIEW).
        Mamet, L., Nr. 9, 1928, 200-202.
"KOMMUNISTICHESKII INTERNATSIONAL V DOKUMENTAKH." SERIIA
    BROSHIUR POD RED. V. ADORATSKOGO I DR. MOSCOW, 1934
    (REVIEW).
        Rubinshtein, E., 1935, Nr. 2-3 (42-43), 144-146.
KOMMUNISTICHESKII UNIVERSITET TRUDIASHCHIKHSIA VOSTOKA
    see KUTV.
KOMMUNISTISCHE PARTEI DEUTSCHLANDS see KPD.
KOMUNISTYCZNA PARTJA POLSKI see KPP.
KON, F.:   POD ZNAMENEM REVOLIUTSII (VOSPOMINANIIA).
    KHAR'KOV, 1926 (REVIEW).
        Fedorchenko, L.S., Nr. 1, 1926, 311-312.
KONDRATEV, N.D.--POLITICAL AND ECONOMIC VIEWS.
        Kin, D., Nr. 21, 1931, 19-37.
KONKURS NA SHKOL'NOE ISTORICHESKOE SOCHINENIE--MGU--1940.
        Konkurs na shkol'noe..., 1941, Nr. 4 (92), 157-158.
"KONTRNASTUPLENIE ANTANTA NA ZAPADNOM FRONTE V 1918 GODU."
    (18 IIULIA-7 AVGUSTA) FRANTSUZSKII GENERAL'NYI
    SHTAB. MOSCOW, 1936 (REVIEW).
        Notovich, F., 1937, Nr. 3 (61), 156-164.
KÖPPEN, K.F.--CORRESPONDENCE--K. MARX--DOCUMENT.
        Pis'mo K.F. ..., 1940, Nr. 8 (84), 85-86.
KÖPPEN, K.F.--GERMAN HISTORIOGRAPHY--VIEWS.
        Zandberg, D., Shvets, K., 1940, Nr. 8 (84), 67-71.
KÖPPEN, K.F.:: BERLINSKIE ISTORIKI ("ISTORIK-MARKSIST,"
    1940, Nr. 8 (84), 72-84) (REVIEW).
        Zandberg, D., Shvets, K., 1940, Nr. 8 (84), 67-71.
KÖPPEN, P.:   NADVODNYE KORABLI I IKH TEKHNIKA V VOINU
    1914-1918 GODOV. PEREVOD S NEMETS. MOSCOW,
    1937 (REVIEW).
        Novikov, N., 1938, Nr. 5 (69), 217-219.
KÖPPEN, P.:   DIE UEBERWASSERSTREITKRÄFTE UND IHRE TECHNIK.
    BERLIN, 1930 (REVIEW).
        Novikov, N., 1938, Nr. 5 (69), 217-219.
KORBUT, M.:   KAZANSKII GOSUDARSTVENNYI UNIVERSITET IM.
    V.I. UL'IANOVA LENINA ZA 120 LET, 1804/05-1929/30
    GG.   T. I-II.   KAZAN', 1930 (REVIEW).
        Semenov, V., Nr. 20, 1930, 192-194.
KORBUT, M.:   RABOCHEE ZAKONODATEL'STVO V 3 I 4 GOSUDARSTVENNOI
    DUME--VSESOIUZNAIA KONFERENTSIIA ISTORIKOV-
    MARKSISTOV. MOSCOW, DECEMBER, 1928.
        Vsesoiuznaia konferentsiia..., Nr. 11, 1929, 216-265.
KORNEV, N.:   PRINTSY I PRIKAZCHIKI MARIANNY. MOSCOW, 1935
    (REVIEW).
        V.,D., 1935, Nr. 11 (51), 120-121.

KORNILOVSHCHINA--1917.
     Mints, I., Eĭdeman, R., 1934, Nr. 1 (35), 53-98.
KOROBOV, S.A.: OCHERKI ISTORII REVOLIUTSIONNOGO DVIZHENIIA
     V RABOCHEM POSELKE IURINO, MARIĬSKOĬ AVTONOMNOĬ
     OBLASTI. IOSHKAR-OLA, 1935 (REVIEW).
     V.,N., 1937, Nr. 1 (59), 183.
KOROL'CHUK, É.: PETERBURGSKIĬ "SOIUZ BOR'BY ZA OSVOBOZHDENIE
     RABOCHEGO KLASSA." LENINGRAD, 1940 (REVIEW).
     Ch.,O., 1941, Nr. 5 (93), 126.
KOSMINSKIĬ, E.A.: ANGLIĬSKAIA DEREVNIA V XIII VEKE.
     MOSCOW, 1935 (REVIEW).
     Semenov, V., 1937, Nr. 3 (61), 206-209.
KOSMINSKIĬ, E.A.: MESTO ANGLIĬSKOĬ REVOLIUTSII VO VSE-
     MIRNOĬ ISTORII (K 300-LETIIU ANGLIĬSKOĬ REVOLIUTSII)
     (LECTURE) MOSCOW, 1940.
     P.,I., 1940, Nr. 2 (88), 130-132.
KOSMINSKIĬ, E.A., PETRUSHEVSKIĬ, D.M.: ANGLIĬSKAIA
     DEREVNIA V XIII-XIV VV. I VOSSTANIE YOTA TAĬLORA.
     MOSCOW, 1935 (REVIEW).
     Semenov, V., 1937, Nr. 1 (59), 175-176.
KOSMINSKIĬ, E.A., UDAL'TSOV, A.D. (ED.): SOTSIAL'NAIA
     ISTORIIA SREDNEVEKOV'IA. T. I. RANNEE SREDNEVEKOV'E.
     T. II. DEREVNIA I GOROD POZDNEGO SREDNEVEKOV'IA.
     MOSCOW, 1927 (REVIEW).
     Preobrazhenskiĭ, V.D., Nr. 6, 1927, 268-271.
KOSSUTH, L.--1849--EXILE.
     Baraboĭ, A., 1941, Nr. 6 (94), 100-102.
KOTS, E.S.: KREPOSTNAIA INTELLIGENTSIIA. LENINGRAD,
     1926 (REVIEW).
     Nechkina, M., Nr. 3, 1927, 222-225.
KOVALEV, S.I.: ISTORIIA ANTICHNOGO OBSHCHESTVA GRETSIIA.
     2. ED. LENINGRAD, 1937 (REVIEW).
     Zhebelev, S., 1937, Nr. 5-6 (63-64), 221-223.
KOVALEVSKIĬ, A.--SOVIET HISTORIAN.
     Kovalevskiĭ, A., 1937, Nr. 1 (59), 197-198.
KOVALEVSKIĬ, M.--FRENCH MANUFACTURES--18TH C.
     Dalin, V., Nr. 14, 1929, 68-116.
KOVALEVSKIĬ, M.: OCHERK PROISKHOZHDENIIA I RAZVITIIA
     SEM'I I SOBSTVENNOSTI. PEREVOD S FRANTS. MOSCOW,
     1939 (REVIEW).
     Tomara, M., 1940, Nr. 6 (82), 120-121.
KOZHEVNIKOV, V.: VELIKAIA KREST'IANSKAIA VOĬNA V GERMANII.
     MOSCOW, 1925 (REVIEW).
     Fridliand, TS., Nr. 2, 1926, 280-282.
KOZ'MIN, B.P.: REVOLIUTSIONNOE PODPOL'E V ÉPOKHU "BELOGO
     TERRORA." MOSCOW, 1929 (REVIEW).
     Gorev, B., Nr. 13, 1929, 253-254.
KOZ'MIN, B.P.: S.V. ZUBATOV I EGO KORRESPONDENTY. MOSCOW,
     1928 (REVIEW).
     Aĭnzaft, S., Nr. 9, 1928, 192-193.
KOZ'MIN, N.N.: K VOPROSU O TURETSKO-MONGOL'SKOM FEODALIZME.
     MOSCOW, 1934 (REVIEW).
     Smirnov, N., 1935, Nr. 2-3 (42-43), 140-143.

KOZODOEV, I.: POLITIKA TSEN DONETSKIKH MONOPOLII.
(DISSERTATION) MOSCOW, 1940.
P.,K., 1941, Nr. 4 (92), 151-152.
KRACHKOVSKIĬ, I.IU.--SOVIET HISTORIAN.
Kovalevskiĭ, A., 1937, Nr. 1 (59), 197-198.
"KRAEVEDEME V RUKAKH BURZHUAZNYKH UCHENYKH. MOSKOVSKIĬ
KRAĬ V EGO PROSHLOM"; OCHERKI PO SOTSIAL'NOĬ I'
ĖKONOMICHESKOĬ ISTORII XVI-XIX VEKOV. POD RED.
S.V. BAKHRUSHINA ("TRUDY O-VA IZUCHENIIA MOSKOVSKOĬ
GUB.," VYP. 1) MOSCOW, N.D. (REVIEW).
Zel'tser, V., Nr. 10, 1928, 246-251.
"KRAKH GERMANSKOĬ OKKUPATSII NA UKRAINE." POD RED.
M. GOR'KOGO, I. MINTSA, R. ĔIDENMANA. MOSCOW,
1936 (REVIEW).
Gukovskiĭ, A., 1936, Nr. 6 (58), 176-184.
KRAMOL'NIKOV, G.I.: KONFERENTSIIA BOL'SHEVIKOV V TAMMERFORSE
11-17 DEKABRIA 1905 G.--VSESOIUZNAIA KONFERENTSIIA
ISTORIKOV-MARKSISTOV, MOSCOW, DECEMBER, 1928.
Vsesoiuznaia konferentsiia..., Nr. 12, 1929, 300-338.
KRASIL'NIKOV, S.: BOEVYE DEĬSTVIIA PARIZHSKOĬ KOMMUNY.
MOSCOW, 1935 (REVIEW).
K.,S., 1935, Nr. 10 (50), 154-156.
KRASNAIA ARMIIA see RED ARMY.
KRASNAIA GVARDIIA see RED GUARDS.
"KRASNAIA LETOPIS'" (JOURNAL) (REVIEW).
Shestakov, A.V., Nr. 1, 1926, 302-305; Nr. 2,
1926, 268-270; Nr. 3, 1927, 201-207; Nr. 4, 1927,
223-228; Nr. 6, 1927, 264-267; Nr. 7, 1928, 269-277;
Nr. 9, 1928, 175-177; Nr. 11, 1929, 170-173; Nr. 12,
1929, 269-272; Nr. 14, 1929, 191-196; Nr. 16,
1930, 176-180.
KRASNODARSKIĬ PED. INST. IST. FAK.--WORK IN PROGRESS AND
PUBLICATIONS--1940.
Ivanov, IU., 1941, Nr. 4 (92), 150-151.
KRASNYĬ, S.M.--OBITUARY.
Kuniskiĭ, S., Nr. 20, 1930, 65-67.
"KRASNYĬ ARKHIV" (JOURNAL) (REVIEW).
Mints, I., Nr. 12, 1929, 272-274.
"KRASNYĬ ARKHIV" (JOURNAL) (REVIEW).
Morokhovets, E., et al., 1937, Nr. 5-6 (63-64),
174-180.
"KRASNYĬ ARKHIV" (JOURNAL) (REVIEW).
Shestakov, A.V., Nr. 1, 1926, 302-305; Nr. 2,
1926, 268-270; Nr. 3, 1927, 196-199; Nr. 4, 1927,
223-228; Nr. 5, 1927, 230-238; Nr. 6, 1927, 264-267;
Nr. 7, 1928, 269-277; Nr. 8, 1928, 199-202; Nr. 9,
1928, 175-177; Nr. 11, 1929, 170-173.
"KRATKIĬ KURS ISTORII SSSR"--TEXTBOOK--A. SHESTAKOV'S
CRITIQUE.
Shestakov, A., 1937, Nr. 3 (61), 85-98.

"KREPOSTNAIA MANUFAKTURA V ROSSII"; MATERIALY PO ISTORII
    EKONOMICHESKOGO RAZVITIIA ROSSII. POD RED. M.N.
    POKROVSKOGO. CH. I, II. LENINGRAD, 1930-31
    (REVIEW).
        Tikhomirov, B., 1932, Nr. 3 (25), 186-189.
"KREPOSTNAIA MANUFAKTUA V ROSSII." CH. IV. SOTSIAL'NYĬ
    SOSTAV RABOCHIKH V PERVOĬ POLOVINE XVIII V.
    LENINGRAD, 1934 (REVIEW).
        Zel'tser, V., 1934, Nr. 5 (39), 86-94.
"KREPOSTNAIA MANUFAKTURA V ROSSII." CH. V. MOSKOVSKIĬ
    SUKONNYĬ DVOR. ("TRUDY ISTORIKO-ARKHEOGRAFICHESKOGO
    INST." T. XIII.) LENINGRAD, 1934 (REVIEW).
        Novitskiĭ, G., 1935, Nr. 2-3 (42-43), 156-157.
"KRESTIANSKIE NATSIONAL'NYE DVIZHENIIA NAKANUNE OBRAZOVANIIA
    ROSSIĬSKOĬ IMPERII: BULAVINSKOE VOSSTANIE, 1707-08
    GG." ("TRUDY ISTORIKO-ARKHEOGRAFICHESKOGO INSTITUTA
    AN SSSR") MOSCOW, 1935 (REVIEW).
        Speranskiĭ, A., 1935, Nr. 11 (51), 119-120.
"KREST'IANSKOE DVIZHENIE 40-X--60-X GODOV V ROSSII V SVETE
    MATERIALOV III OTDELENIIA I KORPUSA ZHANDARMOV"
    see TSENTR-ARKHIV. KREST'IANSKOE DVIZHENIE
    1827-1869 GG.
"KRESTOMATIIA PO SOTSIAL'NO-ĖKONOMICHESKOĬ ISTORII EVROPY
    V NOVOE I NOVEĬSHEE VREMIA." POD RED. V.P. VOLGINA.
    MOSCOW, 1929 (REVIEW).
        Fridliand, TS., Nr. 11, 1929, 184-187.
KRIEBEL, H.: FELDMARSCHALL FÜRST WINDISCHGRÄTZ, 1789-1862.
    INNSBRUCK, 1929 (REVIEW).
        Averbukh, R., 1933, Nr. 6 (34), 157-158.
KRIEBEL, H.: ÜBER DIE BEZWINGUNG INNERER UNRUHEN NACH
    DEN ERFAHRUNGEN DER GESCHICHTE IN DER ERSTEN
    HÄLFTE DES XIX.JAHRHUNDERTS. INNSBRUCK, 1929
    (REVIEW).
        Averbukh, R., 1933, Nr. 6 (34), 157-158.
"DIE KRIEGSSCHULDFRAGE." (JOURNAL) (REVIEW).
        Notovich, F., 1939, Nr. 2 (72), 142-155.
KRIVTSOV, S.S.: METODIKA I METODOLOGIIA ISTORII--
    VSESOIUZNAIA KONFERENTSIIA ISTORIKOV-MARKSISTOV.
    MOSCOW, DECEMBER, 1928.
        Vsesoiuznaia konferentsiia..., Nr. 12, 1929,
        300-333.
KRIVTSOV, S.S.: POSTANOVKA METODIKI ISTORII V VUZAKH--
    VSESOIUZNAIA KONFERENTSIIA ISTORIKOV-MARKSISTOV,
    MOSCOW, DECEMBER, 1928.
        Vsesoiuznaia konferentsiia..., Nr. 12, 1929,
        300-333.
KUBAN RIVER--ARCHAEOLOGICAL EXCAVATIONS--1936.
        Novye dokumenty i..., 1937, Nr. 1 (59), 199-200.
KUBANIN, M.: MAKHNOVSHCHINA. ISTPART. OTDEL. PO IZUCHENIIU
    ISTORII OKTIABR'SKOĬ REVOLIUTSII I BKP(b). ISTORIIA
    GRAZHDANSKOĬ VOĬNY. LENINGRAD, 1927 (REVIEW).
        Kizrin, I., Nr. 6, 1927, 291-294.

KUBANSKAIA OBLAST'--HISTORY--MID 19TH C.
    Likhnitskiĭ, N., 1934, Nr. 6 (40), 3-23.
KÜCK, H.: DIE GÖTTINGER SIEBEN; IHRE PROTESTATION UND
    IHRE ENTLASSUNG IM JAHRE 1837 ("HISTORISCHE
    STUDIEN," H. 258, BERLIN, 1934) (REVIEW).
    M.,IU., 1936, Nr. 5 (57), 189.
KUDRIAVTSEV,A.E.: ISPANIIA V SREDNIE VEKA. LENINGRAD,
    1937 (REVIEW).
    Ditiakin, V., 1938, Nr. 4 (68), 172-175.
KUDRIAVTSEV, A. U.
    Grekov, B., 1933, Nr. 6 (34), 166.
KUDRIAVTSEV, F.: ISTORIIA BURIAT-MONGOL'SKOGO NARODA.
    MOSCOW, 1940 (REVIEW).
    Bakhrushin, S., 1941, Nr. 4 (92), 121-124.
KUGEL', R.E.: ITALO-TURETSKAIA VOĬNA 1911-1912 GG.
    (DISSERTATION) MOSCOW, 1941.
    V Institute istorii..., 1941, Nr. 4 (92), 152-153.
KUĬBYSHEV, V.V.--DOCUMENTS.
    Novye dokumenty i..., 1937, Nr. 1 (59), 199-200.
KUĬBYSHEV, V.V.--MEMORIAL EXHIBIT--MUZEĬ REVOLIUTSII
    UZBEKSKOĬ SSR.
    Po nauchnym uchrezhdeniiam..., 1937, Nr. 2 (60),
    190.
KUĬBYSHEV, V.V.--OBITUARY.
    IAroslavskiĭ, E., 1935, Nr. 2-3 (42-43), 3-12.
KUĬBYSHCHEV, V.V.: ÉPIZODY MOEĬ ZHIZNI. MOSCOW, 1935
    (REVIEW).
    Kin, D., 1935, Nr. 11 (51), 116-117.
KUKULJEVICS, J.: DIE GESTALTUNG DER VIEHZUCHT PANNONIAS
    VON DER REGIERUNG DER RÖMER BIS MARIA-THERESIA
    ("DEUTSCHE LANDWIRTSCHAFTLICHE TIERZUCHT," NR. 39,
    NR. 40, 1936) (REVIEW).
    K.,F., 1937, Nr. 2 (60), 187.
KULAKS--RUSSIA--1905-07--OPPOSITION BY RURAL PROLETARIAT--
    DOCUMENTS.
    Bor'ba derevenskoĭ bednoty..., 1936, Nr. 1 (53),
    116-132.
KULAKS--RUSSIA--REVOLUTION OF 1917--REDISTRIBUTION OF
    AGRICULTURAL INVENTORY.
    Kubanin, M., Nr. 7, 1928, 18-35.
KULAKS--SOVIET RUSSIA--UDMURT AUTONOMOUS REGION--1918--
    IZHEVSK UPRISING.
    Maksimov, V., 1932, Nr. 4-5 (26-27), 109-162.
KULISHER, I.I.: OCHERK ÉKONOMICHESKOĬ ISTORII DREVNEĬ
    GRETSII. LENINGRAD, 1925 (REVIEW).
    Prigorovskiĭ, G.M., Nr. 2, 1926, 285.
KULISHER, I.M.: ISTORIIA RUSSKOGO NARODNOGO KHOZIAĬSTVA.
    T. I-II. MOSCOW, 1925 (REVIEW).
    Liashchenko, P., Nr. 3, 1927, 225-226.

"KULTURWISSENSCHAFTLICHE BIBLIOGRAPHIE ZUM NACHLEBEN
    DER ANTIKE." DIE ERSCHEINUNGEN DES JAHRES 1931.
    HRSG. BIBLIOTHEK WARBURG. LEIPZIG, 1934 (REVIEW).
    P.,G., 1937, Nr. 1 (59), 187.
KUMACH, I., KALIUTA, F.: V AKMOLINSKIKH STEPIAKH. ALMA-
    ATA, 1936 (REVIEW).
    Z.,A., 1936, Nr. 6 (58), 236-237.
KUN, N.A.--OBITUARY.
    O.,M., 1941, Nr. 4 (92), 155-156.
KUNISKIĬ, S.: OTKLIKI PARIZHSKOĬ KOMMUNY V ROSSII.
    (DISSERTATION) MOSCOW, 1940.
    O.,M., 1940, Nr. 12 (88), 138-140.
KUNISKIĬ, S., POZNIAKOV, V.: OBSHCHINNYE ZEMLI V ĖPOKHU
    VELIKOĬ FRANTSUZSKOĬ REVOLIUTSII. POD RED. I
    SO VSTUP. STAT'EĬ N.M. LUKINA. MOSCOW, 1927
    (REVIEW).
    Krasnyĭ, S., Nr. 4, 1927, 253-255.
KUNKL', A.A.: KRUZHOK DOLGUSHINTSEV. MOSCOW, 1927
    (REVIEW).
    Angarskiĭ, V.V., Nr. 5, 1927, 251-252.
KUPER, S.A.: VOĬNA 1914-1917 GODY NA ZAVODE "KRASNAIA
    ZARIA." LENINGRAD, 1935 (REVIEW).
    O.,IU., 1936, Nr. 5 (57), 181-182.
KUPRIASHKIN, T., SAMARKIN, V.: 1917 GOD V MORDOVII.
    SARANSK, 1939 (REVIEW).
    IAkovlev, A., 1941, Nr. 1 (89), 124-125.
KURSK--HISTORY--1648--UPRISING.
    Novitskiĭ, G.A., 1934, Nr. 6 (40), 24-36.
KURTS, P.: RUSSKO-KITAĬSKIE SNOSHENIIA V XVI, XVII, I
    XVIII STOLETIIAKH. N.P., 1929 (REVIEW).
    Reĭkhberg, G., Nr. 11, 1929, 212.
KUSHNER, P. (KNYSHOV): GORNAIA KIRGIZIIA SOTSIOLOGICHESKAIA
    RAZVEDKA. MOSCOW, 1929 (REVIEW).
    Galuzo, P., Nr. 14, 1929, 209-210.
KUSHNER, P. (KNYSHEV): OCHERK RAZVITIIA OBSHCHESTVENNYKH
    FORM; UCHEBNOE POSOBIE DLIA KOMVUZOV, VUZOV I
    SOVPARTSHKOL. 3. IZD. MOSCOW, 1927 (REVIEW).
    Gukovskiĭ, A., Nr. 4, 1927, 233-235.
KUTUZOV, M.I.--MILITARY STRATEGY--BATTLE OF BORODINO.
    Kan, B., 1941, Nr. 3 (91), 108-114.
KUZ'MIN, D.: NARODOVOL'CHESKAIA ZHURNALISTIKA. MOSCOW,
    1930 (REVIEW).
    Anatol'ev, P., Nr. 21, 1931, 128-132.
KZYL-ORDYNSKIĬ PED. INST. KAFEDRA ISTORII--WORK IN PROGRESS
    AND PUBLICATIONS--1939-40.
    Noskov, M., 1941, Nr. 2 (90), 145-146.

L.

LGU. IST. FAK. KAFEDRA ISTORII SSSR--WORK IN PROGRESS
         AND PUBLICATIONS--1939-40.
         Zakharenko, A., 1941, Nr. 2 (90), 140-142.
LGU. IST. FAK. KAFEDRA NOVOĬ ISTORII--WORK IN PROGRESS
         AND PUBLICATIONS--1940.
         Briunin, V., 1941, Nr. 2 (90), 140-142.
LGU. NAUCHNAIA BIBLIOTEKA--HISTORY AND HOLDINGS.
         Korel', I., 1941, Nr. 2 (90), 143-145.
LIFLI. IST. FAK.--WORK IN PROGRESS--1934-35--CRITIQUE.
         Grave, B., 1935, Nr. 8-9 (48-49), 237-240.
LKP (LATVIA)--HISTORY--1919-33--TSITRON-STRAUTIN'S VIEWS--
         CRITIQUE.
         Krumin, IA., 1933, Nr. 5 (33), 67-79.
LSDSP--1905-07.
         Dauge, P., 1940, Nr. 11 (87), 35-75.
LABOR AND LABORING CLASSES--CATHOLIC CHURCH--DOCTRINE--
         1848-1939.
         Polak, K., 1939, Nr. 4 (74), 119-133.
LABOR AND LABORING CLASSES--FRANCE--17TH-18TH C.--UPRISINGS.
         Porshnev, B., 1939, Nr. 4 (74), 85-93.
LABOR AND LABORING CLASSES--FRANCE--18TH C.--CHAMPAGNE.
         Skazkin, S., 1936, Nr. 2 (54), 22-43.
LABOR AND LABORING CLASSES--FRANCE--1902-13--TEXTILE
         WORKERS.
         Dalin, V., 1933, Nr. 3 (31), 31-44.
LABOR AND LABORING CLASSES--HUNGARY--1890-1900--AGRICULTURAL
         WORKERS.
         Santo, B., 1941, Nr. 6 (94), 47-59.
LABOR AND LABORING CLASSES--HUNGARY--1918-19--COMMUNE.
         Lebovich, M., 1935, Nr. 7 (47), 48-72.
LABOR AND LABORING CLASSES--RUSSIA--17TH-18TH C.--BOOK
         REVIEW.
         Zel'tser, V., 1934, Nr. 5 (39), 86-94.
LABOR AND LABORING CLASSES--RUSSIA--LATE 17TH C.--SMOLENSK
         DISTRICT--IRON WORKERS--DOCUMENTS.
         Kazennye zheleznye "rudni" ..., 1935, Nr. 1 (41),
         60-81.
LABOR AND LABORING CLASSES--RUSSIA--1765--BAKHMUT AND TOR
         STRIKES.
         Cherkasskaia, E., 1940, Nr. 11 (87), 109-111.
LABOR AND LABORING CLASSES--RUSSIA--1910-16--STRIKES.
         Molodtsov, V., 1940, Nr. 9 (85), 127-129.
LABOR MOVEMENTS--FRANCE--1915-18.
         Gorev, B., 1934, Nr. 4 (38), 38-48.
LABOR MOVEMENTS--GERMANY--1914-15.
         Kogan-Bernshteĭn, F., 1934, Nr. 4 (38), 6-37.
LABOR MOVEMENTS--GREAT BRITAIN--MID 19TH-EARLY 20TH C.--
         V.I. LENIN'S INTERPRETATION.
         Lur'e, Kh., 1934, Nr. 1 (35), 147-172.

LABOR MOVEMENTS--RUSSIA--LATE 19TH C.--M.N. POKROVSKIĬ'S
ANALYSIS.
Pokrovskiĭ, M.N., 1933, Nr. 3 (31), 73-78.
LABOR MOVEMENTS--RUSSIA--1870-80--STRIKES.
Nevskiĭ, V., Nr. 4, 1927, 125-178.
LABOR MOVEMENTS--RUSSIA--1912-14--DUMA IV--DOCUMENTS.
Pis'ma rabochikh v..., 1937, Nr. 2 (60), 123-142.
LABOR MOVEMENTS--RUSSIA--1917.
IUgov, M., Nr. 5, 1927, 172-183.
LABOR MOVEMENTS--RUSSIA--FEBRUARY-OCTOBER 1917.
Dobrotvor, N., 1932, Nr. 4-5 (26-27), 37-71.
LABOR MOVEMENTS--USA--1860-92--F. ENGELS.
Zubok, L., 1936, Nr. 2 (54), 44-68.
"LABORATORNYĬ PLAN V PREPODAVANII ISTORII." SBORNIK
STATEĬ POD RED. E.L. BRIUNNELI. VYP. 2. ISTORIIA.
MOSCOW, 1927 (REVIEW).
Mamet, L., Nr. 3, 1927, 243-244.
LACOUR-GAYET, G.: TALLEYRAND, 1754-1838. T. IV. PARIS,
1934 (REVIEW).
Starosel'skaia, O., 1936, Nr. 4 (56), 133-136.
"LADO KETSKHOVELI, 1876-1903." SBORNIK POD RED. L. BERIIA
I G. BROĬDO. MOSCOW, 1938 (REVIEW).
Riabov, N., 1938, Nr. 4 (68), 162-163.
LADOKHA, G.: RAZINSHCHINA I PUGACHEVSHCHINA. MOSCOW,
1928 (REVIEW).
Berkman, I., Nr. 9, 1928, 187-188.
LAEHR, G.: DIE ANFÄNGE DES RUSSISCHEN REICHES. POLITISCHE
GESCHICHTE IM 9. UND 10. JAHRHUNDERT. BERLIN,
1930 (REVIEW).
Trotskiĭ, I., Nr. 16, 1930, 185-186.
LAHN, V.: KLASSY I PARTII V SSHA. OCHERKI PO ĖKONOMICHESKOĬ
I POLITICHESKOĬ ISTORII SSHA. 2. ED. MOSCOW,
1937 (REVIEW).
Zinich, S., 1938, Nr. 4 (68), 185-190.
LAIR, M.: JAURÈS ET L'ALLEMAGNE. PARIS, 1935 (REVIEW).
Militsyna, T., 1937, Nr. 5-6 (63-64), 251-254.
LAKAZ, L.: CHETYRE GODA RAZVEDYVATEL'NOĬ RABOTY, 1914-18.
MOSCOW, 1937 (REVIEW).
Kazarin, A., 1938, Nr. 1 (65), 167-169.
LAMANSKIĬ, V.I.--SLAVIC STUDIES.
Picheta, V., 1941, Nr. 3 (91), 36-62.
LAMARCK, J.B.
Starosel'skaia, O., 1939, Nr. 3 (73), 109-135.
LAMER, H.: NACHKOMMEN DES DICHTERS HORAZ. ("PHILOLOGISCHE
WOCHENSCHRIFT," 1936, NR. 14, APRIL)(REVIEW).
P.,G., 1936, Nr. 3 (55), 184.
LAMUTS--17TH-18TH C.
Zolotarev, A., 1938, Nr. 2 (66), 63-88.
LAND REFORMS--RUSSIA--1917-18--REDISTRIBUTION OF AGRICULTURAL
INVENTORY.
Kubanin, M., Nr. 7, 1928, 18-35.

LAND TENURE see also AGRICULTURE.
LAND TENURE--ADYGEĬA--MID 19TH C.
  Likhnitskiĭ, N., 1934, Nr. 6 (40), 3-23.
LAND TENURE--CENTRAL ASIA--14TH-15TH C.--SUIURGAL.
  Belenitskiĭ, A., 1941, Nr. 4 (92), 43-58.
LAND TENURE--ENGLAND--17TH C.--"PRIMARY ACCUMULATION."
  Arkhangel'skiĭ, S., 1932, Nr. 6 (28), 100-113.
LAND TENURE--ENGLAND--MID 17TH C.
  Arkhangel'skiĭ, S.I., 1934, Nr. 5 (39), 3-17.
LAND TENURE--ENGLAND--1643-60.
  Arkhangel'skiĭ, S., 1935, Nr. 5-6 (45-46), 142-149.
LAND TENURE--ENGLAND--1649-60--SALE OF CROWN LANDS.
  Arkhangel'skiĭ, S., 1937, Nr. 2 (60), 92-114.
LAND TENURE--FRANCE--LATE 18TH C.--G. LEFEBVRE--BOOK REVIEW.
  Lukin, N., 1933, Nr. 6 (34), 120-128.
LAND TENURE--GERMANY--1918--POLITICAL PROGRAMS.
  Lenchner, S., 1941, Nr. 3 (91), 63-80.
LAND TENURE--IRAN--3RD-20TH C.
  Tardov, V., 1937, Nr. 3 (61), 62-84.
LAND TENURE--IRAN--14TH-15TH C.--SUIURGAL.
  Belenitskiĭ, A., 1941, Nr. 4 (92), 43-58.
LAND TENURE--JAPAN--1600-1868.
  Plyshevskiĭ, I., 1938, Nr. 1 (65), 44-73.
LAND TENURE--KIEVAN RUS--10TH-11TH C.--TRIBUTE AND RENTS.
  IUshkov, S., 1936, Nr. 6 (58), 134-138.
LAND TENURE--KIEVAN RUS--15TH-16TH C.--FEUDAL IMMUNITY.
  Tikhomirov, B., 1936, Nr. 3 (55), 3-25.
LAND TENURE--RUSSIA--1648--KURSK UPRISING.
  Novitskiĭ, G.A., 1934, Nr. 6 (40), 24-36.
LAND TENURE--RUSSIA--19TH C.--BARSHCHINA AND OBROK.
  Zak, I., Nr. 17, 1930, 51-68.
LAND TENURE--RUSSIA--1848-56.
  Drozdov, P., 1935, Nr. 5-6 (45-46), 67-87.
LAND TENURE--RUSSIA--1895-1905--BASHKIRIA.
  Raĭmov, R., 1939, Nr. 5-6 (75-76), 212-226.
LAND TENURE--RUSSIA--DON REGION--1818-20.
  Ignatovich, I., 1935, Nr. 2-3 (42-43), 99-121.
LAND TENURE--RUSSIA--NORTHERN TERRITORY--15TH C.
  Gudoshnikov, M., 1937, Nr. 2 (60), 115-122.
LAND TENURE--TURKESTAN--8TH-19TH C.
  Khodorov, A., Nr. 10, 1928, 121-153.
LAND TENURE--USA--1862--HOMESTEAD ACT.
  Efimov, A., 1934, Nr. 3 (37), 59-82.
LANDAUER, G.: PIS'MA O FRANTSUZSKOĬ REVOLIUTSII. PER.
  S NEMETS. S PREDISL. I. BORODINA. T. I-II.
  MOSCOW, 1925 (REVIEW).
  Vasiutinskiĭ, A., Nr. 3, 1927, 236-238.
LANDRY, A.: QUELQUES APERÇUS CONCERNANT LA DÉPOPULATION
  DANS L'ANTIQUITÉ GRÉCO-ROMAINE ("REVUE HISTORIQUE,"
  JAN.-FEV., 1936) (REVIEW).
  Sh.,A., 1936, Nr. 6 (58), 237-238.

LANGER, W.L.:   EUROPEAN ALLIANCES AND ALIGNMENTS, 1871-1890.
      NEW YORK, 1931 (REVIEW).
      Khvostov, V., 1933, Nr. 5 (33), 158-160.
LANGSAM, W.C.:   DOCUMENTS AND READINGS IN THE HISTORY OF
      EUROPE SINCE 1918.   CHICAGO, 1939 (REVIEW).
      Al'perovich, M., Belen'kiĭ, A., 1941, Nr. 4 (92),
      153-154.
LANGUEDOC, FRANCE--VINEYARD WORKERS--1907.
      Marti, A., 1933, Nr. 6 (34), 6-62.
LAPLACE, P.S.
      Starosel'skaia, O., 1939, Nr. 3 (73), 109-135.
LARONZE, G.:   HISTOIRE DE LA COMMUNE DE 1871 D'APRES DES
      DOCUMENTS ET DES SOUVENIRS INÉDITS.   PARIS, 1928
      (REVIEW).
      Lukin, N., Nr. 11, 1929, 193-197.
LATIN AMERICA--HISTORY--20TH C.--INDEPENDENCE MOVEMENTS.
      IA--n,G., 1933, Nr. 4 (32), 81-90; 1933, Nr. 6 (34),
      68-79.
LATIN AMERICA--HISTORY--20TH C.--NATIONALITIES QUESTION.
      IA--n,G., 1933, Nr. 4 (32), 81-90; 1933, Nr. 6 (34),
      68-79.
LATIN AMERICA--HISTORY--1918-21--REVOLUTIONARY MOVEMENTS.
      IA--n,G., 1932, Nr. 4-5 (26-27), 293-328.
LATIN AMERICA--NATIONALITIES QUESTION--20TH C.
      IA--n,G., 1933, Nr. 4 (32), 81-90; 1933, Nr. 6 (34),
      68-79.
LATIN AMERICA--RELATIONS--RUSSIA--18TH C.--F. MIRANDA.
      Miroshevskiĭ, V., 1940, Nr. 2 (78), 125-132.
LATVIA--HISTORY--REVOLUTION OF 1905-07.
      Dauge, P., 1940, Nr. 11 (87), 35-75.
LATVIA--HISTORY--1917-40.
      Dauge, P., 1941, Nr. 1 (89), 3-42.
LATVIA--HISTORY--1919.
      Krumin, IA., 1935, Nr. 2-3 (42-43), 24-42.
LATVIAN COMMUNIST PARTY see LKP (LATVIA).
LATVIAN SOCIAL DEMOCRATIC WORKERS' PARTY see LSDSP.
LATVIEŠU SOCIĀLDEMOKRATSKĀ STRĀDNIEKU PARTĪJA see LSDSP.
LATVIJAS KOMUNISTISKA PARTIJA see LKP (LATVIA).
LATYSHEV, N.:   UDMURTY NAKANUNE REFORMY 1861 GODA.   POD
      RED. A.V. SHESTAKOVA.   IZHEVSK, 1939 (REVIEW).
      Raĭmov, R., 1940, Nr. 12 (88), 119-120.
LATZKO, A.:   LE GÉNÉRAL LAFAYETTE.   5. ED.   PARIS, 1935
      (REVIEW).
      Starosel'skaia, O., 1936, Nr. 6 (58), 218-220.
LAURENT, B.:   LA COMMUNE DE 1871.   PARIS, 1934 (REVIEW).
      B.,R., 1935, Nr. 4 (44), 128-131.
LAVROVSKIĬ, V.M.:   KLASSIKI MARKSIZMA OB ANGLIĬSKOĬ
      REVOLIUTSII.   (LECTURE)   MOSCOW, 1940.
      P.,I., 1940, Nr. 2 (88), 130-132.
LAVROVSKIĬ, V.M.:   OSNOVNYE PROBLEMY AGRARNOĬ ISTORII ANGLII
      KONTSA XVIII I NACHALA XIX VEKOV.   MOSCOW, 1935.
      Semenov, V., 1937, Nr. 1 (59), 176-178.

LAVROVSKIĬ, V.M.: TITHE COMMUTATION AS A FACTOR ON THE
    GRADUAL DECREASE OF LAND OWNERSHIP BY THE ENGLISH
    PEASANTRY. ("THE ECONOMIC HISTORY REVIEW," OCT.,
    1933).
    Inostrannye otzyvy o..., 1936, Nr. 3 (55), 200-201.
LAW--BYZANTINE EMPIRE--INFLUENCE IN RUSSIA--RUSSIAN-
    BYZANTINE TREATY OF 945.
    Shangin, M., 1941, Nr. 5 (93), 111.
LAW--RUSSIA--"PRAVDA RUSSKAIA."
    IUshkov, S., 1941, Nr. 2 (90), 95-102.
LAW--RUSSIA--"PRAVDA RUSSKAIA."
    Ot redaktsii..., 1941, Nr. 2 (90), 103-113.
LAW, GERMANIC--LEGES BARBARORUM--MATERIAL PENALTIES.
    Gratsianskiĭ, N., 1940, Nr. 7 (83), 54-64.
"LAY OF THE HOST OF IGOR" see "SLOVO O POLKU IGOREVE."
LAZO, O.: BOEVOĬ PUT' SERGEIA LAZO; POD RED. A. FADEEVA.
    MOSCOW, 1938 (REVIEW).
    Reĭkhberg, G., 1938, Nr. 5 (69), 205-206.
LEAGUE OF NATIONS--1921-22--FAMINE RELIEF TO SOVIET RUSSIA.
    Rubinshteĭn, N., 1941, Nr. 2 (90), 22-48.
LEBANON--ARCHAEOLOGICAL EXCAVATIONS--FRENCH EXPEDITIONS--
    1921-38.
    Arkheologicheskie raskopki v..., 1939, Nr. 2 (72),
    202-203.
LEBEDEV, V.I.: OCHERKI PO ISTORII ORUDIĬ TRUDA. MOSCOW,
    1927 (REVIEW).
    Kushner, P., Nr. 5, 1927, 240.
LEERS, J.v.: 14 JAHRE JUDENREPUBLIK. DIE GESCHICHTE
    EINES RASSENKAMPFES. BD. 1-2. BERLIN, 1933 (REVIEW).
    Fridliand, TS., 1934, Nr. 4 (38), 146-148.
LEFEBVRE, G.: QUESTIONS AGRAIRES AU TEMP DE LA TERREUR.
    STRASBOURG, 1932. ("COLLECTION DE DOCUMENTS
    INÉDITS SUR L'HISTOIRE ÉCONOMIQUE DE LA RÉVOLUTION
    FRANÇAISE," PUB. PAR LE MINISTÈRE DE L'INSTRUCTION
    PUBLIQUE) (REVIEW).
    Lukin, N., 1933, Nr. 6 (34), 120-128.
LEFEBVRE, G., GUYOT, R., SAGNAC, P.: LA RÉVOLUTION
    FRANÇAISE. PARIS, 1930 (REVIEW).
    P.,A., Nr. 20, 1930, 179-180.
LEFRANÇAIS, G.: ÉTUDE SUR LE MOUVEMENT COMMUNALISTE À
    PARIS EN 1871. NEUCHÂTEL, 1871 (REVIEW).
    Kuniskiĭ, S.D., Nr. 3, 1927, 196-199.
LEFRANÇAIS, G.: VOSPOMINANIIA KOMMUNARDA. LENINGRAD, 1925
    (REVIEW).
    Kuniskiĭ, S.D., Nr. 3, 1927, 196-199.
LEGES BARBARORUM--MATERIAL PENALTIES.
    Gratsianskiĭ, N., 1940, Nr. 7 (83), 54-64.
LEIPPRAND, E.: HEINRICH VON TREITSCHKE IM DEUTSCHEN
    GEISTESLEBEN DES XIX.JAHRHUNDERTS. STUTTGART,
    1935 (REVIEW).
    Fashizatsiia istoricheskoĭ nauki..., 1936, Nr. 3
    (55), 199.
LEKSEL', A.I.--LETTERS--1780-81.
    Po SSSR, 1934, Nr. 6 (40), 104-108.

LENEL, W.: DIE ANGEBLICHE UNTERWERFUNG VENEDIGS DURCH
OTTO II. ("HISTORISCHE ZEITSCHRIFT," BD. 152,
H. 3) (REVIEW).
K.,F., 1936, Nr. 3 (55), 187.
LENIN, V.I.
IAroslavskiĭ, E., 1940, Nr. 1 (77), 3-13.
LENIN, V.I.--70TH ANNIVERSARY OF HIS BIRTH.
Lenin..., 1940, Nr. 4-5 (80-81), 3-11.
LENIN, V.I.--70TH ANNIVERSARY OF HIS BIRTH--CONFERENCE,
MOSCOW, APRIL, 1940.
Ganichev, I., 1940, Nr. 7 (83), 151-154.
LENIN, V.I.--15TH ANNIVERSARY OF HIS DEATH.
Torzhestvo leninizma, 1939, Nr. 1 (71), 4-22.
LENIN, V.I.--15TH ANNIVERSARY OF HIS DEATH--CONFERENCE,
MOSCOW, JANUARY, 1939.
Sessiia OON Akademii..., 1939, Nr. 2 (72), 197.
LENIN, V.I.--AVIATION--1909-23.
Volkov, N., 1939, Nr. 1 (71), 53-75.
LENIN, V.I.--BOLSHEVIK PARTY ORGANIZATION.
Baevskiĭ, D., 1941, Nr. 2 (90), 3-21.
LENIN, V.I.--BOL'SHOĬ TEATR--ARCHIVES.
Novye dokumenty i..., 1937, Nr. 1 (59), 199-200.
LENIN, V.I.--BRITISH LABOR MOVEMENTS--MID 19TH-EARLY 20TH C.
Lur'e, Kh., 1934, Nr. 1 (35), 147-172.
LENIN, V.I.--BRITISH HISTORIOGRAPHY--J. MAXTON.
Z.,S., 1933, Nr. 3 (31), 95-101.
LENIN, V.I.--CAPITALISM--RUSSIA--DISPUTE WITH G.V. PLEKHANOV.
Brover, I., 1939, Nr. 2 (72), 73-86.
LENIN, V.I.--CAPITALISM--RUSSIA--19TH-20TH C.--"TWO PATHS
OF DEVELOPMENT."
Vanag, N., Nr. 22, 1931, 77-145.
LENIN, V.I.--COMMITTEES OF THE POOR--1917-18.
Ronin, S., 1932, Nr. 4-5 (26-27), 96-108.
LENIN, V.I.--FEUDALISM AND SERFDOM.
Gazganov, È., Nr. 22, 1931, 38-63.
LENIN, V.I.--FRENCH REVOLUTION--JACOBINS--1793-94.
Lukin, N., 1934, Nr. 1 (35), 99-146.
LENIN, V.I.--GERMAN SAILORS--1917.
Pol', K., 1934, Nr. 4 (38), 3-25.
LENIN, V.I.--"ISKRA" (NEWSPAPER)--N.È. BAUMAN.
Osipov, K., 1941, Nr. 1 (89), 77-85.
LENIN, V.I.--K. MARX'S WORKS--UTILITY FOR TEACHERS OF HISTORY.
Fokht, A., 1935, Nr. 11 (51), 92-98.
LENIN, V.I.--MUSEUMS--TSENTRAL'NYĬ MUZEĬ V.I. LENINA,
LENINGRAD.
Po nauchnym uchrezhdeniiam..., 1937, Nr. 2 (60),
191.
LENIN, V.I.--NÈP--1921.
Genkina, È., 1941, Nr. 3 (91), 3-10.
LENIN, V.I.--NATIONAL QUESTION.
Drabkina, E., 1932, Nr. 4-5 (26-27), 9-36.

LENIN, V.I.--PERSONAL ENCOUNTERS--1905-09.
Brandenburgskiĭ, L., 1941, Nr. 1 (89), 73-77.
LENIN, V.I.--PHOTOGRAPH--TSENTRAL'NYĬ KINOFOTO-ARKHIV
USSR.
Novye dokumenty i..., 1937, Nr. 1 (59), 199-200.
LENIN, V.I.--RKP(b)--10TH CONGRESS--1921--NEP.
Genkina, E., 1941, Nr. 3 (91), 3-10.
LENIN, V.I.--REVOLUTIONARY MOVEMENTS--WESTERN EUROPE--
BIBLIOGRAPHY OF WRITINGS.
Lenin o zapadnoevropeĭskom..., 1934, Nr. 1 (35),
224-248.
LENIN, V.I.--REVOLUTIONARY THEORY--ORIGINS OF BOLSHEVISM.
Savel'ev, M., 1933, Nr. 4 (32), 3-19.
LENIN, V.I.--RUSSIAN HISTORY--"MILITARY-FEUDAL IMPERIALISM"--
LATE 19TH-EARLY 20TH C.
Vanag, N., 1934, Nr. 1 (35), 21-52.
LENIN, V.I.--RUSSIAN REVOLUTION OF 1905.
IAroslavskiĭ, E., Nr. 20, 1930, 3-64; Nr. 21,
1931, 143-160.
LENIN, V.I.--RUSSIAN REVOLUTION OF 1917.
Manuilskiĭ, D., 1933, Nr. 5 (33), 3-22.
LENIN, V.I.--RUSSIAN REVOLUTION OF 1917--INTERPRETATION.
Pokrovskiĭ, M.N., Nr. 5, 1927, 3-35.
LENIN, V.I.--RUSSO-JAPANESE WAR--1904-05--INFLUENCE IN
ASIA.
Pavlovich, M.P., Nr. 1, 1926, 142-153.
LENIN, V.I.--SOVIET HISTORICAL SCIENCES--CONTRIBUTIONS.
Lomakin, A., 1934, Nr. 1 (35), 3-20.
LENIN, V.I.--STUDY AND TEACHING OF HISTORY--SECONDARY
SCHOOLS.
Krivtsov, S., Nr. 21, 1931, 87-89.
LENIN, V.I.--S.J. RUTGERS--MEETINGS--1918-22.
Rutgers, S., 1935, Nr. 2-3 (42-43), 85-98.
LENIN, V.I.--TESNI SOTSIALISTI (BULGARIA)--KH. KABAKCHIEV--
MEMOIR.
Kabakchiev, Kh., 1934, Nr. 1 (35), 173-188.
LENIN, V.I.--1890-1921--MUZEĬ V.I. LENINA, LENINGRAD BRANCH.
Lebedev, M., 1938, Nr. 4 (68), 94-101.
LENIN, V.I.--1903-14--BOLSHEVIK PARTY.
Ryklin, L., 1932, Nr. 3 (25), 11-36.
LENIN, V.I.--1903--RSDRP--2ND CONGRESS.
IAroslavskiĭ, E., 1938, Nr. 2 (66), 16-33.
LENIN, V.I.--1905-19--FORMATION OF COMINTERN.
Baevskiĭ, D., Nr. 11, 1929, 12-48.
LENIN, V.I.--1912-14--"PRAVDA"--V.M. MOLOTOV.
Lur'e, M., 1940, Nr. 3 (79), 3-23.
LENIN, V.I.--1912--RSDRP PRAGUE CONFERENCE.
IAroslavskiĭ, E., 1937, Nr. 1 (59), 63-97.
LENIN, V.I.--1914-19--CREATION OF COMINTERN--20TH ANNIVERSARY--
1939.
Gopner, S., 1939, Nr. 2 (72), 54-72.

LENIN, V.I.--1917--OCTOBER--DOCUMENTS.
    Chobanian, S., 1940, Nr. 9 (85), 127.
LENIN, V.I.--1920--KNS--FORMATION.
    Iz istorii organizatsii..., 1936, Nr. 6 (55),
    164-175.
LENIN, V.I.: CHTO TAKOE "DRUZ'IA NARODA" I KAK ONI
    VOIUIUT PROTIV SOTSIAL-DEMOKRATOV?
    Malakhovskiĭ, V., 1935, Nr. 11 (51), 58-77.
LENIN, V.I.: FRIDRIKH ENGEL'S. 1895.
    Lenin, V.I., 1940, Nr. 10 (86), 5-13.
LENIN, V.I.: IZ ĖPOKHI GRAZHDANSKOĬ VOĬNY. PIS'MA,
    DOKUMENTY, RASPORIAZHENIIA. MOSCOW, 1934 (REVIEW).
    Reĭkhberg, G., 1934, Nr. 5 (39), 95-96.
LENIN, V.I.: SOCHINENIIA. T. XXII, 1917-1918. MOSCOW,
    1929 (REVIEW).
    Mints, I., Nr. 15, 1930, 160-163.
LENIN, V.I.: SOCHINENIIA 1917 GODA V TREKH TOMAKH.
    MOSCOW, 1937 (REVIEW).
    Cherniavskiĭ, E., 1937, Nr. 5-6 (63-64), 197-200.
LENIN, V.I.: STAT'I I RECHI OB UKRAINE. SBORNIK POD RED.
    N.P. POPOVA. KIEV, 1936 (REVIEW).
    Krut', V., 1936, Nr. 3 (55), 165-168.
LENIN, V.I.: TETRADI PO IMPERIALIZMU. MOSCOW, 1939
    (REVIEW).
    Bliumental', S., 1939, Nr. 4 (74), 144-149.
LENIN, V.I., STALIN, I.V.: IZBRANNYE PROIZVEDENIIA 1917
    GODA. MOSCOW, 1938 (REVIEW).
    Ambrosenok, D., 1939, Nr. 2 (72), 156-158.
LENIN, V.I., STALIN, I.V.: K GODOVSHCHINAM OKTIABR'SKOĬ
    SOTSIALISTICHESKOĬ REVOLIUTSII. MOSCOW, 1937
    (REVIEW).
    B.,D., 1938, Nr. 1 (65), 154-156.
LENIN, V.I., STALIN, I.V.: SBORNIK IZBRANNYKH PROIZVE-
    DENII LENINA I STALINA.
    V Institute Marksa..., 1935, Nr. 4 (44), 151.
"LENIN I MEZHDUNARODNOE RABOCHEE DVIZHENIE." VOSPOMINANIIA
    O LENINE. SBORNIK PERVYĬ. MOSCOW, 1934 (REVIEW).
    Popova, N., 1935, Nr. 2-3 (42-43), 147-148.
LENIN STATE LIBRARY--MANUSCRIPT HOLDINGS.
    Kharlamov, P., 1940, Nr. 9 (85), 156-157.
LENIN STATE LIBRARY--MANUSCRIPT HOLDINGS.
    Otdel rukopiseĭ Vsesoiuznoĭ..., 1936, Nr. 3 (55),
    196-197.
LENIN STATE LIBRARY--POLISH HISTORICAL HOLDINGS--1788-92.
    Katsprzhak, E., 1941, Nr. 5 (93), 110.
LENIN STATE LIBRARY--"SSU KU CHÜAN SHU"--PHOTOCOPY--1936.
    Gaĭdar, M., 1937, Nr. 1 (59), 198-199.
"LENIN V PETERBURGE." MESTA PREBYVANIIA I REVOLIUTSIONNOĬ
    DEIATEL'NOSTI V.I. LENINA V PETERBURGE - PETROGRADE
    1890-1920. POD RED. V.A. BYSTRIANSKOGO. LENINGRAD,
    1939 (REVIEW).
    Shekun, O., 1939, Nr. 3 (73), 147-149.

LENINGRAD INSTITUT OF HISTORY, PHILOSOPHY, LITERATURE AND
    LINGUISTICS see LIFLI.
LENINGRAD UNIVERSITY see LGU.
LENINGRADSKIĬ INSTITUT ISTORII, FILOSOFII, LITERATURY I
    LINGVISTIKI see LIFLI.
LENINGRADSKIĬ UNIVERSITET see LGU.
"LENINSKIĬ SBORNIK." T. XI. MOSCOW, 1929 (REVIEW).
    Mints, I., Nr. 15, 1930, 160-163.
"LENINSKIĬ SBORNIK." T. XI, XVIII, XXI. MOSCOW, 1929,
    1931, 1933 (REVIEW).
    B.,D., 1937, Nr. 4 (62), 243-256.
"LENINSKIĬ SBORNIK." T. XXX. POD RED. V.V. ADORATSKOGO
    I DR. MOSCOW, 1937 (REVIEW).
    Bliumental', S., 1938, Nr. 1 (65), 127-130.
"LENINSKIĬ SBORNIK." T. XXXI. MOSCOW, 1938 (REVIEW).
    Bliumental', S., 1938, Nr. 4 (68), 119-123.
"LENINSKIĬ SBORNIK." T. XXXII. MOSCOW, 1938 (REVIEW).
    Bliumental', S., 1939, Nr. 2 (72), 129-135.
LENZ, G.: DEMOKRATIE UND DIKTATUR IN DER ENGLISCHEN
    REVOLUTION 1640-1660. MUNICH, 1933 (REVIEW).
    Lavrovskiĭ, V., 1934, Nr. 4 (38), 149.
LEPESHINSKIĬ, P.: U ISTOKOV BOL'SHEVIZMA; K 25-LETIIU
    1-GO S"EZDA. MOSCOW, 1928 (REVIEW).
    Lius'in, N., Nr. 9, 1928, 173-174.
LERCHENFELD-KOEFFERING, H. GRAF: ERINNERUNGEN UND
    DENKWÜRDIGKEITEN, 1843-1925. BERLIN, 1935 (REVIEW).
    Kh.,V., 1936, Nr. 6 (58), 243-244.
LESSNER, F.--CORRESPONDENCE--F. ENGELS.
    Neopublikovannye pis'ma Fridrikha..., 1935,
    Nr. 8-9 (48-49), 58-60.
LESSNER, F.--CORRESPONDENCE--K. MARX--1866-69.
    Pis'ma Fridrikha Lessnera..., 1935, Nr. 5-6
    (45-46), 150-163.
"LETOPIS' REVOLIUTSII" (JOURNAL) (REVIEW).
    Shestakov, A., Nr. 5, 1927, 230-238; Nr. 7, 1928,
    269-277; Nr. 8, 1928, 199-202.
"LETOPIS' VAZHNEĬSHIKH SOBYTIĬ ISTORII SSSR, 1917-1935"--
    PUBLICATION PLAN.
    Zakharova, M., 1935, Nr. 5-6 (45-46), 200-201.
"LETOPIS' ZANIATIĬ ARKHEOGRAFICHESKOĬ KOMISSII ZA 1927-28 G."
    VYP. XXXV. LENINGRAD, 1929 (REVIEW).
    Tatarov, I., Nr. 13, 1929, 241-244.
"LETOPISNYE PAMIATNIKI PSKOVA"--PUBLICATION PLAN.
    Nasonov, 1937, Nr. 5-6 (63-64), 271-272.
LEVASHEV, V.: REFORMA 1861 G. V SAMARSKOĬ I SIMBIRSKOĬ
    GUBERNIIAKH. KUĬBYSHEV, 1940 (REVIEW).
    Got'e, IU., 1941, Nr. 5 (93), 125.
LEVCHENKO, M.: ISTORIIA VIZANTII. KRATKIĬ OCHERK. MOSCOW,
    1940 (REVIEW).
    Shangin, M., 1940, Nr. 12 (88), 120-121.

LEVI, M.A.: LA POLITICA IMPERIALE DI ROMA. TURIN, 1936
     (REVIEW).
     Istoricheskaia nauka v..., 1936, Nr. 4 (56),
     168-169.
LÉVI, SYLVAIN--OBITUARY.
     Nekrologi, 1936, Nr. 3 (55), 204-206.
LEVIDOVA, S.: ISTORIIA ONEZHSKOGO ZAVODA. VYP. 1:
     ZAVOD V KREPOSTNUIU ÉPOKHU. PETROZAVODSK, 1938
     (REVIEW).
     Strumilin, S., 1938, Nr. 6 (70), 177-178.
LEVITSKIĬ, N.: RUSSKO-IAPONSKAIA VOĬNA 1904-1905 GODOV.
     2. ED. MOSCOW, 1936 (REVIEW).
     Popov, A., 1937, Nr. 3 (61), 192-196.
LEVY-BRUHL, L.: LA MYTHOLOGIE PRIMITIVE. LE MONDE
     MYTHIQUE DES AUSTRALIENS ET DES PAPOUS. PARIS,
     1935 (REVIEW).
     Kosven, M., 1936, Nr. 3 (55), 171-172.
LEWINSOHN, R.: LES PROFITS DE GUERRE À TRAVERS LES
     SIÈCLES. PARIS, 1935 (REVIEW).
     Segall, IA., 1937, Nr. 2 (60), 178-180.
LIASHCHENKO, P.I.: ISTORIIA NARODNOGO KHOZIAĬSTVA SSSR.
     MOSCOW, 1934 (REVIEW).
     Pazhitnov, K., 1940, Nr. 12 (88), 93-97.
LIASHCHENKO, P.I.: ISTORIIA RUSSKOGO NARODNOGO KHOZIAĬSTVA.
     MOSCOW, 1927 (REVIEW).
     Nechkina, M., Nr. 6, 1927, 221-227.
LIBERALISM--WESTERN EUROPE--19TH C.
     Vipper, R., 1940, Nr. 12 (88), 47-52.
LIBRARIES--CHINA--WWII--DESTRUCTION.
     Al'perovich, M., Belen'kiĭ, A., 1941, Nr. 1 (89),
     153-154.
LIBRARIES--RUSSIA--HISTORY--LGU.NAUCHNAIA BIBLIOTEKA.
     Korel', I., 1941, Nr. 2 (90), 143-145.
LIBRARIES--RUSSIA--HISTORY--P.I. PESTEL'--CATALOG.
     Zaĭonchkovskii,P., 1941, Nr. 4 (92), 86-89.
LIBRARIES--USSR--HISTORY--LGU.NAUCHNAIA BIBLIOTEKA.
     Korel', I., 1941, Nr. 2 (90), 143-145.
LIDAK, O.A.: 1917 GOD. OCHERKI ISTORII OKTIABR'SKOĬ
     REVOLIUTSII. N.P., N.D. (REVIEW).
     Pastukhov, M., 1933, Nr. 3 (31), 105-108.
LIEBKNECHT, W.--GERMAN SOCIAL DEMOCRATIC MOVEMENT--1869-78.
     Bernshteĭn, A.S., Nr. 13, 1929, 95-136.
LIEVEN, KH., PRINCE--ARCHIVES.
     K.,S., 1935, Nr. 10 (50), 165.
LIF, SH.: VOĬNA I ÉKONOMIKA IAPONII. MOSCOW, 1940
     (REVIEW).
     Maslennikov, V., 1941, Nr. 4 (92), 132-135.
LILBURNE, J.: PAMFLETY. MOSCOW, 1937 (REVIEW).
     Vasiutinskiĭ, V., 1938, Nr. 4 (68), 184-185.

LINCOLN, ABRAHAM, U.S. PRESIDENT--1864--RE-ELECTION--
INTERNATIONAL I--ADDRESS--TEXT.
K. Marks i..., 1933, Nr. 1 (29), 11-32.
LINKOV, IA.: KREST'IANSKOE DVIZHENIE V ROSSII VO VREMIA
KRYMSKOĬ VOĬNY, 1853-1856. MOSCOW, 1940 (REVIEW).
Bushuev, S., 1940, Nr. 12 (88), 118-119.
LIORENTE, J.-A.: KRITICHESKAIA ISTORIIA ISPANSKOĬ
INKVIZITSII. T. I-II. MOSCOW, 1936 (REVIEW).
Shusterman, S., 1937, Nr. 2 (60), 172-175.
LIPSON, E.: THE ECONOMIC HISTORY OF ENGLAND. LONDON, 1934
(REVIEW).
Lavrovskiĭ, V., 1936, Nr. 4 (56), 113-121.
LIST, FRIEDRICH--GERMAN HISTORIOGRAPHY--1935-36.
Fashizatsiia istoricheskoĭ nauki..., 1936, Nr. 4
(56), 166-168.
"LISTOVKI MOSKOVSKOĬ ORGANIZATSII BOL'SHEVIKOV 1914-1920
GG"; SBORNIK. (REVIEW).
Ambrosenok, P., 1941, Nr. 6 (94), 124-126.
"LISTOVKI PETERBURGSKIKH BOL'SHEVIKOV 1902-1917." T. 1.
1902-1907. LENINGRAD, 1939 (REVIEW).
Dubrovskiĭ, S.G., 1939, Nr. 5-6 (75-76), 244-248.
"LISTOVKI PETERBURGSKIKH BOL'SHEVIKOV, 1902-1917." T. II.
1907-1917. MOSCOW, N.D. (REVIEW).
Dubrovskiĭ, S.G., 1940, Nr. 4-5 (80-81), 141-145.
"LITERATURA PARTII 'NARODNAIA VOLIA'" "NARODNAIA VOLIA,"
"LISTOK NARODNOĬ VOLI," "RABOCHAIA GAZETA":
DOKUMENTY. POD RED. A.V. IAKIMOV-DIKOVSKOĬ I DR.
MOSCOW, 1930 (REVIEW).
Valk, S., Nr. 20, 1930, 190-192.
LITERATURE, FINNISH--KALEVALA.
Kagarov, E., 1935, Nr. 4 (44), 58-68.
LITERATURE, RUSSIAN--DOCUMENTS--CZECH ARCHIVAL HOLDINGS.
Nauchnye obshchestva i..., 1937, Nr. 2 (60),
197-198.
"LITERATURNOE NASLEDSTVO" (JOURNAL)--SPECIAL ISSUE--
APRIL-MAY, 1937--FRANCO-RUSSIAN LITERARY RELATIONS--
BIBLIOGRAPHY.
O franko-russkom..., 1936, Nr. 5 (57), 195-197.
LITHUANIA see also POLAND.
LITHUANIA--HISTORY--13TH-16TH C.--BALTIC QUESTION.
Got'e, IU., 1941, Nr. 6 (94), 87-95.
LITHUANIA--HISTORY--REVOLUTION OF 1905-07.
Dauge, P., 1940, Nr. 11 (87), 35-75.
LITHUANIA--HISTORY--1917-40.
Dauge, P., 1941, Nr. 1 (89), 3-42.
LITHUANIA--HISTORY--1918.
Mitskevich-Kapsukas, V.S., 1935, Nr. 2-3 (42-43),
44-52.
"LITOPIS' REVOLIUTSII" (JOURNAL) (REVIEW).
Sliusarenko, G., et al., 1932, Nr. 3 (25), 135-141.

LITVINOV, I.I.: ÉKONOMICHESKIE POSLEDSTVIIA STOLYPINSKOGO
AGRARNOGO ZAKONODATEL'STVA. N.P., N.D. (REVIEW).
Sidorov, A., Nr. 11, 1929, 204-207.
LIVINOV, M.M.: VNESHNIAIA POLITIKA SSSR; RECHI I ZAIAVLENIIA.
1927-1935. MOSCOW, 1935 (REVIEW).
Istorik, 1936, Nr. 5 (57), 160-163.
LIUBAVSKII, M.K.--SOVIET HISTORIOGRAPHY.
Piontkovskiĭ, S., Nr. 17, 1930, 21-26.
LIUBIMOV, I.N.: REVOLIUTSIIA 1917 GODA; KHRONIKA SOBITIĬ.
T. VI. OKTIABR'-DEKABR'. MOSCOW, 1930 (REVIEW).
Shestakov, A., Nr. 16, 1930, 193-194.
LIUBOMIROV, P.G.: OCHERKI PO ISTORII METALLURGICHESKOĬ
I METALLOOBRABATYVAIUSHCHEĬ PROMYSHLENNOSTI V
ROSSII XVII, XVIII I NACHALO XIX V. LENINGRAD,
1937 (REVIEW).
Strumilin, S., 1938, Nr. 1 (65), 143-145.
LIUBOMIROV, P.G.: OCHERKI ISTORII NIZHEGORODSKOGO
OPOLCHENIIA 1611-1613 GG. MOSCOW, 1939 (REVIEW).
Shunkov, V., 1940, Nr. 3 (79), 137-138.
LIVONIA--HISTORY see also POLAND--HISTORY.
LIVONIA--HISTORY--13TH-15TH C.--"DRANG NACH OSTEN."
Gratsianskiĭ, N., 1938, Nr. 6 (70), 87-111.
LIVSHITS, IU.: IAPONSKIĬ PROLETARIAT I VOĬNA V KITAE.
MOSCOW, 1940 (REVIEW).
Avarin, V., 1940, Nr. 11 (87), 131-134.
LIVSHITS, S.I.: ISPANIIA V 1918-1923 GG. (DISSERTATION)
MOSCOW, 1941.
V Institute istorii..., 1941, Nr. 4 (92), 152-153.
LIVSHITS, S.I.: PARTIĬNYE UNIVERSITETY PODPOL'IA: KAPRI,
1909 G.; BOLON'IA, 1910-11 GG.; LONZHIUMO, 1911 G.
MOSCOW, 1929 (REVIEW).
Voĭtinskiĭ, N., Nr. 14, 1929, 212-215.
LLOYD GEORGE, D.--POLITICAL ACTIVITY--1870-1922--BOOK REVIEW.
Zakharov, S., 1940, Nr. 6 (82), 105-109.
LLOYD GEORGE, D.--1917-18.
Zakharov, S., 1940, Nr. 2 (78), 54-77.
LLOYD GEORGE, D.: VOENNYE MEMUARY. T. 1-2. PEREVOD
S ANGLIĬSKOGO I. ZVAVICHA. S PRED. F.A. ROTSHTEĬNA.
MOSCOW, 1934 (REVIEW).
Erusalimskiĭ, A., 1935, Nr. 4 (44), 111-119.
LLOYD GEORGE, D.: VOENNYE MEMUARY. T. V. MOSCOW,
1938 (REVIEW).
Notovich, F., 1938, Nr. 3 (67), 134-139.
LOCKHART, R.H.B.: MEMOIRS OF A BRITISH AGENT; BEING AN
ACCOUNT OF THE AUTHOR'S EARLY LIFE IN MANY LANDS AND
OF HIS OFFICIAL MISSION TO MOSCOW IN 1918. LONDON,
1932 (REVIEW).
Zvavich, I., 1933, Nr. 3 (31), 109-111.
LOIZEAUX, L.: GERMANSKAIA STRATEGIIA V 1918 GODU. (LA
STRATÉGIE ALLEMANDE EN 1918) MOSCOW, 1936 (REVIEW).
Notovich, F., 1937, Nr. 3 (61), 156-164.

LOMBARD, P.: AU BERCEAU DU SOCIALISME FRANÇAIS. PARIS,
    1932 (REVIEW).
    Nikolaev, E., 1933, Nr. 4 (32), 139-141.
LOMONOSOV, M.--HISTORICAL WRITINGS.
    Grekov, B., 1940, Nr. 11 (87), 18-34.
LONG, D.C.: THE AUSTRO-FRENCH COMMERCIAL TREATY OF 1866
    ("THE AMERICAN HISTORICAL REVIEW," 1936, NR. 3,
    APRIL, V. XLI) (REVIEW).
    Kh.,V., 1936, Nr. 3 (55), 191.
LORAN, G.: RABOCHIĬ-DEPUTAT KONVENTA. PER. S FRANTS.
    FEDOTOVA. MOSCOW, 1925 (REVIEW).
    Monosov, S.M., Nr. 1, 1926, 290-298.
LORER, N.I.
    Nechkina, M., 1935, Nr. 7 (47), 30-47.
LORER, N.I.--DECEMBRIST--PAPERS--PUBLICATION.
    V obshchestve..., Nr. 13, 1929, 287.
LORWIN, L.L.: THE AMERICAN FEDERATION OF LABOR: HISTORY,
    POLICIES AND PROSPECTS. WASHINGTON, 1933. (REVIEW).
    Z.,L., 1936, Nr. 2 (54), 167-169.
LOUIS, P.: HISTOIRE DE LA CLASSE OUVRIERE EN FRANCE.
    PARIS, 1927 (REVIEW).
    P.,F., Nr. 5, 1927, 247-248.
LOZINSKIĬ, S.G.: SOTSIAL'NYE KORNI ANTISEMITIZMA. N.P.,
    N.D. (REVIEW).
    Geĭlikman, T., Nr. 20, 1930, 188-190.
LUCAS, H.S.: DIPLOMATIC RELATIONS BETWEEN ENGLAND AND
    FLANDERS FROM 1329 TO 1336 ("SPECULUM," 1936,
    JANUARY) (REVIEW).
    K.,F., 1936, Nr. 3 (55), 188.
LUCHITSKIĬ,--.--AGRARIAN RELATIONS--CRITIQUE.
    Skazkin, S., 1936, Nr. 2 (54), 22-43.
LUKIN, N.M.
    Grekov, B., 1933, Nr. 6 (34), 166.
LUKIN, N.M. (N. ANTONOV): PARIZHSKAIA KOMMUNA 1871 G.
    CH. 1. 4. IZD. MOSCOW, 1932 (REVIEW).
    Vaĭnshteĭn, O., 1934, Nr. 2 (36), 159-161.
LUNACHARSKIĬ, A.V.--OBITUARY.
    A.V. Lunacharskiĭ, 1933, Nr. 6 (34), 167-168.
LUR'E, A.: GARIBALDI. MOSCOW, 1939 (REVIEW).
    Ditiakin, V., 1939, Nr. 3 (73), 154-159.
LUR'E, A.: GARIBALDI. ("ZHIZN' ZAMECHATEL'NYKH LIUDEĬ,"
    VYP. 5-6, 1938) (REVIEW).
    Ditiakin, V., 1939, Nr. 3 (73), 154-159.
LUR'E, KH.: ĖNGEL'S I OSNOVANIE II INTERNATSIONALA.
    MOSCOW, 1935.
    Lenchner, S., 1937, Nr. 1 (59), 178-180.
LUR'E, KH.: MEZHDU PERVYM I VTORYM INTERNATSIONALOM.
    MOSCOW, 1928 (REVIEW).
    Rivlin, E., Nr. 8, 1928, 213-216.
LUR'E, M.: IIUL'SKIE BARRIKADY 1914 G. LENINGRAD,
    1939 (REVIEW).
    Golubeva, R., 1940, Nr. 6 (82), 116.

LUR'E, M.: PETROGRADSKAIA KRASNAIA GVARDIIA (FEVRAL'
1917 G.-FEVRAL' 1918 G.). LENINGRAD, 1938 (REVIEW).
Shekun, O., 1939, Nr. 2 (72), 163-165.
LUR'E, M.: STALIN V PETERBURGE V GODY REVOLIUTSIONNOGO
POD"EMA. LENINGRAD, 1939 (REVIEW).
Golubeva, R., 1940, Nr. 6 (82), 116.
LUR'E, S.IA.: DEMOKRIT. MOSCOW, N.D. ("ZHIZN' ZAMECHATEL'-
NYKH LIUDEĬ.")--LETTER TO THE EDITOR.
Lur'e, S.IA., 1937, Nr. 5-6 (63-64), 279.
LUR'E, S.IA.: PIS'MO GRECHESKOGO MAL'CHIKA. MOSCOW, 1936
(REVIEW).
Berger, A., 1937, Nr. 2 (60), 183-184.
LURJE, M.: STUDIEN ZUR GESCHICHTE DER WIRTSCHAFTLICHEN UND
SOZIALEN VERHÄLTNISSE IM ISRAELITISCH-JÜDISCHEN
REICHE VON DER EINWANDERUNG IN KANAAN BIS ZUM
BABYLONISCHEN EXIL. ("BEIHEFTE ZUR ZEITSCHRIFT
FÜR DIE ALTTESTA MENTLICHE WISSENSCHAFT.")
GIESSEN, 1927 (REVIEW).
Erusalimskiĭ, A., Nr. 11, 1929, 182-184.
LÜTGE, F.: DIE MITTELDEUTSCHE GRUNDHERRSCHAFT. UNTER-
SUCHUNGEN ÜBER DIE BÄUERLICHEN VERHÄLTNISSE
(AGRARVERFASSUNG) MITTELDEUTSCHLANDS IM 16.-
18. JAHRHUNDERT. JENA, 1934 (REVIEW).
Skazkin, S., 1935, Nr. 8-9 (48-49), 228-232.
LUTSKII,E.A.: KREST'IANSKOE VOSSTANIE V TAMBOVSKOĬ
GUBERNII V 1917 GODU. (DISSERTATION) MOSCOW,
1940.
Nikiforov, L., 1940, Nr. 12 (88), 132-134.
LUXEMBURG, R.--POLAND--1918-24.
Spis, IU., 1935, Nr. 5-6 (45-46), 117-130.
LUXEMBURG, R.--1903-14--INTERNATIONAL SOCIALISM.
Ryklin, L., 1932, Nr. 3 (25), 11-36.
LUXEMBURG, R.--RUSSIAN REVOLUTION OF 1905.
IAroslavskiĭ, E., Nr. 20, 1930, 3-64.

M.

MGU--HISTORY--1840-1940--HISTORY OF THE MIDDLE AGES--
PROFESSORS.
Kosminskiĭ, E., 1940, Nr. 7 (83), 101-105.
MGU. IST. FAK.--ARCHAEOLOGICAL EXPEDITION--NOVGOROD--
1937.
Rabinovich, M., 1938, Nr. 4 (68), 204-205.
MGU. IST. FAK.--CONTEST FOR BEST STUDENT PAPER--1939.
Merzon, A., 1940, Nr. 6 (82), 147-149.
MGU. IST. FAK.--WORK IN PROGRESS AND PUBLICATIONS--1938.
Valtsev, A., 1938, Nr. 3 (67), 160-162.
MGU. IST. FAK.--WORK IN PROGRESS AND PUBLICATIONS--1939.
Merzon, A., 1940, Nr. 6 (82), 142-146.

MGU. IST. FAK. KAF. IST. SRED. VEKOV./ZASEDANIE, MAY 1940.
    Kosminskiĭ, E., 1940, Nr. 7 (83), 101-105.
MGU. IST. FAK. KAF. NOVOĬ IST./ZASEDANIE, MARCH, 1940--
    "NOVAIA ISTORIIA" MOSCOW, 1939--TEXTBOOK DISCUSSION.
    Erofeev, N., Osipov, M., 1940, Nr. 7 (83), 110-119.
MGU. IST. FAK. KAF. NOVOĬ IST./ZASEDANIIA, APRIL-JUNE,
    1940--"NOVAIA ISTORIIA" CH. 2.--TEXTBOOK DISCUSSION.
    Somin, N., 1940, Nr. 8 (84), 118-125.
MACDONALD, J.R.--BRITISH HISTORIOGRAPHY--BOOK REVIEW.
    Zakharov, S., 1941, Nr. 6 (94), 113-119.
MACHAJSKI, J.W. see VOL'SKIĬ, A.
MACHIAVELLI, N.--POLITICAL PHILOSOPHY--CLASS CHARACTER.
    Shmiukle, K., Nr. 9, 1928, 159-163.
MACHIAVELLI, N.--POLITICAL PHILOSOPHY--VIEWS ON DICTATORSHIP.
    Maksimovskiĭ, V., Nr. 13, 1929, 55-94.
MACHIAVELLI, N.: O VOENNOM ISKUSSTVE. PEREVOD S. ITAL'-
    IANSKOGO. MOSCOW, 1939. (REVIEW).
    Ditiakin, V., 1940, Nr. 8 (84), 134-136.
MACKAY, D.: THE HONOURABLE COMPANY. A HISTORY OF THE
    HUDSON'S BAY COMPANY. INDIANAPOLIS, 1936.
    (REVIEW).
    Kublitskiĭ, F., 1938, Nr. 2 (66), 131-132.
MADELIN, L.: CLIO À L'ACADEMIE. ("LA REVUE DE FRANCE,"
    NR. 5, 1936) (REVIEW).
    K.,S., 1936, Nr. 4 (56), 151.
MADER, L.: PLATON UND WIR. ("NEUE JAHRBÜCHER FÜR
    WISSENSCHAFT UND JUGENDBILDUNG," 1935, BD. II,
    H. 2, 126-128) (REVIEW).
    P.,G., 1936, Nr. 2 (54), 148-149.
MADGE, S.: THE DOOMSDAY OF CROWN LANDS. LONDON, 1938.
    (REVIEW).
    Arkhangel'skiĭ, S., 1939, Nr. 1 (71), 173-177.
MADRID--HISTORY--UPRISING OF 1808.
    Mitskun, N., 1940, Nr. 9 (85), 115-126.
MAKHARADZE, F.Y.: ISTORIIA GRUZII XIX VEKA--VSESOIUZNAIA
    KONFERENTSIIA ISTORIKOV-MARKSISTOV. MOSCOW,
    DECEMBER, 1928.
    Vsesoiuznaia konferentsiia..., Nr. 11, 1929,
    216-265.
MALEIN, A.I.
    Grekov, B., 1933, Nr. 6 (34), 166.
MALO, H.
    Kan, S., 1933, Nr. 3 (31), 90-94.
MALYSHEV, A.--FEUDALISM AND SERFDOM--VIEWS--È. GAZGANOV'S
    CRITIQUE.
    Gazganov, È., Nr. 22, 1931, 38-63.
MALYSHEV, A.--SERF ECONOMY--VIEWS--CRITIQUE.
    Zelenskiĭ, M., Nr. 20, 1930, 130-163.
MALYSHEV, A.--SERFDOM AND CAPITALISM--VIEWS--CRITIQUE.
    Vanag, N., Nr. 22, 1931, 77-145.

MAMET, L.P.: OĬROTIIA. OCHERK NATSIONAL'NO-OSVOBODITEL'NOGO
DVIZHENIIA I GRAZHDANSKOĬ VOĬNY NA GORNOM ALTAE.
MOSCOW, 1930 (REVIEW).
Shestakov, A., Nr. 15, 1930, 163-164.
MAMET, L.P.: OĬROTIIA. MOSCOW, 1930--A. SHESTAKOV'S
RESPONSE TO M. TAĬSHIN'S REVIEW.
Shestakov, A., Nr. 22, 1931, 184.
MAMET, L.P.: OSNOVNYE NAPRAVLENIIA V VOPROSAKH PREPODAVANIIA
ISTORII--VSESOIUZNAIA KONFERENTSIIA ISTORIKOV-
MARKSISTOV, MOSCOW, DECEMBER, 1928.
Vsesoiuznaia konferentsiia..., Nr. 12, 1929, 300-333.
MAN, PRIMITIVE--PRODUCTION METHODS.
Tokin, N., 1934, Nr. 1 (35), 189-209.
MANCHURIA--FOREIGN RELATIONS--RUSSIA--1892-1906.
Popov, A., Nr. 14, 1929, 173-182.
MANGIN, C.M.E.: SOUVENIRS D'AFRIQUE. LETTRES ET CARNETS
DE ROUTE. PARIS, 1936. (REVIEW).
Maevskiĭ, 1937, Nr. 5-6 (63-64), 249-251.
MANIKOVSKIĬ, A.: BOEVOE SNABZHENIE RUSSKOĬ ARMII V MIROVUIU
VOĬNU. MOSCOW, 1937. (REVIEW).
Sidorov, A., 1939, Nr. 4 (74), 153-156.
MANNHEIM, K.: IDEOLOGIE UND UTOPIE. BONN, 1929. (REVIEW).
Fridliand, TS., Nr. 17, 1930, 97-103.
MANUEL, F.F.: L'INTRODUCTION DES MACHINES EN FRANCE ET LES
OUVRIERS. LA GRÉVE DE TISSERANDS DE LODÈVE.
("REVUE D'HISTOIRE MODERNE," SEPT.-OCT. 1935,
352-372) (REVIEW).
K.,S., 1936, Nr. 2 (54), 159-160.
MANUFACTURES--BULGARIA--18TH-19TH C.
Derzhavin, N., 1941, Nr. 1 (89), 43-57.
MANUFACTURES--FRANCE--18TH C.--RUSSIAN HISTORIOGRAPHY--
"RUSSIAN SCHOOL."
Dalin, V., Nr. 14, 1929, 68-116.
MANUFACTURES--RUSSIA--17TH-18TH C.--SERF LABOR--BOOK REVIEW.
Zel'tser, V., 1934, Nr. 5 (39), 86-94.
MANUFACTURES--RUSSIA--18TH C.--TEXTILES.
Maksimov, A., 1935, Nr. 8-9 (48-49), 178-208.
MANUFACTURES--RUSSIA--1799-1840.
Rozhkov, N., Nr. 6, 1927, 79-110.
MANVILLI, V.: DI ALCUNI NOSTRI PRIMATI GEORGEI.
("L'ITALIA AGRICOLA," NR. 4, APRIL, 1936) (REVIEW).
K.,F., 1936, Nr. 6 (58), 240.
MAPS, HISTORICAL--BSÉ--BOOK REVIEW.
Krichevskiĭ, G., 1936, Nr. 3 (55), 182-183.
MARAT, J.-P.--SOVIET HISTORIOGRAPHY--BOOK REVIEW.
Dalin, V., 1935, Nr. 1 (41), 93-101.
MARAT, J.-P.--1793.
Fridliand, TS., Nr. 1, 1926, 48-95; Nr. 2, 1926,
159-209; 1934, Nr. 5 (39), 61-63.
MARCU, V.: DIE VERTREIBUNG DER JUDEN AUS SPANIEN.
AMSTERDAM, 1934 (REVIEW).
K.,F., 1936, Nr. 5 (57), 186.

MARCUSE, L.: IGNATIUS VON LOYOLA. AMSTERDAM, 1935. (REVIEW).
Istoricheskaia literatura nemetskoĭ..., 1936, Nr. 3
(55), 203.
MARI ASSR--HISTORY--1920.
Kalistratov, N., 1941, Nr. 3 (91), 106-108.
MARIÁTEGUI, J.C.--1926-28--POPULISM.
Miroshevskiĭ, V., 1941, Nr. 6 (94), 78-86.
MARIE ANTOINETTE, QUEEN OF FRANCE--1791-92--CORRESPONDENCE--
CATHARINE THE GREAT.
Pis'ma Marii-Antuanetty..., 1938, Nr. 4 (68),
112-119.
MARIĬSKIĬ KRAĬ--HISTORY--19TH-EARLY 20TH C.--SOVIET HISTORI-
OGRAPHY.
Kalistratov, N., 1941, Nr. 5 (93), 152-153.
MARIĬSKIĬ NAUCHNO-ISSLEDOVATEL'SKIĬ INSTITUT SOTSIA-
LISTICHESKOĬ KUL'TURY--WORK IN PROGRESS AND
PUBLICATIONS--1940.
Kalistratov, N., 1941, Nr. 5 (93), 152-153.
MARION, M.: UN RÉVOLUTIONNAIRE TRÈS CONSERVATEUR:
CREUZÉ-LATOUCHE ("REVUE D'HISTOIRE MODERNE,"
MARS-AVRIL, 1936) (REVIEW).
Sh.,A., 1936, Nr. 6 (58), 242.
MARITCH, S.: HISTOIRE DU MOUVEMENT SOCIAL DANS LE SECOND
EMPIRE À LYON. PARIS, 1930. (REVIEW).
Lukin, N., 1932, Nr. 3 (25), 179-183.
MARKEVICH, A.I.--RUSSIAN HISTORIOGRAPHY.
Piontkovskiĭ, S., Nr. 17, 1930, 21-26.
MARR, N. IA.
Bykovskiĭ, S., 1935, Nr. 2-3 (42-43), 54-62.
MARR, N. IA.--CONFERENCE, MOSCOW, MARCH, 1935.
Bashindzhagian, L., 1935, Nr. 4 (44), 152-154.
MARR, N. IA.--OBITUARY.
Pamiati N. IA. Marra, 1935, Nr. 2-3 (42-43), 53.
MARSEILLES--HISTORY--1871--UPRISING.
Zhelubovskaia, E., 1941, Nr. 6 (94), 60-77.
MARSHALL, T.H.: JAMES WATT, 1736-1819. LONDON, 1925
(REVIEW).
Vasiutinskiĭ, V., Nr. 12, 1929, 277-278.
MARTET, J.: CLEMENCEAU PEINT PAR LUI-MÊME. PARIS, 1930
(REVIEW).
Dalin, V., Nr. 20, 1930, 182-188.
MARTET, J.: LE TIGRE. PARIS, 1930. (REVIEW).
Dalin, V., Nr. 20, 1930, 182-188.
MARTI, A.: VOSSTANIE NA CHERNOM MORE. PEREVOD É.
SHLOSBERG. MOSCOW, 1940. (REVIEW).
Manfred, A., 1941, Nr. 4 (92), 128-132.
MARTIN, A., WALTER, G.: CATALOGUE DE L'HISTOIRE DE LA
RÉVOLUTION FRANÇAISE. T. I. ECRITS DE LA
PERIODE RÉVOLUTIONNAIRE. ABASSAL-DEBRY. PARIS,
1936. (REVIEW).
Tonkova, R., 1937, Nr. 5-6 (63-64), 246-248.

MARTIN, G.: NANTES AU XVIII SIÈCLE; L'ÈRE DES NÉGRIERS
 (1714-1774). PARIS, 1931 (REVIEW).
 K.,S., 1933, Nr. 3 (31), 114.
MARTINEAU, A.: BUSSY ET L'INDE FRANÇAISE 1720-1785.
 PARIS, 1935 (REVIEW).
 Samoĭlo, A., 1938, Nr. 2 (66), 132-133.
MARTINEAU, A., MAY, L.: TABLEAU DE L'EXPANSION EUROPÉENNE
 À TRAVERS LE MONDE DE LA FIN DU XII AU DÉBUT DU
 XIX S. PARIS, 1935 (REVIEW).
 R.,N., 1937, Nr. 2 (60), 184.
MARTINEAU, A., MAY, L.: TROIS SIÈCLES D'HISTOIRE ANTILLAISE.
 ("REVUE D'HISTOIRE DES COLONIES," 1935, 3, 205-248)
 (REVIEW).
 Lavrovskiĭ, V., 1936, Nr. 2 (54), 158-159.
MARTYNOV, A.: SOVREMENNYĬ II INTERNATSIONAL. MOSCOW,
 1928 (REVIEW).
 Mamet, L., Nr. 9, 1928, 200-202.
MARTYNOV, E.I.: TSARSKAIA ARMIIA V FEVRAL'SKOM PEREVOROTE.
 LENINGRAD, 1927 (REVIEW).
 Rabinovich, S., Nr. 4, 1927, 250-253.
MARX, J.--G. FLOURENS--LETTER ABOUT HIS DEATH.
 Alekseev-Popov, V., 1941, Nr. 5 (93), 92-96.
MARX, K.--AMERICAN CIVIL WAR--ARTICLES.
 K. Marks i..., 1933, Nr. 1 (29), 11-32.
MARX, K.--50TH ANNIVERSARY OF HIS DEATH--ACTIVITIES AND
 PUBLICATIONS--BIBLIOGRAPHY.
 Podgotovka k..., 1933, Nr. 1 (29), 149-153.
MARX, K.--50TH ANNIVERSARY OF HIS DEATH--CONFERENCE,
 INSTITUT ISTORII KOMAKADEMII, MARCH, 1933.
 Vanag, N., 1933, Nr. 3 (31), 65-72.
MARX, K.--50TH ANNIVERSARY OF HIS DEATH--CONFERENCE,
 MOSCOW, MARCH, 1933.
 Sessiia Instituta istorii..., 1933, Nr. 2 (30),
 188-189.
MARX, K.--50TH ANNIVERSARY OF HIS DEATH--EXHIBITION,
 IMÉL, MOSCOW, 1933.
 Vystavka proizvedeniĭ Marksa..., 1933, Nr. 3 (31),
 115-117.
MARX, K.--50TH ANNIVERSARY OF HIS DEATH--KA PUBLICATIONS
 AND CONFERENCES.
 Itogi provedeniia..., 1933, Nr. 4 (32), 145-146.
MARX, K.--50TH ANNIVERSARY OF HIS DEATH--LIST OF LECTURES
 AND PUBLICATIONS.
 K 50-letiiu po..., 1933, Nr. 2 (30), 184-188.
MARX, K.--ARMED UPRISINGS.
 Mints, I., 1933, Nr. 2 (30), 61-88.
MARX, K.--ASIAN SOCIETIES--SOCIO-ECONOMIC DEVELOPMENT.
 Diskussiia o sushchnosti..., Nr. 16, 1930, 104-161.
MARX, K.--V.G. BELINSKIĬ--INFLUENCE.
 Shul'gin, V., 1940, Nr. 7 (83), 82-92.
MARX, K.--CORRESPONDENCE--F. DOMELA NIEUWENHUIS--1880-81.
 Perepiska Marksa i..., 1934, Nr. 6 (40), 37-69.

MARX, K.--CORRESPONDENCE--K.F. KÖPPEN--DOCUMENT.
    Pis'mo K.F. ..., 1940, Nr. 8 (84), 85-86.
MARX, K.--CORRESPONDENCE--F. LESSNER--1866-69.
    Pis'ma Fridrikha Lessnera..., 1935, Nr. 5-6
    (45-46), 150-163.
MARX, K.--F. ENGELS--COLLABORATION.
    Stepanova, E., 1940, Nr. 10 (86), 14-53.
MARX, K.--FEUDALISM--"SECOND ENSERFMENT."
    Tikhomirov, B., 1932, Nr. 3 (25), 118-134.
MARX, K.--FEUDALISM AND SERFDOM.
    Gazganov, E., Nr. 22, 1931, 38-63.
MARX, K.--FEUDALISM AND SERFDOM.
    Malyshev, A., Nr. 15, 1930, 43-73; Nr. 16, 1930,
    68-103.
MARX, K.--GERMAN SOCIAL DEMOCRATIC MOVEMENT--1869-78.
    Bernshteĭn, A.S., Nr. 13, 1929, 95-136.
MARX, K.--GREAT BRITAIN--19TH C.
    Zakharov, S., 1940, Nr. 10 (86), 81-106.
MARX, K.--HISTORICAL VIEWS.
    Lukin, N., 1933, Nr. 2 (30), 3-40.
MARX, K.--HISTORICAL VIEWS.
    Marks i istoricheskaia..., 1933, Nr. 1 (29), 3-10.
MARX, K.--HISTORICAL WRITINGS--UTILITY FOR TEACHERS OF
    HISTORY.
    Fokht, A., 1935, Nr. 11 (51), 92-98.
MARX, K.--KIEV STUDENT PROTESTS--1884.
    Shcherba, F., 1941, Nr. 6 (94), 102.
MARX, K.--K.F. KÖPPEN.
    Zandberg, D., Shvets, K., 1940, Nr. 8 (84), 67-71.
MARX, K.--PERSONAL ENCOUNTERS.
    Stepanova, E., 1941, Nr. 2 (90), 118-122.
MARX, K.--POLISH QUESTION--1848-92.
    Misko, M., 1933, Nr. 2 (30), 117-142.
MARX, K.--"PRIMARY ACCUMULATION"--ENGLAND--17TH C.
    Arkhangel'skiĭ, S., 1932, Nr. 6 (28), 100-113.
MARX, K.--RUSSIA.
    IAroslavskiĭ, E., 1940, Nr. 10 (86), 54-80.
MARX, K.--RUSSIAN HISTORY--VIEWS--1847-95.
    Paradizov, P., 1933, Nr. 2 (30), 89-116.
MARX, K.--RUSSIAN POPULISM.
    IAroslavskiĭ, E., 1933, Nr. 1 (29), 33-66.
MARX, K.--VIENNA--1848.
    Averbukh, R., 1933, Nr. 3 (31), 79-89.
MARX, K.--1840-60--CHARTIST MOVEMENT--GREAT BRITAIN.
    Semenov, V., 1933, Nr. 1 (29), 67-93.
MARX, K.--1843-44--POLITICAL ACTIVITY IN GERMANY.
    Kan, S., 1940, Nr. 9 (85), 51-69.
MARX, K.--1842-43--"NEUE RHEINISCHE ZEITUNG."
    Perchik, L., 1933, Nr. 3 (31), 16-30.
MARX, K.--1868-71--FRENCH "JACOBINS."
    Kan, S., Nr. 6, 1927, 111-141.

MARX, K.--1870-86--INTERNATIONAL SOCIALIST MOVEMENT.
    Dalin, V., 1933, Nr. 1 (29), 127-140.
MARX, K.--1871-72--DOCUMENTS--POLICE REPORTS OF "THIRD SECTION."
    Lekhtblau, L., 1940, Nr. 12 (88), 76.
MARX, K.: GOSPODIN FOGT. MOSCOW, 1938 (REVIEW).
    Zor'kiĭ, M., 1939, Nr. 4 (74), 150-152.
MARX, K.: DAS KAPITAL--FIRST RUSSIAN EDITION.
    Karataev, N., 1940, Nr. 11 (87), 100-104.
MARX, K.: KHRONOLOGICHESKIE VYPISKI. MOSCOW, 1938.
    ("ARCHIV MARKSA I ENGEL'SA," T. V) (REVIEW).
    Udal'tsov, A., 1939, Nr. 3 (73), 142-146.
MARX, K.: KHRONOLOGICHESKIE VYPISKI. TETRAD' II (1300-
    1470 GG.). LENINGRAD, 1939 (REVIEW).
    Skazkin, S., 1939, Nr. 5-6 (75-76), 240-243.
MARX, K.: KHRONOLOGICHESKIE VYPISKI. MOSCOW, 1940 (REVIEW).
    Smirin, M., 1940, Nr. 12 (88), 79-87.
MARX, K.: "DER NORDAMERIKANISCHE BÜRGERKRIEG" ("DIE
    PRESSE," VIENNA, NR. 293, OCTOBER 25, 1861 AND
    NR. 306, NOVEMBER 7, 1861).
    K.Marks i..., 1933, Nr. 1 (29), 11-32.
MARX, K., ENGELS, F.: COMMUNIST MANIFESTO--90TH ANNIVERSARY
    OF ITS PUBLICATION.
    Rubinshteĭn, E., 1938, Nr. 1 (65), 3-15.
MARX, K., ENGELS, F.: HISTORISCH-KRITISCHE GESAMTAUSGABE.
    WERKE, SCHRIFTEN, BRIEFE IM AUFTRAGE DES MARX-
    ENGELS-INSTITUTS, MOSKAU. FRANKFURT, 1927 (REVIEW).
    Shmiukle, K., Nr. 6, 1927, 215-221.
MARX, K., ENGELS, F.: REVOLIUTSIIA V ISPANII. STAT'I I
    KORRESPONDENTSII, 1854-1873. MOSCOW, 1937 (REVIEW).
    Rymm, F., 1937, Nr. 4 (62), 195-198.
MARX, K., ENGELS, F.: SOCHINENIIA. MOSCOW, 1935--
    28 V. (REVIEW).
    V Institute Marksa..., 1935, Nr. 5-6 (45-46),
    194-199.
MARX, K., ENGELS, F.: SOCHINENIIA. POD RED. A. ADORATSKOGO.
    T. XV. STAT'I I KORRESPONDENTSII 1873-83. MOSCOW,
    1933 (REVIEW).
    Lur'e, Kh., 1934, Nr. 5 (39), 79-85.
MARX, K., ENGELS, F.: SOCHINENIIA. T. XVI. CH. 1-2.
    MOSCOW, 1937 (REVIEW).
    Zor'kiĭ, M., Rubinshteĭn, E., 1937, Nr. 4 (62),
    177-194.
MARX, K., ENGELS, F.: SOCHINENIIA. T. XXVIII. MOSCOW,
    1940 (REVIEW).
    Rubinshteĭn, E., 1941, Nr. 5 (93), 112-117.
MARX-ENGELS-LENIN INSTITUTE AT THE TSK KPSS see IMEL.
MARX AND ENGELS INSTITUTE (1920-31) see IME.
MARXISM see also HISTORICAL MATERIALISM.
MARXISM--RUSSIA--1840-70.
    Shul'gin, V., 1939, Nr. 5-6 (75-76), 168-174.

MARXISM--WESTERN HISTORIOGRAPHY--SOVIET CRITIQUE.
    Fridliand, TS., Nr. 14, 1929, 13-35.
MASARYK, T.G.: MIROVAIA REVOLIUTSIIA. VOSPOMINANIIA.
    PRAGUE, 1926-27 (REVIEW).
    Tomsinskiĭ, S.G., Nr. 5, 1927, 184-190.
MASARYK, T.G.: DIE WELTREVOLUTION: ERINNERUNGEN UND
    BETRACHTUNGEN, 1914-18. BERLIN, 1925 (REVIEW).
    Tordaĭ, L., Nr. 6, 1927, 253-259.
MASON, A.: THE PARIS COMMUNE; AN EPISODE IN THE HISTORY
    OF THE SOCIALIST MOVEMENT. NEW YORK, 1930 (REVIEW).
    Lukin, N., 1932, Nr. 3 (25), 176-179.
MASS, K.: DEUTSCHE KULTUR-UND WIRTSCHAFTSGESCHICHTE.
    MUNICH, 1932 (REVIEW).
    K.,S., 1933, Nr. 5 (33), 151-153.
"MATERIALY DLIA BIOGRAFII M. BAKUNINA." RED. I PRIMECH.
    V. POLONSKOGO. T. 1-3. MOSCOW, 1923, 1928,
    1933 (REVIEW).
    Gorev, B., 1934, Nr. 3 (37), 115-118.
"MATERIALY DLIA TERMINOLOGICHESKOGO SLOVARIA DREVNEĬ
    ROSSII." SOST. G.E. KOCHIN. POD RED. B.D. GREKOV.
    MOSCOW, 1937 (REVIEW).
    Tikhomirov, M., 1938, Nr. 3 (67), 97-98.
"MATERIALY PO ISTORII BASHKIRSKOĬ ASSR." CH. 1. BASHKIRSKIE
    VOSSTANIIA V XVII I PERVOĬ POLOVINE XVIII VV.
    ("TRUDY IST.-ARKHEOGRAF. INST.", T. XVIII) MOSCOW,
    1936.
    Ustiugov, N., 1938, Nr. 1 (65), 145-147.
"MATERIALY PO ISTORII KREST'IANSKOĬ PROMYSHLENNOSTI
    XVIII V. I PERVOĬ POLOVINY XIX VEKA." T. 1
    ("TRUDY ISTORIKO-ARKHEOGRAFICHESKOGO INSTITUTA,"
    1935) (REVIEW).
    Bazil'evich, K., 1937, Nr. 1 (59), 167-171.
"MATERIALY PO ISTORII SSSR." POD RED. A.V. SHESTAKOVA
    ("PROPAGANDIST I AGITATOR RKKA," NRS. 33-36, 1937,
    NR. 4, 1938).
    Picheta, V., 1938, Nr. 4 (68), 124-137.
"MATERIALY PO ISTORII TATARII VTOROĬ POLOVINY XIX VEKA."
    CH. I. AGRARNYĬ VOPROS I KREST'IANSKOE DVIZHENIE
    50-70-X GODOV XIX VEKA. MOSCOW, 1935? (REVIEW).
    K.,G., 1936, Nr. 4 (56), 145.
"MATERIALY PO ISTORII TURKMEN I TURKMENII. T. II. POD
    RED. V. STRUVE ET AL. MOSCOW, 1938 ("TRUDY
    INST. VOSTOKOVEDENIIA AN SSSR").
    Viatkin, M., 1938, Nr. 6 (70), 175-176.
"MATERIALY PO ISTORII PROFDVIZHENIIA V ROSSII. SBORNIKI
    NRS. 1, 2, 3, 4. IZD. VTS SPS." MOSCOW, 1924
    (REVIEW).
    Fedorchenko, L.S., Nr. 1, 1926, 313-315.
"MATERIALY PO ISTORII SOTSIALISTICHESKOGO DVIZHENIIA V
    POL'SHE." POL'KOMARKHIV PRI POL'SKOĬ KOMISSII
    ISTPARTA TSK VKP(b). T. I: SDKPiL, 1893-1903;
    T. II: SDKPiL, 1903-05. N.P., N.D. (REVIEW).
    Bobinskiĭ, S., Nr. 7, 1928, 255-260.

"MATERYIALY DA GISTORYI MANUFAKTURY NA BELARUSI U CHASY
    RAZLOZHENNIA FEODALIZMA." II. 1793-1861. MINSK,
    1935 (REVIEW).
    Tomsinskiĭ, S., 1936, Nr. 2 (54), 140-141.
MATHIEZ, A.--OBITUARY--HISTORIOGRAPHICAL AND POLITICAL
    ACTIVITY.
    Lukin, N., 1932, Nr. 3 (25), 60-86.
MATHIEZ, A.--POLITICAL VIEWS.
    Lukin, N., Nr. 21, 1931, 38-43.
MATHIEZ, A.: BOR'BA S DOROGOVIZNOĬ I SOTSIAL'NOE DVIZHENIE
    V ÉPOKHU TERRORA. POD RED. D. RIAZANOVA I TS.
    FRILIANDA. MOSCOW, 1928 (REVIEW).
    Lukin, N., Nr. 10, 1928, 203-210.
MATHIEZ, A.: LE DIRECTOIRE DU 11 BRUMAIRE AN IV AU 18
    FRUCTIDOR AN V. PUBLIÉ D'APRÈS LES MANUSCRITS DE
    L'AUTEUR, PAR J. GODECHOT. PARIS, 1934 (REVIEW).
    Dobroliubskiĭ, K., 1936, Nr. 2 (54), 156-158.
MATHIEZ, A.: LES DOCTRINES POLITIQUES DES PHYSIOCRATES.
    ("ANNALES HISTORIQUES DE LA RÉVOLUTION FRANÇAISE,"
    MAI-JUIN, 1935) (REVIEW).
    Starosel'skaia, O., 1936, Nr. 6 (58), 241-242.
MATHIEZ, A.: FRANTSUZSKAIA REVOLIUTSIIA. T. I, PER.
    S FRANTS. TSEDERBAUM, POD RED. I S PREDISL.
    BOROZDINA. MOSCOW, 1925 (REVIEW).
    Monosov, S.M., Nr. 1, 1926, 290-298.
MATHIEZ, A.: FRANTSUZSKAIA REVOLIUTSIIA. T. II.
    ZHIRONDA I GORA. PER. S. LOSEVA. PREDISL.
    N. LUKINA. MOSCOW, N.D. (REVIEW).
    Monosov, S., Nr. 12, 1929, 278-279.
MATHIEZ, A.: GIRONDINS ET MONTAGNARDS. PARIS, 1930 (REVIEW).
    S--i,--., Nr. 18-19, 1930, 202-205.
MATHIEZ, A.: RÉACTION THERMIDORIENNE. PARIS, 1929 (REVIEW).
    Monosov, S., Nr. 15, 1930, 153-156.
MATHIEZ, A.: LA RÉACTION THERMIDORIENNE. ("REVUE DES COURS
    ET CONFÉRENCES," NR. 9, 10, 11, 13, 16, 1928)
    (REVIEW).
    Freĭberg, N., Nr. 10, 1928, 243-244.
MATHIEZ, A.: LA RÉVOLUTION FRANCAISE. T. III. LA
    TERREUR. PARIS, 1927 (REVIEW).
    Lukin, N., Nr. 7, 1928, 218-220.
MATIUGIN, A.A.: UCHASTIE UKRAINSKOGO NARODA V OTECHEST-
    VENNOĬ VOĬNE PROTIV BELOPOLIAKOV V 1920 G.
    (DISSERTATION) MOSCOW, 1941.
    V Institute istorii..., 1941, Nr. 4 (92), 152-153.
MAVRODIN, V.: OCHERKI ISTORII LEVOBEREZHNOĬ UKRAINY;
    S DREVNEĬSHIKH VREMEN DO VTOROĬ POLOVINY XIV V.
    LENINGRAD, 1940 (REVIEW).
    Parkhomenko, V., 1941, Nr. 1 (89), 120-122.
MAXTON, J.: LENIN. LONDON, 1932 (REVIEW).
    Z.,S., 1933, Nr. 3 (31), 95-101.

"MAZEPA." ZBIRNYK. T. I-II. WARSAW, 1938-39 (REVIEW).
    Picheta, V., 1941, Nr. 5 (93), 123-125.
MAZOUR, A.G.: DIMITRY ZAVALISHIN, DREAMER OF A RUSSIAN-
    AMERICAN EMPIRE. ("THE PACIFIC HISTORICAL REVIEW,"
    1936, V. II.)
    Osnos, IU. 1937, Nr. 5-6 (63-64), 263.
MAZURENKO, S.P.--1905-17--ALL-RUSSIAN PEASANT LEAGUE.
    Shestakov, A., Nr. 5, 1927, 94-123.
MAZZEI, F.--LETTERS--HOLDINGS IN FLORENTINE NATIONAL
    LIBRARY.
    Novye dokumenty, 1936, Nr. 3 (55), 202.
MAZZEPA, I.S. (HETMAN)--1708--TREASON.
    Ogloblin, A., 1941, Nr. 5 (93), 47-60.
MCKAY, D.C.: THE NATIONAL WORKSHOPS. A STUDY IN THE FRENCH
    REVOLUTION OF 1848. CAMBRIDGE, MASS., 1933 (REVIEW).
    Kan, S., 1935, Nr. 5-6 (45-46), 183-185.
MCLAUGHLIN, A.S.: A CONSTITUTIONAL HISTORY OF THE USA.
    NEW YORK, 1935 (REVIEW).
    Efimov, A., 1935, Nr. 10 (50), 157-158.
THE MEDIAEVAL ACADEMY OF AMERICA--CONFERENCES, BOSTON AND
    NEW YORK, DECEMBER, 1940.
    Al'perovich, M., Belen'kiĭ, A., 1941, Nr. 6 (94),
    157-158.
MEDIEVAL STUDIES--GERMANY--1935.
    Fashizatsiia istoricheskoĭ nauki..., 1936, Nr. 4
    (56), 166-168.
MEDIEVAL STUDIES--USSR--1936.
    Lavrovskiĭ, V., 1936, Nr. 6 (58), 250.
MEDITERRANEAN SEA--HISTORY--20TH C.--STRATEGIC IMPORTANCE.
    Ivanov, L., 1938, Nr. 4 (68), 36-52.
MEDVEDEV, S.--VKP(b)--"RABOCHAIA OPPOZITSIIA"--1920-27.
    IAroslavskiĭ, E., 1935, Nr. 7 (47), 73-85.
MEERSON, G.--RUSSIAN CAPITALISM--CRITIQUE.
    Vanag, N., Nr. 22, 1931, 77-145.
MEERSON, G.: RANNIAIA BURZHUAZNAIA REVOLIUTSIIA. ("VESTNIK
    KOMMUNISTICHESKOĬ AKADEMII," 1926) (REVIEW).
    Tomsinskiĭ, S.G., Nr. 6, 1927, 48-78.
MEHRING, F.--CORRESPONDENCE--F. ENGELS--1893--DOCUMENTS.
    Fridliand, TS., 1936, Nr. 2 (54), 82-89.
MEIER, E. v.
    Vipper, R., 1940, Nr. 12 (88), 47-52.
MEINECKE, F.--GERMAN HISTORIAN.
    Fashizatsiia istoricheskoĭ nauki..., 1936, Nr. 2
    (54), 178-180; 1936, Nr. 3 (55), 198-199.
MEKHOVSKIĬ, M.: TRAKTAT O DVUKH SARMATIIAKH. MOSCOW,
    1936 (REVIEW).
    Bakhrushin, S., 1937, Nr. 2 (60), 160-162.
MEL'CHIN, A.: G.K. ORDZHONIKIDZE. KRATKIĬ BIOGRAFICHESKIĬ
    OCHERK. MOSCOW, 1939 (REVIEW).
    Savin, M., 1939, Nr. 4 (74), 166-168.

MELIKOV, V.A.: LENIN V GRAZHDANSKOĬ VOĬNE 1918-20
("VOĬNA I REVOLIUTSIIA," NR. 1, 1934) (REVIEW).
Kin, D., 1935, Nr. 8-9 (48-49), 216-220.
MENNE, B.: KRUPP. DEUTSCHLANDS KANONENKÖNIGE. ZÜRICH,
1937 (REVIEW).
Istoricheskaia literatura germanskoĭ..., 1937,
Nr. 2 (60), 200.
MENSHEVIKS--APRIL, 1917--PETROGRAD.
Krivosheĭna, E., 1935, Nr. 10 (50), 68-84.
MENSHEVIKS--RUSSIAN REVOLUTION OF 1917--POLITICAL EVOLUTION.
IUgov, M., Nr. 22, 1931, 11-37.
MENSHEVIKS--1918--CONSTITUENT ASSEMBLY.
Rubinshteĭn, N., Nr. 10, 1928, 45-70.
MERCHANT CAPITAL--SILESIA--LATE 18TH C.
Kan, S., 1936, Nr. 6 (58), 97-133.
MESHCHANINOV, I.I.: KHALDOVEDENIE. ISTORIIA DREVNEGO
VANA, VKLIUCHAIA DREVNEĬSHIE SVEDENIIA O ZAKAVKAZ'E.
BAKU, 1927 (REVIEW).
Aptekar, V., Nr. 10, 1928, 256-257.
MESHCHANINOV, I.I.: PALEOETNOLOGIIA I HOMO SAPIENS.
("IZVESTIIA GOSUDARSTVENNOĬ AKADEMII ISTORII
MATERIALNOĬ KUL'TURY." T. VI, VYP. 7) LENINGRAD,
1930 (REVIEW).
Aptekar, V., Nr. 21, 1931, 118-122.
MESHCHERIAKOV,--, IORDANSKIĬ, --: MIROVOĬ FASHIZM; SBORNIK
STATEĬ. MOSCOW, 1923 (REVIEW).
Drabkina, E., Nr. 4, 1927, 210-213.
MESHCHERIAKOV,--., SERATTI, D.: FASHIZM V ITALII; SBORNIK
STATEĬ. MOSCOW, 1923 (REVIEW).
Drabkina, E., Nr. 4, 1927, 210-213.
MESIACHINA--RUSSIA--1800-61.
Ignatovich, I., Nr. 3, 1927, 90-116.
MESSIMY, A.: MES SOUVENIRS. PARIS, 1937 (REVIEW).
Notovich, F., 1938, Nr. 5 (69), 211-214.
METAL WORKERS--GERMANY--1914-15.
Kogan-Bernshteĭn, F., 1934, Nr. 4 (38), 6-37.
METALLURGY--FRANCE--1789-92.
Virginskiĭ, V., 1936, Nr. 5 (57), 84-104.
METALLURGY--RUSSIA--1670-71--SMOLENSK IRON WORKS--DOCUMENTS.
Kazennye zheleznye "rudini"..., 1935, Nr. 1 (41),
60-81.
METALLURGY--RUSSIA--URALS--1773-74--INFLUENCE OF PEASANT
UPRISINGS.
Kashintsev, D., 1936, Nr. 1 (53), 133-185.
METAYER SYSTEM--FRANCE--G. LEFEBVRE--BOOK REVIEW.
Lukin, N., 1933, Nr. 6 (34), 120-128.
METTERNICH-WINNEBURG, C.L.W.v.--LETTERS--F.v. GENTZ.
Po stranitsam inostrannykh..., 1936, Nr. 1 (53),
212-213.
MEYER, A.O.--GERMAN HISTORIAN.
Fashizatsiia istoricheskoĭ nauki..., 1936, Nr. 2
(54), 178-180.

MEXICO--HISTORY--LATE 19TH-EARLY 20TH C.
     IA--n, G., 1933, Nr. 6 (34), 68-79.
MEXICO--HISTORY--REVOLUTION OF 1910-17.
     IA--n, G., 1932, Nr. 4-5 (26-27), 293-328.
MEYER, E.--OBITUARY.
     Sergeev, V., Nr. 21, 1931, 104-114.
"MEZHDUNARODNYE OTNOSHENIIA V ÉPOKHU IMPERIALIZMA. SER.
     I-III. 1878-1917."--PUBLISHING PLAN.
     V komissii pri Prezidiume..., 1937, Nr. 4 (62),
     270.
"MEZHDUNARODNYE OTNOSHENIIA V ÉPOKHU IMPERIALIZMA."
     DOKUMENTY IZ ARKHIVOV TSARSKOGO I VREMENNOGO
     PRAVITEL'STV 1878-1919 GG. SER. II., T. XVIII,
     CH. 1-IA, 14 MAIA-13 SENTIABRIA 1911 G.; Ch. 2-IA,
     14 SENTIABRIA-13 NOIABRIA 1911 G. MOSCOW, N.D.
     (REVIEW).
     Osipova, P., 1939, Nr. 2 (72), 170-174.
"MEZHDUNARODNYE OTNOSHENIIA V ÉPOKHU IMPERIALIZMA";
     DOKUMENTY IZ ARKHIVOV TSARSKOGO I VREMENNOGO
     PRAVITEL'STV 1878-1917 GG. SER. II. 1900-13.
     T. XIX. CH. 1-2. MOSCOW, N.D. (REVIEW).
     Osipova, P., 1939, Nr. 4 (74), 178-183.
"MEZHDUNARODNYE OTNOSHENIIA V ÉPOKHU IMPERIALIZMA."
     SER. II. T. XX. CH. 1: MAY-AUGUST, 1912.
     MOSCOW, 1934 (REVIEW).
     Semenovykh, F., 1940, Nr. 11 (87), 115-120.
"MEZHDUNARODNYE OTNOSHENIIA V ÉPOKHU IMPERIALIZMA";
     DOKUMENTY IZ ARKHIVOV TSARSKOGO I VREMENNOGO
     PRAVITEL'STV 1878-1917 GG. SER. III., T. I-V.
     MOSCOW, N.D. (REVIEW).
     Preobrazhenskiĭ, P., 1934, Nr. 4 (38), 121-126.
"MEZHDUNARODNYE OTNOSHENIIA V ÉPOKHU IMPERIALIZMA";
     DOKUMENTY IZ ARKHIVOV TSARSKOGO I VREMENNOGO
     PRAVITEL'STV 1878-1917 GODOV. SER. III, T. I-VIII.
     MOSCOW, N.D. (REVIEW).
     Adamov, E., 1937, Nr. 4 (62), 229-242.
"MEZHDUNARODNYE OTNOSHENIIA V ÉPOKHU IMPERIALIZMA."
     SER. III, T. VI, VII, VIII. GERMAN EDITION
     (REVIEW).
     Inostrannye otzyvy o..., 1936, Nr. 2 (54), 182-183.
"MEZHDUNARODNYE OTNOSHENIIA V ÉPOKHU IMPERIALIZMA."
     SER. III. T. V. MOSCOW, 1934 (REVIEW).
     Notovich, F., 1934, Nr. 1 (35), 210-223.
"MEZHDUNARODNYE OTNOSHENIIA V ÉPOKHU IMPERIALIZMA";
     DOKUMENTY IZ ARKHIVOV TSARSKOGO I VREMENNOGO
     PRAVITEL'STV, 1878-1917. SER. III, 1914-17.
     T. VII, CH. 1-2. MOSCOW, 1935 (REVIEW).
     Popov, A., 1936, Nr. 5 (57), 138-148.
"MEZHDUNARODNYE OTNOSHENIIA V ÉPOKHU IMPERIALIZMA";
     DOKUMENTY IZ ARKHIVOV TSARSKOGO I VREMENNOGO
     PRAVITEL'STV. SER. III. T. IX. 17 OKTIABRIA 1915
     G.-13 IANVARIA 1916 G. MOSCOW, 1938 (REVIEW).
     Osipova, P., 1938, Nr. 3 (67), 80-86.

"MEZHDUNARODNYE OTNOSHENIIA V ÉPOKHU IMPERIALIZMA."
DOKUMENTY IZ ARKHIVOV TSARSKOGO I VREMENNOGO
PRAVITEL'STV. SER. III. T. X. 14 IANVARIA-
13 APRELIA 1916 G. MOSCOW, N.D. (REVIEW).
Osipova, P., 1938, Nr. 6 (70), 166-174.
MEZHDUNARODNYĬ KONGRESS ISTORIKOV see INTERNATIONAL
CONGRESS OF HISTORICAL SCIENCES.
MICHON, G.: LES DOCUMENTS PONTIFICAUX SUR LA DÉMOCRATIE
ET LA SOCIÉTÉ MODERNE. PARIS, 1928 (REVIEW).
Fridliand, TS., Nr. 18-19, 1930, 177-184.
MICKIEWICZ, ADAM.
Kon, F., 1941, Nr. 6 (94), 38-46.
MIDDLE AGES--HISTORY--SOVIET HISTORIOGRAPHY--BOOK REVIEW.
Brigada: Zutis..., 1939, Nr. 1 (71), 158-164.
MIDDLE AGES--HISTORY--STUDY AND TEACHING--USSR--1840-1940--
MGU--PROFESSORS.
Kosminskiĭ, E., 1940, Nr. 7 (83), 101-105.
MIDDLE AGES--RUSSIA--RUSSIAN HISTORIOGRAPHY--19TH-EARLY
20TH C.
Vaĭnshteĭn, O., 1940, Nr. 9 (85), 99-114.
MIDDLE AGES--STUDY AND TEACHING--USSR--LGU.
Kogan, M., 1941, Nr. 1 (89), 148-150.
MIDDLE AGES--STUDY AND TEACHING--USSR--VUZ--TEXTBOOKS.
M.,Z., 1939, Nr. 5-6 (75-76), 272-275.
MIKHAĬLOV, I.K.: CHETVERT' VEKA PODPOL'SHCHIKA. MOSCOW,
1928 (REVIEW).
Mamet, L., Nr. 10, 1928, 253-254.
MILITARY HISTORY see UNDER SPECIFIC COUNTRIES.
MILITARY-REVOLUTIONARY COMMITTEES--RUSSIA--1917--PETROGRAD--
DOCUMENTS.
Razgrom Kerenskogo..., 1932, Nr. 4-5 (26-27),
329-339.
MILIUKOV, P.N.--RUSSIAN IMPERIALISM.
Redkin, M., 1932, Nr. 3 (25), 37-57.
MILIUKOV, P.N.--RUSSIAN REVOLUTION OF 1917.
Pokrovskiĭ, M.N., Nr. 3, 1927, 56-77.
MILIUKOV, P.N.: RUSSLANDS ZUSAMMENBRUCH. STUTTGART,
1925-26 (REVIEW).
Tomsinskiĭ, S.G., Nr. 5, 1927, 184-190.
MILLER, G.F.: ISTORIIA SIBIRI. T. 1. MOSCOW, 1937
(REVIEW).
Picheta, V., 1938, Nr. 1 (65), 138-142.
MIL'SHTEĬN, A.--REVIEW OF IU. BOCHAROV AND A. IONISSIANI:
UCHEBNIK ISTORII KLASSOVOĬ BOR'BY, XVIII-XX VV.
MOSCOW, 1931 ("ISTORIK-MARKSIST," NR. 11, 1929)--
CRITIQUE.
Brigada IKP istorii, 1932, Nr. 1-2 (23-24), 201-211.
MINERS--GERMANY--1914-15.
Kogan-Bernshteĭn, F., 1934, Nr. 4 (38), 6-37.
MINTS, I.--LETTER TO THE EDITOR OF "ISTORIK-MARKSIST."
Mints, I., 1939, Nr. 4 (74), 205.
MINTS, I.: MARKSISTY NA ISTORICHESKOĬ NEDELE V BERLINE
("ISTORIK-MARKSIST," NR. 9, 1928, 84-96)--
CORRECTIONS.
Pis'ma v redaktsiiu..., Nr. 11, 1929, 277-278.

"MINUVSHIE DNI" (JOURNAL) (REVIEW).
    Shestakov, A.V., Nr. 7, 1928, 269-277.
MIRABEAU, H.G. DE RIQUETI, COMTE DE--LETTER--ARENGERG
    ARCHIVE.
    Novye dokumenty, 1936, Nr. 3 (55), 202.
MIRANDA, F.--1783-90.
    Miroshevskiĭ, V., 1940, Nr. 2 (78), 125-132.
MIRER, S., BOROVIK, V.: REVOLIUTSIIA. USTNYE RASSKAZY
    URAL'SKIKH RABOCHIKH O GRAZHDANSKOĬ VOĬNE.
    MOSCOW, 1931. (REVIEW).
    Vasil'ev M., Ermakov, P., Zhilinskiĭ, A.,
    Medvedev, A., Rychkova, G., 1934, Nr. 2 (36),
    135-138.
MIRKIN, Z.I.: SSSR, TSARSKIE DOLGI I NASHI KONTR-
    PRETENZII. MOSCOW, 1928 (REVIEW).
    Gukovskiĭ, A., Nr. 10, 1928, 254.
MIROSHNICHENKO, -: KHAR'KOVSKAIA KRASNAIA GVARDIIA.
    KHAR'KIV, 1932. (REVIEW).
    Gorodetskiĭ, E., 1934, Nr. 2 (36), 131-132.
MIROT, A.: UNE LETTRE DE FRANÇOIS MARTIN À COLBERT SUR
    SES NEGOCIATIONS À LA COUR DE GOLCONDE EN JUIN-
    JUILLET 1681. ("REVUE D'HISTOIRE DES COLONIES,"
    V. XXIX, 1936, I. TRIMESTRE) (REVIEW).
    K.,F., 1937, Nr. 1 (59), 185.
"MIROVOE ÉKONOMICHESKIE KRIZISY, 1848-1935." T. I.
    SRAVNITEL'NYE MATERIALY PO ISTORII KRIZISOV V
    VAZHNEĬSHIKH KAPITALISTICHESKIKH STRANAKH.
    MOSCOW, 1937. (REVIEW).
    Segall, IA., 1937, Nr. 5-6 (63-64), 170-173.
"MIROVYE ÉKONOMICHESKIE KRIZISY" T. III. I. TRAKHTENBERG.
    DENEZHNYE KRIZISY, 1821-1938. MOSCOW, 1939
    (REVIEW).
    Segall, IA., 1941, Nr. 4 (92), 112-115.
MISHULIN, A.V.: SPARTAKOVSKOE VOSSTANIE. MOSCOW, 1936.
    (REVIEW).
    Preobrazhenskiĭ, P., 1936, Nr. 6 (58), 207-208.
MISSISSIPPI VALLEY HISTORICAL ASSOCIATION--CONFERENCE,
    31ST, INDIANAPOLIS, IND., APRIL, 1938.
    Nauchnye konferentsii i..., 1939, Nr. 2 (72), 203.
MITEL'MAN, M., GLEBOV, B., UL'IANSKIĬ, A.: ISTORIIA
    PUTILOVSKOGO ZAVODA. POD RED. V. A. BYSTRIANSKOGO.
    LENINGRAD, 1939 (REVIEW).
    Baevskiĭ, D., 1940, Nr. 2 (78), 139-146.
MITIAEV, K.G.: SMOLENSKIE TAMOZHENNYE KNIGI. (DISSERTATION)
    MOSCOW, 1940.
    Nikiforov, L., 1941, Nr. 1 (89), 150.
MITSKEVICH, S.I.: NA GRANI DVUKH ÉPOKH. LENINGRAD, 1937.
    (REVIEW).
    Sidorov, A., 1938, Nr. 3 (67), 107-110.
MITSKEVICH-KAPSUKAS, V.S.--OBITUARY.
    Pamiati V.S. Mitskevich-Kapsukas, 1935, Nr. 2-3
    (42-43), 43.

MITSKUN, N.I.:   VTORZHENIE NAPOLEONA V ISPANIIU I VSEOBSHCHEE
      VOSSTANIE PROTIV INTERVENTOV. (DISSERTATION) MOSCOW,
      1940.
      Nikiforov, L., 1941, Nr. 6 (94), 157.
MLADO-BUKHARTSY see YOUNG BUKHARANS.
MOCENIGO, M.N. see NANI-MOCENIGO, M.F., CONTE.
MOCK, J.R., LARSON, C.:   WORDS THAT WON THE WAR; THE STORY
      OF THE COMMITTEE ON PUBLIC INFORMATION. PRINCETON,
      1939. (REVIEW).
      Al'perovich, M., Belen'kiĭ, A., 1941, Nr. 6 (94),
      157-158.
MOGILEVICH, A.A., AĬRAPETIAN, M.Ė.:   NA PUTIAKH K MIROVOĬ
      VOĬNE 1914-1918 GG. MOSCOW, 1940. (REVIEW).
      Faĭngar, I., 1940, Nr. 7 (83), 148-150.
MOGILEVSKIĬ PED. INST. IST. FAK.--WORK IN PROGRESS AND
      PUBLICATIONS--1940.
      K.,M., 1941, Nr. 4 (92), 150.
MOLDAVIA--HISTORY--EXHIBITION--MUZEĬ NARODOV SSSR, MOSCOW.
      Ionova, O., 1941, Nr. 3 (91), 153-156.
MOLDAVIA--HISTORY--6TH-20TH C.
      Nartsov, N., 1940, Nr. 9 (85), 85-98.
MOLINARI, G. DE-- I INTERNATIONAL.
      Anatol'ev, P., 1934, Nr. 5 (39), 64-78.
MOLOK, A.I.:   IIUN'SKIE DNI; OCHERK ISTORII VOSSTANIIA
      PARIZHSKIKH RABOCHIKH 23-26 IIUNIIA 1848 GODA.
      LENINGRAD, 1933. (REVIEW).
      Kan, S., 1934, Nr. 3 (37), 127-128.
MOLOK, A.I.:   OCHERKI BYTA I KUL'TURY PARIZHSKOĬ KOMMUNY
      1871 G. LENINGRAD, 1924 (REVIEW).
      Kuniskiĭ, S.D., Nr. 3, 1927, 196-199.
MOLOK, A.I.:   PARIZHSKAIA KOMMUNA I KRESTIANSTVO. MOSCOW,
      1925 (REVIEW).
      Kuniskiĭ, S.D., Nr. 3, 1927, 196-199.
MOLOK, A.I.:   PARIZHSKAIA KOMMUNA 1871 GODA V DOKUMENTAKH
      I MATERIALAKH. MOSCOW, 1925 (REVIEW).
      Kuniskiĭ, S.D., Nr. 3, 1927, 196-199.
MOLOTOV, V.M.--BIBLIOGRAPHY--1912-40.
      Fedorov, L., Tolstikhina, A., 1940, Nr. 3 (79),
      145-150.
MOLOTOV, V.M.--1912-14--"PRAVDA."
      Lur'e, M., 1940, Nr. 3 (79), 3-23.
MOLOTOV, V.M.:   DOKLAD NA TORZHESTVENNOM ZASEDANII V
      BOL'SHOM TEATRE (SPEECH)--NOVEMBER 6, 1937.
      Molotov, V.M., 1937, Nr. 4 (62), 7-21.
MOLOTOV, V.M.:   DOKLAD NA TORZHESTVENNOM ZASEDANII
      MOSKOVSKOGO SOVETA (SPEECH)--NOVEMBER 6, 1938.
      Dvadtsat-pervaia godovshchina..., 1938, Nr. 6
      (70), 3-15.
MOLOTOV, V.M.:   DOKLAD NA TORZHESTVENNOM ZASEDANII
      MOSKOVSKOGO SOVETA (SPEECH)--NOVEMBER 6, 1939.
      22-ia godovshchina..., 1939, Nr. 5-6 (75-76),
      3-14.

MOMMSEN, T.: ISTORIIA RIMA. T. II. LENINGRAD, 1937.
  (REVIEW).
    Konchalovskiĭ, D., 1938, Nr. 3 (67), 113-116.
MOMMSEN, W.: POLITISCHE GESCHICHTE VON BISMARCK BIS
  ZUR GEGENWART, 1850-1933. FRANKFURT AM MAIN,
  1935 (REVIEW).
    X.,V., 1935, Nr. 11 (51), 122-123.
MONASTERIES--RUSSIA--NORTHERN TERRITORY--15TH C.
    Gudoshnikov, M., 1937, Nr. 2 (60), 115-122.
MONOSOV, S.: OCHERKI ISTORII REVOLIUTSIONNOGO
  DVIZHENIIA. MOSCOW, 1932 (REVIEW).
    Brigada IKP istorii., 1933, Nr. 4 (32),
    114-122.
MONROE, E.: THE MEDITERRANEAN IN POLICY. LONDON, 1939.
  (REVIEW).
    Kublitskiĭ, F., 1940, Nr. 6 (82), 130-132.
MORAGO, T.G.--INTERNATIONAL ALLIANCE OF SOCIALIST DEMOCRACY--
  M.A. BAKUNIN--CORRESPONDENCE.
    Polonskiĭ, V., Nr. 2, 1926, 5-43.
MORANDI, R.: STORIA DELLA GRANDE INDUSTRIA IN ITALIA.
  2.ED. BARI,? 1935.? (REVIEW).
    Tarle, E., 1936, Nr. 2 (54), 164.
MORDACQ, H.: FAUT-IL CHANGER LE RÉGIME? PARIS, 1936.
  (REVIEW).
    Notovich, F., 1938, Nr. 1 (65), 159-161.
"MORDOVSKIĬ NAUCHNO-ISSLEDOVATEL'SKIĬ INSTITUT IAZYKA
  LITERATURY I ISTORII PRI SNK MORDOVSKOĬ AVTONOMNOĬ
  SSR." SBORNIK. SARANSK, 1940. (REVIEW).
    IAkovlev, A., 1941, Nr. 1 (89), 124.
MORE, T.--400TH ANNIVERSARY OF HIS DEATH--BRITISH HISTORI-
  OGRAPHY--BOOK REVIEW.
    Semenov, V., 1936, Nr. 2 (54), 125-131.
MORE, T.: ZOLOTAIA KNIGA, STOL'ZHE POLEZNAIA, KAK I
  ZABAVNAIA, O NAILUCHSHEM USTROĬSTVE GOSUDARSTVA I
  O NOVOM OSTROVE UTOPII.PEREV. I KOM. A. I. MALEINA.
  PREDISL. V.P. VOLGINA. MOSCOW, 1935 (REVIEW).
    Semenov, V., 1936, Nr. 2 (54), 125-131.
MORNET, D.: LES ORIGINES INTELLECTUELLES DE LA RÉVOLUTION
  FRANÇAISE, 1715-87. PARIS, 1933. (REVIEW).
    Fridliand, TS., 1935, Nr. 2-3 (42-43), 149-151.
MOROKHOVETS, E.: AGRARNYE PROGRAMMY ROSSIĬSKIKH POLITICH-
  ESKIKH PARTII V 1917 G. LENINGRAD, N.D. (REVIEW)
    Shestakov, A., Nr. 12, 1929, 292-294.
MOROKHOVETS, E.: PIS'MO V REDAKTSIIU.
    Morokhovets, E., Nr. 6, 1927, 303.
MOROZOV, B.I.--1648.
    Novitskiĭ, G.A., 1934, Nr. 6 (40), 24-36.
MOROZOV, N.: KHRISTOS. T. 1-4. LENINGRAD, 1924-28
  (REVIEW).
    Aptekar', Nr. 9, 1928, 163-172.

MOROZOV, N.: S ORUZHIEM V RUKAKH: POVESTI MOEĬ ZHIZNI.
    T. III. PROBLESKI, "ZEMLI I VOLIA." V
    ALEKSEEVSKOM RAVELINE. MOSCOW, 1928. (REVIEW).
    Koz'min, B., Nr. 9, 1928, 191-192.
MOSCOW--HISTORY--CONFERENCES, MOSCOW, 1939-40.
    Miller, P., Rabinovich, M., 1940, Nr. 11 (87),
    147-150.
MOSCOW--HISTORY--SOURCES--METRO EXCAVATIONS.
    Tarasov, N., Artsikhovskiĭ, A., 1934, Nr. 3 (37),
    140-142.
MOSCOW--HISTORY--SOURCES--METRO EXCAVATIONS--1934.
    Tarasov, N., 1934, Nr. 5 (39), 123-126.
MOSCOW--HISTORY--SOURCES--METRO EXCAVATIONS--1934-35.
    Artsikhovskiĭ, A., 1935, Nr. 5-6 (45-46),
    204-207.
MOSCOW--HISTORY--SOVIET HISTORIOGRAPHY.
    Gruppa po istorii..., 1939, Nr. 5-6 (75-76), 279.
MOSCOW--HISTORY--17TH-19TH C.--TOPOGRAPHY--METRO EXCAVA-
    TIONS--1935.
    Tarasov, N., 1935, Nr. 8-9 (48-49), 153-177.
MOSCOW--HISTORY--1648--UPRISING.
    Novitskiĭ, G.A., 1934, Nr. 6 (40), 24-36.
MOSCOW--HISTORY--REVOLUTION OF 1905--DECEMBER UPRISING.
    Chernomordik, S.I., Nr. 1, 1926, 236-255.
MOSCOW--HISTORY--REVOLUTION OF 1905--DECEMBER UPRISING--
    M. GORKIĬ.
    Kublanov, I., 1941, Nr. 6 (94), 3-17.
MOSCOW--HISTORY--REVOLUTION OF 1917--OCTOBER.
    Piatnitskiĭ, O., 1935, Nr. 4 (44), 3-30; 1935,
    Nr. 5-6 (45-46), 3-38; 1936, Nr. 5 (57), 21-33.
MOSCOW--HISTORY--REVOLUTION OF 1917--OCTOBER--BOLSHEVIKS.
    Piatnitskiĭ, O., 1935, Nr. 10 (50), 14-34.
MOSCOW PROVINCE--HISTORY--1774--TAĬNAIA EKSPEDITSIIA--
    REPORTS ON PEASANT UNREST.
    Piontkovskiĭ, S., 1935, Nr. 7 (47), 91-100.
MOSCOW STATE UNIVERSITY see MGU.
MOSINA, Z.V.: IDEIA ABSOLIUTIZMA V KOROLEVSKIKH
    POSLANIIAKH I ZAKONODATEL'NYKH AKTAKH GENRIKHA
    IV. (DISSERTATION, MOSCOW, 1939).
    V Institute Istorii, 1940, Nr. 3 (79), 155.
MOSKOVSKIĬ GOS. PED. INST. IST. FAK.--WORK IN PROGRESS
    AND PUBLICATIONS--1939-40.
    Stegar', S., 1941, Nr. 2 (90), 149-152.
MOSKOVSKIĬ GOS. PED. INST. KAFEDRA ISTORII SSSR.--WORK IN
    PROGRESS AND PUBLICATIONS--1940-41.
    Kusheva, E., 1941, Nr. 6 (94), 154-155.
MOSKOVSKIĬ GOS. UNIVERSITET see MGU.
MOSKOVSKIĬ ISTORIKO-FILOSOFSKIĬ I LITERATURNYĬ INSTITUT--
    WORK IN PROGRESS AND PUBLICATIONS--1934-35.
    Suslin, M., 1935, Nr. 7 (47), 130-132.

MOSKOVSKIĬ OBLASTNYĬ I MOSKOVSKIĬ GOS. PED. INSTITUT--IST.
FAK.--COMPETITION FOR BEST STUDENT PAPER--1939-40.
O.,M., 1940, Nr. 8 (84), 154-155.
MOUSSET, A.: UN DRAME HISTORIQUE. L'ATTENTAT DE SARAJEVO.
PARIS, 1930 (REVIEW).
Erusalimskiĭ, A., Nr. 18-19, 1930, 216-218.
MUHAMMAD, THE PROPHET.
Dve neopublikovannye stat'i..., 1939, Nr. 5-6,
(75-76), 227-239.
MUHAMMADANISM see ISLAM.
MÜHLHAUSEN (THURINGIA)--HISTORY--1523-25--TH. MÜNZER.
Stoklitskaia-Tereshkovich, V., 1938, Nr. 6 (70),
195-199.
MÜLLER, K.v.--BAVARIAN ACADEMY OF SCIENCES.
Fashizatsiia istoricheskoĭ nauki..., 1936, Nr. 3
(55), 199.
MÜLLER, K.v.--EDITOR--"HISTORISCHE ZEITSCHRIFT"--1935.
Fashizatsiia istoricheskoĭ nauki..., 1936, Nr. 6
(58), 256-257.
MÜLLER, K.v.--GERMAN HISTORIAN.
Fashizatsiia istoricheskoĭ nauki..., 1936, Nr. 2
(54), 178-180.
MÜLLER, P.: FELDMARSHALL FÜRST WINDISCHGRÄTZ. REVOLUTION
UND GEGENREVOLUTION IN OESTERREICH. VIENNA, 1934.
(REVIEW).
Averbukh, R., 1935, Nr. 2-3 (42-43), 153-154.
MÜLLER-TELLERING, E.--MEETING WITH K. MARX--1848.
Averbukh, R., 1933, Nr. 3 (31), 79-89.
MÜNTZ, J.H.--GERMAN ARTIST--STUDIES OF THE UKRAINE--
1781-83.
Drakokhrust, E., 1940, Nr. 9 (85), 130-134.
MÜNZER, TH.--1523-25--MÜHLHAUSEN (THURINGIA).
Stoklitskaia-Tereshkovich, V., 1938, Nr. 6 (70),
195-199.
MURAV'EV, A.Z.--CORRESPONDENCE--V.L. DAVYDOV.
Iz arkhiva dekabrista V.I. Davydova..., Nr. 1,
1926, 175-200.
MURAV'EV-APSTOL, S.
Nechkina, M., 1935, Nr. 7 (47), 30-47.
MURIDISM--CAUCASUS--EARLY 19TH C.
Pokrovskiĭ, N., 1934, Nr. 2 (36), 30-75.
MURPHY, J.T.: PREPARING FOR POWER. CRITICAL STUDY OF THE
BRITISH WORKING-CLASS MOVEMENT HISTORY. LONDON,
1934. (REVIEW).
Lepeshinskaia, A., 1934, Nr. 4 (38), 143-144.
MURRAY, S.: THE IRISH REVOLT 1916 AND AFTER. DUBLIN,
1936. (REVIEW).
Zubok, L., 1937, Nr. 3 (61), 214-215.
MUSEUMS--LENINGRAD--EXHIBITIONS--1934.
Po SSSR, 1934, Nr. 6 (40), 104-108.
MUSEUMS--MOSCOW--EXHIBITIONS--1934.
Po SSSR, 1934, Nr. 6 (40), 104-108.

MUSEUMS--USSR--EXHIBITIONS--1934.
     Po SSSR, 1934, Nr. 6 (40), 104-108.
MUSEUMS--USSR--TOMSK--WORK IN PROGRESS AND HOLDINGS--
     1935.
     Z.,A., Nr. 12 (52), 150-153.
MUSIC, RUSSIAN--DOCUMENTS--CZECH ARCHIVAL HOLDINGS.
     Nauchnye obshchestva i..., 1937, Nr. 2 (60),
     197-198.
MUSSI, F.C. see CAZZAMINI-MUSSI, F.
MUZEĬ NARODOV SSSR--EXHIBITION CONCERNING BALTIC STATES--
     1940.
     Ionova, O., 1941, Nr. 1 (89), 146-148.
MUZEĬ NARODOV SSSR--EXHIBITION CONCERNING KARELO-FINSKAIA
     SSR AND MOLDAVSKAIA SSR.
     Ionova, O., 1941, Nr. 3 (91), 153-156.
MUZEĬ NARODOV SSSR--WORK IN PROGRESS--1936.
     K.,A., 1936, Nr. 3 (55), 196.
MUZEĬ OBORONY TSARITSYNA--STALINGRAD--1937.
     Khmel'kov, A., 1938, Nr. 4 (68), 102-105.
MUZEĬ REVOLIUTSII, ODESSA.
     O nauchnoĭ rabote..., 1941, Nr. 6 (94), 140-147.
"MUZEĬ REVOLIUTSII SOIUZA SSR." VTOROĬ SBORNIK STATEĬ.
     MOSCOW, 1929 (REVIEW).
     Mamet, L., Nr. 14, 1929, 215-217.
MUZEĬ SHCHORSA, CHERNIGOV.
     Po nauchnym uchrezhdeniiam..., 1937, Nr. 2 (60),
     191.
MUZEĬ V.I. LENINA, LENINGRAD BRANCH--1937.
     Lebedev, M., 1938, Nr. 4 (68), 94-101.
"MY S VAMI." SBORNIK, POSVIASHCHENNYĬ GEROICHESKOĬ
     BOR'BE ISPANSKOGO NARODA. MOSCOW, 1936 (REVIEW).
     IUr'ev, A., 1936, Nr. 6 (58), 185-190.
MYERS, G.: ISTORIIA AMERIKANSKIKH MILLIARDEROV. T. 1-2.
     MOSCOW, 1924-27 (REVIEW).
     Raĭskiĭ, L., Nr. 7, 1928, 285-286.

N.

NÉP--1920-22--ORIGINS AND IMPLEMENTATION.
     Genkina, É., 1939, Nr. 5-6 (75-76), 38-66.
NÉP--1921--V.I. LENIN.
     Genkina, É., 1941, Nr. 3 (91), 3-10.
NYPL--EXHIBIT ON FRENCH REVOLUTION OF 1789--150TH ANNIVERSARY--
     JANUARY, 1939.
     Istoricheskaia nauka za..., 1939, Nr. 3 (73),
     221.
"N.A. DOBROLIUBOV. STO LET SO DNIA ROZHDENIIA; 1836-1936."
     LENINGRAD, 1936 (REVIEW).
     F.,I., 1936, Nr. 2 (54), 146-147.
NANI-MOCENIGO, M.F., CONTE: STORIA DELLA MARINA VENE-
     ZIANA DA LEPANTO ALLA CADUTA DELLA REPUBBLICA.
     ROMA, 1935 (REVIEW).
     Novinki istoricheskoĭ literatury, 1937, Nr. 1 (59), 203.

"NANKAI SOCIAL AND ECONOMIC QUARTERLY" (JOURNAL) (REVIEW).
Al'perovich, M., Belen'kiĭ, A., 1941, Nr. 6 (94),
157-158.
NANSEN, F.--1921-22.
Rubinshteĭn, N., 1941, Nr. 2 (90), 22-48.
NAPOLEON I--EXHIBITION--BOLOGNA, ITALY--1938.
Istoricheskaia nauka za..., 1940, Nr. 11 (87),
157.
"NAPOLEON. LETTRES (INÉDITES) À MARIE-LOUISE PENDANT
LA CAMPAGNE DE RUSSIE" ("LA REVUE DE FRANCE,"
1 MARS 1935) (REVIEW).
Starosel'skaia, O., 1936, Nr. 5 (57), 187-188.
NAPOLEONIC WARS--SPAIN--1808--MADRID UPRISING.
Mitskun, N., 1940, Nr. 9 (85), 115-126.
"NARODNAIA VOLIA"--BOOK REVIEW.
Tatarov, I., Nr. 18-19, 1930, 185-200.
"NARODNAIA VOLIA"--HISTORICAL SIGNIFICANCE.
Diskussiia o "Narodnoĭ..., Nr. 15, 1930, 86-143.
"NARODNAIA VOLIA"--M.N. POKROVSKIĬ'S POLEMIC WITH I.
TEODOROVICH.
Pokrovskiĭ, M.N., Nr. 15, 1930, 74-85.
NARODNICHESTVO see POPULISM.
NARODNYĬ KOMISSARIAT VNUTRENNYKH DEL see NKVD.
"NARODOVOL'TSY POSLE 1 MARTA 1881 GODA"; ("TRUDY KRUZHKA
NARODOVOL'TSEV PRI VSESOIUZNOM OBSHCHESTVA POLI-
TKATORZHAN I SSYL'NOPOSELENTSEV.") MOSCOW,
1928 (REVIEW).
Valk, S., Nr. 8, 1928, 227-230.
"NARODOVOL'TSY 80-KH I 90-KH GODOV" ("TRUDY KRUZHKA
NARODOVOL'TSEV PRI VSESOIUZNOM OBSHCHESTVE POLIT-
KATORZHAN I SSYL'NOPOSELENTSEV.") MOSCOW, 1929
(REVIEW).
Valk, S., Nr. 12, 1929, 290-292.
"NARYSY Z ISTORII UKRAINY." I. VYP.: KYÏVS'KA RUS' I
FEODAL'NI KNIAZIVSTVA XII-XIII STOLIT'. KIEV,
1937 (REVIEW).
IUshkov, S., 1939, Nr. 1 (71), 171-173.
NASONOV, A.N.: MONGOLY I RUS'. ISTORIIA TATARSKOĬ
POLITIKI. (DISSERATION) MOSCOW, 1940 (REVIEW).
V Institute istorii..., 1941, Nr. 5 (93), 157-158.
NATIONAL ARCHIVES--USA--CENTRALIZED ADMINISTRATION--1938.
Nauchnye konferentsiia i..., 1939, Nr. 2 (72), 204.
NATIONAL LIBERATION MOVEMENTS see INDEPENDENCE MOVEMENTS.
NATIONAL SOCIALISM--GERMANY--ORIGINS OF TERM "VOLK"--
GERMAN SCHOLARSHIP.
Kagarov, E., 1937, Nr. 5-6 (63-64), 131-151.
NATIONAL SOCIALISM--GERMANY--PHILOSOPHY--GERMAN HISTORIOGRAPHY.
Lukin, N., 1935, Nr. 1 (41), 15-27; 1935, Nr. 2-3
(42-43), 13-23.
NATIONALISM see INDEPENDENCE MOVEMENTS.

NATIONALITIES QUESTION--LATIN AMERICA--20TH C.
    IA--n, G., 1933, Nr. 4 (32), 81-90; 1933, Nr. 6
    (34), 68-79.
NATIONALITIES QUESTION--RUSSIA--1904--SOCIAL DEMOCRATS--
    I.V. STALIN'S CRITIQUE.
    Stalin, I.V., 1940, Nr. 2 (78), 3-13.
NATIONALITIES QUESTION--RUSSIA--1918-21.
    Gabidullin, Kh., 1932, Nr. 6 (28), 22-34.
NATIONALITIES QUESTION--SLOVENES--1848-1918.
    Gustinchich, D., 1941, Nr. 5 (93), 82-91.
NATIONALITIES QUESTION--SOVIET RUSSIA--1918-21.
    Gabidullin, Kh., 1932, Nr. 6 (28), 22-34.
NATIONALITIES QUESTION--SOVIET RUSSIA--1920--MARI ASSR.
    Kalistratov, N., 1941, Nr. 3 (91), 106-108.
NATIONALITIES QUESTION--SOVIET RUSSIA--1921--I.V. STALIN.
    Genkina, E., 1941, Nr. 3 (91), 3-10.
NATIONALITIES QUESTION--USSR--UKRAINE--I.V. STALIN.
    Kin, D., 1936, Nr. 2 (54), 120-124.
NAUCHNAIA KONFERENTSIIA SARATOVSKOGO UNIVERSITETA, FEBRUARY,
    1939.
    Nauchnaia konferentsiia Saratovskogo..., 1939,
    Nr. 3 (73), 216-218.
"NAUCHNAIA LITERATURA SSSR"; SISTEMATICHESKII UKAZATEL'
    KNIG I ZHURNAL'NYKH STATEI 1928 G. OBSHCHESTVENNYE
    NAUKI. POLUTOMY I-II. MOSCOW, 1932-33 (REVIEW).
    Gukovskii, A., 1934, Nr. 2 (36), 140-144.
NAUCHNO-ISSLEDOVATEL'SKII INSTITUT ETNICHESKIH I NATIONAL'NYKH
    KUL'TUR NARODOV VOSTOKA. I. PLENUM, MOSCOW,
    DECEMBER 18, 1926.
    V nauchno-issledovatel'skom..., Nr. 3, 1927,
    251-252.
NAVY--GERMANY--1917.
    Pol', K., 1934, Nr. 4 (38), 3-25.
NAVY--GERMANY--SUMMER 1917--SAILOR'S MUTINY--CHRONICLE
    OF EVENTS.
    M.,M., 1934, Nr. 4 (38), 82-91.
NAVY--GREAT BRITAIN--1914-18--SAILOR'S MUTINY.
    Chapman, A., 1934, Nr. 4 (38), 49-68.
NAVY--RUSSIA--1910-12--BALTIC FLEET--TRIAL OF 52 SAILORS.
    Naida, S., 1940, Nr. 2 (78), 78-90.
NAVY--USSR--HISTORY--1918-38--20TH ANNIVERSARY--EXHIBITION.
    Vystavka "XX let RKKA..., 1938, Nr. 4 (68), 198-200.
NEAR EAST--ANTIQUITY--DEIFICATION OF RULER.
    Avdeev, V., 1935, Nr. 8-9 (48-49), 133-152.
NEAR EAST--ANTIQUITY--SOVIET HISTORIOGRAPHY.
    Avdiev, V., 1938, Nr. 1 (65), 120-126.
NEAR EAST--ANTIQUITY--SOVIET HISTORIOGRAPHY.
    Otchet ob obsuzhdenii..., 1938, Nr. 1 (65), 111-119.
NEAR EAST--ANTIQUITY--SOVIET HISTORIOGRAPHY--1930's.
    Mashkin, N., 1939, Nr. 4 (74), 77-84.

NEAR EAST--ARCHAEOLOGICAL EXCAVATIONS--INTERNATIONAL
    SCHOLARSHIP.
    Arkheologicheskie raskopki na..., 1940, Nr. 11
    (87), 156-157.
NEAR EAST--HISTORY--ARAB SOURCES--SOVIET INTERPRETATION.
    Kovalevskiĭ, A., 1937, Nr. 1 (59), 197-198.
NECHAEV, S.G.--M.A. BAKUNIN.
    Steklov, IU.M., Nr. 2, 1926, 44-83.
NECHKINA, M.V.--EITOR.
    Lenin o zapadnoevropeĭskom..., 1934, Nr. 1 (35),
    224-248.
NECHKINA, M.V.: DEKABRISTY I IKH VREMIA; TRUDY MOSKOVSKOĬ
    I LENINGRADSKOĬ SEKTSII PO IZUCHENIIU DEKABRISTOV
    I IKH VREMENI. T. I. MOSCOW, N.D. (REVIEW).
    Nechkina, M., Nr. 11, 1929, 201-203.
NECHKINA, M.V.: KAPITAL KARLA MARKSA KAK KHUDOZHESTVENNOE
    TSELOE ("LA NOUVELLE REVUE SOCIALISTE," NR. 28,
    1929)--M. NECHKINA'S PROTEST.
    Nechkina, M., Nr. 22, 1931, 184.
NECHKINA, M.V.: OBSHCHESTVO SOEDINENNYKH SLAVIAN. MOSCOW,
    1927 (REVIEW).
    Sh--kh, A., Nr. 6, 1927, 278-279.
NECHKINA, M.V.: RUSSKAIA ISTORIIA V OSVESHCHENII ÉKONO-
    MICHESKOGO MATERIALIZMA. KAZAN, 1922--M. NECHKINA'S
    REPUDIATION.
    Pis'ma v redaktsiiu..., Nr. 11, 1929, 227-278.
NEDELIA SOVETSKOĬ ISTORICHESKOĬ NAUKI see WEEK OF SOVIET
    HISTORICAL SCIENCE.
"NEDERLANDSCHE HISTORIE-BLADEN" (JOURNAL) (REVIEW).
    Nauchnye izdaniia i..., 1939, Nr. 2 (72), 204.
NEF, J.U.: THE PROGRESS OF TECHNOLOGY AND THE GROWTH OF
    LARGE SCALE INDUSTRY IN GREAT BRITAIN, 1540-1640.
    ("THE ECONOMIC HISTORY REVIEW," 1934, OCTOBER).
    Lavrovskiĭ, V., 1936, Nr. 3 (55), 189.
"THE NEGRO HISTORY BULLETIN" (JOURNAL) (REVIEW).
    Al'perovich, M., Belen'kiĭ, A., 1941, Nr. 6 (94),
    157-158.
NEJEDLÝ, Z.: BOR'BA UKRAINTSEV BUKOVINY ZA SVOIU NATSIONAL'-
    NUIU NEZAVISIMOST'. (LECTURE) MOSCOW, 1940.
    O.,M., 1940, Nr. 11 (87), 140-146.
"NEUE ÖSTERREICHISCHE BIOGRAPHIE, 1815-1918." GELEITET
    VON A. BESSERHEIM. BD. I-II. VIENNA, 1923-25
    (REVIEW).
    Tordaĭ, L., Nr. 6, 1927, 253-259.
"NEUE RHEINISCHE ZEITUNG"--1842-43--K. MARX.
    Perchik, L., 1933, Nr. 3 (31), 16-30.
"NEUE RHEINISCHE ZEITUNG"--1848--K. MARX IN VIENNA.
    Averbukh, R., 1933, Nr. 3 (31), 79-89.
NEVLER, V. (VILIN): K ISTORII VOSSOEDINENIIA ITALII.
    MOSCOW, 1936 (REVIEW).
    Skazkin, S., 1936, Nr. 3 (55), 177-178.

NEVSKIĬ, N.A.--LECTURE, INSTITUT VOSTOKOVEDENIIA, MARCH,
    1935.
    Doklady na gruppe..., 1935, Nr. 4 (44), 154-155.
NEVSKIĬ, V.I.: ISTORII VKP(b) KAK NAUKA--VSESOIUZNAIA
    KONFERENTSIIA ISTORIKOV-MARKSISTOV, MOSCOW,
    DECEMBER, 1928.
    Vsesoiuznaia konferentsiia..., Nr. 12, 1929,
    300-333.
NEVSKIĬ, V.I.: SEVERNO-RUSSKIĬ RABOCHIĬ SOIUZ--VSESOIUZNAIA
    KONFERENTSIIA ISTORIKOV-MARKSISTOV, MOSCOW,
    DECEMBER, 1928.
    Vsesoiuznaia konferentsiia..., Nr. 12, 1929,
    300-333.
NEW ECONOMIC POLICY see NĖP.
NEW YORK PUBLIC LIBRARY see NYPL.
NEWSPAPERS--CHICAGO--WPA EDITORIAL PROJECT.
    Nauchnye izdaniia i..., 1939, Nr. 2 (72), 205.
NICHOLAS I, EMPEROR OF RUSSIA--1848-49--REACTION TO
    EUROPEAN REVOLUTION OF 1848.
    Averbukh, R., 1932, Nr. 3 (25), 87-117.
NIKOL'SKIĬ, N.M.: ISTORIIA DOKLASSOVOGO OBSHCHESTVA.
    DREVNII VOSTOK. ANTICHNYĬ MIR; UCHEBNIK DLIA
    SREDNEĬ SHKOLY. 5-Ĭ GOD OBUCHENIIA. MOSCOW,
    1933 (REVIEW).
    Tokin, N., 1933, Nr. 5 (33), 145-147.
"NIPPON: ZEITSCHRIFT FÜR JAPANOLOGIE" (JOURNAL) (REVIEW).
    Novinki nemetskoĭ literatury, 1936, Nr. 2 (54),
    181-182.
NIROS, I.: KALENDAR' 1905 GODA. KHRONIKA GLAVNEĬSHIKH
    SOBYTIĬ. LENINGRAD, 1925 (REVIEW).
    Bocharov, IU.M., Nr. 1, 1926, 307-311.
NISSEN, T.: PLATONS STAAT. BERLIN, 1936 (REVIEW).
    Poliakov, G.P., 1936, Nr. 4 (56), 147.
NORLUND, P.: VIKING SETTLERS IN GREENLAND AND THEIR
    DESCENDENTS DURING 500 YEARS. LONDON, 1936 (REVIEW).
    Kublitskiĭ, F., 1938, Nr. 4 (68), 170-172.
"NORMAN THEORY"--KIEVAN RUS.
    Parkhomenko, V., 1938, Nr. 4 (68), 106-111.
NORTH AMERICA see AMERICA, NORTH or USA.
NOTOVICH, F.I.: VOPROS O VINOVNIKAKH MIROVOĬ VOĬNY V
    FASHISTSKOĬ ISTORIOGRAFII (LECTURE, FEBRUARY,
    1938).
    Sessii Otdeleniia obshchestvennykh..., 1938,
    Nr. 3 (67), 155.
NOVAIA ĖKONOMICHESKAIA POLITIKA see NĖP.
"NOVAIA ISTORIIA." CH. 1. OT FRANTSUZSKOĬ BURZHUAZNOĬ
    REVOLIUTSII DO FRANKO-PRUSSKOĬ VOĬNY I PARIZHSKOĬ
    KOMMUNY, 1789-1870. POD RED. E.V. TARLE, A.V.
    EFIMOVA I F.A. KHEĬFETS. MOSCOW, 1939 (DISCUSSION).
    Erofeev, N., Osipov, M., 1940, Nr. 7 (83), 110-119.

"NOVAIA ISTORIIA" CH. 1. OT FRANTSUZSKOĬ BURZHUAZNOĬ
    REVOLIUTSII DO FRANKO-PRUSSKOĬ VOĬNY I PARIZHSKOĬ
    KOMMUNY (1789-1870). POD RED. E.V. TARLE, A.V.
    EFIMOVA I F.A. KHEĬFETS. MOSCOW, 1939 (REVIEW).
    Volgin, V., 1940, Nr. 7 (83), 106-110.
"NOVAIA ISTORIIA." CH. 2. POD RED E.V. TARLE, A.V.
    EFIMOVA, F.A. KHEĬFETS. MOSCOW, 1939 (DISCUSSION).
    Somin, N., 1940, Nr. 8 (84), 118-125.
"NOVAIA ISTORIIA KOLONIAL'NYKH I ZAVISIMYKH STRAN"--
    CHINESE EDITION--1941.
    M.,K., 1941, Nr. 6 (94), 157.
NOVAK, K.F.: VERSAL'. PER. S NEM. A.V. IUDINOĬ S
    PREDISL. B.E. SHTEINA. MOSCOW, 1930 (REVIEW).
    Khvostov, V., Nr. 15, 1930, 157-160.
NOVGOROD--ARCHAEOLOGICAL EXCAVATIONS--1934.
    Artsikhovskiĭ, A.V., 1935, Nr. 1 (41), 116-118.
NOVGOROD--ARCHAEOLOGICAL EXCAVATIONS--1937.
    Rabinovich, M., 1938, Nr. 4 (68), 204-205.
NOVGOROD--ARCHAEOLOGICAL EXCAVATIONS--1937.
    Zasurtsev, P., 1938, Nr. 3 (67), 157-160.
NOVGOROD--ARCHAEOLOGICAL EXCAVATIONS--1938.
    Mongaĭt, A., 1938, Nr. 6 (70), 192-195.
NOVGOROD--HISTORY--CONFERENCE, JUNE, 1936.
    Alekseev-Popov, V., 1936, Nr. 4 (56), 159-161.
NOVGOROD--HISTORY--STUDY OF SOURCES--EXPEDITION--1936.
    Novgorodskaia istoriko-bytovaia..., 1936, Nr. 6
    (58), 255.
NOVGOROD VELIKIĬ--ARCHAEOLOGICAL EXCAVATIONS--1934.
    Artsikhovskiĭ, A.V., 1935, Nr. 1 (41), 116-118.
NOVGORODSKAIA ISTORIKO-BYTOVAIA ĖKSPEDITSIIA GOS.
    ISTORICHESKOGO MUZEIA--1936.
    Novgorodskaia istoriko-bytovaia..., 1936, Nr. 6
    (58), 255.
"NOVGORODSKIE ZAPISNYE KABAL'NYE KNIGI 100-104 I 111
    GODOV (1591-1596 I 1602-1603 GG.)" POD RED. A.I.
    IAKOVLEVA. MOSCOW, 1938. (REVIEW).
    Shunkov, V., 1939, Nr. 2 (72), 158-162.
"NOVGORODSKIĬ ISTORICHESKIĬ SBORNIK." VYP. III-IV.
    NOVGOROD, 1938. (REVIEW).
    Tikhomirov, M., 1939, Nr. 4 (74), 163-164.
NOVGORODSKIĬ PRIKAZ--1670-71--SMOLENSK DISTRICT--
    IRON WORKS--DOCUMENTS.
    Kazennye zheleznye "rudni"..., 1935, Nr. 1 (41),
    60-81.
NOVICHEV, A.D.: OCHERKI ĖKONOMIKI TURTSII DO MIROVOĬ
    VOĬNY. MOSCOW, 1937. (REVIEW).
    Segall, IA., 1937, Nr. 5-6 (63-64), 257-261.
NOVIKOV, N.: OPERATSII FLOTA PROTIV BEREGA NA CHERNOM
    MORE V 1914-1917 GG. 3.ED. MOSCOW, 1937.
    (REVIEW).
    Belli, V., 1938, Nr. 1 (65), 148-150.

NOVITSKIĬ, V.F.: MIROVAIA VOĬNA 1914-1918 GG. KAMPANIIA
    1914 G. V BEL'GII I FRANTSII. T. 1.: OT NACHALA
    VOĬNY DO RASPOLOZHENIIA STORON NA MARNE. MOSCOW,
    1938. (REVIEW).
    Girshfeld, A., 1939, Nr. 2 (72), 174-177.
"NOVOE IZVESTIE O ROSSII VREMENI IVANA GROZNOGO.
    "SKAZANIE" AL'BERTA SHLIKHTINGA." PEREVOD, RED.
    I PRIMECH. A.I. MALEINA. LENINGRAD, 1934. (REVIEW).
    Shtraukh, A., 1935, Nr. 4 (44), 131-132.
NOVOSEL'SKIĬ, A.A.: VOTCHINNIK I EGO KHOZIAĬSTVO V XVII
    VEKE. MOSCOW, 1929. (REVIEW).
    Simonov, S., Nr. 13, 1929, 246-248.
"NOVYE MATERIALY K RABOTE V.I. LENINA 'IMPERIALIZM KAK
    VYSSHAIA STADIIA KAPITALIZMA'" POD RED. L.
    MENDEL'SON, E. VARGA, E. KHMEL'NITSKAIA, MOSCOW,
    1936--KA AWARD.
    V prezidiume..., 1935, Nr. 12 (52), 153.
"NOVYĬ VOSTOK" (JOURNAL) (REVIEW).
    Velikovskiĭ, M., Nr. 5, 1927, 238-239.
NUMISMATICS--CONFERENCE, LONDON, 1936.
    Nauchnye doklady i..., 1937, Nr. 2 (60), 199.
NUMISMATICS--LEBANON--1939.
    Istoricheskaia nauka za..., 1940, Nr. 2 (78), 173.
"NUOVA RIVISTA STORICA" (JOURNAL) (REVIEW).
    Vasiutinskiĭ, A., Nr. 7, 1928, 264-269; Nr. 13,
    1929, 227-231.

O.

OGIZ--PROVINCIAL BRANCHES--PUBLICATIONS--1940--BIBLIOGRAPHY.
    Sheĭkhet, S., 1940, Nr. 9 (85), 149-151.
OGIZ--PROVINCIAL PUBLICATIONS--1939--BIBLIOGRAPHY.
    Sheĭkhet, 1940, Nr. 6 (82), 134-135.
"O FASHISTSKOĬ DIKTATURE V GERMANII." VSTUP. STAT'IA
    O. PIATNITSKOGO. MOSCOW, 1934. (REVIEW).
    Rubinshteĭn, E., 1935, Nr. 2-3 (42-43), 144-146.
"O MEZHDUNARODNOM POLOZHENII." SBORNIK. MOSCOW, 1937.
    (REVIEW).
    B., 1937, Nr. 4 (62), 262-264.
"O PREPODAVANII GRAZHDANSKOĬ ISTORII V SHKOLAKH SSSR"--
    POSTANOVLENIE SKK SOIUZA SSR I TSK VKP(b)--1934.
    "O prepodavanii grazhdanskoĭ..., 1934, Nr. 3
    (37), 83-84.
OB"EDINENIE GOSUDARSTVENNYKH IZDATEL'STV (1930-1949) see
    OGIZ.
OBOLENSKIĬ, E.P.--CORRESPONDENCE--V.L. DAVYDOV.
    Iz arkhiva dekabrista V.L. Davydova..., Nr. 1,
    1926, 175-200.
"OBORONA TSARITSYNA." SBORNIK STATEĬ I DOKUMENTOV. SOST.
    V. ALEKSEEV I K. NEFEDOV. STALINGRAD, 1937.
    (REVIEW).
    Osnos, IU., 1937, Nr. 3 (61), 200-203.

OBSHCHESTVO DLIA SODEĬSTVIIA RUSSKOĬ, PROMYSHLENNOSTI I
    TORGOVLE see SOCIETY FOR THE ASSISTANCE OF RUSSIAN
    INDUSTRY AND TRADE.
OBSHCHESTVO ISTORIKOV-MARKSISTOV--N.G. CHERNYSHEVSKIĬ--
    100TH ANNIVERSARY OF HIS BIRTH--REPORTS.
    K stoletiiu..., Nr. 8, 1928, 129-152.
OBSHCHESTVO ISTORIKOV-MARSISTOV--CONFERENCE, VORONEZH,
    NOVEMBER, 1933.
    Na konferentsiia istorikov..., 1933, Nr. 6 (34),
    166-167.
OBSHCHESTO ISTORIKOV-MARKSISTOV--HISTORY.
    Pokrovskiĭ, M.N., Nr. 16, 1930, 3-19.
OBSHCHESTVO ISTORIKOV-MARKSISTOV--INTERNATIONAL COMMITTEE
    OF HISTORICAL SCIENCES, THIRD SESSION, VENICE,
    1929.
    Fridliand, TS., Nr. 13, 1929, 269-275.
OBSHCHESTVO ISTORIKOV-MARKSISTOV./OBSHEE SOBRANIE,
    MARCH 19, 1930. RESOLUTION--CONDEMNATION OF
    M. IAVORSKYĬ.
    V obshchestve..., Nr. 15, 1930, 165-169.
OBSHCHESTVO ISTORIKOV-MARKSISTOV./OBSHCHEE SOBRANIE,
    MARCH 19, 1930. RESOLUTION--TASKS AND GOALS.
    V obshchestve..., Nr. 15, 1930, 165-169.
OBSHCHESTVO ISTORIKOV-MARKSISTOV./OBSHCHEE SOBRANIE
    CHLENOV, MOSCOW, APRIL 29, 1927.
    Obshchee sobranie..., Nr. 4, 1927, 268-278.
OBSHCHESTVO ISTORIKOV-MARKSISTOV./PUBLICHNOE ZASEDANIE,
    NOVEMBER 13, 1925--P.O. GORIN'S REPORT.
    Gorin, P.O., Nr. 1, 1926, 201-235.
OBSHCHESTVO ISTORIKOV-MARKSISTOV./PUBLICHNOE ZASEDANIE,
    NOVEMBER 20, 1925--S.M. DUBROVSKIĬ'S REPORT.
    Dubrovskiĭ, S.M., Nr. 1, 1926, 256-279.
OBSHCHESTVO ISTORIKOV-MARKSISTOV./PUBLICHNOE ZASEDANIE,
    DECEMBER 11, 1925--S.I. CHERNOMORDIK'S REPORT.
    Chernomordik, S.I., Nr. 1, 1926, 236-255.
OBSHCHESTVO ISTORIKOV-MARKSISTOV./ZASEDANIE, JUNE 1,
    1925.
    Pokrovskiĭ, M.N., Nr. 1, 1926, 3-10.
OBSHCHESTVO ISTORIKOV-MARKSISTOV./ZASEDANIE, APRIL 9,
    1926--N.A. ROZHKOV'S REPORT.
    Rozhkov, N.A., Nr. 2, 1926, 210-224.
OBSHCHESTVO ISTORIKOV-MARKSISTOV./ZASEDANIE, FEBRUARY 14,
    1927--N.A. ROZHKOV.
    Pokrovskiĭ, M.N., Gorev, B.I., Nr. 4, 1927,
    179-186.
OBSHCHESTVO ISTORIKOV-MARKSISTOV./ZASEDANIIA, JANUARY 27
    AND FEBRUARY 3, 1928--THERMIDORIAN REACTION.
    Fridliand, TS., Nr. 7, 1928, 158-206.
OBSHCHESTVO ISTORIKOV-MARKSISTOV./ZASEDANIE, MAY 4, 1928--
    IU.M. STEKLOV'S REPORT.
    K stoletiiu so..., Nr. 8, 1928, 129-152.

OBSHCHESTVO ISTORIKOV-MARKSISTOV./ZASEDANIE, OCTOBER 10,
1930.
Piontkovskiĭ, A., Nr. 18-19, 1930, 157-176.
OBSHCHESTVO ISTORIKOV-MARKSISTOV./ZASEDANIE, APRIL 22,
1931--T. DEL'VAL'S REPORT.
Del'val, T., Nr. 22, 1931, 146-159.
OBSHCHESTVO ISTORIKOV-MARKSISTOV--LOCAL ORGANIZATIONS--
WORK IN PROGRESS--1930-31.
O rabote istorikov-marksistov..., Nr. 21, 1931,
136-139.
OBSHCHESTVO ISTORIKOV-MARKSISTOV--WORK IN PROGRESS AND
PUBLICATIONS--1926.
Iz tekushcheĭ deiatel'nosti..., Nr. 1, 1926,
320-322.
OBSHCHESTVO ISTORIKOV-MARKSISTOV--WORK IN PROGRESS AND
PUBLICATIONS--1926.
G.,P., Nr. 1, 1926, 317-319.
OBSHCHESTVO ISTORIKOV-MARKSISTOV--WORK IN PROGRESS--1926.
G., Nr. 2, 1926, 290-291.
OBSHCHESTVO ISTORIKOV-MARKSISTOV--WORK IN PROGRESS AND
PUBLICATIONS--OCTOBER-DECEMBER, 1926.
V obshchestve..., Nr. 3, 1927, 245-246.
OBSHCHESTVO ISTORIKOV-MARKSISTOV--WORK IN PROGRESS AND
PUBLICATIONS--1927.
V obshchestve..., Nr. 6, 1927, 297-298.
OBSHCHESTVO ISTORIKOV-MARKSISTOV--WORK IN PROGRESS--1928.
Vsesoiuznaia konferentsiia..., Nr. 11, 1929,
216-265.
OBSHCHESTVO ISTORIKOV-MARKSISTOV--TASKS AND GOALS--1928.
Doklad obshchestva..., Nr. 7, 1928, 309-310.
OBSHCHESTVO ISTORIKOV-MARKSISTOV--TASKS AND GOALS--1930.
Pokrovskiĭ, M.N., Nr. 16, 1930, 3-19.
OBSHCHESTVO ISTORIKOV-MARKSISTOV--TASKS AND GOALS--1931.
O zadachakh marksistskoĭ..., Nr. 21, 1931, 8-17.
OBSHCHESTVO ISTORIKOV-MARKSISTOV--TASKS AND GOALS--1931.
Pokrovskiĭ, M.N., Nr. 21, 1931, 3-7.
OBSHCHESTVO ISTORIKOV-MARKSISTOV--TASKS AND GOALS--
RESOLUTION--1931.
Rezoliutsiia fraktsii Obshchestva..., 1932, Nr. 1-2
(23-24), 212-215.
OBSHCHESTVO ISTORIKOV-MARKSISTOV--TASKS AND GOALS--1932--
SELF-CRITICISM.
Za reshitel'nuiu perestroĭku..., 1932, Nr. 1-2
(23-24), 7-12.
OBSHCHESTVO ISTORIKOV-MARKSISTOV--1928--REPORTS.
Otchet o dokladakh..., Nr. 9, 1928, 115-133.
OBSHCHESTVO ISTORIKOV-MARKSISTOV--1929--N.I. LORER--
PAPERS--PUBLICATION.
V obshchestve..., Nr. 13, 1929, 287.
OBSHCHESTVO ISTORIKOV-MARKSISTOV. KOMISSIIA PO ISTORII
PROLETARIATA -- WORK IN PROGRESS AND PUBLICATIONS--
1929.
V obshchestve..., Nr. 14, 1929, 218-220.

OBSHCHESTVO ISTORIKOV-MARKSISTOV. KOMISSIIA PO IZUCHENIIU
REVOLIUTSIONNYKH VOĬN./ZASEDANIE, FEBRUARY 24, 1928--
B. GOREV'S REPORT.
Otchet o dokladakh..., Nr. 9, 1928, 115-133.
OBSHCHESTVO ISTORIKOV-MARKSISTOV. KOMISSIIA PO IZUCHENIIU
VOORUZHENNYKH VOSSTANII, GRAZHDANSKIKH,
REVOLIUTSIONNYKH VOĬN--WORK IN PROGRESS--1928-29.
V obshchestve..., Nr. 13, 1929, 276-287.
OBSHCHESTVO ISTORIKOV-MARKSISTOV. KOMISSIIA PO IZUCHENIIU
VOORUZHENNYKH VOSSTANII I REVOLIUTSIONNYKH VOĬN./
OTKRYTOE ZASEDANIE, NOVEMBER 30, 1928--B. GOREV'S
REPORT.
Gorev, B., Nr. 10, 1928, 178-196.
OBSHCHESTVO ISTORIKOV-MARKSISTOV. KOMISSIIA PO IZUCHENIIU
VOORUZHENNYKH VOSSTANII, GRAZHDANSKIKH I REVOLIU-
TSIONNYKH VOĬN--RUSSIAN REVOLUTION OF 1917--
BIBLIOGRAPHY--1928-29.
V obshchestve..., Nr. 13, 1929, 276-287.
OBSHCHESTVO ISTORIKOV-MARKSISTOV. METODICHESKAIA
SEKTSIIA--A. IOANNISIANI'S REPORT.
Ioannisiani, A., Nr. 3, 1927, 152-171.
OBSHCHESTVO ISTORIKOV-MARKSISTOV. METODICHESKAIA
SEKTSIIA -- A. RYNDICH'S REPORT.
Ryndich, A., Nr. 3, 1927, 172-186.
OBSHCHESTVO ISTORIKOV-MARKSISTOV. METODICHESKAIA
SEKTSIIA./ZASEDANIE, FEBRUARY 4, 1927--
L. MAMET'S REPORT.
Mamet, L.P., Nr. 4, 1927, 187-199.
OBSHCHESTVO ISTORIKOV-MARKSISTOV. METODICHESKAIA
SEKTSIIA./ZASEDANIE, FEBRUARY 17, 1928--
M. NECHKINA'S REPORT.
Otchet o dokladakh..., Nr. 9, 1928, 115-133.
OBSHCHESTVO ISTORIKOV-MARKSISTOV. METODICHESKAIA
SEKTSIIA./ZASEDANIE, MARCH 2, 1928--
A.G. SLUTSKIĬ'S REPORT.
Otchet o dokladakh..., Nr. 9, 1928, 115-133.
OBSHCHESTVO ISTORIKOV-MARKSISTOV. METODICHESKAIA
SEKTSIIA./ZASEDANIE, NOVEMBER 28, 1930.
Krivtsov, S., Nr. 21, 1931, 87-89.
OBSHCHESTVO ISTORIKOV-MARKSISTOV. METODICHESKAIA
SEKTSIIA./OTKRYTOE ZASEDANIE, DECEMBER 18,
1930--REPORTS ON HISTORIANS OF THE WEST.
Burzhuaznye istoriki Zapada..., Nr. 21, 1931,
44-86.
OBSHCHESTVO ISTORIKOV-MARKSISTOV. OTDELENIE V
TSENTRAL'NO-CHERNOZEMNOĬ OBLASTI--WORK IN
PROGRESS--1928-29.
V obshchestve..., Nr. 13, 1929, 276-287.
OBSHCHESTVO ISTORIKOV-MARKSISTOV. PRESIDIUM. DECISION,
MARCH 7, 1931--EXCLUSION OF D.B. RIAZANOV.
Postanovlenie prezidiuma obshchestva..., Nr. 21,
1931, 18.

OBSHCHESTVO ISTORIKOV-MARKSISTOV. ROSTOVSKIĬ KRUZHOK--
    WORK IN PROGRESS--1928-29.
    Likhnitskiĭ, N., Nr. 16, 1930, 199-200.
OBSHCHESTVO ISTORIKOV-MARKSISTOV. SEKTSIIA ISTORII
    IMPERIALIZMA. FEBRUARY 10, 18 AND MARCH 2, 1931--
    N. VANAG'S REPORT.
    Vanag, N., Nr. 22, 1931, 77-145.
OBSHCHESTVO ISTORIKOV-MARKSISTOV. SEKTSIIA ISTORII
    IUNOSHESKOGO DVIZHENIIA./ZASEDANIE, NOVEMBER 27,
    1930--TASKS AND GOALS--1931.
    Atsarkin, A., Nr. 21, 1931, 90-91.
OBSHCHESTVO ISTORIKOV-MARKSISTOV. SEKTSIIA ISTORII VKP(b)
    I LENINIZMA./OTKRYTYE ZASEDANIIA JANUARY 16, 25
    AND FEBRUARY 4, 1930--DISCUSSION OF "NARODNAIA
    VOLIA."
    Diskussiia o "Narodnoĭ vole"..., Nr. 15, 1930,
    86-143.
OBSHCHESTVO ISTORIKOV-MARKSISTOV. SEKTSIIA ISTORII
    VOSTOKA./ZASEDANIE, JANUARY 12, 1929--
    M. TSVIBAK'S REPORT.
    Tsvibak, M., Nr. 11, 1929, 130-151.
OBSHCHESTVO ISTORIKOV-MARKSISTOV. SEKTSIIA ISTORII
    ZAPADA./OTKRYTOE ZASEDANIE, MARCH 8, 1929--
    K. DOBROLIUBSKIĬ'S REPORT.
    Dobroliubskiĭ, K., Nr. 13, 1929, 166-183.
OBSHCHESTVO ISTORIKOV-MARKSISTOV. SEKTSIIA PO ISTORII
    IUNOSHESKOGO DUIZHENIIA./ZASEDANIE, JANUARY 3,
    1931.
    Atsarkin, A., Nr. 21, 1931, 91-93.
OBSHCHESTVO ISTORIKOV-MARKSISTOV. SEKTSIIA PO IZUCHENIIU
    ISTORII ZAPADNOĬ EVROPY I AMERIKI--WORK IN PROGRESS
    AND PUBLICATIONS--1928-29.
    V obshchestve..., Nr. 13, 1929, 276-287.
OBSHCHESTVO ISTORIKOV-MARKSISTOV. SOTSIOLOGICHESKAIA
    SEKTSIIA--WORK IN PROGRESS--1928-29.
    V obshchestve..., Nr. 13, 1929, 276-287.
OBSHCHESTVO ISTORIKOV-MARKSISTOV. SOTSIOLOGICHESKAIA
    SEKTSIIA./ZASEDANIIA, MARCH 30 AND APRIL 6, 1928--
    DISCUSSION OF D.M. PETRUSHEVSKIĬ'S WORK.
    Disput o knige..., Nr. 8, 1928, 79-128.
OBSHCHESTVO ISTORIKOV-MARKSISTOV. SOTSIOLOGICHESKAIA
    SEKTSIIA./OTKRYTOE ZASEDANIE, FEBRUARY 22, 1929--
    SOCIOLOGY.
    Diskussiia o marksistskom..., Nr. 12, 1929, 189-213.
OBSHCHESTVO ISTORIKOV-MARKSISTOV. SOTSIOLOGICHESKAIA
    SEKTSIIA./OTKRYTYE ZASEDANIIA, MAY 17 AND 24, 1929--
    DISCUSSION OF SOCIO-ECONOMIC FORMS.
    Diskussiia o sotsial'no-ėkonomicheskikh..., Nr. 16,
    1930, 105-127.
OBSHCHESTVO ISTORIKOV-MARKSISTOV. SOTSIOLOGICHESKAIA
    SEKTSIIA./ZASEDANIE, NOVEMBER 4, 1929--ARCHAEOLOGY.
    Artsikhovskiĭ, A., Nr. 14, 1929, 136-155.

OBSHCHESTVO SOEDINENNYKH SLAVIAN--HISTORY.
    Nechkina, M.V., Nr. 1, 1926, 154-174.
OBSHCHESTVO STARYKH BOL'SHEVIKOV--PUBLICATIONS.
    Nevskiĭ, -., 1933, Nr. 4 (32), 123-130.
OBSHCHINA--N.G. CHERNYSHEVSKIĬ.
    Kretov, F., Nr. 14, 1929, 117-135.
"OCHERKI PO ISTORII OKTIABR'SKOĬ PEVOLIUTSII." T. 1.
    POD RED. M.N. POKROVSKOGO. MOSCOW, 1927.
    (REVIEW).
    Gorin, P., Nr. 8, 1928, 153-160.
OCTOBER REVOLUTION--1917 see RUSSIA--HISTORY--REVOLUTION
    OF 1917.
ODESSA--HISTORY--LOCAL HISTORIANS--1926-27.
    Vaĭnshteĭn, O.L., Nr. 3, 1927, 252-253.
ODESSA--HISTORY--LOCAL HISTORIANS--CONFERENCES, 1940-41.
    O nauchnoĭ rabote..., 1941, Nr. 6 (94), 140-147.
ODESSA--LIBRARIES--HISTORY AND HOLDINGS.
    O nauchnoĭ rabote..., 1941, Nr. 6 (94), 140-147.
ODESSKIĬ GOS. UNIVERSITET. IST. FAK.--WORK IN PROGRESS
    AND PUBLICATIONS--1936.
    Dobroliubskiĭ, K., 1936, Nr. 2 (54), 177.
ODESSKIĬ GOS. UNIVERSITET. IST. FAK.--WORK IN PROGRESS
    AND PUBLICATIONS--1940-41.
    O nauchnoĭ rabote..., 1941, Nr. 6 (94), 140-147.
ODESSKIĬ GOS. UNIVERSITET. IUBILEĬNAIA SESSIIA, POSV.
    150-LETIIU FRANTSUZSKOĬ BURZHUAZNOĬ REVOLIUTSII,
    MAY-JUNE, 1939.
    Dikshteĭn, E., 1939, Nr. 4 (74), 198.
ODESSKIĬ GOS. UNIVERSITET. NAUCHNAIA SESSIIA, DECEMBER,
    1936.
    Dobroliubskiĭ, K., 1937, Nr. 3 (61), 225.
ODESSKIĬ ISTORICHESKIĬ MUZEĬ.
    O nauchnoĭ rabote..., 1941, Nr. 6 (94), 140-147.
ODESSKIĬ OBLASTNOĬ ISTORICHESKIĬ ARKHIV--HOLDINGS.
    Riabinin-Skliarevskiĭ, A., 1936, Nr. 5 (57),
    199-200.
OGG, D.: ENGLAND IN THE REIGN OF CHARLES II. V. I-II.
    OXFORD, 1934. (REVIEW).
    Vasiutinskiĭ, V., 1936, Nr. 4 (56), 128-131.
OGLOBLIN, O.P.: UKRAINA V CHASY PETRA I. KIÏV, 1939.
    (REVIEW).
    Picheta, V., 1940, Nr. 4-5 (80-81), 136-137.
OIL INDUSTRY--AZERBAIJAN--1800-72.
    Mamedov, A., 1936, Nr. 4 (56), 98-112.
OKLADNIKOV, A.P.: OCHERKI IZ ISTORII ZAPADNYKH BURIAT-
    MONGOLOV (XVII-XVIII V.V.) LENINGRAD, 1937.
    (REVIEW).
    Tokarev, S., 1938, Nr. 3 (67), 98-103.
"OKTIABR'SKAIA REVOLIUTSIIA PERED SUDOM AMERIKANSKIKH
    SENATOROV"; OFITSIAL'NYĬ OTCHET "OVERMĖNSKOĬ
    KOMISSII" SENATA. PER. V. VEL'SKOGO. MOSCOW,
    1927. (REVIEW).
    Ruderman, I., Nr. 6, 1927, 276-278.

OKUN', S.: ROSSIĬSKO-AMERIKANSKAIA KOMPANIIA. POD RED.
I PREDISL. B.D. GREKOVA. MOSCOW, 1939 (REVIEW).
Narochnitskiĭ, A., 1940, Nr. 8 (84), 127-129.
OLAR, A.: KHRISTIANSTVO I FRANTSUZSKAIA REVOLIUTSIIA.
PER. S FRANTS. POD RED. SHPITSBERG. MOSCOW, 1925
(REVIEW).
Monosov, S.M., Nr. 1, 1926, 290-298.
OL'MINSKIĬ, M.S.--OBITUARY.
M.S. Ol'minskiĭ, 1933, Nr. 2 (30), 190.
OLOVIANISHNIKOVA, E.V.: ZAPADNAIA EVROPA V SREDNIE VEKA
(XII-XIV V.V.). MOSCOW, 1926 (REVIEW).
Kosminskiĭ, E.A., Nr. 2, 1926, 286.
OL'SHEVSKIĬ, A.: MARAT. ("ZHIZN' ZAMECHATEL'NYKH LIUDEĬ")
MOSCOW, 1938 (REVIEW).
Utevskiĭ, M., 1939, Nr. 3 (73), 149-152.
ONCKEN, H.--GERMAN HISTORIAN.
Fashizatsiia istoricheskoĭ nauki..., 1936, Nr. 2
(54), 178-180.
ONCKEN, H.: DAS DEUTSCHE REICH UND DIE VORGESCHICHTE
DES WELTKRIEGS. T. 1-2. LEIPZIG, 1933 (REVIEW).
Khvostov, V., 1933, Nr. 5 (33), 154-156.
O'NEILL, B.: EASTER WEEK. LONDON, 1936 (REVIEW).
Zubok, L., 1937, Nr. 3 (61), 214-215.
ORDING, A.: LE BUREAU DE POLICE DU COMITÉ DE SALUT
PUBLIC. OSLO, 1930 (REVIEW).
P.,A., Nr. 22, 1931, 173-174.
ORDUBADY, M.: TAVRIZ TUMANNYĬ. ROMAN. KN. I. BAKU, 1940
(REVIEW).
Il'inskiĭ, G., 1940, Nr. 7 (83), 144-146.
ORDUBADY, M.: TAVRIZ TUMANNYĬ. ROMAN. KN. 2. BAKU, 1940
(REVIEW).
Il'inskiĭ, G., 1941, Nr. 5 (93), 127-128.
ORDZHONIKIDZE, G.K.--50TH ANNIVERSARY OF HIS BIRTH--
GREETINGS FROM TSK VKP(b).
Tovarishchu Grigoriiu..., 1936, Nr. 5 (57), 5.
ORDZHONIKIDZE, G.K.--OBITUARY.
Stalin, I.V., Molotov, V., et al., 1937, Nr. 1 (59),
5.
ORDZHONIKIDZE, G.K.--1917-20--BOLSHEVIK ORGANIZATION IN
NORTHERN CAUCASUS.
Razgon, I., 1941, Nr. 2 (90), 49-59.
ORDZHONIKIDZE, G.K.: IZBRANNYE STAT'I I RECHI, 1911-1937
GG. MOSCOW, 1939 (REVIEW).
Mel'chin, A., 1939, Nr. 4 (74), 168-170.
"ORGANON. INTERNATIONAL REVIEW." (JOURNAL) (REVIEW).
Novinki istoricheskoĭ literatury, 1937, Nr. 1
(59), 203.
ORIENTAL STUDIES--V. GURKO-KRIAZHIN--CRITIQUE.
Mamet, L., Nr. 17, 1930, 69-96.
ORIENTAL STUDIES--GERMANY--CONFERENCE, BERLIN, SEPTEMBER, 1940.
Al'perovich, M., Belen'kiĭ, A., 1941, Nr. 5 (93),
158.

ORIENTAL STUDIES--USA--CONFERENCE, NEW YORK, MARCH, 1940.
    Al'perovich, M., Belen'kiĭ, A., 1941, Nr. 5 (93),
    158.
ORIENTAL STUDIES--USSR--1921-36.
    Institut vostokovedeniia Akademii..., 1937, Nr. 3
    (61), 226-227.
ORMESSON, W., COMTE DE: LA GRANDE CRISE MONDIALE DE 1857.
    L'HISTOIRE RECOMMENCE. LES CAUSES. LES REMÈDES.
    PARIS, 1933 (REVIEW).
    Kan, S., 1934, Nr. 3 (37), 126-127.
ORTHODOX EASTERN CHURCH, RUSSIAN--10TH-11TH C.--ROLE IN
    FORMATION OF KIEVAN STATE.
    Bakhrushin, S., 1937, Nr. 2 (60), 40-77.
OSIPOV, K.: SUVOROV. ("ZHIZN' ZAMECHATEL'NYKH LIUDEĬ,"
    VYP. 7-8, 1938) (REVIEW).
    Got'e, IU., 1938, Nr. 5 (69), 202-203.
OS'MINSKIĬ, T.: RAZVITIE KAPITALIZMA V ROSSII V PERVOĬ
    POLOVINE XIX V. I KREST'IANSKAIA REFORMA 1861 G.;
    MATERIALY DLIA RABOTY PO LABORATORNO-ISSLEDOVATEL'-
    SKOMU METODU S METODICHESKIM VVEDENIEM. MOSCOW,
    1926 (REVIEW).
    Nechkina, M., Nr. 2, 1926, 276-278.
"OSNOVANIE PERVOGO INTERNATSIONALA"; SBORNIK IZD. IMÈL
    (SERIIA "PERVYĬ INTERNATSIONAL V DOKUMENTAKH")
    MOSCOW, 1934 (REVIEW).
    S., 1934, Nr. 5 (39), 102.
OSTAL'TSEVA, A.F.: ANGLO-BURSKAIA VOĬNA I EE VLIIANIE
    NA VNESHNIUIU POLITIKU ANGLII. (DISSERTATION)
    MOSCOW, 1940.
    O.,M., 1940, Nr. 12 (88), 138-140.
"ÖSTERREICH-UNGARNS AUSSENPOLITIK 1908-1914." VIENNA,
    1930 (REVIEW).
    Notovich, F., 1934, Nr. 1 (35), 210-223.
OSTIAKS--ETHNOGRAPHIC EXPEDITION--MGU--1940.
    Dzenis, Z., 1941, Nr. 3 (91), 156-157.
OTTOMAN EMPIRE see also TURKEY.
OTTOMAN EMPIRE--HISTORY--RUSSO-TURKISH WAR see RUSSO-
    TURKISH WAR--1877-78.
OTTOMAN EMPIRE--HISTORY--19TH C.--REFORMS--YOUNG TURKS.
    Alimov, A., Nr. 14, 1929, 36-67.
"OXONIENSIA." A JOURNAL DEALING WITH THE ARCHAEOLOGY,
    HISTORY AND ARCHITECTURE (REVIEW).
    Arkheologicheskie raskopki i..., 1937, Nr. 3
    (61), 234.

P.

PCF--1919-20--FACTIONAL STRUGGLES.
    Bantke, S., 1935, Nr. 10 (50), 35-48.
PCF--1919--FORMATION.
    Bantke, S., 1936, Nr. 5 (57), 70-83.

PACIFIC HISTORICAL ASSOCIATION, CONFERENCE, OAKLAND,
     CALIF., DECEMBER, 1936.
          Nauchnye obshchestva i..., 1937, Nr. 3 (61), 231.
PAGE, W.H.--WWI--AMERICAN NEUTRALITY--1914.
          Pokrovskiĭ, M.N., Nr. 13, 1929, 3-18.
PAGEL, K.: DIE FEME DES DEUTSCHEN MITTELALTERS. LEIPZIG,
     1935 (REVIEW).
          Fashizatsiia istoricheskoĭ nauki..., 1936, Nr. 3
          (55), 200.
PAIALIN, N.P.: VOLZHSKIE TKACHI, 1722-1917. MOSCOW,
     1935. (FABRIKA "KRASNYĬ PEREKOP," IAROSLAVSKAIA
     BOL'SHAIA MANUFAKTURA, 1722-1933, T. I) (REVIEW).
          O.,IU., 1936, Nr. 5 (57), 181.
PAINE, T.: SELECTION FROM HIS WRITINGS. WITH AN INTROD.
     BY J.S. ALLEN. NEW YORK, 1937 (REVIEW).
          Zubok, L., 1939, Nr. 3 (73), 152-153.
PAINLEVÉ, P.--1917.
          Notovich, F., 1934, Nr. 4 (38), 92-111.
PAINTER, S.: ENGLISH CASTLES IN THE EARLY MIDDLE AGES
     ("SPECULUM," JULY, 1935, 321-332) (REVIEW).
          Lavrovskiĭ, V., 1936, Nr. 2 (54), 150.
PALACKÝ, F.--CZECH HISTORIAN.
          Nauchnye obshchestva i..., 1937, Nr. 2 (60), 197.
PALME DUTT, R. see DUTT, P.R.
"PAMIATNIKI ISTORII KIEVSKOGO GOSUDARSTVA IX-XII VV."
     SBORNIK DOKUMENTOV. LENINGRAD, 1936 (REVIEW).
          Rubinshteĭn, N., 1938, Nr. 1 (65), 130-132.
"PAMIATNIKI ISTORII SSSR." (REVIEW).
          Pamiatniki istorii SSSR, 1936, Nr. 4 (56), 156-159.
"PAMIATNIKI RUSSKOĬ OBSHCHESTVENNOĬ MYSLI; DESIATILETIE
     VOL'NOĬ RUSSKOĬ TIPOGRAFII V LONDONE, 1853-60 G."
     I. FAKSIMIL'NOE VOSPROIZVEDENIE PERVOPECHATNOGO
     TEKSTA. II. BIBLIOGRAFICHESKOE OPISANIE LONDONSKIKH
     IZDANIĬ 1853-65. MOSCOW, 1935 (REVIEW).
          Kozmin, B., 1935, Nr. 12 (52), 137-138.
"PAMIATNIKI SOTSIAL'NO-ÉKONOMICHESKOĬ ISTORII MOSKOVSKOGO
     GOSUDARSTVA XIV-XVII VV. T. I. POD RED. S.B.
     VESELOVSKOGO, A.I. IAKOVLEVA. MOSCOW, 1929
     (REVIEW).
          Morokhovets, E., Nr. 13, 1929, 244-246.
"PAMIETNIKI BEZROBOTNYCH." WARSAW, 1933 (REVIEW).
          Stoklitskaia-Tereshkovich, V., 1933, Nr. 5 (33),
          160-163.
PANKRATOVA, A.M.: FABZAVKOMY I PROFSOIUZY V REVOLIUTSII
     1917 G. MOSCOW, 1927 (REVIEW).
          IUgov, M., Nr. 6, 1927, 287-288.
PANKRATOVA, A.M.: OSNOVYE PROBLEMY IZUCHENIIA ISTORII
     PROLETARIATA SSSR--VSESOIUZNAIA KONFERENTSIIA
     ISTORIKOV-MARKSISTOV. MOSCOW, DECEMBER, 1928.
          Vsesoiuznaia konferentsiia..., Nr. 11, 1929,
          216-265.
PANSLAVISM--RUSSIA--1839-80--SLAVOPHILES.
          Dmitriev, S., 1941, Nr. 1 (89), 85-97.
PAPACY see CATHOLIC CHURCH.

PAPASTAVRU, J.: AMPHIPOLIS. GESCHICHTE UND PROSOGRAPHIE.
        LEIPZIG, 1936 (REVIEW).
        Poliakov, G., 1937, Nr. 3 (61), 217.
PARADIZOV, P.P.: MARKS I ĖNGEL'S O ROSSII XIX STOLETIIA
        (LECTURE)--CONFERENCE, VORONEZH, NOVEMBER, 1933.
        Na konferentsiia istorikov..., 1933, Nr. 6 (34),
        166-167.
PARFENOV, P.S. (ALTAĬSKIĬ): NA SOGLASHATEL'SKIKH FRONTAKH.
        MOSCOW, 1927 (REVIEW).
        Molotov, K., Nr. 5, 1927, 265-268.
PARIS COMMUNE--1870-71--E.-L. VARLIN'S LETTERS.
        Tri dokumenta Ė. Varlena, 1935, Nr. 4 (44), 69-76.
PARIS COMMUNE--1871--HISTORIOGRAPHY.
        Vaĭnshteĭn, O.L., Nr. 1, 1926, 299-302.
PARIS COMMUNE--1871--FRENCH HISTORIOGRAPHY--BIBLIOGRAPHY.
        Kuniskiĭ, S.D., Nr. 3, 1927, 196-199.
PARIS COMMUNE--1871--SOVIET HISTORIOGRAPHY--BIBLIOGRAPHY.
        Vaĭnshteĭn, O., 1934, Nr. 2 (36), 156-159.
PARIS COMMUNE--1871--SOVIET HISTORIOGRAPHY--1925-26--
        BIBLIOGRAPHY.
        Kuniskiĭ, S.D., Nr. 3, 1927, 196-199.
PARIS COMMUNE--1871--ARCHIVES.
        Arkhivnoe delo zagranitseĭ, 1937, Nr. 3 (61),
        232-233.
PARIS COMMUNE--1871--BANQUE DE FRANCE.
        Kan, S., 1933, Nr. 4 (32), 91-105.
PARIS COMMUNE--1871--BANQUE DE FRANCE.
        Vaĭnshteĭn, O.L., Nr. 1, 1926, 11-47.
PARIS COMMUNE--1871--DOCUMENTS.
        Novyi dokument o..., 1935, Nr. 5-6 (45-46), 209.
PARIS COMMUNE--1871--EXHIBITION, MOSCOW, 1928.
        L.,N., Nr. 10, 1928, 274-275.
PARIS COMMUNE--1871--G. FLOURENS--DEATH--LETTER BY J. MARX.
        Alekseev-Popov, V., 1941, Nr. 5 (93), 92-96.
PARIS COMMUNE--1871--MILITARY ORGANIZATION--L. ROSSEL.
        Molok, A., Nr. 7, 1928, 117-157.
PARIS COMMUNE--1871--ORIGINS.
        Kan, S., 1932, Nr. 3 (25), 142-164.
PARIS COMMUNE--1871--SALTYKOV-SHCHEDRIN STATE PUBLIC
        LIBRARY, LENINGRAD--HOLDINGS.
        Alekseev-Popov, V., 1937, Nr. 2 (60), 189-190.
"PARISER KOMMUNE 1871." BERICHTE UND DOKUMENTE VON ZEIT-
        GENOSSEN. BERLIN, 1931 (REVIEW).
        Lukin, N., 1932, Nr. 1-2 (23-24), 181-183.
"PARIZHSKAIA KOMMUNA 1871 GODA"--EXHIBITION, MOSCOW, 1928.
        L.,N., Nr. 10, 1928, 274-275.
PARKES,H.B.: A HISTORY OF MEXICO. LONDON, 1939 (REVIEW).
        Al'perovich, M., Belen'kiĭ, A., 1941, Nr. 6 (94),
        128-131.
PARLIAMENTARISM--GERMANY.
        Istoricheskaia nauka za..., 1936, Nr. 1 (53), 211.

PARLIAMENTARISM--GREAT BRITAIN.
    Istoricheskaia nauka za..., 1936, Nr. 1 (53), 211.
PARROT, A.: LA CIVILISATION SUMÉRIENNE. ("REVUE DE PARIS,"
    NOV. 1, 1935, 77-99) (REVIEW).
    S.,O., 1936, Nr. 2 (54), 148.
PARTI COMMUNISTE FRANÇAIS see PCF.
"PARTII KOMMUNISTICHESKOGO INTERNATSIONALA." SPRAVOCHNIK
    PROPAGANDISTA. SBORNIK STATEĬ O VAZHNEĬSHIKH
    SEKTSIIAKH KOMINTERNA. POD RED. D. PETROVSKOGO.
    MOSCOW, 1928 (REVIEW).
    Mamet, L., Nr. 9, 1928, 200-202.
"PARTIZANSKOE DVIZHENIE V ZAPADNOĬ SIBIRI V 1918-19 GG."
    PARTIZANSKAIA ARMIIA MAMONTOVA I GROMOVA. SBORNIK
    DOKUMENTOV. NOVOSIBIRSK, 1936 (REVIEW).
    O.,IU., 1936, Nr. 5 (57), 157-158.
PAVLOVICH, M.P.--HISTORIAN.
    Gurko-Kriazhin, V., Nr. 5, 1927, 147-152.
PAVLOVICH, M.V. (VEL'TMAN)--OBITUARY.
    Sh.,A., Nr. 4, 1927, 266-267.
PEASANT MOVEMENTS--FRANCE--1907--VINEYARD LABORERS.
    Marti, A., 1933, Nr. 6 (34), 6-26.
PEASANT MOVEMENTS--RUSSIA--1774--E.I. PUGACHEV--TAĬNAIA
    ĖKSPEDITSIIA--REPORTS ON PEASANT UNREST.
    Piontkovskiĭ, S., 1935, Nr. 7 (47), 91-100.
PEASANT MOVEMENTS--RUSSIA--1775-95--INFLUENCE OF E.I.
    PUGACHEV.
    Piontkovskiĭ, S., 1935, Nr. 10 (50), 85-97.
PEASANT MOVEMENTS--RUSSIA--1818-20--DON REGION.
    Ignatovich, I., 1935, Nr. 2-3 (42-43), 99-121.
PEASANT MOVEMENTS--RUSSIA--1848-56--POMESHCHIKI.
    Drozdov, P., 1935, Nr. 5-6 (45-46), 67-87.
PEASANT MOVEMENTS--RUSSIA--1858-61--N.G. CHERNYSHEVSKIĬ.
    Pokrovskiĭ, M.N., Nr. 10, 1928, 3-12.
PEASANT MOVEMENTS--RUSSIA--OCTOBER-DECEMBER, 1905--MOSCOW,
    TVER, TULA AND KALUGA DISTRICTS--CHRONOLOGY.
    Khronika krest'ianskogo dvizheniia..., 1935,
    Nr. 12 (52), 98-118.
PEASANT UPRISINGS--BASHKIRIA--1879-84.
    Tipeev, Sh., 1939, Nr. 5-6 (75-76), 192-211.
PEASANT UPRISINGS--BUKHARA--1238.
    Doklady na gruppe..., 1935, Nr. 4 (44), 154-155.
PEASANT UPRISINGS--FRANCE--17TH-18TH C.
    Porshnev, B., 1939, Nr. 4 (74), 85-93.
PEASANT UPRISINGS--RUSSIA--MARXIST HISTORIOGRAPHY.
    Piontkovskiĭ, S., 1933, Nr. 6 (34), 80-119.
PEASANT UPRISINGS--RUSSIA--MARXIST HISTORIOGRAPHY--
    G.K. MEERSON.
    Piontkovskiĭ, S., 1933, Nr. 6 (34), 80-119.
PEASANT UPRISINGS--RUSSIA--MARXIST HISTORIOGRAPHY--
    M.N. TIKHOMIROV.
    Piontkovskiĭ, S., 1933, Nr. 6 (34), 80-119.

PEASANT UPRISINGS--RUSSIA--1774--E.I. PUGACHEV--TAĬNAIA
    EKSPEDITSIIA--REPORTS ON PEASANT UNREST.
    Piontkovskiĭ, S., 1935, Nr. 7 (47), 91-100.
PEASANT UPRISINGS--RUSSIA--1775-95.
    Piontkovskiĭ, S., 1935, Nr. 10 (50), 85-97.
PEASANT UPRISINGS--JAPAN--1603-1866.
    Plyshevskiĭ, I., 1938, Nr. 1 (65), 44-73.
PEASANT UPRISINGS--UKRAINE--1917.
    Rubach, M., 1934, Nr. 3 (37), 29-58.
PEASANTRY--ADYGEIA--MID 19TH C.
    Likhnitskiĭ, N., 1934, Nr. 6 (40), 3-23.
PEASANTRY--ENGLAND--1643-60.
    Arkhangel'skiĭ, S., 1935, Nr. 5-6 (45-46), 142-149.
PEASANTRY--EUROPE--HISTORY--V.I. LENIN'S INTERPRETATION.
    Bliumental', S., 1939, Nr. 2 (72), 129-135.
PEASANTRY--EUROPE--MIDDLE AGES--F. ENGELS' VIEWS.
    Andreev, N., 1940, Nr. 10 (86), 107-118.
PEASANTRY--FRANCE--1789-94--G. LEFEBVRE--BOOK REVIEW.
    Lukin, N., 1933, Nr. 6 (34), 120-128.
PEASANTRY--FRANCE--REVOLUTION OF 1789--FRENCH AND SOVIET
    HISTORIOGRAPHY--1913-27--BIBLIOGRAPHY.
    Zavitnevich, I., Nr. 7, 1928, 245-255.
PEASANTRY--FRANCE--REVOLUTION OF 1789--BRITTANY.
    Zavitnevich, I., Nr. 11, 1929, 100-129.
PEASANTRY--FRANCE--1793-94--LAWS OF THE MAXIMUM.
    Lukin, N., Nr. 16, 1930, 20-67.
PEASANTRY--GERMANY--1918.
    Lenchner, S., 1941, Nr. 3 (91), 63-80.
PEASANTRY--HUNGARY--1890-1900.
    Santo, B., 1941, Nr. 6 (94), 47-59.
PEASANTRY--RUSSIA--HISTORY--V.I. LENIN'S INTERPRETATION.
    Bliumental', S., 1939, Nr. 2 (72), 129-135.
PEASANTRY--RUSSIA--11TH-16TH C.--FEUDAL RELATIONS.
    Tikhomirov, B., 1932, Nr. 3 (25), 118-134.
PEASANTRY--RUSSIA--14TH-19TH C.--ECONOMIC CONDITIONS--
    THEORIES.
    Zelenskiĭ, M., Nr. 20, 1930, 130-163.
PEASANTRY--RUSSIA--16TH-19TH C.--SERFDOM.
    Malyshev, A., Nr. 15, 1930, 43-73; Nr. 16, 1930,
    68-103.
PEASANTRY--RUSSIA--16TH C.--"SECOND ENSERFMENT."
    Tikhomirov, B., 1932, Nr. 3 (25), 118-134.
PEASANTRY--RUSSIA--17TH C.--FUGITIVES.
    Shunkov, V., 1941, Nr. 3 (91), 81-93.
PEASANTRY--RUSSIA--17TH C.--MIGRATIONS--SIBERIA.
    Shunkov, V., 1941, Nr. 3 (91), 81-93.
PEASANTRY--RUSSIA--LATE 19TH C.--SMOLENSK DISTRICT--
    IRON WORKERS--DOCUMENTS.
    Kazennye zheleznye "rudni"..., 1935, Nr. 1 (41),
    60-81.

PEREVERZEV, V.F.--N. GOGOL'--CRITIQUE.
   Tatarov, I., Nr. 21, 1931, 140-142.
PERI, G.: LIGA NATSII; EE SLOVA I DELA. PER. A.N.
   KARASIKA, S PREDISL. A. MARTI. LENINGRAD, 1926
   (REVIEW).
   Angarov, A., Nr. 5, 1927, 247.
PERIODICALS, HISTORICAL--FRANCE--1925-26.
   Vasiutinskiĭ, A.M., Nr. 2, 1926, 262-268.
PERIODICALS, HISTORICAL--FRANCE--1926-27--BIBLIOGRAPHY.
   Vasiutinskiĭ, A., Nr. 8, 1928, 192-199.
PERIODICALS, HISTORICAL--FRANCE--1932--BIBLIOGRAPHY.
   Kan, S., 1933, Nr. 5 (33), 137-144.
PERIODICALS, HISTORICAL--FRANCE--1932--RUSSIAN AND SOVIET
   HISTORY--BIBLIOGRAPHY.
   Rubinshteĭn, N., 1933, Nr. 1 (29), 141-148.
PERIODICALS, HISTORICAL--GERMANY--BIBLIOGRAPHY.
   Vasiutinskiĭ, A., Nr. 11, 1929, 173-179.
PERIODICALS, HISTORICAL--GERMANY--1926-27--BIBLIOGRAPHY.
   Vasiutinskiĭ, A., Nr. 6, 1927, 260-264.
PERIODICALS, HISTORICAL--GERMANY--1926--BIBLIOGRAPHY.
   Vasiutinskiĭ, A.M., Nr. 3, 1927, 212-217.
PERIODICALS, HISTORICAL--GERMANY--1932--RUSSIAN AND SOVIET
   HISTORY--BIBLIOGRAPHY.
   Rubinshteĭn, N., 1933, Nr. 1 (29), 141-148.
PERIODICALS, HISTORICAL--GREAT BRITAIN--1926.
   Zvavich, I., Nr. 5, 1927, 226-230.
PERIODICALS, HISTORICAL--GREAT BRITAIN--1927--BIBLIOGRAPHY.
   Zvavich, I., Nr. 7, 1928, 261-264.
PERIODICALS, HISTORICAL--GREAT BRITAIN--1932--RUSSIAN AND
   SOVIET HISTORY--BIBLIOGRAPHY.
   Rubinshteĭn, N., 1933, Nr. 1 (29), 141-148.
PERIODICALS, HISTORICAL--ITALY--1926-27--BIBLIOGRAPHY.
   Vasiutinskiĭ, A., Nr. 7, 1928, 264-269.
PERIODICALS, HISTORICAL--RUSSIAN EMIGRATION IN EUROPE--
   1922-28--BIBLIOGRAPHY.
   Trotskiĭ, I., Nr. 11, 1929, 270-275.
PERREUX, G.: LES ORIGINES DU DRAPEAU ROUGE EN FRANCE.
   PARIS, 1930 (REVIEW).
   Kan, S., 1932, Nr. 3 (25), 183-185.
PERSIA see IRAN.
PERU--HISTORY--1918-21--REVOLUTIONARY MOVEMENT.
   IA--n,G., 1932, Nr. 4-5 (26-27), 293-328.
PERU--POPULISM--J.C. MARIÅTEGUI.
   Miroshevskiĭ, V., 1941, Nr. 6 (94), 78-86.
"PERVYĬ VSEGERMANSKIĬ S"EZD RABOCHIKH I SOLDATSKIKH
   SOVETOV 16-21 DEKABRIA 1918 G. STENOGRAFICHESKIĬ
   OTCHET. MOSCOW, 1934 (REVIEW).
   Alenin, F., 1934, Nr. 5 (39), 97-101.
PESTEL, P.I.
   Nechkina, M., 1935, Nr. 7 (47), 30-47.

PESTEL', P.I.--LIBRARY--CATALOG.
    Zaĭonchkovskiĭ, P., 1941, Nr. 4 (92), 86-89.
PETAIN, H.P.B.O. (MARSHAL): OBORONA VERDENA. MOSCOW,
    1937 (REVIEW).
    Kazarin, A., 1938, Nr. 5 (69), 214-217.
PETER I, THE GREAT--REFORMS.
    Tomsinskiĭ, S., 1936, Nr. 2 (54), 9-21.
PETER I, THE GREAT--REFORMS--ORIGINS.
    Tomsinskiĭ, S., 1933, Nr. 4 (32), 53-80.
PETER I, THE GREAT--REFORMS--S.M. SOLOV'EV'S VIEWS.
    Bantke, S., Nr. 13, 1929, 137-165.
"PETRASHEVTSY V VOSPOMINANIIAKH SOVREMENNIKOV." T. I-II.
    SBORNIK MATERIALOV. SOST. P.E. SHCHEGOLEV S
    PREDISL. N. ROZHKOVA. MOSCOW, 1926-27 (REVIEW).
    Raĭskiĭ, L., Nr. 4, 1927, 238-240.
PETROGRAD--HISTORY--REVOLUTION OF 1917--APRIL--SOVIET OF
    WORKERS' AND SOLDIERS' DEPUTIES.
    Krivosheina, E., 1935, Nr. 8-9 (48-49), 90-110;
    1935, Nr. 10 (50), 68-84.
"PETROGRADSKIĬ PROLETARIAT I BOL'SHEVISTKAIA ORGANIZATSIIA
    V GODY IMPERIALISTICHESKOĬ VOĬNY 1914-1917."
    SBORNIK MATERIALOV I DOKUMENTOV. LENINGRAD, N.D.
    (REVIEW).
    Sidorov, A., 1940, Nr. 6 (82), 116-119.
PETROLEUM INDUSTRIES--SOVIET RUSSIA--1918.
    Sef, S., Nr. 18-19, 1930, 29-62.
PETROVSKIĬ, N.N.: IVAN FRANKO, KAK ISTORIK OSVOBODITEL'NOĬ
    VOĬNY 1648-1654 GODOV. (LECTURE) MOSCOW, 1940.
    O.,M., 1940, Nr. 11 (87), 140-146.
PETROVS'KYĬ, M.N.: VYZVOL'NA VIĬNA UKRAĬNS'KOHO NARODU
    PROTY HNITU SHLIAKHETS'KOĬ POL'SHCHI I PRIIEDNANNIA
    UKRAINU DO ROSSIĬ, 1648-1654. KYĬV, 1940.
    ("NARYSY Z ISTORIĬ UKRAĬNY," VYP. IV) (REVIEW).
    Baraboĭ, A., 1940, Nr. 7 (83), 137-140.
PETRUSHEVSKIĬ, D.M.--HISTORICAL WRITINGS--CRITIQUE.
    Pokrovskiĭ, M.N., Nr. 7, 1928, 3-17.
PETRUSHEVSKIĬ, D.M.--SOVIET HISTORIOGRAPHY.
    Burzhuaznye istoriki Zapada..., Nr. 21, 1931, 44-86.
PERTRUSHEVSKIĬ, D.M.: OCHERKI IZ ĖKONOMICHESKOĬ ISTORII
    SREDNEVEKOVOĬ EVROPY. MOSCOW, 1928 (REVIEW).
    Disput o knige..., Nr. 8, 1929, 79-128.
"PEUPLES ET CIVILISATIONS," T. VIII see BAUMONT, M.:
    L'ESSOR INDUSTRIEL ET L'IMPÉRIALISME COLONIAL,
    1878-1904.
    Notovich, F., 1938, Nr. 5 (69), 206-210.
PFLAUME, H.: ORGANISATION UND VERTRETUNG DER ARBEITNEHMER
    IN DER BEWEGUNG VON 1848-1849. INAUGURAL DISSERTATION,
    WEIMAR, 1934 (REVIEW).
    A.,R., 1936, Nr. 1 (53), 201.
P'IANKOV, A.: ODNO ZABYTOE INOSTRANNOE IZVESTIE O RABSTVE
    V KIEVSKOĬ RUSI. ("ISTORIK-MARKSIST," 1940, Nr. 3,
    136)--CRITIQUE.
    Anninskiĭ, S., 1940, Nr. 8 (84), 156-157.

"PIATITOMNIKA PO ISTORII SSSR"--OUTLINE.
     Skhema piatitomnika po..., 1938, Nr. 1 (65), 174-204.
PIATKOV, G.L.--1937--TRIAL.
     IAroslavskiĭ, E., 1937, Nr. 1 (59), 6-15.
PIATNITSKIĬ, O.A.: MEMOIRS OF A BOLSHEVIK. NEW YORK, 1933.
     (REVIEW).
     Inostrannye otzyvy o..., 1936, Nr. 2 (54), 182-183.
PINGAUD, A.: L'ENTENTE ET LA CONDUITE DE LA GUERRE.
     ("REVUE D'HISTOIRE DE LA GUERRE MONDIALE," 1935,
     NR. 3, 225-256) (REVIEW).
     M.,I., 1936, Nr. 2 (54), 165.
PINGAUD, A.: L'INTERVENTION PORTUGAISE DANS LA GUERRE
     MONDIALE. ("REVUE D'HISTOIRE DIPLOMATIQUE,"
     JUIL.-SEPT., 1935, 322-338) (REVIEW).
     M.,I., 1936, Nr. 2 (54), 165-166.
PIONTKOVSKIĬ, S.A.--WRITINGS ON RUSSIAN AND SOVIET HISTORY--
     CRITIQUE.
     Brigada IKP istorii: Tolstikhina, Miller, 1932,
     Nr. 1-2 (23-24), 192-200.
PIONTKOVSKIĬ, S.A.: OCHERKI ISTORII SSSR XIX I XX VEKOV.
     MOSCOW, 1935. (REVIEW).
     Frolov, I., 1936, Nr. 3 (55), 119-137.
PIONTKOVSKIĬ, S.A.: OCHERKI PO ISTORII ROSSII V XIX-XX VV.
     LEKTSII. MOSCOW, 1928. (REVIEW).
     Rakhmetov, V., Nr. 7, 1928, 223-228.
PIRENNE, A.: NIDERLANDSKAIA REVOLIUTSIIA. PEREVOD F.
     KOGAN-BERNSHTEĬN. MOSCOW, 1937. (REVIEW).
     Vasiutinskiĭ, A., 1937, Nr. 5-6 (63-64), 232-234.
PIRENNE, H.--FESTSCHRIFT--BRUSSELS, 1938.
     Istoricheskaia nauka za..., 1939, Nr. 3 (73), 221.
PIRENNE, H.--OBITUARY.
     Nekrologi, 1936, Nr. 3 (55), 204-206.
PIRENNE, H.: LES VILLES DU MOYEN ÂGE. BRUSSELS, 1927.
     (REVIEW).
     Stoklitskaia-Tereshkovich, V.V., Nr. 14, 1929,
     199-201.
PISAREV, D.I.--100TH ANNIVERSARY OF HIS BIRTH.
     Bushuev, S., 1940, Nr. 10 (86), 119-121.
PISAREV, D.I.--100TH ANNIVERSARY OF HIS BIRTH--CONFERENCE,
     MOSCOW, OCTOBER, 1940.
     P.,I., 1940, Nr. 2 (88), 130-132.
PISAREV, D.I.--SOCIAL AND LITERARY VIEWS.
     Frolov, I., 1935, Nr. 11 (51), 99-115.
PISAREV, D.I.--1862-66--IMPRISONMENT.
     Gorbachevskiĭ, V., 1941, Nr. 5 (93), 106-110.
PISAREV, D.I.: IZBRANNYE SOCHINENIIA. T. 1. POD OBSHCH.
     RED. V. IA. KIRPOTINA. MOSCOW, 1934 (REVIEW).
     Frolov, I., 1935, Nr. 11 (51), 99-115.
"PIS'MA A.N. KARAMZINA, 1847-1848 GG." ("MATERIALY PO
     ISTORII FRANTSUZSKOĬ REVOLIUTSII 1848 G."
     MOSCOW, 1935) (REVIEW).
     K.,S., 1936, Nr. 2 (54), 160.

PISTOLESE, S. (ED.): GUIDE INTERNATIONAL DES ARCHIVES:
EUROPE. ROME, 1934 (PUBLICATION NOTICE).
Istoricheskaia nauka za..., 1935, Nr. 8-9
(48-49), 241-242.
PLATONOV, S.F.
Piontkovskiĭ, A., Nr. 18-19, 1930, 157-176.
PLATONOV, S.F.--SOVIET HISTORIOGRAPHY.
Piontkovskiĭ, S., Nr. 17, 1930, 21-26.
PLATONOV, S.F.: OCHERKI PO ISTORII SMUTY V MOSKOVSKOM
GOSUDARSTVE XVI-XVII VV. MOSCOW, 1937. (REVIEW).
Ivanov, L., 1938, Nr. 4 (68), 153-156.
PLEKHANOV, G.V.
Po SSSR, 1934, Nr. 6 (40), 104-108.
PLEKHANOV, G.V.--CAPITALISM IN RUSSIA--DISPUTE WITH
V.I. LENIN.
Brover, I., 1939, Nr. 2 (72), 73-86.
PLEKHANOV, G.V.--HISTORICAL VIEWS.
Ganichev, I., 1938, Nr. 6 (70), 159-166.
PLEKHANOV, G.V.--PHILOSOPHY OF HISTORY.
Gazganov, Ė., Nr. 7, 1928, 69-116.
PLEKHANOV, G.V.: NASHI RAZNOGLASIIA. 1884--CRITIQUE OF
POPULISM.
Malakhovskiĭ, V., 1935, Nr. 11 (51), 58-77.
PLEKHANOVA, R.M.
Po SSSR, 1934, Nr. 6 (40), 104-108.
PODZHIO, I.V.--CORRESPONDENCE--V.L. DAVYDOV.
Iz arkhiva dekabrista V.L. Davydova..., Nr. 1,
1926, 175-200.
POINCARÉ, R.--1917.
Notovich, F., 1934, Nr. 4 (38), 92-111.
POINCARÉ, R.: L'ANNÉE TROUBLE 1917. PARIS, 1932. (REVIEW).
Notovich, F., 1933, Nr. 5 (33), 156-158.
POINCARÉ, R.: 1914-1915. VOSPOMINANIIA. PEREV. S FRANTZ.
F. KAPELIUSHA. MOSCOW, 1936. (REVIEW).
Tarle, E., 1936, Nr. 4 (56), 139-141.
POKROVSKIĬ, M.N.
Lomakin, A., 1934, Nr. 1 (35), 3-20.
POKROVSKIĬ, M.N.--60TH ANNIVERSARY OF HIS BIRTH--NEWSPAPER
REPORTS--BIBLIOGRAPHY.
B.,I., Nr. 10, 1928, 262-273.
POKROVSKIĬ, M.N.--60TH ANNIVERSARY OF HIS BIRTH--WRITINGS
AND PHILOSOPHY OF HISTORY.
Shestakov, A.V., Nr. 9, 1928, 3-17.
POKROVSKIĬ, M.N.--BIBLIOGRAPHY--1896-1926.
Materialy k bibliografii..., Nr. 9, 1928, 213-231.
POKROVSKIĬ, M.N.--BIOGRAPHY.
M.N. Pokrovskiĭ..., Nr. 9, 1928, 79-83.
POKROVSKIĬ, M.N.--EASTERN SLAVS--ORIGINS AND HISTORY.
Kosven, M., 1938, Nr. 5 (69), 129-137.
POKROVSKIĬ, M.N.--HISTORICAL SCHOOL.
Ot redaktsii, 1937, Nr. 2 (60), 32-39.
POKROVSKIĬ, M.N.--HISTORICAL VIEWS--CRITIQUE.
Gorodetskiĭ, E., Verkhoven', B., 1939, Nr. 4 (74),
157-162.

POKROVSKIĬ, M.N.--IKP ISTORII--SEMINARS--CONCLUDING REMARKS.
    Pokrovskiĭ, M.N., 1933, Nr. 3 (31), 73-78.
POKROVSKIĬ, M.N.--KIEVAN RUS--ORIGINS OF FEUDALISM.
    Grekov, B., 1937, Nr. 5-6 (63-64), 41-76.
POKROVSKIĬ, M.N.--KIEVAN RUS--ORTHODOX EASTERN CHURCH.
    Bakhrushin, S., 1937, Nr. 2 (60), 40-77.
POKROVSKIĬ, M.N.--MERCHANT CAPITALISM--SERF ECONOMY.
    Drozdov, P., 1936, Nr. 5 (57), 34-69.
POKROVSKIĬ, M.N.--"NARODNAIA VOLIA"--POLEMIC WITH I.
    TEODOROVICH.
    Pokrovskiĭ, M.N., Nr. 15, 1930, 74-85.
POKROVSKIĬ, M.N.--OBITUARY.
    M.N. Pokrovskiĭ..., 1932, Nr. 1-2 (23-24), 5-6.
POKROVSKIĬ, M.N.--PHILOSOPHY OF HISTORY--VIEWS ON RUSSIAN
    HISTORIOGRAPHY.
    Piontkovskiĭ, S., 1932, Nr. 6 (28), 85-99.
POKROVSKIĬ, M.N.--POLISH INTERVENTION IN RUSSIA--1600-12.
    Savich, A., 1938, Nr. 1 (65), 74-110.
POKROVSKIĬ, M.N.--ROLE IN SOVIET HISTORIOGRAPHY.
    Za reshitel'nuiu perestroĭku..., 1932, Nr. 1-2
    (23-24), 7-12.
POKROVSKIĬ, M.N.--RUSSIAN COLONIAL AND FOREIGN POLICY.
    Redkin, M., 1932, Nr. 3 (25), 37-59.
POKROVSKIĬ, M.N.--RUSSIAN FOREIGN POLICY--16TH-20TH C.--
    INTERPRETATION.
    Rubinshteĭn, N., Nr. 9, 1928, 58-78.
POKROVSKIĬ, M.N.--RUSSIAN HISTORY--VIEWS.
    Pokrovskiĭ, M.N., Nr. 17, 1930, 17-20.
POKROVSKIĬ, M.N.--RUSSIAN REVOLUTION OF 1905--CRITIQUE.
    IAvoslavskiĭ, E., 1936, Nr. 2 (54), 3-8.
POKROVSKIĬ, M.N.--RUSSIAN REVOLUTION OF 1905--INTERPRETATION.
    Gorin, P., Nr. 9, 1928, 34-57.
POKROVSKIĬ, M.N.--RUSSIAN REVOLUTION OF 1917.
    Viktorov, I., 1938, Nr. 5 (69), 170-189.
POKROVSKIĬ, M.N.--RUSSIAN REVOLUTION OF 1917--INTERPRETATION.
    Kin, D., Nr. 9, 1928, 18-33.
POKROVSKIĬ, M.N.--RUSSO-JAPANESE WAR--1904-05.
    Sidorov, A., 1937, Nr. 3 (61), 99-125.
POKROVSKIĬ, M.N.--I.V. STALIN'S CRITICISM.
    Pankratova, A., 1940, Nr. 1 (77), 14-24.
POKROVSKIĬ, M.N.--THEORETICAL BASIS OF HIS WRITINGS.
    Drozdov, P., 1936, Nr. 1 (53), 9-22.
POKROVSKIĬ, M.N.--WWI--ORIGINS.
    Rutkevich, N., 1938, Nr. 3 (67), 3-35.
POKROVSKIĬ, M.N.--WWI--ORIGINS--POLEMIC WITH E.V. TARLE.
    Otvet redaktsii..., Nr. 9, 1928, 108-109.
POKROVSKIĬ, M.N.--WWI--ORIGINS--POLEMIC WITH E.V. TARLE.
    Tarle, E.V., Nr. 9, 1928, 101-107.
POKROVSKIĬ, M.N.--WORLD HISTORY.
    Lukin, N., 1937, Nr. 3 (61), 3-23.
POKROVSKIĬ, M.N.--WRITINGS--1896-1931--BIBLIOGRAPHY.
    Bibliografiia rabot M.N. Pokrovskogo..., 1932,
    Nr. 1-2 (23-24), 216-248.

POKROVSKIĬ, M.N.: DEKABRISTY; SBORNIK STATEĬ. MOSCOW,
1927 (TSENTRARKHIV).
Sh--kh, A., Nr. 6, 1927, 278-279.
POKROVSKIĬ, M.N.: IMPERIALISTICHESKAIA VOĬNA; SBORNIK
STATEĬ, 1915-27. MOSCOW, 1928. (REVIEW).
Rubinshteĭn, N., Nr. 8, 1928, 218-220.
POKROVSKIĬ, M.N.: LENINIZM I RUSSKAIA ISTORIIA-
VSESOIUZNAIA KONFERENTSIIA ISTORIKOV-MARKSISTOV
MOSCOW, DECEMBER, 1928.
Vsesoiuznaia konferentsiia..., Nr. 11, 1929,
216-265.
POKROVSKIĬ, M.N.: PUSHKIN--ISTORIK ("POLNOE SOBRANIE
SOCHINENIE A.S. PUSHKINA." T. V. MOSCOW,
1933)--CRITIQUE.
IUshkov, S., 1937, Nr. 1 (59), 48-62.
POKROVSKIĬ, M.N.: RUSSKAIA ISTORIIA V SAMOM SZHATOM
OCHERKE. MOSCOW, 1923--FOREWORD.
Pokrovskiĭ, M.N., Nr. 17, 1930, 17-20.
POKROVSKIĬ, M.N.: ZNACHENIE REVOLIUTSII 1905 G.
MOSCOW, 1925--CRITIQUE.
IAroslavskiĭ, E., 1936, Nr. 2 (54), 3-8.
POLAND--CULTURAL RELATIONS--ENGLAND--EXHIBIT, CAMBRIDGE,
ENGLAND, 1935.
Istoricheskaia nauka za..., 1935, Nr. 8-9 (48-49),
241-242.
POLAND--ECONOMIC CONDITIONS--1923.
Misko, M., 1932, Nr. 6 (28), 42-84.
POLAND--FOREIGN RELATIONS--RUSSIA--M.N. POKROVSKIĬ'S
INTERPRETATION.
Savich, A., 1938, Nr. 1 (65), 74-110.
POLAND--FOREIGN RELATIONS--RUSSIA--1598-1610--DYNASTIC
STRUGGLES.
Romanovich, A., 1936, Nr. 6 (58), 68-96.
POLAND--FOREIGN RELATIONS--WHITE RUSSIA--1917-20.
Shekun, O., 1940, Nr. 1 (77), 63-78.
POLAND--HISTORY--POLISH HISTORIOGRAPHY--1934-37.
Nauchnye obshchestva i..., 1937, Nr. 3 (61),
230-231.
POLAND--HISTORY--POLISH HISTORIOGRAPHY--BIBLIOGRAPHY--1933.
Dzhervis, M., 1934, Nr. 2 (36), 106-123.
POLAND--HISTORY--13TH-20TH C.--WESTERN UKRAINE AND WHITE
RUSSIA--POLICIES.
Picheta, V., 1939, Nr. 5-6 (75-76), 67-98.
POLAND--HISTORY--13TH-16TH C.--BALTIC QUESTION.
Got'e, IU., 1941, Nr. 6 (94), 87-95.
POLAND--HISTORY--13TH-15TH C.--"DRANG NACH OSTEN."
Gratsianskiĭ, N., 1938, Nr. 6 (70), 87-111.
POLAND--HISTORY--1600-54--UKRAINIAN POLICY.
Baraboĭ, A., 1939, Nr. 2 (72), 87-111.
POLAND--HISTORY--1781-83--J.H. MÜNTZ' DIARY.
Drakokhrust, E., 1940, Nr. 9 (85), 130-134.

POLAND--HISTORY--1788-92--HOLDINGS IN LENIN STATE LIBRARY.
    Katsprzhak, E., 1941, Nr. 5 (93), 110.
POLAND--HISTORY--1848-1892--K. MARX'S AND F. ENGELS' VIEWS.
    Misko, M., 1933, Nr. 2 (30), 117-142.
POLAND--HISTORY--1918--WARSAW--SOVIET OF WORKERS' DEPUTIES--
    DOCUMENTS.
    Pervyĭ sovet rabochikh..., 1932, Nr. 4-5 (26-27),
    339-351.
POLAND--HISTORY--1923.
    Misko, M., 1932, Nr. 6 (28), 42-84.
POLAND--RELATIONS--GERMANY--GERMAN HISTORIOGRAPHY--BOOK
    REVIEW.
    Dzhervis, M., 1936, Nr. 3 (55), 138-148.
POLAND--REVOLUTIONARY MOVEMENTS--IMĖL. REDAKTSIONNAIA
    KOLLEGIIA POL'SKIKH IZDANIĬ--WORK IN PROGRESS
    AND PUBLICATIONS--1933.
    O rabote redaktsionnoĭ..., 1933, Nr. 4 (32),
    147-148.
POLETIKA, N.P.: SARAEVSKOE UBIĬSTVO. ISSLEDOVANIE PO
    ISTORII AVSTRO-SERBSKIKH OTNOSHENII I BALKANSKOĬ
    POLITIKI ROSSII V PERIOD 1903-1914 GG. S PREDISL.
    K.P. SHELAVINA. LENINGRAD, 1930 (REVIEW).
    Erusalimskiĭ, A., Nr. 18-19, 1930, 216-218.
POLETIKA, N.P.: VOZNIKNOVENIE MIROVOĬ VOĬNY. POD RED.
    I. ERUKHIMOVICH. MOSCOW, 1935 (REVIEW).
    Adamov, E., 1936, Nr. 6 (58), 227-234.
POLIANSKIĬ, A., MATVEEV, D.: 15 LET BOR'BY. KHRONIKA
    VAZHNEĬSHIKH SOBYTII. MOSCOW, 1932 (REVIEW).
    Krichevskiĭ, G., 1934, Nr. 2 (36), 139-140.
POLISH QUESTION--1848-92--K. MARX'S AND F. ENGELS' VIEWS.
    Misko, M., 1933, Nr. 2 (30), 117-142.
POLISH SOCIALIST PARTY see PPS.
POLITICAL THEORY--REVOLUTIONARY BOURGEOIS DICTATORSHIP--
    N. MACHIAVELLI.
    Maksimovskiĭ, V., Nr. 13, 1929, 55-94.
"LA POLITIQUE EXTÉRIEURE DE L'ALLEMAGNE 1871-1914,"
    DOCUMENTS OFFICIELS PUBLIÉS PAR LE MINISTÈRE
    ALLEMAND DES AFFAIRES ÉTRANGÈRES. T. XXVII
    (9 JUILLET-3 DECEMBRE 1905) PARIS, 1938 (REVIEW).
    Notovich, F., 1938, Nr. 3 (67), 129-133.
POLKANOV, A.: SEVASTOPOL'SKOE VOSSTANIE 1830 G. SIMFEROPOL',
    1936 (REVIEW).
    B--skiĭ,A., 1938, Nr. 2 (66), 126-127.
POLLARD, A.F.--BRITISH HISTORIAN.
    Istoricheskaia nauka za..., 1936, Nr. 1 (53),
    211.
POLONSKAIA-VASILENKO, N.D.: OCHERKI PO ISTORII ZASELENIIA
    IUZHNOĬ UKRAINY V SEREDINE XVIII STOLETIIA.
    (DISSERTATION) MOSCOW, 1940.
    P.,I., 1940, Nr. 12 (88), 135-138.
POLOVTSEV, P.: DNI ZATMENIIA; ZAPISKI GLAVNOKOMANDUIU-
    SHCHEGO VOĬSKAMI PETROGRADSKOGO VOENNOGO OKRUGA
    V 1917 G. PARIS, 1928 (REVIEW).
    IUgov, M., Nr. 21, 1931, 126-128.

POLSKA PARTJA SOCJALSTYCZNA see PPS.
POLSKA PARTJA SOCJALSTYCZNA-LEWICA see PPS-L.
POL'SKAIA KOMISSIIA ISTPARTA TSK VKP(b)--REORGANIZATION--
    1928.
    Bobinskiĭ, S., Nr. 8, 1928, 247.
POLTAVA, BATTLE OF--1709.
    Kafengauz, B., 1939, Nr. 4 (74), 44-56.
POLTAVA, BATTLE OF--1709--230TH ANNIVERSARY.
    Bezbakh, S., 1939, Nr. 4 (74), 203-205.
POMESHCHIKI--DON REGION--1818-20.
    Ignatovich, I., 1935, Nr. 2-3 (42-43), 99-121.
POMESHCHIKI--RUSSIA--1848-56.
    Drozdov, P., 1935, Nr. 5-6 (45-46), 67-87.
PÖNICKE, H.: WIRTSCHAFTSKRISE IN SACHSEN VOR HUNDERT
    JAHREN; BEITRAG ZUR SÄCHISCHEN WIRTSCHAFTSGESCHICHTE.
    HERRNHUT, 1933 (REVIEW).
    K.,S., 1933, Nr. 4 (32), 142-143.
POPOV, F.: DUTOVSHCHINA. BOR'BA S KAZACH'EĬ KONTRREVO-
    LIUTSIEĬ V ORENBURGSKOM KRAE. MOSCOW, 1934 (REVIEW).
    Reĭkhberg, G., 1935, Nr. 7 (47), 122-123.
POPOV, K.A.: OB ISTORICHESKIKH USLOVIIAKH PERERASTANIIA
    BURZHUAZNO-DEMOKRATICHESKOĬ REVOLIUTSII V PROLETARSKUIU.
    --VSESOIUZNAIA KONFERENTSIIA ISTORIKOV-MARKSISTOV,
    MOSCOW, DECEMBER, 1928.
    Vsesoiuznaia konferentsiia..., Nr. 12, 1929, 300-333.
POPOV-LENSKIĬ, I.L.: LIL'BORN I LEVELLERY; SOTSIAL'NYE
    DVIZHENIIA I KLASSOVAIA BOR'BA V ÉPOKHU ANGLIĬSKOĬ
    REVOLIUTSII XVII V. MOSCOW, 1928.
    Shchegolev, P., Nr. 16, 1930, 186-191.
POPULISM see also REVOLUTIONARY MOVEMENTS.
POPULISM--PERU--J.C. MARIÁTEGUI.
    Miroshevskiĭ, V., 1941, Nr. 6 (94), 78-86.
POPULISM--RUSSIA--19TH C.--K. MARX.
    IAroslavskiĭ, E., 1933, Nr. 1 (29), 33-66.
POPULISM--RUSSIA--LATE 19TH C.--G.V. PLEKHANOV'S CRITIQUE.
    Malakhovskiĭ, V., 1935, Nr. 11 (51), 58-77.
POPULISM--RUSSIA--1870-90--M.N. POKROVSKIĬ'S ANALYSIS.
    Pokrovskiĭ, M.N., 1933, Nr. 3 (31), 73-78.
PORSHNEV, B.F.--EUROPEAN ABSOLUTISM--CRITIQUE.
    Mosina, Z., 1940, Nr. 6 (82), 68-74.
POSOSHKOV, I.T.: KNIGA O SKUDNOSTI I BOGATSTVE. MOSCOW,
    1937 (REVIEW).
    P., 1937, Nr. 5-6 (63-64), 262.
POSTAN, M.: RECENT TRENDS IN THE ACCUMULATION OF CAPITAL.
    ("THE ECONOMIC HISTORY REVIEW," 1935, VII, NR. 1,
    1-12) (REVIEW).
    Lavrovskiĭ, V., 1936, Nr. 2 (54), 169.
POTAPENKO, V.A.: BOL'SHEVIKI V BOR'BE ZA RABOCHIĬ KONTROL'
    V REVOLIUTSII 1917 G. (PO MESTNYM MATERIALAM)
    (LECTURE)--CONFERENCE, VORONEZH, NOVEMBER, 1933.
    Na konferentsiia istorikov..., 1933, Nr. 6 (34),
    166-167.

POTAPOV, L.P.: OCHERKI PO ISTORII SHORII. ("TRUDY INSTI-
    TUTA VOSTOKOVEDENIIA AKADEMII NAUK SSSR," T. XV)
    (REVIEW).
    Zolotarev, A., 1938, Nr. 1 (65), 132-134.
POTAPOV, L.P.: RAZLOZHENIE RODOVOGO STROIA U PLEMEN
    SEVERNOGO ALTAIA ("IZVESTIIA GAIMK IM. MARRA,"
    VYP. 128, 1935) (REVIEW).
    Zolotarev, A., 1938, Nr. 1 (65), 132-134.
POTEMKIN, F.: LIONSKIE VOSSTANIIA 1831 I 1834 GODOV.
    MOSCOW, 1937 (REVIEW).
    Molok, A., 1937, Nr. 5-6 (63-64), 189-196.
POZDNEEVA, V.: PODGOTOVITEL'NYĬ PERIOD RESTAVRATSII
    MEĬDZI ("MATERIALY KRUZHKA IAPONOVEDENIIA V
    TOKIO," VYP. III) MOSCOW, 1931 (REVIEW).
    R--g, G., 1932, Nr. 1-2 (23-24), 187-190.
POZHIDAEV, V.P.: GORTSY SEVERNOGO KAVKAZA. MOSCOW,
    1926 (REVIEW).
    Kokiev, G., Nr. 3, 1927, 239-241.
"PRAVDA" (NEWSPAPER)--1910-14--TSARIST CENSORSHIP.
    Bukhbinder, N., 1940, Nr. 1 (77), 137-140.
"PRAVDA" (NEWSPAPER)--1912-14--V.M. MOLOTOV.
    Lur'e, M., 1940, Nr. 3 (79), 3-23.
"PRAVDA RUSSKAIA" T. I. TEKSTY. PODGOTOVIL K PECH.
    V.P. LIUBIMOV, I DR. POD RED. B.D. GREKOV. MOSCOW,
    1940 (REVIEW).
    IUshkov, S., 1941, Nr. 2 (90), 95-102.
"PRAVDA RUSSKAIA" T. I. TEKSTY. PODGOT. K PECH. V.P.
    LIUBIMOV I DR. POD RED. B.D. GREKOV. MOSCOW,
    1940--S. IUSHKOV'S REVIEW--RESPONSE.
    Ot redaktsii..., 1941, Nr. 2 (90), 103-113.
PREAUX, C., GOOSENS, R.: LA PAPYRUS CUMONT. ("REVUE DES
    ÉTUDES ANCIENNES," OCT.-DEC., 1935, 401-434) (REVIEW).
    S.,O., 1936, Nr. 2 (54), 149.
PREOBRAZHENSKIĬ, P.F.--SOVIET HISTORIAN.
    Burzhuaznye istoriki Zapada..., Nr. 21, 1931,
    44-86.
PREOBRAZHENSKIĬ, P.F.: TERTULLIAN I RIM. N.P., N.D.
    (REVIEW).
    Sergeev, V., Nr. 6, 1927, 227-236.
PRESNIAKOV, A.E.--OBITUARY.
    A.E. Presniakov..., Nr. 13, 1929, 269.
PRESNIAKOV, A.E.: LEKTSII PO RUSSKOĬ ISTORII. T. I.:
    KIEVSKAIA RUS'. MOSCOW, 1938 (REVIEW).
    Got'e, IU., 1938, Nr. 4 (68), 145-148.
PRESNIAKOV, A.E.: LEKTSII PO RUSSKOĬ ISTORII. T. II.
    VYP. I. ZAPADNAIA RUS' I LITOVSKO-RUSSKOE GOSU-
    DARSTVO. MOSCOW, 1939 (REVIEW).
    Picheta, V., 1940, Nr. 3 (79), 138-140.
PRESS--FRANCE--1868-71.
    Kan, S.B., Nr. 6, 1927, 111-141.

PRESS--FRANCE--RUSSIAN REVOLUTION OF 1917.
 Fridliand, TS., Nr. 5, 1927, 71-93.
PRESS--GERMANY--1934--20TH ANNIVERSARY OF WWI.
 Khvostov, V., 1934, Nr. 6 (40), 84-87.
PRESS--RUSSIA--1848--CENSORSHIP.
 Lekhtblau, L., 1940, Nr. 7 (83), 3-13.
PRESS--RUSSIA--1862-1904--REACTION TO I INTERNATIONAL.
 Anatol'ev, P., 1934, Nr. 5 (39), 64-78.
PRESS, BOLSHEVIK--1903-06--AVLABAR (TIFLIS)--I.V. STALIN.
 Moskalev, M., 1940, Nr. 4-5 (80-81), 53-63.
PRIGOZHIN, A.: GRAKKH BEBEF. MOSCOW, 1925 (REVIEW).
 Monosov, S.M., Nr. 1, 1926, 290-298.
PRINTING AND PUBLISHING--RUSSIA--15TH-20TH C.
 Kiselev, N., 1941, Nr. 1 (89), 100-108.
PRINTING AND PUBLISHING--RUSSIA--1903-06--BOLSHEVIK
 UNDERGROUND PRESS--AVLABAR (TIFLIS).
 Moskalev, M., 1940, Nr. 4-5 (80-81), 53-63.
PRISELKOV, M.D.--OBITUARY.
 Valk, S., 1941, Nr. 4 (92), 156.
"PROBLEMS OF THE PACIFIC"; PROCEEDINGS OF THE STUDY
 MEETING OF THE INSTITUTE OF PACIFIC RELATIONS.
 NEW YORK, 1940 (REVIEW).
 IUshchak, K., 1941, Nr. 5 (93), 129-131.
"PROBLEMY ISTORII DOKAPITALISTICHESKIKH OBSHCHESTV"
 (JOURNAL) (REVIEW).
 Novyĭ istoricheskiĭ zhurnal, 1934, Nr. 3 (37),
 142-143.
PRÓCHNIK, A.: PIERWSZE PIĘTNASTOLECIE POLSKI NIEPODLEGŁEJ,
 1918-33. WARSAW, 1933 (REVIEW).
 IAsinskiĭ, Ch., 1934, Nr. 3 (37), 122-126.
PROFINTERN--S.J. RUTGER'S RECOLLECTIONS.
 Rutgers, S., 1935, Nr. 2-3 (42-43), 85-98.
PROFINTERN--USA--HISTORY.
 Zubok, L., 1935, Nr. 5-6 (45-46), 39-66.
"PROGRESS OF MEDIAEVAL STUDIES IN THE UNITED STATES AND
 CANADA," NR. 14, 1939 (REVIEW).
 Istoricheskaia nauka za..., 1939, Nr. 5-6 (75-76),
 280.
PROKHOROVSKAIA MANUFAKTURA--1805-40.
 Rozhkov, N., Nr. 6, 1927, 79-110.
"PROLETARJAT--PIERWSZA SOCIALNO-REWOLUCYJNA PARTJA W
 POLSCE." ZBIOREK MATERIALOW I DOKUMENTOW.
 MOSCOW, 1934 (REVIEW).
 Kraevskiĭ, A., 1935, Nr. 5-6 (45-46), 177-179.
"PROLETARSKAIA REVOLIUTSIIA" (JOURNAL) (REVIEW).
 Shestakov, A.V., Nr. 1, 1926, 302-305; Nr. 2, 1926,
 268-270; Nr. 3, 1927, 201-207; Nr. 4, 1927, 223-228;
 Nr. 5, 1927, 230-238; Nr. 6, 1927, 264-267; Nr. 7,
 1928, 269-277; Nr. 8, 1928, 199-202; Nr. 9, 1928,
 175-177; Nr. 11, 1929, 170-173; Nr. 12, 1929,
 269-272; Nr. 14, 1929, 191-196; Nr. 16, 1930,
 176-180.

"PROLETARSKAIA REVOLIUTSIIA" (JOURNAL) Nr. 6, 1935 (REVIEW).
     Frolov, I., 1936, Nr. 2 (54), 141-143.
"PROSHLOE KAZAKHSTANA V ISTOCHNIKAKH I MATERIALAKH."
     SBORNIK I. (V B. DO NASHEĬ ERY--XVIII V. NASHEĬ
     ERY) ALMA-ATA, 1935 (REVIEW).
     Ustiugov, N., 1936, Nr. 6 (58), 201-205.
"PROTIV ANTILENINSKIKH I ANTIISTORICHESKIKH VZGLIADOV
     M.N. POKROVSKIĬ." CH. I. MOSCOW, N.D. (REVIEW).
     V Uchenom sovete..., 1938, Nr. 3 (67), 152.
"PROTIV BELOGO TERRORA." VSTUP. STAT'IA E. STASOVOĬ.
     MOSCOW, 1934 (REVIEW).
     Rubinshteĭn, E., 1935, Nr. 2-3 (42-43), 144-146.
"PROTIV FASHIZMA I EGO TROTSKISTKO-BUKHARINSKOĬ AGENTURY
     V OBLASTI ISTORICHESKOĬ NAUKI." MOSCOW, N.D.
     (REVIEW).
     V Uchenom sovete..., 1938, Nr. 3 (67), 151.
"PROTIV ISTORICHESKOĬ KONSEPTSII M.N. POKROVSKOGO."
     SBORNIK STATEĬ. MOSCOW, 1939 (REVIEW).
     Gorodetskiĭ, E., Verkhoven', B., 1939, Nr. 4
     (74), 157-162.
"PROTOKOLY PARIZHSKOĬ KOMMUNY, 28 MARTA-30 APRELIA."
     MOSCOW, 1933 (REVIEW).
     Lukin, V., 1934, Nr. 2 (36), 154-155.
"PROTOKOLY S"EZDOV I KONFERENTSII VKP(b)." SED'MOĬ
     S"EZD. MOSCOW, 1928 (REVIEW).
     Sokol'nikov, G., Nr. 12, 1929, 294-295.
"PROTOKOLY S"EZDOV I KONFERENTSII VSESOIUZNOĬ KOMMUNISTI-
     CHESKOĬ PARTII (BOL'SHEVIKOV)." TRETIĬ S"EZD
     RSDRP. POD RED. N.K. KRUPSKOĬ. MOSCOW, 1937
     (REVIEW).
     Sidorov, A., 1937, Nr. 3 (61), 197-200.
"PROTOKOLY SOVESHCHANIIA RASSHIRENNOĬ REDAKTSII 'PROLETARIIA,'
     IUN' 1909 G." MOSCOW, 1934 (REVIEW).
     Gindin, V., 1935, Nr. 12 (52), 134-136.
"PROTOKOLY TSK RSDRP. AVGUST 1917-FEVRAL' 1918." MOSCOW,
     1929 (REVIEW).
     Mints, I., Nr. 15, 1930, 160-163.
"PROTOKOLY TSENTRAL'NOGO KOMITETA RSDRP." MOSCOW, 1929
     (REVIEW).
     Krivosheĭna, E., Nr. 13, 1929, 259-262.
"PROTSESS N.G. CHERNYSHEVSKOGO." ARKHIVNYE DOKUMENTY.
     SARATOV, 1939 (REVIEW).
     Bushuev, S., 1940, Nr. 4-5 (80-81), 138-141.
PRUSSIA--HISTORY--13TH-15TH C.--"DRANG NACH OSTEN."
     Gratsianskiĭ, N., 1938, Nr. 6 (70), 87-111.
PSKOV--HISTORY--UPRISING OF 1650--SOCIAL CHARACTER.
     Speranskiĭ, A., 1936, Nr. 5 (57), 124-138.
PTOLEMAEUS, C.: GEOGRAPHIAE CODEX URBINUS GRAECUS.
     I, II. VIENNA, 1932-35 (REVIEW).
     P.,G., 1936, Nr. 2 (54), 149.

PUECH, I.L.
       Po stranitsam inostrannykh..., 1936, Nr. 1 (53),
       212-213.
PUGACHEV, E.I.
       Pokrovskiĭ, M.N., 1932, Nr. 1-2 (23-24), 75-78.
PUGACHEV, E.I.
       Tomsinskiĭ, S.G., Nr. 6, 1927, 48-78.
PULKOVO. GLAVNAIA ASTRONOMICHESKAIA OBSERVATORIIA--
       ARCHAEOLOGICAL FIND.
       Novye dokumenty i..., 1937, Nr. 1 (59), 199-200.
PURGES--USSR--1938.
       Protsess antisovetskogo..., 1938, Nr. 2 (66), 8-15.
PURIT, V.R.: FEODAL'NYE OTNOSHENIIA V LIVONII V XIV-XVI
       VV. (DISSERTATION) MOSCOW, 1941--PLAGIARISM.
       Eshchë raz o..., 1941, Nr. 6 (94), 147-149.
PUSHKIN, A.S.--100TH ANNIVERSARY OF HIS DEATH--CZECHO-
       SLOVAKIA--CELEBRATIONS.
       Otkliki zagranitseĭ k..., 1937, Nr. 2 (60), 196-197.
PUSHKIN, A.S.--100TH ANNIVERSARY OF HIS DEATH--"REVUE DE
       LITTÉRATURE COMPARÉE."
       Otkliki zagranitseĭ k..., 1937, Nr. 2 (60), 196-197.
PUSHKIN, A.S.--DECEMBRIST UPRISING--1825.
       Nechkina, M., 1937, Nr. 1 (59), 16-47.
PUSHKIN, A.S.--DECEMBRIST UPRISING--1825--KNOWLEDGE OF
       L.S. PUSHKIN'S PARTICIPATION.
       Nechkina, M., 1936, Nr. 3 (55), 85-100.
PUSHKIN, A.S.--RUSSIAN HISTORY--FEUDALISM.
       IUshkov, S., 1937, Nr. 1 (59), 48-62.
PUSHCHIN, I.I.--A.S. PUSHKIN.
       Nechkina, M., 1937, Nr. 1 (59), 16-47.
PUSHKIN, L.S.--1825-26.
       Nechkina, M., 1936, Nr. 3 (55), 85-100.
PUTILOVSKIĬ ZAVOD--HISTORY--1789-1917--BOOK REVIEW.
       Baevskiĭ, D., 1940, Nr. 2 (78), 139-146.
PYRAMIDS--EGYPT--AMERICAN EXCAVATIONS--1925-35.
       Avdiev, V., 1935, Nr. 4 (44), 156-158.
PYAT, F.--1868-71--"JACOBIN" PRESS.
       Kan, S.B., Nr. 6, 1927, 111-141.
PYAT, F.: IZBRANNYE PROIZVEDENIIA. PEREVOD M.V. SOSEDOVOĬ.
       POD RED. IU.I. DANILINA. LENINGRAD, 1934 (REVIEW).
       K.,S., 1934, Nr. 5 (39), 101.

R.

RANION. INT. IST. see also KA. INST. IST.
RANION. INST. IST.--WORK IN PROGRESS AND PUBLICATIONS--
       1926-27.
       Morokhovets, E., Nr. 5, 1927, 276-278.
RANION. INST. IST.--WORK IN PROGRESS--1927.
       Morokhovets, E., Nr. 6, 1927, 298-302.

RANION. INST. IST.--WORK IN PROGRESS--JANUARY-JUNE, 1928.
　　　Morokhovets, E., Nr. 9, 1928, 204-212.
RANION. INST. IST.: SBORNIK STATEĬ PAMIATI A.N. SAVINA.
　　　MOSCOW, 1926 (REVIEW).
　　　Sh.,A., M.,L., Nr. 5, 1927, 210-217.
RANION. INST. IST.: UCHENYE ZAPISKI. T. II. MOSCOW,
　　　1927 (REVIEW).
　　　Sh.,A., M.,L., Nr. 5, 1927, 210-217.
RANION. INST. IST. LENINGRADSKOE OTDELENIE.--WORK IN
　　　PROGRESS--1927.
　　　Z.,IA., Nr. 5, 1927, 278.
RKKA--20TH ANNIVERSARY--EXHIBIT.
　　　Vystavka "XX let RKKA...," 1938, Nr. 4 (68),
　　　198-200.
RKKA. TSENT. MUZEĬ--HISTORY AND HOLDINGS--1917-37.
　　　AĬzenvarg, S., 1937, Nr. 4 (62), 267-269.
RSDRP--1903-14--V.I. LENIN--FACTIONAL STRUGGLES.
　　　Ryklin, L., 1932, Nr. 3 (25), 11-36.
RSDRP--1903--2ND CONGRESS.
　　　IAroslavskiĭ, E., 1938, Nr. 2 (66), 16-33.
RSDRP--1903--2ND CONGRESS--ORIGINS OF BOLSHEVISM.
　　　Lepeshinskiĭ, P., 1933, Nr. 4 (32), 20-52.
RSDRP--1903--2ND CONGRESS--ORIGINS OF BOLSHEVISM.
　　　Savel'ev, M., 1933, Nr. 4 (32), 3-19.
RSDRP--1903--2ND CONGRESS--SCHISM--ORIGINS.
　　　Brover, I., 1939, Nr. 2 (72), 73-86.
RSDRP--1905-07--BALTIC PROVINCES.
　　　Dauge, P., 1940, Nr. 11 (87), 35-75.
RSDRP--1905--CONSTITUTION.
　　　Stalin, I.V., 1940, Nr. 2 (78), 14-19.
RSDRP--1912--PRAGUE CONFERENCE--BOLSHEVIKS.
　　　IAroslavskiĭ, E., 1937, Nr. 1 (59), 63-97.
RSP (TESNI SOTSIALISTI)--HISTORY--D. BLAGOEV.
　　　Kabakchiev, Kh., 1935, Nr. 4 (44), 31-57.
RABINOVICH, S.E.: BOR'BA ZA ARMIIU V 1917 G.; OCHERKI
　　　PARTIĬNO-POLITICHESKOĬ BOR'BY I RABOTY V ARMII
　　　V 1917 GODU. MOSCOW, 1930. (REVIEW).
　　　Kirzin, I., Nr. 17, 1930, 116-119.
RABINOVICH, S.E.: ISTORIIA GRAZHDANSKOĬ VOĬNY; KRATKIĬ
　　　OCHERK. MOSCOW, 1933. (REVIEW).
　　　German, E., 1934, Nr. 2 (36), 126-128.
"RABOCHAIA OPPOSITSIIA" see "WORKERS' OPPOSITION."
RABOCHE-KREST'IANSKAIA KRASNAIA ARMIIA see RKKA.
"RABOCHEE DVIZHENIE I SOTSIAL-DEMOKRATIIA V AZOVO-
　　　CHERNOMORSKOM KRAE." SBORNIK DOKUMENTOV I
　　　MATERIALOV. SOST. IA. RAENKO. ROSTOV NA DONU,
　　　1935. (REVIEW).
　　　O., 1936, Nr. 6 (58), 235.
RABOTNICHESKA SOTSIAL-DEMOKRATICHESKA PARTIIA see RSP
　　　(TESNI SOTSIALISTI).

RACE QUESTION--GERMANY--W. GROSS.
    Fashizatsiia istoricheskoĭ nauki..., 1936, Nr. 3
    (55), 199.
RACISM--GERMANY--ORIGINS OF TERM "VOLK"--GERMAN SCHOLARSHIP.
    Kagarov, E., 1937, Nr. 5-6 (63-64), 131-151.
RADEK, K.B.--1937--TRIAL.
    IAroslavskiĭ, E., 1937, Nr. 1 (59), 6-15.
"DER RADIKALE"--1848--K. MARX IN VIENNA.
    Averbukh, R., 1933, Nr. 3 (31), 79-89.
RADISHCHEV, A.N.--MANUSCRIPTS.
    Po SSSR, 1934, Nr. 6 (40), 104-108.
RADISHCHEV, A.N.: POLNOE SOBRANIE SOCHINENII. T. I.
    MOSCOW, 1938 (REVIEW).
    Bushuev, S., 1939, Nr. 5-6 (75-76), 250-253.
RAENKO-TURANSKIĬ, IA.N.: ADYGEIA DO I POSLE OKTIABRIA.
    ROSTOV/DON?, 1927 (REVIEW).
    Burkin, N., 1934, Nr. 2 (36), 89-98.
RAEVSKIĬ, A.: BOL'SHEVIZM I MENSHEVIZM V BAKU V 1904-05
    GODAKH. MOSCOW, 1930 (REVIEW).
    Gorskiĭ, G., 1935, Nr. 12 (52), 124-133.
RAĬNOV, T.I.: NAUKA VOZROZHDENIIA NA RUSSKOĬ POCHVE
    (LECTURE, FEBRUARY, 1938).
    Sessii Otdeleniia obshchestvennykh..., 1938,
    Nr. 3 (67), 154.
RAĬSKIĬ, L.G.: NOVEĬSHAIA ISTORIIA SEVERO-AMERIKANSKIKH
    SOEDINENNYKH SHTATOV. LENINGRAD, 1930 (REVIEW).
    Lukin, N., Nr. 18-19, 1930, 208-209.
RAĬSKIĬ, L.G.: SOTSIAL'NYE VOZZRENIIA PETRASHEVTSEV.
    OCHERK IZ ISTORII UTOPICHESKOGO SOTSIALIZMA
    V ROSSII. LENINGRAD, 1927 (REVIEW).
    Nechkina, M., Nr. 6, 1927, 279-281.
RAKHMETOV, V.N.: PROISKHOZHDENIE MEN'SHEVISTKOĬ KONTSEPTSII
    RUSSKOGO ISTORICHESKOGO PROTSESSA--VSESOIUZNAIA
    KONFERENTSIIA ISTORIKOV-MARKSISTOV, MOSCOW,
    DECEMBER, 1928.
    Vsesoiuznaia konferentsiia..., Nr. 12, 1929, 300-333.
RAKHMETOV, V.N.: PROLETARSKAIA REVOLIUTSIIA V AZERBAĬD-
    ZHANSKOĬ DEREVNE ("BOL'SHEVIK ZAKAVKAZ'IA," JUNE,
    1931) (REVIEW).
    Shakhbazov, M., 1932, Nr. 1-2 (23-24), 177-180.
RANKE, L.v.--GERMAN HISTORIAN.
    Fashizatsiia istoricheskoĭ nauki..., 1936, Nr. 3
    (55), 198-199.
RANKE, L.v.--GERMAN HISTORIAN--CRITIQUE.
    Këppen, K.F., 1940, Nr. 8 (84), 72-84.
RANKE, L.v.--1800-48--PHILOSOPHY OF HISTORY.
    Vaĭnshteĭn, O.L., 1940, Nr. 4-5 (80-81), 64-77.
RANOVICH, A.B. (pseud.): OCHERK ISTORII DREVNEEVREĬSKOĬ
    RELIGII. MOSCOW, 1937 (REVIEW).
    Shakhnovich, M., 1938, Nr. 3 (67), 110-113.

RASHĪD AL-DIN TABĪB: SBORNIK LETOPISEĬ. MOSCOW. (REVIEW).
        Bertel's,--., 1937, Nr. 3 (61), 222-224.
RATGAUZER, IA.A.: LENIN O RUSSKOM KAPITALIZME (LECTURE)--
        CONFERENCE, VORONEZH, NOVEMBER, 1933.
        Na konferentsiia istorikov..., 1933, Nr. 6 (34),
        166-167.
RATGAUZER, IA.A.: SOTSIAL'NAIA SUSHCHNOST' PARTII
        "MUSSAVAT"--VSESOIUZNAIA KONFERENTSIIA ISTORIKOV-
        MARKSISTOV. MOSCOW, DECEMBER, 1928.
        Vsesoiuznaia konferentsiia..., Nr. 11, 1929, 216-265.
RATKEVICH, K.: FRANTSUZSKIE RABOCHIE V GODY VELIKOĬ
        REVOLIUTSII. MOSCOW, 1928 (REVIEW).
        Averbukh, R., Nr. 8, 1928, 206-207.
RAUMER, KURT v.?--CRITIQUE.
        Këppen, K.F., 1940, Nr. 8 (84), 72-84.
RAVEAU, P.: LA CRISE DES PRIX ("REVUE HISTORIQUE," V.
        CLXII) (REVIEW).
        Dalin, V., 1933, Nr. 2 (30), 177-183.
RAVEAU, P.: LA SITUATION ÉCONOMIQUE ET L'ÉTAT SOCIAL EN
        POITOU ("REVUE D'HISTOIRE ÉCONOMIQUE ET SOCIALE,"
        1930, NR. 1-5) (REVIEW).
        Dalin, V., 1933, Nr. 2 (30), 177-183.
RAZGON, I.: SERGEĬ MIRONOVICH KIROV. KRATKIĬ BIOGRAFI-
        CHESKIĬ OCHERK. MOSCOW, 1938 (REVIEW).
        Mel'chin, A., 1939, Nr. 2 (72), 168-170.
RÉCLUE, E.
        Vipper, R., 1940, Nr. 12 (88), 47-52.
RECLUS, M.
        Kan, S., 1933, Nr. 3 (31), 90-94.
RED ARMY--1917-18--CREATION.
        Podvoĭskiĭ, N., 1938, Nr. 1 (65), 16-43.
RED ARMY--1918-38--20TH ANNIVERSARY--EXHIBITION.
        Vystavka "XX let RKKA..., 1938, Nr. 4 (68), 198-200.
RED ARMY--1920--ARMENIA.
        Gukovskiĭ, A., 1940, Nr. 11 (87), 8-17.
RED ARMY--1920--BATTLE OF PEREKOP--ARTISTIC COMMEMORATION.
        Anan'ev, K., 1938, Nr. 4 (68), 85-93.
RED GUARDS--1917--MOSCOW--OCTOBER.
        Piatnitskiĭ, O., 1936, Nr. 5 (57), 21-33.
RED INTERNATIONAL OF TRADE UNIONS see PROFINTERN.
REED, I.H.: THE EUROPEAN HARD-PASTE PORCELAIN MANUFACTURE
        OF THE EIGHTEENTH CENTURY. ("JOURNAL OF MODERN
        HISTORY," SEPT., 1936) (REVIEW).
        Starosel'skaia, O., 1937, Nr. 1 (59), 185-186.
"REFORMY PETRA I." SBORNIK DOKUMENTOV. SOST. V.I. LEBEDEV.
        MOSCOW, 1937 (REVIEW).
        Novitskiĭ, G., 1938, Nr. 1 (65), 142-143.
REICHSBUND FÜR DEUTSCHE VORGESCHICHTE--2ND CONGRESS,
        BREMEN, 1935.
        M.,I., 1935, Nr. 11 (51), 127-129.

REICHSINSTITUT FÜR ALTGERMANISCHE GESCHICHTE--STAFF--1936.
　　Fashizatsiia istoricheskoĭ nauki..., 1936, Nr. 2
　　(54), 178-180.
REICHSINSTITUT FÜR GESCHICHTE DES NEUEN DEUTSCHLANDS.
　　Fashizatsiia istoricheskoĭ nauki..., 1936, Nr. 3
　　(55), 198.
REICHSINSTITUT FÜR GESCHICHTE DES NEUEN DEUTSCHLANDS--
　　STAFF--1936.
　　Fashizatsiia istoricheskoĭ nauki..., 1936, Nr. 2
　　(54), 178-180.
REĬKHBERG, G.: IAPONSKAIA INTERVENTSIIA NA DAL'NEM
　　VOSTOKE; KRATKIĬ OCHERK. MOSCOW, 1935 (REVIEW).
　　Osnos, IU., 1935, Nr. 8-9 (48-49), 221-222.
REĬKHBERG, G.: RAZGROM IAPONSKOĬ INTERVENTSII NA DAL'NEM
　　VOSTOKE. MOSCOW, 1940 (REVIEW).
　　Flegontov, A., 1940, Nr. 9 (85), 138-139.
REĬSNER, M.: IDEOLOGII VOSTOKA; OCHERKI VOSTOCHNOĬ
　　TEOKRATII. MOSCOW, 1927 (REVIEW).
　　Lukachevskiĭ, A., Nr. 9, 1928, 197-200.
RELIGION--AFRICA--ANTIQUITY--CIRCUMCELLIONS.
　　Mashkin, N.A., 1935, Nr. 1 (41), 28-52.
RELIGION, OLD GERMANIC.
　　Novinki nemetskoĭ literatury, 1936, Nr. 2 (54),
　　181-182.
RELIGION, SOCIOLOGY OF--EGYPT--ANTIQUITY--DEIFICATION OF
　　RULER.
　　Avdeev, V., 1935, Nr. 8-9 (48-49), 133-152.
RENAISSANCE STUDIES--USA--1940.
　　Al'perovich, M., Belen'kiĭ, A., 1941, Nr. 6 (94),
　　157-158.
RENIER, G.J.: PH. ROBESPIERRE. EDINBURGH, 1936 (REVIEW).
　　Starosel'skaia, O., 1936, Nr. 5 (57), 187.
"REPARATSIONNYĬ VOPROS I VOENNYE DOLGI." SBORNIK DOKUMENTOV
　　POD RED. A. ERUSALIMSKOGO I L. IVANOVA. PREDISL.
　　E. VARGA. MOSCOW, 1933 (REVIEW).
　　Zvavich, I., 1933, Nr. 5 (33), 153-154.
"RÉPERTOIRE BIBLIOGRAPHIQUE DE L'HISTOIRE DE FRANCE."
　　T. IV, 1926-27. PARIS, 1932 (REVIEW).
　　S.,O., 1934, Nr. 3 (37), 130-131.
RESEARCH SEMINAR IN ISLAMIC ART, UNIVERSITY OF MICHIGAN--
　　WORK IN PROGRESS AND PUBLICATIONS--1936.
　　Nauchnye doklady i..., 1937, Nr. 2 (60), 199.
REUCHLIN, J.--LATE 15TH-EARLY 16TH C.--GERMAN HUMANISM.
　　Smirin, M., 1941, Nr. 3 (91), 94-105.
"RÉVOLUTION FRANÇAISE" (JOURNAL) (REVIEW).
　　Freĭberg, N., Nr. 14, 1929, 187-191.
"LA RÉVOLUTION FRANÇAISE" (JOURNAL) (REVIEW).
　　K.,S., 1935, Nr. 10 (50), 165.
"LA RÉVOLUTION FRANÇAISE" (JOURNAL), NR. 3, 1936 (REVIEW).
　　Po stranitsam inostrannykh..., 1936, Nr. 1 (53),
　　212-213.

REVOLUTIONARY MOVEMENTS see also POPULISM.
REVOLUTIONARY MOVEMENTS--BUKHARA--EARLY 20TH C.
    Faĭzulla-Khodzhaev, Nr. 1, 1926, 123-141.
REVOLUTIONARY MOVEMENTS--EUROPE--18TH-19TH C.--S. MONOSOV'S
    INTERPRETATION.
    Brigada IKP istorii, 1933, Nr, 4 (32), 114-122.
REVOLUTIONARY MOVEMENTS--EUROPE--19TH C.--N.G. CHERNYSHEVSKIĬ.
    Gorev, B., Nr. 10, 1928, 178-196.
REVOLUTIONARY MOVEMENTS--EUROPE--1848--OFFICIAL RUSSIAN
    REACTION.
    Vanag, N., 1935, Nr. 10 (50), 49-67.
REVOLUTIONARY MOVEMENTS--EUROPE--1848--RUSSIAN IMPERIAL
    CENSORSHIP.
    Lekhtblau, L., 1940, Nr. 7 (83), 3-13.
REVOLUTIONARY MOVEMENTS--EUROPE--1905--INFLUENCE OF RUSSIAN
    REVOLUTION.
    Lukin, N., 1936, Nr. 1 (53), 23-55.
REVOLUTIONARY MOVEMENTS--EUROPE--1905--REACTION TO RUSSIAN
    REVOLUTION--DOCUMENTS.
    Otrazhenie sobytii 9..., 1936, Nr. 1 (53), 98-115.
REVOLUTIONARY MOVEMENTS--FRANCE--19TH C.--A. BLANQUE.
    Blanqui, A., Nr. 3, 1927, 14-39.
REVOLUTIONARY MOVEMENTS--FRANCE--1885-89--BOULANGISTS.
    Fridliand, TS., 1936, Nr. 1 (53), 56-90.
REVOLUTIONARY MOVEMENTS--GERMANY--1534-35--MÜNSTER COMMUNE.
    L.,V., 1935, Nr. 12 (52), 147-149.
REVOLUTIONARY MOVEMENTS--GERMANY--1914-15.
    Kogan-Bernshteĭn, F., 1934, Nr. 4 (38), 6-37.
REVOLUTIONARY MOVEMENTS--GERMANY--SUMMER 1917--CHRONICLE
    OF EVENTS.
    M.,M., 1934, Nr. 4 (38), 82-91.
REVOLUTIONARY MOVEMENTS--GREAT BRITAIN--1914-18.
    Chapman, A., 1934, Nr. 4 (38), 49-68.
REVOLUTIONARY MOVEMENTS--IRAN--1920-21--GILAN PROVINCE.
    Irandust, Nr. 5, 1927, 124-146.
REVOLUTIONARY MOVEMENTS--LATIN AMERICA--1918-21.
    IA--n, G., 1932, Nr. 4-5 (26-27), 293-328.
REVOLUTIONARY MOVEMENTS--MILITARY HISTORY--F. ENGELS.
    Popov, N., 1935, Nr. 8-9 (48-49), 28-39.
REVOLUTIONARY MOVEMENTS--NORTH AMERICA--18TH-19TH C.--
    S. MONOSOV'S INTERPRETATION.
    Brigada IKP istorii, 1933, Nr. 4 (32), 114-122.
REVOLUTIONARY MOVEMENTS--POLAND--IMEL. REDAKTSIONNAIA
    KOLLEGIIA POL'SKIKH IZDANIĬ--WORK IN PROGRESS AND
    PUBLICATIONS--1933.
    O rabote redaktsionnoĭ..., 1933, Nr. 4 (32),
    147-148.
REVOLUTIONARY MOVEMENTS--RUSSIA--F. ENGELS' AND K. MARX'S
    VIEWS.
    IAroslavskiĭ, E., 1940, Nr. 10 (86), 54-80.

REVOLUTIONARY MOVEMENTS--RUSSIA--17TH C.
   Tomsinskiĭ, S., 1933, Nr. 4 (32), 53-80.
REVOLUTIONARY MOVEMENTS--RUSSIA--19TH C.--N.G. CHERNYSHEVSKIĬ.
   IAroslavskiĭ, E., 1939, Nr. 5-6 (75-76), 15-37.
REVOLUTIONARY MOVEMENTS--RUSSIA--19TH C.--POPULISM--K. MARX.
   IAroslavskiĭ, E., 1933, Nr. 1 (29), 33-66.
REVOLUTIONARY MOVEMENTS--RUSSIA--1840-70--MARXISM--INFLUENCE.
   Shul'gin, V., 1939, Nr. 5-6 (75-76), 168-174.
REVOLUTIONARY MOVEMENTS--RUSSIA--1840-50.
   Bushuev, S., 1939, Nr. 5-6 (75-76), 99-117.
REVOLUTIONARY MOVEMENTS--RUSSIA--LATE 19TH C.--S.M. STEPNIAK-
   KRAVCHINSKIĬ.
   Pis'ma S.M...., 1935, Nr. 10 (50), 112-115.
REVOLUTIONARY MOVEMENTS--RUSSIA--1870-90--POPULISM--
   M.N. POKROVSKIĬ'S ANALYSIS.
   Pokrovskiĭ, M.N., 1933, Nr. 3 (31), 73-78.
REVOLUTIONARY MOVEMENTS--RUSSIA--1905-07--PEASANTRY.
   Bor'ba derevenskoĭ bednoty..., 1936, Nr. 1 (53),
   116-132.
REVOLUTIONARY MOVEMENTS--RUSSIA--REVOLUTION OF 1905--
   PROVINCES--DOCUMENTS.
   Lur'e, M., 1935, Nr. 10 (50), 116-126.
REVOLUTIONARY MOVEMENTS--RUSSIA--1910-12--BALTIC FLEET--
   TRIAL OF 52 SAILORS.
   Naĭda, S., 1940, Nr. 2 (78), 78-90.
REVOLUTIONARY MOVEMENTS--RUSSIA--1912-14--"PRAVDA"--
   V.M. Molotov.
   Lur'e, M., 1940, Nr. 3 (79), 3-23.
REVOLUTIONARY MOVEMENTS--SPAIN--19TH-20TH C.
   Minlos, B., 1937, Nr. 1 (59), 98-124.
REVOLUTIONARY MOVEMENTS--TRANSCAUCASIA--1915-17.
   Khachapuridze, G., 1933, Nr. 5 (33), 96-117.
REVOLUTIONARY MOVEMENTS--TURKESTAN--1917.
   TSvibak, M., Nr. 11, 1929, 130-151.
REVOLUTIONARY MOVEMENTS--WESTERN EUROPE--V.I. LENIN'S
   INTERPRETATIONS--BIBLIOGRAPHY.
   Lenin o zapadnoevropeĭskom..., 1934, Nr. 1 (35),
   224-248.
REVOLUTIONARY MOVEMENTS--YOUTH--PERIODIZATION.
   Atsarkin, A., Nr. 21, 1931, 91-93.
"REVOLIUTSIONNAIA BOR'BA KREST'IANSTVA GRUZII V 1905 G."
   MATERIALY III S"EZDA RSDRP I KORRESPONDENTSII IZ
   BOL'SHEVISTSKIKH GAZET "VPERED" I "PROLETARII."
   MOSCOW, 1935.
   K.,G., 1936, Nr. 3 (55), 184.
"REVOLIUTSIONNOE PRAVITEL'STVO VO FRANTSII V ĖPOKHU
   KONVENTA, 1792-1794; SBORNIK DOKUMENTOV I MATER-
   IALOV. PER. N.P. FREĬBERG. POD RED. N.M. LUKINA.
   MOSCOW, 1927 (REVIEW).
   Kotrokhov, K., Nr. 3, 1927, 238-239.
REVOLUTIONS see also ARMED UPRISINGS.
REVOLUTIONS--HISTORY.
   Vsesoiuznaia konferentsiia..., Nr. 12, 1929,
   300-333.

REVOLUTIONS--K. MARX'S INTERPRETATION.
  Minţs, I., 1933, Nr. 2 (30), 61-88.
"REVUE DES ÉTUDES HISTORIQUES" (JOURNAL) (REVIEW).
  Kan, S., 1933, Nr. 5 (33), 137-144.
"REVUE DES QUESTIONS HISTORIQUES" (JOURNAL) (REVIEW).
  Kan, S., 1933, Nr. 5 (33), 137-144.
"REVUE D'HISTOIRE ÉCONOMIQUE ET SOCIALE" (JOURNAL)
  NR. 1, 1935 (REVIEW).
  Po stranitsam inostrannykh..., 1936, Nr. 1
  (53), 212-213.
"REVUE D'HISTOIRE POLITIQUE ET CONSTITUTIONELLE"
  (JOURNAL) (REVIEW).
  Nauchnye obshchestva i..., 1937, Nr. 5-6
  (63-64), 275.
"REVUE FRANCO-AMÉRICAINE" (JOURNAL).
  Nauchnye obshchestva i..., 1937, Nr. 2 (60), 198.
"REVUE HISTORIQUE" (JOURNAL) (REVIEW).
  Kan, S., 1933, Nr. 5 (33), 137-144.
"REVUE HISTORIQUE DU SUDEST EUROPÉEN" (JOURNAL) (REVIEW).
  Istoricheskaia nauka za..., 1938, Nr. 5 (69), 236.
"REVUE INTERNATIONALE D'HISTOIRE MILITAIRE" (JOURNAL)
  (REVIEW).
  Al'perovich, M., Belen'kiĭ, A., 1941, Nr. 2 (90),
  156.
"REZOLIUTSII VSEUKRAINS'KYKH Z"IZDIV RAD." TSENTRAL'NA
  ARKHIVNA UPRAVA USSR, ARKHIV RADIANS'KOĬ UKRAINI.
  KHARKIV, 1932. (REVIEW).
  Krut', V., 1933, Nr. 3 (31), 102-104.
REZTSOV, L.: OKTIABR' V TURKESTANE. TASHKENT, 1927.
  (REVIEW).
  Galuzo, P., Nr. 7, 1928, 303-307.
RIAZANOV, D.B.--60TH ANNIVERSARY OF HIS BIRTH.
  Pokrovskiĭ, M.N., Nr. 15, 1930, 168-169.
RIAZANOV, D.B.--EXCLUSION FROM OBSHCHESTVO ISTORIKOV-
  MARKSISTOV.
  Postanovlenie prezidiuma Obshchestva..., Nr. 21,
  1931, 18.
RIBOT, A.: L'ALLIANCE FRANCO-RUSSE ("REVUE D'HISTOIRE DE
  LA GUERRE MONDIALE," NR. 3, JUILLET, 1937) (REVIEW).
  Notovich, F., 1938, Nr. 3 (67), 133.
RIBOT, A.: JOURNAL D'ALEXANDRE RIBOT ET CORRESPONDANCE
  INÉDITE, 1914-22. PARIS, 1936. (REVIEW).
  Notovich, F., 1938, Nr. 1 (65), 161-164.
RICHARDSON, H.G.: HERESY AND THE LAY POWER UNDER RICHARD II
  ("THE ENGLISH HISTORICAL REVIEW," V. LI, NR. 202,
  1-29) (REVIEW).
  L.,V., 1936, Nr. 5 (57), 185-186.
RIFFATERRE, C.: LE MOUVEMENT ANTI-JACOBIN ET ANTI-PARISIEN
  À LYON ET DANS LE RHÔNE-ET-LOIRE EN 1793. T. I-II.
  PARIS, 1912-28. (REVIEW).
  S--i, Nr. 16, 1930, 162-175.

RIGAUDIAS-WEISS, H.: LES ENQUÊTES OUVRIÈRES EN FRANCE
    ENTRE 1830 ET 1848. PARIS, 1936. (REVIEW).
    Aleksandrenko, L., 1937, Nr. 3 (61), 211-214.
RING, I.G.: LATVIIA. LENINGRAD, 1936. (REVIEW).
    Zutis, IA., 1937, Nr. 1 (59), 181-182.
RISORGIMENTO see ITALY--HISTORY--MID-19TH C.
ROBERTSON, H.M.: ASPECTS OF THE RISE OF ECONOMIC INDI-
    VIDUALISM. A CRITICISM OF MAX WEBER AND HIS
    SCHOOL. CAMBRIDGE, 1933. (REVIEW).
    Kapeliush, F., 1936, Nr. 6 (58), 216-217.
ROBERTSON, J.R.: A KENTUCKIAN AT THE COURT OF THE TSARS:
    THE MINISTRY OF CASSIUS MERCELLIUS CLAY TO RUSSIA,
    1861-62 AND 1863-69. BEREA COLLEGE, 1935 (REVIEW).
    Efimov, A., 1936, Nr. 3 (55), 149-159.
ROBESPIERRE, A.--CORRESPONDENCE.
    Fridliand, TS., Nr. 3, 1927, 78-89.
ROBESPIERRE, M.
    M.,I., 1934, Nr. 2 (36), 161-163.
ROBESPIERRE, M.--CORRESPONDENCE.
    Fridliand, TS., Nr. 3, 1927, 78-89.
ROBESPIERRE, M.--FRENCH HISTORIOGRAPHY--CONFERENCE, PARIS,
    APRIL, 1937.
    Nauchnye obshchestva i..., 1937, Nr. 5-6 (63-64),
    275.
ROBESPIERRE, M.--LECTURE BY M. THOREZ, ARRAS, FRANCE,
    MARCH, 1939.
    Istoricheskaia nauka za..., 1939, Nr. 3 (73),
    220-221.
ROBESPIERRE, M.--V.I. LENIN'S INTERPRETATION.
    Lukin, N., 1934, Nr. 1 (35), 99-146.
ROBESPIERRE, M.--1793.
    Fridliand, TS., Nr. 1, 1926, 48-95; Nr. 2, 1926,
    159-209.
ROBINSON, D.M.: DIE AUSGRABUNGEN VON OLYNTH IN MACEDONIEU.
    ("DIE ANTIKE," BERLIN, 1935, BD. XI, H. 4) (REVIEW).
    P.,G., 1936, Nr. 2 (54), 148.
ROCHEFORT-LUÇAY, V.H.: PRIKLIUCHENIIA MOEÏ ZHIZNI.
    PEREVOD VSTUP. STAT'IA I PRIMECH. E. SMIRNOVA.
    MOSCOW, 1933. (REVIEW).
    Kan, S., 1935, Nr. 1 (41), 105-106.
RODZIANKO, M.V.: KRUSHENIE IMPERII. LENNINGRAD, 1927.
    (REVIEW).
    Genkina, È., Nr. 5, 1927, 260-261.
ROLLAND, P.: DE L'ÉCONOMIE ANTIQUE AU GRAND COMMERCE
    MÉDIÉVAL: LE PROBLÈME DE LA CONTINUITÉ À
    TOURNAI ET DANS LA GAULE DU NORD. ("ANNALES
    D'HISTOIRE ÉCONOMIQUE ET SOCIALE," MAI 1935)
    (REVIEW).
    K.,F., 1936, Nr. 3 (55), 187.
ROLLAND, R.--FRENCH REVOLUTION OF 1789.
    Rollan, R., 1939, Nr. 3 (73), 37-45.

ROLLAND, R.: "NEIZBEZHNOST' REVOLIUTSII 1789 GODA"
(ARTICLE) ("ISTORIK-MARKSIST," 1939, Nr. 3
(73), 37-45).
Rollan, R., 1939, Nr. 3 (73), 37-45.
ROLLAND, R.: ROBESP'ER. MOSCOW, N.D. (REVIEW).
Gan, L., 1939, Nr. 3 (73), 163-166.
ROLLAND, R.: TEATR REVOLIUTSII. MOSCOW, N.D. (REVIEW).
Gan, L., 1939, Nr. 3 (73), 163-166.
ROMANIA--FOREIGN RELATIONS--RUSSIA--BESSARABIA AND MOLDAVIA.
Nartsov, N., 1940, Nr. 9 (85), 85-98.
ROMANIA--FOREIGN RELATIONS--RUSSIA--1917-18.
Shtein, B., 1940, Nr. 4-5 (80-81), 12-35.
ROMANIA--HISTORY--ROMANIAN HISTORIOGRAPHY--N. IORGA.
Kritsman, L., 1933, Nr. 6 (34), 138-142.
ROMANIA--HISTORY--1917-18--ANNEXATION OF BESSARABIA.
Shtein, B., 1940, Nr. 4-5 (80-81), 12-35.
ROMANIA--HISTORY--1918-23.
Zakharova, M., 1940, Nr. 11 (87), 76-88.
ROMANOV, B.A.: ROSSIIA V MANCHZHURII, 1892-1906.
LENINGRAD, 1928 (REVIEW).
Popov, A., Nr. 14, 1929, 173-182.
ROMANOV, B.A.: RUSSKO-IAPONSKAIA VOINA 1904-1905 GODOV.
(DISSERTATION) MOSCOW, 1941.
V Institute istorii..., 1941, Nr. 4 (92), 152-153.
ROME--HISTORY--EUROPEAN HISTORIOGRAPHY--BIBLIOGRAPHY.
Novaia literatura po..., 1935, Nr. 4 (44), 138-145.
ROME--HISTORY--ANTIQUITY--SOVIET HISTORIOGRAPHY--1930's.
Mashkin, N., 1939, Nr. 4 (74), 77-84.
ROME--HISTORY--2ND-3RD C B.C.--CHRISTIAN CHURCH.
Sergeev, V., Nr. 6, 1927, 227-236.
ROME--HISTORY--4TH C. B.C.--AFRICAN PROVINCES--CIRCUM-
CELLIONS.
Mashkin, N.A., 1935, Nr. 1 (41), 28-52.
ROME--HISTORY--3RD-4TH C. A.D. POLITICAL AND SOCIAL UNREST.
Sergeev, V., 1938, Nr. 3 (67), 53-79.
ROME--HISTORY--4TH-5TH C. A.D.
Sergeev, V., 1938, Nr. 5 (69), 97-128.
ROME--HISTORY--5TH-6TH C. A.D.--GERMANIC TRIBES IN ITALY.
Vainshtein, O., 1938, Nr. 6 (70), 134-158.
ROME--SOCIAL CONDITIONS--3RD-4TH C. A.D.
Sergeev, V., 1938, Nr. 3 (67), 53-79.
ROME--SOCIAL CONDITIONS--4TH-5TH C. A.D.
Sergeev, V., 1938, Nr. 5 (69), 97-128.
RONGE, M.: RAZVEDKA I KONTRRAZVEDKA. PEREVOD S NEMETS.
MOSCOW, 1937. (REVIEW).
Kazarin, A., 1938, Nr. 2 (66), 133-135.
ROOSEVELT, T.: COLONIAL POLICIES OF THE UNITED STATES.
NEW YORK, 1937. (REVIEW).
Demskii, L., 1938, Nr. 6 (70), 185-187.
ROPER, W.: THE LIFE OF THOMAS MORE. LONDON, 1935 (REVIEW).
Semenov, V., 1936, Nr. 2 (54), 125-131.

ROSENBERG, A.: DER MYTHOS DES 20. JAHRHUNDERTS. MUNICH,
      1930 (REVIEW).
      Institut inostrannoĭ bibliografii..., 1932, Nr. 6
      (28), 114-124.
ROSENBERG, ARTHUR: DIE ENTSTEHUNG DER DEUTSCHEN REPUBLIK,
      1871-1918. BERLIN, 1928. (REVIEW).
      Fridliand, TS., Nr. 13, 1929, 238-241.
ROSI, M.: STORIA CONTEMPORANEA DI ITALIA DAL 1700 AI
      GIORNI NOSTRI. MILAN, 1934. (REVIEW).
      Istoricheskaia nauka v..., 1936, Nr. 4 (56),
      168-169.
ROSSEL, L.--1871--PARIS COMMUNE--MILITARY DELEGATE.
      Molok, A., Nr. 7, 1928, 117-157.
ROSSIĬSKAIA ASSOTSIATSIIA NAUCHNO-ISSLEDOVATEL'SKIKH
      INSTITUTOV OBSHCHESTVENNYKH NAUK see RANION.
ROSSIĬSKAIA SOTSIAL-DEMOKRATICHESKAIA RABOCHAIA PARTIIA
      see RSDRP.
ROSSIĬSKO-AMERIKANSKAIA KOMPANIIA see RUSSIAN-AMERICAN
      COMPANY.
ROSTOV, N.: KREST'IANSKIE VOLNENIIA V 1861 GODU. MOSCOW,
      1936. (REVIEW).
      Pokrovskiĭ, I., 1937, Nr. 2 (60), 168-170.
ROSTOV REGION--HISTORY--LOCAL HISTORIOGRAPHY--1939-40--
      BIBLIOGRAPHY.
      Lunin, B., 1940, Nr. 11 (87), 154-155.
ROSTOV-NA-DONU GOS. PED. INSTITUT. IST. FAK.--WORK IN
      PROGRESS AND PUBLICATIONS--1940.
      Ivanov, A., 1940, Nr. 8 (84), 153-154.
ROSTOVTSEV, M.I.: SKIFIIA I BOSPOR; KRITICHESKOE
      OBOZRENIE PAMIATNIKOV LITERATURNYKH I ARKHEO-
      LOGICHESKIKH. MOSCOW, 1925. (REVIEW).
      Bykovskiĭ, S., Nr. 11, 1929, 180-182.
ROSTOVTSEV, M.I.: THE SOCIAL-ECONOMIC HISTORY OF THE
      ROMAN EMPIRE. OXFORD, 1926. (REVIEW).
      Alekseev, F., Nr. 5, 1927, 240-242.
ROTSHTEĬN, F.--MEMOIRS--1917-20.
      Rotshteĭn, F., Nr. 5, 1927, 36-48.
ROTSHTEĬN, F.: ZAKHVAT I ZAKABALENIE EGIPTA. MOSCOW,
      1925. (REVIEW).
      Preobrazhenskiĭ, P.F., Nr. 2, 1926, 283-284.
ROUSSEAU, J.J.--POLITICAL THOUGHT AND INFLUENCE.
      Volgin, V., 1939, Nr. 3 (73), 13-36.
ROUTH, E.M.: THOMAS MORE AND HIS FRIENDS. LONDON,
      1934. (REVIEW).
      Semenov, V., 1936, Nr. 2 (54), 125-131.
ROUX, J.--1793.
      Fridliand, TS., Nr. 1, 1926, 48-95; Nr. 2, 1926,
      159-209.
ROUX, J.--FRENCH REVOLUTION OF 1793--ENRAGÉS--DECREE OF
      19 VENDÉMIAIRE.
      Freĭberg, N., Nr. 6, 1927, 142-174.
ROZENBLIUM, K.: O VTOROM S"EZDE RSDRP. LENINGRAD, 1928.
      (REVIEW).
      Lius'in, N., Nr. 9, 1928, 173-174.

ROZENBLIUM, N.I.:   IANVARSKIE DNI 1905 G.   LENINGRAD, 1937.
     (REVIEW).
     O.,IU., 1937, Nr. 3 (61), 216.
ROZENTAL', N.N.:   ISTORIIA EVROPY V ÉPOKHU TORGOVOGO
     KAPITALIZMA.   LENINGRAD, 1927. (REVIEW).
     Kuniskiĭ, S., Nr. 7, 1928, 278-279.
ROZENTAL', N.N.:   ISTORIIA EVROPY V ÉPOKHU TORGOVOGO
     KAPITALIZMA.   LENINGRAD, 1927. (REVIEW).
     Volin, M., Nr. 18-19, 1930, 201-202.
ROZHKOV, N.A.--HISTORIAN.
     Sidorov, A., Nr. 13, 1929, 184-220.
ROZHKOV, N.A.--OBITUARY.
     Pokrovskiĭ, M.N., Nr. 3, 1927, 254-260.
ROZHKOV, N.A.--OBITUARY.
     Pokrovskiĭ, M.N., Gorev, B.I., Nr. 4, 1927,
     179-186.
ROZHKOV, N.A.--POLITICAL VIEWS.
     Kin, O., Nr. 21, 1931, 19-37.
ROZHKOV, N.A.:   RUSSKAIA ISTORIIA V SRAVNITEL'NO-
     ISTORICHESKOM OSVESHCHENII.   T. XII., MOSCOW,
     1926. (REVIEW).
     Gorin, P.O., Nr. 2, 1926, 271-275.
RUBACH, M.:   PROTIV REVIZII BOL'SHEVISTSKOĬ SKHEMY
     KHARAKTERA I DVIZHUSHCHIKH SIL REVOLIUTSII 1917
     GODA NA UKRAINE ("LETOPIS REVOLIUTSII," Nr. 5,
     1930) (REVIEW).
     Gekhtman, S., Nr. 22, 1931, 160-170.
RUBINSHTEĬN, N.:   BOL'SHEVIKI I UCHREDITEL'NOE SOBRANIE
     MOSCOW, 1938. (REVIEW).
     Golikov, --., 1938, Nr. 4 (68), 160-162.
RUBINSHTEĬN, N., STOPALOV, G.:   "ISKRA" 1900-1903.
     MOSCOW, 1926. (REVIEW).
     Krivtsov, S., Nr. 4, 1927, 245-248.
RUGE, A.--1843-44--K. MARX.
     Kan, S., 1940, Nr. 9 (85), 51-69.
RUMANIA see ROMANIA.
RUNCIMAN, S.:   CHARLEMAGNE AND PALESTINE ("THE ENGLISH
     HISTORICAL REVIEW," V. 1 (50), NR. 200) (REVIEW).
     Lavrovskiĭ, V., 1936, Nr. 5 (57), 183-184.
RUS'--838--1100TH ANNIVERSARY.
     Parkhomenko, V., 1938, Nr. 6 (70), 191-192.
RUSSIA--COLONIAL POLICY--BASHKIRIA--1870-84.
     Tipeev, Sh., 1939, Nr. 5-6 (75-76), 192-211.
RUSSIA--COLONIA POLICY--16TH-18TH C.--M.N. POKROVSKIĬ'S
     ANALYSIS.
     Pokrovskiĭ, M.N., 1933, Nr. 3 (31), 73-78.
RUSSIA--COLONIAL POLICY--1906-16--CENTRAL ASIA--
     COLONIZATION.
     Sharova, P., 1940, Nr. 6 (82), 90-102.
RUSSIA--CULTURAL HISTORY--LATE 19TH-EARLY 20TH C.--
     CENSORSHIP--WORKS OF F. ENGELS--DOCUMENTS.
     TSarskaia tsenzura o..., 1935, Nr. 8-9 (48-49),
     61-89.

RUSSIA--ECONOMIC HISTORY--PERIODIZATION.
    Nechkina, M., Nr. 6, 1927, 221-227.
RUSSIA--ECONOMIC POLICY--1800-72--AZERBAIJAN--OIL INDUSTRY.
    Mamedov, A., 1936, Nr. 4 (56), 98-112.
RUSSIA--ECONOMIC POLICY--1917--"DEKRET O RABOCHEM KONTROLE."
    Freĭdlin, B., 1933, Nr. 5 (33), 80-95.
RUSSIA--ECONOMIC RELATIONS--BUKHARA--1868-1917.
    Riabinskiĭ, A., 1941, Nr. 4 (92), 3-25.
RUSSIA--ECONOMIC RELATIONS--CENTRAL ASIA--19TH CENTURY.
    Otchet o dokladakh..., Nr. 9, 1928, 115-133.
RUSSIA--ECONOMIC RELATIONS--EUROPE--19TH C.
    Vanag, N., 1935, Nr. 10 (50), 49-67.
RUSSIA--FOREIGN POLICY--16TH-20TH C.--M.N. POKROVSKIĬ'S
    INTERPRETATION.
    Rubinshteĭn, N., Nr. 9, 1928, 58-78.
RUSSIA--FOREIGN POLICY--18TH C.--BALTIC STATES.
    Zutis, IA., 1941, Nr. 2 (90), 66-80.
RUSSIA--FOREIGN POLICY--LATE 18TH-19TH C.
    Vanag, N., 1935, Nr. 10 (50), 49-67.
RUSSIA--FOREIGN POLICY--1787-91.
    Averbukh, R., 1939, Nr. 3 (73), 93-108.
RUSSIA--FOREIGN POLICY--1791-93--SECRET DIPLOMACY AGAINST
    FRANCE.
    Alefirenko, P., 1941, Nr. 6 (94), 96-99.
RUSSIA--FOREIGN POLICY--19TH C.--EASTERN QUESTION--1896--
    SEIZURE OF THE BOSPHORUS.
    Khvostov, V., Nr. 20, 1930, 100-129.
RUSSIA--FOREIGN POLICY--LATE 19TH--EARLY 20TH C.--FAR EAST.
    Popov, A., 1935, Nr. 12 (52), 3-25.
RUSSIA--FOREIGN POLICY--1870-95.
    Popov, A., 1934, Nr. 8 (37), 3-28.
RUSSIA--FOREIGN POLICY--1877-78--EASTERN QUESTION.
    Muratov, Kh., 1940, Nr. 7 (83), 65-81.
RUSSIA--FOREIGN POLICY--1885-89--BOULANGIST MOVEMENT.
    Fridliand, TS., 1936, Nr. 1 (53), 56-90.
RUSSIA--FOREIGN POLICY--1894-1901--FAR EAST.
    Popov, A., 1935, Nr. 11 (51), 38-57.
RUSSIA--FOREIGN POLICY--1895-97--NEAR EAST CRISIS.
    Khvostov, V., Nr. 13, 1929, 19-54.
RUSSIA--FOREIGN POLICY--1903-14--EXPANSIONISM--
    M.N. POKROVSKIĬ.
    Rutkevich, N., 1938, Nr. 3 (67), 3-35.
RUSSIA--FOREIGN POLICY--1912--DOCUMENTS--BOOK REVIEW.
    Semenovykh, F., 1940, Nr. 11 (87), 115-120.
RUSSIA--FOREIGN POLICY--1915-16--DOCUMENTS--BOOK REVIEW.
    Osipova, P., 1938, Nr. 3 (67), 80-86.
RUSSIA--FOREIGN POLICY--1916--DOCUMENTS.
    Osipova, P., 1938, Nr. 6 (70), 166-174.
RUSSIA--FOREIGN RELATIONS--AUSTRIA--1848-49--RUSSIAN
    MILITARY INTERVENTION IN HUNGARIAN REVOLUTION.
    Averbukh, R., 1932, Nr. 3 (25), 87-117.
RUSSIA--FOREIGN RELATIONS--AUSTRIA-HUNGARY--1849--L. KOSSUTH.
    Baraboĭ, A., 1941, Nr. 6 (94), 100-102.

RUSSIA--FOREIGN RELATIONS--AUSTRIA-HUNGARY--1895-97--
    NEAR EAST CRISIS.
    Khvostov, V., Nr. 13, 1929, 19-54.
RUSSIA--FOREIGN RELATIONS--BUKHARA--1868-1917.
    Riabinskiĭ, A., 1941, Nr. 4 (92), 3-25.
RUSSIA--FOREIGN RELATIONS--CAUCASUS--1844-46--MILITARY
    OPERATIONS.
    Pis'ma vikonta..., 1936, Nr. 5 (57), 105-123.
RUSSIA--FOREIGN RELATIONS--CHINA--19TH--EARLY 20TH C.--
    HSIN-CHIANG.
    Rostovskiĭ, S., 1936, Nr. 3 (55), 26-53.
RUSSIA--FOREIGN RELATIONS--ENGLAND--18TH C.--BALTIC STATES.
    Zutis, IA., 1941, Nr. 2 (90), 66-80.
RUSSIA--FOREIGN RELATIONS--EUROPE--LATE 18TH-19TH C.
    Vanag, N., 1935, Nr. 10 (50), 49-67.
RUSSIA--FOREIGN RELATIONS--FRANCE--18TH C.--BALTIC STATES.
    Zutis, IA., 1941, Nr. 2 (90), 66-80.
RUSSIA--FOREIGN RELATIONS--GERMANY--1895-97--NEAR EAST
    CRISIS.
    Khvostov, V., Nr. 13, 1929, 19-54.
RUSSIA--FOREIGN RELATIONS--GREAT BRITAIN--19TH-EARLY 20TH
    C.--HSIN-CHIANG.
    Rostovskiĭ, S., 1936, Nr. 3 (55), 26-53.
RUSSIA--FOREIGN RELATIONS--GREAT BRITAIN--1895-97--NEAR
    EAST CRISIS.
    Khvostov, V., Nr. 13, 1929, 19-54.
RUSSIA--FOREIGN RELATIONS--GREAT BRITAIN--1917-20--MEMOIRS--
    F. ROTSHTEĬN.
    Rotshteĭn, F., Nr. 5, 1927, 36-48.
RUSSIA--FOREIGN RELATIONS--HUNGARY--1848-49--RUSSIAN MILITARY
    INTERVENTION IN HUNGARIAN REVOLUTION.
    Averbukh, R., 1932, Nr. 3 (25), 87-117.
RUSSIA--FOREIGN RELATIONS--JAPAN--1918-21--JAPANESE MILITARY
    INTERVENTION IN FAR EAST.
    Abramov, Z., 1932, Nr. 1-2 (23-24), 117-134.
RUSSIA--FOREIGN RELATIONS--MANCHURIA--1892-1906.
    Popov, A., Nr. 14, 1929, 173-182.
RUSSIA--FOREIGN RELATIONS--POLAND--1598-1610--DYNASTIC
    STRUGGLES.
    Romanovich, A., 1936, Nr. 6 (58), 68-96.
RUSSIA--FOREIGN RELATIONS--POLAND--1600-12--M.N. POKROVSKIĬ'S
    INTERPRETATION.
    Savich, A., 1938, Nr. 1 (65), 74-110.
RUSSIA--FOREIGN RELATIONS--ROMANIA--BESSARABIA AND MOLDAVIA.
    Nartsov, N., 1940, Nr. 9 (85), 85-98.
RUSSIA--FOREIGN RELATIONS--ROMANIA--1917-18.
    Shteĭn, B., 1940, Nr. 4-5 (80-81), 12-35.
RUSSIA--FOREIGN RELATIONS--USA--1861-69--C.M. CLAY.
    Efimov, A., 1936, Nr. 3 (55), 149-159.
RUSSIA--FOREIGN RELATIONS--USA--1862-63 RUSSIAN DOCUMENTS.
    Efimov, A., 1936, Nr. 3 (55), 101-115.

RUSSIA--FOREIGN RELATIONS--1878-1917--DOCUMENTS--BOOK REVIEW.
    Notovich, F., 1934, Nr. 1 (35), 210-223.
RUSSIA--FOREIGN RELATIONS--1914--SARAJEVO INCIDENT--ROLE.
    Poletika, N.P., Nr. 11, 1929, 49-82.
RUSSIA--FOREIGN RELATIONS--WWI--DOCUMENTS--BOOK REVIEW.
    Schmitt, B., 1935, Nr. 2-3 (42-43), 65-84.
RUSSIA--FOREIGN RELATIONS--WWI--DOCUMENTS--PUBLICATION.
    Pokrovskiĭ, M.N., Nr. 16, 1930, 3-16.
RUSSIA--HISTORY--DOCUMENTS--CZECH ARCHIVAL HOLDINGS.
    Nauchnye obshchestva i..., 1937, Nr. 2 (60),
    197-198.
RUSSIA--HISTORY--RUSSIAN HISTORIOGRAPHY--M. LOMONOSOV.
    Grekov, B., 1940, Nr. 11 (87), 18-34.
RUSSIA--HISTORY--RUSSIAN HISTORIOGRAPHY--1918-1928.
    Piontkovskiĭ, A., Nr. 18-19, 1930, 157-176.
RUSSIA--HISTORY--SOURCES.
    Pamiatniki istorii SSSR, 1936, Nr. 4 (56), 156-159.
RUSSIA--HISTORY--SOURCES--PUBLICATION--IAI AN SSSR--1934.
    Chaev, P., 1934, Nr. 5 (39), 117-120.
RUSSIA--HISTORY--SOURCES--"RUSSKAIA PRAVDA."
    Tikhomirov, M., 1938, Nr. 5 (69), 138-155.
RUSSIA--HISTORY--SOVIET HISTORIOGRAPHY--see also RUSSIA--
    HISTORY--STUDY AND TEACHING.
RUSSIA--HISTORY--SOVIET HISTORIOGRAPHY--CONFERENCE, MOSCOW,
    APRIL, 1938.
    Sessii Otdeleniia obshchestvennykh..., 1938, Nr. 4
    (68), 200-204.
RUSSIA--HISTORY--SOVIET HISTORIOGRAPHY--M.N. POKROVSKIĬ
    see POKROVSKIĬ, M.N.
RUSSIA--HISTORY--SOVIET HISTORIOGRAPHY--SEVEN-VOLUME WORK--
    OUTLINE.
    Semitomnoe izdanie istorii..., 1939, Nr. 3 (73),
    213-215.
RUSSIA--HISTORY--SOVIET HISTORIOGRAPHY--1933-34--
    BIBLIOGRAPHY.
    Novinki istoricheskoĭ literatury..., 1934, Nr. 5
    (39), 113-116.
RUSSIA--HISTORY--SOVIET HISTORIOGRAPHY--1934--BIBLIOGRAPHY.
    Novinki inostrannoĭ istoricheskoĭ..., 1934, Nr. 3
    (37), 132-134.
RUSSIA--HISTORY--SOVIET HISTORIOGRAPHY--1937.
    Shestakov, A., 1937, Nr. 3 (61), 85-98.
RUSSIA--HISTORY--STUDY AND TEACHING--TEXTBOOKS--SECONDARY
    SCHOOLS--COMPETITION--1937.
    Postanovlenie Zhiuri..., 1937, Nr. 3 (61), 137-141.
RUSSIA--HISTORY--STUDY AND TEACHING--TEXTBOOKS--SECONDARY
    SCHOOLS--1937.
    Shestakov, A., 1937, Nr. 3 (61), 85-98.
RUSSIA--HISTORY--STUDY OF SOURCES--1936.
    O rabote arkheograficheskogo..., 1936, Nr. 6 (58),
    250-253.

RUSSIA--HISTORY--WESTERN HISTORIOGRAPHY--PERIODICAL
    LITERATURE--1932--BIBLIOGRAPHY.
    Rubinshteĭn, N., 1933, Nr. 1 (29), 141-148.
RUSSIA--HISTORY--7TH-15TH C.--SOVIET HISTORIOGRAPHY--
    BIBLIOGRAPHY.
    Trotskiĭ, I., Nr. 8, 1928, 182-191.
RUSSIA--HISTORY--838--1100TH ANNIVERSARY.
    Parkhomenko, V., 1938, Nr. 6 (70), 191-192.
RUSSIA--HISTORY--MIDDLE AGES--RUSSIAN AND SOVIET HISTORIO-
    GRAPHY.
    Vaĭnshteĭn, O., 1940, Nr. 9 (85), 99-114.
RUSSIA--HISTORY--11TH-16TH C.--FEUDAL RELATIONS.
    Tikhomirov, B., 1932, Nr. 3 (25), 118-134.
RUSSIA--HISTORY--13TH-16TH C.--BALTIC QUESTION.
    Got'e, IU., 1941, Nr. 6 (94), 87-95.
RUSSIA--HISTORY--1242--BATTLE OF LAKE CHUD see CHUD, LAKE,
    BATTLE OF.
RUSSIA--HISTORY--14TH-18TH C.-- SOVIET HISTORIOGRAPHY--
    AN SSSR--BIBLIOGRAPHY.
    Trotskiĭ, I., Nr. 5, 1927, 220-224.
RUSSIA--HISTORY--14TH-15TH C.--FORMATION OF CENTRALIZED
    STATE.
    Pokrovskiĭ, M.N., Nr. 18-19, 1930, 14-28.
RUSSIA--HISTORY--15TH C.--NORTHERN TERRITORY.
    Gudoshnikov, M., 1937, Nr. 2 (60), 115-122.
RUSSIA--HISTORY--16TH-17TH C.--SOVIET HISTORIOGRAPHY--
    1922-36.
    Valk, S., 1937, Nr. 4 (62), 219-227.
RUSSIA--HISTORY--16TH C.
    Pokrovskiĭ, M.N., Nr. 18-19, 1930, 14-28.
RUSSIA--HISTORY--1598-1610--POLISH INFLUENCE IN RUSSIA.
    Romanovich, A., 1936, Nr. 6 (58), 68-96.
RUSSIA--HISTORY--17TH-19TH C.--N. VANAG'S INTERPRETATION.
    Brigada IKP istorii, 1933, Nr. 4 (32), 106-113.
RUSSIA--HISTORY--17TH-18TH C.--TOWNS--M.N. POKROVSKIĬ'S
    ANALYSIS.
    Pokrovskiĭ, M.N., 1933, Nr. 3 (31), 73-78.
RUSSIA--HISTORY--17TH C.--COLONIZATION OF YAKUTIA.
    Ionova, O., 1939, Nr. 5-6 (75-76), 175-191.
RUSSIA--HISTORY--17TH C.--PEASANT EMIGRATION TO SIBERIA.
    Shunkov, V., 1941, Nr. 3 (91), 81-93.
RUSSIA--HISTORY--17TH C.--URBAN UNREST.
    Novitskiĭ, G.A., 1934, Nr. 6 (40), 24-36.
RUSSIA--HISTORY--1600-12--POLISH INFLUENCE--M.N. POKROVSKIĬ'S
    INTERPRETATION.
    Savich, A., 1938, Nr. 1 (65), 74-110.
RUSSIA--HISTORY--1648--URBAN UNREST--KURSK.
    Novitskiĭ, G.A., 1934, Nr. 6 (40), 24-36.
RUSSIA--HISTORY--1682--STRELTSY REVOLT.
    Tomsinskiĭ, S., 1933, Nr. 4 (32), 53-80.

RUSSIA--HISTORY--18TH C.--SOVIET HISTORIOGRAPHY--1934-36.
    Sivkov, K., 1937, Nr. 4 (62), 227-228.
RUSSIA--HISTORY--1700-21--GREAT NORTHERN WAR see GREAT
    NORTHERN WAR.
RUSSIA--HISTORY--1705-06--ASTRAKHAN UPRISING.
    Astrakhanskoe vosstanie..., 1935, Nr. 4 (44),
    77-86.
RUSSIA--HISTORY--1775-95--PEASANT UPRISINGS.
    Piontkovskiĭ, S., 1935, Nr. 10 (50), 85-97.
RUSSIA--HISTORY--1774--TAĬNAIA ĖKSPEDITSIIA--REPORTS ON
    PEASANT UNREST.
    Piontkovskiĭ, S., 1935, Nr. 7 (47), 91-100.
RUSSIA--HISTORY--19TH-20TH C.--SOVIET HISTORIOGRAPHY--
    S.A. PIONTKOVSKIĬ--BOOK REVIEW.
    Frolov, I., 1936, Nr. 3 (55), 119-137.
RUSSIA--HISTORY--19TH C.--K. MARX'S AND F. ENGELS' WRITINGS.
    IAroslavskiĭ, E., 1940, Nr. 10 (86), 54-80.
RUSSIA--HISTORY--19TH C.--K. MARX'S AND F. ENGELS' VIEWS.
    Paradizov, P., 1933, Nr. 2 (30), 89-116.
RUSSIA--HISTORY--1825--DECEMBRISTS see DECEMBRISTS
RUSSIA--HISTORY--GREAT REFORMS see GREAT REFORMS.
RUSSIA--HISTORY--1847-95--K. MARX'S AND F. ENGELS' VIEWS.
    Paradizov, P., 1933, Nr. 2 (30), 89-116.
RUSSIA--HISTORY--1853-56--CRIMEAN WAR see CRIMEAN WAR.
RUSSIA--HISTORY--LATE 19TH-EARLY 20TH C.--V.I. LENIN'S
    INTERPRETATION.
    Vanag, N., 1934, Nr. 1 (35), 21-52.
RUSSIA--HISTORY--1870-95.
    Popov, A., 1934, Nr. 3 (37), 3-28.
RUSSIA--HISTORY--1872-1913--COMMUNIST MANIFESTO--TSARIST
    CENSORSHIP--DOCUMENTS.
    Kommunisticheskiĭ Manifest..., 1938, Nr. 2 (66),
    106-119.
RUSSIA--HISTORY--1877-78--RUSSO-TURKISH WAR see RUSSO-
    TURKISH WAR--1877-78.
RUSSIA--HISTORY--1904-05--RUSSO-JAPANESE WAR see RUSSO-
    JAPANESE WAR--1904-05.
RUSSIA--HISTORY--1905-07--ALLIANCE OF PEASANTS AND WORKERS.
    Shestakov, A., 1935, Nr. 12 (52), 38-57.
RUSSIA--HISTORY--REVOLUTION OF 1905.
    IAroslavskiĭ, E., 1935, Nr. 11 (51), 3-20; 1936,
    Nr. 2 (54), 3-8.
RUSSIA--HISTORY--REVOLUTION OF 1905.
    Vsesoiuznaia konferentsiia..., Nr. 12, 1929, 300-333.
RUSSIA--HISTORY--REVOLUTION OF 1905--AGRICULTURAL LABORERS.
    Shestakov, A., Nr. 18-19, 1930, 3-13.
RUSSIA--HISTORY--REVOLUTION OF 1905--30TH ANNIVERSARY--
    CONFERENCE, MOSCOW, 1935.
    V.,I., 1936, Nr. 1 (53), 208-209.
RUSSIA--HISTORY--REVOLUTION OF 1905--30TH ANNIVERSARY--
    PROCEEDINGS OF THE INST. IST., KA.
    Sessiia Instituta istorii..., 1935, Nr. 12 (52), 153.

RUSSIA--HISTORY--REVOLUTION OF 1905--ALL-RUSSIAN PEASANT
    LEAGUE.
    Shestakov, A., Nr. 5, 1927, 94-123.
RUSSIA--HISTORY--REVOLUTION OF 1905--BALTIC PROVINCES--
    1905-07.
    Dauge, P., 1940, Nr. 11 (87), 35-75.
RUSSIA--HISTORY--REVOLUTION OF 1905--BOLSHEVIK AGRARIAN
    POLICY.
    Shestakov, A., 1935, Nr. 12 (52), 38-57.
RUSSIA--HISTORY--REVOLUTION OF 1905--BOOK REVIEW.
    Gorin, P., Nr. 20, 1930, 164-173.
RUSSIA--HISTORY--REVOLUTION OF 1905--M. GORKII.
    Kublanov, I., 1941, Nr. 6 (94), 3-17.
RUSSIA--HISTORY--REVOLUTION OF 1905--INFLUENCE IN ASIA.
    Pavlovich, M.P., Nr. 1, 1926, 142-153.
RUSSIA--HISTORY--REVOLUTION OF 1905--INFLUENCE IN EUROPE--
    DOCUMENTS.
    Otrazhenie sobytii 9..., 1936, Nr. 1 (53), 98-115.
RUSSIA--HISTORY--REVOLUTION OF 1905--INFLUENCE IN WESTERN
    EUROPE.
    Lukin, N., 1936, Nr. 1 (53), 23-55.
RUSSIA--HISTORY--REVOLUTION OF 1905--MARXIST-LENINIST
    INTERPRETATION.
    IAroslavskiĭ, E., Nr. 20, 1930, 3-64.
RUSSIA--HISTORY--REVOLUTION OF 1905--MOSCOW UPRISING--
    SOVIET HISTORIOGRAPHY--CONFERENCE, MOSCOW,
    DECEMBER, 1940.
    K.,L., 1941, Nr. 2 (90), 152-154.
RUSSIA--HISTORY--REVOLUTION OF 1905--MOSCOW--DECEMBER
    UPRISING.
    Chernomordik, S.I., Nr. 1, 1926, 236-255.
RUSSIA--HISTORY--REVOLUTION OF 1905--NATIONAL QUESTION.
    Drabkina, E., 1932, Nr. 4-5 (26-27), 9-36.
RUSSIA--HISTORY--REVOLUTION OF 1905--ORIGINS.
    Sidorov, A., 1940, Nr. 2 (78), 20-36.
RUSSIA--HISTORY--REVOLUTION OF 1905--PEASANT MOVEMENT--
    MOSCOW, TVER, TULA AND KALUGA DISTRICTS--OCTOBER-
    DECEMBER--CHRONOLOGY.
    Khronika krest'ianskogo dvizheniia..., 1935,
    Nr. 12 (52), 98-118.
RUSSIA--HISTORY--REVOLUTION OF 1905--PEASANTRY.
    Dubrovskiĭ, S.M., Nr. 1, 1926, 256-279.
RUSSIA--HISTORY--REVOLUTION OF 1905--POLEMIC OVER SIGNI-
    FICANCE.
    IAroslavskiĭ, E., Nr. 21, 1931, 143-160.
RUSSIA--HISTORY--REVOLUTION OF 1905--M.N. POKROVSKIĬ'S
    INTERPRETATION.
    Gorin, P., Nr. 9, 1928, 34-57.
RUSSIA--HISTORY--REVOLUTION OF 1905--PROVINCES--DOCUMENTS.
    Lur'e, M., 1935, Nr. 10 (50), 116-126.

RUSSIA--HISTORY--REVOLUTION OF 1905--RURAL PROLETARIAT--
        DOCUMENTS.
        Bor'ba derevenskoĭ bednoty..., 1936, Nr. 1 (53),
        116-132.
RUSSIA--HISTORY--REVOLUTION OF 1905--ST. PETERSBURG--
        BOLSHEVIK MILITARY ORGANIZATION--TRIAL.
        Po povodu protsessa..., 1936, Nr. 2 (54), 90-92.
RUSSIA--HISTORY--REVOLUTION OF 1905--ST. PETERSBURG--
        BOLSHEVIK MILITARY ORGANIZATION--TRIAL--DOCUMENTS.
        Voenno-boevye organizatsii..., 1936, Nr. 2 (54),
        93-116.
RUSSIA--HISTORY--REVOLUTION OF 1905--SIBERIA.
        Mil'shteĭn, A., 1940, Nr. 8 (84), 3-27.
RUSSIA--HISTORY--REVOLUTION OF 1905--SOVIET OF THE UNEM-
        PLOYED--DOCUMENTS.
        Rabota bol'shevikov sredi..., 1935, Nr. 12 (52),
        75-79.
RUSSIA--HISTORY--REVOLUTION OF 1905--SOVIET OF WORKERS'
        DEPUTIES.
        Gorin, P.O., Nr. 1, 1926, 201-235.
RUSSIA--HISTORY--REVOLUTION OF 1905--"UNION OF UNIONS"--
        DOCUMENTS.
        Kirpichnikov, S., 1940, Nr. 11 (87), 104-108.
RUSSIA--HISTORY--1910-12--BALTIC FLEET--TRIAL OF 52 SAILORS.
        Naĭda, S., 1940, Nr. 2 (78), 78-90.
RUSSIA--HISTORY--WWI--DOCUMENTS--BOOK REVIEW.
        Schmitt, B., 1935, Nr. 2-3 (42-43), 65-84.
RUSSIA--HISTORY--WWI--DOCUMENTS--PUBLICATION.
        Pokrovskiĭ, M.N., Nr. 17, 1930, 3-16.
RUSSIA--HISTORY--WWI--SOVIET HISTORIOGRAPHY.
        Pokrovskiĭ, M.N., 1932, Nr. 1-2 (23-24), 13-25.
RUSSIA--HISTORY--WWI--BREST-LITOVSK--GERMAN REACTION.
        Frölich, P., Nr. 6, 1927, 3-20.
RUSSIA--HISTORY--WWI--COUNTERREVOLUTIONARY FORCES--CZECHO-
        SLOVAK PARTICIPATION.
        Mints, I., Eĭdeman, R., 1934, Nr. 1 (35), 53-98.
RUSSIA--HISTORY--WWI--COUNTERREVOLUTIONARY FORCES--POLISH
        PARTICIPATION.
        Mints, I., Eĭdeman, R., 1934, Nr. 1 (35), 53-98.
RUSSIA--HISTORY--WWI--NORTHERN FRONT--COUNTERREVOLUTIONARY
        FORCES.
        Mints, I., Eĭdeman, R., 1934, Nr. 1 (35), 53-98.
RUSSIA--HISTORY--WWI--ROMANIAN FRONT--COUNTERREVOLUTIONARY
        FORCES.
        Mints, I., Eĭdeman, R., 1934, Nr. 1 (35), 53-98.
RUSSIA--HISTORY--WWI--SOUTHWESTERN FRONT--COUNTERREVOLU-
        TIONARY FORCES.
        Mints, I., Eĭdeman, R., 1934, Nr. 1 (35), 53-98.
RUSSIA--HISTORY--REVOLUTION OF 1917--RUSSIAN EMIGRÉ
        HISTORIOGRAPHY.
        Tomsinskiĭ, S.G., Nr. 5, 1927, 184-190.

RUSSIA--HISTORY--REVOLUTION OF 1917--RUSSIAN EMIGRÉ
       HISTORIOGRAPHY--P.N. MILIUKOV.
       Pokrovskiĭ, M.N., Nr. 3, 1927, 56-77.
RUSSIA--HISTORY--REVOLUTION OF 1917--SOURCES--STUDY AND
       TEACHING.
       Bocharov, IU.M., Nr. 5, 1927, 153-159.
RUSSIA--HISTORY--REVOLUTION OF 1917--SOVIET HISTORIOGRAPHY--
       BOOK REVIEW.
       Genkina, É., 1936, Nr. 1 (53), 186-192.
RUSSIA--HISTORY--REVOLUTION OF 1917--SOVIET HISTORIOGRAPHY--
       LENINSKIE SBORNIKI, T. XI, XVIII, XXI.
       B.,D., 1937, Nr. 4 (62), 243-256.
RUSSIA--HISTORY--REVOLUTION OF 1917--SOVIET HISTORIOGRAPHY--
       A.G. SHLIAPNIKOV.
       Kin, D.IA., Nr. 3, 1927, 40-55.
RUSSIA--HISTORY--REVOLUTION OF 1917--ALL-RUSSIAN PEASANT
       LEAGUE.
       Shestakov, A., Nr. 5, 1927, 94-123.
RUSSIA--HISTORY--REVOLUTION OF 1917-15TH ANNIVERSARY.
       15 let Oktiabria..., 1932, Nr. 4-5 (26-27), 3-8.
RUSSIA--HISTORY--REVOLUTION OF 1917--19TH ANNIVERSARY.
       IAroslavskiĭ, E., 1936, Nr. 5 (57), 6-20.
RUSSIA--HISTORY--REVOLUTION OF 1917--20TH ANNIVERSARY--
       1937--EXHIBITIONS.
       V muzeiakh na..., 1937, Nr. 5-6 (63-64), 268.
RUSSIA--HISTORY--REVOLUTION OF 1917--20TH ANNIVERSARY--
       1937--V.M. MOLOTOV'S SPEECH.
       Molotov, V.M., 1937, Nr. 4 (62), 7-21.
RUSSIA--HISTORY--REVOLUTION OF 1917--21ST ANNIVERSARY--
       1938--V.M. MOLOTOV'S SPEECH.
       Dvatsat-pervaia godovshchina..., 1938, Nr. 6 (70),
       3-15.
RUSSIA--HISTORY--REVOLUTION OF 1917--22ND ANNIVERSARY--
       V.M. MOLOTOV'S SPEECH.
       22-ia godovshchina..., 1939, Nr. 5-6 (75-76), 3-14.
RUSSIA--HISTORY--REVOLUTION OF 1917--23RD ANNIVERSARY--
       M.I. KALININ'S SPEECH.
       Kalinin, M.I., 1940, Nr. 11 (87), 3-7.
RUSSIA--HISTORY--REVOLUTION OF 1917--ARMY--SOUTHWESTERN
       AND ROMANIAN FRONTS.
       Razgon, I., 1937, Nr. 4 (62), 81-92.
RUSSIA--HISTORY--REVOLUTION OF 1917--BOLSHEVIK-LEFT
       SOCIALIST REVOLUTIONARY BLOC.
       Shestakov, A.V., Nr. 6, 1927, 21-47.
RUSSIA--HISTORY--REVOLUTION OF 1917--BOLSHEVIK PLATFORM--
       NOVEMBER-DECEMBER.
       Ambrosenok, P., 1939, Nr. 3 (73), 178-179.
RUSSIA--HISTORY--REVOLUTION OF 1917--BOURGEOIS EVALUATIONS.
       Kin, D., Nr. 21, 1931, 19-37.
RUSSIA--HISTORY--REVOLUTION OF 1917--FEBRUARY--COUNTER-
       REVOLUTIONARY FORCES.
       Mints, I., Éĭdeman, R., 1934, Nr. 1 (35), 53-98.

RUSSIA--HISTORY--REVOLUTION OF 1917--FEBRUARY-OCTOBER--
MASS WORKERS' MOVEMENTS.
Dobrotvor, N., 1932, Nr. 4-5 (26-27), 37-71.
RUSSIA--HISTORY--REVOLUTION OF 1917--FRENCH PRESS.
Fridliand, TS., Nr. 5, 1927, 71-93.
RUSSIA--HISTORY--REVOLUTION OF 1917--INFLUENCE IN GERMANY.
Frölich, P., Nr. 5, 1927, 49-70.
RUSSIA--HISTORY--REVOLUTION OF 1917--INFLUENCE IN HUNGARY.
Andich, E., 1932, Nr. 4-5 (26-27), 163-210.
RUSSIA--HISTORY--REVOLUTION OF 1917--INFLUENCE IN POLAND--
SOVIET OF WORKERS' DEPUTIES--WARSAW--1918.
Pervyĭ sovet rabochikh..., 1932, Nr. 4-5 (26-27),
339-351.
RUSSIA--HISTORY--REVOLUTION OF 1917--INFLUENCE ON SUN YAT-SEN.
Efimov, G., 1937, Nr. 5-6 (63-64), 105-130.
RUSSIA--HISTORY--REVOLUTION OF 1917--INTERNATIONAL
SIGNIFICANCE.
Manuil'skiĭ, D., 1933, Nr. 5 (33), 3-22.
RUSSIA--HISTORY--REVOLUTION OF 1917--JULY DEMONSTRATIONS--
LEADERSHIP.
Lidak, O., Nr. 4, 1927, 3-32.
RUSSIA--HISTORY--REVOLUTION OF 1917--LABOR MOVEMENT.
IUgov, M., Nr. 5, 1927, 172-183.
RUSSIA--HISTORY--REVOLUTION OF 1917--V.I. LENIN'S INTERPRE-
TATION.
Pokrovskiĭ, M.N., Nr. 5, 1927, 3-35.
RUSSIA--HISTORY--REVOLUTION OF 1917--MARXIST COMPARISONS
WITH FRENCH REVOLUTION.
IAroslavskiĭ, E., 1939, Nr. 3 (73), 3-12.
RUSSIA--HISTORY--REVOLUTION OF 1917--MENSHEVIKS.
IUgov, M., Nr. 22, 1931, 11-37.
RUSSIA--HISTORY--REVOLUTION OF 1917--MOSCOW--OCTOBER.
Piatnitskiĭ, O., 1935, Nr. 4 (44), 3-30; 1935,
Nr. 5-6 (45-46), 3-38; 1936, Nr. 5 (57), 21-33.
RUSSIA--HISTORY--REVOLUTION OF 1917--MOSCOW--OCTOBER--
BOLSHEVIKS.
Piatnitskiĭ, O., 1935, Nr. 10 (50), 14-34.
RUSSIA--HISTORY--REVOLUTION OF 1917--MOSCOW SOVIET OF
WORKERS' AND SOLDIERS' DEPUTIES.
Kostomarov, G., 1935, Nr. 11 (51), 21-37.
RUSSIA--HISTORY--REVOLUTION OF 1917--NORTHERN CAUCASUS.
Burkin, N., 1934, Nr. 2 (36), 11-29.
RUSSIA--HISTORY--REVOLUTION OF 1917--NORTHERN CAUCASUS--
BOOK REVIEWS.
Burkin, N., 1934, Nr. 2 (36), 89-98.
RUSSIA--HISTORY--REVOLUTION OF 1917--OCTOBER--ARMY--
DOCUMENTS.
Bor'ba za Armiiu..., 1937, Nr. 4 (62), 155-176.
RUSSIA--HISTORY--REVOLUTION OF 1917--OCTOBER--DOCUMENTS.
Dubrovskiĭ, S.G., 1939, Nr. 1 (71), 151-157.

RUSSIA--HISTORY--REVOLUTION OF 1917--OCTOBER--V.I. LENIN--
    DOCUMENTS.
    Chobanian, S., 1940, Nr. 9 (85), 127.
RUSSIA--HISTORY--REVOLUTION OF 1917--OCTOBER--PETROGRAD
    MILITARY-REVOLUTIONARY COMMITTEE--DOCUMENTS.
    Razgrom kerenskogo..., 1932, Nr. 4-5 (26-27),
    329-339.
RUSSIA--HISTORY--REVOLUTION OF 1917--OCTOBER--UKRAINE.
    Gorodetskiĭ, E., 1937, Nr. 4 (62), 100-123.
RUSSIA--HISTORY--REVOLUTION OF 1917--OCTOBER-NOVEMBER--
    CHRONOLOGY OF EVENTS.
    Letopis' sobytiĭ..., 1935, Nr. 11 (51), 78-91.
RUSSIA--HISTORY--REVOLUTION OF 1917--NOVEMBER--"DEKRET
    O RABOCHEM KONTROLE."
    Freĭdlin, B., 1933, Nr. 5 (33), 80-95.
RUSSIA--HISTORY--REVOLUTION OF 1917--NOVEMBER-DECEMBER.
    Ambrosenok, P., 1939, Nr. 3 (73), 178-179.
RUSSIA--HISTORY--REVOLUTION OF 1917--PETROGRAD--APRIL.
    Krivosheina, E., 1935, Nr. 8-9 (48-49), 90-110.
RUSSIA--HISTORY--REVOLUTION OF 1917--PETROGRAD--APRIL--
    SOVIET OF WORKERS' AND SOLDIERS' DEPUTIES.
    Krivosheina, E., 1935, Nr. 10 (50), 68-84.
RUSSIA--HISTORY--REVOLUTION OF 1917--M.N. POKROVSKIĬ'S
    INTERPRETATION.
    Kin, D., Nr. 9, 1928, 18-23.
RUSSIA--HISTORY--REVOLUTION OF 1917--M.N. POKROVSKIĬ'S
    INTERPRETATION.
    Viktorov, I., 1938, Nr. 5 (69), 170-189.
RUSSIA--HISTORY--REVOLUTION OF 1917--PROVISIONAL GOVERNMENT--
    MARCH-APRIL.
    Krivosheina, E., 1935, Nr. 8-9 (48-49), 90-110.
RUSSIA--HISTORY--REVOLUTION OF 1917--REDISTRIBUTION OF
    AGRICULTURAL INVENTORY.
    Kubanin, M., Nr. 7, 1928, 18-35.
RUSSIA--HISTORY--REVOLUTION OF 1917--SIBERIA.
    IAroslavskiĭ, E., 1932, Nr. 6 (28), 35-41.
RUSSIA--HISTORY--REVOLUTION OF 1917--L. TROTSKIĬ'S INTERPRE-
    TATION.
    Pokrovskiĭ, M.N., Nr. 5, 1927, 3-35.
RUSSIA--HISTORY--REVOLUTION OF 1917--UDMURT REGION.
    Maksimov, V., 1932, Nr. 4-5 (26-27), 109-162.
RUSSIA--HISTORY--REVOLUTION OF 1917--WORKER-PEASANT
    ALLIANCE.
    Shestakov, A., 1932, Nr. 4-5 (26-27), 72-95.
RUSSIA--HISTORY--1918--CONSTITUENT ASSEMBLY--PARTIES.
    Rubinshteĭn, N., Nr. 10, 1928, 45-70.
RUSSIA--HISTORY--1918-21--CIVIL WAR--RUSSIAN EMIGRÉ
    HISTORIOGRAPHY--1928--BIBLIOGRAPHY.
    Gukovskiĭ, A., Nr. 11, 1929, 266-270.
RUSSIA--HISTORY--1918-21--CIVIL WAR--SOVIET HISTORIOGRAPHY.
    Vkliuchit'sia v bor'bu..., 1932, Nr. 3 (25), 3-10.

RUSSIA--HISTORY--1918-21--CIVIL WAR--MOBILIZATION--
JANUARY-MARCH, 1920.
Gukovskiĭ, A., 1940, Nr. 9 (85), 27-50.
RUSSIA--HISTORY--1918-21--CIVIL WAR--NATIONALITIES QUESTION.
Gabidullin, Kh., 1932, Nr. 6 (28), 22-34.
RUSSIA--HISTORY--1918-21--CIVIL WAR--NORTHERN CAUCASUS.
Burkin, N., 1934, Nr. 2 (36), 11-29.
RUSSIA--HISTORY--1918-21--CIVIL WAR--NORTHERN CAUCASUS.
Razgon, I., 1941, Nr. 2 (90), 49-59.
RUSSIA--HISTORY--1918-21--CIVIL WAR--RED ARMY--CREATION.
Podvoĭskiĭ, N., 1938, Nr. 1 (65), 16-43.
RUSSIA--HISTORY--1918-21--CIVIL WAR--SOCIAL CONDITIONS--
NEP.
Genkina, E., 1939, Nr. 5-6 (75-76), 38-66.
RUSSIA--HISTORY--1918-21--CIVIL WAR--TEREK REBELLION.
Razgon, I., 1940, Nr. 6 (82), 24-42.
RUSSIA--HISTORY--1918-21--CIVIL WAR--TSARITSYN--1918.
Genkina, É., 1935, Nr. 7 (47), 5-29.
RUSSIA--HISTORY--1918-21--CIVIL WAR--P.N. WRANGEL--
POLICY TOWARDS CRIMEAN TATARS.
Katenina, L., 1941, Nr. 5 (93), 74-81.
RUSSIA--HISTORY--1918-21--CIVIL WAR--1920--BATTLE OF
PEREKOP.
Anan'ev, K., 1938, Nr. 4 (68), 85-93.
RUSSIA (1923-U.S.S.R.) KOMISSIIA PO IZDANIIA DOKUMENTOV
ÉPOKHI IMPERIALIZMA. MEZHDUNARODNYE OTNOSHENIIA see
"MEZHDUNARODNYE OTNOSHENIIA V ÉPOKHU IMPERIALIZMA."
RUSSIA--INTELLECTUAL LIFE see also REVOLUTIONARY MOVEMENTS--
RUSSIA.
RUSSIA--INTELLECTUAL LIFE--14TH-18TH C.--SLAVIC STUDIES.
Needly, Z., 1941, Nr. 2 (90), 81-94.
RUSSIA--INTELLECTUAL LIFE--1839-80--SLAVOPHILES.
Dmitriev, S., 1941, Nr. 1 (89), 85-97.
RUSSIA--INTELLECTUAL LIFE--1840-50.
Bushuev, S., 1939, Nr. 5-6 (75-76), 99-117.
RUSSIA--INTELLECTUAL LIFE--1842-45--A.I. HERTZEN AND
SLAVOPHILES.
Derzhavin, N., 1939, Nr. 1 (71), 125-145.
RUSSIA--INTELLECTUAL LIFE--1848--CENSORSHIP.
Lekhtblau, L., 1940, Nr. 7 (83), 3-13.
RUSSIA--INTELLECTUAL LIFE--LATE 19TH-EARLY 20TH C.
IAroslavskiĭ, E., 1939, Nr. 1 (71), 23-52.
RUSSIA--MILITARY HISTORY--1812--BATTLE OF BORODINO--
M.I. KUTUZOV.
Kan, B., 1941, Nr. 3 (91), 108-114.
RUSSIA--MILITARY HISTORY--1862-63--RUSSIAN SQUADRONS IN
NORTH AMERICAN WATERS--RUSSIAN DOCUMENTS.
Efimov, A., 1936, Nr. 3 (55), 101-115.
RUSSIA--NATIONALITIES QUESTION--1904--SOCIAL DEMOCRATS--
I.V. STALIN'S CRITIQUE.
Stalin, I.V., 1940, Nr. 2 (78), 3-13.

RUSSO-JAPANESE WAR--1904-05.
    Sidorov, A., 1940, Nr. 2 (78), 20-36.
RUSSO-JAPANESE WAR--1904-05--INFLUENCE IN ASIA.
    Pavlovich, M.P., Nr. 1, 1926, 142-153.
RUSSO-JAPANESE WAR--1904-05--SOVIET HISTORIOGRAPHY--
    M.N. POKROVSKII.
    Sidorov, A., 1937, Nr. 3 (61), 99-125.
RUSSO-TURKISH WAR--1877-78--ROLE OF GREAT BRITAIN.
    Muratov, Kh., 1940, Nr. 7 (83), 65-81.
RUST, A.--GERMAN ARCHAEOLOGIST.
    Arkheologiia, 1936, Nr. 2 (54), 185.
RUTCHENKO, A., TUBIANSKII, M.: TIURENN. MOSCOW, 1939
    (REVIEW).
    Mosina, Z., 1940, Nr. 6 (82), 123-125.
RUSTAVELI, SH.--ARCHAEOLOGY.
    Miskhelashvili, L., 1937, Nr. 3 (61), 224-225.
RUTGERS, S.J.--MEETINGS WITH V.I. LENIN--1918-22.
    Rutgers, S., 1935, Nr. 2-3 (42-43), 85-98.
RUTHENBERG, C.E.
    Zubok, L., 1935, Nr. 5-6 (45-46), 39-66.
RYBIN, D.: CHERNYE DNI GERMANSKOI ARMII; RAZGROM V
    1918 G. MOSCOW, 1938 (REVIEW).
    Notovich, F., 1938, Nr. 6 (70), 189-190.
RYKLIN, L.: O KNIGE V.I. LENINA "DETSKAIA BOLEZN'
    'LEVIZNY' V KOMMUNIZME." MOSCOW, 1936 (REVIEW).
    Sh.,TS., 1936, Nr. 4 (56), 147.
RYKOV, A.I.--TRIAL--1938.
    Protsess antisovetskogo..., 1938, Nr. 2 (66),
    8-15.

S.

SDKPiL--POLISH HISTORIOGRAPHY--1925-26--BIBLIOGRAPHY.
    Bobinskii, S., Nr. 7, 1928, 255-260.
SDKPiL--1918-24.
    Spis, IU., 1935, Nr. 5-6 (45-46), 117-130.
"SOTSEKGIZ"--PUBLISHING PLAN--1939.
    Izdatel'skii plan Sotsekgiza..., 1939, Nr. 2 (72),
    198-199.
SOVNARKOM--1918.
    Gorodetskii, E., 1941, Nr. 3 (91), 11-35.
SOVNARKOM--1934-36--TEACHING OF HISTORY.
    Na fronte istoricheskoi..., 1936, Nr. 1 (53), 3-4.
SOVNARKOM--1936--DIRECTIVE--HISTORY TEXTBOOKS.
    Postanovlenie TSK VKP(b)..., 1936, Nr. 1 (53), 5.
SOVNARKOM RSFSR--BAKU--1918.
    Sef, S., Nr. 18-19, 1930, 29-62.
SPA--WWI.
    Rutgers, S., 1935, Nr. 2-3 (42-43), 85-98.
SPA (LEFT WING)--USA--WWI.
    Zubok, L., 1935, Nr. 5-6 (45-46), 39-66.

SPD--1869-78--LASSALLEAN AND EISENACH FACTIONS.
    Bernshteĭn, A.S., Nr. 13, 1929, 95-136.
SPD--1890'S--A. BEBEL--DOCUMENTS.
    Portnoĭ, I., 1940, Nr. 12, (88), 77-78.
SPD--1917-18--ATTITUDE TOWARD BREST-LITOVSK.
    Frölich, P., Nr. 6, 1927, 3-20.
SPD--1917--ATTITUDE TOWARD RUSSIAN REVOLUTION.
    Frölich, P., Nr. 5, 1927, 49-70.
SPD--REVOLUTION OF 1918--WORKERS AND PEASANTS' SOVIETS--
    RUHR.
    Kozok, P., Nr. 10, 1928, 13-44.
SR see SOCIALIST REVOLUTIONARY PARTY.
STO--S.J. RUTGER'S RECOLLECTIONS.
    Rutgers, S.J., 1935, Nr. 2-3 (42-43), 85-98.
SACKE, G.: DIE PRESSEPOLITIK KATHARINAS II VON RUSSLAND.
    ("ZEITUNGSWISSENSCHAFT," LEIPZIG, 1938, H. 9)
    (REVIEW).
    Bogoiavlenskiĭ, S., 1941, Nr. 6 (94), 123.
ŠAFÁRIK, P.J.--CZECH HISTORIAN.
    Nauchnye obshchestva i..., 1937, Nr. 2 (60), 197.
SAGNAC, PH., ROBIQUET, J.: LA RÉVOLUTION DE 1789.
    T. I-II. PARIS, 1934 (REVIEW).
    Starosel'skaia, O., Denisova, E., 1935, Nr. 10
    (50), 152-154.
ST. PETERSBURG PROVINCE--HISTORY--1774--TAĬNAIA EKSPEDITSIIA--
    REPORTS ON PEASANT UNREST.
    Piontkovskiĭ, S., 1935, Nr. 7 (47), 91-100.
SAINT-SIMON, C.H.: MEMUARY. IZBRANNYE CHASTI "PODLINNYKH
    VOSPOMINANII GERTSOGA DE SEN-SIMONA O TSARSTVOVANII
    LIUDOVIKA XIV I ÉPOKHE REGENSTVA." PEREVOD I
    KOMMENT. I.M. GREVSA. T. I. LENINGRAD, 1934
    S.,O., 1935, Nr. 2-3 (42-43), 154-156.
SAINT-SIMON, C.H.: MEMUARY. IZBRANNYE CHASTI "PODLINNYKH
    VOSPOMINANII GERTSOGA DE SEN-SIMONA O TSARSTVOVANII
    LIUDOVIKA XIV I ÉPOKHE REGENSTVA." PEREVOD I
    KOMM. I.M. GREVSA. T. II. LENINGRAD, 1936 (REVIEW).
    Porshnev, B., 1937, Nr. 5-6 (63-64), 234-237.
SAINTOYANT, J.: DES POLITIQUES RÉLIGIEUSES ET INDIGÈNES
    DES DIVERSES COLONISATIONS EUROPÉENNES AVANT LE
    XIX SIÈCLE. ("REVUE D'HISTOIRE DES COLONIES,"
    1935, 4. TRIMESTRE) (REVIEW).
    K.,F., 1937, Nr. 1 (59), 184-185.
SAKŬZOV, I.: BULGARISCHE WIRTSCHAFTSGESCHICHTE. BERLIN,
    1929 (REVIEW).
    Nikitin, S., Nr. 14, 1929, 207-209.
SALIN, E.: STAAT UND HANDEL IN HELLAS IN ARCHAISCHER UND
    KLASSISCHER ZEIT. ("ZEITSCHRIFT FÜR GESAMTE
    STAATSWISSENSCHAFT," BD. 89, H. 2) (REVIEW).
    Kagarov, E., 1936, Nr. 3 (55), 172-173.
SALT INDUSTRIES--RUSSIA--1765--BAKHMUT AND TOR--STRIKES.
    Cherkasskaia, E., 1940, Nr. 11 (87), 109-111.

SALTYKOV-SHCHEDRIN STATE PUBLIC LIBRARY, LENINGRAD--
    ARCHIVES--HOLDINGS ON KHIVINSKIĬ KHANSTVO.
    Ivanov, P., 1937, Nr. 3 (61), 220-222.
SALWYN-SHAPIRO, J.: CONDORCET AND THE RISE OF LIBERALISM.
    NEW YORK, 1934 (REVIEW).
    Narodnitskiĭ, A., 1936, Nr. 4 (56), 131-133.
SALTMORSH, J., DARBY, H.C.: THE INFIELD AND OUTFIELD
    SYSTEM ON A NORFOLK MANOR ("ECONOMIC JOURNAL,"
    ECONOMIC HISTORY SUPPLEMENT, V. III, NR. 10,
    FEBRUARY, 1935) (REVIEW).
    K.,F., 1937, Nr. 2 (60), 184-185.
SAMARA--1920--"WORKERS' OPPOSITION"--M. KHATAEVICH--
    DOCUMENT.
    Khataevich, M., 1935, Nr. 7 (47), 86-90.
SANDOMIRSKIĬ, G.: FASHIZM. MOSCOW, 1925 (REVIEW).
    Drabkina, E., Nr. 4, 1927, 210-213.
SANDOMIRSKIĬ, G.: ITALIIA NASHIKH DNEĬ. MOSCOW, 1926
    (REVIEW).
    Drabkina, E., Nr. 4, 1927, 210-213.
SANDOMIRSKIĬ, G.: ZAKAT FASHIZMA. LENINGRAD, 1925 (REVIEW).
    Drabkina, E., Nr. 4, 1927, 210-213.
SAPORI, A.: UNA COMPAGNIE DI CALIMALA AL PRIMI DEL
    TRECENTO. FLORENCE, 1932 (REVIEW).
    Gukovskiĭ, M., 1936, Nr. 5 (57), 164-166.
SARATOVSKIĬ GOS. UNIVERSITET. IST. FAK. SESSIIA, FEBRUARY,
    1939.
    Nauchnaia konferentsiia Saratovskogo..., 1939,
    Nr. 3 (73), 216-218.
SAUMER, C.: UN CARICATURISTE RÉPUBLICAIN SOUS LE SECOND
    EMPIRE: JULES BARIC. ("REVOLUTION DE 1848,"
    NR. 153, JUIN-AOÛT, 1935) (REVIEW).
    C.,C., 1936, Nr. 4 (56), 150-151.
SAVIN, A.N.: LEKTSII PO ISTORII ANGLIĬSKOĬ REVOLIUTSII.
    2. IZD. MOSCOW, 1937, (REVIEW).
    Vasiutinskiĭ, V., 1938, Nr. 3 (67), 119-121.
SAVIN, A.N.: VEK LIUDOVIKA XIV. MOSCOW, 1930 (REVIEW).
    Vasiutinskiĭ, V., Nr. 22, 1931, 171-173.
SAVONEVICH, E.: PRODUGOL' KAK MONOPOLISTICHESKAIA
    ORGANIZATSIIA. (DISSERTATION) MOSCOW, 1940.
    P.,K., 1941, Nr. 4 (92), 151-152.
SAVVIN, V.P.: VZAIMOOTNOSHENIIA TSARSKOĬ ROSSII I SSSR
    S KITAEM. MOSCOW, 1930 (REVIEW).
    Reĭkhberg, G.E., Nr. 17, 1930, 119-122.
SAYOUS, A.E.: LE CAPITALISME COMMERCIAL ET FINANCIER
    DANS LES PAYS CHRÉTIENS DE LA MEDITERRANÉE
    OCCIDENTALE DEPUIS LA PREMIÈRE CROISADE JUSQU'A
    LA FIN DU MOYEN-ÂGE. ("VIERTELJAHRSCHRIFT FÜR
    SOZIAL- UND WIRTSCHAFTSGESCHICHTE," BD. 29, H. 3,
    1936) (REVIEW).
    G.,M., 1937, Nr. 2 (60), 186-187.

SAZHIN (ROSS): GEROICHESKIE DNI I PADENIE PARIZHSKOĬ KOMMUNY.
MOSCOW, 1926. (REVIEW).
Kuniskiĭ, S.D., Nr. 3, 1927, 196-199.
SAZONOV, S.D.: VOSPOMINANIIA. BERLIN, 1927. (REVIEW).
P.,N., Nr. 8, 1928, 230-232.
"SBORNIK MATERIALOV DLIA OPISANIIA MESTNOSTEĬ I PLEMEN
KAVKAZA". VYP-45. POD RED. N.IA. MARRA I DR.
MAKHACHKALA, 1926 (REVIEW).
Kokiev, G., Nr. 4, 1927, 264-265.
SCANLON, J.: DECLINE AND FALL OF THE LABOUR PARTY. LONDON,
1932. (REVIEW).
Z.,I., 1934, Nr. 2 (36), 152-153.
SCHALLER, H.: DIE WELTANSCHAUUNG DES MITTELALTERS.
MUNICH, 1934. (REVIEW).
Kapeliush, F., 1936, Nr. 3 (55), 174-175.
SCHELLENBERG, O.R.: THE SECRET TREATY OF VERONA: A
NEWSPAPER FORGERY ("THE JOURNAL OF MODERN HISTORY,"
1935, NR. 3, V. VII) (REVIEW).
Shuleĭkina, A., 1936, Nr. 3 (55), 190-191.
SCHILLER, F.--DEATH AND FUNERAL--GERMAN HISTORIOGRAPHY.
Fashizatsiia istoricheskoĭ nauki..., 1936, Nr. 4
(56), 166-168.
SCHMIDT, E.: EXCAVATIONS AT PERSEPOLIS ("ILLUSTRATED
LONDON NEWS," NR. 5053, 22, FEBRUARY, 1936).
(REVIEW).
Poliakov, G., 1936, Nr. 6 (58), 237.
SCHUBERT, J.: MACHIAVELLI UND DIE POLITISCHEN PROBLEME
UNSERER ZEIT. ZUM 400. TODESTAG DES GROSSEN
FLORENTINERS. BERLIN, 1927 (REVIEW).
Schmückle, K., Nr. 9, 1928, 159-163.
SCHÜLE, E.: RUSSLAND UND FRANKREICH VOM AUSGANG DES
KRIMKRIEGES BIS ZUM ITALIENISCHEN KRIEG 1856-1859.
KÖNIGSBERG, 1935. (REVIEW).
Kan, S., 1936, Nr. 3 (55), 164-165.
SCHÜSSLER, W.: ÖSTERREICH UND DAS DEUTSCHE SCHICKSAL.
LEIPZIG, 1925 (REVIEW).
Tordaĭ, L., Nr. 6, 1927, 253-259.
SCHWAHN, W.: GEHALTS-UND LOHNZAHLUNG IN ATHEN.
("RHEINISCHES MUSEUM FÜR PHILOLOGIE," N.F. LXXIX)
(REVIEW).
Kagarov, E., 1936, Nr. 3 (55), 172.
SCHWAHN, W.: DIE XENOPHONTISCHEN "POROI" UND DIE ATHENISCHE
INDUSTRIE IM IV. JAHRHUNDERT ("RHEINISCHES MUSEUM
FÜR PHILOLOGIE." NEUE FOLGE. BD. LXXX. H. 3) (REVIEW).
Kagarov, E., 1936, Nr. 5 (57), 163-164.
SCHWERTFEGER, B.H.: DIE GROSSEN ERZIEHER DES DEUTSCHEN
HEERES. AUS DER GESCHICHTE DER KRIEGSAKADEMIE.
POTSDAM, 1936. (REVIEW).
Fashizatsiia istoricheskoĭ nauki..., 1936, Nr. 6
(58), 256-257.
SCIENCES--FRANCE--LATE 18TH C.
Starosel'skaia, O., 1939, Nr. 3 (73), 109-135.

SCLAFERT, T.: LE HAUT DAUPHINÉ AU MOYEN AGE. PARIS, 1926 (REVIEW).
    Zvavich, I., Nr. 8, 1928, 204-206.
SECRET POLICE--RUSSIA--1871-72--DOCUMENTS ON K. MARX.
    Lekhtblau, L., 1940, Nr. 12 (88), 76.
SÉE, H.: FRANZÖSISCHE WIRTSCHAFTSGESCHICHTE. HANDBUCH DER WIRTSCHAFTSGESCHICHTE. HRSG. VON GEORG BRODNITZ. T. I-II. JENA, 1930-36. (REVIEW).
    Dobroliubskiǐ, K., 1937, Nr. 5-6 (63-64), 240-245.
SÉE, H.: HISTOIRE ÉCONOMIQUE ET SOCIALE (1930-1931 ("REVUE HISTORIQUE," V. CLXVIII) (REVIEW).
    Dalin, V., 1933, Nr. 2 (30), 177-183.
SÉE, H.: REMARQUES SUR LA MÉTHODE EN HISTOIRE ÉCONOMIQUE ET SOCIALE ("REVUE HISTORIQUE," V. CLXI).
SÉE, H.: LA VIE ÉCONOMIQUE DE LA FRANCE SOUS LA MONARCHIE CENSISTAIRE, 1815-46. PARIS, 1927. (REVIEW).
    Molok, A., Nr. 6, 1927, 272-274.
SÉE, H.--OBITUARY.
    Starosel'skaia, O., 1976, Nr. 5 (57), 205.
SELSAM, J.P.: THE ATTEMPTS TO FORM AN ANGLO-FRENCH ALLIANCE 1919-1924. PHILADELPHIA, 1936. (REVIEW).
    O.,IU., 1937, Nr. 2 (60), 187-188.
SEMENNIKOV, V.P.: POLITIKA ROMANOVYKH NAKANUNE REVOLIUTSII; OT ANTANTY K GERMANII. MOSCOW, 1926. (REVIEW).
    Mints, I., Nr. 3, 1927, 230-231.
SEMENOV-ZUSER, S.: SKIFY-KOCHOVNIKI NA TERYTORII PIVNICH-NOHO PRICHORNOMOR'IA. KHARKIV, 1939. (OTDEL. OTTISK IZ ZHURNALA "NAUKOVI ZAPISKI" KHAR'KOVSKOHO GOS. PED. INSTITUTA,NR. 1, 1939) (REVIEW).
    Kagarov, E., 1940, Nr. 4-5 (80-81), 132-133.
SERATTI, D.: SOVREMENNAIA ITALIIA. LENINGRAD, 1926 (REVIEW).
    Drabkina, E., Nr. 4, 1927, 210-213.
SERBIA--HISTORY--1914--SARAJEVO INCIDENT--ROLE.
    Poletika, N.P., Nr. 11, 1929, 49-82.
SEREBRIAKOV, L.P.--1937--TRIAL.
    IAroslavskiǐ, E., 1937, Nr. 1 (59), 6-15.
SEREBRIANSKIǏ, Z.: OT KERENSHCHINY K PROLETARSKOǏ DIKTATURE. OCHERKI PO ISTORII 1917 G. MOSCOW, 1928. (REVIEW).
    IU.,M., Nr. 9, 1928, 193-196.
SEREBROVSKIǏ, A.P.: NA ZOLOTOM FRONTE; VOSPOMINANIIA KHOZIAǏSTVENNIKOV. MOSCOW, 1936 (REVIEW).
    S.,M., 1936, Nr. 5 (57), 158-160.
SERF ECONOMY--RUSSIA--1800-1859.
    Drozdov, P., 1936, Nr. 5 (57), 34-69.
SERFDOM see also PEASANTRY AND SPECIFIC REGIONS.
SERFDOM--SOVIET HISTORIOGRAPHY--POLEMIC.
    Gazganov, É., Nr. 22, 1931, 38-63.
SERFDOM--EUROPE--S.M. DUBROVSKIǏ'S VIEWS--CRITIQUE.
    Malyshev, A., Nr. 15, 1930, 43-73, Nr. 16, 1930, 68-103.

SERFS see PEASANTRY AND ALSO SPECIFIC REGIONS.
SERGEEV, V.S.--OBITUARY.
    O.,M., 1941, Nr. 4 (92), 155.
SERGEEV, V.S.: ISTORIIA DREVNEĬ GRETSII. MOSCOW, 1939.
    (REVIEW).
    Zel'in, K., 1940, Nr. 2 (78), 153-158.
SERGEEV, V.S.: OCHERKI PO ISTORII DREVNEGO RIMA.
    CH. 1-2. MOSCOW, 1938. (REVIEW).
    Protasova, S., 1939, Nr. 4 (74), 172-176.
"SERGEĬ LAZO." SBORNIK VOSPOMINANII I DOKUMENTOV.
    MOSCOW, 1938. (REVIEW).
    Reĭkhberg, G., 1937, Nr. 5-6 (63-64), 162-166.
SERGIEVSKIĬ, N.L.: "RABOCHIĬ." GAZETA PARTII RUSSKIKH
    SOTS.-DEMOKRATOV (BLAGOEVTSEV) 1885 G.
    LENINGRAD, 1928 (REVIEW).
    Nevskiĭ, V., Nr. 10, 1928, 252-253.
SEVERO-KAVKAZSKAIA ISTORIKO-BYTOVAIA ÉKSPEDITSIIA GOS.
    ISTORICHESKOGO MUZEIA--1936-37.
    Severo-kavkazskaia istoriko-bytovaia..., 1936,
    Nr. 6 (58), 254.
SEVERO-KAVKAZSKIĬ GORSKIĬ ISTORIKO-LINGVISTICHESKIĬ
    INSTITUT IM.KIROVA--ARAB MANUSCRIPT CONCERNING
    SHAMIL.
    Novye dokumenty i..., 1937, Nr. 1 (59), 199-200.
S"EZD GERMANSKIKH ISTORIKOV see DEUTSCHER HISTORIKERTAG.
S"EZD SOVETOV SOIUZA SSR, 8TH, EXTRAORDINARY, DECEMBER,
    1936--CONSTITUTION OF USSR--RESOLUTIONS.
    Postanovleniia Chrezvychaĭnogo..., 1936, Nr. 6
    (58), 28.
S"EZD SOVETOV SOIUZA SSR, 8TH, EXTRAORDINARY, DECEMBER,
    1936--I.V. STALIN'S SPEECH--CONSTITUTION OF USSR.
    Stalin, I.V., 1936, Nr. 6 (58), 26-27.
SHĀHNĀMAH see FIRDAWSI: SHĀHNĀMAH.
SHAKHMATOV, A.A.--ARCHIVE--UNPUBLISHED WORKS.
    O neĭzdannykh trudakh..., 1936, Nr. 6 (58),
    254-255.
SHAKHMATOV, A.A.: NESKOL'KO ZAMECHANIĬ O DOGOVORAKH S
    GREKAMI OLEGA I IGORIA ("ZAPISKI NEOFILOLOGICHES-
    KOGO OBSHCHESTVA," 1914, VYP. 8).
    Shangin, M., 1941, Nr. 2 (90), 114-115.
SHAMIL.
    Pokrovskiĭ, N., 1934, Nr. 2 (36), 30-75.
SHAMIL--ARAB MANUSCRIPT CONCERNING HIS LIFE--1832-70.
    Novye dokumenty i..., 1937, Nr.1 (59), 199-200.
SHAMIL--LETTERS--CHECHENSKIĬ MUZEĬ HOLDINGS.
    Po nauchnym uchrezhdeniiam..., 1937, Nr. 2 (60),
    190-191.
SHAMIL--1830-59.
    Bushuev, S., 1937, Nr. 5-6 (63-64), 77-104.
SHCHADENKO, E.: DONBASS V GRAZHDANSKOĬ VOĬNE ("VOĬNA I
    REVOLIUTSIIA," NR. 1, 1935) (REVIEW).
    Kin, D., 1935, Nr. 8-9 (48-49), 216-220.

SHCHAPOV, A.P.--PHILOSOPHY OF HISTORY.
 Pokrovskiĭ, M.N., Nr. 3, 1927, 5-13.
SHCHAPOV, A.P.: SOBRANIE SOCHINENIĬ. DOPOLNITEL'NIĬ TOM.
 IRKUTSK, 1937. (REVIEW).
 Sidorov, A., 1937, Nr. 5-6 (63-64), 218-220.
SHCHEGOLEV, P.E.: PETRASHEVTSY V VOSPOMINANIIAKH
 SOVREMENNIKOV; SBORNIK MATERIALOV. MOSCOW,
 1926. (REVIEW).
 Mamet, L., Nr. 1, 1926, 307.
SHCHEGOLEV, P.P.--OBITUARY.
 Nekrologi, 1936, Nr. 3 (55), 204-206.
SHCHEGOLEV, P.P.: OCHERKI IZ ISTORII ZAPADNOĬ EVROPY
 XVI-XVII VV. KURS LEKTSII. LENINGRAD, 1938.
 (REVIEW).
 Semenov, V., 1938, Nr. 6 (70), 182-185.
SHCHEGOLEV, P.P.: ZAGOVOR BABEFA. LENINGRAD, 1927.
 (REVIEW).
 Zakher, IA., Nr. 4, 1927, 255-256.
SHEĬNMAN, M.: KTO TAKIE PAPY RIMSKIE. MOSCOW, 1941.
 (REVIEW).
 Ditiakin, K., 1941, Nr. 5 (93), 128-129.
SHELAVIN, K.: AVANGARDNYE BOI ZAPADNOEVROPEĬSKOGO
 PROLETARIATA; OCHERKI GERMANSKOĬ REVOLIUTSII
 1918-19 GG. CH. I-II. LENINGRAD, 1929-30.
 (REVIEW).
 Kuniskiĭ, S., Nr. 17, 1930, 109-111.
SHELEKHOV, G.I.--ARCHIVES.
 Po SSSR, 1934, Nr. 6 (40), 104-108.
SHEREMETEV, B.--ASTRAKHAN--1705-06.
 Astrakhanskoe vosstanie..., 1935, Nr. 4 (44),
 77-86.
SHESTAKOV, A.V.--REVIEW OF L. MAMET'S OĬROTIIA, MOSCOW,
 1930 ("ISTORIK-MARKSIST," NR. 15, 1930, 163-164)
 (REVIEW).
 Shestakov, A., Nr. 22, 1931, 184.
SHESTAKOV, A.V.: ISTORICHESKAIA NAUKA V SVETE "KRATKOGO
 KURSA ISTORII VKP(b) (LECTURE, MOSCOW, FEBRUARY,
 1939).
 Shestakov, A.V., 1939, Nr. 3 (73), 211-213.
SHILLER, F.P.: POĔZIIA GERMANSKOĬ REVOLIUTSII 1848 GODA.
 LENINGRAD, 1934. (REVIEW).
 Molok, A., 1936, Nr. 6 (58), 223-225.
SHLIAPNIKOV, A.G.--HISTORIAN OF RUSSIAN REVOLUTION OF
 1917--PHILOSOPHY OF HISTORY.
 Kin, D.IA., Nr. 3, 1927, 40-55.
SHLIAPNIKOV, A.G.--VKP(b)--"RABOCHAIA OPPOZITSIIA"--
 1920-27.
 IAroslavskiĭ, E., 1935, Nr. 7 (47), 73-85.
SHMURLO, E.?F.?: KURS RUSSKOĬ ISTORII. T. II. VYP. 1.
 MOSKVA I LITVA, 1462-1613. PRAGUE, 1933. (REVIEW).
 Piontkovskiĭ, S., 1935, Nr. 12 (52), 142-144.

SHNEERSON, A.I.: FINANSOVYĬ KAPITAL VO FRANTSII. MOSCOW,
    1937. (REVIEW).
        Segall, IA., 1938, Nr. 4 (68), 178-180.
SHOKHIN, A.P.: O ZAKONOMERNOSTIAKH V RAZVITII IUNOSHESKOGO
    PROLETARSKOGO DVIZHENIIA--VSESOIUZNAIA KONFERENTSIIA
    ISTORIKOV-MARKSISTOV. MOSCOW, DECEMBER, 1928.
    Vsesoiuznaia konferentsiia..., Nr. 12, 1929, 300-333.
SHOTMAN, A.: ZAPISKI STAROGO BOL'SHEVIKA N.P., N.D.
    (REVIEW).
        Nevskiĭ, --, 1933, Nr. 4 (32), 123-130.
SHPOLIANSKIĬ, D.: MONOPOLISTICHESKIE ORGANIZATSII DOVOEN-
    NOGO DONBASSA I KRIVOROZH'IA. (DISSERTATION)
    MOSCOW, 1940.
        P.,K., 1941, Nr. 4 (92), 151-152.
SHTADEN, G.: O MOSKVE IVANA GROZNOGO: ZAPISKI OPRICHNIKA.
    LENINGRAD, 1925. (REVIEW).
        Shtraukh, A.N., Nr. 1, 1926, 305-306.
SHTAKENSHNEĬDER, E.A.: DNEVNIK I ZAPISKI,(1854-86) MOSCOW,
    1934. (REVIEW).
        Koz'min, B., 1935, Nr. 4 (44), 126-128.
SHTEĬNBERG, I. see STEINBERG, I.N.
SHTRAUKH, A.N.--OBITUARY.
        A.N. Shtraukh, 1935, Nr. 5-6 (45-46), 208.
SHTRAUKH, A.N.: K VOPROSU O GENEZISE SOTSIAL'NYKH VOZZRENIĬ
    N. G. GHERNYSHEVSKOGO. MOSCOW, 1929 (REVIEW).
        Nechkina, M., Nr. 15, 1930, 156-157.
SHUNKOV, V.I.: K ISTORII KREST'IAN ZAPADNOĬ SIBIRI V XVII
    I NACHALE XVIII VEKA. (DISSERTATION) MOSCOW, 1940.
        Shunkov, V., O-v, M., 1940, Nr. 4-5 (80-81),
        152-154.
SIBERIA--HISTORY--17TH-18TH C.--TUNGUS AND LAMUT PEOPLES.
        Zolotarev, A., 1938, Nr. 2 (66), 63-88.
SIBERIA--HISTORY--17TH C.--COLONIZATION.
        Shunkov, V., 1941, Nr. 3 (91), 81-93.
SIBERIA--HISTORY--17TH C.--RUSSIAN COLONIZATION OF YAKUTIA.
        Ionova, O., 1939, Nr. 5-6 (75-76), 175-191.
SIBERIA--HISTORY--1905--ARMED UPRISING.
        Mil'shteĭn, A., 1940, Nr. 8 (84), 3-28.
SIBERIA--HISTORY--REVOLUTION OF 1917.
        IAroslavskiĭ, E., 1932, Nr. 6 (28), 35-41.
SIBERIA, WESTERN--ETHNOGRAPHIC EXPEDITION--MGU--1940.
        Dzenis, Z., 1941, Nr. 3 (91), 156-157.
"SIBIRSKIĬ SOIUZ RSDRP; K 30-LETIIU BOL'SHEVISTSKIKH
    PARTIĬNYKH ORGANIZATSII V SIBIRI, 1903-1933 GG."
    MOSCOW, 1935. (REVIEW).
        Popov, K., 1936, Nr. 1 (53), 196-198.
SIBIRSKOE ZEMLIACHESTVO. SOBRANIE, NOV. 15, 1932--
    REVOLUTION OF 1917 IN SIBERIA.
        IAroslavskiĭ, E., 1932, Nr. 6 (28), 35-41.
SICILY--HISTORY--1848-49--DOCUMENTATION.
        Al'perovich, M., Belen'kiĭ, A., 1941, Nr. 1 (89),
        153-154.

SIDNEY, PH., BARON DE L'ISLE AND DUDLEY: REPORT ON THE
     MANUSCRIPTS OF LORD DE L'ISLE AND DUDLEY PRESERVED
     AT PENSHURST PLACE. V. 3. ED. BY W.A. SHAW.
     LONDON, 1937 (REVIEW).
     Istoricheskaia nauka za..., 1938, Nr. 5 (69),
     236.
SIDOROV, K.--RUSSIAN REVOLUTION OF 1905--VIEWS--E.A.
     IAROSLAVSKII'S CRITIQUE.
     IAroslavskiĭ, E., Nr. 21, 1931, 143-160.
SILESIA--ECONOMIC CONDITIONS--LATE 18TH C.--LINEN
     INDUSTRY.
     Kan, S., 1936, Nr. 6 (58), 97-133.
SILK INDUSTRY--FRANCE--18TH-19TH C.
     Potemkin, F., Nr. 12, 1929, 115-152.
SIMMEL, G.--SOCIOLOGY--CRITIQUE.
     Sergeev, V., Nr. 12, 1929, 238-268.
SINO-JAPANESE WAR--1931-45--AMERICAN INTERESTS--1931-40.
     IUshchak, K., 1940, Nr. 8 (84), 99-109.
SKACHKO, A.E.: DAGESTAN OT KOLONIAL'NOGO VYROZHDENIIA
     SOTSIALISTICHESKOMU RASTSVETU. N.P., 1931-32?
     (REVIEW).
     Shovkrinskii, IU.,1932, Nr. 1-2 (23-24), 162-176.
SKAZKIN, S.D.--EUROPEAN ABSOLUTISM--VIEWS--CRITIQUE.
     Mosina, Z., 1940, Nr. 6 (82), 68-74.
SKITSKIĬ, B.V.: K ISTORII OBSHCHESTVENNOGO DVIZHENIIA
     SREDI MUSUL'MANSKOGO NASELENIIA SEVERNOGO KAVKAZA
     V 1876-1877 GG.; MATERIALY. ("SBORNIK NAUCHNOGO
     OBSHCHESTVA ÉTNOGRAFII, IAZYKA I LITERATURY
     PRIGORSKOM PED. INST.," T. 1) VLADIKAVKAZ, 1929
     (REVIEW).
     Likhnitskiĭ, N., Pokrovskiĭ, N., 1934, Nr. 2
     (36), 99-105.
SKITSKIĬ, B.V.: KLASSOVYĬ KHARAKTER MIURIDIZMA V PORU
     IMAMATA SHAMILIA. ("IZVESTIIA GORSKOGO PED.
     INST., T. VII") VLADIKAVKAZ, 1930 (REVIEW).
     Likhnitskiĭ, N., Pokrovskiĭ, N., 1934, Nr. 2
     (36), 99-105.
SKITSKIĬ, B.V.: SOTSIAL'NYĬ KHARAKTER DVIZHENIIA IMAMA
     MANSURA ("IZVESTIIA 2-GO SERVEROKAVKAZKOGO PED.
     INST. IM. GADIEVA," T. IX) ORDZHONIKIDZE, 1932
     (REVIEW).
     Likhnitskii, N., Pokrovskiĭ, N., 1934, Nr. 2
     (36), 99-105.
SLABCHENKO, M.E.--UKRAINIAN HISTORIOGRAPHY.
     Skubitskiĭ, T., Nr. 17, 1930, 27-40.
SLAVERY--ANTIQUITY--ROME--3RD-9TH C. A.D.--MODE OF PRODUCTION.
     Sergeev, V., 1938, Nr. 3 (67), 53-79.
SLAVERY--ANTIQUITY--ROME--6TH-7TH C. A.D.
     Grekov, B., 1939, Nr. 4 (74), 134-143.

SLAVERY--ARMENIA--2ND-12TH C.--SOVIET HISTORIOGRAPHY.
    Manadian, IA., 1940, Nr. 6 (82), 3-8.
SLAVERY--KIEVAN RUS--9TH-11TH C.--HISTORIOGRAPHY.
    Grekov, B., 1939, Nr. 4 (74), 134-143.
SLAVERY--KIEVAN RUS--11TH-12TH C.--DOCUMENT.
    Piankov, A., 1940, Nr. 3 (79), 136.
SLAVIC STUDIES--CONFERENCE, PRAGUE, MAY, 1936.
    Nauchnye obshchestva i..., 1936, Nr. 6 (58),
    257-258.
SLAVIC STUDIES--RUSSIA--HISTORY--14TH-18TH C.
    Needly, Z., 1941, Nr. 2 (90), 81-94.
SLAVIC STUDIES--RUSSIA--HISTORY--19TH C.
    Picheta, V., 1941, Nr. 3 (91), 36-62.
SLAVOPHILES--1839-80.
    Dmitriev, S., 1941, Nr. 1 (89), 85-95.
SLAVOPHILES--1842-45--A.I. HERTZEN.
    Derzhavin, N., 1939, Nr. 1 (71), 125-145.
SLAVS--RELATIONS--BYZANTINE EMPIRE--5TH-6TH C.--SYRIAN
    CHRONICLES.
    Pigulevskaia, N., 1941, Nr. 4 (92), 92-96.
SLAVS, EASTERN--ORIGINS AND HISTORY--M.N. POKROVSKIĬ.
    Kosven, M., 1938, Nr. 5 (69), 129-137.
SLEPKOV, A.N.--POLITICAL VIEWS.
    Kin, D., Nr. 21, 1931, 19-37.
SLOVENES--NATIONAL MOVEMENT--1848-1918.
    Gustinchich, D., 1941, Nr. 5 (93), 82-91.
"SLOVO O MIRE S BOLGARAMI 927 G."--VATICAN MANUSCRIPT
    NR. 483.
    Shangin, M., 1939, Nr. 3 (73), 177.
"SLOVO O POLKU IGOREVE."
    Priselkov, M., 1938, Nr. 6 (70), 112-133.
"SLOVO O POLKU IGOREVE"--750TH ANNIVERSARY--CONFERENCE,
    AN SSSR, MOSCOW, MAY, 1938.
    Torzhestvennoe zasedanie AN SSSR..., 1938, Nr. 4
    (68), 200.
"SLOVO O POLKU IGOREVE"--AUTHORSHIP.
    Grekov, B., 1938, Nr. 4 (68), 10-19.
SLUTSKIĬ, A.G.: O PROBLEME UCHEBNIKA--VSESOIUZNAIA
    KONFERENTSIIA ISTORIKOV-MARKSISTOV, MOSCOW,
    DECEMBER, 1928.
    Vsesoiuznaia konferentsiia..., Nr. 12, 1929,
    300-333.
SLUTSKIĬ, A.G.:: PARIZHSKAIA KOMMUNA 1871 G. MOSCOW,
    1925 (REVIEW).
    Kuniskiĭ, S.D., Nr. 3, 1927, 196-199.
SMIDOVICH, P.G.--OBITUARY.
    P.G. Smidovich, 1935, Nr. 4 (44), 159-160.
SMIRNOV, A., MILONOV, N.: KRATKOE RUKOVODSTVO PO
    ARKHEOLOGII. METODICHESKOE POSOBIE DLIA KRAEVEDOV
    I KRAEVEDCHESKIKH MUZEEV. MOSCOW, 1939 (REVIEW).
    Stelletskiĭ, I., 1940, Nr. 9 (85), 135-138.

SMIRNOV, I.I.--COLONIAL AND THIRD WORLD HISTORY.
    Starosel'tsev, N., 1938, Nr. 4 (68), 75-84.
SMIRNOV, P.: VOL'ZHSKYĬ SHLIAKH I STARODAVNI RUSI;
    NARYSY Z RUS'KOĬ ISTORII VI-IX VV. KIEV, 1928
    (REVIEW).
    Trotskiĭ, I., Nr. 10, 1928, 244-246.
SMITH, W.: OÙ EN EST LE JAPON? PARIS, 1936 (REVIEW).
    Erofeev, N., 1939, Nr. 4 (74), 185-189.
SMOLENSK DISTRICT--IRON WORKS--1671-80--DOCUMENTS.
    Kazennye zheleznye "rudni"..., 1935, Nr. 1 (41),
    60-81.
SMOLENSK PROVINCE--HISTORY--1774--TAĬNAIA EKSPEDITSIIA--
    REPORTS ON PEASANT UNREST.
    Piontkovskiĭ, S., 1935, Nr. 7 (47), 91-100.
SNEGIREV, I., FRANTSOV, IU.: DREVNYĬ EGIPET. ISTORICHESKIĬ
    OCHERK. LENINGRAD, 1938 (REVIEW).
    Sholpo, N., 1938, Nr. 6 (70), 181-182.
SOBOUL, A.: 1789, L'AN PREMIER DE LA LIBERTÉ.
    PARIS, 1939 (REVIEW).
    Erofeev, N., 1939, Nr. 5-6 (75-76), 264-266.
SOCIAL DEMOCRACY--EUROPE--LATE 19TH C.--F. ENGELS AND
    K. KAUTSKY.
    Lur'e, Kh., 1936, Nr. 2 (54), 69-81.
SOCIAL DEMOCRACY--FINLAND--ARCHIVES.
    Rabota nauchnykh uchrezhdeniĭ, 1936, Nr. 4 (56),
    172.
SOCIAL DEMOCRACY--GERMANY--E. BERNSTEIN--F. ENGELS'
    CRITICISM.
    Lur'e, Kh., 1933, Nr. 2 (30), 143-162.
SOCIAL DEMOCRACY--GERMANY--1869-78.
    Bernshteĭn, A.S., Nr. 13, 1929, 95-136.
SOCIAL DEMOCRACY--GERMANY--EARLY 20TH C.
    Bernshteĭn, A., Nr. 18-19, 1930, 149-156.
SOCIAL DEMOCRACY--GERMANY--EARLY 20TH C.--SOVIET HISTORIO-
    GRAPHY.
    Diskussiia o germanskoĭ..., Nr. 18-19, 1930,
    84-156.
SOCIAL DEMOCRACY--GERMANY--1932--"SOCIAL FASCISM."
    Rubinshteĭn, E., 1932, Nr. 1-2 (23-24), 79-116.
SOCIAL DEMOCRACY--LATVIA--1900-14.
    Krumin, IA., 1933, Nr. 5 (33), 67-79.
SOCIAL DEMOCRACY--HUNGARY--1890-1900.
    Santo, B., 1941, Nr. 6 (94), 47-59.
SOCIAL DEMOCRACY--NETHERLANDS--F. DOMELA NIEUWENHUIS.
    Perepiska Marksa i..., 1934, Nr. 6 (40), 37-69.
SOCIAL DEMOCRACY--RUSSIA--1883-1903--ORIGINS OF BOLSHEVISM.
    Lepeshinskiĭ, P., 1933, Nr. 4 (32), 20-52.
SOCIAL DEMOCRACY--RUSSIA--1903-14--V.I. LENIN.
    Ryklin, L., 1932, Nr. 3 (25), 11-36.
SOCIAL DEMOCRACY OF THE KINGDOM OF POLAND AND LITHUANIA
    see SDKPiL.

SOCIETIES, PRIMITIVE--PRODUCTION METHODS.
　　　　Tokin, N., 1934, Nr. 1 (35), 189-209.
"SOCIETY FOR THE ASSISTANCE OF RUSSIAN INDUSTRY AND TRADE."
　　　　Popov, A., 1934, Nr. 3 (37), 3-28.
SOCIETY OF AMERICAN ARCHIVISTS--1936.
　　　　Arkhivnoe delo zagranitseĭ, 1937, Nr. 3 (61), 233.
SOCIETY, FRENCH--17TH C.--"THIRD ESTATE."
　　　　Porshnev, B., 1940, Nr. 2 (78), 91-113.
SOCIOLOGY--MARXIST INTERPRETATION.
　　　　Diskussiia o marksistskom...., Nr. 12, 1929, 189-213.
SOCIOLOGY--WESTERN EUROPE--LATE 19TH-20TH C.--CRITIQUE.
　　　　Sergeev, V., Nr. 12, 1929, 238-268.
SÖDERHJELM, A.:　MARIE-ANTOINETTE ET BARNAVE; CORRESPONDANCE
　　　　SECRÈTE (JUILLET 1791-JANVIER 1792) PARIS, 1934
　　　　(REVIEW).
　　　　Starosel'skaia, O., 1936, Nr. 5 (57), 170-172.
SOGDIAN MANUSCRIPT.
　　　　Doklady na gruppe..., 1935, Nr. 4 (44), 154-155.
SOIUZ OB"EDINENNYKH GORTSEV KAVKAZA--1918-19.
　　　　Burkin, N., 1934, Nr. 2 (36), 11-29.
SOIUZ OFITSEROV--1917.
　　　　Mints, I., Eĭdeman, R., 1934, Nr. 1 (35), 53-98.
SOIUZ SOIUZOV see UNION OF UNIONS.
SOCJALDEMOKRACJA KRÓLESTWA POLSKIEGO I LITWY see SDKPIL.
SOKOL'NIKOV, G.IA.--1937--TRIAL.
　　　　IAroslavskiĭ, E., 1937, Nr. 1 (59), 6-15.
SOLOV'EV, IU.:　25 LET MOEĬ DIPLOMATICHESKOĬ SLUZHBY,
　　　　1893-1918. MOSCOW, 1928. (REVIEW).
　　　　Rubinshteĭn, N., Nr. 9, 1928, 190-191.
SOLOV'EV, S.M.--HISTORIOGRAPHY--BIBLIOGRAPHY.
　　　　Zhelokhovtseva, A., 1940, Nr. 3 (79), 114-126.
SOLOV'EV, S.M.--PHILOSOPHY OF HISTORY.
　　　　Rubinshteĭn, N., 1940, Nr. 3 (79), 92-113.
SOLOV'EV, S.M.--PHILOSOPHY OF HISTORY--M.N. POKROVSKIĬ'S
　　　　CRITIQUE.
　　　　Piontkovskiĭ, S., 1932, Nr. 6 (28), 85-99.
SOLOV'EV, S.M.--POLITICAL PHILOSOPHY--REFORMS OF PETER I,
　　　　THE GREAT.
　　　　Bantke, S., Nr. 13, 1929, 137-165.
SOLOV'EV, S.M.--RUSSIAN IMPERIALISM--VIEWS.
　　　　Redkin, M., 1932, Nr. 3 (25), 37-59.
SOLTAU, R.H.:　AN OUTLINE OF EUROPEAN ECONOMIC DEVELOPMENT.
　　　　LONDON, 1935. (REVIEW).
　　　　S.,IA., 1938, Nr. 1 (65), 166-167.
SOMBART, W.--SOCIOLOGY--CRITIQUE.
　　　　Sergeev, V., Nr. 12, 1929, 238-268.
"SORMOVO NA BARRIKADAKH 1905 GODA."　K 30-LETIIU DEKABR'SKOGO
　　　　VOORUZHENNOGO VOSSTANIIA. SORMOVSKIĬ RAĬONNYĬ
　　　　KOMITET VKP(b). GOR'KIĬ, 1935. (REVIEW).
　　　　P.,I., 1937, Nr. 2 (60), 182.
SOROKIN, P.--1918.
　　　　IAroslavskiĭ, E., 1939, Nr. 1 (71), 23-52.

"SOTSIALIZM I KOMMUNIZM." VYP. 2. SBORNIK TEORETICHESKIKH
    STATEĬ. MOSCOW, 1936. (REVIEW).
        V.,I., 1936, Nr. 4 (56), 146.
SOUTH AMERICA see LATIN AMERICA.
SOVESHCHANIE ISTORICHESKIKH FAKUL'TETOV I ISTORICHESKIKH
    INSTITUTOV, MOSCOW, MAY, 1935.
        Soveshchanie istoricheskikh fakul'tetov..., 1935,
    Nr. 5-6 (45-46), 167-173.
SOVESHCHANIE PO VIZANTINOVEDENIIU, MOSCOW, NOVEMBER, 1938.
        Soveshchanie po vizantinovedeniiu..., 1939, Nr. 2
    (72), 199.
SOVESHCHANIE PO VOPROSAM ĖTNOGENEZA, MOSCOW, SEPTEMBER,
    1938.
        Soveshchanie po voprosam..., 1938, Nr. 6 (70), 201.
SOVET BEZRABOTNYKH see SOVIET OF THE UNEMPLOYED.
SOVET NARODNYKH KOMISSAROV see SOVNARKOM.
"SOVETSKAIA ĖTNOGRAFIIA" (JOURNAL) (REVIEW).
        K., 1938, Nr. 4 (68), 163-164.
SOVETY RABOCHIKH DEPUTATOV see SOVIETS OF WORKERS' DEPUTIES.
SOVIET FAR EAST--HISTORY--1918-22--DVR--JAPANESE INTERVENTION.
        Reĭkhberg, G., 1937, Nr. 4 (62), 124-154.
SOVIET FAR EAST--HISTORY--1920--JAPANESE INTERVENTION.
        Reĭkhberg, G., 1935, Nr. 5-6 (45-46), 131-141.
SOVIET OF PEASANT DEPUTIES--RUSSIAN REVOLUTION OF 1917.
        Shestakov, A., 1932, Nr. 4-5 (26-27), 72-95.
SOVIET OF PEOPLE'S COMMISSARIATS see SOVNARKOM.
SOVIET OF THE UNEMPLOYED--1905-07--DOCUMENTS.
        Rabota bol'shevikov sredi..., 1935, Nr. 12 (52),
    75-97.
SOVIET OF WORKERS' AND SOLDIERS' DEPUTIES--MOSCOW--1917.
        Kostomarov, G., 1935, Nr. 11 (51), 21-37.
SOVIET OF WORKERS' AND SOLDIERS' DEPUTIES--PETROGRAD--
    APRIL, 1917.
        Krivosheina, E., 1935, Nr. 10 (50), 68-84.
SOVIET OF WORKERS' AND SOLDIERS' DEPUTIES, PETROGRAD--
    APRIL, 1917--TACTICS.
        Krivosheina, E., 1935, Nr. 8-9 (48-49), 90-110.
SOVIET RUSSIA--ECONOMIC CONDITIONS--1918.
        Feĭgel'son, M., 1940, Nr. 9 (85), 70-84.
SOVIET RUSSIA--ECONOMIC CONDITIONS--1921-22.
        Rubinshteĭn, N., 1941, Nr. 2 (90), 22-48.
SOVIET RUSSIA--ECONOMIC RELATIONS--WESTERN NATIONS--1921-22.
        Rubinshteĭn, N., 1941, Nr. 2 (90), 22-48.
SOVIET RUSSIA--FOREIGN POLICY--1917-22--PEACE.
        Korradov, T., 1937, Nr. 4 (62), 62-80.
SOVIET RUSSIA--FOREIGN RELATIONS--FRANCE--1917-18.
        Shteĭn, B., 1940, Nr. 4-5 (80-81), 12-35.
SOVIET RUSSIA--FOREIGN RELATIONS--FRANCE--1918-19--CRIMEAN
    CAMPAIGN.
        Vol'fson, B., 1940, Nr. 4-5 (80-81), 36-52.

SOVIET RUSSIA--FOREIGN RELATIONS--FRANCE--1918-19--
FRENCH MILITARY INTERVENTION--SOVIET HISTORIO-
GRAPHY--BIBLIOGRAPHY.
Gurkovskiĭ, A., Nr. 6, 1927, 242-253.
SOVIET RUSSIA--FOREIGN RELATIONS--GEORGIA (TANSCAUCASIA)--
1918.
Minasian, O., 1938, Nr. 6 (70), 53-86.
SOVIET RUSSIA--FOREIGN RELATIONS--GREAT BRITAIN--1917-20--
MEMOIRS--F. ROTSHTEĬN.
Rotshteĭn, F., Nr. 5, 1927, 36-48.
SOVIET RUSSIA--FOREIGN RELATIONS--GREAT BRITAIN--1918-19--
ALLIED MILITARY INTERVENTION--10TH ANNIVERSARY.
Mints, I., Nr. 11, 1929, 83-99.
SOVIET RUSSIA--FOREIGN RELATIONS--GREAT BRITAIN--1918-19--
BRITISH MILITARY INTERVENTION IN CENTRAL ASIA.
Gurko-Kriazhin, V.A., Nr. 2, 1926, 115-139.
SOVIET RUSSIA--FOREIGN RELATIONS--GREAT BRITAIN--1918-19--
BRITISH MILITARY INTERVENTION IN CENTRAL ASIA--
SOVIET HISTORIOGRAPHY--BIBLIOGRAPHY.
Gurkovskiĭ, A., Nr. 6, 1927, 242-253.
SOVIET RUSSIA--FOREIGN RELATIONS--GREAT BRITAIN--1918-19--
CRIMEAN CAMPAIGN.
Vol'fson, B., 1940, Nr. 4-5 (80-81), 36-52.
SOVIET RUSSIA--FOREIGN RELATIONS--JAPAN--1918-25.
Gal'perin, A., 1940, Nr. 2 (78), 114-124.
SOVIET RUSSIA--FOREIGN RELATIONS--JAPAN--1920--DVR.
Reĭkhberg, G., 1935, Nr. 5-6 (45-46), 131-141.
SOVIET RUSSIA--FOREIGN RELATIONS--ROMANIA--1917-18.
Shteĭn, B., 1940, Nr. 4-5 (80-81), 12-35.
SOVIET RUSSIA--FOREIGN RELATIONS--USA--1918-19--ALLIED
MILITARY INTERVENTION--10TH ANNIVERSARY.
Mints, I., Nr. 11, 1929, 83-99.
SOVIET RUSSIA--FOREIGN RELATIONS--1918--TREATY OF BREST-
LITOVSK--REACTION OF ENTENTE.
Miller, F., 1933, Nr. 1 (29), 111-126.
SOVIET RUSSIA--HISTORY--1918--COMMITTEES OF THE POOR.
Bronshteĭn, V., 1938, Nr. 5 (69), 71-96.
SOVIET RUSSIA--HISTORY--1918-21--CIVIL WAR see RUSSIA--
HISTORY--1918-21--CIVIL WAR.
SOVIET RUSSIA--HISTORY--1918--TREATY OF BREST-LITOVSK--
REACTION OF ENTENTE.
Miller, F., 1933, Nr. 1 (29), 111-126.
SOVIET RUSSIA--HISTORY--1920-22--NÉP--ORIGINS AND IMPLE-
MENTATION.
Genkina, E., 1939, Nr. 5-6 (75-76), 38-66.
SOVIET RUSSIA--HISTORY--JANUARY-MARCH, 1920--MOBILIZATION.
Gukovskiĭ, A., 1940, Nr. 9 (85), 27-50.
SOVIET RUSSIA--MILITARY HISTORY--1919--CAMPAIGN AGAINST
DENIKIN ARMY.
Lukomskaia, I., 1940, Nr. 1 (77), 98-119.

SOVIET RUSSIA--NATIONALITIES POLICY--1920--MARI ASSR.
      Kalistratov, N., 1941, Nr. 3 (91), 106-108.
SOVIET RUSSIA--NATIONALITIES POLICIES--WHITE RUSSIA--
      1917-20.
      Shekun, O., 1940, Nr. 1 (77), 63-78.
SOVIET RUSSIA--NATIONALITIES QUESTION--1918-21.
      Gabidullin, Kh., 1932, Nr. 6 (28), 22-34.
SOVIET RUSSIA--NATIONALITIES QUESTION--TATARS--1918-20.
      Tarasov, A., 1940, Nr. 7 (83), 93-100.
SOVIETS, PEASANT--GERMANY--1918.
      Lenchner, S., 1941, Nr. 3 (91), 63-80.
SOVIETS OF WORKERS' AND SOLDIERS' DEPUTIES--SIBERIA--1917.
      IAroslavskiĭ, E., 1932, Nr. 6 (28), 35-41.
SOVIETS OF WORKERS' DEPUTIES--POLAND--1918--WARSAW--
      DOCUMENTS.
      Pervyĭ sovet rabochikh..., 1932, Nr. 4-5 (26-27),
      339-351.
SOVIETS OF WORKERS' DEPUTIES--RUSSIA--1905.
      Gorin, P.O., Nr. 1, 1926, 201-235.
SOZIALDEMOKRATISCHE ARBEITERPARTEI--HISTORY--1869-78.
      Bernshteĭn, A.S., Nr. 13, 1929, 95-136.
SOZIALDEMOKRATISCHE PARTEI DEUTSCHLANDS see SPD.
SPAIN--HISTORY--16TH-17TH C.--FRENCH AND ENGLISH HISTORIO-
      GRAPHY.
      Tarle, E.V., 1939, Nr. 1 (71), 165-170.
SPAIN--HISTORY--REVOLUTION OF 1808-12.
      Minlos, B., 1937, Nr. 1 (59), 98-124.
SPAIN--HISTORY--1808--MADRID UPRISING.
      Mitskun, N., 1940, Nr. 9 (85), 115-126.
SPAIN--HISTORY--REVOLUTION OF 1820-23.
      Minlos, B., 1937, Nr. 1 (59), 98-124.
SPAIN--HISTORY--REVOLUTION OF 1834-43.
      Minlos, B., 1937, Nr. 1 (59), 98-124.
SPAIN--HISTORY--REVOLUTION OF 1854-56.
      Minlos, B., 1937, Nr. 1 (59), 98-124.
SPAIN--HISTORY--REVOLUTION OF 1868-73--FIRST REPUBLIC.
      Minlos, B., 1937, Nr. 1 (59), 98-124.
SPAIN--HISTORY--1874-1931.
      Minlos, B., 1937, Nr. 1 (59), 98-124.
SPAIN--HISTORY--1929-30.
      Del'val, T., Nr. 22, 1931, 146-159.
SPAIN--HISTORY--1931-36--SECOND REPUBLIC.
      Minlos, B., 1937, Nr. 1 (59), 98-124.
SPAIN--HISTORY--1936--CIVIL WAR--MEMOIRS.
      IUrev, A., 1936, Nr. 6 (58), 185-190.
SPAIN--HISTORY--1936--CIVIL WAR--SOVIET HISTORIOGRAPHY--
      BIBLIOGRAPHY.
      IUrev, A., 1936, Nr. 6 (58), 185-190.
SPAIN--SOCIO-ECONOMIC CONDITIONS--1929-30.
      Del'val, T., Nr. 22, 1931, 146-159.

SPANDARIAN, S. (TIMOFEĬ): STAT'I, PIS'MA, DOKUMENTY.
EREVAN, 1940 (REVIEW).
Aronovich, TS., 1941, Nr. 3 (91), 123-125.
SPANGENBERG, H.: TERRITORIALWIRTSCHAFT UND STADTWIRT-
SCHAFT. MUNICH, 1932 (REVIEW).
K.,S., 1933, Nr. 4 (32), 143-144.
SPARTACIST LEAGUE see SPARTAKUS BUND.
SPARTAKUS BUND--1917--ATTITUDE TOWARD RUSSIAN REVOLUTION.
Frölich, P., Nr. 5, 1927, 49-70.
SPEER, HARALD--GERMAN HISTORIAN.
Novinki nemetskoĭ literatury, 1936, Nr. 2 (54),
181-182.
SPENGLER, O.: JAHRE DER ENTSCHEIDUNG. MUNICH, 1933
(REVIEW).
Preobrazhenskiĭ, P., 1933, Nr. 6 (34), 153-156.
SPERANSKIĬ, A.N.: OCHERKI PO ISTORII PRIKAZA KAMENNYKH
DEL MOSKOVSKOGO GOSUDARSTVA. MOSCOW, 1930 (REVIEW).
Tikhomirov, B., Nr. 22, 1931, 178-181.
SPERANSKII, M.N.: IZ STARINNOĬ NOVGORODSKOĬ LITERATURY
XIV VEKA. LENINGRAD, 1934 (REVIEW).
Inostrannye otzyvy o..., 1936, Nr. 2 (54), 182-183.
SPERANSKIĬ, M.N.: IZ STARINNOĬ NOVGORODSKOĬ LITERATURY
XIV V. (AN SSSR. PAMIATNIKI DREVNERUSSKOĬ
LITERATURY, VYP. 4) LENINGRAD, 1934 (REVIEW).
Kusik'ian, I., 1935, Nr. 1 (41), 103-104.
SPIRIDOV, M.M.--CORRESPONDENCE--V.L. DAVYDOV.
Iz arkhiva dekabrista V.L. Davydova..., Nr. 1,
1926, 175-200.
SRBIK, H., RITTER, v.--AUSTRIAN HISTORIAN.
Fashizatsiia istoricheskoĭ nauki..., 1936, Nr. 3
(55), 198-199.
SREDNEAZIATSKIĬ GOS. UNIVERSITET. IST. FAK.--WORK IN
PROGRESS AND PUBLICATIONS--1940.
Dodonov, I., 1940, Nr. 7 (83), 157-158.
"SSU KU CH'ÜAN SHU"--PHOTOCOPY--LENIN STATE LIBRARY--1936.
Gaĭdar, M., 1937, Nr. 1 (59), 198-199.
STÄHLIN, K.: GESCHICHTE RUSSLANDS VON DEN ANFÄNGEN BIS
ZUR GEGENWART. BD. III. BERLIN, 1935 (REVIEW).
Rubinshteĭn, N., 1936, Nr. 5 (57), 154-156.
STALIN, I.V.
IAroslavskiĭ, E., 1940, Nr. 1 (77), 3-13.
STALIN, I.V.--60TH ANNIVERSARY OF HIS BIRTH--CONFERENCES,
MOSCOW, DECEMBER, 1939.
Sessiia otdeleniia istorii..., 1940, Nr. 3 (79),
153.
STALIN, I.V.--60TH ANNIVERSARY OF HIS BIRTH--SOVIET
HISTORIOGRAPHY--BIBLIOGRAPHY.
Literatura k..., 1940, Nr. 2 (78), 133-138.
STALIN, I.V.--COLLECTIVIZATION.
Chernomordik, S., 1940, Nr. 2 (78), 37-53.

STALIN, I.V.--CONSTITUTION--1936.
Stalin, I.V., 1936, Nr. 6 (58), 5-25; 26-27.
STALIN, I.V.--CONSTITUTION--1936.
Stalinskaia konstitutsiia..., 1936, Nr. 4 (56),
32-38.
STALIN, I.V.--HISTORICAL WRITINGS--UTILITY FOR TEACHERS
OF HISTORY.
Fokht, A., 1935, Nr. 11 (51), 92-98.
STALIN, I.V.--I.F. IVANOV'S LETTER ON TRANSITION TO
SOCIALISM--STALIN'S ANSWER.
Pis'mo tov. Ivanova..., 1938, Nr. 2 (66), 3-7.
STALIN, I.V.--NATIONAL QUESTION.
Drabkina, E., 1932, Nr. 4-5 (26-27), 9-36.
STALIN, I.V.--NATIONALITIES QUESTION--RUSSIA--1904--
CRITIQUE OF SOCIAL DEMOCRATS.
Stalin, I.V., 1940, Nr. 2 (78), 3-13.
STALIN, I.V.--M.N. POKROVSKIĬ--CRITICISM.
Pankratova, A., 1940, Nr. 1 (77), 14-24.
STALIN, I.V.--RKP(b)--10TH CONGRESS--1921--NATIONALITIES
QUESTION.
Genkina, E., 1941, Nr. 3 (91), 3-10.
STALIN, I.V.--RSDRP--CONSTITUTION--1905.
Stalin, I.V., 1940, Nr. 2 (78), 14-19.
STALIN, I.V.--YOUTH--ANECDOTES.
Golubovich, V., 1940, Nr. 1 (77), 120-128.
STALIN, I.V.--1898-1906--UNDERGROUND BOLSHEVIK PRESS--
AVLABAR (TIFLIS).
Moskalev, M., 1940, Nr. 4-5 (80-81), 53-63.
STALIN, I.V.--1900-21--MUZEĬ V.I. LENINA, LENINGRAD
BRANCH.
Lebedev, M., 1938, Nr. 4 (68), 94-101.
STALIN, I.V.--1908-12.
Anisimov, N., 1940, Nr. 9 (85), 3-26.
STALIN, I.V.--1912--RSDRP PRAGUE CONFERENCE.
IAroslavskiĭ, E., 1937, Nr. 1 (59), 63-97.
STALIN, I.V.--1919--CAMPAIGN AGAINST DENIKIN ARMY.
Lukomskaia, I., 1940, Nr. 1 (77), 98-119.
STALIN, I.V.--1924-40--STUDY AND TEACHING OF HISTORY--
USSR.
Pankratova, A., 1940, Nr. 1 (77), 14-24.
STALIN, I.V.--1939--18TH CONGRESS OF VKP(b)--WORK PRO-
DUCTIVITY.
Lenin..., 1940, Nr. 4-5 (80-81), 3-11.
STALIN, I.V.: O NEDOSTATKAKH PARTIINOĬ RABOTY I O MERAKH
LIKVIDATSII TROTSKISTKIKH I INYKH DVURUSHNIKOV.
(SPEECH)--MOSCOW, MARCH 3, 1937.
Stalin, I.V., 1937, Nr. 2 (60), 3-18.
STALIN, I.V.: O NEKOTORYKH VOPROSAKH ISTORII BOL'SHEVIZMA
("PROLETARSKAIA REVOLIUTSIIA," NR. 6, 1931).
Rezoliutsiia fraktsii obshchestva..., 1932, Nr. 1-2
(23-24), 212-215.

STALIN, I.V.: OB UCHEBNIKAKH ISTORII VKP(b). PIS'MO
SOSTAVITELIAM UCHEBNIKA ISTORII VKP(b) (LETTER)--
1937.
Stalin, I.V., 1937, Nr. 2 (60), 29-31.
STALIN, I.V.: OTCHETNYĬ DOKLAD NA XVIII S"EZDE PARTII
O RABOTE TSK VKP(b)--(SPEECH)--MOSCOW, MARCH, 1939.
Stalin, I., 1939, Nr. 2 (72), 3-35.
STALIN, I.V.: RECH' NA PREDVYBORNOM SOBRANII IZBIRATELEĬ
STALINSKOGO IZBIRATEL'NOGO OKRUGA GOR. MOSKVY
(SPEECH)--DECEMBER 11, 1937.
Stalin, I.V., 1937, Nr. 5-6 (63-64), 3-6.
STALIN, I.V.: STAT'I I RECHI OB UKRAINE. MOSCOW, 1936
(REVIEW).
Kin, D., 1936, Nr. 2 (54), 120-124.
STALIN, I.V.: WORKS--BIBLIOGRAPHIES--CRITIQUE.
Anisimov, N., 1940, Nr. 8 (84), 115-117.
STALIN, I.V.: WORKS--TRANSLATIONS--BIBLIOGRAPHY.
Proizvedeniia tovarishcha Stalina..., 1940, Nr. 1
(77), 129-136.
STALIN, I.V.: ZAKLIUCHITEL'NOE SLOVO NA PLENUME TSK
VKP(b). (SPEECH)--MOSCOW, MARCH 5, 1937.
Stalin, I.V., 1937, Nr. 2 (60), 19-28.
"STALIN I KHASHIM, 1901-02 GODY"; NEKOTORYE ĖPIZODY
IZ BATUMSKOGO PODPOL'IA. SUKHUM, 1934 (REVIEW).
Surovtseva, N., 1935, Nr. 5-6 (45-46), 176-177.
STALINGRAD see also TSARITSYN.
STALINGRADSKIĬ MUZEĬ OBORONY TSARITSYNA IM. TOVARISHCHA
STALINA--WORK IN PROGRESS AND PUBLICATIONS--1940.
Khmel'kov, A., 1940, Nr. 1 (77), 141-143.
STATE ACADEMY OF THE HISTORY OF MATERIAL CULTURE see
GAIMK.
STATE SCIENTIFIC COUNCIL (1919-1933) see GUS.
STEEL, A.: ENGLISH GOVERNMENT AND FINANCE, 1377-1413
("THE ENGLISH HISTORICAL REVIEW," V. II, NR. 201,
29-52) (REVIEW).
L.,V., 1936, Nr. 5 (57), 186.
STEIN, A.: GESCHICHTE DES SPÄTRÖMISCHEN REICHES. VIENNA,
1928 (REVIEW).
Lozovik, G., Nr. 14, 1929, 197-199.
STEINBERG, I.N.: OT FEVRALIA PO OKTIABR' 1917 G. N.P.,
N.D. (REVIEW).
Tomsinskiĭ, S.G., Nr. 5, 1927, 184-190.
STEKLOV, IU.M.: MIKHAIL ALEKSANDROVICH BAKUNIN I EGO
ZHIZN I DEIATEL'NOST. T. 1-4. MOSCOW, 1926-27
(REVIEW).
Morokhovets, E., Nr. 6, 1927, 303.
STEKLOV, IU.M.: MIKHAIL ALEKSANDROVICH BAKUNIN; EGO
ZHIZN' I DEIATEL'NOST', 1814-1876. T. I (1814-61).
MOSCOW, 1926. T. II (1861-68). MOSCOW, 1927. T. III
(1868-70). MOSCOW, 1927. T. IV (1870-76/7).
MOSCOW, 1927 (REVIEW).
Morokhovets, E., Nr. 5, 1927, 249-251.

STEKLOV, IU.M.: N.G. CHERNYSHEVSKIĬ; EGO ZHIZN' I
        DEIATEL'NOST'. IZD. 2-E. MOSCOW, 1928 (REVIEW).
        Kirpotin, V., Nr. 11, 1929, 162-169.
STENTON, F.M.: THE ROAD SYSTEM OF MEDIEVAL ENGLAND
        ("THE ECONOMIC HISTORY REVIEW," V. VII, NR. 1,
        1936) (REVIEW).
        Lavrovskiĭ, V., 1937, Nr. 2 (60), 185-186.
STEPNIAK-KRAVCHINSKIĬ, S.M.--CORRESPONDENCE--1868-93--
        F. ENGELS.
        Pis'ma S.M. ..., 1935, Nr. 10 (50), 112-115.
STERN, ALFRED--OBITUARY.
        Nekrologi, 1936, Nr. 3 (55), 204-206.
STEWART, G.: THE WHITE ARMIES OF RUSSIA. A CHRONICLE OF
        COUNTERREVOLUTION AND ALLIED INTERVENTION. NEW
        YORK, 1933 (REVIEW).
        Kan, S., 1934, Nr. 2 (36), 138-139.
STOJANOVIĆ, M.: THE GREAT POWERS AND THE BALKANS, 1875-
        1878. CAMBRIDGE, 1939 (REVIEW).
        Al'perovich, M., Belen'kiĭ, A., 1941, Nr. 4
        (92), 153-154.
STOLPIANSKIĬ, P.N.: ZHIZN' I BYT PETERBURGSKOĬ FABRIKI
        1704-1914 GG. LENINGRAD, 1925 (REVIEW).
        Rozhkov, N.A., Nr. 2, 1926, 278.
STOY, F.: ZUR BEVÖLKERUNGS- UND SOZIALSTATISTIK KURSÄCH-
        SISCHER KLEINSTÄDTE IM ZEITALTER DER REFORMATION
        ("VIERTELJAHRSCHRIFT FÜR SOZIAL- UND WIRTSCHAFTES-
        GESCHICHTE," 1935, BD. 28, H. 2) (REVIEW).
        L.,V., 1936, Nr. 4 (56), 148.
STRAUIAN, IA.: BOEVAIA BYL'. MOSCOW, 1935 (REVIEW).
        Voĭtinskaia, N., 1936, Nr. 6 (58), 235-236.
STRELTSY REVOLT--1682.
        Tomsinskiĭ, S., 1933, Nr. 4 (32), 53-80.
STRIJS, J.: TRI PUTESHESTVIIA. PEREV. E. BORODINOĬ.
        MOSCOW, 1935 (REVIEW).
        Bakhrushin, S., 1936, Nr. 4 (56), 122-123.
STRIKES--FRANCE--1902-13.
        Dalin, V., 1933, Nr. 3 (31), 31-44.
STRIKES--FRANCE--1915-18.
        Gorev, B., 1934, Nr. 4 (38), 38-48.
STRIKES--FRANCE--1916-17--CHRONICLE OF EVENTS.
        Gorev, B., 1934, Nr. 4 (38), 69-81.
STRIKES--GREAT BRITAIN--1914-18.
        Chapman, A., 1934, Nr. 4 (38), 49-68.
STRIKES--GERMANY--1914-15.
        Kogan-Bernshteĭn, F., 1934, Nr. 4 (38), 6-37.
STRIKES--RUSSIA--1765--BAKHMUT AND TOR SALT WORKS.
        Cherkasskaia, E., 1940, Nr. 11 (87), 109-111.
STRIKES--RUSSIA--1870-80.
        Nevskiĭ, V., Nr. 4, 1927, 125-178.
STRIKES--RUSSIA--1905-07--AGRICULTURAL LABORERS.
        Shestakov, A., Nr. 18-19, 1930, 3-13.

STRIKES--RUSSIA--1910-16.
      Molodtsov, V., 1940, Nr. 9 (85), 127-129.
STRIKES--RUSSIA--FEBRUARY-OCTOBER, 1917.
      Dobrotvor, N., 1932, Nr. 4-5 (26-27), 37-71.
STROKOV, A.A.: IAROSLAVOGO DVORISHCHE. (DISSERTATION)
      MOSCOW, 1939.
      Shunkov, V., O--v, M., 1940, Nr. 4-5 (80-81),
      151-152.
STRUVE, P.B.: RAZMYSHLENIIA O RUSSKOĬ REVOLIUTSII. PARIS,
      N.D. (REVIEW).
      Tomsinskiĭ, S.G., Nr. 5, 1927, 184-190.
"STUDIES IN ANGLO-FRENCH HISTORY DURING THE 18TH, 19TH
      AND 20TH CENTURIES." A. COVILLE AND H. TEMPERLEY
      (EDS.) CAMBRIDGE, 1935--PUBLICATION NOTICE.
      Istoricheskaia nauka za..., 1935, Nr. 8-9 (48-49),
      241-242.
STUPPERICH, R.: DIE ANFÄNGE DER BAUERNBEFREIUNG IN
      RUSSLAND. BERLIN, 1939 (REVIEW).
      Al'perovich, M., Belen'kiĭ, A., 1941, Nr. 4 (92),
      153-154.
SUIURGAL--14TH-15TH C.--CENTRAL ASIA AND IRAN.
      Belenitskiĭ, A., 1941, Nr. 4 (92), 43-58.
SUKHANOV, N.--POLITICAL VIEWS.
      Kin, D., Nr. 21, 1931, 19-37.
SUMNER, B.H.: RUSSIA AND THE BALKANS, 1870-1880. OXFORD,
      1937 (REVIEW).
      Nikitin, S., 1938, Nr. 4 (68), 159-160.
SUN YAT-SEN--1918-25--INFLUENCE OF RUSSIAN REVOLUTION.
      Efimov, G., 1937, Nr. 5-6 (63-64), 105-130.
SUPF, P.: DAS BUCH DER DEUTSCHEN FLUGGESCHICHTE. BD. I-II.
      BERLIN, 1936 (REVIEW).
      Volkov, N., 1939, Nr. 1 (71), 184-187.
SUPREME SOVIET, USSR--1937--ELECTIONS.
      Itogi vyborov v..., 1937, Nr. 5-6 (63-64), 9-16.
SUPREME SOVIET, USSR--1937--ELECTIONS.
      Soobshchenie Tsentral'noĭ izbiratel'noĭ..., 1937,
      Nr. 5-6 (63-64), 7-8.
SVERLOVSKIĬ PED. INSTITUT. IST. FAK.--WORK IN PROGRESS
      AND PUBLICATIONS--1940.
      Finkelshteĭn, N., 1940, Nr. 9 (85), 148-149.
SVETLOV, V.: PROISHOZHDENIE KAPITALISTICHESKOĬ IAPONII.
      MOSCOW, 1931 (REVIEW).
      R--g,G., 1932, Nr. 1-2 (23-24), 191-192.
SWEDEN--FOREIGN POLICY--1791-93--SECRET DIPLOMACY AGAINST
      FRANCE.
      Alefirenko, P., 1941, Nr. 6 (94), 96-99.
SWEDEN--HISTORY--13TH-16TH C.--BALTIC QUESTION.
      Got'e, IU., 1941, Nr. 6 (94), 87-95.
SWEDEN--HISTORY--1700-21--GREAT NORTHERN WAR see GREAT
      NORTHERN WAR.

SWELT, P.:   FOUR LETTERS FROM GENTZ (ARTICLE) (REVIEW).
     Po stranitsam inostrannykh..., 1936, Nr. 1 (53),
     212-213.
SWOBODA, HENRYK (PSEUDONYM) see PRÓCHNIK, A.
SYLVIS, W.H.--1869--INTERNATIONAL I.   GENERAL COUNCIL--
     LETTER.
     K. Marks i..., 1933, Nr. 1 (29), 11-32.
SYRIA--ARCHAEOLOGICAL EXCAVATIONS--FRENCH EXPEDITIONS--
     1921-38.
     Arkheologicheskie raskopki v..., 1939, Nr. 2
     (72), 202-203.
SYRIA--ARCHAEOLOGICAL EXCAVATIONS--FRENCH EXPEDITION--
     1936.
     Novye dokumenty i..., 1937, Nr. 1 (59), 202.

T.

TSAOR--HISTORY AND HOLDINGS--1936.
     Kostomarov, G., 1937, Nr. 1 (59), 195-197.
TSAOR--WORK IN PROGRESS AND PUBLICATIONS--1935.
     Gubergrits, M., 1935, Nr. 10 (50), 165.
TSCHO--LOCAL HISTORIANS--CONFERENCE, VORONEZH, NOVEMBER, 1933.
     Na konferentsiia istorikov..., 1933, Nr. 6 (34),
     166-167.
TSGAOR--WORK IN PROGRESS AND PUBLICATIONS--1939-40.
     Shepeleva, 1940, Nr. 8 (84), 151-152.
TSGVIA--WORK IN PROGRESS--1936.
     Distler, I., 1936, Nr. 2 (54), 173-174.
TSIK SSSR--1936--CONSTITUTION OF USSR--DRAFT.
     Proekt konstitutsii..., 1936, Nr. 4 (56), 17-31.
TSIK SSSR--1936--CONSTITUTION OF USSR--RESOLUTION.
     Postanovlenie prezidiuma..., 1936, Mr. 4 (56), 16.
"TABULA IMPERII ROMANI" (REVIEW).
     Novinki istoricheskoĭ literatury, 1936, Nr. 3
     (55), 203.
"TAEZHNYE POKHODY."   SBORNIK ÉPISODOV IZ ISTORII GRAZH-
     DANSKOĬ VOĬNY NA DAL'NEM VOSTOKE.   MATERIALY K
     XIII TOMU "ISTORII GRAZHDANSKOĬ VOĬNY V SSSR."
     MOSCOW, 1936 (REVIEW).
     Osnos, IU., 1936, Nr. 3 (55), 168-169.
TAGER, A.S.:   TSARSKAIA ROSSIIA I DELO BEĬLISA.   2. IZD.
     MOSCOW, 1934 (REVIEW).
     Shusterman, S., 1935, Nr. 7 (47), 118-121.
TAGIR, M.:   BLESK GORNYKH SABEL' V NEKOTORYKH GAZAVATAKH
     SHAMILIA--ARAB MANUSCRIPT.
     Novye dokumenty i..., 1937, Nr. 1 (59), 199-200.
TAĬNAIA EKSPEDITSIIA--1774--REPORTS ON PEASANT UNREST.
     Piontkovskiĭ, S., 1935, Nr. 7 (47), 91-100.
TAĬNAIA EKSPEDITSIIA--1775-95.
     Piontkovskiĭ, S., 1935, Nr. 10 (50), 85-97.

TAINE, H.A.: FILOSOFIIA ISKUSSTVA. S PREDISL. IU. IANEL.
MOSCOW, 1933 (REVIEW).
Mokhov, I., 1933, Nr. 5 (33), 168-169.
TAĬSHIN, M.--REVIEW OF L. MAMET'S OĬROTIIA, MOSCOW, 1930
("PRAVDA," APR. 6, 1931) (REVIEW).
Shestakov, A., Nr. 22, 1931, 184.
TAKHO-GODI, A.A.: REVOLIUTSIIA I KONTRREVOLIUTSIIA V
DAGESTANE. MAKHACHKALA, 1927 (REVIEW).
Burkin, N., 1934, Nr. 2 (36), 89-98.
TALES, C.: LA COMMUNE DE 1871. PRÉFACE DE L. TROTSKY.
PARIS, 1921 (REVIEW).
Kuniskiĭ, S.D., Nr. 3, 1927, 196-199.
TALES, C.: PARIZHSKAIA KOMMUNA 1871 G. LENINGRAD, 1925
(REVIEW).
Kuniskiĭ, S.D., Nr. 3, 1927, 196-199.
TAN-BOGORAZ, V.G.: KHRISTIANSTVO V SVETE ÉTNOGRAFII.
MOSCOW, 1928 (REVIEW).
Lozovik, G., Nr. 8, 1928, 203-204.
TANGUT--HISTORY.
Doklady na gruppe..., 1935, Nr. 4 (44), 154-155.
TANIAEV, A.P. (ED.): RABOCHIĬ KLASS URALA V GODY VOĬNY I
REVOLIUTSII. V DOKUMENTAKH I MATERIALAKH. T. I:
GODY VOĬNY. SVERDLOVSK, 1927 (REVIEW).
SH--ov,A., Nr. 6, 1927, 286-287.
TARLE, E.V.--FRENCH MANUFACTURES--18TH C.
Dalin, V., Nr. 14, 1929, 68-116.
TARLE, E.V.--HISTORICAL WRITINGS--CRITIQUE.
Pokrovskiĭ, M.N., Nr. 7, 1928, 3-17.
TARLE, E.V.--SOVIET HISTORIOGRAPHY.
Burzhuaznye istoriki Zapada..., Nr. 21, 1931,
44-86.
TARLE, E.V.--WWI--ORIGINS--POLEMIC WITH M.N. POKROVSKIĬ.
Otvet redaktsii..., Nr. 9, 1928, 108-109.
TARLE, E.V.--WWI--ORIGINS--POLEMIC WITH M.N. POKROVSKIĬ.
Tarle, E.V., Nr. 9, 1928, 101-107.
TARLE, E.V.: LE BLOCUS CONTINENTALE ET LE ROYAUME D'ITALIE;
LA SITUATION ÉCONOMIQUE DE L'ITALIE SOUS NAPOLÉON
I-ER. D'APRÈS DES DOCUMENTS INÉDITS. PARIS,
1928 (REVIEW).
Shchegolev, P.P., Nr. 7, 1928, 281-283.
TARLE, E.V.: EVROPA V ÉPOKHU IMPERIALIZMA, 1871-1919 GG.
MOSCOW, 1927 (REVIEW).
Rubinshteĭn, N., Nr. 11, 1929, 157-162.
TARLE, E.V.--NAPOLEON. MOSCOW, 1937 (REVIEW).
Lukin, N., 1937, Nr. 1 (59), 153-159.
TARLE, E.V.: NASHESTVIE NAPOLEONA NA ROSSIIU 1812 GOD.
MOSCOW, 1938 (REVIEW).
Predtechenskii, A., 1938, Nr. 6 (70), 178-181.
TARLE, E.V.: OCHERK NOVEĬSHEĬ ISTORII EVROPY, 1814-1919.
IZD. 2. LENINGRAD, 1929 (REVIEW).
Monosov, S., Nr. 13, 1929, 235-238.

TARLE, E.V.: RABOCHIĬ KLASS V PERVYE VREMENA MASHINNOGO
     PROIZVODSTVA; OT KONTSA IMPERII DO VOSSTANIIA
     RABOCHIKH V LIONE. MOSCOW, 1928 (REVIEW).
     Zavitnevich, I., Nr. 11, 1929, 189-193.
TARLE, E.V.: ZHERMINAL' I PRERIAL'. MOSCOW, 1937 (REVIEW).
     Dobroliubskiĭ, K., 1938, Nr. 3 (67), 87-93.
TASHKENT--HISTORY--SEPTEMBER, 1917.
     Golubeva, R., 1941, Nr. 4 (92), 26-42.
TASHKENT--HISTORY--1919--REBELLION--PERSONAL NARRATIVE.
     Salikov, D., 1941, Nr. 4 (92), 59-72.
TASHKENTSKIĬ GOS. UNIVERSITET. IST. FAK.
     Po SSSR, 1934, Nr. 6 (40), 104-108.
TATARS--HISTORY--1918-20--NATIONALITIES QUESTION.
     Tarasov, A., 1940, Nr. 7 (83), 93-100.
TATISHCHEV, A.A.: OB"EZD SATRAPA. ZAPISKI A.A. TATISHCHEVA
     O KARATEL'NOĬ ĖKSPEDITSII DUBASOVA V CHERNIGOVSKOĬ
     GUBERNII. SMOLENSK, 1936 (REVIEW).
     P.,I., 1937, Nr. 2 (60), 183.
TATISHCHEV, V.N.
     Tikhomirov, M., 1940, Nr. 6 (82), 43-56.
TATISHCHEV, V.N.--RUSSIAN AND SOVIET HISTORIOGRAPHY--
     BIBLIOGRAPHY.
     Zhelokhovtseva, A., 1940, Nr. 6 (82), 57-62.
TATISHCHEV, V.N.: ISTORIIA ROSSIĬSKAIA. 1773--VLADIMIR'S
     TREATY WITH THE VOLGA BULGARS, 1006--SOURCES.
     Martynov, M., 1941, Nr. 2 (90), 116-117.
TATISHCHEV, V.N.: WORKS--BIBLIOGRAPHY.
     Zhelkhovtseva, A., 1940, Nr. 6 (82), 57-62.
TBILISSKIĬ GOS. UNIVERSITET. IST. FAK.--WORK IN PROGRESS
     AND PUBLICATIONS--1938.
     Kikvidze, A., 1938, Nr. 3 (67), 166-168.
TEGLEV, K.--1648.
     Novitskiĭ, G.A., 1934, Nr. 6 (40), 24-36.
"TEKHNIKI, IZOBRETATELI KREPOSTNOĬ ROSSII"; SBORNIK.
     LENINGRAD, 1934 (REVIEW).
     Novitskiĭ, G., 1935, Nr. 1 (41), 102.
TEL-ASMARA--ARCHAEOLOGICAL EXCAVATIONS.
     Avdiev, V., 1937, Nr. 5-6 (63-64), 152-161.
TELLERING, E. MÜLLER- see MÜLLER-TELLERING, E.
TEMPERLEY, H.W.V.: ENGLAND AND THE NEAR EAST. CRIMEA.
     LONDON, 1936 (REVIEW).
     Tarle, E., 1937, Nr. 3 (61), 190-192.
TEMPERLEY, H.W.V.: THE FOREIGN POLICY OF CANNING, 1822-
     1827. LONDON, 1925 (REVIEW).
     Presniakov, A., Nr. 5, 1927, 244-246.
TEMPERLEY, H.W.V., PENSON, L.: A CENTURY OF DIPLOMATIC
     BLUE BOOKS 1814-1914. CAMBRIDGE, 1938 (REVIEW).
     Erofeev, N., 1940, Nr. 7 (83), 146-148.
TEMPERLEY, H.W.V., PENSON, L.: FOUNDATIONS OF BRITISH
     FOREIGN POLICY FROM PITT (1792) TO SALISBURY
     (1902). CAMBRIDGE, 1938 (REVIEW).
     Erofeev, N., 1940, Nr. 7 (83), 146-148.

TEMPERLEY, H.W.V., PENSON, L.: FOUNDATIONS OF BRITISH
    FOREIGN POLICY FROM PITT (1792) TO SALISBURY
    (1902). CAMBRIDGE, 1938 (REVIEW).
    Istoricheskaia nauka za..., 1939, Nr. 3 (73),
    221.
TEODOROVICH, I.--"NARODNAIA VOLIA"--POLEMIC WITH M.N.
    POKROVSKIĬ.
    Pokrovskiĭ, M.N., Nr. 15, 1930, 74-85.
TEODOROVICH, I.: ISTORICHESKIE ZNACHENIE PARTII "NARODNOĬ
    VOLI." MOSCOW, 1930 (REVIEW).
    Tatarov, I., Nr. 18-19, 1930, 185-200.
TEREK REGION--1918--ANTI-SOVIET REBELLION.
    Razgon, I., 1940, Nr. 6 (82), 24-42.
TESNI SOTSIALISTI (BULGARIA)--D. BLAGOEV.
    Kabakchiev, Kh., 1935, Nr. 4 (44), 31-57.
TESNI SOTSIALISTI (BULGARIA)--V.I. LENIN.
    Kabakchiev, Kh., 1934, Nr. 1 (35), 173-188.
TEXTILE INDUSTRY--SILESIA--LATE 18TH C.
    Kan, S., 1936, Nr. 6 (58), 97-133.
TEXTILE MANUFACTURES--RUSSIA--18TH C.
    Maksimov, A., 1935, Nr. 8-9 (48-49), 178-208.
TEXTILE WORKERS--FRANCE--1902-13.
    Dalin, V., 1933, Nr. 3 (31), 31-44.
THIERS, A.
    Kan, S., 1933, Nr. 3 (31), 90-94.
"THIRD ESTATE"--FRANCE--17TH C.
    Porshnev, B., 1940, Nr. 2 (78), 91-113.
"THIRD SECTION"--RUSSIA--K. MARX--DOCUMENTS.
    Lekhtblau, L., 1940, Nr. 12 (88), 76.
THIRD WORLD--HISTORY--STUDY AND TEACHING--USSR.
    Starosel'tsev, N., 1938, Nr. 4 (68), 75-84.
THOMSON, B.: SHPIONAZH VO VREMIA VOĬNY. MOSCOW, 1938
    (REVIEW).
    R.,S., 1938, Nr. 3 (67), 139-141.
THOMPSON, J.M.: ROBESPIERRE. OXFORD, 1939 (REVIEW).
    Vasiutinskiĭ, A., 1939, Nr. 5-6 (75-76), 260-264.
THOREZ, M.--LECTURE ABOUT M. ROBESPIERRE, ARRAS, FRANCE,
    MARCH, 1939.
    Istoricheskaia nauka za..., 1939, Nr. 3 (73),
    220-221.
TIKHOMIROV, B.: RAZINSHCHINA. MOSCOW, 1930 (REVIEW).
    Korolev, A., Nr. 21, 1931, 122-124.
TIKHOMIROV, M.N.: PSKOVSKOE VOSSTANIE 1650 GODA; IZ
    ISTORII KLASSOVOI BOR'BY V RUSSKOM GORODE XVII VEKA.
    MOSCOW, 1935 (REVIEW).
    Speranskiĭ, A., 1936, Nr. 5 (57), 124-138.
TILTMAN, H.H.: JAMES RAMSAY MACDONALD; LABOUR'S MAN OF
    DESTINY. LONDON, 1929-31 (REVIEW).
    Z.,I., 1932, Nr. 3 (25), 171-173.
TIUTCHEVA, A.F.: PRO DVORE DVUKH IMPERATOROV; VOSPOMINANIIA-
    DNEVNIK. PER. E.V. GER'E. MOSCOW, 1928 (REVIEW).
    Shebunin, A., Nr. 9, 1928, 188-190.

TKACHEV, I.: PERVOE OKRUZHENIE TSARITSYNA ("VOĬNA I
     REVOLIUTSIIA," NR. 1, 1935) (REVIEW).
     Kin, D., 1935, Nr. 8-9 (48-49), 216-220.
TKACHEV, I.: VTOROE OKRUZHENIE TSARITSYNA ("VOĬNA I
     REVOLIUTSIIA," NR. 3, 1935) (REVIEW).
     Kin, D., 1935, Nr. 8-9 (48-49), 216-220.
TMUTOROKAN.
     Parkhomenko, V., 1939, Nr. 1 (71), 195-197.
TOBOL'SKIĬ GOS. MUZEĬ OB'-IRTYSHSKOGO SEVERA--HISTORY
     AND HOLDINGS.
     Shcherba, A., 1941, Nr. 2 (90), 146-147.
TOGLIATTI, P.: OB OSOBENNOSTIAKH ISPANSKOĬ REVOLIUTSII.
     MOSCOW, 1936 (REVIEW).
     IU'rev, A., 1936, Nr. 6 (58), 185-190.
TOKAREV, S.A.: DOKAPITALISTICHESKIE PEREZHITKI V OĬROTII
     (GAIMK IM. N.IA. MARRA). LENINGRAD, 1936 (REVIEW).
     Zolotarev, A., 1938, Nr. 1 (65), 132-134.
TOKAREV, S.A.: OCHERK ISTORII IAKUTSKOGO NARODA. MOSCOW,
     1940 (REVIEW).
     Ionova, O., 1941, Nr. 5 (93), 120-123.
TOLLER, E.: BRIEFE AUS DEM GEFÄNGNIS. AMSTERDAM, 1935
     (REVIEW).
     Istoricheskaia literatura nemetskoĭ..., 1936,
     Nr. 3 (55), 203.
TOMSKIĬ GOS. UNIVERSITET. NAUCHNAIA BIBLIOTEKA--MANUSCRIPT
     HOLDINGS.
     Tomilova, V., 1941, Nr. 6 (94), 155-157.
TÖNNIES, F.: GEIST DER NEUZEIT. LEIPZIG, 1935 (REVIEW).
     Fashizatsiia istoricheskoĭ nauki..., 1936, Nr. 6
     (58), 256-257.
TOURGOT, A.R.: IZBRANNYE FILOSOFSKIE PROIZVEDENIIA.
     PEREVOD I.A. SHAPIRO. MOSCOW, 1937 (REVIEW).
     Starosel'skaia, O., 1938, Nr. 3 (67), 121-123.
TOURNES, R.: FOCH I POBEDA SOIUZNIKOV 1918 GODA. PEREV.
     S FRANTSUZSKOGO. MOSCOW, 1938 (REVIEW).
     Talenskiĭ, N., 1939, Nr. 2 (72), 177-179.
TOVSTUKHA, I.P.--OBITUARY.
     Ivan Pavlovich Tovstukha, 1935, Nr. 7 (47), 3-4.
TOWNS--RUSSIA--17TH-18TH C.--M.N. POKROVSKIĬ'S ANALYSIS.
     Pokrovskiĭ, M.N., 1933, Nr. 3 (31), 73-78.
TOWNS--RUSSIA--17TH C.
     Novitskiĭ, G.A., 1934, Nr. 6 (40), 24-36.
TOWNS--RUSSIA--1705-06--ASTRAKHAN.
     Astrakhanskoe vosstanie..., 1935, Nr. 4 (44), 77-86.
TOWNS, ANCIENT--RUSSIA--ARCHAEOLOGICAL STUDIES--CONFERENCE,
     LENINGRAD, MARCH, 1941.
     Voronin, N., 1941, Nr. 6 (94), 149-152.
TRADE-UNIONS--EUROPE--19TH C.--INTERNATIONAL II.
     Lur'e, Kh., 1935, Nr. 8-9 (48-49), 40-57.
TRADE-UNIONS--GREAT BRITAIN--1914-18.
     Chapman, A., 1934, Nr. 4 (38), 49-68.

TRANSCASPIAN REGION see also TURKMENISTAN
TRANSCASPIAN REGION--HISTORY--1916.
    Shestakov, A.V., Nr. 2, 1926, 84-114.
TRANSCASPIAN REGION--HISTORY--1918-19--BRITISH MILITARY
    INTERVENTION.
    Gurko-Kriazhin, V.A., Nr. 2, 1926, 115-139.
TRANSCASPIAN REGION--HISTORY--1918-19--BRITISH MILITARY
    INTERVENTION--SOVIET HISTORIOGRAPHY--BIBLIOGRAPHY.
    Gurkovskiĭ, A., Nr. 6, 1927, 242-253.
TRANSCAUCASIA see also ARMENIA, AZERBAIJAN, CAUCASUS,
    GEORGIA (TRANSCAUCASIA).
TRANSCAUCASIA--HISTORY--STUDY AND TEACHING--SOVIET HISTORIO-
    GRAPHY--CRITIQUE.
    Dzhanashia, S., 1940, Nr. 12 (88), 141-153.
TRANSCAUCASIA--HISTORY--1918-19--BRITISH MILITARY INTER-
    VENTION.
    Gurko-Kriazhin, V.A., Nr. 2, 1926, 115-139.
TRANSCAUCASIA--HISTORY--1918-19--BRITISH MILITARY INTER-
    VENTION--SOVIET HISTORIOGRAPHY--BIBLIOGRAPHY.
    Gurkovskiĭ, A., Nr. 6, 1927, 242-253.
TRANSCAUCASIA--HISTORY--1918.
    Minasian, O., 1938, Nr. 6 (70), 53-86.
TRANSCAUCASIA--SOCIO-ECONOMIC CONDITIONS--1915-17.
    Khachapuridze, G., 1933, Nr. 5 (33), 96-117.
TRANSCAUCASIA--1897-1934--BOLSHEVIK PARTY ORGANIZATIONS.
    Lomakin, A., 1935, Nr. 10 (50), 127-141.
TREITSCHKE, H.G.v.: DEUTSCHE GESCHICHTE IM 19. JAHRHUNDERT.
    BERLIN, 1933 (REVIEW).
    Fridliand, TS., 1936, Nr. 2 (54), 160-161.
TREKHGORNAIA MANUFAKTURA--1799-1840.
    Rozhkov, N., Nr. 6, 1927, 79-110.
TRET'IAK, I.IA.: PARTIZANSKOE DVIZHENIE V GORNOM ALTAE.
    NOVOSIBIRSK, 1933 (REVIEW).
    Milov, D., 1934, Nr. 3 (37), 112-114.
TROTSKIĬ, L.--S. KIROV--ASSASSINATION.
    IAroslavskiĭ, E., 1936, Nr. 4 (56), 3-15.
TROTSKIĬ, L.--PHILOSOPHY OF HISTORY--M.N. POKROVSKIĬ'S
    CRITIQUE.
    Piontkovskiĭ, S., 1932, Nr. 6 (28), 85-99.
TROTSKIĬ, L.--POLITICAL VIEWS.
    Kin, D., Nr. 21, 1931, 19-37.
TROTSKIĬ, L.--1903-14--INTERNATIONAL SOCIALISM.
    Ryklin, L., 1932, Nr. 3 (25), 11-36.
TROTSKIĬ, L.--RUSSIAN REVOLUTION OF 1905.
    IAroslavskiĭ, E., Nr. 20, 1930, 3-64; Nr. 21,
    1931, 143-160.
TROTSKIĬ, L.--RUSSIAN REVOLUTION OF 1917--INTERPRETATION.
    Pokrovskiĭ, M.N., Nr. 5, 1927, 3-35.
TROTSKIĬ, V.V.: OKTIABR'SKAIA REVOLIUTSIIA V SREDNEM
    POVOL'ZHE. SAMARA, 1933 (REVIEW).
    Reĭkhberg, G., 1934, Nr. 2 (36), 129-131.

TROTSKY, LEON see TROTSKIĬ, L.
TROTSKYITE-ZINOVIEVITE TERRORIST CENTER--1936--TRIAL.
    IAroslavskiĭ, E., 1937, Nr. 1 (59), 6-15.
TROTSKYITE-ZINOVIEVITE TERRORIST CENTER--TRIAL--1936.
    IAroslavskiĭ, E., 1936, Nr. 4 (56), 3-15.
TRUBETSKOĬ, S.P.
    Nechkina, M., 1935, Nr. 7 (47), 30-47.
TRUBETSKOĬ, S.P.--CORRESPONDENCE--V.L. DAVYDOV.
    Iz arkhiva dekabrista V.L. Davydova..., Nr. 1,
    1926, 175-200.
"TRUDY ISTORICHESKOGO FAKUL'TETA ODESSKOGO GOS. UNIVERSITETA."
    T. I. ODESSA, 1939 (REVIEW).
    Ivanov, L., 1941, Nr. 1 (89), 125-126.
"TRUDY IVANOVO-VOZNESENSKOGO GUBERNSKOGO NAUCHNOGO
    OBSHCHESTVA KRAEVEDENIIA." VYP. 4. ISTORIKO-
    REVOLIUTSIONNYĬ SBORNIK. IVANOVO-VOZNESENSK,
    1927 (REVIEW).
    Nechkina, M., Nr. 5, 1927, 255.
TSARITSYN--HISTORY--1918.
    Genkina, E., 1935, Nr. 7 (47), 5-29.
TSARITSYN--HISTORY--1918--DEFENSE--MUZEĬ OBORONY TSARITSYNA.
    Khmel'kov, A., 1938, Nr. 4 (68), 102-105.
"TSARIZM I FRANTSUZSKAIA BURZHUAZNAIA REVOLIUTSIIA."
    T. 2. MOSCOW, 1940 (REVIEW).
    Militsyna, T., 1941, Nr. 4 (92), 96-100.
"TSARIZM I BURZHUAZNAIA REVOLIUTSIIA KONTSA XVIII VEKA"--
    PUBLICATION PLAN.
    O rabote nad publikatsieĭ..., 1936, Nr. 6 (58)
    253-254.
TSENTRAL'NO-CHERNOZEMNAIA OBLAST' see TSCHO.
TSENTRAL'NYĬ ARKHIV OKTIABR'SKOĬ REVOLIUTSII see TSAOR.
TSENTRAL'NYĬ ARKHIV REVOLIUTSII--HOLDINGS.
    Riabinin-Shkliarevskiĭ, A., 1936, Nr. 5 (57),
    199-200.
TSENTRAL'NYĬ ARKHIV REVOLIUTSII GLAVNOGO ARKHIVNOGO
    UPRAVLENIIA NKVD SSSR--WORK IN PROGRESS AND
    PUBLICATIONS--1939.
    Syromiatnikova, M., 1940, Nr. 7 (83), 154-155.
TSENTRAL'NYĬ GOS. ARKHIV OKTIABR'SKOĬ REVOLIUTSII see
    TSGAOR.
TSENTRAL'NYĬ GOS. VOENNO-ISTORICHESKIĬ ARKHIV SSSR see
    TSGVIA.
TSENTRAL'NYĬ ISPOLNITEL'NYĬ KOMITET SSSR see TSIK SSSR.
TSENTRAL'NYĬ KINOFOTOARKHIV USSR--ZIMMERWALD CONFERENCE--
    1919--PHOTODOCUMENTATION.
    Novye dokumenty i..., 1937, Nr. 1 (59), 199-200.
TSENTRAL'NYĬ MUZEĬ RKKA see RKKA. TSENT. MUZEĬ.
TSENTRAL'NYĬ MUZEĬ V.I. LENINA, LENINGRAD.
    Kin, D., 1936, Nr. 4 (56), 154-156.
TSENTRAL'NYĬ MUZEĬ V.I. LENINA, LENINGRAD.
    Po nauchnym uchrezhdeniiam..., 1937, Nr. 2 (60),
    191.

TSENTRAL'NYĬ VOENNYĬ ARKHIV UZBEKISTANA--DOCUMENTS--V.V.
KUĬBYSHEV I M.V. FRUNZE.
Novye dokumenty i..., 1937, Nr. 1 (59), 199-200.
TSENTRARKHIV. OTDELENIIA--WORK IN PROGRESS AND PUBLI-
CATIONS--1934.
Po SSSR, 1934, Nr. 6 (40), 104-108.
"TSENTRARKHIV: DNEVNIK E.A. PERETTSA, 1880-83." S
PREDISL. A.E. PRESNIAKOVA. MOSCOW, 1927 (REVIEW).
Volkovicher, I., Nr. 5, 1927, 252.
"TSENTRARKHIV. KREST'IANSKOE DVIZHENIE 1827-1869 GG.
VYP. 1-2." MOSCOW, 1933 (REVIEW).
Vaĭsberg, I., 1933, Nr. 6 (34), 146-153.
"TSENTRARKHIV: KREST'IANSKOE DVIZHENIE V 1917 G." POD
RED. M.N. POKROVSKOGO I IA.A. IAKOVLEVA. S
PREDISL. IA.A. IAKOVLEVA. MOSCOW, 1927 (REVIEW).
Shestakov, A., Nr. 5, 1927, 262-263.
"TSENTRARKHIV: 1 MARTA 1887." S PREDISL. A.I. ELIZAROVOĬ.
MOSCOW, 1927 (REVIEW).
Shebunin, A., Nr. 5, 1927, 252-255.
"TSENTRARKHIV: POSLEDNIE DNI KOLCHAKOVSHCHINY"; SBORNIK
DOKUMENTOV. MOSCOW, 1926 (REVIEW).
Rubinshteĭn, N., Nr. 3, 1927, 233-234.
"TSENTRARKHIV: RABOCHEE DVIZHENIE V 1917 GODU." POD RED.
V.L. MELLER I A.M. PANKRATOVA. S PREDISL. IA.A.
IAKOVLEVA. MOSCOW, 1926 (REVIEW).
IUgov, M., Nr. 5, 1927, 172-183.
"TSENTRARKHIV: TSARSKAIA ROSSIIA V MIROVOĬ VOĬNE"; S
PREDISL. M.N. POKROVSKOGO. T. I. LENINGRAD,
1926 (REVIEW).
Sandomirskiĭ, G.V., Nr. 2, 1926, 278-280.
"TSENTRARKHIV: VOSSTANIE DEKABRISTOV"; MATERIALY PO
ISTORII VOSSTANIE DEKABRISTOV. POD RED. I S
PREDISL. M.N. POKROVSKOGO. T. III,IV. MOSCOW,
1927. T. V. LENINGRAD, 1926 (REVIEW).
Nechkina, M., Nr. 5, 1927, 217-220.
TSENTRARKHIV RSFSR--1928--WORK IN PROGRESS AND PUBLICATIONS.
Vsesoiuznaia konferentsiia..., Nr. 11, 1929,
216-265.
TSENTROARKHIV see TSENTRARKHIV.
"TSENTROSIBIRTSY." POD RED. V.O. VILENSKOGO-SIBIRIAKOVA,
N.F. CHUZHAKA-NASIMOVICHA I P.F. SHCHELOKA. MOSCOW,
N.D. (REVIEW).
Shpilev, G., Nr. 5, 1927, 268-270.
TSITRON-STRAUTIN, --.--LKP (LATVIA)--1919-33--VIEWS--
CRITIQUE.
Krumin, IA., 1933, Nr. 5 (33), 67-79.
TSVIBAK, M.: ROZHKOV-ISTORIK. TASHKENT, 1927 (REVIEW).
Stepanov, N., Nr. 9, 1928, 183-187.
TSYPKIN, S., SHURYGIN, A., BULYGIN, S.: OKTIABR'SKAIA
REVOLIUTSIIA I GRAZHDANSKAIA VOĬNA NA DAL'NEM
VOSTOKE; KHRONIKA SOBYTII 1917-22 GG. MOSCOW,
1933 (REVIEW).
R., 1933, Nr. 5 (33), 148.

TUGAN-BARANOVSKIĬ, M.: RUSSKAIA FABRIKA V PROSHLOM I
    NASTOIASHCHEM. T. I. ISTORICHESKOE RAZVITIE
    RUSSKOĬ FABRIKI V XIX VEKA. 7. ED. MOSCOW,
    1938 (REVIEW).
    Strumilin, S., 1938, Nr. 4 (68), 156-159.
TULA--HISTORY--LOCAL HISTORIANS--CONFERENCE, TULA,
    DECEMBER, 1940.
    R.,S., 1941, Nr. 2 (90), 147-149.
TUNGUS--17TH-18TH C.
    Zolotarev, A., 1938, Nr. 2 (66), 63-88.
TURAEV, B.A.: ISTORIIA DREVNEGO VOSTOKA. T. I-II. POD
    RED. V.V. STRUVE I I.L. SNEGIREVA. MOSCOW, 1936
    (REVIEW).
    Khachatrian, A., 1937, Nr. 3 (61), 176-181.
TURGENEV, N.I.--A.S. PUSHKIN.
    Nechkina, M., 1937, Nr. 1 (59), 16-47.
TURKESTAN see also TURKMENISTAN, UZBEKISTAN, TADZHIKISTAN,
    KAZAKHSTAN, KIRGHIZISTAN.
TURKESTAN--ECONOMIC CONDITIONS--8TH-19TH C.--LAND TENURE.
    Khodorov, A., Nr. 10, 1928, 121-153.
TURKESTAN--HISTORY--1917.
    Golubeva, R., 1941, Nr. 4 (92), 26-42.
TURKESTAN--HISTORY--REVOLUTION OF 1917--SOCIO-ECONOMIC
    CHARACTER.
    TSvibak, M., Nr. 11, 1929, 130-151.
TURKEY see also OTTOMAN EMPIRE.
TURKEY--HISTORY--RUSSIAN REVOLUTION OF 1905--INFLUENCE.
    Pavlovich, M.P., Nr. 1, 1926, 142-153.
TURKMENIIA see TURKMENISTAN.
TURKMENISTAN--HISTORY--SOVIET HISTORIOGRAPHY--TASKS AND
    GOALS--1934.
    Borozdin, I., 1934, Nr. 5 (39), 120-123.
TURKMENISTAN--HISTORY--1916.
    Shestakov, A.V., Nr. 2, 1926, 84-114.
TURKMENISTAN--HISTORY--1920--20TH ANNIVERSARY--CONFERENCE,
    MOSCOW, FEBRUARY, 1940.
    Zasedanie Uchenogo Soveta..., 1940, Nr. 4-5 (80-81),
    150-151.
"1905 GOD; EVREĬSKOE RABOCHEE DVIZHENIE"; OBZOR, MATERIALY
    I DOKUMENTY. SOST. A.D. KIRZHNITS. POD RED.
    I VSTUP. STAT'IA M. RAFESA. MOSCOW, 1928 (REVIEW).
    Bukhbinder, N., Nr. 7, 1928, 289-290.
"1905 G.; ISTORIIA REVOLIUTSIONNOGO DVIZHENIIA V OTDEL'NYKH
    OCHERKAKH." T. III, VYP. 1. POD RED. M.N.
    POKROVSKOGO, MOSCOW, 1927 (REVIEW).
    Malakhovskiĭ, V., Nr. 5, 1927, 257-259.

U.

USA--ECONOMIC CONDITIONS--1920-21, 1929 AND 1937.
        Bordadyn, A., 1938, Nr. 6 (70), 29-52.
USA--FOREIGN POLICY--EAST ASIA--1931-40.
        IUshchak, K., 1940, Nr. 8 (84), 99-109.
USA--FOREIGN POLICY--FAR EAST--1918-22.
        Gal'perin, A., 1940, Nr. 2 (78), 114-124.
USA--FOREIGN POLICY--FAR EAST--1922.
        Osnos, IU., 1939, Nr. 4 (74), 57-76.
USA--FOREIGN POLICY--WWI.
        Popov, A., Nr. 7, 1928, 36-68.
USA--FOREIGN RELATIONS--RUSSIA--1861-69--C.M. CLAY.
        Efimov, A., 1936, Nr. 3 (55), 149-159.
USA--FOREIGN RELATIONS--RUSSIA--1862-63--RUSSIAN DOCUMENTS.
        Efimov, A., 1936, Nr. 3 (55), 101-115.
USA--FOREIGN RELATIONS--SOVIET RUSSIA--1918-19--ALLIED
        MILITARY INTERVENTION--10TH ANNIVERSARY.
        Mints, I., Nr. 11, 1929, 83-99.
USA--HISTORY--AMERICAN HISTORIOGRAPHY--1925-33.
        Efimov, A., 1934, Nr. 4 (38), 126-140.
USA--HISTORY--AMERICAN HISTORIOGRAPHY--1936-37--BIBLIOGRAPHY.
        Obzor inostrannykh literatury..., 1938, Nr. 4 (68),
        191-196.
USA--HISTORY--1861-65--CIVIL WAR--INTERNATIONAL I.
        K. Marks i..., 1933, Nr. 1 (29), 11-32.
USA--HISTORY--1861-65--CIVIL WAR--K. MARX--ARTICLES.
        K. Marks i..., 1933, Nr. 1 (29), 11-32.
USA--HISTORY--1862--HOMESTEAD ACT.
        Efimov, A., 1934, Nr. 3 (37), 59-82.
USA--HISTORY--WWI--ORIGINS OF AMERICAN INVOLVEMENT--
        E.M. HOUSE.
        Tarle, E.V., 1938, Nr. 2 (66), 120-125.
USA--HISTORY--WWI--WAR AIMS.
        Popov, A., Nr. 7, 1928, 36-68.
USA--HISTORY--WWI--1914--NEUTRALITY--ECONOMIC CONDITIONS.
        Pokrovskiĭ, M.N., Nr. 13, 1929, 3-18.
USA--POLITICS AND GOVERNMENT--1862--HOMESTEAD ACT.
        Efimov, A., 1934, Nr. 3 (37), 59-82.
USA--POLITICS AND GOVERNMENT--1911-19--COLONEL E.M. HOUSE--
        DOCUMENTS.
        Novye dokumenty i..., 1936, Nr. 6 (58), 260-261.
USA--RELATIONS--JAPAN--1931-40.
        IUshchak, K., 1940, Nr. 8 (84), 99-109.
USA--SOCIALISM--WWI.
        Zubok, L., 1935, Nr. 5-6 (45-46), 39-66.
USA--SOCIO-ECONOMIC CONDITIONS--1860-92.
        Zubok, L., 1936, Nr. 2 (54), 44-68.
USPD--GERMAN REVOLUTION OF 1918--WORKERS AND PEASANT
        SOVIETS--RUHR.
        Kozok, P., Nr. 10, 1928, 13-44.

USSR--HISTORY--STUDY AND TEACHING--METHODOLOGY--CHRONOLOGICAL
    APPROACH.
    Bernadskiĭ, V., 1935, Nr. 7 (47), 101-111.
USSR--HISTORY--STUDY AND TEACHING--METHODOLOGY--VKSU IM.
    IA.M. SVERDLOVA.
    Zorin, A., Martov, B., 1935, Nr. 8-9 (48-49),
    209-215.
USSR--HISTORY--STUDY AND TEACHING--TASKS AND GOALS--1934-37.
    Boevaia programma..., 1937, Nr. 3, (61), 142-147.
USSR--HISTORY--STUDY AND TEACHING--TEXTBOOKS--CONTEST.
    Ob organizatsii konkursa..., 1936, Nr. 2 (54),
    117-118.
USSR--HISTORY--STUDY AND TEACHING--TEXTBOOKS--SECONDARY
    SCHOOLS--1937.
    Shestakov, A., 1937, Nr. 3 (61), 85-98.
USSR--HISTORY--STUDY AND TEACHING--TEXTBOOKS--SECONDARY
    SCHOOLS--CONTEST--1937.
    Postanovlenie Zhiuri..., 1937, Nr. 3 (61), 137-141.
USSR--HISTORY--STUDY AND TEACHING--VUZ.
    Vershinskiĭ, A., 1935, Nr. 1 (41), 82-92.
USSR--HISTORY--WESTERN HISTORIOGRAPHY--PERIODICAL LITERATURE--
    1932--BIBLIOGRAPHY.
    Rubinshteĭn, N., 1933, Nr. 1 (29), 141-148.
USSR--HISTORY--1917-31--CONSTRUCTION OF SOCIALISM--BOURGEOIS
    EVALUATIONS.
    Kin, D., Nr. 21, 1931, 19-37.
USSR--HISTORY--1917-36.
    IAroslavskiĭ, E., 1936, Nr. 5 (57), 6-20.
USSR--HISTORY--1917-37.
    Dvadtsat' let..., 1937, Nr. 4 (62), 22-38.
USSR--HISTORY--1917-39--BRITISH HISTORIOGRAPHY--BOOK REVIEW.
    Rubinshteĭn, N., 1941, Nr. 6 (94), 110-113.
USSR--HISTORY--1930-31.
    Genkina, E., 1940, Nr. 12 (88), 53-75.
USSR--HISTORY--1936--CONSTITUTION.
    Konstitutsiia (Osnovnoi zakon)..., 1936, Nr. 6 (58),
    29-43.
USSR--HISTORY--1936--CONSTITUTION.
    Stalin, I.V., 1936, Nr. 6 (58), 5-25, 26-27.
USSR--HISTORY--1936--CONSTITUTION.
    Stalinskaia konstitutsia..., 1936, Nr. 4 (56), 32-38.
USSR--HISTORY--1936--CONSTITUTION--DRAFT.
    Proekt konstitutsii..., 1936, Nr. 4 (56), 17-31.
USSR--HISTORY--1936--CONSTITUTION--RESOLUTION OF TSIK SSSR.
    Postanovlenie prezidiuma..., 1936, Nr. 4 (56), 16.
USSR--HISTORY--1936--CONSTITUTION--RESOLUTIONS OF THE S"EZD
    SOVETOV SSSR.
    Postanovleniia Chrezvychaĭnogo..., 1936, Nr. 6
    (58), 28.
USSR--HISTORY--1936--TRIAL OF "TROTSKYITE ZINOVIEVITE
    TERRORIST CENTER."
    IAroslavskiĭ, E., 1936, Nr. 4 (56), 3-15.

USSR--HISTORY--1936--TRIAL OF "TROTSKYITE ZINOVIEVITE
      TERRORIST CENTER."
      IAroslavskiĭ, E., 1937, Nr. 1 (59), 6-15.
USSR--HISTORY--1937--TRIAL OF "ANTI-SOVIET TROTSKYITE
      CENTER."
      IAroslavskiĭ, E., 1937, Nr. 1 (59), 6-15.
USSR--INTELLECTUAL LIFE--1923-38.
      IAroslavskiĭ, E., 1939, Nr. 1 (71), 23-52.
USSR--MILITARY HISTORY--1918-38--20TH ANNIVERSARY--
      EXHIBITION.
      Vystavka"XX let RKKA...", 1938, Nr. 4 (68), 198-200.
USSR--POLITICS AND GOVERNMENT--1937--SUPREME SOVIET see
      SUPREME SOVIET, USSR.
USSR--RELATIONS--IRAN--1917-40.
      Gel'bars, G., 1940, Nr. 7 (83), 35-53.
"UCHENAIA KORRESPONDENTSIIA AKADEMII NAUK XVIII VEKA,
      1766-1782 GG." NAUCHNYE OPISANIE POD OBSHCHEĬ
      RED. D.S. ROZHDESTVENSKOGO (AN SSSR. TRUDY
      ARKHIVA, VYP. 2) MOSCOW, 1937.
      A., 1937, Nr. 5-6 (63-64), 262-263.
"UCHENYE ZAPISKI ISTORICHESKOGO FAKUL'TETA MOSKOVSKOGO
      OBLASTNOGO PED. INSTITUTA. T. II. MOSCOW,
      1940. (REVIEW).
      Ivashin, I., 1941, Nr. 3 (91), 137-138.
"UCHENYE ZAPISKI LENINGRADSKOGO GOS. PED. INSTITUTA IM.
      M.N. POKROVSKOGO." T. V. SERIIA ISTORICHESKOGO
      FAKUL'TETA, VYP. 1. LENINGRAD, 1940. (REVIEW).
      Kagarov, E., 1941, Nr. 3 (91), 133-135.
"UCHENYE ZAPISKI MOLOTOVSKOGO GOS. PED. INSTITUTA." VYP. 6.
      MOLOTOV, 1940. (REVIEW).
      Kagarov, E., 1941, Nr. 3 (91), 135.
UDARNIKI--1917.
      Mints, I., Ėĭdeman, R., 1934, Nr. 1 (35), 53-98.
UDMURT AUTONOMOUS REGION--HISTORY--1917-18--IZHEVSK UPRISING.
      Maksimov, V., 1932, Nr. 4-5 (26-27), 109-162.
UDMURTIIA see UDMURT AUTONOMOUS REGION.
UEBERSBERGER, H.--AUSTRIAN HISTORIAN.
      Fashizatsiia istoricheskoĭ nauki..., 1936, Nr. 2
      (54), 178-180.
UKRAINE--ECONOMIC CONDITIONS--EARLY 20TH C.
      Krut', IA., 1933, Nr. 5 (33), 23-66.
UKRAINE--HISTORY--UKRANIAN HISTORIOGRAPHY--1940--BOOK REVIEW.
      Picheta, V., 1941, Nr. 6 (94), 103-110.
UKRAINE--HISTORY--1600-54--INDEPENDENCE FROM POLAND.
      Baraboĭ, A., 1939, Nr. 2 (72), 87-111.
UKRAINE--HISTORY--1765-89--GERMAN ARTISTIC DOCUMENTS--
      J.H. MÜNTZ.
      Drakokhrust, E., 1940, Nr. 9 (85), 130-134.
UKRAINE--HISTORY--LATE 19TH-EARLY 20TH C.--I.V. STALIN.
      Kin, D., 1936, Nr. 2 (54), 120-124.
UKRAINE--HISTORY--WWI--GERMAN OCCUPATION--GERMAN DOCUMENTS.
      Gukovskiĭ, A., 1936, Nr. 6 (58), 176-184.

USPENSKIĬ, F.I.--OBITUARY.
    Lozovik, G., Nr. 9, 1928, 110-114.
UTOPIAN THOUGHT--HISTORY.
    IAroslavskiĭ, E., 1937, Nr. 4 (62), 39-61.
UZBEKISTAN--HISTORY--UZBEK HISTORIOGRAPHY--1939.
    Shestakov, A., 1940, Nr. 6 (82), 156-157.
UZBEKISTAN--HISTORY--1916.
    Shestakov, A.V., Nr. 2, 1926, 84-114.
UZBEKISTAN--HISTORY--1917.
    Golubeva, R., 1941, Nr. 4 (92), 26-42.

V.

VKP(b) see KPSS.
VTSIK SOVETOV PERVOGO SOZYVA--1918.
    Gorodetskiĭ, E., 1941, Nr. 3 (91), 11-35.
VUS--1917-18.
    Osnos, IU., 1940, Nr. 8 (84), 28-45.
"V DNI VELIKOĬ PROLETARSKOĬ REVOLIUTSII." ÉPIZODY BOR'BY
    V PETROGRADE V 1917 GODU. MOSCOW, 1937 (REVIEW).
    Razgon, I., 1938, Nr. 1 (65), 152-154.
VAGTS, A.: DEUTSCHLAND UND DIE VEREINIGTEN STAATEN IN
    DER WELTPOLITIK. LONDON, 1935 (REVIEW).
    Istoricheskaia literatura nemetskoĭ..., 1936,
    Nr. 2 (54), 182.
VAĬNSHTEĬN, O.L.
    Po stranitsam inostrannykh..., 1936, Nr. 1 (53),
    212-213.
VALENTIN, V.--GERMAN HISTORIAN.
    Istoricheskaia nauka za..., 1936, Nr. 1 (53),
    211.
VALENTIN, V.: GESCHICHTE DER DEUTSCHEN REVOLUTION
    1848-49. BD. I-II. BERLIN, 1930-31 (REVIEW).
    Averbukh, R., 1934, Nr. 2 (36), 149-152.
VALLÉE, G.: AU SERVICE DE LA COMPAGNIE DES INDES. LETTRES
    INÉDITES D'UNE FAMILLE DU POITOU AU XVIII SIÈCLE.
    LES RENAULT DE SAINT-GERMAIN. ("REVUE D'HISTOIRE
    DES COLONIES," T. III, 1938).
    Radtsig, N., 1939, Nr. 3 (73), 153-154.
VALSECCHI, F.: LA POLITICA DI CAVOUR E LA PRUSSIA NEL
    1859. ("ARCHIVO STORICO ITALIANO," V. I, 1936)
    (REVIEW).
    K.,F., 1937, Nr. 2 (60), 187.
VANAG, N.N.
    V Institute istorii..., 1935, Nr. 4 (44), 155-156.
VANAG, N.N.--RUSSIAN CAPITALISM--VIEWS--CRITIQUE.
    Granovskiĭ, E., Nr. 12, 1929, 91-114.
VANAG, N.N.: FINANSOVYĬ KAPITAL V ROSSII NAKANUNE MIROVOĬ
    VOĬNY. MOSCOW, 1925--SELF-CRITICISM.
    Vanag, N.N., 1932, Nr. 4-5 (26-27), 355-359.

VANAG, N.N.: KRATKIĬ OCHERK ISTORII NARODOV SSSR. CH. 1.
MOSCOW, 1932 (REVIEW).
Brigada IKP istorii, 1933, Nr. 4 (32), 106-113.
VANAG, N.N.: LENINSKAIA KONTSEPTSIIA DVUKH PUTEĬ RAZVITIIA
KAPITALIZMA ("ISTORIK-MARKSIST," NR. 22, 1931)--
SELF-CRITICISM.
Vanag, N., 1932, Nr. 4-5 (26-27), 355-359.
VANAG, N.N.: O KHARAKTERE FINANSOVOGO KAPITALA V ROSSII--
VSESOIUZNAIA KONFERENTSIIA ISTORIKOV-MARKSISTOV,
MOSCOW, DECEMBER, 1928.
Vsesoiuznaia konferentsiia..., Nr. 11, 1929, 216-265.
VANAG, N.N., TOMSINSKIĬ, S.: ÈKONOMICHESKOE RAZVITIE
ROSSII. T. I, II. MOSCOW, 1928 (REVIEW).
Sidorov, A., Nr. 8, 1928, 220-222.
VARGA, E.: NOVYE IAVLENIIA V MIROVOM ÈKONOMICHESKOM
KRIZISE. N.P., N.D.--KA AWARD.
V prezidiume..., 1935, Nr. 12 (52), 153.
VARLIN, E.-L. -- CORRESPONDENCE--OCTOBER, 1870.
Tri dokumentakh È. Varlena, 1935, Nr. 4 (44),
69-76.
VARLIN, E.-L. -- M. IATSKEVICH--LETTER OF OCTOBER, 1870.
Tri dokumentakh È. Varlena, 1935, Nr. 4 (44),
69-76.
VATICAN see also CATHOLIC CHURCH.
VATICAN ARCHIVES--L. BRANCADORI COLLECTION.
Novye dokumenty i..., 1937, Nr. 1 (59), 202.
VEIT, O.: DIE TRAGIK DES TECHNISCHEN ZEITALTERS; MENSCH
UND MASCHINE IM XIX.JAHRHUNDERT. BERLIN, 1935
(REVIEW).
K.,F., 1936, Nr. 5 (57), 190.
"VEREIN FÜR SOZIALPOLITIK"--1936.
Unichtozhenie poslednikh ostatkov...,1937, Nr. 2
(60), 201.
VERING, C.: PLATON FÜR DIE DEUTSCHE GEGENWART. BD. I-V.
BERLIN, 1926-34 (REVIEW).
P.,G., 1936, Nr. 3 (55), 185-186.
VERKHOVEN', B.G.: KRASNOGVARDEĬSKAIA ATAKA NA KAPITAL
(DISSERTATION) MOSCOW, 1937 (REVIEW).
Po nauchnym uchrezhdeniiam..., 1937, Nr. 2 (60),
191.
VERKHOVNYĬ SOVET SSSR see SUPREME SOVIET, USSR.
VESELIĬ, F.F.--ARCHIVES.
Po SSSR, 1934, Nr. 6 (40), 104-108.
VESELOVSKIĬ, S.B.: SELO I DEREVNIA V SEVEROVOSTOCHNOĬ
RUSI XIV-XVI VEKOV. ISTORIKO-SOTSIOLOGICHESKOE
ISSLEDOVANIE O TIPAKH VNEGORODSKIKH POSELENIĬ.
("IZVESTIIA GAIMK," VYP. 139) MOSCOW, 1936
(REVIEW).
IUshkov, S., 1938, Nr. 1 (65), 134-137.
VETOSHKIN, M.: SIBIRSKOE BOL'SHEVIKI V PERIOD PERVOĬ
RUSSKOĬ REVOLIUTSII. MOSCOW, 1939 (REVIEW).
Baranskiĭ, N., 1940, Nr. 8 (84), 129-139.

"VICTORIA LIBRARY BULLETIN" (JOURNAL) (REVIEW).
     Nauchnye izdaniia i..., 1939, Nr. 2 (72), 205.
VIDAL, G.: LE MOUVEMENT OUVRIER FRANÇAIS DE LA COMMUNE
     À LA GUERRE MONDIALE. PARIS, 1934 (REVIEW).
     Militsyna, T., 1934, Nr. 4 (38), 145-146.
VIENNA--HISTORY--1848--K. MARX.
     Averbukh, R., 1933, Nr. 3 (31), 79-89.
VIKTOROV, V.: KREST'IANSKIE DVIZHENIE XVII-XVIII V.;
     SBORNIK DOKUMENTOV I MATERIALOV S PRIMECHANIIA.
     MOSCOW, 1926 (REVIEW).
     Shtraukh, A.N., Nr. 2, 1926, 275-276.
VINETA--GERMAN HISTORIOGRAPHY--1935.
     Fashizatsiia istoricheskoĭ nauki..., 1936, Nr. 4
     (56), 166-168.
VINEYARD LABORERS--FRANCE--1907.
     Marti, A., 1933, Nr. 6 (34), 6-26.
VIPPER, R.IU.
     Piontkovskiĭ, A., Nr. 18-19, 1930, 157-176.
VITRUVIUS POLLIO: DESIAT KNIG OB ARKHITEKTURE. PEREVOD
     I.A. PETROVSKOGO. T. I. TEKST TRAKTATA. MOSCOW,
     1936 (REVIEW).
     Poliakov, G., 1938, Nr. 3 (67), 116-119.
"VIZANTIĬSKIĬ SBORNIK" (REVIEW).
     Shangin, M., 1940, Nr. 9 (85), 157-158.
VLADIMIR (GRAND PRINCE)--CONVERSION TO CHRISTIANITY--
     SOVIET HISTORIOGRAPHY.
     Bakhrushin, S., 1937, Nr. 2, 40-77.
VLADIMIROVA, V.: GOD SLUZHBY "SOTSIALISTOV" KAPITALISTAM;
     OCHERK PO ISTORII KONTRREVOLIUTSII V 1918 G.
     N.P., N.D., (REVIEW).
     Lukomskaia, I., Nr. 5, 1927, 264-265.
VLADIMIRTSOV, B.IA.: OBSHCHESTVENNYĬ STROĬ MONGOLOV.
     LENINGRAD, 1934 (REVIEW).
     Smirnov, N., 1935, Nr. 4 (44), 123-126.
VLADIMIRTSOV, B.IA.: OBSHCHESTVENNYĬ STROĬ MONGOLOV.
     MONGOL'SKIĬ KOCHEVOĬ FEODALIZM. LENINGRAD,
     1934 (REVIEW).
     Otzyvy o rabotakh..., 1936, Nr. 4 (56), 171.
"VOENNO-ISTORICHESKIĬ ZHURNAL" (JOURNAL) (REVIEW).
     Gukovskiĭ, A., 1940, Nr. 12 (88), 88-93.
"VOENNO-ISTORICHESKIĬ ZHURNAL." (JOURNAL) NR. 1, 1939
     (REVIEW).
     Sidorov, A., 1939, Nr. 4 (74), 170-172.
VOENNO-POLITICHESKAIA AKADEMIIIA, MOSCOW--WORK IN PROGRESS
     AND PUBLICATIONS--1939.
     Zashchita dissertatsii v..., 1939, Nr. 5-6 (75-76),
     278-279.
VOENNO-REVOLIUTSIONNYE KOMITETY see MILITARY-REVOLUTIONARY
     COMMITTEES.

VOENNO-REVOLIUTSIONNYĬ KOMITET MOSKOVSKIKH SOVETOV RABOCHIKH
I SOLDATSKIKH DEPUTATOV--MANIFESTO--1917.
Piatnitskiĭ, O., 1935, Nr. 4 (44), 3-30; 1935,
Nr. 5-6 (45-46), 3-38.
VOGAU, V.: PROLOG. GLAVA IZ ISTORII VERKHISETSKOGO
ZAVODA IM. I.D. KABAKOVA. SVERDLOVSK, 1935 (REVIEW).
O.,IU., 1936, Nr. 5 (57), 181.
VOGEL, W.: LA HANSE D'APRÈS LES PUBLICATIONS RÉCENTES.
("REVUE HISTORIQUE," T. CLXXIX, JAN.-MARS, 1937)
(REVIEW).
Kublitskiĭ, F., 1937, Nr. 5-6 (63-64), 231-232.
VOGT, K.--1860--K. MARX--DISPUTE--BOOK REVIEW.
Zorkiĭ, M., 1939, Nr. 4 (74), 150-152.
VOGULS--ETHNOGRAPHIC EXPEDITION--MGU--1940.
Dzenis, Z., 1941, Nr. 3 (91), 156-157.
"VOĬNA I REVOLIUTSIIA" (JOURNAL) (REVIEW).
Kin,D., 1935, Nr. 8-9 (48-49), 216-220.
VOLGA BULGARS--RELATIONS--KIEVAN RUS--TREATY OF 1006--
SOURCES.
Martynov, M., 1941, Nr. 2 (90), 116-117.
VOLGIN, V.P.
Grekov, B., 1933, Nr. 6 (34), 166.
VOLGIN, V.P.: ISTORIIA SOTSIALISTICHESKIKH IDEĬ. CH. I.
MOSCOW, 1928 (REVIEW).
Krasnyĭ, S., Nr. 9, 1928, 178-181.
VOLGIN, V.P.: PREDSHESTVENNIKI SOVREMENNOGO SOTSIALIZMA.
CH. I. MOSCOW, 1928 (REVIEW).
Krasnyĭ, S., Nr. 9, 1928, 178-181.
VOLGIN, V.P.: SOTSIAL'NYE I POLITICHESKIE IDEI VO FRANTSII,
1748-1789. MOSCOW, 1940 (REVIEW).
Ioannisian, A., 1941, Nr. 2 (90), 135-139.
VOLKMANN, B.v.: SOLDATEN ODER MILITÄRS? 2. ED. MUNICH,
1935 (REVIEW).
Fashizatsiia istoricheskoĭ nauki..., 1936, Nr. 3
(55), 200.
VOLKMANN, E.O.: REVOLUTION ÜBER DEUTSCHLAND. OLDENBURG,
1930 (REVIEW).
Lukin, N., 1932, Nr. 3 (25), 165-171.
VOLKMANN-LEANDER see VOLKMANN, B.v.
VOLKOV, N.S.: VOZNIKNOVENIE I PERVYE ÉTAPY RAZVITIIA
SOVETSKOĬ AVIATSII. CH. 1-2. (DISSERTATION)
MOSCOW, 1940.
Zashchita dissertatsii N.S. Volkovym, 1940,
Nr. 8 (84), 149-151.
VOL'SKIĬ, A.
IAroslavskiĭ, E., 1939, Nr. 1 (71), 23-52.
VOL'SKIĬ, A.: ISTORIIA MEKSIKANSKIKH REVOLIUTSII. MOSCOW,
1928 (REVIEW).
Vasiutinskiĭ, A., Nr. 9, 1928, 182-183.
VOLYNIA--HISTORY--10TH-20TH C.
Picheta, V., 1939, Nr. 5-6 (75-76), 67-98.

VOLZ, G.B.: DIE REISE DES PRINZEN FRIEDRICH WILHELM VON
PREUSSEN NACH PETERSBURG. (1780) (ARTICLE) (REVIEW).
Po stranitsam inostrannykh..., 1936, Nr. 1 (53),
212-213.
"VOPROSY ISTORII DOKLASSOVOGO OBSHCHESTVA." SBORNIK STATEI
K 50-LETIIU KNIGI FRIDRIKHA ENGEL'SA "PROISKHOZHDENIE
SEM'I, CHASTNOĬ SOBSTVENNOSTI I GOSUDARSTVA."
MOSCOW, 1936. (REVIEW).
Zolotarev, A., 1937, Nr. 3 (61), 203-206.
VORONIN, N.N.: K ISTORII SEL'SKOGO POSELENIIA FEODAL'NOĬ
RUSI. ("IZVESTIIA GOS. AKADEMII ISTORII MATERIAL'NOĬ
KUL'TURY IM. N. IA. MARRA," VYP. 138) LENINGRAD,
1935. (REVIEW).
Bakhrushin, S., 1936, Nr. 6 (58), 191-194.
VORONKOV, --: RAZGROM KOLCHAKA ("VOĬNA I REVOLIUTSIIA,"
NR. 2, 1934) (REVIEW).
Kin, D., 1935, Nr. 8-9 (48-49), 216-220.
"VOSPOMINANIIA L'VA TIKHOMIROVA". PREDISL. V. I. NEVSKOGO.
VSTUP. STAT'IA V.N. FIGNER. MOSCOW, 1927. (REVIEW).
Morokhovets, E., Nr. 6, 1927, 281-282.
"VOSPOMINANIIA O MARKSE." SBORNIK. MOSCOW, 1940 (REVIEW).
Stepanova, E., 1941, Nr. 2 (90), 118-122.
"VOSSTANIE DEKABRISTOV." BIBLIOGRAFIIA. SOST. N.M.
CHENTSOV, POD RED. N.K. PIKSANOVA. MOSCOW,
1929. (REVIEW).
Nechkina, M., Nr. 12, 1929, 285-287.
"VOSSTANIE DEKABRISTOV." MATERIALY, T. VI. MOSCOW,
1929. (REVIEW).
Nechkina, M., Nr. 13, 1929, 248-252.
VOSTOCHNYĬ PED. INST. PEDAGOGICHESKOE OBSHCHESTVO.
SEKTSIIA OBSHCHESTVOVEDENIIA: BIULLETEN'.
NR. 4-5. KAZAN, 1927 (REVIEW).
Mamet, L., Nr. 5, 1927, 274-275.
VOSTRIKOV, A.I., POPPE, N.N.: LETOPIS' BARGUZINSKIKH
BURIAT. TEKSTY I ISSLEDOVANIIA. MOSCOW, 1935.
(AN SSSR. TRUDY INSTITUTA VOSTOKOVEDENIIA,
VIII.).
Girchenko, V., 1937, Nr. 5-6 (63-64), 211-213.
VOTIAK see UDMURT AUTONOMOUS REGION.
VREMENNOE REVOLIUTSIONNOE RABOCHE-KREST'IANSKOE
PRAVITEL'STVO LITVY--MANIFESTO--DECEMBER, 1918.
Mitskevich--Kapsukas, V.S., 1935, Nr. 2-3 (42-43),
44-52.
"VSEMIRNAIA ISTORIIA." T. 3. MOSCOW, N.D. (REVIEW).
V Institute istorii..., 1940, Nr. 2 (78), 173.
"VSEOBSHCHAIA STACHKA NA IUGE ROSSII V 1903 G." SBORNIK
DOKUMENTOV. MOSCOW, 1938. (REVIEW).
Bushuev, S., 1939, Nr. 4 (74), 165-166.
VSEROSSIĬSKAIA METODICHESKAIA KONFERENTSIIA PREPODAVATELEĬ
ISTORII V SOVPARTSHKOLAKH, MOSCOW, JANUARY, 1926.
Fridliand, TS., Nr. 1, 1926, 280-287.

VSEROSSIĬSKIĬ KREST'IANSKIĬ SOIUZ see ALL-RUSSIAN PEASANT
    LEAGUE.
VSEROSSIĬSKIĬ S"EZD SOVETOV see ALL-RUSSIAN CONGRESS OF
    SOVIETS.
VSEROSSIĬSKIĬ SOVET KREST'IANSKIH DEPUTATOV see SOVIET OF
    PEASANT DEPUTIES.
VSEROSSIĬSKIĬ TSENTRAL'NYĬ ISPOL'NITEL'NYĬ KOMITET see
    VTSIK.
VSEROSSIĬSKIĬ UCHITEL'SKIĬ SOIUZ see VUS.
"VSEROSSIĬSKOE SOVESHCHANIE SOVETOV RABOCHIKH I SOLDATSKIKH
    DEPUTATOV" POD RED. M. TSAPENKA, S PREDISL. IA.
    IAKOVLEVA. MOSCOW, 1928. (REVIEW).
    IUgov, M., Nr. 8, 1928, 232-234.
VSESOIUZNAIA BIBLIOTEKA IM. LENINA see LENIN STATE LIBRARY.
VSESOIUZNAIA KOMMUNISTICHESKAIA PARTIIA (BOL'SHEVIKOV)
    (VKP(b)) see KPSS.
VSESOIUZNAIA KONFERENTSIIA ISTORIKOV-MARKSISTOV, MOSCOW,
    DECEMBER, 1928.
    Pokrovskiĭ, M.N., Nr. 11, 1929, 3-11.
VSESOIUZNAIA KONFERENTSIIA ISTORIKOV-MARKSISTOV. MOSCOW,
    DECEMBER, 1928--REPORTS AND DISCUSSIONS.
    Vsesoiuznaia konferentsiia..., Nr. 11, 1929, 216-265;
    Nr. 12, 1929, 300-333.
VSESOIUZNOE SOVESHCHANIE ISTORICHESKIKH FAKUL'TETOV GOS.
    UNIVERSITETOV, MOSCOW, MAY, 1935.
    Fridliand, TS., 1935, Nr. 5-6 (45-46), 164-166.
VSESOIUZNYĬ S"EZD SOVETOV, 8TH, EXTRAORDINARY, NOVEMBER,
    1936--I.V. STALIN'S SPEECH--CONSTITUTION OF USSR.
    Stalin, I.V., 1936, Nr. 6 (58), 5-25.
VUILLAUME, M.: MES CATHIERS ROUGES AU TEMPS DE LA COMMUNE.
    PARIS, 1910. (REVIEW).
    Kuniskiĭ, S.D., Nr. 3, 1927, 196-199.
VUILLAUME, M.: V DNI KOMMUNY. LENINGRAD, 1925 (REVIEW).
    Kuniskiĭ, S.D., Nr. 3, 1927, 196-199.
VYRUBOVA, A.A.: DNEVNIK ("MINUVSHIE DNI." DEC. 1927,
    5-76; JAN. 1928, 73-108; FEB. 1928, 89-120;
    NR. 4, 1928, 87-124. (REVIEW).
    Sergeev, A.A., Nr. 8, 1928, 160-172.

W.

WWI--20TH ANNIVERSARY--GERMAN PRESS--1934.
    Khvostov, V., 1934, Nr. 6 (40), 84-87.
WWI--AUSTRIA-HUNGARY--COLLAPSE--1918.
    Rubinshteĭn, E., 1940, Nr. 7 (83), 14-34.
WWI--BULGARIA--1915-19.
    Kabakchiev, Kh., Karakolov, R., 1941, Nr. 1 (89),
    58-72.
WWI--DIPLOMATIC HISTORY--DOCUMENTS--BOOK REVIEW.
    Notovich, F., 1934, Nr. 1 (35), 210-223.
WWI--FRANCE--20TH ANNIVERSARY--EXHIBITIONS.
    L.,N., 1934, Nr. 4 (38), 156.

WWI--FRANCE--1915-18--STRIKES.
      Gorev, B., 1934, Nr. 4 (38), 38-48.
WWI--FRANCE--1916-17--STRIKES--CHRONICLE OF EVENTS.
      Gorev, B., 1934, Nr. 4 (38), 69-81.
WWI--FRANCE--1917--ARMY--REVOLUTIONARY MOVEMENT--DOCUMENTS.
      Notovich, F., 1934, Nr. 4 (38), 92-111.
WWI--GERMAN HISTORIOGRAPHY--1935.
      Fashizatsiia istoricheskoĭ nauki, 1936, Nr. 4
      (56), 166-168.
WWI--GERMAN HISTORIOGRAPHY--1938.
      Istoricheskaia nauka za..., 1938, Nr. 5 (69),
      235-236.
WWI--GERMANY--WAR GUILT--GERMAN HISTORIOGRAPHY.
      Erusalimskiĭ, A., Nr. 12, 1929, 214-237.
WWI--GERMANY--1914-15--LABOR MOVEMENTS.
      Kogan-Bernshtein, F., 1934, Nr. 4 (38), 6-37.
WWI--GERMANY--1914-15--REVOLUTIONARY MOVEMENTS.
      Kogan-Bernshteĭn, F., 1934, Nr. 4 (38), 6-37.
WWI--GERMANY--1917--NAVY.
      Pol', K., 1934, Nr. 4 (38), 3-25.
WWI--GERMANY--SUMMER 1917--STRIKES--CHRONICLE OF EVENTS.
      M.,M., 1934, Nr. 4 (38), 82-91.
WWI--GERMANY--1918--WILHELM II, GERMAN EMPEROR.
      Tarle, E., Nr. 4, 1927, 62-72.
WWI--GREAT BRITAIN--FOREIGN POLICY.
      Zakharov, S., 1940, Nr. 2 (78), 54-77.
WWI--GREAT BRITAIN--STRIKES.
      Chapman, A., 1934, Nr. 4 (38), 49-68.
WWI--GREAT BRITAIN--1914-16--DOMESTIC POLITICS.
      Zakharov, S., 1939, Nr. 5-6 (75-76), 118-149.
WWI--ITALY--1917--CAPORETTO.
      Popov, V., 1939, Nr. 4 (74), 12-30.
WWI--ORIGINS--AMERICAN HISTORIOGRAPHY--B.E. SCHMITT.
      Erusalimskiĭ, A., 1935, Nr. 2-3 (42-43), 63-64.
WWI--ORIGINS--O.v. BISMARCK'S FOREIGN POLICY.
      Khvostov, V., 1934, Nr. 5 (39), 33-55.
WWI--ORIGINS--DOCUMENTS--BOOK REVIEW.
      Schmitt, B., 1935, Nr. 2-3 (42-43), 65-84.
WWI--ORIGINS--DOCUMENTS--WESTERN HISTORIOGRAPHY.
      Erusalimskiĭ, A., 1932, Nr. 1-2 (23-24), 26-74.
WWI--ORIGINS--GERMAN AND SOVIET HISTORIOGRAPHY.
      Notovich, F., 1938, Nr. 4 (68), 20-35.
WWI--ORIGINS--M.N. POKROVSKIĬ.
      Rutkevich, N., 1938, Nr. 3 (67), 3-35.
WWI--ORIGINS--POLEMIC E.V. TARLE-M.N. POKROVSKIĬ.
      Otvet redaktsii..., Nr. 9, 1928, 108-109.
WWI--ORIGINS--POLEMIC E.V. TARLE-M.N. POKROVSKIĬ.
      Tarle, E.V., Nr. 9, 1928, 101-107.
WWI--ORIGINS--RUSSIAN DOCUMENTS--BOOK REVIEW.
      Notovich, F., 1934, Nr. 1 (35), 210-223.
WWI--ORIGINS--SOVIET HISTORIOGRAPHY.
      Pokrovskiĭ, M.N., 1932, Nr. 1-2 (23-24), 13-25.

WWI--ORIGINS--WESTERN DOCUMENTS--BOOK REVIEW.
      Notovich, F., 1934, Nr. 1 (35), 210-223.
WWI--ORIGINS--WESTERN HISTORIOGRAPHY--BIBLIOGRAPHY.
      Inostrannaia literatura o..., 1934, Nr. 5 (39),
      104-112.
WWI--PEACE NEGOTIATIONS--1918--EASTERN FRONT.
      Gukovskiĭ, A., 1937, Nr. 3 (61), 42-61.
WWI--RUSSIA--DOCUMENTS--PUBLICATIONS.
      Pokrovskiĭ, M.N., Nr. 17, 1930, 3-16.
WWI--RUSSIA--RUSSIAN ARMY--SOVIET HISTORIOGRAPHY.
      Sidorov, A., 1939, Nr. 4 (74), 153-156.
WWI--RUSSIA--SOVIET HISTORIOGRAPHY.
      Pokrovskiĭ, M.N., 1932, Nr. 1-2 (23-24), 13-25.
WWI--RUSSIA--1915-16--FOREIGN POLICY--DOCUMENTS--BOOK
      REVIEW.
      Osipova, P., 1938, Nr. 3 (67), 80-86,
WWI--RUSSIA--1918-19--UKRAINE--FOREIGN INTERVENTION.
      Gukovskiĭ, A., 1939, Nr. 1 (71), 76-100.
WWI--SARAJEVO INCIDENT--1914.
      Poletika, N.P., Nr. 11, 1929, 49-82.
WWI--SOVIET RUSSIA--1918--TREATY OF BREST-LITOVSK--
      REACTION OF ENTENTE.
      Miller, F., 1933, Nr. 1 (29), 111-126.
WWI--USA--E.M. HOUSE.
      Tarle, E.V., 1938, Nr. 2 (66), 120-125.
WWI--USA--WAR AIMS.
      Popov, A., Nr. 7, 1928, 36-68.
WWI--USA--1914--NEUTRALITY--ECONOMIC CONDITIONS.
      Pokrovskiĭ, M.N., Nr. 13, 1929, 3-18.
WWI--UKRAINE--GERMAN OCCUPATION--GERMAN DOCUMENTS.
      Gukovskiĭ, A., 1936, Nr. 6 (58), 176-184.
WWI--WAR GUILT--GERMAN JOURNALISM.
      Notovich, F., 1939, Nr. 2 (72), 142-155.
WWI--1914-15--RUSSIAN ARCHIVES.
      Popov, A., 1936, Nr. 5 (57), 138-148.
WWI--1916--RUSSIAN DIPLOMATIC DOCUMENTS.
      Osipova, P., 1938, Nr. 6 (70), 166-174.
WWII--CHINA--DESTRUCTION OF LIBRARIES.
      Al'perovich, M., Belen'kiĭ, A., 1941, Nr. 1 (89),
      153-154.
WWII--USA--DOCUMENTATION--YALE UNIVERSITY--1939.
      Al'perovich, M., Belen'kiĭ, A., 1941, Nr. 1 (89),
      153-154.
WWII--USA--WAR DOCUMENTATION.
      Al'perovich, M., Belen'kiĭ, A., 1941, Nr. 1 (89),
      153-154.
WAFD--1918-24--SA'D ZAGHLŪL PASHA.
      Maĭzel', S., Nr. 6, 1927, 175-194.
WAGNER, D.: COKE AND THE RISE OF ECONOMIC LIBERALISM.
      ("THE ECONOMIC HISTORY REVIEW," V. VI, NR. 1,
      OCT., 1935) (REVIEW).
      L.,V., 1936, Nr. 4 (56), 148-149.

WAHL, R.: CANOSSA. BERLIN, 1935 (REVIEW).
        Fashizatsiia istoricheskoi nauki..., 1936, Nr. 3
        (55), 199-200.
WAR--F. ENGELS.
        Popov, N., 1935, Nr. 8-9 (48-49), 28-39.
WAR AND DEMOCRACY--K. KAUTSKY.
        Lukin, N., 1933, Nr. 2 (30), 163-176.
WARD, R.S.: MAXIMILIEN ROBESPIERRE: A STUDY IN DETERIORA-
        TION. LONDON, 1934 (REVIEW).
        Lukin, N., 1936, Nr. 2 (54), 153-155.
WARE, C.: THE EARLY NEW ENGLAND COTTON MANUFACTURE. A
        STUDY IN INDUSTRIAL BEGINNINGS. BOSTON, 1931
        (REVIEW).
        Efimov, A., 1933, Nr. 3 (31), 113-114.
WASHINGTON CONFERENCE--1922--SOVIET-JAPANESE CONFLICT.
        Osnos, IU., 1939, Nr. 4 (74), 57-76.
WEBER, M.--SOCIOLOGY--CRITIQUE.
        Sergeev, V., Nr. 12, 1929, 238-268.
WEBSTER, C.K.: THE FOREIGN POLICY OF CASTLEREAGH, 1815-22;
        BRITAIN AND THE EUROPEAN ALLIANCE. LONDON, 1925
        (REVIEW).
        Presniakov, A., Nr. 5, 1927, 244-246.
WEEK OF SOVIET HISTORICAL SCIENCE, BERLIN, JULY 7-14, 1928.
        Mints, I., Nr. 9, 1928, 84-96.
WEINSTEIN, H.R.: JEAN JAURÈS. A STUDY OF PATRIOTISM
        IN THE FRENCH SOCIALIST MOVEMENT. NEW YORK,
        1936 (REVIEW).
        Militsyna, T., 1937, Nr. 5-6 (63-64), 251-254.
WEINSTOCK, H.: POLIS. DER GRIECHISCHE BEITRAG ZUR
        DEUTSCHEN BILDUNG HEUTE AN THUKYDIDES ERLÄUTERT.
        BERLIN, 1934 (REVIEW).
        P.,G., 1936, Nr. 4 (56), 147-148.
WELCKER, G.: DAS ENDE DER KRETISCHEN SEEMACHT ("PHILO-
        LOGISCHE WOCHENSCHRIFT." MITTEILUNGEN. APRIL,
        1936) (REVIEW).
        Poliakov, G., 1936, Nr. 5 (57), 182-183.
WELLES, C.B.: ROYAL CORRESPONDENCE IN THE HELLENISTIC
        PERIOD; A STUDY IN GREEK EPIGRAPHY. NEW HAVEN
        (PRAGUE), 1934 (REVIEW).
        P.,G., 1937, Nr. 1 (59), 184.
WELLS, H.G.: THE NEW WORLD ORDER. LONDON, 1940 (REVIEW).
        IUshak, K., 1941, Nr. 1 (89), 110-114.
"WELTKRIEGSBÜCHEREI" (JOURNAL) (REVIEW).
        K.,S., 1935, Nr. 10 (50), 165.
WENDEL, H.: DIE MARSEILLAISE. ZÜRICH, 1936 (REVIEW).
        Istoricheskaia litertura germanskoi..., 1937,
        Nr. 2 (60), 200.
WHITE RUSSIA--FOREIGN RELATIONS--GERMANY--1917-20.
        Shekun, O., 1940, Nr. 1 (77), 63-78.
WHITE RUSSIA--FOREIGN RELATIONS--POLAND--1917-20.
        Shekun, O., 1940, Nr. 1 (77), 63-78.

WHITE RUSSIA--HISTORY--13TH-20TH C.
    Picheta, V., 1939, Nr. 5-6 (75-76), 67-98.
WHITE RUSSIA--HISTORY--1917-20--FORMATION OF BSSR.
    Shekun, O., 1940, Nr. 1 (77), 63-78.
WIDERSZAL, L.: SPRAWY KAUKASKIE W POLITYCE EUROPEJSKIEJ
    W LATACH 1831-1864 ("ROZPRAWY HISTORYCZNE TOWARZYSTWA
    NAUKEWEGO WARSZAWSKIEGO," T. XIII, ZESZ. 1)
    WARSAW, 1934.
    M.,O., 1936, Nr. 6 (58), 197-200.
WIESER, F., ET AL.: ÖSTERREICHS ENDE. BERLIN, 1919
    (REVIEW).
    Tordai, L., Nr. 6, 1927, 253-259.
WILHELM II, GERMAN EMPEROR--1918--FLIGHT TO NETHERLANDS.
    Tarle, E., Nr. 4, 1927, 62-72.
WILLING, K.: DER GEIST SPARTAS; GESCHICHTE, VERFASSUNG UND
    SITTEN DER SPARTANER NACH SCHILDERUNGEN GRIECHISCHER
    SCHRIFTSTELLER. BERLIN, 1935 (REVIEW).
    Poliakov, G., 1936, Nr. 3 (55), 185.
WILSON, WOODROW, U.S. PRESIDENT--COLONEL E.M. HOUSE--
    DOCUMENTS.
    Novye dokumenty i..., 1936, Nr. 6 (58), 260-261.
WINDELBAND, W.--GERMAN HISTORIAN.
    Fashizatsiia istoricheskoĭ nauki..., 1936, Nr. 2
    (54), 178-180; 1936, Nr. 4 (56), 166-168.
WITTE, S.IU., GRAF--REPORT ON RUSSIAN INDUSTRIES, 1877-97
    TO NIKOLAI II--FEBRUARY, 1900.
    Dokladnaia zapiska Vitte..., 1935, Nr. 2-3 (42-43),
    130-139.
WOLFF, TH.: DER MARSCH DURCH ZWEI JAHRZEHNTE. AMSTERDAM,
    1936 (REVIEW).
    Istoricheskaia literatura nemetskoĭ..., 1936, Nr. 2
    (54), 182; 1937, Nr. 1 (59), 202-203.
WORKERS' AND PEASANTS' RED ARMY (1918-1946) see RKKA.
WORKERS' MOVEMENTS see LABOR MOVEMENTS.
"WORKERS OPPOSITION"--1920--SAMARA--M. KHATAEVICH--
    DOCUMENT.
    Khataevich, M., 1935, Nr. 7 (47), 86-90.
WORKERS PARTY--USA--1921.
    Zubok, L., 1935, Nr. 5-6 (45-46), 39-66.
WORLD HISTORY--SOVIET HISTORIOGRAPHY--AN SSSR. INST. IST.--
    OUTLINE OF MULTI-VOLUME WORK.
    Prospekt skhemy mnogotomnika..., 1938, Nr. 2 (66),
    143-191.
WORLD HISTORY--STUDY AND TEACHING--USSR.
    Starosel'tsev, N., 1938, Nr. 4 (68), 75-84.
WORLD HISTORY--WESTERN AND SOVIET HISTORIOGRAPHY.
    Lukin, N., 1937, Nr. 3 (61), 3-23.
WORLD HISTORY--RASHĪD AL-DIN TABĪB.
    Bertel's, --., 1937, Nr. 3 (61), 222-224.
WORLD HISTORY--1890-1933--GERMAN HISTORIOGRAPHY--BOOK REVIEW.
    Lukin, N., 1934, Nr. 4 (38), 112-121.

"WORLD LIST OF HISTORICAL PERIODICALS AND BIBLIOGRAPHIES."
     ED. BY P. CARON. OXFORD, 1939 (REVIEW).
     Al'perovich, M., Belen'kiĭ, A., 1941, Nr. 1 (89),
     153-154.
WORLD WAR I see WWI.
WRANGEL, P.N. (GENERAL)--1920--CRIMEAN TATARS.
     Katenina, L., 1941, Nr. 5 (93), 74-81.
"WRITINGS ON BRITISH HISTORY." T. I. LONDON, 1937 (REVIEW).
     Istoricheskaia nauka za..., 1938, Nr. 5 (69),
     236.
WROBLEVSKI, V.A.: DER BOULANGISMUS IM LICHTE RUSSISCHER
     BERICHTERSTATTUNG ("BERLINER MONATSHEFTE,"
     AUG., 1936) (REVIEW).
     S.,O., 1936, Nr. 5 (57), 190.
WYNDHAM,--.: THE ATLANTIC AND SLAVERY. LONDON, 1935
     (REVIEW).
     Samoĭlo, A., 1938, Nr. 3 (67), 123-124.

X.

XIN-KIANG see HSIN-CHIANG.

Y.

YAKUB BEG--1860-77--DOCUMENT.
     Pervyshev, I., 1940, Nr. 3 (79), 127-135.
YAKUTIA--HISTORY--IAKUTSKIĬ RESPUBLIKANSKIĬ MUZEĬ IM.
     EMEL'IANA IAROSLAVSKOGO--HOLDINGS.
     Fedorov, G., 1941, Nr. 5 (93), 155-157.
YAKUTIA--HISTORY--17TH C.--RUSSIAN COLONIZATION AND POPULAR
     REVOLT.
     Ionova, O., 1939, Nr. 5-6 (75-76), 175-191.
YALE UNIVERSITY--DOCUMENTATION OF WWII--1939.
     Al'perovich, M., Belen'kiĭ, A., 1941, Nr. 1 (89),
     153-154.
YEOMANRY--ENGLAND--MID 17TH C.
     Arkhangel'skiĭ, S.I., 1934, Nr. 5 (39), 3-17.
YOUNG BUKHARANS--EARLY 20TH C.
     Faĭzulla-Khodzhaev, Nr. 1, 1926, 123-141.
YOUNG TURKS--19TH C.--CONSTITUTIONAL MOVEMENT.
     Alimov, A., Nr. 14, 1929, 36-67.
YOUTH--REVOLUTIONARY MOVEMENTS--PERIODIZATION.
     Atsarkin, A., Nr. 21, 1931, 91-93.
YUAN SHIH-K'AI--1912--DOCUMENTS--BOOK REVIEW.
     Semenovykh, F., 1940, Nr. 11 (87), 115-120.
YUGOSLAVIA--HISTORY--1918--COLLAPSE OF AUSTRIA-HUNGARY.
     Rubinshteĭn, E., 1940, Nr. 7 (83), 14-34.

Z.

"Z POLA WALKI" (JOURNAL) (REVIEW).
    O rabote redaktsionnoĭ..., 1933, Nr. 4 (32), 147-148.
"ZA BOL'SHEVISTSKOE IZUCHENIE ISTORII PARTII." SBORNIK.
    PODGOTOV. K PECHATI A. SHOĬNEVICH. MOSCOW, 1936
    (REVIEW).
    V.,I., 1936, Nr. 4 (56), 146.
"ZA BOL'SHEVISTSKOE IZUCHENIE ISTORII PARTII." SARATOV,
    1936 (REVIEW).
    V.,I., 1936, Nr. 4 (56), 145-146.
ZACHARIUS OF MYTILENE--BYZANTINE-SLAV RELATIONS--5TH-6TH C.
    Pigulevskaia, N., 1941, Nr. 4 (92), 92-96.
ZAGHLŪL PASHA, SA'D--1880-1927--POLITICAL ACTIVITY.
    Maĭzel', S., Nr. 6, 1927, 175-194.
ZAĬDEL', G.: OCHERKI PO ISTORII II INTERNATSIONALA,
    1889-1914 GG. LENINGRAD, 1930 (REVIEW).
    Bantke, S., Nr. 21, 1931, 94-103.
ZAKASPIIA see TRANSCASPIAN REGION.
ZAKASPIĬSKAIA OBLAST' see TRANSCASPIAN REGION.
ZAKAVKAZ see TRANSCAUCASIA.
ZAKHAROVA-TSEDERBAUM, K.I., TSEDERBAUM, S.I.: IZ ÉPOKHI
    "ISKRY." S PREDISL. V.I. NEVSKOGO. MOSCOW, 1926
    (REVIEW).
    Krivtsov, S., Nr. 4, 1927, 245-248.
ZAKHER, IA.M.: "BESHENYE." LENINGRAD, 1930 (REVIEW).
    S--i, Nr. 18-19, 1930, 205-208.
ZAKHER, IA.M.: OCHERKI PO ISTORII BESHENYKH ÉPOKHI
    VELIKOĬ FRANTSUZSKOĬ REVOLIUTSII. LENINGRAD,
    N.D. (REVIEW).
    Monosov, S.M., Nr. 1, 1926, 290-298.
ZAKHER, IA.M.: PROBLEMA "TERMIDORA" V SVETE NOVEĬSHIKH
    ISTORICHESKIKH RABOT ("ISTORIK-MARKSIST," NR. 6,
    1927, 236-242)--IA.M. ZAKHER'S DEFENSE.
    Zakher, IA.M., Nr. 7, 1928, 311.
ZAKHER, IA.M.: REVOLIUTSIIA 1848 G. V GERMANII. LENINGRAD,
    N.D. (REVIEW).
    M--k,A., Nr. 6, 1927, 274-275.
ZAKHODER, B.N.: NIZAM AL MUL'K. (DISSERTATION) MOSCOW,
    1940.
    Nikiforov, L., 1941, Nr. 6 (94), 157.
"ZAKONODATEL'NYE AKTY VELIKOGO KNIAZHESTVA LITOVSKOGO
    XV-XVI VEKOV." DOKUMENTY I MATERIALY PO ISTORII
    NARODOV BSSR. SBORNIK MATERIALOV PODGOTOV. K
    PECHATI I.I. IAKOVKINYM. LENINGRAD, 1936 (REVIEW).
    Picheta, V., 1937, Nr. 3 (61), 184-187.
"ZAPISKI ISTORIKO-BYTOVOGO OTDELA GOSUDARSTVENNOGO RUSSKOGO
    MUZEIA. T. I. LENINGRAD, 1928 (REVIEW).
    Zel'tser, V., Nr. 8, 1928, 225-227.

"ZAPISKI PĖN BAIA." PEREVOD S KITAĬSKOGO A. IVINA.
    MOSCOW, 1936. (REVIEW).
    Veĭ Tin, 1937, Nr. 2 (60), 180-181.
"ZAPISKI SEKTSII PO IZUCHENIIU PROBLEM VOĬNY."
    (KOMMUNISTICHESKAIA AKADEMIIA) T. 1. MOSCOW,
    1930. (REVIEW).
    Gorev, B., Nr. 18-19, 1930, 225-226.
ZAPOROZH'E--SETTLEMENT--1734-75.
    Polonskaia-Vasilenko, N., 1941, Nr. 5 (93),
    30-46.
ZECHLIN, E.--GERMAN HISTORIAN.
    Novinki nemetskoĭ literatury, 1936, Nr. 2
    (54), 181-182.
ZECHLIN, E.: DAS PROBLEM DER VORKOLUMBISCHEN ENTDECKUNG
    AMERIKAS UND DIE KOLUMBUSFORSCHUNG ("HISTORISCHE
    ZEITSCHRIFT," 1935, BD. 152, H.I.) (REVIEW).
    K.,F., 1936, Nr. 6 (58), 239-240.
"ZEITSCHRIFT FÜR DEUTSCHE GEISTESGESCHICHTE." (JOURNAL)
    (REVIEW).
    Novinki nemetskoĭ literatury, 1936, Nr. 2 (54),
    181-182.
"ZEITSCHRIFT FÜR DIE GESAMTE STAATSWISSENSCHAFT."
    (JOURNAL) (REVIEW).
    Vasiutinskiĭ, A., Nr. 6, 1927, 260-264; Nr. 11,
    1929, 173-179.
"ZEITSCHRIFT FÜR OSTEUROPÄISCHE GESCHICHTE," (JOURNAL)
    BD. IX, H. 4 (REVIEW).
    Po stranitsam inostrannykh..., 1936, Nr. 1 (53),
    212.
ZELENIN, D.K.: KUL'T ONGONOV V SIBIRI. MOSCOW, 1936.
    (AN SSSR. TRUDY INSTITUTA ANTROPOLOGII,
    ARKHEOLOGII I ĖTNOGRAFII, T. XIV) (REVIEW).
    Zolotarev, A., 1937, Nr. 5-6 (63-64), 201-202.
ZELENIN, O.K.: TABU SLOV U NARODOV VOSTOCHNOĬ EVROPY I
    SEVERNOĬ AZII. CH. 1. ZAPRETY NA OKHOTE I
    INYKH PROMYSLAKH. ("SBORNIK MUZEIA ANTROPOLOGII
    I ĖTNOGRAFII." T. VIII. LENINGRAD, 1929.)
    (REVIEW).
    Bykovskiĭ, S.N., Nr. 16, 1930, 181-185.
ZETKIN, K.: OCHERKI ISTORII VOZNIKNOVENIIA PROLETARSKOGO
    ZHENSKOGO DVIZHENIIA V GERMANIIA. MOSCOW, 1920.
    (REVIEW).
    Averbukh, R., Nr. 14, 1929, 201-202.
ZÉVAÈS, A.: HISTOIRE DE LA TROISIÈME RÉPUBLIQUE,
    1870-1926. PARIS, 1926 (REVIEW).
    Vasiutinskiĭ, A., Nr. 12, 1929, 279-280.
ZÉVAÈS, A.: JULES GUESDE. PARIS, 1928. (REVIEW).
    Nikolaev, E., Nr. 12, 1929, 280-282.
ZÉVAÈS, A.: LOUISE MICHEL. PARIS, 1936. (REVIEW).
    Militsyna, T., 1937, Nr. 3 (61), 219.
ZÉVAÈS, A.: LES PROSCRITS DE LA COMMUNE. ("EPISODES ET
    VIES RÉVOLUTIONNAIRES") PARIS, 1935? (REVIEW).
    Kan, S., 1936, Nr. 3 (55), 192.

ZÉVAÈS, A.: UNE RÉVOLUTION MANQUÉE (L'INSURRECTION DU
    12 MAI 1839) PARIS, 1933. (REVIEW).
        D.,V., 1935, Nr. 1 (41), 104-105.
ZÉVAÈS, A.: LE SOCIALISME EN FRANCE DEPUIS 1904.
    PARIS, 1934. (REVIEW).
        Dalin, V., 1936, Nr. 2 (54), 163-164.
"ZHENSHCHINA V GRAZHDANSKOĬ VOĬNE." ÉPIZODY BOR'BY NA
    SEVERNOM KAVKAZE V 1917-1920 GG. MOSCOW, 1937.
    (REVIEW).
        Georgiev, G., 1938, Nr. 2 (66), 130-131.
ZHGENTI, T.--KPG--1917-27--CRITIQUE.
        Ruben, --., 1932, Nr. 1-2 (23-24), 135-139.
ZHILINSKAIA, A.N.: K VOPROSAM METODOLOGII I METODIKI
    OBSHCHESTVOVEDENIIA. VYP. 1. LENINGRAD, 1928.
    (REVIEW).
        Slutskiĭ, A., Nr. 10, 1928, 257-261.
ZHITOV, K., NEPOMNIN, V.: OT KOLONIAL'NOGO RABSTVA K
    SOTSIALIZMU. K 15-LETIIU UZBEKSKOĬ SSR.
    TASHKENT, 1939. (REVIEW).
        Dodonov, I., 1940, Nr. 6 (82), 119-120.
ZHUKOV, E.M.: ISTORIIA IAPONII. MOSCOW, 1939. (REVIEW).
        Starosel'tsev, N., 1939, Nr. 5-6 (75-76), 266-269.
ZHUKOV, E.M.: ISTORIIA IAPONSKOĬ VOENSHCHINY. (DISSER-
    TATION) MOSCOW, 1940.
        B.,D., O.,M., 1941, Nr. 1 (89), 150-152.
ZIMMERMANN, K.: DEUTSCHE GESCHICHTE ALS RASSENSCHICKSAL.
    LEIPZIG, 1933. (REVIEW).
        Kan, S., 1934, Nr. 4 (38), 148-149.
ZIMMERMANN, W.: ISTORIIA KREST'IANSKOĬ VOĬNY V GERMANII.
    PEREVOD S NEMETSKOGO. T. I-II. MOSCOW, 1937.
    (REVIEW).
        Stoklitskaia-Tereshkovich, V., 1937, Nr. 5-6
        (63-64), 226-231.
ZIMMERWALD CONFERENCE--1919--PHOTO DOCUMENTATION--
    TSENTRAL'NYĬ KINOFOTOARKHIV USSR.
        Novye dokumenty i..., 1937, Nr. 1 (59), 199-200.
ZINOV'EV, G.
        Za revoliutsionnuiu bditel'nost'..., 1935, Nr. 1
        (41), 4-8.
ZINOV'EV, G.--1936--TRIAL.
        IAroslavskiĭ, E., 1936, Nr. 4 (56), 3-15.
ZISCHKA, A.: LE JAPON DANS LE MONDE; L'EXPANSION NIPPONE,
    1854-1934. PARIS, 1935. (REVIEW).
        Notovich, F., 1935, Nr. 10 (50), 142-148.
ZOR'IAN, --.; O SOSTOIANII SOVREMENNOĬ ARMIANSKOĬ
    ISTORIOGRAFII--VSESOIUZNAIA KONFERENTSIIA
    ISTORIKOV-MARKSISTOV. MOSCOW, DECEMBER, 1928.
        Vsesoiuznaia konferentsiia..., Nr. 11, 1929,
        216-265.
ZOTOV, --: DONBASS V GRAZHDANSKOĬ VOĬNE ("VOĬNA I
    REVOLIUTSIIA," NR. 1, 1935) (REVIEW).
        Kin, D., 1935, Nr. 8-9 (48-49), 216-220.

"ZPRAWE PAMÁTKOWE PECE" (JOURNAL).
Nauchnye obshchestva i..., 1937, Nr. 2 (60), 197.
ZSCHOKKE, H.: DIE FRANZÖSISCHE REVOLUTION UND DIE SCHWEIZ.
DIE HELVETISCHE REPUBLIK, 1798-1803. ZÜRICH, 1938.
(REVIEW).
Vasiutinskiĭ, A., 1939, Nr. 4 (74), 176-178.
"ZU BEITRÄGEN FÜR DIE GESCHICHTE DER JAHRE 1848-1849."
HRSG. FÜRST WINDISCHGRAETZ. INNSBRUCK, 1929-32.
(REVIEW).
Averbukh, R., 1933, Nr. 6 (34), 157-158.
ZUTIS, J.: OBRAZOVANIE I RAZVITIE ÉSTONSKOĬ NATSII I
BOR'BA ÉSTOV ZA NATSIONAL'NUIU NEZAVISIMOST'.
(LECTURE) MOSCOW, 1940.
O.,M., 1940, Nr. 11 (87), 140-146.
ZUTIS, J.: POLITIKA V PRIBALTIKE V PERVOĬ POLOVINE XVIII
VEKA. MOSCOW, 1937. (REVIEW).
Picheta, V., 1937, Nr. 5-6 (63-64), 202-208.
"ZVEN'IA." SBORNIK MATERIALOV I DOKUMENTOV PO ISTORII
LITERATURY, ISKUSSTVA I OBSHCHESTVENNOĬ MYSLI XIX
V. POD RED. V. BONCH-BRUEVICHA. T. VI. MOSCOW,
1936 (REVIEW).
Koz'min, B., 1936, Nr. 5 (57), 153-154.
"ZVEZDA" (NEWSPAPER)--1910-14--TSARIST CENSORSHIP.
Bukhbinder, N., 1940, Nr. 1 (77), 137-140.